대입 면접 완전 정복

　대학교에서는 면접을 중요한 선발 기준인 평가 척도로 활용하고 있습니다. 특히, 학생부종합전형 2단계에서는 합격과 불합격을 가르는 가장 중요한 요소입니다. 면접은 앞으로 그 비중이 확대될 가능성이 큽니다. 특수학교 외에는 자기소개서가 폐지되고 대학수학능력시험(이하 수능)이 정부의 정책 방향에 따라 절대평가 또는 자격고사로 전환될 가능성이 크기 때문입니다.

　서류 평가를 통해 겉으로 보이는 학생 개개인의 스펙보다는 실질적으로 학생이 갖추고 있는 지식, 기술, 태도, 즉 '역량'을 측정할 수 있는 면접이 더 중요하다고 생각합니다. 다만, 현재는 대학교의 여건과 고교의 교육과정상 면접을 무한히 확대하기는 어려울 수 있으므로 수능 절대평가 정책과 더불어 점진적으로 확대해 가는 것이 바람직해 보입니다.

　학생들은 면접을 기본적으로 두려워합니다. 늘 말을 하고 살지만 면접에 대해서는 누구나 익숙하지 않기 때문에 그렇다고 생각합니다. 특히, 개별 면접이 아니라 집단 면접을 하는 경우에는 더 어렵고 힘들게 느껴집니다.

　이렇게 두려운 면접의 실력 차이는 어떨까요? 생각보다 엄청납니다. 답변을 한 마디도 못하는 학생부터 언제 긴장했냐는 듯이 청산유수처럼 너무나도 잘하는 학생까지 그 차이가 너무 큽니다.

　그런데 막상 학교에서는 면접이 정규 교육과정에 없기 때문에 선생님들이 학생들의 면접 실력을 길러주기가 쉽지 않습니다. 또 실제로 면접 평가를 해본 적이 없기 때문에 면접이 어떻게 진행되고 평가 기준과 의도가 무엇이며 핵심적으로 묻는 내용이 무엇인지 모릅니다. 그 때문에 학교에서는 면접고사가 닥치면 해당 학생들을 모아놓고 면접 교육을 형식적으로 진행하는 경우가 많습니다.

한편, 대부분의 대학교에서도 입학사정관이나 교수들에게 면접 교육을 별도로 하지 않습니다. 교수는 이미 한 분야의 권위자이고, 다른 면접 평가를 통해 나름대로 터득하기 때문일 것입니다. 그래서 입학사정관들끼리도 면접의 기술, 실력, 역량은 천양지차입니다.

이러한 교육 여건을 고려하여 다음과 같은 대상과 목적으로 이 책을 집필하였습니다.

첫째, 학생들에게 면접의 기술, 방법을 알려 주고 싶은데 어떻게 해야 할지 모르는 전국에 있는 고등학교, 중학교의 많은 선생님들을 대상으로 실제 면접의 기술, 답변 포인트, 연습 요령 등을 알려 주고자 힙니다.

둘째, 면접을 잘하고 싶은데 잘되지 않는 전국의 수많은 고등학생, 중학생들에게 실제 면접장의 분위기, 면접의 요령, 답변 포인트, 연습하는 방법 등을 알려 주고자 합니다.

셋째, 전국의 대학교에서 근무하는 초보 입학사정관들을 대상으로 모의 면접과 실전 면접에서의 발문 기술, 목적, 평가 포인트 등에 대해 알려 주고자 합니다.

아무쪼록 이 책이 면접을 앞둔 수험생과 학부모, 면접을 가르쳐야 할 교사, 면접 평가를 수행해야 할 입학사정관들에게 큰 도움이 되기를 간절히 바랍니다.

- 금정산 자락에서 저자 류영철 씀.

차례

1부
총괄 준비편

면접 평가 준비의 모든 것

면접 평가의 의미와 역할, 면접 평가의 절차, 준비 방법, 비대면 면접 평가 등을
기술하였습니다.

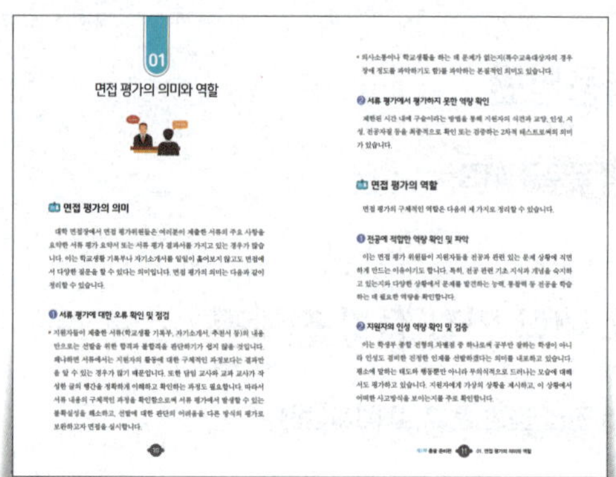

2부
면접 일반편

인성/서류 기반/MMI 면접의 답변 포인트

인성 영역, 서류 기반 확인 평가 및 MMI에서의 빈출 문제와 답변 포인트를
기술하였습니다.

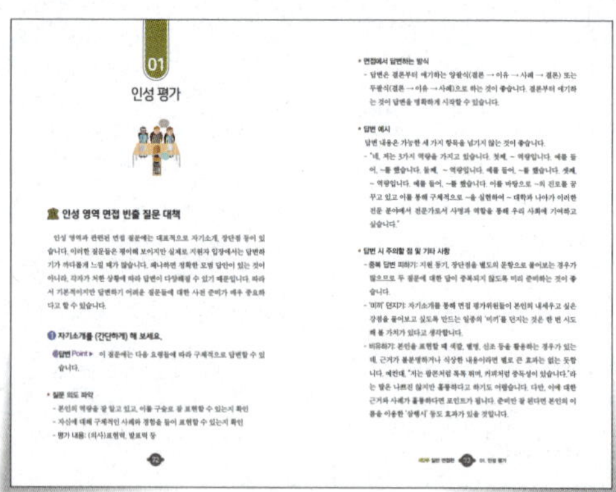

3부
실전 전략편

면접관이 알려 주는
실전 면접 비책

면접 평가에 관련된 실전 전략을 각 하나씩 명제로 제시하고 그 명제에 대해 자세히 기술하였습니다.

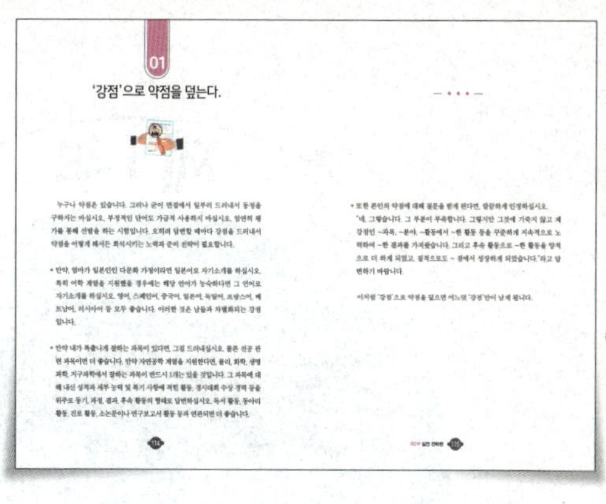

4부
질의응답편

면접의 궁금증 해결

수험생들이 면접에 관해 궁금해 하는 질문을 엄선하여 이에 대한 답변을 구체적으로 기술하였습니다.

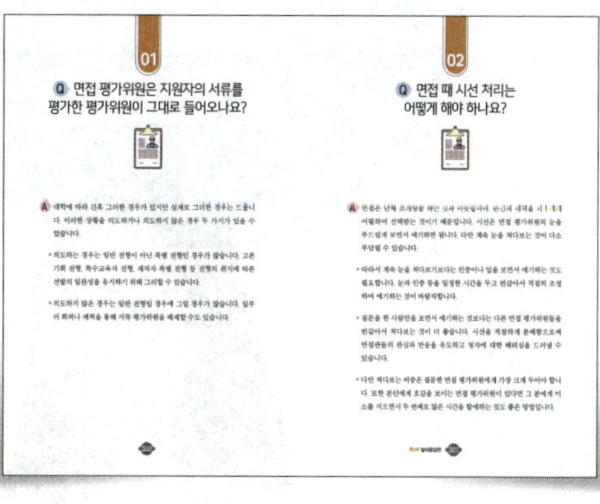

5부
주요 대학 면접 전형 전략편

대학별 면접 평가 문제
및 예시답변

서울 및 수도권 주요 일반 대학교들과 지방 거점 국립대학교, 특수대학, 특별대학 등의 면접 방법, 평가 항목, 전략 포인트를 기술하였습니다.

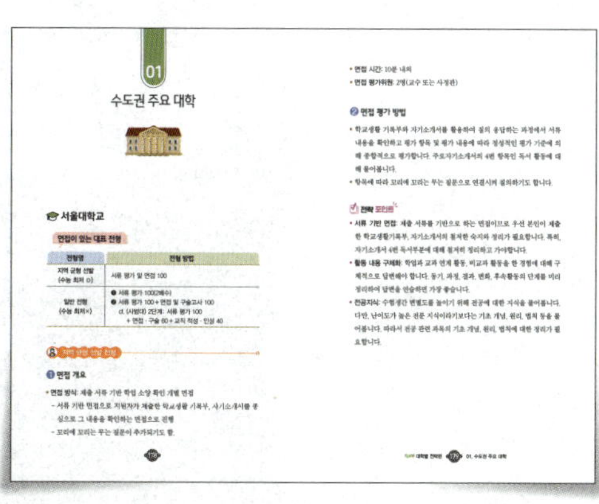

제1부

총괄 준비편

면접 평가 준비의 모든 것

면접 평가의 의미와 역할

📇 면접 평가의 의미

대학 면접장에서 면접 평가위원들은 여러분이 제출한 서류의 주요 사항을 요약한 서류 평가 요약서 또는 서류 평가 결과서를 가지고 있는 경우가 많습니다. 이는 학교생활기록부를 일일이 훑어보지 않고도 면접에서 다양한 질문을 할 수 있다는 의미입니다. 면접 평가의 의미는 다음과 같이 정리할 수 있습니다.

❶ 서류 평가에 대한 오류 확인 및 점검

- 지원자들이 제출한 서류(학교생활기록부 등)의 내용만으로는 선발을 위한 합격과 불합격을 판단하기가 쉽지 않을 것입니다. 왜냐하면 서류에서는 지원자의 활동에 대한 구체적인 과정보다는 결과만을 알 수 있는 경우가 많기 때문입니다. 또한 담임 교사와 교과 교사가 작성한 글의 행간을 정확하게 이해하고 확인하는 과정도 필요합니다. 따라서 서류 내용의 구체적인 과정을 확인함으로써 서류 평가에서 발생할 수 있는 불확실성을 해소하고, 선발에 대한 판단의 어려움을 다른 방식의 평가로 보완하고자 면접을 실시합니다.

- 의사소통이나 학교생활을 하는 데 문제가 없는지(특수교육대상자의 경우 장애 정도를 파악하기도 함)를 파악하는 본질적인 의미도 있습니다.

❷ 서류 평가에서 평가하지 못한 역량 확인

제한된 시간 내에 구술이라는 방법을 통해 지원자의 식견과 교양, 인성, 지성, 전공자질 등을 최종적으로 확인 또는 검증하는 2차적 테스트로서의 의미가 있습니다.

📇 면접 평가의 역할

면접 평가의 구체적인 역할은 다음의 세 가지로 정리할 수 있습니다.

❶ 전공에 적합한 역량 확인 및 파악

면접 평가 위원들이 지원자들을 전공과 관련 있는 문제 상황에 직면하게 만드는 이유이기도 합니다. 특히, 전공 관련 기초 지식과 개념을 숙지하고 있는지와 다양한 상황에서 문제를 발견하는 능력, 통찰력, 융합에 대한 자질 등을 확인합니다.

❷ 지원자의 인성 역량 확인 및 검증

학생부종합전형의 차별점 중 하나로 공부만 잘하는 학생이 아니라 인성도 겸비한 진정한 인재를 선발하겠다는 의미를 내포하고 있습니다. 평소에 말하는 태도와 행동뿐만 아니라 무의식적으로 드러나는 모습에 대해서도 평가하고 있습니다. 지원자에게 가상의 상황을 제시하고, 이 상황에서 어떠한 사고 방식을 보이는지를 주로 확인합니다.

제출한 서류(학교생활기록부)의 진실성과 지원자의 주도성을 확인합니다. 주로 결과 위주로 서술되어 있는 서류에서 확인할 수 없는 결과에 대한 구체적인 동기나 과정을 물어보고, 지원자의 진정성과 학업에 대한 열정을 확인합니다. 또한 '꼬리에 꼬리 물기'(역량 기반 평가) 질문을 통해 서류 내용의 진실성을 확인하기도 합니다.

면접 평가 7단계 프로세스

면접 평가는 제출된 서류를 현장에서 평가서에 5~7점 척도로 평가 점수를 체크하는 경우가 많습니다.

1단계 · 면접 실시 기준 확정
면접 평가 실시 기준을 정립하고, 면접 방법 등을 입학 전형 심의 위원회에서 최종적으로 확정합니다.

2단계 · 면접 문제 출제(합숙)
면접 문제는 출제자들이 면접 기준에 맞게 출제 방향을 설정하고, 보안을 위해 비공개로 출제합니다.

3단계 · 서류 평가 결과 요약서 준비
서류 평가 결과 요약서는 면접 평가에 활용할 수 있도록 입학 · 교수사정관이 지원사별로 작성하여 준비힙니다.

4단계 · 면접 평가자 배정
모집 단위별로 지원자별 평가 위원 3인(입학사정관+교수 1~2명)을 면접 평가자로 배정합니다.(학교에 따라 다를 수 있음.)

5단계 · 면접 평가 실시
서류 평가 결과 요약서와 서류(학생부), 문제 등을 바탕으로 면접 평가를 실시하고, 평가지에 척도별로 체크합니다.

6단계 · 면접 평가 검수 및 검토
면접 평가가 제대로 이뤄졌는지 일일이 대조하고 의심이 가는 내용은 평가자에게 문의하여 확인합니다.

7단계 · 평가 점수 입력, 사정, 감사
검수 및 검토 후 점수를 입력하고 기준에 따라 진행하여 인원을 최종 선발합니다.(이후에 감사가 진행될 수 있음.)

면접 평가 준비 사항

면접 평가를 위한 준비 사항은 다음의 세 가지로 정리할 수 있습니다.

❶ 지원 대학의 면접 방식, 일정, 장소 확인

• **지원 대학의 면접 방식 확인**: 해당 대학교 입학처에 전화로 문의하거나, 홈 페이지의 수시 모집 요강에서 면접 방식을 확인할 수 있습니다. 면접 방식 에는 개별 면접, 집단 면접, 인성 면접, 심층 면접, 발표 면접, 토론 면접, 토 의 면접 등이 있습니다.

• **면접 일정과 장소 확인**: 해당 대학교 입학처에 전화로 문의하거나, 홈페이지 의 수시 모집 요강을 통해 확인할 수 있습니다. 일정에서 주의 깊게 살펴보 아야 할 사항은 타 대학과 면접일이 겹치는 경우입니다. 만약 지원한 대학 간에 면접 일정이 겹칠 경우에는 오전이라면 오후, 오후라면 오전으로 변경 가능한지, 중간 퇴실이 가능한지를 전화나 방문을 통해 직접 문의하는 것 도 방법입니다.

• **면접 장소 사전 답사하기**: 본인이 입학하고 싶은 대학을 답사해 보는 것은 그 대학에 대한 입학 의지를 다지는 계기가 됩니다. 한편으로는 출발지에서

면접 장소에 도착하기까지 이동 거리와 소요되는 시간 등을 미리 숙지함으로써 면접 당일 혼잡한 교통 상황이나 돌발 변수에 대비할 수 있습니다. 그 외에도 부모님의 자가용 이용 시 주차권 배부 여부, 면접 당일 소지 가능 물품(교양 책, MP3, 파일, 자료집, 교과서, 문제집 등), 부모님 대기실 위치 등을 파악해 두면 더욱 좋습니다.

❷ 평가 영역에 맞는 예상 질문 준비

- **지원 대학의 평가 영역과 요소, 기준, 배점 등 확인**: 평가 영역에는 전공 적합성, 인성 영역, 자기주도성 등이 있으며, 이는 서류 평가 영역과 많은 부분이 겹칠 수 있습니다. 평가 요소에는 논리적 사고력, 발표력, 비판 능력, 의사소통 능력, 판단력, 대인 관계 능력, 서류의 진실성 등이 있습니다. 배점은 일반적으로 전공 적합성 영역이 가장 높지만, 대학에 따라서는 인성 영역의 배점이 다른 항목에 비해 상대적으로 높을 수도 있음을 유의하기 바랍니다.

- **면접 예상 질문 준비**: 예상 질문을 만들기 위해서는 우선 기출 문제를 분석해야 합니다. 기출 문제는 대부분 해당 대학의 입학처 홈페이지 자료실에서 구할 수 있습니다. 만약, 기출 문제를 공개하지 않는 경우에는 해당 지역의 교육청 대입 정보 센터 또는 진로진학 상담 센터에 문의하거나, 고교 선배 등으로부터 구할 수 있습니다. 하지만 대학에서 공개하지 않는 한 전공 문제는 구하기가 쉽지 않을 것입니다.

  그렇다면 우선 대학에서 기본적으로 물어보는 공통 질문을 먼저 준비하는 것도 한 방법입니다. 예를 들면 자기소개하기, 본인의 진로 계획, 본인의 장단점, 생활신조, 가치관, 마지막에 하고 싶은 말, 존경하는 롤 모델 등이 있습니다.

  또, 전공 기초 역량을 평가하기 위한 기본 개념을 물어볼 수도 있으므로 인문 계열은 윤리나 사회 교과, 자연 계열은 수학이나 과학 교과의 기본 개념을 별도로 정리할 필요가 있습니다.

❸ 학교생활기록부의 내용 점검 및 확인

　면접의 방식과 형태는 다르더라도 기본적으로 지원자가 제출한 학교생활기록부는 면접에서 반드시 활용됩니다. 따라서 제출한 서류 내용을 점검 및 확인하고 숙지하는 것은 필수 사항입니다.

- **학교생활기록부를 통해 물어보는 주요 내용**
    - 출결 사항: 미인정 결석이나 장기간 병가가 있는 경우
    - 창체 중 자율 활동: 학교 임원 1회 또는 학급 임원 활동 2회 이상의 경우
    - 창체 중 동아리 활동: 전공 관련성이 높고 지속적인 경우에 리더십 측면이나 단체 수상, 개인의 활동 내역 등
    - 창체 중 봉사 활동: 특이한 봉사 활동, 남들이 하기 싫어하는 봉사 활동 등 행동 특성 및 종합 의견에 기록된 경우
    - 창체 진로 활동: 전공지원과 관련된 가장 의미 있는 진로 활동 경험
    - 세부 능력 및 특기 사항: 전공 관련 과목에 특별하게 기술된 내용이 있을 경우, 세특에 기록된 전공 관련 도서 또는 특별한 책은 반드시 그 핵심 내용과 주제를 숙지하고 갈 것

　마지막으로 학교생활기록부에 기록된 내용을 바탕으로 이와 연관되거나 확장된 경험 내용의 구체적인 내용을 확인하는 질문이 나올 확률이 높으므로 철저한 대비가 필요합니다.

면접은 평가자에 대한 설득

평가자를 설득하기 위한 '설득의 3요소(EPL)'는 다음과 같습니다.

설득의 3요소(EPL)

▶ **인품(Ethos)**

인품은 설득 과정에 60% 정도 영향을 미치는 중요한 요소입니다. 호감[1], 신뢰감 등이 이에 포함됩니다. 좋은 이미지(높은 호감도)를 형성하는 방법으로는 밝은 미소, 인상적인 표정, 활기찬 걸음걸이, 단아한 자세, 남을 배려하는 매너, 지성적인 화법, 청결 유지 등이 있습니다.

▶ **감성(Pathos)**

감성은 공감, 경청 등으로 상대방의 마음을 움직이는 감정적 요소로, 설득에 30% 정도 영향을 미칩니다. 면접관의 감정과 정서를 자극하는 것이 필요하므로 친밀감을 적극적으로 드러내는 것이 좋습니다.

▶ **논리(Logos)**

내용에 대한 근거를 정확하게 제시하는 논리적 요소로, 설득에 10% 정도 영향을 미칩니다. 근거가 명확할수록 답변 내용이 합리화, 체계화, 정당화될 수 있습니다.

정리하자면 평가자에 대한 설득력을 높이기 위해서는 매력적인 인품, 유려한 감성, 명쾌한 논리가 필요합니다.

---

1) 외모를 포함한 행동거지, 사고방식, 재능, 실력, 말투, 표정, 제스처, 옷차림 등 매우 총체적인 요소에서 나오는 매력적인 이미지(image)

면접 평가의 종류 및 대비 전략

　면접의 종류는 면접 대상의 수, 내용, 기간, 방식, 횟수, 진행 방식 등에 따라 나누어 설명할 수 있습니다. 그러나 면접의 명칭과 내용을 명확하게 구분하기는 쉽지 않으며, 대학에 따라서는 같은 내용을 다르게 부를 수도 있음을 참고하기 바랍니다. 또한 필자가 구분한 방식의 종류 외에도 인문대학 어문학부나 국제계열학부의 단과대학인 경우에는 영어, 스페인어, 독일어, 프랑스어, 일어, 중국어, 러시아어 등의 각 전공 언어별로 면접이 있을 수 있습니다.

📇 면접 대상 '수'에 의한 구분

❶ 개별(개인) 면접

　면접 평가위원들이 한 명의 지원자를 평가하는 방식입니다. 주로 일대다(1:多) 형태로 지원자 1명을 면접 평가위원 2~3명이 평가합니다. 이때 참여하는 면접 평가위원은 해당 전공(학교에 따라서는 학부나 유사 계열) 교수 2명(또는 1명)과 입학사정관 1명인 경우가 많습니다. 면접 시간은 5~20분 내외로 학교마다 차이가 있으며, 면접 내용이나 방식에 따라 인성 면접이나 심층 면접, 발표 면접 등이 가능합니다.

② 집단 면접

다수의 지원자를 다수의 평가위원이 평가하는 다대다(多:多) 형태의 면접 방식입니다. 일반적으로 지원자 3~4명(조를 구성하기도 함)을 해당 전공(학교에 따라서는 학부나 유사 계열) 교수로 이루어진 면접 평가위원 2~3명이 평가합니다. 이때 입학사정관은 상황에 따라 면접 평가위원에 포함될 수도, 포함되지 않을 수도 있습니다.

면접은 보통 20~30분 내외로 진행됩니다. 다수의 면접 평가위원이 여러 명의 학생을 대상으로 하나의 질문을 던지고 차례로 답변을 요구합니다. 평가의 공정성을 위해 지원자들의 답변 순서를 반대로 진행하기도 합니다.

집단 면접에서는 본인의 생각을 정리하면서, 다른 학생의 답변과 중복되는 답변을 피해야 하기 때문에 질문을 주의 깊게 잘 들어야 합니다. 답변 요령은 본인의 관점에 다른 학생들의 의견을 종합해서 답변하는 것입니다.

집단 면접은 면접 방식에 따라 토론 면접과 토의 면접이 가능합니다.

면접 '내용'에 의한 구분

① 인성 면접

주로 지원자의 인성 역량을 확인하고 평가에 반영하는 면접으로 일반 면접이라고도 합니다. 면접 목적은 두 가지로 구분할 수 있습니다.

- **서류의 진실성 및 지원자 성격, 기본적인 소양 확인**: 지원자가 학교생활기록부에 작성한 지원 동기나 과정을 꼬리 물기의 방식을 통해 확인 및 점검할 수 있습니다.

- **가상의 상황을 제시하고 지원자의 태도와 사고방식 평가**: 예를 들어 "만약 내일 하루의 삶밖에 남지 않는다면 무슨 일을 하고 싶습니까?"와 같은 질문을 통해 지원자의 생각을 듣는 형태입니다.

면접 시간은 학교에 따라 5~20분 내외로 진행되며, 평가 영역은 서류의 진실성, 의사소통 능력, 사회성, 공동체성, 상황 대처 능력 등입니다. 주로 2~3명의 면접 평가위원들이 지원자 한 명을 평가하는 일대다(1:多) 방식으로 진행됩니다. 면접 평가위원 중 1명은 입학사정관인 경우가 많습니다.

한편, 인성 면접은 지원자가 제출한 서류 확인이 주안점이어서 확인 면접이라고 부르기도 합니다. 대학에 따라서는 제시문이 주어지는 형태의 면접을 진행하기도 합니다.

❷ 심층 면접

인성뿐만 아니라 전공 적합성, 자기 주도성, 학업 역량 등을 종합적으로 평가하며 대부분의 대학에서 실시하고 있습니다.

주로 2~3명의 면접 평가위원들이 지원자 한 명을 평가하는 일대다 방식으로 진행합니다. 면접 평가위원 중 1명은 서류의 진실성 부분을 확인하는 입학사정관인 경우가 많고, 나머지 평가위원은 전공 적합성 부분을 평가하는 전공 교수입니다.

인문 계열의 경우 인문 및 사회 과학의 전반적인 내용과 역사, 철학 분야의 내용을 주로 질문합니다. 자연 계열은 수학·과학의 기본 개념, 법칙의 숙지 정도나 주요 실험의 목적, 과정, 결과 등의 이해 정도를 교과와 연계하여 주로 질문합니다.

심층 면접은 인성 면접과 마찬가지로 지원자가 제출한 서류의 진실성을 확인하며, 지원자의 성격과 기본적인 소양을 평가합니다. 지원자가 경험한 활동의 과정을 구체적이고 심층적으로 파악하기 위한 일종의 역량 평가 면접으로, 면접 시간은 학교에 따라 5~20분 내외입니다.

🪪 면접 '기간'에 의한 구분

① 당일 면접

　일반적인 면접 진행 방식으로, 당일이긴 하지만 실제적으로 오전이나 오후 반나절 동안 면접이 진행되는 경우가 많습니다. 즉, 오전에는 인문 계열, 오후에는 자연 계열 지원자들의 면접을 실시하는 경우입니다.

② 1박 2일 면접[(비)합숙 면접]

　1박 2일 면접은 합숙하거나, 합숙 없이 이틀에 걸쳐서 실시하는 두 가지 경우가 있습니다. 일부 대학교나 교육대학교에서 시행하고 있는 방식입니다. 면접의 형태는 개별 면접과 집단 면접을 혼합하는 경우가 많습니다. 면접 방식으로는 발표 면접, 토론 면접, 토의 면접 등을 실시하는 경우가 많습니다.

🪪 면접 '방식'에 의한 구분

① 토론 면접

- **면접 진행 방식**: 일반적으로 토론 면접에서 면접 평가위원은 학생들의 토론에 직접 개입하지는 않습니다. 평가위원들이 토론 면접 시작 전, 안내 사항과 주의 사항 등을 전달하고 학생들 간 토론을 하도록 하는 것이 일반적입니다. 면접은 대개 4~5명 내외의 지원자를 3명 내외의 면접 평가위원이 평가하는 다대다(多:多) 방식으로 진행합니다. 유형은 크게 '제시문이 없는 찬반 논쟁형'과 '제시문을 활용한 찬반 논쟁형'으로 구분할 수 있습니다. 지원자들은 특정한 주제에 대해 1시간 내외 동안 찬성과 반대로 나뉘어 각자의 논거를 바탕으로 의견을 발표합니다. 대학에 따라 찬성과 반대를 본인이 선택할 수도 있고, 그 자리에서 제비뽑기를 통해 정하거나 해당 대학교에서 사전에 지정해 두기도 합니다.

- **면접 주제**: 제시문은 보통 3개 내외의 단락과 3개 내외의 질문으로 구성되는 경우가 많습니다. 제시문은 교과 관련 내용, 시사적 내용 등이 자주 출제됩니다. 일부 대학의 경우, 제시문과 문제가 논술 전형과 유사하게 출제되기도 합니다. 토론의 주제는 보통 인문, 사회, 과학, 철학 등의 영역에서 제시되는 경우가 많습니다.

☑ 전략 포인트

면접 평가위원들은 토론 과정을 지켜보면서 논리적 사고력, 비판 능력, 대인 관계 능력, 사회성, 리더십, 의사소통 능력 등을 평가합니다. 토론 시 자신과 의견이 다르다고 상대방에게 면박을 주거나, 논거도 없이 본인의 의견만 강하게 주장하는 것은 오히려 평가위원들에게 좋지 못한 인상을 주므로 주의해야 합니다.

- **면접 시 중요한 전략적 방법**: 상대방의 의견이 나와 다르더라도, 그것을 존중하고 내용을 종합하면서 오히려 반박 논거로 활용하여 답변하는 것입니다. 본인 차례가 되거나 직접 발언권을 얻어 의견을 주장할 때는, 말하고자 하는 결론을 먼저 얘기하고 핵심 논거를 중심으로 최대한 간결하게 말하는 것이 좋습니다. 결론은 독창적이고 가급적 실현 가능한 내용을 제시하는 것이 바람직합니다. 실제 상황에 따라 다를 수 있지만 한 번 발언의 최대 시간은 '1분' 정도를 넘지 않는다는 원칙과 마음으로 토론에 임하십시오.
한편 불필요한 설명이 많거나 내용 정리가 되지 않아서 실제로 말하고 싶은 바가 무엇인지 불분명하고 무슨 말을 하는지 상대방이 못 알아듣는다면, 평가자들도 좋지 않은 점수를 줄 것이 분명합니다.

- **태도적 측면**: 토론 면접 중 태도적 측면에서 다음과 같은 주의점이 있을 수 있습니다. 이러한 태도는 아무리 논거가 타당하고 훌륭하더라도 면접관들에게 결코 좋은 평가를 받기가 어렵다는 것을 명심할 필요가 있습니다.
  - 토론 중에 상대방의 의견이나 반응에 감정적으로 흥분하는 태도
  - 상대방의 의견을 무시 또는 비아냥거리거나 무관심하게 방관하는 태도
  - 발언하는 시간과 횟수를 너무 혼자만 독점하려는 태도

이러한 태도상의 주의점을 통해 우리는 주요한 시사점을 발견할 수 있습니다. 바로 토론 면접에서 가장 중요한 태도는 어느 순간에도 '냉정함'을 잃지 않는 것입니다. 그러나 어떤 일이 생길지 모르는 실제 면접 상황에서는 언제나 냉정함을 유지하는 것이 쉽지 않을 수 있습니다. 그렇다고 토론 면접을 염두에 두고 일찍부터 면접 연습만 하는 것도 현실적으로 어렵습니다. 그러므로 토론 면접에 대한 연습을 별도로 하는 것보다 고교 시절 동안 수업, 창체 등 동아리활동, 기타 교육 프로그램이나 학교 밖 토론 활동을 통해 자연스럽게 연습이 이뤄진다면 실제 평가에서 많은 도움이 될 것입니다.

- **내용(콘텐츠) 측면**: 토론 면접의 '내용이나 콘텐츠 측면'에서 좋은 평가를 받기 위해서는 전공 분야뿐만 아니라 인문, 사회, 철학, 역사, 과학, 공학, 예술, 체육 분야는 물론이고 시사에 이르기까지 다양한 독서와 직간접적 경험에 대한 본인만의 해석이 필요합니다.

  시사 내용의 정리는 관련 내용을 평소에 스크랩하고, 신문이나 인터넷 언론의 사설이나 칼럼 등을 자주 읽고 요약하는 것이 바람직합니다.

  또한 제시문이 있는 대학의 경우 과거의 논술 기출 문제를 풀어 보고 면접에 대비하는 전략이 필요합니다. 이를 바탕으로 다양한 주제에 대해 본인의 생각과 의견을 미리미리 정리해 두는 것이 좋은 방법입니다.

❷ 토의 면접

- **면접 진행 방식**: 토론 면접은 특정한 주제에 대해 찬성과 반대로 나뉘는 면접인 반면에, 토의 면접은 특정한 주제에 대한 의견을 서로 나누면서 합리적인 대안을 도출하고 해결점을 찾아가는 면접입니다.

- **면접 주제**: 주제는 인문, 사회, 과학, 철학 등 다양한 영역에서 출제됩니다. 다만 계열에 따라 차이를 보일 수 있습니다.

  예를 들어 인문 계열에서는 교과 관련 내용 또는 시사적 내용 등이 많이 출제되는 반면에 자연 계열에서는 수학 또는 과학 관련 문제를 제시하여 문제 풀이 과정, 개념 등을 요구하기도 합니다.

중요한 면접 팁은 상대방의 의견을 종합하고, 종합한 의견을 바탕으로 다른 방향에서 생각해 본인만의 관점을 수립하는 것(예시: ~ 면도 있지만 제 생각은~)입니다. 이를 위해서는 전공 분야뿐만 아니라 인문, 사회, 과학, 철학 등 다양한 분야와 시사 등 폭넓은 분야에 대한 독서가 필요하고, 이를 바탕으로 특정 주제에 대한 본인의 생각을 정리하는 것이 필요합니다.

토론/토의 면접에서의 역할 유형

토론/토의 면접을 해 보면, 지원자의 발언 내용과 태도, 역할을 다음의 네 가지 유형으로 구분할 수 있습니다. 바로 '패널형'과 '패널종합형', '사회자형', '사회자패널종합형'이 그것입니다.

1. 패널형(독불장군)
상대방 의견보다는 본인의 주장(찬성 또는 반대) 위주로 발언하는 유형

2. 패널+종합형
상대방의 의견들을 종합·정리하면서 그 내용을 바탕으로 본인의 주장을 다듬고 발언하는 유형

3. 사회자형(중재자)
상대방의 의견들을 잘 종합하고 그것을 중심으로 다른 수험생의 발언을 잘 유도하지만 정작 본인 주장은 약한 유형

4. 사회자 + 패널 종합형
소정의 문제에 대해 사회자 역할도 잘 하면서 패널 종합형 역할도 잘 하는 유형

❸ 발표 면접

발표 면접의 과정은 다음과 같습니다.

- **문제 제시**: 면접장 밖의 대기실에 발제할 주제 또는 문제가 게시됩니다. 인문 계열의 경우 찬반이 있는 제시문이, 자연 계열의 경우 문제풀이가 가능한 수식 문제(수학 또는 과학)가 주어질 가능성이 큽니다.

- **발표 준비**: 주제 또는 문제에 대해 10~30분 내외의 발표 준비 시간을 줍니다.

- **발표 및 평가**: 지원자 1명씩 면접장에 입실하여 준비한 내용을 발표(발제, 문제 풀이, 해석 포함)하고, 2~3명의 면접 평가위원들이 이를 약 10~20분 간 평가합니다.

- **질의응답**: 발표가 모두 끝나면 5~10분 내외의 질의응답 시간을 갖습니다. 이때 지원자는 발표 내용에 대한 이유, 찬성과 반대 내용, 대안 제시 내용에 대해서 논리직인 근거 등을 제시하며 타덩성이 있게 설명해아 합니다. 평가는 논리적 사고력, 의사소통 능력, 학업 역량, 발표력과 태도 등을 종합하여 이루어집니다.

토론/토의 면접 대비 핵심 전략

공통 사항

▶ **사전 준비**

- 지원 계열과 전공 관련 교과서 핵심 개념 정리하기
- 핵심 시사 내용 정리하고 본인의 의견 써보기(언론 사설, 칼럼 읽고 요약하기)
- 수업 활동에서 토론/토의 연습하기

▶ **실전 상황**

- 상대방 의견 존중하고 내용 종합하기(메모!)
- '결론+근거' 순으로 간결하게 말하기(1분 내외)
- 흥분하지 않고 냉정함 유지하기
- 발언 시간이나 횟수 독점하지 않기
- '(사회자)+패널+종합형' 역할 적극 활용하기

제시문형

▶ **사전 준비**

논술 기출 문제 분석하고 내용 정리하기

📇 면접 '횟수'에 의한 구분

① 1회 면접

면접 평가를 단 한 번만 하는 형태입니다. 대부분의 대학에서 이러한 형태로 면접을 실시합니다.

② 2회 면접

지원자에 대해 두 번의 면접 평가를 하는 형태입니다. 첫 번째는 개별 심층 면접, 두 번째는 집단 토론 면접으로 구성되는 경우가 많습니다. 일부 대학교와 교대 등에서 선호하는 형태입니다.

③ 다중 미니 면접

주로 의대의 수시 구술 면접에서 활용하는 경우가 많습니다. 대표적으로는 서울대 의대, 치의대, 수의대 일반전형(수시), 성균관대 수시전형, 나머지 의대 전형(정시, 수시) 등이 있습니다.

이러한 면접 형태는 학생들의 인성 검증을 강화하기 위한 취지에서 시작되었습니다. 평가 위원들은 지원자들이 여러 면접장을 돌아다니면서 다양한 상황과 주제에 답변한 내용들을 총 합산하여 평가합니다. 특히, 서울대 의대는 인성 검증을 위한 상황 면접 외에 빅데이터 및 제시문 분석 면접관과의 토론 등 심층적이고 복합적인 문제와 상황 등을 제시하여 까다롭게 느낄 수 있습니다.

면접장에서는 제출한 서류를 확인하는 위주로 면접이 진행되며 지원자마다 질문이 다를 수 있습니다. 그 외의 면접장에서는 제시문 분석이 많은데 약 2분 동안 주어진 제시문을 보고 본인의 의견을 정리한 후 8분 내외로 발표 및 평가가 진행됩니다.

평가는 논리적 사고력, 판단력, 의사소통 능력, 직업윤리 등의 능력을 종합하여 이루어집니다. 역량 평가 면접의 변형된 형태라고 할 수 있습니다.

📇 면접 '질문 형태'에 의한 구분

❶ 즉문 즉답형 면접

별도의 제시문 없이 이미 지원자가 제출한 학교생활기록부 등을 보고 그 내용을 확인하거나 내용에 대한 과정을 구체적으로 질문하여 평가하는 면접 형태입니다.

❷ 제시문 활용형 면접

특정 주제의 제시문을 대기실에 게시하고 지원자에게 일정한 시간 동안 찬성, 반대, 대안 제시 등 이에 대한 생각을 정리하여 발표하도록 하는 방식의 면접 형태입니다.

❸ 상황(제시형) 면접

"만약 ~한 상황이라면 본인은 어떻게 행동하겠습니까?"와 같이 특정한 상황을 제시하였을 때, 지원자가 어떤 생각과 태도로 답변하는지 평가하는 면접 형태입니다. 지원자의 가치관, 태도, 기초 소양 등을 평가하는 데 유용한 면접 방식입니다.

이러한 면접은 실제로 일어나지 않은 상황에 대한 질문이 주어지기 때문에 지원자들의 평소 가치관을 파악할 수 있다는 특징이 있습니다. 그러나 거짓된 답변이나 획일적인 답변만을 유도할 가능성이 많다는 문제점이 있을 수 있습니다.

말이 아닌 '행동'이 합격을 결정한다.

메라비언의 법칙[The Law of Mehrabian]

메라비언의 법칙은 의사소통에서 비언어적 요소가 상대방에게 주는 이미지의 93%를 차지한다는 이론입니다. 즉, 면접에서의 '행동'이 합격을 결정하는 중요한 요소가 될 수 있음을 의미합니다.

> **의사소통에서 언어적 요소와 비언어적 요소가 차지하는 비율**
>
> - 말(Words): 언어 ·················· **7%**
> - 소리(Tone of voice): 청각 ·········· **38%**
> - 행동(Body language): 시각 ········· **55%** → (표정 35% + 태도 20%)

▶ **메라비언의 법칙에 따른 면접 평가에 좋은 행동 5가지(설득의 법칙)**

① **눈 마주치기(Eye Contact)**: 면접관과 시선을 자주 마주쳐 대화에 집중하고 있음을 보입니다.

② **미소(Smile)**: 밝은 미소는 면접관에게 호감을 가시게 하고, 밝은 사람이라는 인상을 줍니다.

③ **끄덕이기(Nodding)**: 고개를 끄덕이는 것은 면접관에게 경청하고 있다는 의미를 전달합니다. 반대로 옆으로 머리를 젓는 것은 부정적인 인상을 줄 수 있으므로 삼가야 합니다.

④ **열린 몸짓(Open Gesture)**: 여유 있는 자세와 몸짓은 면접관에게 신뢰감을 줍니다. 반면, 팔짱을 끼거나 허리에 손을 얹는 행동 등은 면접관에게 무례하고 거만한 인상을 주므로 주의하도록 합니다.

⑤ **앞으로 살짝 기울이기(Forward Leaning)**: 면접관 쪽으로 살짝 몸을 기울인 자세는 지원자가 그 질문에 관심이 많고 질문의 본질에 집중하고 있다는 인상을 줍니다.

면접 평가 때의 주의 사항

　면접을 진행하다 보면 종종 지원자들이 습관적으로 적절하지 않은 태도를 취하는 경우를 봅니다. 아마 면접으로 인해 매우 긴장했기 때문이라고 생각합니다. 하지만 이런 경우 평가에는 좋지 못한 영향을 끼칠 수 있기 때문에 다음과 같은 사항을 자세히 알아보고 연습을 통해 교정하는 것이 좋습니다.

❶ 다리를 떨지 마세요.

　질문이 어렵거나 본인이 생각하지 못한 질문이 나올 때 다리를 떠는 지원자들이 있습니다. 긴장하여 무의식적으로 이러한 습관이 나타나는 것입니다. 하지만 이 작은 행동이 평가에는 좋지 않은 영향을 미칠 수 있습니다.

❷ 고개를 갸우뚱하거나 머리를 좌우로 흔들지 마세요.

　고개를 갸우뚱하거나 좌우로 흔드는 행동은 면접관에게 불안하고, 평정심을 잃었다는 인상을 줄 수 있습니다. 모의 면접 등을 통해 안정적인 태도를 유지하는 연습을 하여 교정하는 것이 필요합니다.

❸ **한숨을 크게 내쉬거나 머리를 긁적이지 마세요.**

　자신도 모르게 한숨을 내쉬거나 머리를 긁적이는 학생이 있습니다. 면접관에게 자신감이 없고 소심하다는 인상을 줄 수 있으므로 역시 연습과 교정이 필요합니다.

❹ **면접 평가위원 중 한 사람만 계속 응시하지 마세요.**

　간혹 질문한 면접관만 바라보며 답변하는 지원자가 있습니다. 그러나 평가는 참석한 모든 면접관이 합니다. 그러므로 답변할 때에는 질문한 면접관을 먼저 본 후, 나머지 면접관들과 눈을 맞추며 답변하는 것이 좋습니다.

❺ **답변할 때 면접 평가위원의 눈만 똑바로 쳐다보지 마세요.**

　이러한 태도는 '눈싸움'을 하는 것과 같이 면접관에게 무의식적으로 지원자와 대결 상태로 인지하게 하여 좋지 않습니다. 2초 정도 눈을 맞춘 후에는 눈과 코 사이나 인중을 보고, 다시 눈을 보고 인중을 보는 등 시선을 적절하게 유지하는 것이 좋습니다.

❻ **답변할 때에는 항상 미소를 지으세요.**

　설사 모르는 질문이 나와도 그냥 미소를 지으십시오. 면접을 진행하다 보면 지원자에게 호감을 표하는 면접관이 반드시 있습니다. 그분에게는 특별히 더 미소를 띠는 것이 실질적인 평가에도 도움이 되고, 지원자의 긴장감을 줄이는 데도 도움을 줄 것입니다. 면접만을 위한 미소는 어색해질 수 있습니다. 원래 얼굴의 표정을 완전히 뜯어고친다는 마음으로 연습을 해야 합니다. 면접의 어떤 상황에서도 자연스럽게 웃는 밝은 미소를 보이는 것이 평가에 유리합니다.

❼ 천장이나 아래를 보지 마세요.

　예상하지 못한 질문이 나오거나 말문이 막힐 때 지원자가 보이는 행동 중 하나입니다. 불안정한 시선 처리는 면접의 집중도를 떨어뜨리고, 면접관에게 '질문을 계속 해야 하나?', '이대로 끝내야 하나?' 등의 갈등을 줄 수 있으므로 주의해야 합니다.

❽ 답변을 하면서나 마친 후에 울지 마세요.

　학교생활에서 힘들었던 경험이나 어려웠던 가정사 등을 말하며 눈물짓는 지원자들이 종종 있습니다. 지원자가 울면 면접관들은 "편하게 하세요."라면서 달래주실 것입니다. 그런데 사실 면접관들은 말과는 달리 심정적으로 편하지 않습니다. 그래서 이렇게 울먹이는 지원자는 평가에서 손해를 볼 수도 있습니다. 서류(학교생활기록부) 내용을 확인하는 질문에서 이러한 경향이 두드러집니다. 따라서 서류 확인에 대한 예상 질문과 해답을 만들어 대비하고, 늘 평정심을 유지하는 연습이 요구됩니다.

❾ 앉은 자세에서 다리를 꼬거나 너무 벌리지 마세요.

　간혹 다리를 넓게 벌리거나 꼬고 앉는 지원자들이 있습니다. 흐트러진 자세는 면접관에게 좋지 못한 인상을 줄 수 있습니다. 치마를 입은 여학생의 경우, 다리를 가지런히 모아서 앉고, 바지를 입은 경우에도 본인의 어깨너비를 벗어나지 않도록 주의하기 바랍니다. 남학생의 경우에는 다리를 너무 과도하게 벌리고 앉아 문제가 되기도 합니다. 역시 어깨너비 정도만 벌리고 앉는 것이 좋습니다.

❿ 움츠리지 말고 어깨를 펴세요.

　모르는 질문이 나오거나 답변하기 어려울 때, 심리적으로 위축되어 자세가 움츠러드는 경우가 있습니다. 당당하고 자신감 있게 답변하십시오.

⓫ **안경 쓴 학생의 경우, 안경을 자주 만지지 마세요.**

안경을 올렸다 내리는 행위도 마찬가지입니다. 무의식적인 습관이지만 면접 평가위원들에게는 질문에 당황하거나 긴장한 것으로 인식되어 평가에 좋지 않은 영향을 줄 수 있습니다.

⓬ **머리를 자주 쓸어 넘기지 마세요.**

주로 머리가 긴 학생인 경우가 많습니다. 한두 번은 예의로 넘어갈 수 있습니다. 그러나 답변할 때마다 계속 습관적으로 행동할 경우 좋지 못한 영향을 줄 것입니다. 면접 중 긴 머리가 흘러내리지 않도록 머리띠나 머리핀을 이용해서 고정하고, 머리가 눈을 가리지 않도록 하십시오.

⓭ **답변할 때 자연스러운 제스처를 사용하세요.**

제스처(gesture)는 말의 효과를 더하기 위하여 하는 몸짓이나 손짓을 의미합니다. 답변에 어울리는 편안한 손동작은 답변의 신뢰도를 높입니다. 예를 들어 주먹을 꽉 쥐고 경직된 자세로 답변하는 것보다는 주먹을 자연스럽게 쥐고 자연스러운 자세로 답변하는 것이 보는 사람에게도 편안함을 줍니다.

⓮ **답변할 때마다 자주 침을 삼키는 행위를 주의하세요.**

면접 시 긴장하여 침을 꿀떡꿀떡 삼키게 될 때가 있습니다. 누구나 면접에서 긴장하기 마련이지만 이러한 행동이 반복될 경우 면접의 흐름이 깨지고 평가에 부정적인 영향을 줄 수 있습니다.

⓯ **'어…', '마…', '음…' 같은 표현을 하지 않도록 주의하세요.**

물론 한두 번 정도는 괜찮다고 할 수 있습니다. 주로 답변을 할 때 바로 답변하지 않고 잠시 답변 내용을 정리하거나 습관적으로 사용하며, 일부 지방에서 사투리로 사용하는 경우가 있을 것으로 생각됩니다.

지방에서 올라와 사투리를 사용하는 경우를 제외하고는 불필요한 경우로, 면접 평가위원들은 답변을 몰라서 시간을 끄는 행위라고 오해할 수 있습니다.

⑯ 성량은 적당하거나 오히려 크게 답변하세요.

본인의 특성을 살린 적당한 성량의 목소리는 좋은 인상을 주는 데 도움이 됩니다. 큰 목소리와 정확한 발음으로 너무 빠르거나 느리지 않게 적당한 속도로 말하는 것이 좋습니다. 반복적인 연습과 선생님이나 전문가의 피드백 등을 통해 개선할 수 있습니다.

⑰ 면접이 끝나고 나갈 때는 너무 빨리 도망치듯이 나가지 말고 천천히 나가세요.

간혹 면접이 끝나면 홀가분한 마음으로 급하게 뛰쳐나가는 경우가 있습니다. 면접은 면접장 밖에서도, 이동할 때도, 복도에 나가서도 진행된다고 생각하십시오. 여기저기 평가의 눈들이 있습니다(면접 평가위원들을 평가 중간에 화장실이나 자동판매기 앞, 복도에서 마주칠 수도 있습니다). 그 대학교 정문(또는 후문)을 빠져나갈 때가 비로소 면접이 끝나는 것입니다.

⑱ 본인의 뒷모습은 최대한 작게 노출하도록 하세요.

나갈 때는 바로 '휙' 뒤돌아서 나가지 말고 뒷걸음질을 조금 치다가 뒤로 돌아 나가시기 바랍니다. 너무 세세한 부분까지 신경 쓴다고 생각할지도 모르지만 이러한 작은 행동 하나하나가 본인의 인상을 좋게 만들 수 있습니다.

⑲ 나갈 때에는 문을 살며시 닫으세요.

면접이 끝났다는 시원함 때문인지 문을 '쾅' 닫고 나가는 경우가 종종 있습니다. 지금까지 잘 본 면접이 허사가 될 수도 있습니다. 끝까지 긴장감을 풀지 말고 면접시험에 집중하십시오.

㉔ 면접장 밖에서 떠들거나 소리치지 않도록 주의하세요.

　이러한 행위는 다른 면접자에게 방해를 줄 수도 있고 면접 평가위원들이 평가한 내용을 정리하는 데에도 많은 어려움을 줍니다. 마찬가지로 면접에 같이 온 친구들과 얘기하는 행위도 가능한 한 자제하는 것이 좋습니다.

㉑ 답변할 때 면접 평가위원들이 미소를 짓는 것에 오해하지 마세요.

　이러한 미소가 합격을 보장하는 것은 아닙니다. 물론 여러분이 합격을 할 수도 있습니다. 하지만 그게 본심이 아닐 수도 있습니다. 사실 그렇게 면접 평가 전에 사전 교육을 받고 오십니다. 왜냐하면 여러분은 잠재적인 고객이기 때문입니다. 이번에 떨어지면 다른 수시의 전형에서도 볼 수 있고, 수능을 본 후 정시 전형에서도 볼 수 있기 때문입니다. 또한 혹시 모를 민원 발생을 사전에 차단하는 효과도 있습니다. 그러니 면접 평가위원들이 답변을 할 때마다 미소를 보였다고 해서 반드시 합격이라고 단정 짓는 우를 범하지 말기를 바랍니다.

　오히려 냉철하게 본인의 면접 과정과 답변 내용을 다시금 차분히 정리해 보면, 본인 스스로가 합격에 대한 판단을 어느 정도 할 수 있을 것입니다. 이처럼 반성적인 태도로 자신을 돌아보는 행위는 나머지 다른 대학의 면접 평가를 준비하는 데에도 좋은 영향을 줄 것입니다.

㉒ 양팔은 자연스럽게 살짝 구부리고 양손은 무릎에 부드럽게 올려 놓으세요.

　간혹 양팔을 너무 쭉 펴고 앉아 부자연스럽고 경직되어 보이는 면접자들이 있습니다. 그러나 면접시험장은 군대가 아닙니다. 일부러 군기(?)가 바짝 든 이등병의 모습을 할 필요는 없습니다. 그런 모습은 '나 긴장하고 있다'는 시그널을 면접관들에게 주는 행동입니다. 이름을 부르면 관등성명(이병 홍길동!)이 튀어나올 것 같아 오히려 면접관들이 팔을 편하게 하고 앉으라고 할 겁니다. 제스처를 취할 때만 손과 팔을 자연스럽게 사용하고 다시 부드럽게 무릎에 놓는 행동이 바람직합니다.

면접 평가의 질문 절차 3단계

1단계: 도입 질문

본 질문에 들어가기 전 분위기를 부드럽게 하기 위한 질문입니다.

▶ 지원자의 긴장 완화를 위해 질문합니다.

> • 도입 질문 예시
> - 학교 찾아오는 데 어려움은 없었나요?
> - 식사는 하고 왔어요?
> - 누구랑 왔어요?
> - 학교에 직접 와 보니 어떤가요?
> - 먼저 1단계 서류 합격을 축하합니다.
> - 우리 학교에 와 보니 어떤가요?

▶ 핵심 강점 파악을 위해 질문합니다.
▶ 지원자의 면접 태도와 자세를 살펴보려고 질문합니다.

2단계: 본 질문

평가의 본격적인 질문은 '도입-초점-심층 탐문'의 세 가지 절차로 진행됩니다.

도입 Intro	~한 것을 발휘한 경험에 대해 ~ ~할 경우 자신의 대응을 ~	
초점 Focusing	S 어떤 상황을 ~ 어떤 과제를 ~　T 어떻게 ~　A 그 결과 ~　R	
심층 탐문 In-depth Probing		Probing할 상황/변수/행동요소 판단 "그 부분을 좀 더 상세하게 얘기해 주세요."
	구체적으로 취한 행동은 ~ 그 상황이 발생한 배경은 ~ 다음에 취할 행동은 ~ 그때 한 생각은 ~	그때 한 말은 ~ 그때 느낀 감정은 ~

본 질문 3가지 절차　　　　[출처 : 대학자료집]

도입 절차에서는 학습 활동에 대해 질문하며, 초점 절차에서는 도입 질문에 대한 상황·변수·행동 요소를 판단하기 위한 동기·과정·결과 등을 질문합니다. 심층 절차에서는 초점 질문에 대해 더 심층적이고 세부적으로 알고 싶을 때 당시의 정서적·인지적·활동적 상태 등에 대한 질문이 해당됩니다. 질문의 형태는 다음 3가지 사항을 참고하시기 바랍니다.

▶ **지원자가 제출한 서류(학교생활기록부)를 바탕으로 다양한 질문을 합니다.**
  - (교과) 세특: 수업 중 발표 등의 활동에 대해 물어보고 그 과정, 결과에 대해 질문합니다.
  - (비교과) 수상 실적 / 진로 희망 / 창체(자동봉진) / 독서 활동
▶ **사전에 제시한 지문/제시문 등에 대한 답변을 듣습니다.**
▶ **질문을 듣고 답변이 미진하거나 더 구체적으로 알고 싶으면 원 질문을 바탕으로 꼬리에 꼬리를 무는 질문을 합니다.**
  ※ **주의점**: 연속되는 질문에 대한 답변의 일관성을 유지해야 합니다. 답변이 계속되다 보면 어느 순간 집중력이 흐트러져 앞과 뒤에 답변한 내용이 다를 수 있습니다. 이러면 답변의 신뢰도가 저하되어 평가에 악영향을 끼칠 수 있습니다.

3단계: 마무리 질문

  • 마무리 질문 예시
  - 마지막으로 하고 싶은 말이 있나요?
  - 우리 학교기 학생을 왜 뽑아야 한디고 생각히나요?
  - 우리 학교 외에 어디 학교에 지원했나요?
  - 여러 대학에 한꺼번에 붙으면 우리 학교에 올 건가요?

이러한 질문이 나오면 마지막으로 본인의 강점을 확실하게 드러내고 퇴실하면 됩니다.

면접 평가의 복장 및 외모 주의 사항

📇 면접의 기본 복장

　면접관에게 좋은 첫인상을 주는 것은 평가에 도움이 됩니다. 면접 시 복장에서 주의할 점은 다음의 두 가지로 정리할 수 있습니다.

① 남녀 학생 모두 교복이 제일 좋았습니다. 그러나 바뀐 '블라인드 면접' 지침 때문에 교복을 입을 수 없습니다.

　면접의 기본 복장 원칙*은 학생으로서의 깔끔한 모습을 보여주는 것이 제일 바람직합니다. 블라인드 면접 지침**으로 대학에서는 면접 당일 교복을 입지 않도록 하고 있습니다. 이럴 때는 캐주얼과 같은 깔끔한 평상복을 입는 것이 좋습니다. 부득이하게 교복을 입었어야만 한다면 해당 학교에서 별도의 가운을 주거나 해서 다른 조처를 하므로 크게 걱정하지 않아도 됩니다.

* 블라인드 면접 때 신분이 드러날 수 있는 교복이나 군복, 이름표 등과 같은 차림을 금지합니다.
** 블라인드 면접은 면접 과정에서 일어날 수 있는 편견을 배제하고 수험생 역량에 기반한 평가를 하기 위해 면접 평가에 영향을 줄 수 있는 개인정보를 블라인드

② 수험생은 깔끔한 캐주얼한 평상복을 입으면 됩니다.

색깔이 너무 튀거나 무늬가 현란한 옷은 피하는 것이 좋습니다. 또한 운동복 복장도 피하는 것이 바람직합니다.

예를 들어 남학생은 진한 무채색 느낌의 재킷, 남방(흰색 또는 청색), 면바지(베이지색 또는 남색), 구두(검은색 또는 짙은 갈색) 또는 운동화(흰색이나 밝은색 계열, 어두운 색도 가능)가 무난한 차림이라고 생각합니다. 운동화가 아니면 흰색보다는 짙은 색(회색, 검은색 등) 양말이 더 좋습니다. 여학생은 재킷, 블라우스(흰색 또는 파스텔 톤), 치마(베이지색 또는 남색), 구두(검은색 계열) 또는 운동화(흰색이나 밝은 색깔 계열)가 무난한 차림이라고 생각합니다. 구두에는 짙은 색 양말이 좋습니다. 다용도로 활용 가능한 손수건을 별도로 챙기는 것도 좋습니다.

면접 시 '외모'에서의 주의사항

면접 시 외모에서의 주의사항은 다음과 같이 정리할 수 있습니다.

① 짙은 화장은 금물입니다.

기본적인 옅은 화장 정도는 어느 정도 가능합니다. 그러나 너무 진한 화장은 평가에 좋지 않은 영향을 줄 것입니다. 요즈음은 간혹 남학생도 화장을 하고 오는 경우가 있습니다. 옅게 화장하는 것은 나쁘지 않습니다. 그러나 이러한 상황이 아직은 면접 평가위원들에게는 익숙하지 않을 것입니다.

❷ 짧은 반바지나 치마는 적절하지 않습니다.

간혹 반바지나 칠부바지를 입는 지원자들이 있는데 이러한 복장은 가능한 한 자제하는 것이 좋습니다. 여학생의 경우에 치마가 너무 짧다면 바지를 입는 것이 더 나을 것입니다. 만약 짧은 치마를 어쩔 수 없이 입었다면 손수건이나 카디건 등으로 가리는 것이 좋습니다.

❸ 여학생의 경우 속이 훤히 비치는 시폰 계열의 블라우스는 자제해야 합니다.

역시 면접 평가위원들의 시선을 방해하거나 평가의 집중을 어렵게 할 수 있기 때문입니다.

❹ 너무 튀는 염색은 하지 마십시오.

간혹 머리를 노랗게 염색한 학생들이 있습니다. 아직까지 대학생은 아니므로 너무 튀는 염색 머리는 면접 평가위원들에게 좋은 인상을 주지 못할 것입니다. 따라서 본인이 튀는 염색 머리라고 여겨진다면 미리 자연스러운 갈색이나 검은색으로 재염색한 후, 면접에 임하는 것이 바람직합니다.

❺ 모자는 쓰지 마십시오.

만약 모자를 쓰고 왔다면 면접 대기실에서 벗고 면접장에 들어가시기 바랍니다. 물론, 머리는 단정하게 정리하는 것이 좋은 인상을 주는 데 도움이 될 것입니다.

❻ 귀걸이와 목걸이 같은 액세서리는 자제해야 합니다.

혹시 평소에 귀걸이와 목걸이를 하고 다녔다고 하더라도 면접 당일에는 착용하지 않는 것이 좋습니다. 다만, 시계는 가능합니다.

면접관을 사로잡는 면접의 4요소(2E/2H)

❶ 시선(EYE): 눈을 사로잡아라!

- 맑으면서도 총명한 눈빛으로 면접관들을 바라보십시오.
- 매 순간 밝은 미소와 표정을 지으십시오.
- 옷매무새와 앉은 자세를 단정하게 잘 가다듬으십시오.

❷ 청각(EAR): 귀가 솔깃하게 해라!

- 부드러우면서도 힘찬 목소리를 내십시오.
- 발음은 아나운서처럼 명확하고 또박또박하게 하십시오.
- 속도는 너무 느리거나 빠르지 않게 일정한 스피드로 말하십시오.
- 내용은 간결하게 짧은 문장으로 끊어서 말하십시오. 한 문장이 30자 내외인 것이 좋습니다. 내용이 길어지면 두서가 없어지고 지루하게 됩니다. 그러면 면접관이 핵심을 놓칠 수 있습니다.
- 맺음말은 확실히게 히십시오. 종결 어미 '-하고요.'보다는 '-라고 생각합니다.', '~하겠습니다.', '~ 하는 것입니다.'로 답변하는 것이 바람직합니다.

❸ 마음(HEART): 마음을 움직여 공감시켜라!

- 지원 학교와 전공에 대한 열정을 답변할 때마다 나타내십시오. 합격에 대한 절박감과 진실함, 진정성은 결국 통하게 되어 있습니다.

❹ 손(HAND) : 손동작을 활용하라!

- 질문에 대해 답변할 때 손동작과 같은 적절하고 적극적인 제스처를 사용하십시오.

06

면접 평가 질문 방식 및 기본 답변 방법

면접 평가 질문 방식

일반적으로 'STAR 기법'을 응용한 질문 방식을 활용합니다.

① Situation(상황)

- **당신이 처해 있던 상황에 대해 말씀해 보십시오.**
  - 학습 또는 활동하기 위한 상황
  - 개인, 가족, 학교 등 배경(background)
  - 히스토리(history)
  - 학습 또는 활동 계기 또는 동기

② Task(과업, 과제)

- **당신이 수행한 일은 무엇이었습니까?**
  - 학습 또는 활동의 목적, 목표, 효과 등 추구하고자 하는 궁극적 실현 가치
  - 구체적으로 수행한 학습 또는 활동 내용
  - 학습 또는 활동 과정에서 있었던 일
  - 학습 또는 활동 단계와 절차, 로드맵(road map)

❸ Action Plan or Attitude(행동 또는 태도)

• 어떻게 대응했습니까? 취한 행동에 대해 말씀해 보십시오.
  - 학습 또는 활동의 구체적 추진 계획이나 태도
  - 반응(reaction)의 구체적 방법
  - 접근 및 대처의 구체적 방법

❹ Result(결과 및 변화)

• 그 행동의 결과는 어땠습니까?
  - 추진 결과(성과, 업적)
  - 학습 또는 활동 결과가 미친 영향
  - 최종 결과(결과물)
  - 후속 학습 또는 활동

📇 면접 질문 예시

창체 활동

동아리 활동	• 활동했던 동아리의 성격과 활동 인원 등을 구체적으로 설명해 주세요. • 이 동아리에서 본인은 어떤 역할을 맡았나요?
	• 동아리에서 ○○ 실험을 했다고 하는데 이에 적용된 실험 원리를 간단하게 설명해 주세요.
자율 활동 (리더십)	• 반장으로 일하면서 가장 기억에 남는 일은 무엇이었으며, 왜 그런가요? • 봉사부장으로 일하면서 가장 어려웠던 점(일)은 무엇이었으며, 이를 해결하기 위해 어떤 노력을 하였나요?

봉사활동	• 분리수거 활동을 3년간 지속적으로 봉사활동을 한 이유는 무엇인가요? • 봉사활동은 몇 명이 참여했으며, 본인은 주로 어떤 역할을 맡았나요?
독서 활동	• ○○ 책을 읽었다고 하는데 내용이 어렵지 않았나요? • 이해하기 어려운 내용이 나오면 이를 이해하기 위해 어떤 노력을 했나요?

전공에 대한 이해 및 준비	• ○○ 전공을 지원했는데, 다른 전공(유사 전공)은 선택하지 않고 ○○ 전공만을 선택한 이유가 있나요? • 3년간 매년 진로 희망이 바뀌었는데 그 이유는? • 본인의 진로 개발을 위해 가장 많이 노력한 활동 하나만 소개하자면?
장래 희망	• 장래 희망이 ○○이라고 했는데, ○○이 되기 위해 가장 필요한 자질은 무엇이라고 생각하나요? 대학생이 되면 그러한 자질을 갖추기 위해 어떠한 노력을 할 계획인가요? • 앞으로 ○○이 되고 싶다고 했는데, 현재 그 분야에 본받고 싶은 '롤 모델(role model)'이 있나요? 있다면 그 사람의 어떤 점을 닮고 싶나요?

[출처: 대학 자료집]

🪪 기본적인 답변 방법

① 질문의 의도를 정확히 파악하고 답변한다.

면접은 보통 '평가위원의 질문 → 지원자의 답변 → 평가위원의 채점' 순으로 진행됩니다. 이러한 과정에서 면접 평가위원은 평가를 위해 의도를 가지고 질문을 던집니다. 따라서 답변에 대한 꼬리를 무는 질문을 던지기도 합니다.

이러한 의도도 이미 '평가 매뉴얼'에 있는 경우가 대부분입니다. 따라서 지원자는 질문을 듣고 먼저 그 의도를 정확하게 파악하는 데 집중할 필요가 있습니다. 의도와는 다르게 엉뚱한 답변을 하면 그때부터 평가 점수가 깎일 수 있습니다.

또한 질문에서 요구하는 답변 수가 정해져 있는 경우가 있을 수 있습니다. 그럴 때에는 그에 맞게 제시해야 합니다. 그보다 적으면 감점될 확률이 높습니다.

❷ 결론을 먼저 제시하고, 범주를 확실하게 구분하여 말한다.

소수의 면접 평가위원들이 많은 학생들을 상대하기 때문에 면접을 진행할수록 지원자들의 답변을 듣는 집중도가 떨어질 수 있습니다. 따라서 지원자들은 답변을 할 때 장황한 설명보다는 의견의 핵심이나 결론부터 말하는 습관을 만들어 놓아야 합니다. 결론을 먼저 말하고 그렇게 생각하는 이유와 그에 맞는 구체적인 사례를 들어서 마무리하는 것이 바람직합니다.

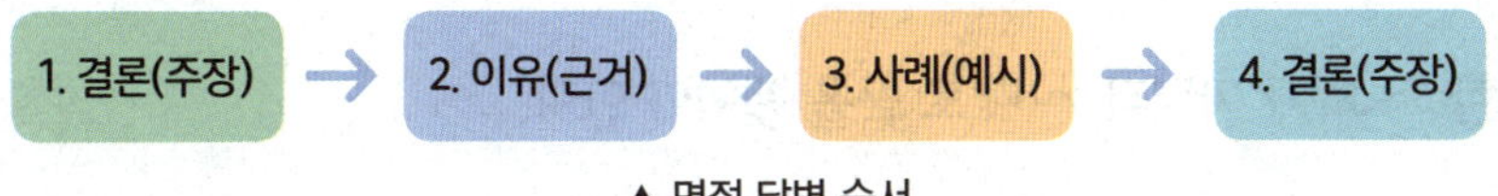

▲ 면접 답변 순서

즉, '결론(주장) → 이유(근거) → 사례(예시) → 결론(주장)'의 양괄식이 가장 바람직합니다. 또는 '결론(주장) → 이유(근거) → 사례(예시)'의 두괄식도 좋은 답변 방식입니다.

본인의 의견을 제시할 때는 첫째, 둘째, 셋째와 같이 구분하여 답변을 하는 것이 명확한 느낌을 줍니다. 답변할 내용이 여러 개라면 순서를 구분한 후 최우선순위를 가장 앞부분에서 말합니다. 순서 및 우선순위를 정하지 않고, "그다음에 ~, 그다음에~"와 같이 내용을 나열한다면 같은 내용이라도 면접 준비가 안 되었다는 인상을 줄 수 있습니다.

마지막으로 내용을 계열화하여 전체에서 부분으로, 일반적인 내용에서 특별한 내용으로, 총론에서 각론적인 얘기로 풀어가는 것이 명쾌하다는 인상을 줄 수 있으니 참고하기 바랍니다.

❸ 평가 시간은 누구에게나 공평하게 주어진다.

면접 시간은 누구에게나 공평하게 주어집니다. 따라서 질문에 대해 답변할 때는 결론부터, 즉 핵심 내용을 먼저 이야기함으로써 본인의 강점을 드러내는 것이 바람직합니다.

간혹 답변하다 감정에 치우쳐 눈물을 흘릴 경우에는 그만큼 평가를 위한 검증 시간이 줄어들 수 있습니다. 핵심과 관계없는 얘기만을 장황하게 나열한 경우에도 평가에 좋을 리가 없습니다.

이럴 경우 평가위원이 답변을 끊을 수도 있으니 너무 기분 나쁘게 생각하지 말고 오히려 좋은 평가를 위해 끊어준다고 생각하십시오. 그리고 재빠르게 질문과 답변의 핵심이 무엇인지 다시금 생각해 봐야 합니다.

답변은 문항당 30초~1분 내외를 기준으로 하십시오. 아무리 좋은 내용도 길어지면 초점이 흐려집니다. 과유불급이라는 말이 있듯 이를 항상 명심하고 타이머를 놓고 시간을 체크하는 연습을 해야 합니다.

❹ '~요'가 아니라 '~다'로 끝을 맺어야 한다.

면접 평가를 하다 보면 평소의 습관처럼 말하는 수험생들이 간혹 보입니다. 보통 '~했어요', '~했는데요', '~그런데요', '~있어요' 등의 '~요'로 말을 끝내는 경우가 많습니다.

이 경우 면접관의 입장에서는 '연습이 부족한 것이 아닌가'라는 생각과 '이 곳은 선생님이나 어른들과 편하게 담소하는 곳이 아닌데'라는 두 가지 생각이 듭니다. 결론적으로 별로 좋게 보지 않는다는 말입니다. 또한 '~요'로 말하다 보면 묘하게 반말과 존댓말의 경계를 넘나들기도 합니다. 여러모로 볼 때 '~요'로 말을 끝맺는 것을 주의해야 합니다.

그러므로 질문에 대한 답변을 할 때는 '~다'로 끝맺는 연습을 하는 것이 바람직합니다. 평소의 습관을 고치고 하루빨리 '시험 모드'로 바꿔야 할 때입니다.

'꼬리 질문'에 대비하라.

인성 면접에서 인성을 평가하기 위해 사용하는 방법은 크게 두 가지입니다.

❶ 인성과 관련한 문제 제시

인성 관련 제시문을 주고 그에 대해 생각할 시간을 준 후 그에 대한 답변을 듣는 것입니다. 정답이 있다기보다는 지원자의 견해나 생각을 듣고 판단력, 논리적 사고력을 평가하고자 하는 것입니다.

❷ 제출한 서류의 기반을 확인하는 질문

지원자가 제출한 서류, 즉 학교생활기록부 등을 바탕으로 서류 내용의 진실성 등을 확인하는 방법입니다. 단순히 서류에 있는 내용만을 물어봤을 때는 대부분의 학생이 잘 대답합니다.

그런데 문제는 그 대답을 구체적으로 물어보는 '꼬리 질문(Subsidiary Question)'입니다. 꼬리에 꼬리를 무는 질문을 집요하게 하는 면접관이 있습니다. 그 질문에 일부 수험생은 제대로 답변을 못 하거나 머뭇거리는 경향이 있습니다. 그런 모습을 통해 면접관은 진실성이 부족하고 진정성이 없는 활동을 한 것이 아닌가 하는 의구심을 품게 됩니다. 한마디로 수험생이 답변을 신뢰하지 않게 됩니다.

그러므로 면접을 준비하면서 예상 문제를 만들 때는 단순하게 활동에 대한 질문만을 만들지 말고, 반드시 그 활동에 대해 물어볼 수 있는 '꼬리 질문'을 만들어야 합니다. 또한, 그에 대비할 수 있는 답변을 만들어야 하는 것도 너무나 당연한 일입니다.

면접 평가 진행 단계별 기본 답변 자세

면접의 기본 자세는 순서와 과정에 따라 다음의 다섯 가지로 정리할 수 있습니다.

❶ 입실

면접장 또는 대기실 앞에 있는 조교(준비위원)의 "들어가세요"라는 신호를 확인한 뒤, 면접실 문을 노크합니다. 그러면, "들어오세요"라는 답변이 돌아옵니다.

❷ 인사하기

문을 열고, 목례를 한 후, 상체를 펴고 미소를 지으며 "안녕하세요?" 또는 "안녕하십니까?"라고 먼저 인사말을 하십시오. 이때 주의할 점은 인사말을 먼저 하고 인사를 해야 한다는 것입니다.

> ● 올바른 인사법
>
> 인사를 할 때에는, 여학생은 배꼽 부분에 손을 모으고 1~2초 정도 인사하고, 남학생은 양옆 허벅지 부분에 팔을 붙이고 허리를 굽혀 1~2초 정도 인사합니다.
> 남녀 학생이 반대의 형태로 인사를 하면 어색하게 보일 수 있습니다.

❸ 착석

"그럼, 앉으세요."라는 면접 평가위원의 말이 있은 후 자리에 착석하십시오. (앉으라고 하기 전에 앉는 학생이 간혹 있는데 좋지 못한 인상을 줄 수 있습니다.)

❹ 질문 및 답변

면접이 시작되면 면접 평가위원의 질문을 잘 경청하고 질문에 답변을 하면 됩니다. 답변하는 방식은 답변을 명확하게 시작할 수 있는, 즉 결론부터 얘기하는 양괄식(결론 – 이유 – 사례 – 결론) 또는 두괄식(결론 – 이유 – 사례)으로 하는 것이 좋습니다. 각 문항마다 답변을 마칠 때는 "이상입니다."라는 말로 끝을 맺어주십시오. 그렇지 않으면 언제 끝나는지 평가자는 모를 수 있기 때문입니다.

❺ 마무리 및 퇴실

면접이 끝나면, 면접 평가위원 중 한분이 "이상으로 면접을 마치겠습니다."라고 합니다. 그러면 자리에서 일어나 "고맙습니다."나 "감사합니다."라고 인사말을 한 후, 처음과 동일한 방법으로 인사를 하면 됩니다.

> **● 퇴실 시 주의사항**
>
> 인사 후에는 밖으로 천천히 걸어가서 문을 살며시 닫으면 됩니다. 다만, 면접관들에게 마지막 인사말을 할 때 "수고하세요."나 "고생하세요."라고 해서는 안 됩니다. 보통 윗사람이 아랫사람에게 하는 인사말이기 때문입니다. "고맙습니다."나 "감사합니다." 정도로 마무리 인사를 하는 것이 바람직합니다.

면접 평가의 연습 방법

면접의 연습 방법은 기본적으로 다음과 같이 정리할 수 있습니다.

혼자 연습하는 방법

❶ 큰 거울을 보고 연습하기

반신이나 얼굴 거울 등 작은 사이즈보다는 큰 사이즈로 몸의 전체가 다 보이는 전신 거울이 좋습니다. 말할 때 자신의 모습이 어떤지 점검해 보는 것이 중요합니다.

❷ 면접 모습 촬영하기

카메라나 스마트폰 등을 이용해 면접하는 모습을 촬영해 보는 것입니다. 이러한 모니터링을 통해 무의식적으로 나오는 자신의 행동과 태도들을 점검하고 고칠 수 있습니다.

❸ 목소리 녹음하기

발성 및 발음 교정을 위해 본인의 목소리를 핸드폰 등의 기기로 녹음하여 들어 보는 방법입니다. 녹음한 내용을 들어 보고 본인의 발음이나 말의 속도, 고저, 성량, 어조, 톤 등을 점검하고 수정할 수 있습니다.

친구(들)와 함께 연습하는 방법

❶ 친한 친구 1명과 연습하는 방법

친하기 때문에 시간과 장소를 편하게 정할 수 있고, 다른 사람들은 쉽게 알 수 없는 장점과 단점까지도 제대로 파악하여 가감 없이 조언해 줄 수 있다는 장점이 있습니다. 카메라나 스마트폰을 이용한 촬영 내용을 피드백할 때도 내가 놓치는 부분을 친구가 보완해 줄 수도 있습니다. 다만, 면접 연습보다는 오히려 웃고 노는 시간이 더 많아져 기대한 만큼의 성과를 얻기가 쉽지 않을 수도 있다는 단점이 있습니다.

❷ 같은 전공이나 계열 친구 1~2명과 연습하는 방법

친하지 않을 수도 있지만 서로에게 전략적으로 접근하여 최상의 핵심을 추출해 줄 수 있는 장점이 있습니다. 또한 친하지 않기 때문에 면접 때와 같은 긴장감을 어느 정도 유지하면서, 서로에 대한 편견이나 선입견 없이 객관적으로 조언할 수 있다는 장점이 있습니다.

다만, 함께하는 인원이 많고 친하지 않을수록 서로 시간과 장소를 맞추는 것이 어려울 수 있습니다. 그러다 보면 연습 횟수나 시간이 줄어들어 결과적으로는 제대로 된 연습 효과를 얻을 수가 없게 됩니다. 따라서 인원을 일부 조정하거나 선생님의 도움을 받는 등의 방법을 적절하게 활용하여 효과를 높이기 바랍니다. 역시 스마트폰과 스톱워치 등도 적절하게 활용할 수 있습니다.

❸ 그룹을 구성하여 연습하는 방법

여러 명이 면접 팀을 구성하여 실전처럼 모의 면접 연습을 하는 것입니다. 한 팀당 4명 정도가 가장 적당합니다. 돌아가며 1명이 수험생이 되고, 나머지 3명은 면접관의 역할을 합니다. 각자 사전에 예상 문제와 예시 답안을 만들어 오면 더 효율적으로 진행할 수 있으며 연습 효과도 극대화될 것입니다. 모의 면접을 하면서 내용에 대한 토의와 피드백을 통해 수정하게 되면 점점 실전 감각을 높일 수 있습니다. 또한 스마트폰과 스톱워치, 메모지 등도 적절하게 활용하여 효과를 높일 수 있습니다. 질문과 답변의 내용은 핵심 단어 중심으로 하고, 항목별로 번호를 붙여 카드 형태로 구성하는 것이 활용 면에서 더 효율적일 것입니다. 추가되는 주제와 내용은 카드를 더 만들면 됩니다. 이를 통해 무한 반복으로 연습이 가능하다는 장점이 있습니다.

선생님과 함께 연습하는 방법

❶ 담임 선생님과 함께하는 방법

담임 선생님은 여러분과 거의 매일같이 생활하기에 전공 적합성뿐만 아니라, 발성하는 태도와 스킬 부분에서 많은 조언과 피드백을 해주실 것입니다.

❷ 진로진학 상담부장 또는 진학부장 선생님과 함께 하는 방법

이분들은 오랜 진학 경험이 있는 전문가이시기 때문에 전공 적합성, 인성 등의 실전 평가 영역과 더불어 면접에서의 태도, 스킬 등에서 폭넓게 피드백을 해주실 것입니다.

📇 전문 컨설턴트와 연습하는 방법

전문 컨설턴트란 입학사정관 경력을 가지고 면접을 실제로 수차례 치러본 사람이라고 정의할 수 있습니다. 전문 컨설턴트(입학사정관 출신 등)와 함께 하는 것이 면접 연습을 위한 효과 면에서는 가장 좋다고 할 수 있습니다. 실전을 경험해 봤기 때문에 전공 적합성, 인성, 발전 가능성 등의 평가 영역에 대해 세부적으로 물어보고 도움을 받을 수 있기 때문입니다.

그렇지만 1:1 맞춤형 컨설팅이기 때문에 적지 않은 비용이 발생할 수 있습니다.

📇 방법의 혼합과 반복 연습(공통 사항)

❶ 반복 연습하기

면접 전까지는 일정한 시간을 정해서 연습을 꼭 '반복 또 반복(Again & Again)' 하십시오.

❷ 연습 내용 정리하기

전신 거울을 보면서 혼자서 하거나, 친구 또는 선생님과 함께 연습했던 내용을 반드시 혼자서 정리하는 시간이 필요합니다.

❸ 다양한 도구 활용하기

스마트폰과 스톱워치, 메모지 등 다양한 기능의 도구를 적절하게 활용하여 연습 효과를 높일 수 있습니다.

예컨대, 질문과 답변의 내용을 핵심 단어를 중심으로 항목별로 번호를 붙여 카드 형태로 구성하여 활용하면 더 효율적일 것입니다. 추가되는 주제와 내용은 카드를 더 만들면 됩니다.

이를 통해 무한 반복으로 연습이 가능하다는 장점이 있습니다. 또한 동영상을 촬영하여 피드백하는 것도 좋은 방법입니다. 작은 태도나 몸짓, 발성 등을 확인하고 교정하는 데 효과적입니다.

④ 이미지 트레이닝하기

목표로 하는 대학의 합격을 생각하며 이미지 트레이닝(image training)을 매일 하십시오. 긍정적인 기운을 불어넣으며 스스로 주문을 외우십시오. "나는 반드시 합격한다. 나는 반드시 합격한다."라고요. 그리고 합격 후 그 대학에 입학해서 활기차고 당당하게 다니는 모습을 늘 상상하십시오. 벚꽃이 휘날릴 때 멋진 이성과 데이트도 하고 대학의 축제도 즐기는 모습을 상상하십시오. 그러면 곧 상상이 현실로 바뀔 것입니다.

면접 평가 가이드라인

영역		내용	평가 기준
인성	도덕성	실천	도덕적 사태·행동에 대한 관심과 주의력 유무
		정서	자신이 주장하는 도덕적 가치 또는 행동에 대한 자신감 유무
		이해	도덕적 사태·가치에 대한 정확한 이해와 사회적 정의에 대한 긍정성
	사회성 (대인 관계)	적응성	타인과 어울리기 좋아하고 타인의 감정·입장을 이해·공감하는지 여부
		친절성	공손하고 예의 바른 자세와 행동의 유무
	사회성 (사회 적응)	적응성	사회 활동에 적극 참여하고 협동하며 자기 역할을 충실히 하는지 여부
		지도성	공동 목표를 달성하기 위해 구성원들의 활동을 적극 촉진하는 성향 여부
		사회성 수용도	사회의 문화·규범·규칙 등에 벗어나지 않게 자기 조절을 잘하는지 여부
전공		기초 수학 능력	전공 관련 기본 개념에 관한 지식
		전공 이론· 기술 적용· 탐구 능력	전공 관련 문제해결 능력 및 탐구능력
		전공에 대한 태도	전공 선택에 대한 확고한 의지, 전공자에게 필요한 능력과 태도
의사 소통력	표현력	발음·성량	발음의 정확성, 성량 조절, 말의 속도, 어조의 적절성
		어휘의 정확성·풍부성	어휘 선택이 적절하고 풍부하며 어법에 맞는 표현을 사용하는지 여부
		적절성	창의성을 바탕으로 내용에 대한 솔직한 표현 여부, 자연스러운 표정과 시선 유무

영역	내용		평가 기준
	이해력	문제 파악	문제가 요구하는 바를 정확하게 파악
		사실 이해	제시된 문제에 대해 사실에 부합되게 포괄적·구체적으로 이해하는지 여부
	내용 선정·조직	내용 선정	주어진 시간에 의견을 정확히 제시할 수 있는지 여부
		내용 조직	조직성 측면에서 응집성·통일성 유무와 단계성·강조성의 적절성 여부
가치관	자아관	일관성	사고하는 관점의 일관성 유무
		방향성	사고 방향이 긍정적·부정적인지 여부
	세계관	일관성	사회 공통 문제에 대한 자기 견해의 일관성 유무
		깊이/폭	사회 공통 문제에 대한 인식의 폭
		개방성	자신과 다른 관점이나 사회 공통 문제에 대한 개방성
사고력		논리성	경험적 증거를 근거로 한 사고 전개, 사고 전개의 일치성·정확성
		비판성	다양한 관점에서 답변 내용을 깊이 이해하는 정도
		창의성	주변 환경에 민감한 반응성과 다양하고 독특한 관점에서 생성한 아이디어
기타 사항		외모	면접에 적합한 단정한 복장과 용모
		태도·예의	입실 과정(문 여닫음, 걸음걸이, 입실 후 인사)의 예의, 자세가 안정되고 예의 바르며 침착한지 정도, 행동·말씨의 단정함과 퇴실 과정의 예의

[참조: 대교협]

면접장 상황 소개 및 서류 평가 요약서

면접장 상황과 서류 평가 요약서 내용

대학별로 차이는 있지만 대체로 면접장(실)은 다음의 두 가지 상황과 체계를 보인다고 말할 수 있습니다.

❶ 면접 평가위원이 수험생의 자료를 모두 가지고 있는 경우

면접 평가위원들의 각 책상 위에 해당 수험생의 서류 평가 요약서(또는 서류 평가 결과서), 학교생활기록부 등의 서류가 있습니다. 학교에 따라 종이 형태가 아닌 노트북 모니터를 통해서 이미 저장된 자료의 내용을 보기도 합니다.

이러한 경우는 모든 내용을 바로바로 확인할 수 있고 구조화되어 있어서 객관적이고 용이하게 평가할 수 있다는 장점이 있을 것입니다. 그렇지만, 수험생 개인의 서류 내용에 따라 면접 평가위원별로 의도하지 않은 선입견과 편견이 평가에 작용할 수 있다는 한계와 특징을 가지고 있기도 합니다. 대체적으로 일반 전형에서 이렇게 실시하는 경우가 많습니다.

서류 평가 요약서 또는 서류 평가 결과서(예시)

지원학과 :

수험번호 :

성명	서류 평가 요약	면접 확인 사항
○○○	① [출결 사항]　　　(특이 사항 기록) ② [리더십]　　　(학교 및 학급 임원 주요 사항) ③ [봉사활동] ④ [동아리 활동]　(특이 사항 기록) ⑤ [교과 성적]　　(전과목 또는 주요 과목 평균 등급) ⑥ [세특]　　　　(전과목에서 진로관련 주요 활동 및 　　　　　　　　독서 내용 기록) ⑦ [진로] ⑧ [기타 특이 사항] (학적 사항, 특이 활동 상황 등)	개조식 또는 질문 형태로 제시

　서류 평가 결과서(요약서 또는 면접 평가지)의 항목은 일반적으로 크게 9개 정도로 구분하여 기록할 수 있습니다.

① **출결 사항**: 미인정 지각, 결석, 결과의 사항이나 장기 질병으로 인한 결석 등을 기록할 수 있습니다.

② **리더십**: 학교 및 학급 임원으로서의 주요 사항을 기록할 수 있습니다. 예컨대 전교 (부)회장, 학급 (부)반장, 동아리 회장 등이 해당될 수 있습니다.

③ **봉사활동**: 교내의 봉사 시간을 기입할 수 있으며, 지속적으로 봉사활동을 오래 했거나 남들이 하기 싫어하는 봉사활동을 한 경우의 사항을 기록할 수 있습니다.

④ **동아리 활동**: 고교 1학년부터 3학년까지 주요하게 활동한 동아리명과 관련 주요 사항을 적을 수 있습니다.

⑤ **교과 성적**: 내신 성적으로 고교 1학년부터 3학년 1학기까지의 전 과목과 전공 계열별 주요 과목, 예를 들어 인문 계열은 국어, 영어, 사회 등 과목의, 자연 계열은 수학, 과학 등 과목의 평균 내신 등급을 기록할 수 있습니다.

⑥ **세특**: 세부능력 및 특기사항에서는 학생의 진로 관련 활동이 고1부터 고3까지 전 교과에 걸쳐 일관되고 지속적으로 나타나는지가 중요합니다. 특정 학년에만 머무르는 것이 아니라 학년이 올라감에 따라 탐구의 깊이와 폭이 확장되는 모

습이 드러나야 합니다. 또한 독서 활동 역시 고1에서는 기초적 관심을 보여주고, 고2에서는 심화된 탐구로 이어지며, 고3에서는 진로와의 구체적인 연계로 발전하는 과정이 교과 학습과 자연스럽게 연결되어야 합니다. 이 중 특기사항을 기록합니다.

⑦ **진로 활동:** 진로활동란에는 학생이 학교생활을 통해 탐색하고 구체화해 온 진로 관련 경험과 고민을 기록합니다. 이는 단순한 활동 나열이 아니라 학생이 어떤 과정을 거쳐 자신의 진로를 발견하고 발전시켜 왔는지를 보여주는 중요한 창이 됩니다.

⑧ **기타 특이사항:** 지원자가 고교 재학 중에 전학을 간 사항이나 학교생활기록부에 기록되어 있지 않은 것들 중에서 특이할만한 사항을 기록합니다.에 기록할 수 없다.

❷ 수험생 자료 없이 블라인드 상태에서 면접을 진행하는 경우

책상 위에 자료라고는 수험생 이름, 수험 번호, 평가 영역 체크용 평가란, 결시 여부 체크란 등이 있는 면접 대장만이 있습니다. 이런 경우는 면접 평가위원이 편견이나 선입견이 없이 오로지 수험생이 구술한 내용만을 바탕으로 평가 영역에 체크한다는 특징을 갖고 있습니다.

따라서 점수의 총합만이 평가와 향후 선발을 위한 합격 여부에 반영됩니다. 다만, 이럴 경우 수험생의 장점과 특징을 즉각적으로 알 수 없어 이를 학생별로 변별하고 평가하는 데 시간이 좀 더 소요됩니다.

이렇게 평가하는 경우는 대체적으로 일반 전형보다는 '사회 배려자(또는 사회 기여자)전형' 또는 '고른 기회(또는 교육 기회 균등)전형'처럼 소수 인원을 선발하는 전형에서 실시되는 경우가 많습니다.

대학의 면접 평가표 양식(샘플)

수험생	전공 적합성	인성 (리더십)	의사소통 능력	발전 가능성	문제 해결력	부적격 (결격 : F)
홍길동						
김갑순						
이승리						
원기력						
합계						(사유)

※ 평가 척도는 대학에 따라 다릅니다.
  – 5점 척도: A, B, C, D, E / F(부적격)
  – 7점 척도: A+, A, B+, B, C+, C, D / F(부적격)
  – 10점 척도: 1~10점

▶ 일반적으로 2~3명의 면접관이 들어가며, 면접 점수를 평균하여 평가에 반영합니다. 면접위원들 간 평가 점수가 사전 평가 기준에 의해 너무 차이가 나면 평가 점수를 재검토할 수 있습니다.

▶ 면접위원이 5명 이상이 되는 면접에서는 최고점, 최저점을 제외하고 나머지 3명만의 점수를 평균하여 배점으로 확정하기도 합니다.

▶ 면접에서 F(부적격): 면접위원 중 1명이라도 부적격이 나오는 경우 면접평가 후 사유를 확인하고 내부 회의를 거쳐 탈락여부를 결정합니다. 또한 면접위원 중 다수가 부적격 판정을 하는 경우에도 역시 사유를 확인하고 내부 회의를 거쳐 탈락 여부를 결정합니다.

10

면접 평가 관련 중요 사항

🪪 기타 답변 시 주의 사항

1️⃣ 부족한 점을 너무 솔직하게 답변하지 않기

소위 중하위권 이하 대학에 지원하는 수험생들에게서 그러한 경우를 많이 보게 됩니다. 한편으로는, '자포자기한 마음으로 그리한 것은 아닌지'라는 생각으로 측은한 마음마저 들 때가 있습니다. 그러나 이런 경우는 '면접에 대한 준비 미흡'이 가장 큰 원인이라고 할 수 있습니다.

지원자들 중 "남들과 차별화된 본인만의 활동이 있습니까?"라는 질문에 "저는 그것에 대해 특별히 활동한 것이 없습니다."라고 답변하는 경우가 종종 있습니다. 설령, 활동 사항이 많지 않다고 하더라도 아예 활동이 없을 수는 없습니다.

☑️ 전략 포인트

따라서 활동이 없다고 답변하기보다는 학교생활기록부에 기재된 활동이나, 교외 활동 중에서 그래도 남들과 다르게 활동한 것을 위주로 답변하는 것이 바람직합니다. 중요한 것은 그게 무엇이 되었든지 없다고 하는 것이 아니라, 작은 실마리라도 만들어 답변을 해야 한다는 것입니다.

❷ 비속어가 아닌 표준어 사용하기

면접 시 이러한 경우가 있었습니다. "제가 방학 때랑 주말에 아르바이트를 했는데요. 왜 했냐 하면 사고 싶은 것이 있었는데, 저희 집에 돈이 '딸려' 가지고요." 이 문장에서 돈이 '딸려'가 아니고 '부족'이 맞는 용어입니다. 또한 "제가 그것은 잘한 '짓'입니다."라고 말하는 경우도 있었습니다. '짓'이 아니라 '일' 또는 '행동', '활동'이 맞는 표현입니다.

긴장이 되어 평소에 사용하던 단어가 그대로 튀어나오는 경우가 많은 것입니다. 누구나 무의식적으로 실수할 수 있으나 연습을 통해 이를 최소화하고 면접 시에도 각별한 주의가 필요합니다.

❸ 불필요한 말이나 행동하지 않기

말하는 문장마다 '진짜', '원래', '그' 등과 같은 추임새를 덧붙이는 경우가 의외로 많습니다. 불필요한 용어의 잦은 사용은 답변의 논리적이고 원활한 흐름을 끊거나, 오히려 답변의 신뢰성을 떨어뜨릴 수 있습니다. 또한 답변이 정돈되지 않고 그냥 나열되는 느낌을 줄 것입니다.

한편, 습관적으로 코와 귀 등을 자주 만지는 경우도 종종 있습니다. 평가위원의 입장에서는 썩 좋아 보이는 행동은 아닙니다. 따라서 꾸준한 연습을 통해 긴장할 때 나타나는 무의식적인 행동들을 수정하는 것이 바람직합니다.

📇 압박 질문이나 돌발 질문에 대처하는 방법

면접에서 평가위원들이 항상 답변하기 좋은 부드러운 질문만 던진다면 얼마나 좋겠습니까? 그러나 상황에 따라 압박을 느끼는 질문이나, 준비하지 않았던 갑작스러운 돌발(모르는 내용) 질문을 받을 수도 있습니다. 이러한 경우에 대처하는 방법을 다음과 같이 알아보고자 합니다.

① 정석대로 솔직하게 답변하는 방법

"그 사항에 대해서는 잘 모르겠습니다. 기회를 주신다면 다음에 잘 준비해서 답변을 하도록 하겠습니다." 이렇게 답변하는 사람이 의외로 많습니다. 이렇게 답변하는 것은 나쁘지는 않은 대처 방법이나 그렇다고 썩 좋다고도 할 수 없는 방법입니다. 왜냐하면 그 상황에서 누구나 할 수 있는 답변이기 때문입니다. 그런 관점에서 본다면 성의가 부족한 것으로도 인식할 수 있습니다. 그리고 가장 중요한 것은 준비해서 말할 '다음 기회'가 오지 않을 확률이 높기 때문이기도 합니다.

② '생각할 시간을 잠시 달라'고 말하는 답변의 방법

"잠시만 생각할 시간을 주십시오." 이렇게 답변한다고 해서 "안 됩니다.", "시간이 없으니 다음 질문으로 넘어가겠습니다."라고 하는 면접 평가위원은 극히 드물다고 할 수 있습니다. 이는 앞서 말한 것처럼 여러분은 현재의 고객이고 또 다음 전형을 위한 잠재적인 고객이기 때문입니다. 그러니 당당하게 시간을 달라고 할 권리도 있습니다.

그러므로 돌발 질문이나 심리적으로 압박을 느끼게 하는 질문을 받는다면, 잠깐의 '멈춤'을 통해 본인의 생각을 정리하고 그 정리된 내용을 조금이라도 언급하는 것이 더 바람직하다고 할 수 있습니다. 그렇다고 너무 오랜 시간을 끄는 것은 오히려 반감을 살 수도 있으니 20초 내외를 넘지 않도록 해야 합니다.

면접 평가위원 입장에서 본다면, 수험생에게 어떤 특별한 답변을 기대하기보다는 이러한 (심리적)압박, 돌발 상황에서 어떻게 대처하는지에 대한 '태도'를 평가 요소로 본다는 것이 더 중요하다고 할 수 있습니다.

📇 유용하게 활용 가능한 스페셜 팁(Tip)

① 추가 질문에 대한 예상 답변 준비하기

꼬리에 꼬리를 무는 질문이 본인이 원하는 방향으로 진행될 수 있도록 치밀하게 설계하여 면접 평가위원들이 반드시 질문할 수밖에 없도록 하십시오. 예를 들면 별명, 색깔, 운동, 스포츠, 취미, 특기와 관련된 용어나 개념, 시사적 내용, 특별한 활동 등이 있을 수 있습니다.

② 학교 특성에 맞는 답변 준비하기

만약 종교계 대학교에 가기를 희망한다면, 그 종교에 맞게 특색 있는 답변을 하는 것도 나름 괜찮아 보입니다. 왜냐하면 면접 평가위원들 중에 해당 종교의 신자가 있을 확률이 높기 때문입니다.

예를 들어 개신교 또는 가톨릭 대학에서 답변할 때는, 기억에 남는 성경 구절을 활용할 수 있습니다. 예컨대, 성경 구절로는 "진리를 알지니, 진리가 너희를 자유케 하리라." 등이 있습니다.

또한 동국대학교나 금강대학교, 원광대학교 등 (원)불교 대학의 경우에도 마찬가지로 본인이 평소에 좋아하는 불경(또는 대종경) 구절 등을 말하면 도움이 될 것으로 기대됩니다.

이러한 준비는 이 학교에 꼭 오고 싶다는 의지의 표현으로 볼 수도 있습니다(다만, 무교이거나 "이러면서까지 이 대학에 가야 하나?"라고 생각하는 학생은 안 해도 무방합니다).

면접 문제 '출제 매뉴얼'

구분	검토 영역	검토 항목
제시문과 문항 전체 요소 (출제 전반)	교육과정 및 교과 내용의 범위, 수준	고등학교 교육과정 내용과 수준을 벗어나지는 않는가?
		출제 범위에서 벗어난 문항이 있는가?
		고등학교 교육과정을 정상적으로 운영하는 데 기여할 수 있도록 출제되었는가?
		일부 교과서에만 수록된 내용을 담고 있는가?
	기출 여부	시중 참고서, 사설 모의고사, 학원 교재, 학습지, 신문 게재 문제 등에 이미 나와 있는 제시문과 문항인가?
	출제 원칙 준수	특정 내용 및 행동 영역에 치중하여 출제하지는 않았는가?
	소요 시간	제시문을 보고 문제를 푸는 데 너무 많은 시간이 소요되진 않는가?
제시문과 문항 내적 요소	문항의 난이도 및 변별도	지나치게 쉬운 문제는 없는가?
		지나치게 어려운 문제는 없는가?
		쉬운 문제와 어려운 문제가 적절히 배분되었는가?
		제시문의 길이는 적절한가?
		제시문의 난이도와 변별도에 맞게 적절히 배점되었는가?
	제시문과 문항 내용	특정 집단 학생에게 유리한 내용을 담고 있는가?
		비교육적이거나 정치적인 색깔을 띠는 내용을 담고 있는가?
		제시문이나 문항의 소재가 편중되어 있는가?
	용어 수준	문항에 사용된 용어가 교육적으로 적절한가?
		문항에 사용된 용어가 고등학교 졸업자가 이해할 수 있는 수준인가?
	정확성	어법 오류가 있는가?
		맞춤법 오류가 있는가?
	단서	단서가 너무 많이 제시되어 내용을 모르는 수험생도 정답을 맞히거나 논제를 제시할 가능성이 있는가?
		다른 제시문의 지문이 본 제시문 정답이나 풀이, 논의의 힌트가 되는가?

11

면접 평가의 불편한 진실

- 면접은 1단계 서류 평가에서 2~5배수를 통과한 지원자들을 대상으로 진행됩니다. 그러나 실제로 중하위권 대학에서는 면접 평가를 통해 서류 평가 서열 순위를 바꾸기(역전)가 상대적으로 쉽지 않습니다.

  왜냐하면 대부분 서류 기반 면접이고 학교생활기록부의 내용을 확인하는 것이 주안점이기 때문입니다. 또한 면접 시간이 10분 이내이며 면접 평가 실질 비율이 30% 이내인 경우가 많습니다. 그러므로 수험생이 제출한 서류에 대해 내용의 구체화, 예상 문제에 대한 답변 등만 미리 정리되고 준비되어 있다면 큰 변별력을 보이기 어렵습니다.

  물론, 면접의 형태가 준비 시간이 별도로 있는 제시문 면접, 토론(토의) 면접, 발표 면접 등을 추가로 진행하거나 면접 시간이 15분을 넘어가고 면접 평가의 실질 비율이 40%를 넘어가면 상대적으로 면접의 변별력이 올라갈 수 있는 측면이 있습니다.

  반면에 상위권 대학은 서류 평가 서열 순위의 간격이 넓지 않기 때문에 면접 평가의 '변별력'이 상대적으로 높은 것입니다. 특히, 서울대학교 일반전형, 카이스트, 유니스트, 디지스트, 지스트, 포스텍 등의 심층(구술) 면접의 경우 더욱 그러합니다.

- '성별'에 따른 차이가 어느 정도 존재한다는 것입니다. 여학생이 남학생보다 상대적으로 유리한 경우가 많습니다. 선천적으로 여학생이 말을 더 잘하는 경향이 있기 때문입니다.

- '지역'에 따른 차이가 어느 정도 존재한다는 것입니다. 보통 서울을 포함한 수도권 학생들이 더 잘하는 경향이 있습니다. 특히, 경상도 지역 지원자들이 말을 논리적으로 표현하는 것에 대해 다소 어색해하거나 자신이 없어하는 경우가 많다는 것입니다.

- 본인이 남들 앞에서 말을 조리 있게 하는 것이 부족하다고 생각한다면 '서류 평가만'을 실시하는 대학에 지원하는 입시 전략을 선택하는 것도 방법입니다.

면접 질문의 네 가지 유형

❶ What(무엇)형 질문

- 개념과 관련된 질문으로 그 개념에 대한 의미를 정의하는 데 목적을 두고 있습니다. 개개인의 다양한 관점에서 개념화가 이뤄질 수 있습니다. 이때 세 가지 정도로 체계적이고 구체적으로 답변하는 것이 바람직합니다.

- 예 본인이 생각하는 리더란 무엇이고 리더가 갖춰야 할 자질은 무엇인지 말해 보세요.

❷ Why(왜)형 질문

- 원인, 이유에 대해서 물어보는 질문입니다. 행동이나 활동에서의 이유나 원인을 구체적으로 확인하는 데 목적을 두고 있습니다. 이러한 질문은 결국 문제 해결 및 대안의 도출과도 연결되기 때문에 원인과 이유를 물어보면 본인이 생각하는 해결 방안에 대해서도 추가적으로 답변하는 것이 평가에는 더 유리합니다.

- 예 왜 수능의 절대평가 문제가 발생했다고 생각합니까?

❸ How(어떻게)형 질문

- 당면한 문제와 어려움을 어떻게 극복하고 해결했는지에 대한 방법적인 사항을 물어보는 질문입니다. 그러므로 문제 상황을 체계적으로 분석한 후, 그에 적절한 해결 방안을 구체적으로 답변하는 것이 바람직합니다.

- 예 중도 입국 청소년에 대한 소외·부적응의 문제를 어떻게 해결해야 한다고 생각하십니까?

❹ Which(어느 것)형 질문

- 이 질문은 개개인의 가치 판단과 밀접한 질문 유형입니다. 일반적으로 두 가지의 선택 유형 중 한쪽의 선택을 요구하는 딜레마형 질문이 많이 있습니다. 정답이 있기보다는 선택한 사항에 대해 그렇게 판단한 논리적인 근거와 기준을 바탕으로 구체적인 사례를 들어서 말하는 것이 평가에 도움이 됩니다.

- 예 국가가 기초학문인 인문학에 투자하는 것과 응용학문인 공학에 투자하는 것 중 어느 쪽이 우리나라의 미래 국가경쟁력 제고에 도움이 된다고 생각하십니까?

12

비대면 면접 평가

📇 실시 유형

실시 유형은 크게 2가지로 나눌 수 있습니다. 첫째는 비대면 단독 면접으로 수험생 1인과 면접관이 다수인 때입니다. 면접관은 대개 2~3인 내외가 됩니다. 둘째는 비대면 집단 면접으로 수험생 2~4명 내외와 면접관 2~3명 내외가 됩니다. 참고로 아래 사진(그림)을 보시면 면접 형태를 알 수 있습니다.

① 비대면 단독 면접(1 : 多)

❷ 비대면 집단 면접(多 : 多)

📇 평가 유형

평가 유형은 다음의 3가지 유형으로 주로 실시되고 있습니다. 첫째, 영상면접 업로드 방식입니다. 둘째, 현장 녹화 방식입니다. 셋째, 실시간 화상 면접 방식입니다. 하지만 대학에 따라서는 다른 면접 방식을 활용할 수도 있으니 모집요강을 반드시 참고하고 모르는 사항은 해당 대학 입학처에 문의하는 것이 바람직합니다. 여기에서는 주로 사용되는 3가지 비대면 면접 방식을 설명하도록 하겠습니다.

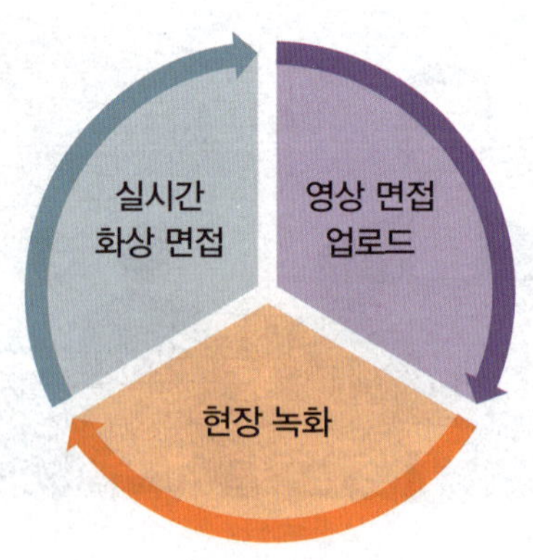

❶ 영상 면접 업로드 방식

사전에 대학에서 주는 문제를 바탕으로 집이나 편한 곳에서 영상을 촬영한 후에 입학처 업로드 시스템에 제출하는 방식입니다.

- **진행 절차(4단계)**

  ㉮ 면접 질문을 사전에 공개(대학 입학처 홈페이지 공지)합니다.

  ㉯ 지원자는 제시된 면접 질문에 답변하는 과정을 영상으로 직접 녹화합니다.

  ㉰ 지원자는 안내된 업로드 기간까지 녹화한 영상물을 대학 입학처 업로드 시스템에 제출합니다.

  ㉱ 면접위원은 제출된 영상물을 통해 지원자의 면접 태도 등을 평가합니다.

- **평가 방법**

  ㉮ 평가는 만점과 0점(불합격)으로 부여합니다. 평가 비중은 평가 방식상 상대적으로 낮습니다.

  ㉯ 제출 기한 내에 녹화한 영상을 올리면 만점입니다.

  ㉰ 제출 기한 내에 녹화한 영상을 올리지 못하면 불합격입니다.

- **유의 사항 (7가지)**

  ㉮ 동영상 파일의 크기와 수험생의 인터넷 환경으로 업로드에 지연이 발생할 수 있으므로 충분한 시간을 확보하여 반드시 지정된 동영상 제출 기한 내에 제출(업로드)해야 합니다.

  ㉯ 동영상을 제출 기한 내에 제출하지 않거나, 또는 제출을 완료하지 못한 자는 면접고사 결시로 보고 불합격 처리될 수 있습니다. 따라서 수험생은 동영상 제출 기한 내 동영상이 정상적으로 제출(업로드)되었는지 반드시 확인하여야 합니다.

㉓ 면접고사 중 부정행위(대리 시험 등)가 적발되면 불합격 처리되며, 뒤에 발견될 때도 불합격 처리되거나 합격 또는 입학이 취소될 수 있습니다.

㉔ 동영상은 반드시 수험생 본인 모습으로 녹화해야 하며, 본인 얼굴을 포함한 상반신과 목소리가 분명하게 나오도록 해야 합니다.

㉕ 동영상에는 본인이 아닌 다른 사람 모습이나 목소리 등이 녹화되어서는 안 됩니다.

㉖ 업로드된 동영상의 영상과 음성의 품질이 저조하여 본인의 식별이나 정상적인 평가가 어려울 때는 불합격 처리될 수 있습니다.

㉗ 디지털카메라, 스마트폰, 캠코더 등 면접 동영상의 촬영 장비에는 제한이 없으나 영상과 함께 음성이 반드시 포함되어야 합니다.

- **동영상 파일 규격 안내 (참고 예시용, 학교에 따라 다를 수 있음)**

  ㉮ 동영상 시간(길이): 30초 이상 ~ 1분 이하 (반드시 준수)

  ㉯ 동영상 파일 크기: 120MB 이하 (용량 초과 시 파일 업로드 불가)

  ㉰ 저장 방식(동영상 코덱): mp4, mov 방식만 업로드 가능 (두 확장자 방식의 파일이 아니면 업로드가 불가함.)

- **면접 질문 (참고 예시용)**

  - 우리 대학교 모집 단위(전공)에 지원한 이유를 본인 진로 희망과 관련(연관)하여 학습과 활동한 내용을 바탕으로 구체적으로 말해 보세요.

- **결격 사유[원천 불합격](5가지 경우)**

  ㉮ 다른 사람이 대신 녹화한 영상을 올리는 경우입니다.

  ㉯ 블라인드 위반입니다. 영상을 촬영할 때 블라인드 지침에 따르지 않고 지원자나 학교 이름을 말하거나 교복을 착용한 경우입니다. 또는 부모의 실명이나 직업을 말하는 것도 포함됩니다.

㉡ 질문과 관계없는 답변을 한 때입니다. 따라서 질문에서 요구하는 것이 무엇인지 먼저 면밀하게 파악하는 것이 중요합니다.

㉢ 불성실한 면접 태도를 보인 때입니다.

㉣ 면접 시간을 지키지 않은 때입니다. 면접 때 답변 시간은 30초 ~ 1분 이하가 기준인데 이를 지키지 않고 답변하는 것을 말합니다. 따라서 영상 면접 녹화 전에 답변 시간을 타이머로 충분하게 연습한 후에 촬영해야 합니다. 촬영할 때는 반드시 기준시간에 맞는지를 확인하면서 녹화하기를 강력하게 권고합니다.

② 현장 녹화 방식

영상 면접 업로드 방식과는 달리 정해진 날짜와 시간에 해당 대학에 직접 가서 면접 녹화를 하는 방식입니다. 영상 면접 업로드 방식과는 달리 사전에 준비하기가 쉽지 않고 상대적으로 긴장도도 더 높을 수 있으므로 집이나 편한 곳에서 모의 실전 연습을 충분히 한 후에 녹화 현장에 갈 필요가 있습니다.

● **진행 절차(5단계)**

㉮ 지정된 면접고사 일에 사전에 안내된 고사실로 들어갑니다.

㉯ 지원자는 감독자의 안내에 따라 제시된 면접 질문을 숙독합니다.

㉰ 현장에서 질문에 답변하는 과정을 영상으로 녹화합니다.

㉱ 지원자는 현장 녹화가 완료된 후에 퇴실 및 귀가를 합니다.

㉲ 면접위원은 녹화된 영상을 통해 지원자의 문제해결력 등을 종합적으로 평가합니다.

- **평가 방법(5~9점 척도의 서열화 평가)**

  ㉮ (예시) 5점 척도 평가(평가 범위): A ~ E

평점	A	B	C	D	E
내용	매우 우수	우수	보통	미흡	매우 미흡

  ㉯ F(부적격): 블라인드 지침(지원자의 이름, 학교 이름, 부모 이름과 직업 등 명시)을 위반한 때, 질문과 관계없는 답변을 한 때, 불성실한 면접 태도를 보일 때, 30초 ~ 1분 이하인 답변 시간을 지키지 않은 때, 준비가 부족했을 때, 기본 소양이 부족했을 때 등이 부적격 사유에 해당할 수 있습니다.

❸ (실시간) 화상 면접 방식

실시간 화상 면접은 대면 면접하고 거의 같은 방식으로 진행됩니다. 다만 면접을 시행하는 공간이 같지 않다는 점만 차이를 보입니다. 면접실을 분리(또는 한 공간이지만 가림막을 사용하기도 함)해서 촬영기구와 ICT 장비를 통해 면접을 실시합니다.

- **진행 절차(4단계)**

  ㉮ 지정된 면접고사 일과 시간에 사전에 안내된 고사실로 들어갑니다. 학교에 따라서는 가번호를 부여하기도 합니다.

  ㉯ 면접위원은 실시간 화상 면접으로 지원자가 제출한 서류와 지원자의 경험 등을 종합적으로 평가합니다.

  ㉰ 화상 면접 완료 후 지원자는 퇴실 및 귀가합니다.

  ㉱ 면접위원은 실시간 면접 내용 또는 녹화된 영상물을 통해 지원자의 문제해결력 등을 종합적으로 평가합니다.

- **평가 방법(5~9점 척도의 서열화 평가)**

㉮ (예시) 5점 척도 평가(평가 범위): A ~ E

평점	A	B	C	D	E
내용	매우 우수	우수	보통	미흡	매우 미흡

㉯ F(부적격): 블라인드 지침(지원자의 이름, 학교 이름, 부모 이름과 직업 등 명시)을 위반한 때, 질문과 관계없는 답변을 한 때, 불성실한 면접 태도를 보일 때, 30초 ~ 1분 이하인 답변 시간을 지키지 않은 때, 준비가 부족했을 때, 기본 소양이 부족했을 때 등이 부적격 사유에 해당할 수 있습니다.

면접 일반편

인성 / 서류 기반 / MMI
면접의 답변 포인트

01. 인성 평가

02. 서류 기반 확인 평가

03. MMI

인성 평가

🏛 인성 영역 면접 빈출 질문 대책

인성 영역과 관련된 면접 질문에는 대표적으로 자기소개, 장단점 등이 있습니다. 이러한 질문들은 평이해 보이지만 실제로 지원자 입장에서는 답변하기가 까다롭게 느낄 때가 많습니다. 왜냐하면 정확한 모범 답안이 있는 것이 아니라, 각자가 처한 상황에 따라 답변이 다양해질 수 있기 때문입니다. 따라서 기본적이지만 답변하기 어려운 질문들에 대한 사전 준비가 매우 중요하다고 할 수 있습니다.

❶ 자기소개를 (간단하게) 해 보세요.

　답변 Point ▶ 이 질문에는 다음 요령들에 따라 구체적으로 답변할 수 있습니다.

- **질문 의도 파악**
  - 본인의 역량을 잘 알고 있고, 이를 구술로 잘 표현할 수 있는지 확인
  - 자신에 대해 구체적인 사례와 경험을 들어 표현할 수 있는지 확인
  - 평가 내용: (의사)표현력, 발표력 등

- **면접에서 답변하는 방식**
  - 답변은 결론부터 얘기하는 양괄식(결론 → 이유 → 사례 → 결론) 또는 두괄식(결론 → 이유 → 사례)으로 하는 것이 좋습니다. 결론부터 얘기하는 것이 답변을 명확하게 시작할 수 있습니다.

- **답변 예시**

  답변 내용은 가능한 한 세 가지 항목을 넘기지 않는 것이 좋습니다.
  - "네, 저는 3가지 역량을 가지고 있습니다. 첫째, ～ 역량입니다. 예를 들어, ～를 했습니다. 둘째, ～ 역량입니다. 예를 들어, ～를 했습니다. 셋째, ～ 역량입니다. 예를 들어, ～를 했습니다. 이를 바탕으로 ～의 진로를 꿈꾸고 있고 이를 통해 구체적으로 ～을 실현하여 ～ 대학과 나아가 이러한 전문 분야에서 전문가로서 사명과 역할을 통해 우리 사회에 기여하고 싶습니다."

- **답변 시 주의할 점 및 기타 사항**
  - 중복 답변 피하기: 지원 동기, 장단점을 별도의 문항으로 물어보는 경우가 많으므로 두 질문에 대한 답이 중복되지 않도록 미리 준비하는 것이 좋습니다.
  - '미끼' 던지기: 자기소개를 통해 면접 평가위원들이 본인의 내세우고 싶은 강점을 물어보고 싶도록 만드는 일종의 '미끼'를 던지는 것은 한 번 시도해 볼 가치가 있다고 생각합니다.
  - 비유하기: 본인을 표현할 때 색깔, 별명, 신조 등을 활용하는 경우가 있는데, 근거가 불분명하거나 식상한 내용이라면 별로 큰 효과는 없는 듯합니다. 예컨대, "저는 팝콘처럼 톡톡 튀며, 커피처럼 중독성이 있습니다."라는 말은 나쁘진 않지만 훌륭하다고 하기도 어렵습니다. 다만, 이에 대한 근거와 사례가 훌륭하다면 포인트가 됩니다. 준비만 잘 된다면 본인의 이름을 이용한 '삼행시' 등도 효과가 있을 것입니다.

- 전공 관련 특성 살리기: 예컨대 복지나 보건 계열(사회복지학과, 재활상담학과, 아동복지학과, 청소년상담학과, 간호학과, 보건학과 등)은 '수어'를 통해 자기소개를 하면 면접 평가위원들의 평가에 긍정적인 영향을 줄 수 있습니다. 수어는 또 하나의 언어라서 배울 것도 많고 끊임없이 연습을 해야 하는 것으로 알고 있습니다. 또한 면접 평가위원들 중 한 분 정도는 전공 과목 교수님이 들어오시므로 그분이 수어를 아시는 경우, 분위기가 화기애애하게 변할 수 있습니다. 설령 아는 사람이 없다고 하더라도 그렇게 준비한 노력을 높게 살 수 있는 장점이 있습니다.

- 역량 중심으로 자기소개 하기: 자기소개를 시키면, 습관적으로 '안녕하세요. 어느 고등학교 3학년 누구입니다.'라는 말로 다시 인사를 하고 시작하는 경우가 많습니다. 그러나 이미 들어오면서 여러분이 인사를 했고, 면접 평가위원들이 서류에서 이름을 확인하여 파악하고 있기 때문에 사족으로 느껴질 수 있습니다.

  또한 고교명을 물어보는 것은 일부 대학에서는 공정성을 위해 지양하도록 면접 평가위원들에게 사전에 교육을 시키거나 서류 자체에 블라인드 처리를 하는 경우도 있습니다. 따라서 이러한 부분은 빼고 자신의 핵심 역량 위주로 준비하여 말하는 것이 좋습니다.

- 구체적 사례 제시: 자기소개에서 사회성, 협동력, 호기심, 추진력, 역동성 등과 같은 추상적인 단어만을 제시하는 것은 되도록 피하는 것이 바람직합니다. 다만, 구체적인 사례 및 근거를 제시할 수 있으면 사용해도 무방합니다.

- 당당한 태도: 자기소개는 다른 관점에서 보면, 대답의 내용보다는 수험생의 당당한 태도를 평가하는 것이므로 이러한 당당함을 적극적으로 보이는 것이 더 좋을 것입니다.

❷ **본인의 장단점은 무엇인가요?**

🔵 **답변Point** ▶ 이 질문에는 다음의 세 가지 요령을 활용해 답할 수 있습니다.

● **질문 의도 파악**
- 이 질문의 핵심은 장점이 아니라 단점입니다.
- 본인에 대한 구체적인 탐색과 성찰이 있었는지 등의 사전 준비성을 파악하고자 하는 것입니다.

● **면접에서 답변하는 방식**
- 장점: 본인이 판단하는 것이 아니라 주변 사람들, 즉 선생님, 친구들, 부모님이 평가한 것을 사례를 들어 답변해야 합니다.
- 단점: 단순히 단점만을 말하는 것이 아니라 그러한 단점을 어떤 노력과 활동을 통해 극복하고, 나아가 본인에게 어떤 변화를 주고 있고, 성장의 도구로서 어떤 역할을 했는지를 답변하는 것이 중요합니다. 답변을 통해 단점이 아니고 오히려 장점인 듯 개연성 있게 포장하는 것이 중요하다고 할 수 있습니다.

● **답변 시 주의할 점**
- 많은 학생들이 '단점'에 대해 물어보면 한참 동안 생각을 합니다. 없는 단점을 억지로 찾으려는 듯이 보입니다. 답변에 대해 생각하는 시간이 길어지면, 준비성이 부족한 인상을 줄 수 있고, 오히려 면접관이 "(완벽하여) 단점이 없나요?"라고 반문을 하기도 합니다. 이럴 경우 많은 학생이 더 당황합니다. 따라서 당황하지 않도록 미리 답변할 내용을 준비하는 것이 필요합니다.
- 장점을 말할 때, 구체적인 경험이나 사례 없이 그냥 나열하는 경우가 많이 있습니다. 이럴 경우 신뢰성이 떨어지므로 반드시 구체적인 경험 사례를 준비하여 답변을 하는 것이 좋습니다.

- 단점을 말하고, 단점을 극복하기 위한 노력에 대해서는 말이 없는 경우가 많습니다. 물론, '꼬리 물기'(STAR 기법) 질문을 통해 "그럼, 그 단점을 극복하기 위해 본인은 어떤 노력을 하고 있나요?"라고 물어볼 수도 있습니다. 그러나 전체적인 시간이나 과정상 물어보지 않고 넘어갈 수도 있습니다.
- 이럴 경우 단점의 극복 노력, 변화와 영향에 대해 알아보고자 하는 '답변 포인트'를 상실하게 되어 평가에 좋지 못한 영향을 미칠 수 있습니다. 따라서 단점을 말할 때는 반드시 본인의 극복 노력, 그로 인한 긍정적인 변화와 영향 등을 추가적으로 말할 수 있도록 준비를 철저히 할 필요가 있습니다.

❸ 본인의 롤 모델은 누구인가요?

답변 Point ▶

- 너무 일반적이고 유명한 사람은 식상하게 느껴질 수 있으므로 하지 않는 것이 좋습니다. 예컨대 세종대왕, 이순신, 스티브 잡스 등이 대표적입니다.
- 본인 진로와 관련된 사람이 좋습니다. 자동차공학과이면 전기자동차인 테슬라로 대표되는 일론 머스크도 좋습니다.
- 독서 활동과 연결하는 것도 좋은 방법입니다. 그 사람을 롤 모델로 한 이유가 독서 활동에서 비롯되었다든지, 우연히 알게 된 이후로 팬이 되어 그 사람의 책을 많이 읽었다든지, 그로 인해 독서를 많이 하게 되었다는 등 자신이 읽었던 책의 내용과 연결하는 것이 좋습니다.

🏛 인성 평가 기출 분석 및 대책

❶ 친한 친구가 목돈을 빌려달라고 하면 어떻게 할 것인가요?

답변 Point ▶
이러한 질문을 받으면 우선 기준점을 어떻게 잡을지가 중요합니다. '기준점을 친구, 목돈, 행동 중 어디에 둘 것인가?'에 대한 관점이 중요합니다. 이러한 관점을 가지고 본인의 의견을 구체적인 사례와 더불어 개진해야 합니다.

❷ 리더의 거짓말은 필요악인가요, 아닌가요? 그렇게 생각하는 이유는 무엇인가요? 가톨릭대 기출 응용

답변 Point ▶

- 답변 예시: 국가나 큰 집단을 이끌어 나가기 위해 사익을 위한 개인적인 거짓말이 아닌 거짓말이 불가피한 상황이 있을 수도 있습니다. 리더로서 국가를 이끈다고 한다면 치열한 국제 관계의 비열함과 냉정함 속에서 국익을 위해야 하므로 수많은 고민과 그에 따른 고독한 결단이 필요합니다.

- 대부분의 사람들은 리더는 어떠한 순간에도 거짓말을 하면 안 된다고 대답합니다. 그런데 이렇게 리더의 거짓말을 긍정하는 입장의 답변은 드물지만 면접관들에게는 신선하게 다가올 수 있습니다. 이것이 리더의 거짓말에 대한 정당화의 관점입니다. 이러한 질문을 통해 진정한 리더의 가치에 대해서도 다시 생각해 보게 되는 계기가 될 수 있습니다. (참고로 '왜 리더는 거짓말을 하는가'(존 미어샤이머, 2011, 비아북)를 읽으면 이러한 관점을 이해하는 데 도움이 될 것입니다.)

❸ 네트워크 소통의 발달이 리더의 도덕성을 강화하나요?

답변 Point ▶ 리더는 능력이 우선시되어 뽑히는 것이 대부분일 수 있으며, 도덕성은 리더의 필수 요소라기보다는 갖추고 있으면 더 좋은 요소입니다. 또한 네트워크 소통의 발달이 무조건 리더의 도덕성을 강화하는 것은 아니라는 생각이 듭니다.

오히려 네트워크를 통한 소통이라면 더 문제가 커질 수도 있습니다. 사이버상의 공간인 네트워크는 모르는 사람들과 접촉할 가능성이 많기 때문입니다. 리더들도 마찬가지입니다. 아무리 강력한 양심과 도덕성이 있다고 해도 소통 과정에서 갈등이나 충돌이 발생할 수 있습니다.

그러므로 네트워크를 통해 리더의 도덕성이 강화되리라는 생각은 어찌보면 근거가 희박하며 전혀 타당하지 않은 일이 됩니다. 리더의 도덕성은 그 사람의 인품이나 성격 등으로 형성되기 때문입니다.

- 리더 또한 불완전한 존재이고 실수도 할 수 있는 사람입니다. 그렇기 때문에 네트워크 소통의 발달만으로 리더의 도덕성을 강화시키기는 쉽지 않을 것입니다. 흔히 우리들이 많이 하고 있는 페이스북, 트위터, 카카오톡, 밴드 등은 SNS(Social Networking Services/Site)로 불리는 네트워킹의 일종입니다. 네트워크 소통을 통해 우리는 전보다 더 자주 친밀하게 많은 내용과 정보를 활용합니다. 리더가 되면 이러한 네트워크를 더 많이 사용하게 될 가능성이 있습니다. 하지만 네트워크 소통이 항상 긍정적인 면만 있는 것은 아닙니다. 그러므로 네트워킹을 통한 소통의 발달은 리더의 도덕성의 강화와는 다소 무관하다고 생각합니다.

- 리더는 주로 카리스마, 결단력, 배려, 혁신, 기획성 등 리더의 능력과 자질을 갖춘 사람들이 합니다. 하지만 만약 리더가 능력은 출중하나 도덕성이 그리 좋지 못하다고 한다면, 이러한 네트워크 소통의 발달을 통해서도 도덕성을 강화시키지는 못할 것이라고 생각합니다. 오히려 소외의 길로 갈 수도 있습니다. 요즘 사이버 수사의 기술 발달로 악플 등은 다소 감소하였습니다. 그렇다고 해서 이러한 악플들의 감소가 개개인들의 도덕성의 향상이라고 보기에는 어려운 것과 마찬가지입니다.

❹ 우리 학과 홈페이지에 들어가 본 적이 있나요? 전공 교수님은 몇 명이고, 본인이 배우고 싶은 분야와 가장 관련이 깊은 교수는 누구인가요? <계명대 기출 응용

답변 Point ▶ 가고 싶은 대학교의 홈페이지를 통해 대학의 비전, 인재상, 연혁, 현재 총장, 취업률 등의 정보뿐만 아니라 커리큘럼, 교수진, 장래 진로, 행사나 이벤트 등도 확인할 수 있습니다.

지원 대학 및 학과 정보에 대해 정리한 내용은 면접 평가에서 좋은 무기가 됩니다. 지원자의 열정, 자신감, 적극성 등을 표현하는 하나의 방식이 되기 때문입니다. 특히, 본인의 진로와 관련된 교수님에 대한 탐색도 남들과 차별화된 강점이 됩니다. 관심 있는 교수님의 학술지, 논문, 저서 등을 알고 간다면 훨씬 더 자신감이 생길 것입니다.

❺ 토론할 때, 의견을 이끌어 가는 편인가요 아니면 따르는 편인가요? 그에 대한 이유는 무엇인가요?

답변 Point ▶ 이끌어 가는 것은 리더십이 있다는 것입니다. 그리고 의견을 잘 따르고 실천하는 것은 팔로우십(followship)이 있다는 것입니다. 사람은 누구나 선천적으로 타고나는 성향이 있습니다. 모든 사람이 리더가 될 수 없고, 모든 사람이 리더가 될 필요도 없습니다. 본인에게 맞는 것을 선택하고 거기에 대한 구체적인 사례를 첨가한다면 좋은 답변을 할 수 있습니다.

누가 자기를 리더로 시키려고 하면 괜히 부담스럽고 싫은 사람이 있습니다. 결정을 쉽게 내리기 어렵고 다소 우유부단한 모습이 보입니다. 이러한 사람은 리더보다는 참모형, 잘 따라가는 팔로우십형 인간이 되면 됩니다. 반대로 결정하는 것을 잘하고, 그게 편하며, 리더라는 말을 들으면 설레고, 앞에서 이끌고 나갈 때 가장 행복한 사람들은 리더가 되어야 합니다. 다만 리더로서 갖추어야 할 덕목, 즉 도덕성, 배려심, 협력심, 카리스마, 결단력 등을 길러야 합니다.

❻ 학교 폭력을 예방하기 위한 체육 활동이 강화되고 있습니다. 이에 대한 의견(장단점)은 무엇인가요?

답변 Point ▶ 학교 안팎에서 학교 폭력이 늘어나고 있습니다. 특히, 직접적이고 물리적인 폭력보다는 언어폭력과 사이버 폭력이 더 늘어나는 추세입니다. 학교 폭력을 줄이기 위해서 교육부는 학생들의 체육 활동을 강화하고 있습니다. 일정 부분은 줄일 수 있으나 근본적인 대책은 아닙니다. 근본 대책으로는 문화 프로그램과 행사를 늘려 음악, 미술 수업의 실질적인 강화, 학생들 간 자치 활동, 동아리 활동, 모둠 활동 등을 통해 친밀감과 공동체 의식을 강화시키는 것입니다.

❼ 살면서 한 선택을 한 번 바꿀 수 있다면 무엇을 바꿀 것이고, 왜 바꾸고 싶은가요?

답변 Point ▶ 사람에게 선택은 중요합니다. 그 선택으로 인생이 바뀌기도 합니다. 흔히 말하는 개인적으로 중요한 선택으로는 직장, 배우자가 있을 수 있습니다.

학생인 여러분에게 중요한 선택이란 학습이나 진로에 대한 선택일 것입니다. 학습, 즉 공부도 때가 있다는 말을 많이 합니다. 공부가 잘 안될 때 다른 방법을 생각해 봅니다. 학원을 가든지, 인터넷 강의를 듣든지, 과외를 하든지 말입니다. 그러나 이러한 선택도 중요하지만 학습에서 가장 중요한 건 계획입니다. 그리고 그 계획을 규칙적이고 장기적으로 매일 실천하는 것입니다. 늘 계획을 확인하고 다시 재점검하는 것이 학원, 과외, 인터넷 강의를 선택하는 것보다 더 중요하다고 생각합니다.

진로 또한 수험생들이 직면하게 되는 중요한 선택 중 하나입니다. 실질적인 사례로 학교생활기록부의 진로 희망란이 있습니다. 진로 희망란에는 진로와 희망한 사유를 적습니다. 희망 진로가 3학년까지 일치되는 학생이 있고, 중간에 바뀌는 학생이 있습니다. 이렇게 진로를 바꾸는 것도 결국 선택입니다. 다만, 진로가 바뀌게 된 계기는 명확해야 합니다. 단순히 그 직업이 좋아 보였다기보다는 진로 체험 프로그램과 대학 전공 체험을 통한 적성과 흥미 탐색 등 적극적이고 구체적인 계기를 제시하는 것이 좋습니다.

❽ 나눔과 기부 문화가 확산되고 있습니다. 지금 현재 본인이 기부할 수 있는 것은 무엇이며, 그 이유는 무엇인가요?

답변 Point ▶ 학생의 신분으로 나눔과 기부를 정기적이고 장기적으로 하는 것은 쉽지 않습니다. 그러나 나눔과 기부가 꼭 거창한 것만은 아닙니다. 여러분이 학교생활기록부에 적힌 것처럼 봉사 활동을 하는 것도 나눔입니다. 학교 외에 지역 아동 센터, 고아원, 요양병원 등에서 하는 봉사와 정기적으로 헌혈을 하는 것도 좋은 나눔입니다. 이것들이 지금 여러분이 현재 기부가 가능한 것들입니다.

또한 직접 참여하는 봉사 활동 외에도 일회 또는 장기적으로 국제구호단체(유니세프, 플랜코리아, 굿네이버스) 등에 기부하는 방법도 있습니다. 물건을 살 때 아름다운가게나 굿윌스토어 등을 자주 이용하는 것도 또 다른 나눔과 기부의 모습일 수 있습니다.

⑨ 우리나라의 역사를 바꾼다면, 어느 부분을 어떻게 바꾸고 싶으며, 그 이유는 무엇인가요? ◀ 가톨릭대학교 응용

답변 Point ▶ 우리나라에서 역사를 다시 쓰고 싶은 부분은 의외로 많습니다. 필자인 저는 친일파 척결을 하지 못한 것이 아쉽습니다. 그때 여운형과 김구가 암살되지 않고, 이승만이 당선되지 않고, 실질적으로 독립운동을 했던 사람들이 정권을 잡았다면 친일파를 제대로 척결했을 것입니다. 그러나 이승만이 정권을 잡고 미군이 방조·지원하고 친일파들이 다시 득세하는 바람에 우리나라에 많은 문제가 여전히 남아 있습니다. 여기서 말하는 친일파는 자발적이며 적극적으로 친일을 통해 부와 권력과 명예를 도모한 자들입니다.

학생들은 세월호 사건을 많이 얘기했습니다. 아마도 같은 학생 입장이라서 그 사건이 더 크게 공감으로 다가왔을 것입니다. 그런데 계속 거의 모든 학생이 세월호 사건만을 바꿔야 한다고 하니 학생들이 나가고 면접관들은 별도의 회의를 할 수밖에 없었습니다. 평가 점수를 어떻게 매길지 말입니다.

다른 대답도 있었습니다. 예를 들어, '김옥균 등의 갑신정변이 3일천하가 아니라 성공했어야 했다.', '흥선대원군이 쇄국정책이 아니라 개방정책을 펼쳤어야 했다.', '동학혁명이 정권으로 연결되어야 했다.', '5·18광주민주화운동이 일어나지 않아야 했다.', '광해군의 실리 외교 정책이 성공하고 반정이 일어나지 않았어야 했다.' 등이 있었습니다.

역사를 바꾸는 것이 중요한 것이 아닙니다.

그 역사를 왜, 그리고 어떻게 바꾸고 싶은지에 대해 본인의 직간접적 경험과 사례를 구체적으로 말하는 것이 더 중요합니다. 다만, 많은 학생들이 생각할 수 있는 사건은 웬만하면 말하지 않는 것이 더 좋습니다.

⑩ 자신의 생활신조는 무엇인가요? 왜 그렇게 정했나요?

답변 Point ▶ 생활신조는 본인이 살아가면서 갖고 있는 가치관이나 좌우명을 의미합니다. 누구나 의무적으로 필수적으로 가져야 하는 것은 아니지만 막연하게나마 살아가면서 지키고자 하는 원칙, 규칙이 있을 것입니다. 그게 바로 생활신조입니다. 거창한 것으로 생각할 필요는 없습니다. 다만, 그렇게 생각하는 구체적인 사례가 있다면 더 근거가 명확해질 것입니다. 막연히 그래야 할 것 같다거나, 부모님의 권유 때문이라기보다는 본인이 경험을 통해서 느끼고 알게 된 것이 생활신조가 된다면 좀 더 설득력 있게 면접관에게 다가갈 수 있습니다.

참고로 필자인 저는 중학교 때 물리선생님이 말씀하신 '인간미는 손해 보자'를 생활신조로 가지고 있습니다. 사람은 누구나 이기적인 측면이 있습니다. 손해를 보기 싫어합니다. 그러나 대의를 위해서 작은 것보다는 큰 걸 위해서 조금은 손해를 본다는 마음으로 살아가는 것이 세상을 훨씬 아름답게 만들고 주위 사람들과의 인간관계가 더 풍요로워집니다. 물론, 쉽지는 않습니다. 앞서 말한 것처럼 인간은 손해 보기를 좋아하지 않기 때문입니다. 그러나 그런 상황에서 한두 번 하다 보면 나도 모르게 체화되고 습관화됩니다. 그런 습관은 앞으로 대인관계, 사회관계, 조직 생활을 할 때 매우 유용한 무기가 됩니다.

⑪ 콤플렉스의 개념은 무엇인가요? 그리고 본인의 콤플렉스를 해결하려고 어떻게 노력하나요?

답변 Point ▶ 콤플렉스는 일반적으로 행동이나 지각에 영향을 미치는 무의식의 감정적 관념, 관념 복합체라고 하는 정신분석학적 용어입니다.

콤플렉스는 알게 모르게 누구나 가지고 있습니다. 흔히 말하는 징크스가 바로 콤플렉스입니다. 예를 들어, 비가 올 때 물건을 사면 꼭 바로 망가진다든지, 왼쪽 발로 횡단보도를 건너야만 마음이 편해진다든지 하는 것들입니다.

이러한 콤플렉스에 너무 얽매이면 본인의 삶은 물론 가족이나 주변 사람들까지 힘들어질 수 있습니다. 그러니 콤플렉스가 너무 심해져 강박 관념이 되거나 평범한 일상생활을 방해한다고 생각되거나 부모님, 주변의 친한 친구들이 조언을 한다면 고치는 것이 바람직합니다. 이러한 것은 결국 스스로를 얼마나 잘 알고 있는지, 스스로를 얼마나 사랑하는지를 보여주는 것입니다. 콤플렉스 극복을 위해서는 본인의 노력, 결단이 중요합니다. 다만, 그것이 쉽진 않을 것입니다. 급격하게 바꾸려고 하지 말고 천천히 조금씩 계획을 세워서 하십시오. 혼자가 어려우면 주변의 도움을 받는 것도 괜찮습니다.

⑫ 우리나라에서 노블레스 오블리주가 잘되지 않는 이유는 무엇인가요?

답변 Point ▶ 노블레스 오블리주는 '지위가 높을수록 책임 의식, 덕망이 높이야 한다.'라는 프랑스 격언에서 유래한 말로 '높은 신분에 따르는 도덕적인 책무'를 의미합니다.

흔히 우리나라에서는 노블레스 오블리주가 잘되지 않는다고 합니다. 그런데 과거의 우리나라 역사를 보면 노블레스 오블리주를 실천한 다수의 사람들이 있었습니다. 제주도의 김만덕, 경주의 최씨 가문, 우당 이회영 선생과 그의 형제들, 유한양행의 창업주 유일한 박사 등이 그들입니다.

그런데 현대에 들어와서는 이러한 사회지도층의 노블레스 오블리주가 잘되지 않고 있습니다. 신자유주의의 무한 경쟁이 우리를 이렇게 만들었는지도 모릅니다. 신자유주의 시대에서는 개인주의, 이기주의가 더 팽배해지기 쉽습니다. 왜냐하면 무한 경쟁이 신자유주의의 관점이고 철학이기 때문입니다.

심화된 개인주의는 공동체주의를 약화시키고 주변을 살피고 같이 가기보다는 남을 밟고 위로 올라가려는 승진, 상승 욕구만이 가득해집니다. 계속 올라가야 하기 때문에 삶의 여유도 없고, 행복을 찾는 것도 사치같이 여겨집니다. 그리고 그렇게 올라가서 사회지도층이 된 사람을 존경하기보다는 배 아파하는 경향도 있습니다. 이것은 신뢰의 문제이기도 합니다. 공정한 기회가 누구에게나 주어지는 것이 아니라 일부에게만 주어져 편파적이고 불공평하다고 생각하는 인식이 팽배하기 때문입니다. 사회지도층을 존경하지 않기에 사회지도층도 중하위층 국민들에게 통 크게 베풀고 나눠야 하는 책임성과 책무성을 필연적으로 느끼지 않는 경향도 있습니다. 물론, 이 와중에도 열심히 나누고 기부하고 책임을 다하는 사회지도층, 기업도 있을 것입니다. 누구나 바쁘고 신뢰성이 약한 사회구조나 시스템이 만연한 사회 분위기가 노블레스 오블리주를 약하게 합니다.

⑬ 대학 합격 후 한 달 동안의 여유가 생긴다면 무얼 하고 싶나요?

●답변Point ▶ 누구나 대답하는 뻔한 얘기가 아니라 본인만의 이야기가 담기는 것이 좋은 점수를 받는 지름길입니다. 합격 후 한 달 동안의 여유가 생기면 일반적으로 여행을 가거나 운전면허를 취득하거나 게임을 실컷 합니다. 그러나 그것을 면접 평가에서 말하는 것은 쉽지 않은 일일 것입니다. 여행 정도는 얘기할 수 있을 것입니다. 평소에 가고 싶었던 곳이라면 말입니다. 문제는 누구나 생각할 수 있는 답변이기 때문에 신선도가 많이 떨어진다는 것입니다.

이렇게 이야기할 수도 있을 것입니다. 전공 관련 공부를 미리 한다는 답변도 나올 수 있고, 영어 토익 공부를 한다는 학생도 있을 수 있을 것입니다. 근데 이것도 누구나 생각할 수 있다는 것이 문제입니다.

다른 답안으로는 코이카를 통해 해외 봉사를 한다든가, 자전거를 타고 국토 순례를 한다든가, 제주도의 모든 오름을 오른다든가, 제주도의 올레길을 모두 걷는다든가, 지리산 등 명산을 등반하는 것도 좋습니다.

평범하지 않으면서 본인만의 열정이 담겨 있는 동시에 근거가 있고 납득이 가는 다양한 답변을 스스로 할 수 있도록 많은 생각과 고민이 필요합니다.

⑭ 보편적인 인성이란 존재할 수 있나요?

답변 Point ▶ 보편적인 인성은 존재한다고 할 수 있습니다. 인간의 성선설적인 측면이 바로 보편적인 인성입니다. 맹자의 사단설(맹자 공손추 편)에 나오는 이야기로 '측은지심'이 대표적입니다. 측은지심은 '남을 불쌍하게 여기는 타고난 착한 마음'을 이르는 말입니다.

사단설을 구체적으로 살펴보면 '불쌍히 여기는 마음이 없는 것은 사람이 아니고, 부끄러운 마음이 없으면 사람이 아니며, 사양하는 마음이 없으면 사람이 아니며, 옳고 그름을 아는 마음이 없으면 사람이 아니다.'라는 말입니다. 즉, 이렇게 하는 게 사람의 당연한 마음이므로 보편적인 인성이 존재한다는 의미로도 해석할 수 있습니다.

어린이가 위험에 빠지면 누구나 도와주려고 하는 등 기본적으로 사람은 갈등이 아니라 평화를 더 사랑하는 마음도 이러한 보편적인 인성에 해당됩니다.

02

서류 기반 확인 평가

🏛 학교생활기록부 관련 빈출 질문

면접관은 지원자의 학교생활기록부를 바탕으로 질문을 하는 경우가 많기 때문에 이에 대한 대비를 잘해야 합니다. 다음은 학교생활기록부에서 자주 출제되는 사항과 그에 대한 답변 전략입니다.

❶ 고교생활 중 지원학과와 관련된 봉사 활동을 한 경험이 있다면 사례를 들어 설명해 보세요.

🔹**답변 Point ▶** 주로 교대나 사범 계열, 복지 계열에서 이러한 질문을 할 수 있습니다. 교대나 사범 계열인 경우는 지역 아동 센터나 복지 단체 등에서 교육 봉사를 한 경우가 해당됩니다. 복지 계열은 장애인 복지 센터, 노인이나 아동 복지 센터, 고아원, 양로원 봉사 활동 등이 해당됩니다. 그러나 이렇게 특별한 경우가 아니면 일반적인 봉사 활동을 말해도 무방합니다. 다만 구체적으로 말하는 것은 기본입니다.

❷ 자신의 진로와 앞으로의 진로 계획에 대해 구체적으로 설명해 보세요.

🔵 **답변 Point** ▶ 이는 두 가지 경우로 생각할 수 있습니다.

첫째, 면접관이 이 항목의 내용을 읽지 않고 질문할 수 있습니다. 보통 면접관들이 사전 교육을 받는다 하더라도 수많은 학생들의 학교생활기록부를 모두 꼼꼼하게 읽고 들어오기는 어렵습니다. 입학사정관들이 미리 작성한 서류 평가 요약서를 보고, 필요한 경우에 학교생활기록부 등을 추가적으로 미리 봅니다. 그 외에는 해당 학생을 면접할 때 살펴보는 경우가 많습니다. 최근에는 모니터에 탑재하여 미리 보면서 확인하기도 하는 대학들이 있는 것으로도 알고 있습니다.

둘째, 적은 내용을 확인하는 차원에서 물어볼 수 있습니다. 본인이 구체적으로 탐색해서 작성하지 않고 주변 사람들이 대신 알려줘서 작성하는 경우도 많기 때문입니다. 또한 추가적인 내용도 알 수 있는 이점이 있습니다. 그리고 글로 적은 것을 본인의 말로 구체적으로 표현하는 것도 하나의 역량으로 볼 수 있기 때문입니다.

❸ 고교생활 중 가장 기억에 남는(의미 있는) 활동은 무엇이며, 그렇게 생각한 이유는 무엇인가요?

🔵 **답변 Point** ▶ 가장 강점으로 드러내고 싶은 활동을 얘기하는 것이 필요합니다. 이왕이면 구체적인 에피소드를 들고, 그 활동이 가져온 변화도 함께 언급하는 것이 좋습니다. 여기서 변화란 그 활동을 통해 새롭게 알게 된 점과 느낀 점, 이후 실천 계획 등을 들 수 있습니다.

예컨대, 전교 회장으로 실천한 공약 등이 해당됩니다. 이러한 사항이 없다면 특별한 봉사 활동이나 동아리 활동, 진로 활동 등 창의적 체험 활동을 구체적으로 설명할 수도 있습니다.

④ 본인이 생각하는 리더십은 무엇이며, 그렇게 생각하는 이유는 무엇인가요?

답변 Point ▶ 전교 임원, 학급 임원 등의 경험이 있는 지원자에게 주로 질문합니다. 물론, 임원 외에 학교의 선도부장이나 그 외의 직책을 맡은 경우에도 질문할 수 있습니다. 따라서 미리 리더십에 대한 개념을 알아보고, 본인만의 관점에서 정리해 둘 필요가 있습니다.

- 답변 예시: 제가 생각하는 리더십의 의미는 기다려 주고 배려하는 것입니다. 어떠한 결정을 할 때 충분히 다른 사람들의 의견을 들어주고, 반대 의견도 경청하는 것이 리더의 주요한 덕목이라고 생각합니다.

⑤ 봉사활동 중 본인에게 가장 의미가 있었던 활동은 무엇이며, 그렇게 생각하는 이유는 무엇인가요?

답변 Point ▶ 가장 의미 있었던 활동은 평이한 '교내 청소'가 아닌 (남들이 하기 꺼리는) 쓰레기 분리 배출, 급식 당번, 컴퓨터실 당번, 문단속 당번 등 구체적으로 작성합니다. 이러한 봉사 활동이 학교생활기록부의 행동 특성 및 종합 의견에 기록된 내용이면 좋습니다. 이유 역시 구체적인 사례와 경험을 들어 말하는 것이 바람직합니다.

⑥ 동아리 활동에서 본인의 주된 역할은 무엇이었으며, 가장 기억에 남는 활동은 무엇인가요?

답변 Point ▶ 우선 기본적으로 지원한 전공과 관련 있고, 1년 이상 꾸준히 활동한 동아리가 있다는 전제하에 답변하는 것이 바람직합니다. 물론, 2년 이상 했다면 더할 나위 없습니다. 동아리 장으로서 리더십을 발휘한 경험은 좋은 내용 요소가 될 수 있습니다. 그러나 리더가 아니었다 해도 상관없습니다. 동아리 활동의 결과물들이 있을 것입니다. 보고서 또는 연구물(실험 결과물 등), 활동 모음집 등 동아리 활동의 결과물을 바탕으로 본인의 역할을 구체적으로 에피소드를 곁들여 답변하면 무난합니다.

❼ 법조인이 장래 진로로 되어 있는데, 법학과가 없는 우리 학교에서 특별히 우리 학과를 지원한 동기가 있나요?

답변Point ▶ 현재 우리나라에서 법조인(판사, 검사, 변호사)이 되려면 반드시 대학교에서 학부를 마치고 로스쿨(법학전문대학원)에 진학해야 합니다. 아무래도 법학과에서 법학을 배우고 로스쿨에 진학하는 것이 유리합니다. 그러나 로스쿨은 다양한 전공과 소양을 기본 바탕으로 법학에 대한 이론과 실무를 다양한 사례, 판례를 중심으로 공부하는 곳이므로 군이 학부에서 법학을 배우지 않더라도 크게 상관은 없습니다. 오히려 법조계에서 새로운 전문 분야를 개척하고, 발전시키는 데에는 다양한 전공과 소양이 더 필요하다고 할 수 있습니다. 이러한 취지로 생긴 것이 로스쿨이기 때문입니다.

참고로 학부에 법학과가 있는 곳은 로스쿨이 없습니다. 반대로 로스쿨이 있는 곳은 학부에 법학과가 없습니다.

❽ 미인정 결석이 한 번 있는데, 무슨 이유 때문인가요?

답변Point ▶ 입학사정관들은 미인정 사항을 인성, 특히 성실성 측면에서 좋게 평가하지 않습니다. 미인정은 결석, 결과, 지각이 있습니다. 그중 결과는 출석을 했다가 중간에 사라지는 것으로 더 좋지 않게 보는 입학사정관이 많습니다. 그러니 될 수 있으면 미인정 사항이 없도록 해야 하며, 특히 미인정 결과는 기록되지 않도록 성실한 학교생활을 해야 합니다.

- 답변 예시: 그 일을 깊이 반성했으며, 그 이후로는 단 한 번도 미인정 사항 없이 성실한 학교생활을 했습니다. 이러한 내용은 학교생활기록부 출결 사항에 기록으로 확인할 수 있으며, 행동 특성 및 종합 의견에도 담임 선생님께서 성실성이 향상되었다는 내용으로 기록되어 있습니다.

❾ 전교 회장을 지냈는데, 공약은 무엇이며, 그 실천은 어떻게 했나요?

답변 Point ▶ 전교 회장을 했다는 것 자체만으로도 학생부종합전형에서는 상당히 중요한 플러스 요인입니다. 특히, 리더십과 인성을 중요시하는 여대에서 중요하게 평가하는 것으로 알고 있습니다. 다만, 더 높은 평가를 받으려면 공약에 대한 실천 내용이 학교생활기록부에 자세히 기록되어 있는 것이 좋습니다.

일반적으로 전교 회장에 출마하면 공약을 제시합니다. 우선 공약을 제시할 때는 다음 항목을 중심으로 생각하고 설계하는 것이 필요합니다.

- 학교에서 실현이 가능한 것
- 다수의 학생들이 선호하는 것
- 학교의 관리자(교장, 교감선생님)를 설득할 수 있는 것

이러한 3가지 요소가 모두 들어맞는다면 공약에 대한 실천을 하는 것이 용이합니다.

특이한 사례로는 지방의 작은 읍면 학교 학생이었는데, 통학로가 불편하여 새로운 통학로를 개발하겠다는 공약을 내세운 학생이 기억납니다. 학생회장 당선 후 지자체장과 면담하여 결국 새로운 통학로를 개발하였습니다. 그리고 그러한 내용이 지역 언론에 게재되었습니다. 이러한 사례의 경우 높은 평가를 받았던 기억이 납니다. 물론, 이러한 경우는 특별한 경우입니다. 본인의 상황에서, 학교의 상황에서 가장 필요하고 실현 가능한 공약을 제시하고 실천하는 것이 필요합니다.

❿ 고교생활 중 가장 감명 깊게 읽은 책은 무엇이며, 그 이유는 무엇인가요?

답변 Point ▶ 반복적으로 얘기하지만 결국 입시는 전략입니다. 즉, 합격을 위해 전략적으로 개연성이 있는 답변을 해야 한다는 것입니다. 이러한 것에 너무 자책하거나 죄책감을 갖진 마십시오. 정말 감명 깊게 읽은 책

이 지원 전공 관련 책이 아니라 그냥 통속적인 소설책이라면 차라리 말하지 않는 것이 좋습니다.

면접은 솔직한 내용을 '상담'하는 것이 아니라 가고 싶은 대학에 '합격'하기 위한 하나의 과정입니다. 그러므로 전공 관련 책(가능한 한 2학년 때 읽은 책)을 선정하여 그 책을 읽게 된 계기, 핵심 내용, 본인에게 준 영향이나 변화(새로운 실천, 후속 활동)에 대해 미리 정리하고, 실전에서 구체적으로 답변하는 것이 필요하다고 할 수 있습니다.

⑪ 특정 과목의 성적이 상대적으로 좋지 않은데, 그러한 이유가 있나요?

답변 Point ▶ 전 과목을 잘하는 것이 쉽지 않습니다. 특히, 내신 경쟁이 심한 학교에서는 더욱 어려울 수 있습니다. 그러므로 한두 과목은 성적이 다른 과목에 비해 상대적으로 부족할 수 있습니다. 다만, 가능한 한 주요 과목은 성적이 떨어지지 않도록 해야 합니다. 인문 계열(문과)은 국어, 영어, 사회 과목, 자연 계열(이과)은 수학, 과학 과목의 성적이 평균을 떨어뜨리지 않도록 하는 데 중점을 둘 필요가 있습니다.

- 답변 예시: 우리 학교는 지역에서 내신 경쟁이 쉽지 않은(?) 학교(특수목적고나 유명한 자율형 사립고가 아니면 일일이 개별 학교 사정을 확인하기 어려움)이고, 아무래도 주요 과목에 치중하다 보니 상대적으로 해당 과목의 성적이 낮았습니다. 성적이 떨어진 다음 학기부터는 향상을 위한 노력을 꾸준히 기울여 왔습니다.

⑫ 예체능 과목 중 미술에 'C(미흡)'라고 표기되어 있는데, 특별한 이유가 있나요?

답변 Point ▶ 예체능 과목은 평가 영역 중 인성 역량, 특히 성실성 측면을 보기 위한 과목입니다. 예체능 과목은 보통 3단계로 되어 있습니다. 'A(우수), B(보통), C(미흡)'가 그것입니다. 'A(우수)'를 받으면 제일 좋지만 'B(보통)'를 받는다 해서 특별히 마이너스 사항은 아닙니다.

문제는 'C(미흡)'입니다. 'C(미흡)'는 그 학생의 성실성에 대해 의심을 받으며, 학교에 따라서는 인성 평가 영역에서 본인이 받은 점수에서 1단계 감점을 받을 수 있습니다(예컨대, 인성 평가 영역 5점 만점 중 본인이 획득한 점수가 4점이라면 1점이 감점되어 3점을 받을 수 있음). 예체능 과목 수업에 성실히 참여했다면 'B(보통)' 이상은 받을 수 있다고 생각하기 때문입니다. 그러므로 고교생활 중 예체능 과목에서 'C(미흡)'는 받지 않도록 주의해야 합니다.

– 답변 예시: 1학년 때 미술 과목에서 몇 번 준비물을 가져오지 못한 경우가 있었는데, 그것이 점수에 반영되어 그러한 것입니다. 하지만 그러한 점을 깊이 반성하고 2학년과 3학년에는 그러한 일이 반복되지 않도록 노력하여 성적이 'A(우수)'로 향상되었습니다.

⑬ 학교 교과에 경제 과목이 없는데, 경제학과를 지원하기 위해 경제 관련 공부는 어떻게 했나요?

답변 Point ▶ 고등학교에서는 모든 과목이 개설되기 어려울 수 있습니다. 왜냐하면 학교마다 교육과정(커리큘럼)이 있으며 이는 과목 교사의 수급 등 학교의 사정에 따라 다를 수 있기 때문입니다. 그래서 원하는 과목이 개설되지 않을 수도 있습니다.

– 답변 예시: 학교의 사정상 교육과정에 경제 과목이 개설되지 않았습니다. 그렇지만 저는 이에 굴하지 않고, 인터넷 강의를 통해 혼자서 공부했습니다. 또한 학교에 '경제 공부 동아리'를 만들어 경제학과에 관심이 있거나 적성이 맞는 학생들을 모아 경제 관련 신문 기사 스크랩, 경제 이슈 관련 토론 등을 했으며, 이런 내용을 모아 연말에 보고서를 만들었습니다. 또한 이와 관련한 교내 대회에 단체로 참가하여 입상하기도 했습니다.

⑭ **1학년 때는 성적이 부진했는데, 2학년 때는 성적이 향상된 특별한 이유가 있나요?**

● **답변 Point ▶** 성적은 이왕이면 높은 것이 좋고, 만약 1학년 처음부터 높았다면 계속 그 상태를 유지하는 것이 좋습니다. 그렇지만 성적을 항상 높게 유지하는 것이 쉬운 일은 아닐 것입니다. 공부할 것도 많고, 활동할 것도 많고, 생각할 것도, 그 외에 해야 할 것도 많기 때문이지요.

성적이 향상되면 학교에 따라서는 평가 기준에 따라 '학업 역량' 영역(학교에 따라서는 전공 적합성 영역)에서 본인이 획득한 점수에서 1점의 가산점이 있을 수 있습니다. 물론, 반대로 떨어진다면 감점이 있을 수 있습니다.

학교에 따라 가산점이나 감점을 주는 것이 없다고 하더라도 성적의 향상은 입학사정관들의 정성 평가에 의해 좋게 평가될 수 있습니다. 다만, 그렇다고 해서 가산점과 좋은 평가를 위해 1학년 성적을 일부러 밑바닥(?)에서 시작하지는 마시기 바랍니다.

– 답변 예시: 1학년 때는 새로운 학교(지역)가 낯설기도 했고, 제 진로에 대한 고민으로 방황하기도 했습니다. 이러한 정체성의 혼란과 고민으로 인해 성적이 다소 하락했으나 부모님과 선생님과의 상담, 여행, 공부 방법의 변화 등을 통해 미래에 대한 방향을 정하게 되었고 새롭게 마음을 다잡아 이후에는 성적이 꾸준히 향상되었습니다.

⑮ **그 외에 추가로 예상되는 질문**

• **전체 성적보다 ○○ 교과 성적이 낮은데 그 이유가 있나요?**
  – ○○ 교과의 성적을 올리기 위해 노력한 것이 있나요?
  – 대학에 입학하면 ○○ 관련 과목을 어떤 방법으로 공부할 계획인지?

🏛 생활 기록부와 융합한 질문

　면접관들이 자주 사용하는 질문들을 확인하고, 이에 대비하기 위한 준비사항 및 솔루션을 알아봅시다.

❶ 학교생활기록부(학생부)에 시사에 관심이 많다고 기록되어 있는데, 요즈음 가장 관심 있는 주제는 무엇이고, 그 이유는 무엇인가요?

　●답변 Point ▶ 　주로 인문이나 사회 계열에 지원하는 학생들이 이렇게 학생부에 기록하는 경우가 많습니다. 우선 이러한 기록은 본인이 정말 시사에 자신 있을 경우에 기록하는 것이 좋습니다. 괜히 어설프게 일반적으로 시사에 관심이 많다고 해서, '이렇게 쓴다고 해서 무슨 일이 있겠어?'라는 안일한 생각으로 적는다면 면접에서 오히려 낭패를 볼 수도 있습니다.

예컨대, 최근에 진행한 인문사회 계열 면접에서 "시사에 관심이 많다고 기록되어 있네요. 요즘 가칭 '김영란 법'이 우리 사회에서 큰 이슈가 되고 있습니다. 본인의 진로와 '김영란 법'은 어떠한 관계가 있고, 본인이라면 그 상황에서 어떻게 대처할 수 있는지요?"라는 면접 평가위원의 질문을 받고 대다수의 수험생들이 엄청나게 당황했던 사례가 있었습니다.

따라서 학생부에 기입하는 한 단어, 한 문장은 면접에서 어떤 질문으로 다가올지 모르므로 신중하게 기입해야 합니다. 만약 위와 같이 기입했다면 그 내용(시사 관련 주요 쟁점과 논란이 될 수 있는 사항)에 대한 예상 질문과 답변에 대해 충분히 고민하고 철저한 준비가 되어 있어야 합니다.

❷ 왜 이 학과에 지원했나요? 본인이 보기에 이 학과가 미래에 어떠한 전망이 있다고 생각하나요?

　●답변 Point ▶ 　요즘 고등학생들은 취업을 많이 생각하는 경향이 있습니다. 그래서 인문·사회 계열은 국가 자격증이 발급되는 학과(사회복지학과 계열, 유아교육학과, 아동보육학과 등)를 선택하거나 상대적으로 취

업의 기회가 많은 경상 계열(경제, 경영, 무역, 회계, 물류학과 등)이나 심리학 계열 전공에 대한 지원율이 높은 편입니다.

이공 계열은 생명 계열이나 공학 계열 등의 지원율이 순수 자연 계열 전공보다는 상대적으로 높습니다. 그러나 이러한 경향에도 요즘 같은 힘든 시대에 그 전공이 본인의 취업을 반드시 보장해 주진 않습니다.

이미 경쟁이 심한 레드오션을 선택하기보다는 블루오션을 발견하고 발전시키는 패기가 오히려 더 설득력이 있을 수 있습니다. 시야를 넓혀 정보 검색 등을 통해 진로와 방향성을 새롭게 설정하고, 거기에 맞게 마인드 맵을 그리고 설계하는 노력이 요구된다고 할 수 있습니다. 이러한 마인드 맵 설계도를 면접장에서 펼칠 수만 있다면 합격은 물론 앞으로의 대학생활이 좀 더 적극적이고 활기찰 수 있습니다.

❸ 입학 후 학업 계획 및 진로 계획에 대해 구체적으로 말씀해 보십시오.

답변 Point ▶ 이 질문의 답변을 준비하기 위해서는 관련 정보를 사전에 취합해야 합니다. 이러한 정보를 얻기 위해서는 해당 대학이나 다른 대학의 학과 홈페이지나 '커리어넷', '워크넷' 등의 정부기관 사이트에서 교육과정, 진로 전망 등을 확인하는 방법이 있습니다. 또한 선배 직업인이나 전문가들을 통해 정보를 습득하는 방법도 있습니다.

무엇보다 중요한 것은 구체적이고 지속적으로 실천이 가능하면서도 미래 지향적인 본인만의 학업 계획과 진로 계획을 수립하는 일입니다. 그냥 평범하게 "무슨 개론을 듣고, 전공 선택과 필수를 수강하고, 토익 공부를 한 후, 대학원에 진학하거나 취업을 하겠다."라는 답변은 어떻게 보면 안 하느니만 못할 수도 있다는 것을 명심하기 바랍니다.

❹ 본인은 자기 주도 학습을 무엇이라고 생각하고, 그 이유는 무엇인가요?

답변 Point ▶ 이러한 질문은 학업과 관련된 질문입니다. 그래서 대학에서 학습할 능력이 있는 사람을 선발하고 평가하기 위해 '대학수학능력시험'을 실시합니다.

한편, 대학은 본인이 관심 있는 분야에 대한 진리를 탐구하고자 입학하는 것을 전제로 합니다. 특히, 4년제 대학은 이러한 목적으로 세워졌습니다. 물론, 취업을 목적으로 입학할 수도 있고, 2~3년의 기간 동안 기술을 위주로 배우는 전문대학교는 예외라고 할 수 있습니다.

초등학교, 중학교, 고등학교에서는 교육과정이 대부분 정해져서 그냥 한 자리에 앉아서 수업을 들으면 되는 경우가 많았습니다. 하지만 대학은 그렇지 않습니다. 대학의 커리큘럼, 즉 교육과정은 교양, 전공 선택, 전공 필수 등이 있으며 이러한 교육과정을 본인이 선택해서 짜야 합니다. 물론, 선배의 도움을 받거나 조교의 도움을 받을 수도 있지만, 본인의 학습 스타일, 환경에 따라 교육과정을 계획하고 학습에 대한 계획을 자기 주도적으로 세우는 것이 중요합니다. 본인이 아침잠이 많고, 저녁이나 밤늦게 집중이나 몰입도가 높은 '저녁형 인간'이라면 오후나 야간 수업을 위주로 교육과정을 설계하는 것이 좋습니다. 반대로 이른 아침에 부지런하고, 밤에는 일찍 자야 하는 '아침형 인간'이라면 오전 수업을 위주로 교육과정을 설계하는 것이 바람직합니다. 또한 아르바이트를 해야 한다면 그 시간은 피해서 짜는 것이 낫고, 집이 멀어 장거리를 통학해야 한다면 이른 오전은 피하는 것이 더 좋을 것입니다.

자기주도 학습은 '몰입과 집중을 위한 최상의 계획을 스스로 수립하는 것'입니다. 수립한 계획에 대한 이유는 위에 언급한 대로 본인의 학습 및 성격, 습관, 스타일과 기타 제반 환경에 맞게 적절한 근거를 제시한다면 바람직합니다.

🏛 기타 확인 사항 빈출 및 답변 포인트

앞에서 말한 내용 이외에 알아야 할 기타 확인 사항과 빈출 질문 및 답변 포인트를 알아봅시다.

❶ 고교생활 중 어려운 일에 부딪혔을 때, 가장 먼저 상의하는 사람은 누구이며, 그 이유는 무엇인가요?

　●**답변 Point ▶** 　대부분의 학생들은 부모님이라고 할 가능성이 높다고 할 수 있습니다. 물론, 학생에 따라서는 담임 선생님, 제일 친한 친구 등이 됩니다. 이러한 질문에 대한 답변 포인트는 상의하는 대상이 아니라 그 대상을 언급한 이유와 구체적인 근거입니다. 그 이유가 독특한 에피소드나 스토리와 연결된다면 더욱 설득력을 높일 수 있을 것입니다. 미리 이러한 내용을 염두에 두고 준비하는 것이 바람직합니다.

❷ 요즘 융합의 중요성이 강조되고 있는데, 고교생활 중 융합 활동을 한 것이 있나요?

　●**답변 Point ▶** 　융합은 단순 결합을 의미하는 것이 아니라 화학적으로 용해되어 새롭고 창의적인 결과물을 창출하는 것을 의미합니다. 따라서 본인 전공 계열 외의 활동과 어우러져 새롭게 활동한 것을 제시하는 것이 바람직합니다.

예컨대, 본인이 인문 계열이라면 사회, 자연, 이공, 예체능 계열의 활동과 결합한 사례를 제시하는 것이 좋습니다. 그러한 경험이 없거나 바로 생각나지 않는다면, 봉사 활동이나 독서 활동을 제시하여 융통성 있게 답변하는 것도 한 방법입니다.

❸ **가장 관심 있는 과목은 무엇이며, 그 이유는 무엇인가요?**

🔵**답변Point** ▶ 전공 관련 과목을 제시하는 것이 좋습니다. 간혹 이공 계열을 지원하는데, 엉뚱하게 본인이 그냥 좋아하는 국사나 미술 과목 등을 얘기하는 학생이 있습니다. 이것은 별로 적절한 답변이라고 할 수 없습니다.

자연공학 계열일 경우 전공과 밀접한 수학이나 과학 과목 중 한 가지를 말하고, 특히 관심이 있는 단원이나 분야에 대해 구체적으로 답변하는 것이 바람직합니다.

❹ **가장 좋아하는 선생님은 누구이며, 그 이유는 무엇인가요?**

🔵**답변Point** ▶ 이러한 질문에 대한 답변도 사전에 준비를 하는 것이 바람직합니다. 일반적으로는 담임 선생님이나 본인이 관심 있는 교과 선생님을 답변으로 많이 할 것입니다. 이때 그렇게 생각하는 이유가 중요합니다. 다만, 합격을 위한 전략적인 선택으로 본다면, 본인의 진로 및 진학 설계를 위해 꾸준하게 상담을 했던 진로진학상담 선생님이나 지원 전공 관련 주요 과목인 국어, 영어, 수학, 사회, 과학 등의 선생님이 더 나은 선택이 될 것입니다. 그러므로 본인의 상황을 적절히 판단하여 선택한 이유 및 근거를 구체적으로 말할 수 있도록 하는 것이 필요합니다.

❺ **최근 인문학(문학, 역사, 철학 등)의 중요성이 새롭게 부각되고 있는데, 그 이유가 무엇이라고 생각하나요?**

🔵**답변Point** ▶ 인공지능, 로봇, 사물인터넷, 빅데이터, 가상현실(VR), 증강현실(AR) 등을 활용하여 파생되는 산업의 발달과 이에 따른 변화를 '제4차 산업 혁명'으로 표현합니다. 이로 인해 최근 사회의 분위기가 많이 변하고 있음을 느낄 수 있습니다.

4차 산업 혁명은 기존의 정보 기반 시스템을 활용하여 개인과 조직이 새로운 것을 창의적으로 개발하는 것이라고 할 수 있습니다. 그렇지만 이러한 창의적인 개발은 그것의 기본을 이루는 이론, 원류, 뿌리가 필요합니다. 그것이 바로 인문학인 문학, 역사, 철학일 수 있습니다.

여러분이 잘 아는 스티브 잡스는 대학을 졸업한 사람이 아닙니다. 종종 청강은 했는데, 주로 인문학 강의였다고 합니다. 모든 응용 학문은 기초를 이루는 학문을 토대로 응용합니다. 그 기초 학문이 인문학입니다. 이러한 인문학이 창조적인 콘텐츠를 생산할 수 있는 토대가 될 수 있습니다. 이러한 이유 때문에 최근 새롭게 재해석되어 부각되는 것입니다.

❻ 본인이 가장 소중하게 생각하는 것을 3개 이내로 얘기하고, 그 이유를 말해 보세요.

답변Point ▶ 이 질문에 답하기 위해서는 평소에 이러한 것들을 미리 생각해 놔야 합니다. 질문을 받은 그 자리에서 즉흥적으로 답변하기가 쉽지 않기 때문입니다. 물론, 타고난 순발력을 가지고 지능적으로 답변을 잘하는 사람들도 있긴 합니다.

쉽게 생각해 볼 수 있는 것은 가족, 핸드폰, 사진 등 물건들이 떠오를 수 있습니다. 하지만 물건 자체보다는 그 물건이 소중한 이유와 근거가 더 중요합니다. 왜냐하면 같은 물건이라도 소중한 이유가 다르기 때문입니다. 따라서 이 문제는 딱히 모범 답안이 있지는 않습니다. 그러니 예상 문제로 작성하셔서 혹시 모를 질문에 대비하는 것이 바람직합니다.

❼ 자신이 다니고 있는 모교를 자랑해 보세요.

답변Point ▶ 그냥 일반적이고 단답형의 답변은 바람직하지 않습니다. 이러한 질문을 할 수도 있으니 자기가 다니는 학교에 대한 공부도 사전에 게을리하면 안 됩니다.

모교를 구체적으로 알고 자랑할 수 있는 학생이 대학교에 와서도 그 학교에 대한 관심과 애정이 충만하며 충성도가 높을 것이기 때문에 물어보는 질문이기도 합니다. 따라서 본인이 다니는 모교의 교훈, 이념, 교가, 교화, 연혁, 현황, 특별한 프로그램 등을 알고, 이를 적절히 활용하여 상세하게 답변하는 것이 필요합니다.

❽ 만일 대학에서 단체 과제(팀플)를 하는데 일부 학생이 잘 협조하지 않는다면 어떻게 할 것인지 말해 보세요.

답변 Point ▶ 요즘 대학 수업은 강의식보다 발표 및 토론식으로 진행되는 추세입니다. 과제도 개인 과제와 단체 과제로 구분되어 수행합니다. 이 중 단체 과제는 혼자 하는 것이 아니기 때문에 역할 배분이 중요합니다.

단체 과제에서는 역할이 꼭 균등하게 배분되지는 않습니다. 내용에 따라 누구는 좀 더 할 수 있고, 누구는 약간 부족하게 한다고 인식할 수 있습니다. 그렇지만 결국 단체 과제이므로 내가 좀 더 한다고 생각하고 남들이 꺼리는 발표를 자원하는 등 적극적으로 임하는 모습이 필요합니다.

어떻게든 과제가 끝날 때까지는 팀원들을 신뢰하는 것이 중요합니다. 내가 조금은 손해를 본다는 느낌으로 더 능동적으로 움직인다면 설령 좋은 학점으로는 돌아오지 않는다고 하더라도 내가 인식하지 못하는 사이에 저 사람은 좋은 인성을 지녔다고 다른 사람들에게 각인될 것입니다.

❾ 방학 때는 주로 무엇을 했고, 시간 관리는 어떻게 했나요?

답변 Point ▶ 입시는 합격을 위한 전략이 중요합니다. 합격을 위한 마지막 관문 중의 하나인 면접에서 너무 솔직한 답변은 좋지 못한 평가를 받을 수 있음을 항상 명심해야 합니다.

사실 고교시절에 방학을 정말 방학답게 보낼 수 없다는 것은 누구나 알고 있습니다. 어떻게 보면 우리는 대학을 가기 위해 고교를 다니고 있기 때문이기도 합니다. 이러한 방학은 밀린 학업이나 미진한 주요 과목을 공부하기에도 시간이 부족할 수 있습니다. 방학 동안의 활동이라고 한다면 대부분 학교의 보충수업, 학원, 과외 등이나 가끔 생기는 시간을 활용하여 근교 여행, 놀이, 독서, 게임 등을 했을 것입니다.

이러한 활동의 나열보다는 구체적인 계획을 바탕으로 어떤 활동을 어떻게 해왔다는 과정과 그 결과로 다음 학기에서 어떠한 결과와 성취, 변화가 있었는지를 강조하는 것이 가장 무난한 답변입니다.

⑩ 이 대학교의 첫인상은 어땠나요?

답변 Point ▶ 이 질문에 그냥 '좋습니다.'나 '훌륭합니다.'와 같은 단답형의 답변은 좋지 못한 대응입니다. 지원 학교에 대한 관심이 부족하다는 인상을 줄 수 있기 때문입니다. 이러한 질문에는 학교의 이념, 교가, 교화, 연혁, 현황 등을 적절하게 사용하여 구체적으로 말하면 더 바람직합니다. 사전에 학교 홈페이지에서 관련 자료를 내려받아 살펴보는 노력도 필요합니다. 일종의 사전 조사입니다.

또한 여건이 된다면 미리 가고 싶은 대학교를 방문하여 실제로 보고 느낀 점을 메모하는 것도 필요하다고 생각합니다. 지원자의 의지와 열정을 "저를 꼭 뽑아주십시오." 또는 "저를 선택해 주시면, 정말 열심히 하겠습니다."라는 입에 발린 말이 아니라, 구체적이고 세부적인 느낌과 지식으로 진정성 있게 표현하는 것이 필요합니다.

⑪ 학업 이외에 특별하게 몰입한 분야의 경험이 있나요?

답변 Point ▶ 학생부종합전형의 선발 취지는 진로 정체성이 뚜렷하여 교과 학업 성취도가 뛰어나고, 교과 연계 활동을 통해 전공 적합성이 우수한 인재를 뽑는 것입니다. 따라서 이러한 질문에 대한 답변은 본인이 지원한 전공 분야와 관련하여 1~2년 정도 꾸준히 관심을 가지고 활동한 내용을 말하면 됩니다. 예를 들어, 관심 분야의 독서 활동, 동아리 활동, 진로 활동, 기타 외부 단체 활동, 종교 활동, 대학에서의 전공 체험, 스크랩, 포트폴리오, 특허 취득, 발명, 과제탐구보고서, 블로그 활동 등이 있습니다. '몰입'은 시쳇말로 '덕후(질)'를 말할 수도 있습니다. 이러한 '덕후'의 개념이 예전에는 다소 부정적이었으나, 사회적 분위기가 변화함에 따라 긍정적으로 보거나 오히려 좋게 보는 시각이 더 강해졌습니다. 이러한 몰입 활동은 취업이나 창업으로 연결되기도 합니다. 문제는 오랜 기간 동안 꾸준히 할 수 있는 본인의 의지와 제반 상황이 받쳐 주는가 하는 것입니다.

대학에서의 선발은 완성된 인재를 뽑는 것이 아니라 가능성과 잠재력이 있는 인재를 예측하여 선발하는 것으로 선발을 위한 '예언 타당도'라고도 합니다. 그러므로 예언 타당도에 적합한 모습과 활동 경험을 면접 평가위원들에게 구체적인 근거와 사례를 들어 어필하면 되는 것입니다.

⑫ 고교시절 실패해서 좌절해 본 경험이 있나요?

답변 Point ▶ 이러한 질문에 '없습니다.'라고 답변하는 것은 좋지 못한 대응입니다.

그 누구라도 실패를 하기 때문입니다. 누구나 실패를 통해 배우기도 하고 좌절하기도 합니다. 이렇게 물어보는 교수님들도 실패의 경험이 있었습니다. 아마 본인도 살면서 다양한 실패를 통해 많은 것을 느끼고 배웠기에 물어볼 수 있는 것이라고 생각합니다.

고교시절 실패, 아픔 등의 경험은 각자의 상황에 따라 다를 수 있습니다. 예를 들어, 본인은 정말 열심히 했는데도 불구하고 성적이 더 하락하는 경우, 교내 대회 준비를 열정적으로 했으나 수상은 못한 경우, 친한 친구와 오해나 갈등으로 멀어진 경우, 가족이나 친척의 예기치 못한 고통이나 사망으로 인한 아픔, 삶의 방향이나 진로에 대한 고민으로 인한 정체성 혼란, 본인의 건강 문제, 종교나 신앙상의 문제로 인한 갈등, 부모님의 사업 실패, 이성 교제로 인한 아픔과 실패, 담임 선생님이나 교과 선생님과의 갈등 등이 있을 수 있습니다.

이러한 갈등, 아픔, 실패에 대한 내용과 과정을 설명하고 그것을 통해 배우고 알게 된 점, 느낀 점, 그리고 그것을 극복하기 위한 노력의 과정과 모습, 또한 이러한 극복 과정을 통해 변화하게 된 점 등을 구체적으로 제시하는 것이 좋습니다.

⓭ **만약 삶이 하루만 남았다면, 무엇을 하고 싶은가요?**

답변 Point ▶ 실제로 수도권의 한 대학에서 기출된 상황 면접 문제입니다. 이 문제는 따로 정답이 있다고 할 수 없습니다. 그러나 누구나 대답하는 평범한 답변보다는 좀 더 창의적인 내용을 자신만의 얘기와 근거로 풀어서 답변하는 것이 바람직합니다. 대부분의 학생들이 가족들과 남은 하루를 보내겠다고 답변합니다. 가장 현실적이고 생각하기 쉬운 답변이겠지요? 그러나 이러한 답변은 점수를 얻기에는 어딘가 부족해 보입니다.

그 외에 특이한 답변으로는 '평소에 가고 싶었던 곳으로 (세계) 여행을 떠나겠다.', '그동안 찍어 놓았던 자기 사진을 모아 전시회를 하겠다.', '먹고 싶은 음식을 하루 종일 먹겠다.', '지인들에게 엽서를 써서 그동안 좋은 추억과 기억을 만들어줘서 감사했다는 내용을 보내겠다.' 등이 있었습니다. 그런데 정말로 자기 인생이 하루밖에 남지 않았다면, 진정 무엇을 해야 할까요?

🏛 마무리 질문 빈출 및 답변 포인트

　면접에서 마무리 질문으로 자주 출제되는 문제별 준비 사항과 그에 맞는 해결책이 있습니다. 이번 항목에서는 이러한 질문에 대한 다음 각각의 사항에 대해 알아보고, 해결해 보고자 합니다.

① 우리 대학교에서 왜 학생을 뽑아야 할까요?

답변 Point ▶

- **질문의 의도 파악**

　우선 이렇게 물어보는 질문의 의도 파악이 중요합니다. 이는 다음의 두 가지 이유 때문으로 해석됩니다.

　첫째, 별다른 특징이 보이지 않을 때입니다. 이러한 질문을 하는 경우는 지원자의 답변 내용을 어느 정도 들은 후에 물어보는 질문일 것입니다. 여러 질문을 하고, 그에 대한 답변을 들었는데도 불구하고, 그다지 임팩트가 없어 면접 평가위원들에게 와닿지 않는 경우입니다.

　둘째, 남들과 차별화되는 지원자만의 강점이나 역량이 보이지 않을 때입니다. 서류 확인이나 전공 적합성 관련 심층질문에도 불구하고 강점이나 장점이 잘 드러나지 않을 때 본인의 강점이나 장점을 드러낼 수 있도록 주는 마지막 기회라고 생각해도 됩니다.

- **면접에서 답변하는 방식**

　본인의 강점, 역량을 임팩트 있게, 그렇다고 길지는 않게 답변하는 것이 필요합니다. "저의 강점은 ~. 첫째, ~입니다. 근거는 무엇입니다. 둘째, ~입니다. 근거는 무엇입니다. 만약 (좋은) 기회를 주신다면, 학교를 빛내는 인재가 되겠습니다. 고맙습니다." 정도가 적합합니다.

❷ 마지막으로 하고 싶은 말이 있나요?

◖답변 Point ▶

- **질문의 의도 파악**

우선 이렇게 물어보는 질문의 의도 파악이 중요합니다. 이는 다음의 두 가지 이유 때문으로 해석됩니다.

첫째, 민원이 발생할 여지를 사전에 방지하려는 목적입니다. 지원자가 면접장을 나가기 전에 하고 싶은 말이 있었는데 그것을 말할 기회를 주지 않았을 경우, 지원자 입장에서는 억울할 수 있습니다. 이러한 억울함은 후에 민원으로 나타날 수도 있기 때문입니다.

둘째, 지원자가 사전에 준비한 것을 말할 수 있는 기회를 주는 것입니다. 일반적으로 지원자들은 마지막 순간을 위해 하나씩 무기(?)를 준비하는 경우가 많은 것 같습니다. 그런데 이러한 무기를 쓰지 못한다면 너무 아쉬울 것입니다. 따라서 이러한 기회를 주는 차원의 의미입니다.

- **면접에서 답변 시 주의할 점**

"단순히 뽑아주세요." 또는 "입학시켜 주시면 열심히 (잘)하겠습니다."는 누구나 일반적으로 하는 말이어서 지양해야 합니다. 한편으로는 오히려 면접 평가위원들에게 반감을 살 수 있는 가능성도 있습니다.

A(지원자): "저는 잡초입니다."
B(면접 평가위원): "왜 그렇죠?"
A(지원자): "뽑아주세요. ~ㅎㅎㅎ."

이렇게 답변했던 지원자가 있었는데 처음에는 신선했습니다. 그러나 다른 지원자도 비슷한 내용으로 답변하니 신선함이 식상함으로 바뀌는 데 오랜 시간이 걸리지 않았습니다. 아마도 이러한 정보를 서로 공유하는 카페가 있는 것 같습니다. 남들과 똑같은 답변을 하면 그 의미가 퇴색되므로 참고만 하고 본인이 새롭게 창조하는 것이 필요합니다.

A(지원자): "저는 도끼입니다."

B(면접 평가위원) : "왜 그렇죠?"

A(지원자): "찍어주세요. ~ㅎㅎㅎ."

이렇게 답변하는 것도 앞에 말한 이유로 역효과가 날 수 있습니다.

A(지원자): "모두 손을 들어주세요."

B(면접 평가위원들) : (일부 또는 모두) 손을 듭니다.

A(지원자): "전 이렇게 리더십이 있습니다. 합격시켜 주세요."

이런 답변과 행위도 인터넷에 돌아다니고 있습니다. 물론, 면접관들은 모를 수도 있지만 지원자가 나가고 나면 "뭐지?", "하하하", "황당하네." 등과 같은 다양한 반응이 나올 수 있습니다. 이미 공개된 것은 역효과가 날 수 있으므로 긍정적이고 창의적인 답변이 아니라면 이런 것은 신중하게 시도해야 합니다.

- **답변 모범 사례**

네, 저는 ○○역량을 갖추고 있습니다. 하지만 달리 보면 ○○고등학교에서 우물 안 개구리처럼 생활했습니다. 그렇지만 그 속에서 변화를 꿈꾸며 더 나은 사람이 되기 위해 끊임없이 노력하고 행동했습니다. 제 비전을 펼치기 위해 출발점이 될 대학교는 바로 ○○대학교입니다. ○○대학교에서 소중한 꿈을 펼칠 수 있도록 작은 기회를 주십시오. 우물 안 개구리가 아니라 대양에서 헤엄치는 큰 고래가 될 것입니다. 고맙습니다.

❸ 우리 학교 외에 어느 학교에 지원했나요?

답변 Point ▶

- **질문의 의도 파악**

우선 이 질문에 대한 의도를 파악하는 것이 중요합니다. 이러한 질문을 하는 이유는 다음의 3가지 경우가 복합적으로 작용하면서 선택을 위한 이유가 하나 더 필요해졌기 때문이라고 짐작됩니다. 일종의 이를 위한 논리적인 방어수단을 만드는 것입니다.

첫째, 지원자가 마음에 들어 뽑고 싶은 마음이 들 때입니다.

둘째, 지원자를 다른 학교에 뺏기고 싶지 않을 때입니다. 왜냐하면 수시는 6회 지원이 가능하므로 지원자가 비슷비슷한 대학에 지원했을 가능성이 크기 때문입니다.

셋째, 지원자를 좋게 평가하고 있으나 약간 2% 부족한 점이 있어 선택을 확정할 다른 무언가가 필요할 때입니다.

● 답변 포인트 및 주의할 점

"다른 대학은 지원하지 않았습니다. 오로지 이 대학만 지원했습니다. 학생부 교과(또는 우수자) 전형, 논술(또는 적성)전형 등의 수시의 다른 전형으로도 지원했습니다. 저에게는 반드시 오고 싶은 대학입니다.~" 이렇게 답변하는 것이 좋습니다.

설령 다른 대학이나 다른 전형을 지원했다고 하더라도 면접 평가위원들이 확인해 보지 않습니다. 이러한 질문을 하는 것은 앞서 언급했듯이 지원자가 다른 대학을 지원한 것을 확인하려는 것이 아니라, 우리 대학을 위한 여러분의 충성도를 보고자 하는 것이기 때문입니다.

한편으로는 '이렇게까지 거짓말을 해서 합격할 필요가 있느냐?'라고 반문하며 의아해할 수도 있습니다. 그러나 어디까지나 합격을 위한 시험으로서의 면접을 위해 적절한 태도를 취해야 할 필요가 있습니다. 따라서 그 상황에 맞는 답변 '스킬(skill)'이 반드시 필요하다고 생각합니다. 합격을 위한 전략적인 답변을 한다고 해서 '너무 마음 상하거나 자책'하지 않았으면 합니다.

만약, 그래도 정 마음이 걸릴 것 같다면 그냥 솔직하게 답변하는 것도 나쁘지는 않습니다. "저는 (비슷한 수준의) A, B, C, D, E 등의 대학에 지원했습니다." 그러므로 면접에서 어떻게 답변할지는 결국 또 다른 선택의 문제라는 것을 깨달을 수 있을 것입니다. 인생은 늘 선택의 기로에 놓입니다. 그럴 때마다 본인만의 기준과 원칙을 가지고 상황에 맞는 현명한 선택을 하기 바랍니다.

03

MMI(Multiple Mini Interview, 다중미니면접)

🏛 MMI란 무엇인가?(정의)

의대는 주로 다중미니면접을 통한 인·적성 평가를 실시합니다. 주로 10분 내외로 실시되는 여러 개의 방(스테이션) 방식으로 지원자의 인성과 적성을 다각도로 평가하므로 다면인적성 면접이라고도 합니다.

MMI는 Multiple Mini Interview의 약자로, 한 번에 여러 개의 짧은 면접을 연속해서 진행하는 새로운 형태의 면접 방식입니다. 전통적인 개별 면접과 달리, MMI에서는 보통 6~10개의 면접실이 준비되어 있으며, 각 방에서는 서로 다른 질문이나 상황이 주어집니다. 지원자는 1~2분 정도 질문을 읽고 준비한 후, 5~8분가량 면접관과 질의응답을 하거나 역할극을 수행하게 됩니다. 이렇게 다양한 문항과 면접관을 통해 학생의 다면적인 역량을 평가하는 것이 MMI의 핵심입니다.

🏛 MMI에서 평가하는 역량

MMI는 단순한 지식이나 말솜씨보다는 사고력, 태도, 가치관, 커뮤니케이션 능력 등을 종합적으로 평가합니다. 예를 들어, 윤리적 상황에 대해 어떻게 판단하고 행동할 것인지, 낯선 문제에 논리적으로 접근할 수 있는지, 상대방의 감정을 헤아리고 존중하는 공감 능력이 있는지를 살펴봅니다. 또한 자신의 의견을 명확하고 조리 있게 전달하는 의사소통 능력, 압박 상황에서도 침착하게 문제를 해결하려는 태도 역시 중요한 평가 요소입니다. 특히 특정 학과의 MMI에서는 전공 관련된 기초 소양이나 시사적 관심을 평가하기도 하므로, 폭넓은 사고와 관심이 필요합니다.

🌀 비판적 · 논리적 사고 중시

MMI는 비판적 · 논리적 사고를 중시합니다. 여기에서 필요한 것은 다음의 3가지입니다.

① 논리성: 최소한의 과학적 상상을 기초로 논리적이고 가장 개연성(그럴듯한 확률)을 높게 제시하는 능력

② 창의성: 잘 알려진 과학적 상식에 더해 전형적인(고정관념적이고 관념적인) 사고에서 벗어나 논리적이고 과학적인 상상의 나래를 펼칠 수 있는 능력

③ 유연성: 다양한 각도에서 사고할 수 있는 능력

🏛 자주 나오는 질문 유형

MMI에서는 질문 유형이 매우 다양하게 구성되지만, 대표적인 몇 가지 유형이 있습니다. 첫째는 윤리적 딜레마로, 예를 들어 친구가 시험 중 부정행위를 하는 걸 목격했다면 어떻게 할 것인지에 대해 묻습니다. 둘째는 상황 대처형 문제로, 길에서 쓰러진 노인을 발견했을 때 어떤 행동을 할 것인지, 또는 친구와의 갈등을 어떻게 풀 것인지 등을 다룹니다. 셋째는 롤플레잉, 즉 역할극 형식으로, 보호자나 환자, 혹은 화난 고객 등을 면접관이 연기하고 지원자가 대화를 이끌어가야 합니다. 그 외에도 시사 · 정책에 대한 의견, 창의적인 문제 해결 제안, 전공 관련 질문 등도 빈번하게 등장합니다.

🏛 평상시 면접 대비 방법

MMI에 대비하려면 관련 독서를 기반으로 토론, 실험, 개별교과수행, 동아리 활동, 팀과제 수행을 할 필요가 있습니다. 이러한 활동은 교과 및 진로관련 '세특'(세부능력 및 특기사항) 작성에도 도움이 됩니다.

관련 독서를 위한 책을 추천하면, ①장하준 '그들이 말하지 않은 23가지'(부키, 2023) ②박성철 '헌법 줄게, 새법 다오'(이매진, 2007) ③제레미 러프킨 '바이오테크 시대'(민음사, 1999)를 들 수 있습니다. 특히 '바이오테크 시대'는 의료의 기초가 되는 생명공학의 다양한 주제를 다루며 의과학의 미래를 보여주는 동시에 그것이 함축하고 있는 윤리적이고 사회적인 문제를 비판적으로 다루고 있습니다. 예컨대 생물특허, 유전자 편집기술, 합성생물, 유사과학으로 확인된 우생학, 유전자 사회학 등 다양한 주제를 통해 '세특'에서 활용할 수 있습니다.

🏛 답변 구성과 말하기 전략

MMI에서 가장 효과적인 답변 방식은 '서론-본론-결론'의 구조입니다. 우선 자신의 입장을 짧고 분명하게 밝히는 것이 시작입니다. 이어서 그 이유를 2~3가지로 나누어 설명하되, 구체적인 사례나 경험을 덧붙이면 훨씬 설득력이 높아집니다. 마지막으로, 자신의 태도나 가치관을 드러내며 결론을 맺는 것이 좋습니다. 이 구조를 반복적으로 연습하면 다양한 질문에도 유연하게 대응할 수 있습니다. 또한 말할 때는 너무 빠르지 않게, 또박또박 조리 있게 말하는 연습이 중요하며, 시선을 피하지 않고 면접관과 눈을 맞추며 말하는 태도도 신뢰감을 줍니다.

🏛 준비 시간 활용법

각 면접실에 입장하기 전 1~2분의 준비 시간이 주어지는 경우가 많습니다. 이 짧은 시간을 효율적으로 활용하는 것이 매우 중요합니다. 우선 질문을 천천히 읽고 핵심 키워드를 간추린 뒤, 머릿속으로 말의 흐름을 구상해보는 것이 좋습니다. 종이와 펜이 제공되는 경우, 핵심 키워드나 말의 순서를 간단히 메모해도 됩니다. 단, 너무 많은 문장을 쓰려 하거나 외우려 들기보다는 말의 뼈대를 잡는 것이 핵심입니다. 이 짧은 시간이 전체 면접의 질을 좌우할 수 있으므로, 처음엔 낯설더라도 반복 훈련을 통해 감각을 익혀두는 것이 좋습니다.

🏛 실전 연습 방법

MMI는 실전에 가까운 연습을 해보는 것이 무엇보다 중요합니다. 혼자 말하기 연습을 하더라도 반드시 시간 제한을 설정하고 말하는 습관을 들이는 것이 좋습니다. 친구나 가족, 선생님과 함께 모의 면접을 구성해, 실제 MMI 형식처럼 질문을 주고받으며 연습하는 것도 큰 도움이 됩니다. 특히 각 문항을 평가 항목별로 나누어 피드백을 받으면 자신의 약점을 더 효과적으로 파악할 수 있습니다. 다양한 질문을 주제로 실전처럼 훈련할수록, 어떤 질문이 나와도 당황하지 않고 논리적으로 말할 수 있는 힘이 생깁니다.

🏛 마무리: MMI를 대하는 자세

마지막으로 중요한 것은 MMI를 단순한 시험이 아닌, 나를 보여주는 대화의 장으로 인식하는 것입니다. 매 문항이 독립적으로 평가되기 때문에, 한 문항에서 실수가 있더라도 금세 잊고 다음 문항에 집중하는 태도가 중요합니다. 또한 꾸며낸 답보다 솔직하고 일관된 태도에서 더 큰 신뢰를 얻을 수 있습니다. 질문에 대한 정답은 없고, 중요한 것은 그 상황에 어떻게 접근하고 사고하는지를 보여주는 과정입니다. 자기 생각을 분명히 표현하되, 다양한 관점을 존중할 수 있는 유연한 태도도 함께 보여준다면, MMI에서 좋은 인상을 남길 수 있을 것입니다.

🏛 서울대학교 참고

서울대 의대 수시에서 MMI는 5개 방과 60분으로 구성되어 있습니다. 서류 확인방만 20분이고 나머지 4개의 방은 각각 10분입니다. 정시에서는 한 고사실에서 20분으로 실시됩니다.

서울대의 기출문제의 예시입니다.

① 예술작품에 대한 해석관련 제시문

② 교통약자 배려석 관련 상황 제시문

③ 사회적 약자에 대한 인식 관련 역할 제시문

④ 경험과 여건에 따른 상황에 대한 판단의 차이 관련 제시문

⑤ 국가별 소득수준에 따른 특정질환 통계관련 제시문 ⑥봉사활동과 수학경시대회 준비 모임일정관련 제시문 ⑦개인의 성향별 유형분류도 관련 제시문

⑧ 난치병을 앓고 있는 자식을 둔 부모의 마음을 표현한 문학작품 관련 제시문

⑨ 자신의 생각과 가치에 대한 문장 완성형 제시문

이러한 주제들은 직접적으로 진로역량과 공동체 역량을 평가요소로 하고 있지만 간접적으로는 학업역량도 드러나게 설계되어 있습니다.

🏛 예상문제 10선과 답변

❶ 친구가 부정행위를 하는 것을 목격했다면 어떻게 하겠습니까?

답변 Point ▶

부정행위는 공정성을 해치는 행위이므로 즉시 친구에게 문제를 제기하고, 스스로도 그 상황에 연루되지 않도록 거리를 두겠습니다. 이후에는 담당

교사나 관련 기관에 신고하는 것이 올바르다고 생각합니다. 다만 친구를 비난하기보다는 상황의 심각성을 설명하며 스스로 잘못을 깨닫도록 도울 것입니다.

② 길에서 갑자기 쓰러진 사람을 발견했다면 어떻게 대처하겠습니까?

답변 Point ▶

우선 119에 신고해 전문적인 도움을 요청하고, 주변 사람들에게 도움을 청하겠습니다. 환자의 의식 여부를 확인하고, 호흡과 심장 상태를 체크한 뒤 필요하면 응급처치를 시도하겠습니다. 신속하고 침착한 행동이 중요하다고 생각합니다.

③ 기본소득 제도에 대해 어떻게 생각하십니까?

답변 Point ▶

기본소득은 경제적 불평등을 완화하고 사회 안전망을 강화하는 긍정적 효과가 있지만, 재원 조달과 노동 의욕 저하 등의 부작용도 우려됩니다. 저는 이를 보완하는 정책과 함께 단계적으로 도입하는 것이 현실적이라고 봅니다.

④ AI가 많은 직업을 대체할 것이라는 주장에 대해 어떻게 생각합니까?

답변 Point ▶

AI는 반복적이고 규칙적인 업무를 자동화하여 생산성을 높이지만, 창의성이나 인간적인 소통이 필요한 직업은 여전히 인간이 중심이 될 것입니다. 따라서 AI와 사람이 협력하는 새로운 일자리 창출과 재교육이 중요하다고 생각합니다.

❺ 학업 외에 스트레스를 어떻게 관리합니까?

답변 Point ▶

저는 운동과 독서를 통해 스트레스를 해소합니다. 특히 운동은 신체적 건강뿐 아니라 정신적 안정에도 도움이 되며, 독서는 다양한 시각을 접하며 마음의 여유를 줍니다. 이를 통해 학업 집중력도 높일 수 있습니다.

❻ 팀 프로젝트에서 의견 충돌이 있을 때 어떻게 해결합니까?

답변 Point ▶

서로의 의견을 경청하고, 공통의 목표를 다시 확인합니다. 감정을 배제하고 사실과 근거 중심으로 토론하며, 필요하다면 중재자를 통해 합리적인 결론을 도출하려 노력합니다. 팀워크가 최우선임을 항상 기억합니다.

❼ 실패를 경험한 적이 있습니까? 그 경험에서 무엇을 배웠나요?

답변 Point ▶

고등학교 때 중요한 시험에서 예상보다 낮은 점수를 받았던 적이 있습니다. 그때 문제점을 분석하고 학습 방법을 개선하며 꾸준히 노력한 결과 다음 시험에서 큰 성과를 냈습니다. 실패는 성찰과 성장의 기회임을 깨달았습니다.

❽ 의료 현장에서 환자가 가족과 의견이 다를 때 어떻게 대응하시겠습니까?

답변 Point ▶

환자의 의사를 최우선으로 존중하되, 가족과의 대화를 통해 서로의 입장을 조율하려 노력하겠습니다. 갈등 상황에서는 감정을 가라앉히고 객관적인 정보를 제공하며, 가능한 한 합의점을 찾도록 돕는 것이 중요하다고 생각합니다.

⑨ 최근 사회 이슈 중 관심 있는 주제는 무엇이며, 그 이유는?

답변 Point ▶

기후변화 문제에 깊은 관심이 있습니다. 이는 전 지구적 문제로, 미래 세대의 삶에 직접적인 영향을 미치기 때문입니다. 저는 개인과 사회가 함께 실천할 수 있는 지속 가능한 대안을 고민하고 싶습니다.

⑩ 왜 우리 대학(학과)를 선택했습니까?

답변 Point ▶

귀 대학은 융합 교육과 실무 중심의 커리큘럼이 잘 갖춰져 있어, 제가 추구하는 전문성과 창의력을 함께 키우기에 적합하다고 생각합니다. 또한 다양한 산학협력과 연구 기회가 많아 성장할 수 있는 최적의 환경이라 판단했습니다.

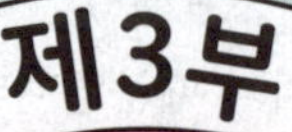

실전 전략편

면접관이 알려 주는
실전 면접 비책

'강점'으로 약점을 덮는다.

　누구나 약점은 있습니다. 그러나 굳이 면접에서 일부러 드러내서 동정을 구하지는 마십시오. 부정적인 단어도 가급적 사용하지 마십시오. 엄연히 평가를 통해 선발을 하는 시험입니다. 오히려 답변할 때마다 강점을 드러내서 약점을 어떻게 해서든 희석시키는 노력과 준비 전략이 필요합니다.

- 만약, 엄마가 일본인인 다문화 가정이라면 일본어로 자기소개를 하십시오. 특히 어학 계열을 지원했을 경우에는 해당 언어가 능숙하다면 그 언어로 자기소개를 하십시오. 영어, 스페인어, 중국어, 일본어, 독일어, 프랑스어, 베트남어, 러시아어 등 모두 좋습니다. 이러한 것은 남들과 차별화되는 강점입니다.

- 만약 내가 특출나게 잘하는 과목이 있다면, 그걸 드러내십시오. 물론 전공 관련 과목이면 더 좋습니다. 만약 자연공학 계열을 지원한다면, 물리, 화학, 생명과학, 지구과학에서 잘하는 과목이 반드시 1개는 있을 것입니다. 그 과목에 대해 내신 성적과 세부 능력 및 특기 사항에 적힌 활동 등을 위주로 동기, 과정, 결과, 후속 활동의 형태로 답변하십시오. 동아리 활동, 진로 활동, 연구보고서 활동 등과 연관되면 더 좋습니다.

• 또한 본인의 약점에 대해 질문을 받게 된다면, 깔끔하게 인정하십시오.
"네, 그렇습니다. 그 부분이 부족합니다. 그렇지만 그것에 기죽지 않고 제
강점인 ~과목, ~분야, ~활동에서 ~한 활동 등을 꾸준하게 지속적으로 노
력하여 ~한 결과를 가져왔습니다. 그리고 후속 활동으로 ~한 활동을 양적
으로 더 하게 되었고, 질적으로도 ~ 점에서 성장하게 되었습니다."라고 답
변하기 바랍니다.

이처럼 '강점'으로 약점을 덮으면 어느덧 '강점'만이 남게 됩니다.

'압박 면접'은 없다.

수험생들이 착각하는 것 중의 하나가 면접의 방식이 압박 면접으로 진행된다고 생각하는 것입니다. 그러나 압박 면접은 기본적인 면접 방식이 아닙니다. 오히려 면접관들은 수험생을 편안하고 부드럽게 대하라고 사전 교육을 받습니다.

- 한편으로 생각하면 여러분은 대학 입장에서 고객입니다. 만약, 수시 학생부종합전형에서 떨어진다고 하더라도 수시 논술이나 정시에도 지원이 가능합니다. 그러므로 고객한테 압박하면서 대학의 이미지를 나쁘게 가져갈 면접관은 없습니다. 그럼에도 불구하고 면접관 중에는 습관적으로 여러분을 자극하는 질문을 던질 수도 있습니다. 그럴 때 그것에 영향을 받지 않고 차분하게 준비한 답변을 하는 것이 진짜 실력자의 모습일 것입니다.

- 면접관은 압박 면접을 하지 않는데 여러분은 압박처럼 느낄 때가 있습니다. 그러한 경우 여러분의 준비가 미흡하기 때문일 수도 있습니다. 준비가 철저히 되어 있지 않으면 본인에게는 압박처럼 다가올 수 있습니다.

요약하자면, 압박 면접은 없습니다. 비슷하게 보일 수는 있겠지만 그때는 슬기롭게 넘겨야 합니다. 이를 위해 준비를 철저하게 하는 것은 기본입니다.

자기소개는 '안녕하세요.'로 시작하는 것이 아니다.

많은 지원자들이 자기소개하라고 하면, "안녕하세요, ○○고등학교 3학년 몇 반 누구입니다."라고 대답합니다. 이렇게 시작하는 순간 면접관은 바로 '준비가 미흡하구나!'라고 평가하면서 점수를 매깁니다.

자기소개 시간은 정해져 있습니다. 대부분 1분 이내나 30초 정도를 요구합니다. 요구하지 않더라도 이 시간 내에 답변을 해야 합니다. 이러한 시간도 평가에 포함됩니다. 따라서 최대한 압축적으로 시간을 요긴하게 사용해야 합니다.

- '안녕하세요.'는 이미 들어오면서 인사하는 것으로 대신했어야 합니다. '학교 정보도 이미 면접관 책상 위에 있는 면접 평가표와 서류에 다 체크되어 있습니다. '몇 반'인지는 더군다나 관심이 없습니다.

- 자기소개는 수험생 본인의 강점을 짧은 시간 내에 핵심적으로 임팩트 있게 알리는 시작종입니다. 여기에서 종을 울리지 못하면 면접을 마칠 때까지 종을 울리지 못할 가능성이 큽니다. 그만큼 자기소개가 중요하다는 말입니다. 그냥 흔히 자기소개를 수험생의 긴장을 풀어주는 애피타이저로 생각하는 경우가 있는데 아닙니다. 이미 메인 메뉴에 접어든 것입니다.

본인의 강점을 가급적 3개 이내로 1~2문장 정도로 얘기합니다. 그리고 그에 대한 근거 역시 1~2문장으로 얘기하는 것으로 마무리해야 합니다.

"첫째, ~입니다. 그에 대한 근거는~입니다. 둘째, ~입니다. 근거는 ~입니다. 셋째, ~입니다. 근거는 ~입니다. 이상입니다."라고 대답하는 것이 가장 모범적인 답변일 것입니다.

- 한편, 자기소개를 하라고 하면 지원 동기, 좌우명, 별명, 이름을 통한 치환, 삼행시 등을 얘기하는 경우가 있습니다. 그것 자체는 나쁘지 않은 답변입니다.

다만, 답변의 포인트인 자신의 강점을 말할 수 있는 시간을 너무 빼앗지 않도록 적절히 시간을 안배해야 합니다. 시간을 잘 체크해서 1분을 넘기지 않도록 해야 합니다.

양념은 양념일 뿐입니다. 양념을 너무 오래 만들면 본(MAIN) 재료의 신선도가 떨어집니다. 양념을 치고 싶으면 양념은 20초, 재료는 40초로 구성해서 훌륭한 요리를 만들기 바랍니다.

모든 답변은 '1분'을 넘기지 마라.

　모든 답변은 가급적 1분을 넘기지 않는다는 생각으로 준비하십시오. 답변이 1분을 넘어가면 핵심이 흐려지거나 내용도 단순 나열에 그치는 경향이 많습니다.

　그렇다고 면접관이 답변을 끊는 것은 아닙니다. 중간에 말을 끊으면 지원자가 당황할 수 있으므로 그대로 두는 경우가 많습니다. 또한 그렇게 하라고 사전에 교육을 시키기도 합니다.

• 따라서 30초 안에 핵심을 말하고, 그 핵심의 후속 질문에 대비하여 답변하는 것이 바람직합니다. 답변에 따라 1분이 다소 짧다는 생각이 들면 연습할 때 답변 분량을 조절하여 1분 30초 내외까지 늘리는 것도 괜찮습니다.

• 수험생 본인은 질문에 대해 많이 대답했다고 생각해서 만족스럽다고 생각할지 모르나 정작 면접관은 다음 문제를 물어보지 못해 안달하고 있을 수도 있습니다. 그리고 누구에게나 면접 시간은 동일합니다. 면접 시간을 넘기면 안에서도 시간 체크를 하고, 밖에서도 시간 체크를 합니다. 면접 시간의 동일성은 면접시험의 공정성을 결정하는 중요한 요소이기 때문입니다.

- 그러므로 짧은 시간 동안 핵심만 말하는 연습을 하십시오. 그 핵심이 부족하다고 면접관이 생각하면 거기에 파생되는 꼬리 질문을 반드시 하게 되어 있습니다. 그 질문에 다시 구체화된 사항을 핵심 위주로 답변하면 됩니다. 굳이 한 개의 질문에 답변을 장황하게 해서 평가 전체를 흐리게 되면 본인만 손해입니다.

- 시간 조절을 하는 것도 많은 연습을 통해서 미리 다져놔야 합니다. 정작 실전에서는 그게 잘 안 됩니다. 뭐에 쫓기는 사람도 아니고 시계를 자꾸 보면서 답변할 수는 없기 때문입니다. 그런 태도가 좋아 보이지도 않습니다. 따라서 연습할 때 타이머를 가지고 체크하기 바랍니다. 길면 핵심 위주로 수정하고 짧으면 구체적인 내용을 좀 더 추가하면 됩니다.

면접은 학교 교문에 들어설 때부터 나갈 때까지이다.

　면접 평가 고사일은 대학교 입장에서 큰 행사입니다. 내년에 입학할 새로운 식구를 선발하는 날이기 때문입니다. 그렇기 때문에 대학의 관계자 거의 모두가 출근을 하며 교문 주차 안내부터 가자의 역할을 합니다. 좋게 말하면 수험생은 모두에게 관심을 받고 있고, 나쁘게 보면 모두가 수험생을 지켜보고 있다는 것입니다.

- 면접장에 가면 수험생 대기실, (학교에 따라) 학부모 대기실 등이 있습니다. 그리고 대기실에는 면접을 진행하는 조교(진행 요원)가 있고, 복도에는 일정한 간격마다 안내위원들이 있습니다. 면접고사 실에는 면접 평가위원 2~3명이 자리에 앉아 있습니다.
특히, 대기실과 대기 과정에서는 다음과 같은 주의가 필요합니다.

- 대기하고 있는 동안에 처음 보는 옆 사람 또는 뒤에 있는 사람과 잡담을 하지 않아야 합니다. 본인의 떨리는 마음을 진정하고 긴장을 풀려고 의도적으로 이렇게 하는 수험생이 간혹 있는데 이는 다른 수험생들에게 오히려 피해를 줄 수 있습니다. 또한 심하면 진행 요원에게 주의를 받아 더 위축되고 긴장될 수 있습니다.

- 다리를 떨거나 꼬기, 비스듬히 앉기 등은 자세가 다소 불량해 보일 수 있으므로 삼가고, 큰 소리로 웃지 말아야 합니다. 이런 행동 역시 긴장을 풀려고 하는 습관적인 행동일 수 있으나 다른 수험생들에게는 불편함과 불쾌감을 줄 수 있습니다.

- 지역 소재 대학교를 지원하면 우연히 동창을 만나는 경우가 있습니다. 오랜만이라고 과거의 추억을 떠올리며 이야기꽃을 피우면 절대로 안 됩니다. 여기는 엄연히 시험장입니다. 반가움과 그간의 밀린 이야기는 나중에 같이 합격한 뒤에 해도 늦지 않습니다.

- 면접고사를 먼저 치른 같은 학교 친구들로부터 출제된 문제를 알아내려고 시험장과 복도에서 서성이는 수험생도 간혹 보입니다. 그러나 이러한 행위는 진행 요원과 안내 위원에게 괜한 오해를 받을 수 있습니다. 또한 이를 예방하기 위해 일반적으로 대학은 면접시험을 본 수험생과 대기실에 있는 수험 대기자는 서로 만나지 못하도록 사전에 공간과 동선을 철저히 분리하여 배치하고 있습니다.

이렇게 정문부터 면접장에 이르기까지 모든 사람이 평가를 위해 동원된 사람들이고 이 모든 사람은 직접적 또는 간접적으로 여러분을 평가할 수 있습니다.

• 면접 평가위원들은 중간중간 쉬는 시간에 화장실에 가거나 차를 마시기도 합니다. 이때 잠깐 복도 등에서 마주치는 수험생이 여러분이 될 수 있습니다. 이때 인상을 쓰고 있거나 자고 있거나 턱을 괴고 볼펜을 돌리며 멍 때리는 등 부정적인 모습을 볼 수도 있습니다. 때마침 그분이 담당 면접관이라면 그분은 면접장에 들어가서도 면접 평가 내내 그 이미지를 떠올릴 수 있습니다. 반대로 밝게 웃거나 준비해 간 자료를 차분히 보고 있거나 책을 보거나 혼자 나름대로 정리를 하는 모습은 긍정적입니다.

- 복도에서 대기할 때도 다리를 떨거나 한숨을 쉬거나 껌을 씹는 등의 행위는 삼가기 바랍니다. 면접장에 들어설 때도 문을 살며시 열도록 하고 목례를 하면서 들어가십시오. 그리고 인사 후 앉으라는 신호를 하면 앉으십시오. 절대 먼저 앉지 마십시오.

면접 평가가 끝나고 나갈 때도 인사를 정중히 하고 문을 세게 쾅 닫지 말고 살며시 닫고 나가야 합니다. 면접이 끝나고 귀가할 때도 소지품을 잘 챙기고 본인의 쓰레기는 반드시 가지고 가거나 쓰레기통에 버리고 가는 모습을 보이십시오.

이러한 모든 태도는 면접 평가에 직접적으로 반영되기도 하고 은연중에 반영되므로 주의가 필요합니다. 그리고 이러한 수험생 개개인의 태도와 분위기를 면접관은 면접 평가에서 직관적으로 체크할 수 있습니다. 왜냐하면 그분들은 전문가이니까요.

마지막으로 다시 한번 말하지만 이러한 모든 일련의 행위와 과정 전체가 면접 평가입니다. 그러니 면접 평가 시간만 면접이라는 생각을 버리십시오. 스스로의 마음가짐과 작은 행동, 모습, 태도가 합쳐져서 실전 평가에 나타나는 법입니다. 그러므로 적절한 긴장을 가지고 긍정적인 마인드로 무장된 상태에서 평가에 임하기 바랍니다.

냉정함으로 '감정'을 억눌러라.

면접 중에는 냉철한 태도를 가지고 순간순간 감정에 치우치지 않도록 해야 합니다. 면접 평가에서 면접관들이 질문하는 것은 모두 의도가 있습니다. 그 의도에 답변하다 보면 예기치 않게 감정의 소용돌이에 휘말릴 수 있습니다.

- 또한 사전에 면접관들은 입학처장에게 면접 평가를 위한 준비 교육을 받습니다. 예를 들어, 기본적인 면접 고사장 장소와 면접 시간, 관련 서류 외에 수험생들에게 불필요한 압박 면접을 하지 않기, 수험생들에게 미소 지어 주기, 수험생과 눈 마주치기, 답변을 더 잘 할 수 있도록 맞는 답변을 하면 고개 끄덕여 주기, 편안하고 부드러운 분위기 만들어 주기, 중간에 수험생의 답변을 끊지 않기 등이 해당됩니다.

- 그렇다고 하더라도 교수들은 늘 해왔던 자기만의 고유한 스타일이 있을 수 있습니다. 질문의 스타일, 표정의 변화, 시선 처리 등이 해당됩니다. 이러한 20여 분의 짧은 준비 교육으로는 절대로 바뀌지 않습니다.

— ● ● ● —

- 그러므로 평소에 하던 방식대로 진행할 수 있습니다. 질문해 놓고 본인은 시선을 마주치지 않는다든지, 답변하는 데 고개를 갸우뚱한다든지, 중간에 답변을 끊어비린다든지, 인상을 쓴다든지 등의 표정과 태도로 시종일관 면접이 진행된다면 수험생 입장에서는 불쾌할 수 있습니다. 그럼에도 불구하고 화난 감정을 답변하는 억양에 싣거나 얼굴에 미소가 사라지고 찡그리는 표정을 지으면 안 됩니다.

- 질문에 답변하고 있는 나를 쳐다보지 않더라도, 미소를 지어주지 않더라도, 중간에 답변을 끊더라도, 고개를 갸우뚱한다 하더라도 거기에 개의치 말고 자신의 답변 톤과 목소리를 일정하게 하고, 미소를 지으며, 긍정의 마음으로 답변해야 합니다. 순간순간 흔들리더라도 바로 중심으로 돌아와야 합니다. 그분들의 페이스에 말리는 순간 합격이 멀어질 수 있습니다. 그러한 흔들림을 일부러 평가해 보는 짓궂은 면접관도 있습니다.

'임팩트' 없는 답변이라면
안 하느니만 못하다.

　말 그대로 임팩트(Impact)가 없고 특별함이 없는 답변은 좋은 평가를 받을 수 없습니다. 특히, 학교생활기록부에 있는 내용만을 반복적으로 앵무새처럼 답변하는 학생들도 많습니다. 본인이 활동한 내용을 구체적으로 말해 달라고 요구해도 앞에 말한 그 범위를 벗어나지 않거나 "그 내용 외에 더 없습니다."라고 얘기하는 학생도 있었습니다.

● 학생부종합전형의 면접 평가는 예전의 학력고사 세대들이 경험했던 때의 형식적인 면접이 아닌 실질적으로 합격과 불합격을 좌우하는 평가입니다. 더군다나 1단계인 서류 평가에서는 3배수를 합격시킵니다. 그 3배수의 점수는 편차가 많이 나기도 하지만 대부분은 그 차이가 크지 않을 것입니다. 왜냐하면 대개 전국에서 비슷비슷한 성적의 학생들이 지원하기 때문입니다. 이미 학교 담임선생님, 수만휘 카페, 네이버 지식인, 일부 유료 사이트, 대입상담센터 상담 등을 통해 지원 가능한 대학 안에서 지원하기 때문입니다. 극히 소수를 제외하고는 활동의 차이가, 내신 성적의 차이가 크지 않다는 얘기입니다.

- 결국 면접의 평가 점수가 합격을 좌우한다는 얘기입니다. 그런데도 면접관들에게 강한 어필을 하지 못하고 평범한 답변으로 일관한다면 면접관들이 좋은 점수를 줄 리 만무합니다.

  그렇게 되면 결국 합격을 하지 못하게 되고 최초 합격을 조회하는 창에는 '후보 ○○번'이라는 내용만 뜨게 됩니다. 그때부터는 피 말리는 기다림이 시작됩니다. 혹시 추가 합격의 전화가 올지 오매불망 기다려야 한다는 것입니다. 이러니 해외여행은 꿈도 꾸기 어렵습니다. 물론 로밍을 해서 가져가는 것이 가능할 수 있지만, 그 나라 통신 환경과 상황, 사정에 의해 연결이 원활하지 않을 수 있기 때문입니다.

- 이러한 피 말리는 기다림을 경험하고 싶으십니까? 아니면 애초에 합격이라는 합격증을 받고 여러 대학 가운데 선택하는 행복한 고민을 하겠습니까? 그건 여러분이 어떻게 준비하고 실제 면접 평가에서 얼마나 강력하게 강점을 어필하고, 합리적이고 타당성 있는 답변을 하는가에 달려 있습니다.

철저하게 '정보'를 수집하고 준비하라.

면접 평가에서 좋은 점수를 받기 위해 많은 준비를 해야 한다는 것은 누구나 알고 있습니다. 그런데 그 시기가 참으로 애매합니다. 면접이 수능일 전이라면 계속 수능 공부를 해야 하고, 반대로 수능일 후에 시행하면 수능 시험의 결과에 따른 심적 여파에 시달릴 수 있습니다.

- 이러면 이도저도 안 됩니다. 원서 접수를 9월에 하고 11월에 수능을 보기 전까지의 시간은 더 이상 새로운 공부를 할 때가 아닙니다. 본인이 3년여간 공부해 왔던 것을 정리하면서 그것을 다지는 시기입니다. 물론, 그 감을 잃으면 안 됩니다.

- 평일에 별도의 시간을 내기보다는 주말이나 체력적으로 힘들고 지쳐서 잠깐의 휴식 시간을 가질 때, 또는 자투리 시간을 모아서 가고 싶고 합격하고 싶은 대학 6개와 각 모집 단위의 모든 정보를 샅샅이 수집합니다. 수집한 정보를 체계적으로 정리하여 예상 문제를 만들고 답해 보는 과정이 반드시 필요합니다.

수험생도 그 '대학을 면접' 봐라.

　　대부분의 학생은 수시에서 6번 지원할 수 있습니다. 물론, 어느 한 대학을 너무 원해서 그 대학에만 학생부교과(우수자)전형, 논술전형, 학생부종합전형 이렇게 3번의 기회를 사용할 수도 있습니다.

• 계열이나 특수 목적, 전공 역량에 따라서는 카이스트, 디지스트, 지스트, 유니스트, 육군/해군/공군/국군간호사관학교, 경찰대학교 등에 추가로 지원할 수도 있습니다. 이러한 관점에서 본다면 대학 지원이 과거처럼 무한대로 가능하지는 않지만 6회가 적은 기회는 아닐 수 있습니다. 물론 여전히 전형료는 부담이지만 이것도 차츰 폐지하는 분위기로 가고 있으니 추후에는 이러한 부담을 덜 수 있을 것으로 예상해 봅니다.

• 직접 그 대학에 면접을 보러 가보면 그 대학만의 분위기를 좀 더 감지할 수 있습니다. 전에 와 본 경험이 있다고 해도 그때는 겉만 봤기 때문에 학교의 학풍이나 분위기를 정확히 느끼기는 쉽지 않았을 것입니다.

• 따라서 실전에서의 대학 분위기는 답사차 들를 때와는 다음과 같은 부분에서 많이 다름을 느낄 것입니다.

- 면접시험장의 분위기: 면접관들의 태도, 정문에서 수험생을 맞이하는 전
  반적 분위기와 직원의 태도, 면접 대기실의 환경과 대기실 위원의 태도,
  학부모 대기실의 유무, 면접 안내 표지판 체계의 편리성 등
- 교내 시설 및 환경: 건물의 상태, 화장실의 청결도, 주차장과 주차 시설의
  편리성 등
- 교외 시설 및 환경: 주변의 상업시설, 대중교통의 편리성 등

• 면접 평가는 면접 고사장에서의 시험이 다가 아닙니다. 대학은 여러분도 선
택할 수 있습니다. 막연히 알고 있는 대학의 명성과 이름은 그날의 분위기
에 의해 얼마든지 달라질 수 있습니다. 그리고 그날 면접관들의 태도, 안내
직원의 친절도, 대학의 보이거나 보이지 않는 정성이 여러분의 선택을 다
르게 할 수도 있습니다. 물론, 너무 수준 차이가 나지 않는 대학이라는 전제
하의 선택을 고민하는 경우입니다.

그러니 너무 기 죽지 마시기 바랍니다. 여러분에게도 그 대학을 선택하지
않을 권리가 있습니다. 그러니 자신 있게 면접에 임하십시오. 면접을 과감
하게 즐기십시오. 여러분이 그날의 주인공입니다.

책은 줄거리가 아닌
'영향을 통한 변화'가 중요하다.

면접 평가에서 세특에 기록된 독서 활동을 물어볼 수 있습니다.

● 독서 활동은 서류 평가에서 큰 배점을 차지하는 요소는 아닙니다.

● 독서 활동은 서류 평가보다는 면접 평가에서 두드러진 평가 요소로 작용하는 경우가 많습니다. 지원자들을 변별하는 데 아주 유용한 요소이기 때문입니다.

● 질문하는 형태는 크게 두 가지로 나눌 수 있습니다.
  - 지원자가 직접 선택하여 답변하는 형태: "고등학교 생활 중 가장 인상 깊었던 책은 무엇이었습니까?", "본인 진로에 가장 큰 영향을 끼친 책은 무엇인가요?"
  - 면접관이 선택한 책에 대해 답변하는 형태: "학교생활기록부를 보니 이 책을 읽었네요. 이 책에 대해서 설명해 볼래요?", "이 책의 핵심 주제와 본인에게 준 영향을 말해 볼래요?"

- 준비가 안 되어 있는 학생은 그 책의 '줄거리'만 장황하게 늘어놓는 경우가 많습니다. 그마저도 준비가 안 되어 있다면 대강 몇 마디를 하고 얼버무릴 수도 있습니다. 이마저도 안 되면 "오래전에 읽어서 잘 기억이 나지 않습니다."라는 최악의 답변을 할 수도 있습니다.

- 반면에 준비가 잘 되어 있는 학생은 이렇게 대답합니다. "그 책의 핵심 주제는 무엇이었고, 그 책을 통해 무엇을 알게 되었고, 또 이러한 것을 느끼게 되었습니다. 그 책을 통해 진로를 더 확실하게 하는 데 도움을 받았습니다. 이를 통해 후속 활동으로 ~활동, ~심화 학습 수강, ~책을 더 읽게 되었고, ~대회에도 참가했습니다. 그 결과 ~한 결과를 성취하였고 ~한 부분이 성장하게 되었습니다."
단순하게 줄거리는 평가의 핵심으로 연결해 주는 가이드일 뿐, 핵심 요지는 그 책을 통한 영향, 결과, 변화라는 것을 다시 한번 명심하기 바랍니다.

면접관들도 '각자의 역할'이 있다.

　면접 평가는 2~3명의 면접관들이 시행합니다. 그래서 면접 평가를 위한 사전 회의를 할 때 면접관의 역할을 대강이라도 미리 정하고 진행합니다. 만약, 사진 회의나 교육에서 징하지 못했다면 면집 평가 딩일 잠깐의 자투리 시간을 통해 면접관의 역할을 미리 정합니다.

• 면접관은 대개 전공 교수 2명과 입학사정관 1명이 팀을 이룹니다. 전공 교수가 2명일 때 1명은 그 모집 단위 교수일 수 있지만 나머지 전공 교수는 모집 단위가 아니라 유사 계열 교수일 수도 있고 아닐 수도 있습니다.
어디까지나 학교 상황에 맞게 면접장에 배정됩니다. 입학사정관도 가급적 석사학위 전공에 맞추려고 하지만 꼭 그 전공이 아니더라도 학교 상황에 맞게 배정될 수 있습니다.

• 면접에서 면접관의 역할이라는 것은 대부분 다음과 같습니다.
　- 도입 질문은 누가 하고,
　- 인성 질문은 누가 하고,
　- 서류(학교생활기록부, 기타 우수성 입증 자료 등) 확인 질문은 누가 하고,
　- 전공 질문은 누가 하고,

- 제시문 질문은 누가 하고,
- 시간 체크는 누가 하고,
- 마무리 질문은 누가 하고 내보내는지를 정하는 것입니다.

• 꼭 그런 건 아니지만 주로 서류 확인 질문은 입학사정관들이, 전공 관련 질문이나 제시문 질문은 교수(사정관)들이 많이 합니다. 어떻게 보면 당연하게도 보입니다. 입학사정관들은 서류를 직접 평가한 경우가 많기 때문에 그러합니다. 교수들은 전공이 본인의 주특기입니다. 그 나머지인 시간 체크는 역시 입학사정관이나 전환사정관이 하는 경우가 많습니다.

  토론 면접이나 토의 면접, 발표 면접은 입학사정관은 없고 전공 교수(사정관)들이 들어갈 확률이 높습니다. 아무래도 제시문 자체가 전공 관련 지식이기 때문에 그 역량을 체크하기 위해서는 전공 교수가 더 적합하기 때문입니다.

• 면접관의 자리 배치에서도 그 역할을 가늠해 볼 수 있습니다. 주로 가운데에는 전공 교수들 중 가장 연장자이거나 경력이 많으신 분이 앉을 가능성이 큽니다.

  - 가운데 앉으시는 분이 책임의 역할을 합니다. 도입 질문과 인성(제시문) 질문 및 마무리 질문을 이분이 할 확률이 높다고 할 수 있습니다.
  - 가운데를 중심으로 왼쪽에는 전공 교수들 중 젊은 편에 속하는 교수가 앉을 확률이 높습니다. 전공 질문과 제시문 질문의 힌트를 줄 수 있는 역할을 담당합니다.
  - 마지막으로 출입문과 가까운 맨 오른쪽에는 시간 체크를 하고 서류 확인 질문을 주로 하는 입학사정관이 앉을 확률이 높습니다.

  물론, 이것이 자리 배치의 정답은 아닙니다. 어디까지나 평가를 위한 참고 자료로만 활용하십시오.

'과제탐구보고서'를 잘 활용하면 면접에서 강한 효과를 발휘할 수 있다.

앞서 말한 것처럼 면접관들의 역할은 다 다릅니다. 특히, 전공 교수 면접관은 지원자의 학업 역량과 전공 적합성 등을 집중적으로 물어보고 탐색하고 평가하게 됩니다.

- 그중에 과제탐구보고서는 물어보기 좋은 주제입니다. 왜냐하면 교수들은 강의와 연구가 주된 업무이기 때문입니다. 연구를 통해 연구 역량을 입증하는 것이 바로 논문이고 학술지이기 때문에 고등학생의 과제탐구보고서는 전공 교수들에게 많은 관심을 갖게 합니다. 아무래도 가장 잘하는 것, 늘 하는 것에 관심이 가게 되는 건 어찌 보면 당연한 이치입니다.

- 면접관으로 참가하는 전공 교수들은 학교생활기록부에서 과제탐구보고서란 단어가 보이면 눈을 빛낼 것입니다. 그리고 이렇게 도입 질문으로 물어볼 것입니다. "자료를 보니 과제탐구보고서를 작성했다는데 무슨 연구였습니까?"
그리고 다음과 같이 질문할 수도 있습니다.
- 연구 문제는 무엇이었습니까?
- 그 연구를 위해 어떠한 선행이론, 원리, 법칙 등을 활용했습니까?

- 연구 대상은 무엇(누구)이었습니까?

- 연구 방법은 무엇이었습니까?

- 연구 결과로 무엇이 도출되었습니까?

- 그 연구는 어떤 의의가 있습니까?

- 후속으로 어떤 연구를 하면 좋을까요?

여기에서 면접에 지원하는 학생들에게 필자인 제가 물어보겠습니다. "이러한 질문에 제대로 답할 수 있겠습니까?" 만약 "네."라고 대답한다면 여러분은 합격의 문턱에 가까워질 확률이 높습니다.

• 4년제 일반 대학은 기본적으로 학문을 하는 곳입니다. 취업을 준비시켜 주는 곳이 아닙니다. 취업을 위한 곳은 전문대학교가 별도로 있습니다. 학원도 그러한 곳입니다.

  4년제 일반대학은 원칙적으로 취업을 위해 존재하는 것이 아닙니다. 전공 교수들도 대부분 같은 생각을 공유하고 있습니다. 그러므로 학문을 위한 잠재력을 측정하는 도구로서 과제탐구보고서는 훌륭하게 쓰일 수 있다는 것입니다.

• 반대로 지원자가 이러한 질문에 정확하고 타당성 있게 체계적으로 답변을 하지 못한다면 과제탐구보고서 작성을 본인이 했는지에 대한 진위부터 과제탐구보고서 작성 과정에 대한 신뢰도, 작성에서의 역할 등에 대해 의심과 불신을 가져와 평가에 좋지 않은 영향을 끼칠 수 있습니다. 이렇게 보면 과제탐구보고서는 '양날의 검'입니다.

• 따라서 이렇게 철저하게 답변을 못 할 것 같거나 과제탐구보고서 내용에 대해 자신이 없다면 기록하지 않는 것이 나을 것입니다. 본인이 의미가 있다고 한 활동을 물어봤는데 제대로 대답하지 못했을 때는 오히려 더 큰 감점을 받을 수 있습니다.

13

진로 설계는 '역량 중심'으로 최대한 자세하게 말하라.

"진로 계획은 어떻게 세우나요?"라는 질문을 학생들이 많이 합니다. 진로를 이미 정했거나 진로를 정하지 않은 학생 모두의 공통적인 사항입니다.

- 면접관은 지원자 본인이 갖춘 역량을 중심으로 미래의 진로 설계에 대한 과정과 절차에 대해 구체적인 답변을 듣기 위해서 물어보는 것입니다.

- 학생들의 대부분은 단편적인 진로 계획을 세웁니다. 예컨대 공무원이 진로라고 가정해 보겠습니다. 공무원이 진로인 학생들은 주로 행정학과를 많이 지원합니다.
행정학과에 들어가서 어학 공부를 하고, 행정학개론을 배우고, 전공과목인 인사 행정론, 재무 행정론, 정책론 등을 배우고 공무원 시험에 도전하여 공무원이 됩니다. 이렇게 대답하면 공무원의 진로는 그냥 공무원으로 끝나게 됩니다.
하지만 공무원은 정말 많은 종류가 있습니다. 그냥 여러분이 아는 일반 행정직 공무원 말고도 말입니다. 특정직, 정무직, 전문직, 교육행정직 등이 있습니다. 세부적으로 나누면 더 깊게 나눌 수 있습니다. 일반 행정직도 여러 갈래로 나뉩니다.

그러므로 일반 행정직, 재경직, 검찰직 등의 진로에 대해 구체적으로 언급하십시오. 더 세부적으로 재무 업무인지, 기획 업무인지, 연구 업무인지, 정책 업무인지 등도 말하십시오. 체계적인 설계도를 가지고 대답해야 자신감이 생기고 꼬리를 무는 질문을 받아도 두렵지 않게 됩니다.

● 여기서 말하는 요지는 진로에 대해서 많이 찾아보고 자료를 수집하라는 것입니다. 4차 산업 혁명이라고 불리는 시대에서 넘쳐나는 데이터를 가공하여 필요한 정보로 만드는 것은 여러분의 몫입니다. 인터넷 검색, 모바일, SNS, 관련 도서 등을 활용하여 얼마든지 진로에 관한 정보를 구할 수 있습니다.

● **진로 정보 검색 방법**
  - 모바일 앱: 유니헬프, 유니버 등
  - 웹 사이트: 커리어넷, 워크넷, 해당 대학교 홈페이지 등
  - 도서: 직업능력개발원(진로와 직업과 관련된 책 매년 발간), 주요 대학교의 전공 소개 책자 등

이렇게 최소한이라도 노력하는 과정이 필요합니다. 쉽게 얻어진 것은 쉽게 잃어버립니다. 어렵게 얻은 것이 더 가치가 있고 오래갑니다. 별다른 생각과 노력도 없이 쉽게 말하지 말고 열심히 찾으십시오. 시도하십시오. 노력하십시오. 혼자서 해보고 도저히 모르겠으면 주변에 도움을 요청하십시오. 하늘은 스스로 돕는 자를 돕습니다. 열심히 하고 노력하는 사람을 도와주고 싶지 아무것도 하지 않고, 하려는 의지가 없는 사람을 도와주려는 사람은 많지 않습니다.

14

플랜 A가 막히면 플랜 B로 유도하라.

　수험생이라면 면접 준비를 위해 면접 전략을 세웁니다. 예상 문제도 만들고 거기에 대비한 답변도 만듭니다. 그러나 세상에는 많은 변수들이 있습니다. 면접장에서도 그리할 수 있습니다. 혼자 준비한 경우에는 더욱 그렇습니다. 예를 들어, 예상하지 못한 질문이 뜬금없이 나올 경우 대부분의 수험생들은 당황할 수 있습니다. 이렇게 준비한 플랜 A 답변이 통하지 않는다면 얼른 플랜 B로 갈아타야 합니다.

- 플랜 B는 본인이 잘 아는 분야나 강점인 성적, 활동 등으로 연계해서 답변을 하는 것을 의미합니다. 흔히 '임기응변'이라고도 합니다. 이러한 전략이 어렵다고 생각할 수도 있으나, 면접 질문이 고등학교 수준 및 학습 범위를 현저하게 벗어나지는 않기 때문에 미리 준비한다면 충분히 답변할 수 있습니다.

- 사전에 이러한 준비를 하는 것이 좋습니다. 이러한 상황에 대비해서 모르는 질문이나 예상치 못한 질문이 나왔을 경우에 어떻게 해서든 내 강점이나 잘 아는 분야로 유도해서 답변을 하겠다는 태도와 준비가 필요합니다.

- 구체적인 방법으로는 연계될 수 있는 과목, 활동, 독서 목록, 수상 경력, 세부 능력 및 특기사항, 행동 특성 및 종합 의견 등을 정리한 표를 만들거나 마인드맵 형태로 미리 그려 놓는 방법이 있습니다. 이렇게 체계적으로 정리된 표와 마인드맵이 있으면 두려운 마음이 많이 사그라지고 면접장으로 가는 발걸음이 가벼워질 것입니다. 시간이 걸리더라도 미리 만들어 놓는 것을 추천합니다.

'딱 1개만' 확실하게 각인시킨다.

강점이나 장점을 여러 개 어필하면 그 특장점들이 부각되지 못하고 흩어질 수 있습니다. 그러므로 제시하고 싶은 강점을 하나의 키워드로 정하고 그것을 계속 다른 질문에 답변할 때도 연결해서 끊임없이 각인시키는 것이 유리할 수 있습니다.

● 이렇게 비슷한 형태로 끊임없이 되풀이되는 구조를 '프랙탈(fractal)'이라고 합니다. 이러한 구조를 답변할 때마다 제시하는 것이 기술이고 핵심 전략입니다. 영화에서나 드라마에서는 중간마다 잠깐 등장하지만 강렬한 여운 효과를 나타내는 '스폿(spot) 광고' 방법과 같은 효과를 낼 수 있을 것입니다.

● 체조의 경우, 난도가 높은 독특한 기술에 그 선수의 이름을 붙입니다. 대표적으로 우리나라의 유명 체조선수 여홍철에게 여1, 여2(공중에서 한 바퀴 반 돈 뒤 내려오면서 다시 두 바퀴 반을 비틀어 착지하는 기술, 난이도 7.0)가 있습니다. 그리고 또 유명 체조선수 양학선에게는 양학선 기술(난이도 7.4)이 있습니다. 이 기술을 하다가 실수하면 감점이 있어도 다른 선수들의 기술보다 난도가 높기 때문에 상대적으로 높은 점수를 받습니다. 이처럼

본인만의 강력한 주무기 1개는 누구에게나 각인시킬 수 있고, 평생 동안 그 이름이 기억될 수 있습니다.

우리 수험생은 평생 각인시킬 필요까지는 없고, 오로지 대학 합격 때까지만 기억되면 됩니다. 그러므로 미리 1개의 주 무기를 준비하여 갈고닦으십시오. 딱 1개만 확실하게 각인시키면 합격합니다.

우는 것도 결국 습관이다.

모의 면접을 하다 보면 면접 내내 우는 학생이 있습니다. 대답을 못 해서 울고, 긴장되고 떨려서 울고, 가정환경에 대해 생각하다가 슬퍼서 웁니다. 실제 면접에서도 마찬가지입니다. 눈물을 펑펑 흘리면서 우는 학생도 있고, 계속 울먹이면서 답변하는 학생도 있습니다. 눈물만 주르륵 흘리는 학생도 있습니다. 감정이 순수하고 충실해서 그렇습니다. 면접 평가가 아니라면 따뜻하게 달래 주고 싶은 마음입니다.

- 그렇지만 여기는 면접장입니다. 면접 평가를 통해 가고 싶은 대학의 합격과 불합격이 결정되는 곳입니다. 이것으로 여러분의 인생이 달라질 수도 있습니다.

- 우는 것도 계속되면 습관이 될 수 있습니다. 평소에 면접 상황처럼 긴장되는 상황에서 눈물을 보이는 경우가 많다면 감정을 잘 다스리며 대답할 수 있도록 반복적으로 훈련하고 연습해야 합니다.

- 마지막으로 이렇게 훈련하고 연습했음에도 불구하고 모의 면접 상황에서 감정을 컨트롤하기 힘들다면 과감히 면접을 보지 않는 전형을 지원하는 것도 한 방법입니다.

'자기소개', '왜 뽑아야 하나', '마지막 하고 싶은 말'은 결국 같은 질문이다.

　면접에서 "자기소개를 해 보세요.", "학생을 왜 뽑아야 하나요?", "마지막으로 하고 싶은 말 있나요?"라는 질문은 같은 의미를 내포하고 있는 질문일 수 있습니다.

- 우선, 면접에서 일반적인 첫 질문인 "자기소개를 해 보세요."와 같은 질문은 지원자 본인의 강점을 짧은 시간 내에 어필할 수 있도록 하는 것입니다. 따라서 불필요한 요소는 제외하고, 핵심 사항만 간결하게 대답하는 것이 중요합니다.

- 면접 중간 즈음에는 "학생을 우리 학교, 우리 학과에서 왜 뽑아야 할까요?"라고 질문합니다. 이러한 질문을 한다면 앞선 면접 평가 질문에서 제대로 된 답변을 하지 못했거나 면접관에게 특별히 강한 인상을 주지 못했기 때문일 가능성이 있습니다.

- 면접 말미가 되면 "마지막으로 하고 싶은 말 있나요?"라는 질문을 할 수도 있습니다. 이 질문은 면접을 잘 봤든 못 봤든 상관없이 모든 학생에게 의례적으로 하는 질문일 수도 있습니다.

다만, 이전 질문에 제대로 대답을 못 했다고 생각이 드는 지원자는 반드시 이 기회에서 본인의 강점을 역량과 연결하여 어필해야 합니다. 반면에 면접을 질 봤다고 생각하는 지원지는 편히게 준비한 멘트를 해도 무방합니다.

 정리하자면, 이 질문들은 어떻게 보면 강점을 어필하고 본인의 역량을 드러낼 수도 있는 3번의 기회를 누구에게나 주고자 함일 수도 있습니다. 따라서 이러한 기회를 최대한 살려서 크지 않은 역전의 기회를 반드시 잡을 수 있도록 최선의 준비를 해야겠습니다.

단점은 '극복 과정'을 연결해서 말하라.

인성 평가 시, 흔히 "본인의 장단점을 말해 보세요."라는 질문을 많이 합니다. 이처럼 평범한 질문을 받으면 준비를 잘한 학생과 준비를 하지 않은 학생의 차이가 확연히 드러나게 됩니다.

• 준비가 철저한 학생은 예상한 질문이 나왔다는 만족감으로 만면에 미소를 머금고 준비한 답변을 얘기하면 됩니다. 장점은 타인이 평가하는 모습 중에 하나를 사례로 들어 이야기하면 됩니다.

한편 단점은 미흡한 점을 얘기하는 것입니다. 이 또한 사례를 들어 답변하면 좋습니다. 다만, 주의할 것은 단점만을 말하면 안 된다는 것입니다. 단점만 얘기했다고 해서 극복이나 변화 과정을 말할 수 있는 질문을 따로 하지는 않을 것입니다.

• 단점은 그 극복이나 변화 과정을 얘기하지 않는다면 면접관들의 뇌리에 단점만 박히게 됩니다. 따라서 단점에 대한 질문을 받으면 단점만을 얘기하지 말고 반드시 그것을 극복한 과정과 변화된 점을 구체적으로 반드시 덧붙여 얘기해야 합니다. 극복 과정과 변화 과정을 얘기하지 않으면 면접 준비가 미흡하다고 생각하여 낮은 점수를 받을 수 있습니다. 이 질문의 핵심 포인트는 단점의 극복 과정과 변화이기 때문입니다.

이미지를 결정짓는 '결정적 3요소'가 있다.

면접 평가에서 이미지가 중요하다는 것은 계속 반복적으로 말씀드리고 있습니다. 이러한 이미지를 결정짓는 3요소(SVG)가 있습니다. 바로 미소, 목소리, 제스치입니다.

- **미소(Smile)**

미소는 습관처럼 드러나야 합니다. 이러한 미소는 어려서부터 고등학교 3학년까지의 삶의 궤적이 묻어나는 것입니다. 삶에 대한 철학, 관점, 마음가짐 등이 집약되어 나오는 것이 바로 미소입니다. 이리한 미소는 인상을 결정하게 됩니다. 이러한 인상을 흔히 밖에서는 관상이라고 합니다.

그러므로 면접 당일만 미소를 짓는다고 해서 자연스러울 리가 없습니다. 물론, 전혀 미소를 짓지 않는 것보다는 나을 것입니다. 평상시에 늘 긍정적인 마음으로 밝게 웃는 모습으로 생활하는 것이 가장 좋습니다. 친구들과 함께하는 모의 면접 연습 때도 미소 짓는 것을 반복하여 연습하기 바랍니다. 집에서도 거울을 보며 자연스러운 미소가 되도록 연습해 보십시오.

- **목소리(Voice)**

목소리에서 이미지를 결정짓는 요소는 목소리의 톤(Tone), 빠르기(Speed), 크기(Volume)입니다.

- 목소리 톤: 너무 낮은 저음은 처음 듣기는 좋으나 계속될 경우 분위기를 처지게 할 수 있습니다. 반대로 너무 높은 고음은 분위기를 날카롭게 할 수 있습니다. 이렇게 분위기를 처지게 하거나 날카롭게 하는 목소리는 평가에서 좋은 점수를 받기 어렵습니다. 목소리 톤을 '솔' 정도로 맞춘 다음, 그 톤을 일정하게 유지하면서 약간씩 높낮이를 가미하는 것이 가장 좋습니다.

- 목소리 빠르기: 약간 빠른 것이 좋습니다. 너무 느린 것은 분위기를 처지게 하여 평가에도 좋지 않은 영향을 줍니다. 반면에 너무 빠르면 부정확한 발음으로 무슨 말을 하는지 의미 전달이 불분명해질 가능성이 높고 성격이 급하다는 인상을 줄 수 있습니다. 그러므로 목소리는 약간 빠른 정도를 유지하는 것이 좋습니다.

- 목소리 크기: 목소리의 크기도 중요한 요소입니다. 목소리가 너무 작으면 사람이 자신감이 없어 보이고 평가자들이 정확하게 내용을 들을 수 없기 때문에 본인은 전달했다고 하더라도 면접관들은 평가를 박하게 줄 수밖에 없습니다. 반대로 목소리가 너무 크면 면접장이 울리기 때문에 고사장 환경에 따라 하울링 현상이 일어나서 역시 정확한 내용을 알아듣기가 쉽지 않을 것입니다.

그러므로 목소리의 크기는 적당한 것이 좋습니다. 과유불급입니다. 본인의 열정을 과도하게 목소리의 크기로 표현하다가는 자신감 있다고 평가받기는커녕 면접관들의 마음속에 "자넨 목소리가 너무 크군. 기차 화통이라도 삶아 먹었나 보네."라는 들리지 않는 핀잔을 들으며 평가에 좋지 못한 영향을 미칠 수도 있습니다.

● 제스처(Gesture)

제스처는 우리가 말하면서 습관적으로 하는 신체적, 음성적, 감정적 동작 또는 표현을 의미합니다. 제스처는 '몸짓', '손짓' 등으로 표현될 수 있으나, 그것은 단순하게 몸이나 손의 움직임만을 의미하는 것이 아니라, 화자의 내면에서 발산되는 심리적 과정의 표현이거나 상대방인 면접관에 대한 무언의 신호라고 할 수 있습니다.

따라서 본인이 말하고자 하는 바를 적절한 제스처와 함께 전달하면 면접관은 지원자가 상당히 논리적이고 체계적이며 열정적이라는 느낌을 받을 수 있습니다. 이는 평가 점수 결과에 긍정적인 영향을 미칠 수 있습니다.

또한 제스처로 모르는 질문이 나온 경우, 면접관으로부터 힌트나 설명을 얻어낼 수도 있을 것입니다. 왜냐하면 모든 제스처는 그것에 반응하게 될 대상을 생각하고 있고, 그 반응이 말하는 사람과 듣는 사람 모두에게 자극을 주기 때문입니다. 그러므로 제스처를 제공하는 학생과 제스처를 제공받는 면접관들 사이에 사회적인 관계를 형성하는 효과적인 수단이 될 수 있습니다.

제스처는 앞서 말한 단순히 손동작 같은 신체적인 움직임이나 표현만이 아니라 소리를 통해서도 발현될 수 있습니다. 이러한 소리, 음성적 제스처는 바로 '말하는 사람의 목소리에 대한 듣는 사람의 느낌'이라고 생각하면 이해가 쉽습니다.

우리가 흔히 '매력적인 보이스'로 느끼는 중저음이나 맑은 목소리 등 독특하지만 계속 듣고 싶은 목소리가 있습니다. 그런 매력적인 음성적 제스처를 가진 사람들이 하는 직업이 바로 성우, 아나운서라고 생각합니다. 매력적인 보이스를 가진 성우, 아나운서들의 목소리는 너무나도 듣기 좋습니다.

그러나 이러한 매력적인 음성적 제스처는 사실 타고나는 것이기 때문에 특별히 어떻게 해야 한다고 팁을 드리지는 못합니다. 하지만 이러한 매력적인 보이스, 음성을 가지고 있다면 면접관들에게 좋은 영향을 준다는 것을 부인하기 어렵습니다.

　정리하자면, 이미지를 결정하는 3요소는 미소, 목소리, 제스처입니다. 그러므로 모의 면접을 연습할 때 친구들과 핸드폰 등으로 동영상을 촬영하여 서로 피드백해 주는 등 잘못된 부분은 반드시 교정하기 바랍니다. 작은 차이가 여러분의 이미지를 좋게도 나쁘게도 만듭니다. 그리고 그런 이미지는 대학의 합격, 불합격을 결정하게 됩니다. 그리고 그 합격이 여러분의 인생을 달라지게 할 수 있습니다.

'상품'을 매력적이고 개연성 있게 포장하라.

전달하고자 하는 바를 효과적으로 표현하기 위해 상품과 포장에 비유해 보겠습니다. 어떤 물건을 산다고 가정해 봅시다. 똑같은 상품이어도 겉보기에 조금이라도 더 좋은 점이 보인다면 그것을 선택할 것입니다. 그러므로 면접관들의 관심을 끌고 선택을 받기 위해서는 포장을 잘 해야 합니다.

- 우리는 그날만은 합격을 위한 하나의 '최고로 멋진 상품'이 되어야 합니다. 면접관이 뽑고 싶도록 매력적인 상품이 되어야 합니다. 예쁜 포장지로 포장도 하고, 깨끗하고 윤이 나면 더 좋습니다. 특이한 디자인, 색깔로 눈에 띄어야 유리합니다.

- 캐주얼 복장을 깔끔하게 하고, 잘 씻고, 아주 연한 화장도 괜찮습니다. 손톱 관리도 깔끔하게 하면 좋습니다. 면접 자세도 단정하게 하고 밝은 미소를 지으십시오. 답변을 할 때는 최대한 구체적으로 해야 합니다.

- 본인의 고등학교는 매우 좋은 학교로 묘사하고, 본인들을 가르친 선생님에 대해서는 싫은 선생님이 있더라도 그 감정을 드러내지 말고 긍정적으로 존경하는 분이라고 말해야 합니다. 되도록 부정적인 단어나 용어보나는 긍정적인 단어와 용어를 더 많이 사용해야 합니다.

- 진로와 상관없을 것 같은 활동도 작은 실마리라도 있다면 어떻게 해서든지 연결해서 연계된 활동을 지속적으로 꾸준히 해왔다는 점을 설득해야 합니다.

버티지 말고 '역전'하라.

　면접을 그 대학에 가기 위해 어쩔 수 없이 치러야 하는 '통과 의례'로 생각하면 안 됩니다. 면접 평가는 본인의 강점과 장점을 면접관들에게 어필하여 점수를 취득하고 원하는 대학에 합격하기 위해 주어지는 절호의 기회입니다.

* 면접 평가는 기본적으로 어렵고 힘이 듭니다. 고등학교 3년 동안 실전으로 하는 면접 평가는 처음일 것이기 때문입니다. 학교에서도 토론을 자주 하거나 본인의 의견을 피력하는 기회가 생각보다 많지 않기 때문에 실전에서 면접을 치르면 평소 실력을 발휘하기가 어렵습니다. 또 학교에서 할 때와 차원이 많이 다르다는 것을 느낄 것입니다.

* 따라서 면접을 그냥 '그 시간만 버틴다.'는 마음으로 치르면 그 마음 자세가 면접에 고스란히 드러납니다. 면접관들도 지원자들을 보면 버티러 왔는지, 역전의 기회를 잡으러 왔는지를 직관적으로 알 수 있습니다. 그러니 제발 버티지 마시고 역전하십시오. 나중에 '그렇게 할걸!' 이라고 땅을 치며 후회하지 않도록 원 없이 맘껏 '터트리고' 오십시오.

- 면접이 끝나고 부모님, 친구, 선생님이 물어보면 "면접에서 내가 무슨 말을 했는지 하나도 기억이 안 나. 너무 정신이 없었어. 긴장되고 정신이 아득해서 내가 당최 뭐라고 답변했는지 하나도 생각이 안 나." 이렇게 답변하지 말고, "응, 이러이러한 질문을 했고, 제시문은 뭐였으며, 나는 그 질문에 이렇게 답변했고, 제시문은 이렇게 분석했고, 체계는 이렇게 잡고 답변을 했어. 어떤 질문에는 이렇게 답변했으면 더 좋았겠지만, 전체적으로 질문의 의도에 맞게 잘 대답한 것 같아. 아, 이제 면접이 끝나서 시원하다. 맛있는 것 먹으러 가야겠다."라고 제발 이렇게 '후회 없이' 답변하는 수험생이 되기를 진심으로 바랍니다.

'저희나라'가 아니라 '우리나라'다.

우리는 습관의 동물입니다. 이러한 습관은 극도의 긴장 상태가 되거나 무의식 중에 아주 극명히 드러나게 됩니다. 평소에 사용하는 언어, 즉 말도 그러합니다. 습관적으로 많이 사용하는 용어나 단어가 나도 모르게 튀어나오게 되어 있습니다.

- 수험생들이 면접관의 질문에 대한 답변으로 여러 얘기를 하다 보면 우리나라에 대한 얘기를 할 때가 많이 있습니다. 이때 수험생들이 '저희나라'라고 하는 경우가 의외로 많습니다. 아마도 겸손과 겸양의 표현으로 우리가 아니라 저희라는 표현에 익숙해져 있기 때문이라고 생각합니다.

- 하지만 저희나라는 틀린 표현입니다. 맞는 표현은 우리나라입니다. 이러한 표현에 특히 민감하게 반응하는 면접 평가위원들이 있습니다. 속으로 이렇게 생각하실 수 있습니다. "이 학생은 기본도 안 되어 있군."
이러한 마음은 평가에 그대로 작용할 수 있습니다. 바로 적용되진 않더라도 평가하는 내내 마음에 남아 있을 수 있습니다. 이렇게 되면 해당 항목의 평가 점수를 낮게 주거나 전체적으로 평가 점수를 낮게 줄 가능성이 있습니다.

- 틀린 표현이 반복된다면 기본 준비 자세 미흡으로 결격(부적격, F)을 줌으로써 원천 탈락시킬 수도 있습니다. 저희나라만 예를 들었지만 다른 용어도 해당될 수 있습니다.

쉽게 틀리는 용어, 외래어 등은 조사와 검색을 통해 별도의 정리가 필요합니다. 이렇게 철저한 준비와 많은 연습을 통해 기본적인 실수가 없도록 해야 합니다. 다시 말하지만, 특히 '저희나라'라는 용어는 빈번히 실수하는 경우이므로 더 주의하고 조심해야 합니다.

23

지원 전공 과목의 '기본·심화 개념'을 정리하라.

　수험생이 지원하는 전공과 밀접한 관련을 갖고 있는 교과목들이 있습니다. 계열별로 살펴보면 인문사회 계열은 국어, 영어, 사회 과목이 관련 과목일 것입니다. 상경 계열인 경제학과, 경영학과, 무역학과, 회계학과 등은 수학도 관련 과목일 것입니다. 자연공학 계열은 영어, 수학, 과학 과목이 관련 과목일 것입니다.

● 이러한 과목들의 기본 개념을 미리 정리하기 바랍니다. 말 그대로 기본 개념, 기초 원리, 기초 법칙 등을 교과서를 중심으로 반드시 미리 작성해 봐야 합니다. 그리고 완전히 숙지할 때까지 반복 학습을 하시기 바랍니다.

● 인성 면접에서는 전공 기본 개념을 물어보지 않을 것입니다. 인성 면접은 인성을 평가하는 문항과 수험생이 제출한 학교생활기록부에 대한 확인 문항이 대부분이기 때문입니다.

　그러나 심층 면접에서는 전공 관련 문항이 그 형태가 제시문이든, 문제 풀이 과정과 정답 도출이든, 직접 질문이든 관계없이 기초를 넘어선 심화 문제가 반드시 나온다고 생각해야 합니다. 이에 대한 철저한 준비와 정리가 필요합니다.

- 따라서 수시 모집 요강에 심층 면접이라고 되어 있거나 전공 관련 질의를 할 수 있다고 되어 있으면 준비를 해야 합니다. 그 내용이 미심쩍으면 직접 해당 대학교 입학처에 전화하거나 인터넷 게시판에서의 질의응답을 통해 확실히 할 필요가 있습니다.

은연중에 면접관을 무시하지 마라.

"어떻게 면접관을 무시할 수 있지?" 이 명제를 본 학생은 이렇게 생각할 수 있습니다. 물론, 지원자도 면접관을 처음부터 무시할 순 없습니다. 또한 대놓고 무시할 수도 없습니다. 오히려 긴장과 떨림의 연속일 것입니다.

● 주어진 명제처럼 '은연중에 행해지는 무시'는 주로 면접 평가의 중간이 넘어가면서 나타납니다. 면접관들이 사전에 면접 준비를 철저히 할 수도 있지만 면접관들에 따라서는 면접 당일에 아무런 준비 없이 급하게 오기도 합니다. 주로 집이 멀거나 전날에 개인적인 일이 있으신 분들이 그럴 확률이 높을 것입니다. 또한 약간은 연세가 있으시거나 권위적인 성향을 가지신 분들도 계실 수 있습니다.

● 학교생활기록부는 잘 쓴 것들은 20페이지 이상입니다.
물론, 편이성을 위해 서류 평가 결과서나 서류 평가 요약서가 책상 위에 놓여 있기도 합니다. 그러나 결과서나 요약서는 말 그대로 수험생의 평가 요소 중 주요 사항을 요약한 내용에 불과합니다. 그러므로 정확한 평가를 위해서는 원 서류를 볼 수밖에 없습니다.

- 학교생활기록부에 적혀 있는 내용을 확인하는 질문을 듣고 답변이 진행될 때 이러한 마음이 은연중에 드는 것입니다. "뭐야, 이 면접관은 내 서류도 다 안 읽어보고 면접을 하는 거야? 이럴 거면 면접을 왜 하는 거야?" 이러한 마음은 순간 집중력을 흐트러트리고 약간의 교만이 생길 수 있으며, 나도 모르는 사이에 면접관을 무시하는 답변이 태도와 표정, 답변 내용 등으로 나타날 수 있습니다.

- 작은 차이로 합격과 불합격이 나눠지므로 이러한 미세한 태도와 이미지는 좋지 못한 평가로 이어질 수 있습니다. 그러니 그분이 서류를 읽고 왔든 읽고 오지 않았든, 학교생활기록부의 내용을 앵무새처럼 물어보는 것에 절대로 영향을 받지 마십시오. 그냥 수험생의 기본 자세에 충실하면 됩니다. 주어진 질문에 맞게 준비한 최상의 답변을 밝은 표정으로 진행하면 되는 것입니다.

단 한 순간도 '방심'하지 마라.

　면접은 앞서 말한 것처럼 지원 대학교에 들어서는 순간부터 그 대학교를 다시 나갈 때까지입니다. 단 한 순간도 방심해서는 안 됩니다. 그 한 순간의 방심으로 그동안의 노력과 열정이 물거품이 될 수 있습니다.

- 예를 들어 보겠습니다. 수험생 대부분은 고교생활 내내 대학 수학 능력 시험을 준비했습니다. 국어, 영어, 수학은 필수이므로 누구든지 봅니다. 문제는 탐구 과목의 선택입니다. 화학과를 지원한 수험생에게 마지막으로 이렇게 질문합니다. "오늘 면접하느라 정말 수고했어요. 이제 나가도 됩니다. 아, 근데 수능 탐구 과목은 무엇을 선택했나요?" 이 질문에 순진하게 "생명과학, 지구과학을 선택하였습니다."라고 대답하는 수험생들이 꼭 있기 마련입니다.

- 과학에서 생명과학, 지구과학이 그나마 물리나 화학보다 부담이 덜한 건 많은 사람들이 공감하는 부분입니다. 그렇다고 이렇게 솔직하게 답변하면 지금까지 잘한 것들이 한 순간에 물거품이 될 수 있습니다. 한편으로 면접관들은 그 수험생이 나간 다음에 회의를 할 수 있습니다. "전공 적합성이 떨어지는 것 아닌가? 전략적으로 준비한 학생 같은데…."와 같은 얘기들이 오

갈 것입니다. 그리고 그들은 면접 점수를 조정하여 합격에서 배제할 수도 있습니다. 아니면 결격(부적격)인 F로 표기하여 아예 합격에서 제외하여 원천 탈락시킬 수도 있습니다. 면접에서 조그만 차이가 합격과 불합격을 결정합니다.

- 화학과를 지원했으면 "화학Ⅰ, 화학Ⅱ를 선택했습니다."라고 답변해야 하는 것이 전략적인 정답입니다. 마지막으로 다시 한번 얘기하지만 단 한 순간도 방심하지 마십시오.

안경보다는 렌즈를 착용하는 것이 낫다.

　면접 평가는 면접관들에게 주는 이미지가 실제 수험생의 평가에 중요하게 작용합니다. 일반적으로 안경을 쓴 얼굴보다는 안경을 쓰지 않은 얼굴 이미지가 더 나은 것으로 알려져 있습니다. 아무래도 안경테로 인해 시선이 분산되지 않아 눈을 똑바로 볼 수 있고, 눈을 바로 보기 때문에 심리적으로 인상이 더 좋게 보이기 때문이라고 생각됩니다.

● 따라서 굳이 안경을 꼭 쓰지 않아도 된다면 면접 당일에는 렌즈를 착용해서 이미지를 더 좋게 하는 것을 고려해 보시기 바랍니다. 물론, 안경에 오랜 시간 익숙해지면 그 형태에 얼굴이 적응하기 때문에 안경을 벗으면 완전히 달라지는 얼굴도 있습니다. 그런 경우에는 안경을 쓰는 것이 오히려 나을 수도 있을 것입니다.

'합격시켜 주면 뭐든지 하겠다.'라고 하지 마라.

"마지막으로 하고 싶은 말이 있나요?"라는 질문에 주로 이렇게 대답하는 수험생들이 의외로 많습니다. "저를 꼭 뽑아 주십시오. 합격시켜 주십시오. 절대로 후회하지 않으실 겁니다."라는 대답도 같은 맥락의 답변입니다. 아마도 그 대학교에 꼭 들어가고 싶다는 절박감을 표현하는지도 모르겠습니다. 한편으로는 공감이 됩니다.

- 그러나 저렇게 답변한다고 해서 면접관들에게 큰 영향을 미치지는 않을 것입니다. 왜냐하면 이미 질문하기 전에 면접관들의 평가는 끝나 있을 확률이 높기 때문입니다. 역전을 그다지 기대하기 어려운 상황에서 저렇게 답변하는 것은 오히려 궁색함만 가중시킬 수 있습니다.

- 그러므로 '본인의 강점'을 마지막으로 강렬하게 어필하고 담백하게 끝내는 것이 면접관들에게 일말의 여운이라도 줄 것입니다.

'재치 있는 거짓말'도 때론 필요하다.

"우리 대학 말고 또 어느 대학을 지원했나요?"라는 질문에 나머지 대학교명을 굳이 다 말할 필요는 없습니다. 만약 본인이 우수한 인재이고 다른 대학으로 갈 수 있다는 판단이 든다면 면접관들이 협의하여 그 모집 단위의 전체 점수를 조정할 수도 있습니다. 굳이 그런 여지를 주지 마십시오.

• 결론적으로 대답할 때는 "○○ 대학에만 지원했다."라고 하십시오. 그 대학의 수시 학생부 교과 전형, 논술 전형, 적성 전형 등에 지원했다고 하면 됩니다. 면접관들이 곧이곧대로 믿지는 않겠지만 그 말을 믿고 싶어 하는 것 또한 사람의 마음입니다. 거짓말에 대한 약간의 껄끄러움은 추후 '대학 최종 합격'이라는 단어로 날려 버리시기 바랍니다.

• 한편, 면접에서의 평가는 변수가 많이 있습니다. 살다 보면 여러분도 느끼겠지만 대학은 삶에서 시작에 불과합니다. 왜냐하면 더 큰 세상이 기다리고 있기 때문입니다. 예를 들어 많은 사람들이 가고 싶어 하는 대기업과 공공기관은 '뽑고 싶은 사람'을 뽑습니다. 좀 더 구체적으로 말한다면 스펙이 우수하고, 능력이 뛰어나고, 열정적인 사람들만을 뽑는 것이 아니라 그 기업이나 기관에 딱 들어맞는, 그 상황에서, 환경에서 원하는 사람을 뽑습니다.

• 대학도 다르지 않습니다. 면접관들은 이미 대학이 요구하는 인재상에 들어맞는, 즉 합격에 근접한 사람들을 점찍어 놓고 평가할 수도 있습니다. 구체적으로 더 확인하거나 면접 시간이 다소 길어지는 경우는 오히려 검증을 통해 미심쩍음을 해소하려는, 즉 합격이나 불합격의 근거를 차곡차곡 쌓고 있는 것일 수도 있습니다.

• 모든 입시 평가는 감사를 수반합니다. 서류 평가, 면접 평가 모두 해당됩니다. 감사를 할 때는 정당한 근거가 필요합니다. 그러므로 변수나 일말의 여지, 판단의 편린적인 요소들을 가급적 줄이는 것이 대학 입시에도 앞으로의 삶에서도 중요하다는 것을 말씀드립니다. 냉혹하지만 그게 현실이고 그 현실 속에서 어떻게든 살아가야 하기 때문입니다.

• 그렇지만 한편으로는 어느 곳이든 결국 '나'를 원하는 곳은 있기 마련입니다. 한 번의 실패와 불합격으로 좌절하거나 슬퍼하지 마시기 바랍니다. 그곳은 인연이 아닌 것입니다. 그 인연을 슬퍼하기보다는 다가올 새로운 기회를 기대하십시오. 반드시 다른 길은, 나를 원하는 곳은 어딘가에 있습니다.

• 다른 재치 있는 거짓말(?)도 있으니 다음과 같이 소개합니다.
  - 면접관: 오느라고 고생 많았습니다.
  - 수험생: 아닙니다. 앞으로 다닐 제 모교라고 생각하고 기쁜 마음으로 왔습니다.
  - 면접관: 우리 학교 오면 가장 먼저 뭘 하고 싶은가요?
  - 수험생: 교수님의 강의를 맨 앞에서 매일 듣는 것입니다.
  - 면접관: 우리 학교의 가장 큰 매력이 뭔가요?
  - 수험생: 바로 우리 ○○○ 교수님입니다.

최고가 아닌 '최적'의 인재를 뽑는다.

　대학교는 그 대학과 학과(전공)에 맞는 최적의 인재를 뽑습니다. 너무 당연한 얘기입니다. 저마다 우수하고 뛰어난 인재를 원하는 것도 당연합니다. 이 명제에서 서울대학교, 카이스트 등 최상위권 대학은 예외입니다. 이 대학은 너무 뛰어난 인재가 그대로 뽑힙니다. 더 이상 올라갈 대학이 없기 때문이지요.

• 수시는 총 6번 지원할 수 있습니다. 너무 뛰어난 인재는 다른 대학교로 갈 확률이 높습니다. 이렇게 된다면 너무 뛰어난 인재는 면접관이 힘들게 평가하는 의미가 없을 수도 있습니다. 물론, 누구나 인정하는 너무 뛰어난 인재는 그 대학교에 합격합니다. 너무 뛰어난 인재를 일부러 떨어뜨린다는 얘기가 아닙니다.

• 너무 뛰어난 인재는 이미 '합격 테두리 안'에 놓고 나머지 차순위 학생들을 선별하는 데 면접관들이 총력을 쏟는다는 의미입니다. 그래야 앞서 말한 '너무 뛰어난 인재'가 다른 상위권 대학으로 빠져나가더라도 후순위, 차순위 후보로서 최적의 인재로 선발했던 그 학생을 그 대학에 적합한 인재로 선발할 수 있다는 얘기입니다.

모든 질문에는 평가자의 '의도'가 있다.

모든 질문에는 평가자들의 의도, 즉 이유가 있습니다. 평가를 위한 기준, 점수 체크를 위한 평가 척도가 있다는 얘기입니다. 그러므로 모든 질문에 집중할 필요기 있습니다. 그냥 아무 의미 없이 던지는 질문은 없습니다.

• 예컨대, 자기소개를 해 보라는 것은 자기의 강점을 정확히 파악하고 있는지, 그 강점을 본인의 역량을 바탕으로 정확하고 논리적으로 대답하는지가 포인트입니다.

또한 장단점을 물어보는 것은 장점이 아니라 단점이 핵심 포인트입니다. 단점을 정확하게 알고 있고 그걸 수정하기 위해 노력하여 변화의 결과를 가져왔는지가 정말 묻고자 하는 의도입니다.

마지막으로 '우리 대학 말고 어느 대학에 지원했느냐'라는 질문은 그 인재가 다른 대학으로 빠져나갈지 모른다는 생각과 의도를 가지고 물어볼 수 있습니다.

'모르겠습니다.'가 아니라
'알아보겠습니다.'라고 말해라.

전공과 관련된 과목에 대한 기초 질문이나 심화 질문에 답변을 하지 못할 수도 있습니다. 주로 수학, 과학, 사회 등의 개념, 이론, 법칙과 관련된 질문을 했을 때 준비가 안 된 지원자들이 '모르겠습니다.'라고 답변하는 경우가 많습니다.

- 솔직하긴 하지만 물어보는 면접 평가위원의 입장에서는 김이 새기도 합니다. 그리고 한 번은 그렇다 치더라도 다음 질문, 그다음 질문도 계속 "모르겠습니다."라고 한다면 결국 면접 평가위원은 '여기 왜 왔지?'라고 생각할 수 있습니다.

- '모르겠습니다.'라는 대답은 지원자 입장에서는 일종의 체념을 하는 것입니다. 일부 학생은 너무 빨리 체념하는 경향이 있습니다. 조금이라도 생각하는 모습을 보인 후에 이렇게 체념의 대답을 하면 조금이나마 나아 보입니다. 이는 면접관이 '문제 해결을 위한 고민 과정'을 평가할 수도 있기 때문입니다.

- 그러므로 체념, 회피의 답변보다는 미처 준비하지 못했다는 것을 인정하고 아는 만큼이라도 관련 사항을 대답한 뒤, 나머지는 '조사를 통해 꼭 알아보겠습니다.'라고 답하는 것이 진정성 있고 열정과 의지가 드러나는 답변 자세로 여겨집니다.

- 비교적 난도가 높은 문제를 모를 경우에는 교수 면접관에게 적극적으로 힌트를 요구하는 것도 하나의 방법이며, 긍정적인 자세로 인식될 수도 있습니다.

역경을 너무 '과장'하여 표현하지 마라.

　살아가면서 누구나 많은 역경과 아픔을 겪습니다. 하지만 그러한 숱한 역경과 아픔을 슬기롭게 극복하는 과정에서 한 단계 성장하고 성숙하는 것이겠지요.

● 고교생들은 성적, 진로, 학교생활, 가정 문제, 친구, 선생님 등으로 인한 고민을 갖고 있습니다. 특히, 부모님이 큰 병에 걸리셨던 경험, 본인을 키워 주셨던 조부모님의 사망, 부모님 사업 실패로 어려워진 경제 상황에서 오는 혼란의 경험 등이 감정을 크게 자극하여 이러한 얘기를 하다가 본인도 모르게 눈시울이 붉어지기도 합니다.

● 그렇지만 이러한 역경은 개인적 문제일 수 있습니다. 질문에 답변하면서 이러한 문제를 부득이하게 언급할 때 너무 장황하게 설명하거나 과장하는 것은 평가에 마이너스 요소일 수 있습니다. 특히, 인성 영역에서 감점을 받을 수도 있습니다.

● 모든 질문에는 평가 요소가 있습니다. 감정적인 부분은 면접 평가위원들에게 공감과 동정을 줄 수는 있어도 실제 평가에는 그다지 좋은 영향을 주지 않습니다. 그러므로 감정 표현은 최소화하고 그 역경을 통해 성장하고 발전한 모습에 대해 구체적으로 답변하는 것이 더 나을 것입니다.

문장이 아닌 '키워드'로 답변하라.

면접 평가를 하다 보면 가끔 답변을 통째로 외워서 말하는 수험생이 있습니다. 본인은 답변이 자연스럽다고 생각할지 모르나 전문가들이 보면 외워서 말하는 티가 납니다. 답변 내용은 정석일지 모르니 말하는 태도, 제스처, 시선 처리 등이 부자연스럽게 보입니다. 이런 부자연스러움은 결국 평가로도 연결됩니다.

그러므로 가능하면 답변 내용을 통째로 암기하지 마십시오. 그렇게 하는 것이 쉽지도 않습니다. 암기는 문장 전체가 아니라 키워드를 중심으로 해야 합니다. 결론적으로 예상 질문에 답변 내용을 정리할 때는 핵심 주제와 내용, 그에 따른 순서와 절차만 정확하게 들어가면 됩니다. 실전에서 면접관에게서 질문을 받으면 핵심 주제와 내용을 바탕으로 질문에 맞게 융통성 있게 답변해야 합니다.

암기한 모든 내용을 어설프게 다 말하려고 하는 것보다 핵심 주제를 키워드 중심으로 암기해 두었다가 자연스럽게 풀어서 얘기하는 것이 오히려 더 나을 것입니다. 부자연스럽고 딱딱한 정확함보다 자연스러운 부드러움이 평가에 더 유리합니다. 모범적인 답변이 아니라 모험적인 답변이 때로는 면접관들에게 더 강력하게 어필할 수 있습니다.

면접 평가 도중
'F(결격, 부적격)'를 주의하라.

　면접 평가 기준과 이에 따른 면접 평가표에 따르면 대부분의 대학에서는 '결격(부적격)'이란 제도가 있습니다. 이러한 결격(부적격)은 대부분 'F'로 표기 됩니다. 결격(부적격)은 필요한 자격을 갖추고 있지 못하거나 자격이 모자라는 것을 의미하는데, 면접관 1~2인이 결격을 표기하는 경우 원천 탈락(불합격)이 됩니다.

면접 평가표(예시)

항목	A	B	C	D	E	F(결격, 부적격)
전공 적합성						
의사소통력						
인성						
문제 해결력						
총점						사유 :

- 결격(부적격)은 주로 교수 면접관들이 체크하는 경향이 많습니다. 전임 입학사정관인 전환 입학사정관이나 채용 입학사정관은 결격(부적격)을 체크하는 경우가 거의 없다고 볼 수 있습니다. 왜냐하면 결격(부적격)을 표기한데 대한 책임이 따르기 때문입니다. 감사에서 적절하게 방어하지 못하면 지적 사항이나 징계를 받을 수도 있습니다. 이러한 이유 때문에 전임 입학사정관은 섣불리 결격(부적격)에 체크를 하지 않습니다.

- 결격(부적격)은 면접의 평가 항목 중에서 한 가지 항목에서만 체크되어도 원천 탈락시킬 수 있는 효력을 갖고 있습니다. 결격(부적격) 사유는 여러 가지가 있으나 대표적인 사례로 다음의 네 가지가 있습니다.
  - 어떤 문항에 대해 답변하는 과정에서 기본적인 인성 소양이 부족하다고 판단되는 경우 '인성' 항목에서 결격(부적격)을 체크할 수 있습니다.
  - 전공에 대한 기초 지식을 물어봤는데 기본 개념, 원리, 법칙 등을 전혀 답변하지 못한 경우 '전공 적합성' 항목에서 결격(부적격)을 체크할 수 있습니다.
  - 집단 토의나 집단 토론 면접 시 상대방을 배려하지 않거나 독단적인 의사 발언을 한 경우 '의사소통력' 항목에서 결격(부적격)이 될 수 있습니다.
  - 제시문을 주고 답변을 유도했으나 문제 해결에 대한 실마리를 전혀 못 찾거나 문제 자체를 이해하지 못한 경우 '문제해결력'에서 결격(부적격)으로 체크될 수 있습니다.

- 결격(부적격)을 주는 경우 사유를 구체적으로 기술하도록 되어 있지만 면접관에 따라서는 '기본이 안 됨.', '독단적임,' 등 간략하게 기술하는 경우도 종종 있습니다. 아예 사유를 기입하지 않는 경우도 정말 낮은 비율로 있을 수 있습니다. 그 대학교에서 힘(?)이 있고, 경력이 오래된 정교수급 이상의 교수들이 그러한 경향이 간혹 있습니다. 대학에서는 자체 교육과 연수를 통해 이러한 문제를 개선하려고 많은 노력을 기울이는 것으로 알고 있습니다.

면접은 누구에게나 결국 '정성' 평가다.

면접은 평가와 관련 있는 누구에게나 '정성'평가로서의 의미를 가집니다.

- 먼저 면접관은 대학이 정해준 면접 평가 항목(4개 내외) 및 세부 평가 요소(내용)를 바탕으로 면접 평가 기준에 의해 정성(질적)적으로 평가합니다. 그래서 '정성'평가입니다.

- 수험생은 목표하는 대학교 합격의 마지막 관문인 면접 평가를 잘 보기 위해서 모든 '정성'을 기울입니다. 해당 대학교 홈페이지에서 기출 문제를 찾고 그에 대한 답변 전략을 세웁니다. 모르는 부분에 대해서는 입학처 홈페이지 질의응답란 또는 입학처와의 통화로 궁금증을 해결하고 그것으로도 해결이 안 될 경우에는 직접 찾아가기도 합니다. 제출한 학교생활기록부를 다시 꼼꼼히 봅니다. 나올 만한 예상 문제를 직접 만들고 그에 대한 꼬리 질문에도 대비합니다. 친구들과 연습하기도 하고 혼자 연습하기도 합니다. 반복적인 연습으로 지치기도 하지만 다시금 정신을 가다듬습니다. 이런 정성들이 모이므로 '정성'평가입니다.

- 교사는 수업을 기획하여 최적의 수업으로 만들려는 '정성'을 기울입니다. 개별 학생마다 수업하는 모습을 관찰하고, 기록하여 학교생활기록부에 입력합니다. 매번 상담을 하고 조언을 해주며, 대입 지원 전략도 점검합니다. 행동 특성 및 종합 의견의 한 단어 한 단어에 온 신경을 집중합니다. 면접 연습도 시켜 주고 피드백도 해줍니다. 한 명의 학생이라도 더 합격시키기 위해 이런 정성들이 모이므로 '정성'평가입니다.

- 학부모는 고등학교 3년 혹은 그 전부터 자녀가 목표하는 대학, 해당 거주지의 시(군, 구)청, 학교에서 여는 대입 설명회에 기회가 되는 한 참석하여 핵심 사항을 기록합니다. 또한 교육청에서 개최하는 대입박람회에 참석하여 중요 내용을 항상 메모합니다. 관련 책자는 받아서 모아 둡니다. 수시 모집 요강도 정독합니다. 때로는 학원, 학교 등지에 가서 상담을 받습니다. 자녀의 중간고사, 기말고사, 수능 모의고사가 있는 시기에는 숨도 크게 쉬지 못합니다. 수능을 대비해서 100일 기도도 합니다. 수능 당일에는 교문 앞에서 성심으로 기도를 드립니다.
이런 '정성'들이 모이므로 역시 '정성' 평가입니다.

이렇게 수험생, 교사, 학부모 3명의 '정성'(삼위일체)이 모여 한 번의 '정성'(면접 평가)으로 한 명의 '합격'이 완성됩니다.

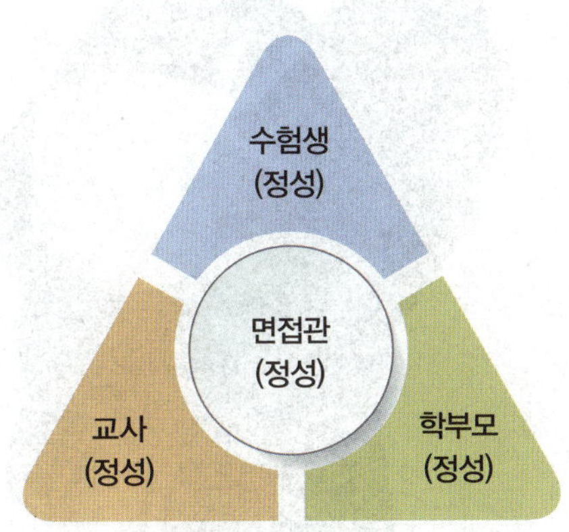

제4부
질의응답편
면접의 궁금증 해결
(Q&A)

Q 면접 평가위원은 지원자의 서류를 평가한 평가위원이 그대로 들어오나요?

A 대학에 따라 간혹 그러한 경우가 있지만 실제로 그러한 경우는 드뭅니다. 이러한 상황은 의도하거나 의도하지 않은 경우 두 가지가 있을 수 있습니다.

- 의도하는 경우는 일반 전형이 아닌 특별 전형인 경우가 많습니다. 고른 기회 전형, 특수교육자 전형, 재직자 특별 전형 등 전형의 취지에 따른 선발의 일관성을 유지하기 위해 그러할 수 있습니다.

- 의도하지 않은 경우는 일반 전형일 경우에 그럴 경우가 많습니다. 일부러 회피나 제척을 통해 서류 평가위원을 배제할 수도 있습니다.

Q 면접 때 시선 처리는 어떻게 해야 하나요?

A 면접은 단체 소개팅을 하는 것과 비슷합니다. 본인의 매력을 다수에게 어필하여 선택받는 것이기 때문입니다. 시선은 면접 평가위원의 눈을 부드럽게 보면서 얘기하면 됩니다. 다만 계속 눈을 쳐다보는 것이 다소 부담될 수 있습니다.

- 따라서 계속 눈을 쳐다보기보다는 인중이나 입을 보면서 얘기하는 것도 필요합니다. 눈과 인중 등을 일정한 시간을 두고 번갈아서 적절히 조정하여 얘기하는 것이 바람직합니다.

- 질문한 사람만을 보면서 얘기하는 것보다는 다른 면접 평가위원들을 번갈아서 쳐다보는 것이 더 좋습니다. 시선을 적절하게 분배함으로써 면접관들의 관심과 반응을 유도하고 청자에 대한 배려심을 드러낼 수 있습니다.

- 다만 쳐다보는 비중은 질문한 면접 평가위원에게 가장 크게 두어야 합니다. 또한 본인에게 호감을 보이는 면접 평가위원이 있다면 그분에게 미소를 지으면서 두 번째로 많은 시간을 할애하는 것도 좋은 방법입니다.

Q 학교생활기록부 내용을 그대로
물어보는 경우가 있는데,
왜 그런가요?

A 면접 평가위원은 학교생활기록부를 미리 본다 하더라도 평가일 하루 전에 불과합니다. 심지어 당일에 보는 경우도 있습니다. 따라서 전체적으로 훑어보긴 하지만 꼼꼼히 보지 못할 가능성이 큽니다. 학교에 따라서는 서류 평가 요약서(또는 서류 평가 결과서)를 만들어서 평가위원이 참고할 수 있게 하기도 합니다. 그것을 보고 핵심 부분만 훑어볼 수도 있습니다.

• 적힌 내용을 그대로 물어보는 것 같지만 실질적으로는 적힌 사실에 대한 구체적인 과정 등 내용을 확인하거나 꼬리에 꼬리를 만들어 추가 질문을 하기 위한 준비 단계일 수 있습니다.

04

Q 면접 평가위원의 질문 내용을 못 알아들어서 '다시 말해 달라'라고 하면 불이익이 있나요?

A 아니요, 불이익은 전혀 없습니다. 다만, 잘 들리지 않았다는 표정을 나타내거나 짜증스러운 어투나 태도가 아니라 공손하게 물어봐야 합니다.

- "제가 문제를 제대로 듣지 못했는데 죄송하지만 다시 한 번 말씀해 주실 수 있을까요?"와 같이 물어본다면 면접관께서 다시 한 번 아까보다 더 천천히 또박또박 말씀해 주실 것입니다.

Q 수험표를 깜박했다면
어떻게 해야 하나요?

A 만약, 면접고사 당일 면접장에 깜빡하고 수험표를 놓고 왔다고 해서 당황하지 마십시오. 수험표는 본인 확인(학생증, 여권 등, 가능한 한 사진이 있는 신분증)을 통해 언제든지 재발급이 가능합니다. 면접고사 관리본부나 복도와 대기실에 있는 면접 운영위원에게 요청하여 재발급을 받으시길 바랍니다.

Q 심층 면접과 인성 면접은 어떻게 다른가요?

A 인성 면접과 심층 면접이라는 용어를 혼용해서 사용하는 경우가 있습니다. 그렇지만 두 개를 구분해 보겠습니다.

- 첫째, 인성 면접은 인성 평가 위주의 면접 방식입니다. 10분 내외로 끝나는 면접이 여기에 해당된다고 할 수 있습니다.

  인성 면접은 주로 인성 평가를 위한 발문, 아니면 사전 제시문을 주고 답변하는 형태를 취합니다. 또한 지원자가 제출한 학교생활기록부에 대해 서류 확인 질문을 합니다. 그 질문을 듣고 꼬리에 꼬리를 무는 질문을 하기도 합니다.

- 둘째, 심층 면접은 인성 면접의 요소를 포함하는 경우가 많습니다. 인성 평가 질문뿐만 아니라 서류 확인에 대한 질문도 진행합니다.

  차이점은 전공 관련 지식이나 역량을 물어볼 수 있다는 것입니다. 그 형태가 발문일지, 제시문(글, 그림, 도표 등) 형태일지는 각 대학교의 면접 형태와 면접 시간에 따라 차이가 날 수 있습니다.

Q 심층 면접과 구술 면접은 어떻게 다른가요?

A 심층 면접은 지원자가 제출한 학교생활기록부 등을 바탕으로 지원자의 전공 적합성과 인성, 성장잠재력을 종합적으로 평가하는 방식입니다.

- 반면, 구술 면접은 지원자에게 교과 중심의 문제 풀이형 지문을 사전에 제시한 후 일정 시간을 주고 면접 고사장에 들어가서 구술로 답변을 하게 하는 방식으로 진행되며 풀이의 과정과 결과가 평가에 중요하게 반영되는 방식입니다.

- 한편, 심층 면접은 지원자가 제출한 서류를 바탕으로 인지적 특성, 정서적 특성 등을 종합적으로 평가하기 때문에 면접 시간이 길어질 수 있습니다. 또한 지원자들이 사전에 제출한 다양한 자료를 면접에서 활용하기 때문에 개인 맞춤형 질문이 많을 수 있습니다.

- 구체적으로 학교생활기록부의 내용 중에서 지원자 각각에 대해 평가자가 궁금한 사항들을 질문하게 됩니다. 예를 들어, 지원자가 고교 기간 동안 전공 관련 동아리 활동을 했을 경우, 동아리 활동의 결과물(보고서, 수상 실적 등)만을 평가하는 것이 아니라, 동아리 활동을 하게 된 동기나 배경, 역할, 과정에서 느낀 어려움과 성취 내용, 변화 정도 등을 종합적으로 평가합니다.

Q 학교생활기록부의 진로 관련 빈출 문항은 무엇인가요?

A 진로 관련된 빈출 문항의 형태는 다음과 같습니다.

▶ 진로를 결정하게 된 가장 결정적인 계기는 무엇인가요?

▶ 부모님이 원하는 진로와 본인이 원하는 진로가 다를 경우 어떻게 하실 건가요?

▶ 진로를 결정하는 본인만의 기준이 있다면, 무엇인가요?

▶ 진로가 결정된 시기는 언제이며, 진로가 결정된 이후 가장 먼저 시작한 활동은 무엇인가요?

Q 학교생활기록부의 자율 활동 관련 빈출 문항은 무엇인가요?

A 자율 활동과 관련된 빈출 문항의 형태는 다음과 같습니다.

▶ 그 활동을 한 동기는 무엇인가?

▶ 그 활동의 과정은 어땠나요?

▶ 그 활동을 하면서 어려웠던 점은 무엇이었나요?

▶ 그 활동을 통해 무엇을 알고 느꼈나요?

▶ 그 활동 이후 어떤 후속 활동을 했나요?

▶ 자율 활동을 하면서 가장 기억에 남는 사건은 무엇인가요?

▶ 리더 활동을 하면서 가장 기억에 남는 활동은 무엇인가요?

▶ 리더로서 공약은 무엇이었고, 공약을 실천한 사례가 있으면 말해 주세요.

▶ 본인에게 리더란 무엇이라고 생각하나요?

▶ 리더로서 어려운 점은 무엇이라고 생각하나요? 사례가 있으면 사례를 들어 말씀해 주세요.

▶ 리더로서 꼭 필요한 자질은 무엇이라고 생각하나요?

Q 학교생활기록부의 동아리 활동 관련 빈출 문항은 무엇인가요?

A 동아리 활동과 관련된 빈출 문항의 형태는 다음과 같습니다.

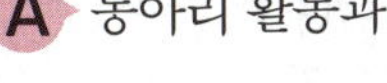

▶ 그 동아리에 가입한 이유는 무엇인가요?

▶ 동아리에서 활동 과정은 어땠나요?

▶ 동아리 활동을 하면서 어려웠던 점은 무엇이었나요?

▶ 동아리 활동을 통해 무엇을 알고 느꼈나요?

▶ 동아리 활동 이후 어떤 후속 활동을 했나요?

▶ 동아리 활동을 하면서 가장 기억에 남는 활동은 무엇이었나요?

▶ 동아리 회장을 한 것으로 되어 있는데, 회장으로서 가장 기억에 남는 활동은 무엇이었나요?

Q 학교생활기록부의 봉사활동 관련 빈출 문항은 무엇인가요?

A 봉사 활동과 관련된 빈출 문항의 형태는 다음과 같습니다.

▶ 활동을 한 동기는 무엇인가요?

▶ 활동의 과정은 어땠나요?

▶ 활동을 하면서 어려웠던 점은 무엇이었나요?

▶ 활동을 통해 무엇을 알고 느꼈나요?

▶ 그 활동 이후 어떤 후속 활동을 했나요?

▶ 봉사 활동을 하면서 가장 기억에 남는 사건은 무엇이었나요?

▶ 본인에게 봉사란 무슨 의미라고 생각하나요?

Q 학교생활기록부의 진로 활동 관련 빈출 문항은 무엇인가요?

A 진로 활동과 관련된 빈출 문항의 형태는 다음과 같습니다.

▶ 활동을 하게 된 동기는 무엇인가?

▶ 활동의 구체적인 과정은 어땠나요?

▶ 활동을 하면서 어려웠던 점은 무엇이었나요?

▶ 활동을 통해 무엇을 알고 느꼈나요?

▶ 그 활동 이후 어떤 후속 활동을 했나요?

▶ 진로 활동을 하면서 가장 기억에 남는 사건은 무엇입니까?

▶ 과제탐구보고서 활동에 대해 자세히 말해 주시겠어요?

Q 학교생활기록부의 내신 성적 관련 빈출 문항은 무엇인가요?

A 내신 성적과 관련된 빈출 문항의 형태는 다음과 같습니다.

▶ 2학년 때 (특정 과목의) 성적이 왜 떨어졌나요?

▶ 성적이 1학년 때보다 2학년 때 오른 이유는 무엇인가요?

▶ (특정 과목의) 학습을 하면서 가장 어려웠던 점은 무엇이었나요?

▶ 남들과 다른 본인만의 공부 방법이 있나요?

▶ 성적이 1학년 때는 좋다가 2학년 때는 떨어졌다가 3학년에는 또 올랐네요. 특별한 이유가 있나요?

▶ 다른 과목은 모두 1~2등급인데 유독 중국어만 7등급입니다. 이유가 무엇인가요?

▶ 예체능 과목 중 음악 성적이 유독 낮은 특별한 이유가 있나요?

Q 학교생활기록부의 세부능력 및
특기사항 관련 빈출 문항은 무엇인가요?

 세부 능력 및 특기 사항과 관련된 빈출 문항의 형태는 다음과 같습니다.

▶ 사회 과목에서 수업 중 발표를 했다는데, 무슨 주제로 어떻게 발표했나요?

▶ '오늘은 내가 교사(가칭)'라는 프로그램에서 가르치는 경험을 했다고 적혀 있는데, 자원을 한 건가요? 그리고 무슨 단원을 어떻게 친구들에게 가르친 건가요?

▶ 강의식 수업과 모둠식 학습이 어떻게 달랐나요? 그리고 본인에게는 어떤 수업 방법이 더 잘 맞았나요?

▶ 고급 화학을 별도로 수강한 이유가 무엇인가요? 수강하면서 어려웠던 점은 없었나요?

▶ 가장 기억에 남는 실험(화학)이나 토론 주제(사회, 국어)는 무엇인가요?

Q 학교생활기록부의 독서 활동 관련 빈출 문항은 무엇인가요?

A 독서 활동과 관련된 빈출 문항의 형태는 다음과 같습니다.

▶ 어떤 동기로 읽게 되었나요?

▶ 책의 줄거리는 어떻게 되나요?

▶ 책을 읽고 무엇을 알았고, 무엇을 느꼈나요?

▶ 그 책이 본인의 진로에는 어떤 영향을 주었나요?

▶ 책을 읽고 한 후속 활동이 있나요?

Q 학교생활기록부의 과제탐구보고서 관련 빈출 문항은 무엇인가요?

A 과제탐구보고서와 관련된 빈출 문항 형태는 다음과 같습니다.

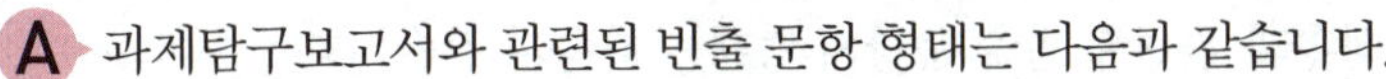

▶ 연구 주제는 어떻게 선정했나요? (주제 선정 과정)

▶ 연구의 필요성과 목적은 무엇인가요?

▶ 연구 문제로 무엇을 선정했나요?

▶ 이론적 배경(개념, 원리, 법칙)에는 무엇이 있나요?

▶ 연구 대상은 누구 또는 무엇인가요?

▶ 연구 방법은 구체적으로 어떻게 되나요?

▶ 연구 결과로는 무엇이 도출되었나요?

▶ 후속 연구로는 어떤 주제가 좋을까요?

▶ 과제탐구보고서 작성에서 본인의 역할은 무엇이었나요?

▶ 과제탐구보고서 대회에서 수상했나요? 했다면 한 이유가 무엇일까요? 만약, 하지 못했다면 그 이유가 무엇일까요?

▶ 과제탐구보고서 지도와 코칭을 받았나요? 아니면 스스로 하였나요?

Q 학교생활기록부의 출결 상황 관련 빈출 문항은 무엇인가요?

A 출결 상황과 관련된 빈출 문항의 형태는 다음과 같습니다.

▶ 미인정 지각(또는 결과, 결석)이 몇 번 있네요. 그 이유가 무엇인가요?

▶ 병가가 1학년 때도 있고, 2학년 때도 있네요. 특별히 어디 몸이 안 좋은 건가요?

▶ 3년 연속 개근을 했네요. 근데 학교에서 '근면상' 같은 것을 주진 않는지요?

▶ 학교폭력 사항이 적혀 있네요. 어떻게 처리되었고, 그 후로 본인에게 변화된 점이 있나요?

18

Q 최저도 안 보는데 수능 탐구 영역의 선택 과목은 왜 물어보는 건가요?

A 여러분을 끝까지 테스트하는 것입니다. 긴장의 끈을 절대로 놓으면 안 됩니다. 주로 탐구 과목인 사회탐구, 과학탐구 과목이나 외국어 선택 과목에서 물어볼 것입니다.

• 예를 들어 법학과를 지원했는데, 사회탐구에서는 법과 정치가 아니라 사회문화를 선택했거나, 물리학과를 지원하였는데 과학탐구에서 물리 과목보다는 생명과학을 선택하는 경우가 해당됩니다. 외국어도 마찬가지입니다. 프랑스어문학과를 지원하면서, 외국어는 등급을 잘 받기 위해 아랍어를 선택하는 경우가 해당됩니다.

• 이렇게 물어보는 결정적 이유는 수험생의 전공 적합성에 대한 진정성을 확인하는 것입니다. 지원하는 전공과 탐구 과목, 외국어 과목이 일치하는지를 통해 이러한 내용을 파악하는 것입니다.

- 물론, 평상시의 편안한 상태에서 물어보면 이렇게 유도해도 잘 넘어가지 않을 것입니다. 그러나 실제 면접 평가는 극도의 긴장 상태입니다. 흔히 면접 평가가 끝나고 "어떻게 답변했어?"라고 물으면 "내가 무슨 말을 했는지 하나도 기억이 안 나."라고 대답하는 수험생이 의외로 많은 것도 이 때문입니다.

- 면접 평가를 처음 시작할 때 물어보면 다행히도 면접관의 유혹에 넘어가지 않고 법학과면 법과 사회를, 물리학과면 물리를, 프랑스어문학과면 프랑스어를 선택했다고 제대로 답변할 수 있을 것입니다. 그러나 면접이 중반에 접어들은 후나 면접 평가 말미에 물어보면 이미 긴장도는 극에 달하고 체력은 바닥이 나고 머릿속은 혼미해진 상태인지도 모릅니다. 그래서 제대로 된 방어가 아니라 평소의 솔직한 답변이 나오는 것입니다.

- 솔직한 답변이 잘못된 것은 아닙니다. 그렇지만 문제는 여기에 시험을 보러 온 것입니다. 솔직하고 편안한 심리 상담을 하는 상담센터가 아닙니다. 면접 평가에서의 승리를 위해 전략적으로 철저히 준비하기 바랍니다.

19

Q 대학에서 실시하는 모의 면접이나
전공 체험 프로그램에 참여해야 하나요?

A 기회가 되면 적극적으로 참여하는 것이 좋습니다. 왜냐하면 모의 면접을 통해 면접 평가에서의 부족한 점을 느끼게 되고 실제 대학 관계자로부터 피드백을 받을 수 있기 때문입니다.

- 모의 면접은 전공 교수와 입학사정관이 참여할 확률이 높습니다. 그러므로 실전 같은 느낌과 분위기를 느낄 수 있다는 점에서 매우 좋은 기회입니다. 모의 면접은 많은 학생들을 상대로 하기 때문에 면접관이 1명인 경우가 많습니다.

- 전공 체험도 마찬가지입니다. 전공 체험이므로 반드시 전공 교수 1명 이상이 참여하게 됩니다. 나중에 면접장에서 볼 수도 있는 분이니까 기회가 되면 눈도장을 잘 찍어 놓으십시오.

• 수도권 학생들은 수도권 대학에서 교육부의 고교교육기여사업으로 전공 체험 캠프나 모의 면접을 많이 개최하지만 지방 학생들은 지방에 이들 프로그램이 많지 않기 때문에 멀리 서울까지 가는 것이 쉽지는 않습니다. 그러므로 지방에서도 고교교육기여사업을 수주한 거점 국립대나 주요 사립대에서 실시하는 모의 면접 캠프나 전공 프로그램을 모집할 때 참석하는 것이 좋습니다.

• 마지막으로 팁을 하나 더 드리면 되도록 학교장의 허락을 받아서 공문처리를 통해 학교생활기록부 진로 활동 항목 등에 기록하면 더 좋습니다.

Q 면접 문제는 어떻게 출제되고, 예상 문제는 어떻게 만들어야 하나요?

A 대부분의 면접 문제는 출제자들이 합숙을 하는 등 철저하게 보안이 유지된 상태에서 만들어집니다. 물론, 제시문 면접이나 전공 관련 심층 면접일 경우에만 해당됩니다. 단순히 서류 확인을 위한 면접이나 인성 면접만 할 경우에는 굳이 출제를 위해 합숙을 하지 않습니다.

• 면접 문제는 대부분 예전에 냈던 면접 문항 틀과 고등학교 교과서, 참고서 등을 바탕으로 출제됩니다. 대학수학능력시험의 합숙 출제와 기본적으로 같은 맥락으로 진행됩니다. 다만, 합숙 장소가 다르고 출제하는 사람이 다를 뿐입니다. 절차와 보안 방식도 약간씩은 다르지만 기본적으로 철저하게 한다는 것만큼은 같다고 할 수 있습니다.

• 대학의 면접 문항 출제는 계열이나 전공을 고려하여 대개 젊은 조교수와 부교수급들이 들어갈 확률이 높습니다. 한 번 들어간 사람이 다시 출제에 들어가는 경우도 많습니다.

- 출제에 들어가면 면접 문항 출제에 대한 전체적인 교육, 지침을 듣고 회의를 거친 후 문항 출제에 돌입합니다. 먼저 문항 틀을 충분히 훑어보고 고등학교 교과서와 비교하여 난이도를 결정하고 수정합니다. 기존의 패턴과 비슷한 문항도 내고 새로운 패턴을 개발하여 문항을 출제하기도 합니다. 그해의 중요한 쟁점이나 핵심적인 시사 사항을 문제나 제시문 지문에 포함시킬 수도 있습니다.

- 이렇게 출제된 문항은 면접 전날까지 잘 보관했다가 새벽 당일에 입학처장이 봉인을 풀고 보안을 철저히 한 상태에서 면접고사 본부로 이동됩니다. 그리고 각 면접장에 배정됩니다. 그리고 면접 문항으로 출제되는 것입니다.

☑ 전략 포인트

- 그러므로 면접 예상 문제를 만들어 공부할 때 주요 과목의 기본 개념을 정리하는 것 외에 그해의 중요한 핵심 쟁점, 시사 관련 내용도 정리를 하는 것이 준비와 전략을 짜는 데 도움이 됩니다.

물론, 그 대학의 기출 문제를 철저히 분석하고 풀어보는 것이 가장 좋은 준비입니다. 앞서 말한 것처럼 출제를 했던 사람이 계속 들어갈 확률이 높기 때문입니다. 기출 문제는 해당 대학의 입학처 홈페이지에서 내려받을 수 있으며, 간혹 기출 문제를 공개하지 않는 대학도 있습니다.

또한 대학에서 공개하는 선행학습 영향 평가 결과 보고서를 보면, 면접 기출 문제, 문제 출제 의도, 정답 도출 개요 등이 나와 있습니다. 주로 고교교육 기여 대학 지원 사업 비용을 받는 전국 60여개 내외 대학이 공개하고 있습니다. 따라서 선행학습 영향 평가 결과 보고서를 참고하여 예상 문제와 예상 답변을 만드는 것도 좋은 방법입니다.

21

 ## 전공 교수님을 미리 알아야 하나요?

A 꼭 필요하다고는 볼 수 없지만 얼굴을 미리 알면 심리적으로 편안해지고 자신감이 더 생길 수 있습니다. 면접 평가에는 거의 반드시 1명은 해당 모집 단위 전공 교수가 들어갈 확률이 높습니다.

- 전공 교수는 '해당 대학교 홈페이지 → 지원전공학과 홈페이지 → 교수진 소개'에서 사진과 이력을 확인할 수 있습니다. 사진과 이력을 미리 본 후, 면접 당일에 그분들 중 한 분이 보이면 반갑고 자신감도 생깁니다.

- 물론, 애석하게도 교수진 소개에 사진이 없는 경우도 있습니다. 그러면 구글이나 네이버, 다음 같은 포털 사이트의 검색을 통해 사진을 인쇄하거나 복사해서 정리하기 바랍니다. 그리고 사진을 정리하는 김에 교수진의 세부 전공, 가르치는 과목, 박사학위 논문 제목 정도는 정리하는 것도 좋습니다.

교수 이름	사진	세부 전공	수업 과목	학위논문

Q 재수생의 경우 1년 동안의 생활을 어떻게 말해야 하나요?

A 학생부종합전형은 재수생이나 삼수생의 합격률이 재학생보다 높지 않습니다. 아무래도 고등학교를 졸업하고 1년간 또는 2년간 활동한 내용을 증명하는 것이 쉽지 않기 때문이지요. 이러한 이유 때문에 재수생이나 삼수생이 지원하는 비율 자체도 재학생에 비해 많이 떨어집니다. 그럼에도 불구하고 지원을 하는 것은 그 대학에 반드시 가고 싶다는 강한 열망을 표현한 것입니다.

- 상대적으로 정시 수능은 학생부종합전형의 재수생이나 삼수생의 비율이 높습니다. 왜냐하면 수년간 반복해 왔던 공부이기 때문에 한 번 더 하는 것이 그리 어렵지 않기 때문입니다.

☑ 전략 포인트

- 결론적으로 1년 동안의 활동을 구체적이고 적극적으로 소명해야 합니다. 다만, 이러한 활동은 그 모집 단위와 관련되고 학교생활기록부의 연장선상에 있어야 합니다. 동기, 사건, 어려웠던 점, 배운 점, 느낀 점, 변화 등을 진솔하고도 세부적으로 언급해야 합니다. 재수생의 경우에도 그다지 불리하지 않습니다. 꼭 가고 싶은 대학과 전공이 있다면 포기하지 말고 도전하십시오. 도전하는 자에게 반드시 길이 열립니다.

Q. 어문 계열의 경우 해당 언어로 자기소개를 하는 것이 좋을까요?

A. 어문 계열을 지원하는 수험생은 해당 언어를 잘하는 것이 무척이나 유리합니다. 해당 언어를 잘한다면 자기소개를 해당 언어로 하는 것을 권해 드립니다. 다만, 한국외국어대의 경우, 자기소개를 해당 언어로 하는 것을 현재는 금지하고 있습니다.

- 해당 언어를 잘하는 사례는 다음의 3가지입니다.
  - 첫째는 부모 중 한 분이 결혼 이주로 인해 국내에서 출생한 다문화 가정인 경우에 그러합니다. 수로 일본어, 중국어, 베트남어, 영어가 많은 것입니다. 물론, 해당 언어를 잘 못하는 경우도 있을 것입니다.
  - 두 번째는 초등학교나 중학교에 부모님을 따라 외국에 나갔다가 외국어를 자연스럽게 배운 경우가 해당됩니다.
  - 마지막 세 번째는 순수 국내파입니다. 아마도 영어 유치원, 영어 학원, 영어 과외를 많이 받았을 것입니다. 거기에다가 본인의 노력, 자기주도적 학습 등이 가미되어야만 해당 언어를 능숙하게 말합니다.

- 그런데 어떻게 보면 두 번째에 해당하는 경우 고등학교 학교생활기록부에 그 내용이 적혀 있지 않을 것입니다. 고등학교 입학을 하기 전이기 때문입니다. 이렇다고 한다면 서류 평가에서는 매우 유리합니다. 만약 해당 언어가 영어라고 한다면, 영어를 잘하므로 영어 성적이 모두 1등급이고, 교내 영어 관련 경시대회는 모두 휩쓸었을 것입니다. 물론, 영어(토론)동아리, 영어 관련 학습 멘토링(멘토 – 멘티) 활동 등을 통한 봉사상 수상과 영어 교사의 세부 능력 및 특기사항에 화려한 멘트와 담임교사의 행동 특성 및 종합 의견란에도 많은 긍정적인 내용이 담겨 있을 가능성이 높습니다.

- 해당 언어를 잘하면 이렇게 유리합니다. 면접관으로 들어오시는 교수들도 회화를 잘하는 분이 있겠지만 그분은 기본적으로 연구자입니다. 독해는 잘할지 몰라도 회화를 여러분처럼 능숙하게 잘하지 않을 가능성이 높습니다.

- 기회가 되는 한 해당 언어를 면접 평가 내내 자주 말하십시오. 자기소개뿐만 아니라 마지막으로 하고 싶은 말이 우선 좋은 기회입니다. 참고로 두 번째 사례인 외국에서 살다온 경우에는 굳이 학교생활기록부에 외국 거주사실이 없다고 한다면, 외국에서 살다 왔다고 말하지 않는 것이 평가에는 더 유리합니다.

- 즉, 세 번째 경우인 순수 국내파인 것처럼 말하는 것이지요. 거짓말을 해야 해서 마음이 불편하고, 양심에 찔린다고요? 저는 어디까지나 합격에 조금이라도 유리한 면접 평가 성공 전략을 알려주는 것입니다. 그렇게 하고 안 하고는 수험생의 선택 사항입니다.

24

Q 전에 지원했던 학교에 다시 지원해도 합격할 수 있을까요?

A 학교에 다시 지원하는 사례는 두 가지가 있을 것입니다. 하나는 그 학교에 꼭 오고 싶어서 재수나 삼수를 하는 경우입니다. 나머지 하나는 수시 학생부 교과 (우수자) 전형이나 수시 논술 전형 등에 지원했는데, 수시 학생부종합전형에 다시 지원하는 경우일 것입니다.

- 결론적으로 말씀드리면 합격할 수 있다는 것입니다. 재수나 삼수의 경우에는 면접관이 일부 중복됩니다. 대체로 전공 교수님이 그러합니다. 전공 교수 면접관은 그 열정을 높이 사실 수도 있습니다. 적극적으로 면접에서 어필하십시오. 물론, 1년이나 2년의 시간 동안 발전된 활동 사항을 구체적으로 말하는 것도 필요합니다.

- 수시의 다른 전형에 지원한 경우에는 수시 학생부 교과 (우수자) 전형만 면접을 볼 수 있습니다. 수시 학생부 교과 (우수자) 전형의 면접은 상대적으로 학생부종합전형보다 수험생에게 부담이 덜 갑니다. 제시문이나 심층 면접보다는 지원 동기 등 비교적 간단한 내용을 물어보기 때문에 큰 부담이 없습니다. 면접관들도 가벼운 마음으로 들어오십시오.

- 그렇기 때문에 수시 학생부종합전형의 면접 평가는 어떻게 보면 입장이 다소 다르다고 할 수 있습니다. 준비 방법과 전략이 다르기 때문에 수시 학생부교과와 수시 학생부종합전형에 지원한 것은 역시 그 대학에 오고 싶어 하는 열망과 열정, 자신감을 보여주는 것이므로 긍정적인 평가를 받을 수 있습니다.

Q 학교생활기록부에 기록된 독서 내용을 다시 읽고 정리해야 하나요?

A 학교생활기록부에 기록된 책을 모두 다시 읽을 필요는 없습니다. 그러나 책을 읽은 지 오래되어 내용이 잘 기억나지 않을 경우에는 기억을 상기한다는 측면에서 다시 읽는 것도 괜찮습니다.

✔ 전략 포인트

• 학생부에 적힌 책들의 목록은 우선 표로 정리합니다. 그리고 그 책의 대강의 줄거리를 적습니다. 그다음에는 핵심 주제를 적습니다. 그 후에는 그 책을 통해 느끼고 영향을 받은 내용을 적습니다. 마지막으로 그에 대한 후속 활동 내용을 적습니다. 예컨대, 다른 책을 읽었다거나 검색을 통해 새로이 찾아보았거나 동아리 활동을 심화해서 했거나, 진로 활동을 더 했다거나 하는 등의 내용입니다.

책 제목	줄거리	주제	느낌, 영향	후속 활동

Q 학교생활기록부를 보고 면접관이 "이 부분은 선생님이 아니고 학생이 작성한 것 아닌가요?"라고 할 때는 어떻게 대답해야 하나요?

A 결론적으로 이렇게 답변하면 됩니다. "제가 한 활동을 중심으로 학교생활기록부 기록을 위한 초안은 작성해서 드렸지만 전체적인 작성은 선생님이 하셨습니다."라고 말입니다.

- 이렇게 답변했는데 면접관이 여전히 의아해하며 꼬리를 무는 질문을 하면, 다음과 같이 추가로 답변하십시오. "선생님이 모든 학생의 모든 활동을 다 알 수는 없을 거라고 생각합니다. 선생님이 기록한 것과 학생이 기록한 것을 대조해 보고 확인하는 차원이 될 수도 있고, 학생이 작성한 초안을 보고 선생님이 추가로 내용을 보충할 수도 있을 것입니다."라고 말입니다.

27

Q 구체적으로 말하라는 게 어떻게
하는 것인지 잘 모르겠어요.

A 입시 설명회나 박람회에 가면, 입학 사정관들과 입시 전문가들은 하나 같이 "본인이 한 활동에 대해서 구체적으로 말하세요."라고 말합니다. 그런데 구체석으로 말하라는 게 뭘까요?

- 구체적이라는 것은 한 마디로 경험하거나 실천한 사례를 한 가지 이상 넣어서 말하라는 것입니다. 즉, 활동의 모습이 실제적이고 세부적인 사실까지 담겨 있어야 한다는 것입니다.

- 학생들은 대부분 구체적으로 말한다고 하지만 활동한 내용의 굵직한 것만 대답합니다. 예를 들어, 과학 동아리에서 본인이 실천한 활동을 구체적으로 말하라고 하면, '실험을 여러 번 했다.' '교내 동아리 대회에 나갔다.', '과제탐구보고서를 공동으로 만들었다.'라고 합니다. 이러한 경우 평가자 입장에서는 구체적이지 않고 그저 나열하는 답변이라고 느낄 수 있습니다.

- 따라서 다음과 같이 답변하는 것을 고려해 보십시오. 과학 동아리에서 본인이 실천한 활동이 무엇이냐는 질문을 듣고 답변할 때 "실험을 여러 번 했습니다. 특히, 가장 인상 깊은 실험은 ○○실험이었습니다. 그 실험의 동기는 무엇이었고, 과정은 이랬고, 하다가 어려운 점은 이것이었고, 피드백을 통해 문제를 어떻게 해결하여 어떠한 결과를 이루었습니다. 그 결과를 통해 어떤 걸 알았고, 무엇을 느꼈으며, 그 실험 후 후속 활동으로는 이러한 것을 했습니다."라고 말입니다. 동아리 대회나 연구 보고서도 같은 맥락으로 말하면 됩니다.

28

Q 토론 면접은 어떻게 준비해야 하나요?

A 토론 면접은 주로 교대에서 실시하며, 집단 토론 형식으로 진행됩니다. 이러한 집단 토론 면접은 의견 대립이 예상되는 한 가지 주제를 가지고 여러 사람(보통 3~6명)이 각자의 의견을 개진하여 문제를 해결해 나가는 모습을 평가하는 면접 방식입니다. 대학에 따라 면접자 중에서 사회자를 선정할지 아니면 모두 동등한 입장에서 토론을 할지, 찬반을 자유 또는 강제로 배분할지, 제비뽑기로 할지 등은 다를 수 있습니다. 시간도 40분 내외로 진행되는 경우가 많습니다.

• 토론이 진행되는 동안 면접관은 토론에 개입하지 않고 주로 참관, 관찰만 하며 평가 내용을 기록하고 평가 항목에 체크합니다. 그러나 토론이 원활하게 진행되지 않는 경우에는 개입을 할 수도 있습니다.

• 면접관들은 토론 면접에서 지원자가 주제에 대해 도출되는 문제를 접근하는 방법, 다른 사람의 의견을 듣고 이해하는 능력, 의견을 개진할 때 논리적으로 말하는 능력, 원만한 의사소통 능력 등을 중점적으로 평가합니다.

- 토론 면접은 앞에서 언급한 것처럼 면접관이 가능한 한 관여하지 않습니다. 따라서 너무 긴장하거나 두려워하지 말고, 친구들과 편하게 얘기한다는 자세로 임하는 것이 좋습니다. 다만, 이렇게 편하게 얘기하기 위해서는 수업시간이나 평상시에 친구들, 선후배들과 토론을 자주 해 보는 것이 도움이 됩니다.
토론 동아리 활동을 꾸준히 하는 것도 큰 도움이 됩니다. 구체적으로 한 주제에 대해 현황을 파악하고 문제점을 발견하여, 자의 또는 타의에 의해 결정되는 찬성과 반대의 논리를 조사, 분석하고 정리하여 여러 사람들 앞에서 주장을 하고 근거를 들어 말해 보는 연습이 좋습니다.

- 이를 위해서는 평소에 인문학 및 사회 과학 계열 독서를 많이 하고 핵심 내용과 주제를 정리하는 습관과 신문의 칼럼이나 사설 부분을 많이 읽고 중요 내용에 대해 정리하는 것도 도움이 됩니다.

- 면접 태도에서 주의할 점은 다른 사람의 말을 중간에 끊어버리는 것입니다. 이렇게 되면 말을 하는 사람은 기분이 상하게 됩니다. 또한 다른 사람의 의견을 은연중에 무시하거나 과도하게 힐난하는 것입니다. 이것도 마찬가지로 감점 요소입니다.

- 답변을 할 때는 무조건 'A가 아니라 B다.'라는 일방적인 대답 방식이 아니라, 'A는 이게 핵심이라는 것을 먼저 짧게 요약하고, 본인의 의견인 B는 이런 점이 다른 점이며 이 부분이 핵심이다.'라는 것을 얘기하여 두 의견의 비교와 차이점을 다 알고 있다는 것을 답변 중에 드러내는 것이 바람직합니다.

29

Q 면접 평가에서 기본 점수가 있나요?

A 면접 평가에서 대학에 따라 기본 점수가 있을 수 있고, 기본 점수가 없을 수 있습니다. 기본 점수가 없는 경우에는 면접의 변별력이 상대적으로 크므로 서류 평가 점수 순위를 역전하는, 이른바 '역전 비율'이 높습니다. 이러한 역전 비율이 보통 40% 이상이 되면 면접의 변별력이 상당히 높은 것입니다.

- 토론이 진행되는 동안 면접관은 토론에 개입하지 않고 주로 참관, 관찰만 하며 평가 내용을 기록하고 평가 항목에 체크합니다. 그러나 토론이 원활하게 돌아가지 않는 경우에는 개입을 할 수도 있습니다.

- 면접관들은 토론 면접에서 지원자가 주제에 대해 도출되는 문제를 접근하는 방법, 다른 사람의 의견을 듣고 이해하는 능력, 의견을 개진할 때 논리적으로 말하는 능력, 원만한 의사소통 능력 등을 중점적으로 평가합니다.

☑️ 전략 포인트

- 면접에 자신이 있으면 기본 점수가 없는 대학을, 면접에 상대적으로 자신이 없으면 기본 점수가 있는 대학을 선택하는 것도 하나의 현명한 지원 전략입니다.

주요 대학 면접 전형 전략편

대학별 면접 평가 문제 및 예시답변

01. 수도권 주요 대학

- 서울대학교
- 연세대학교
- 고려대학교
- 성균관대학교
- 한양대학교
- 이화여자대학교
- 중앙대학교
- 경희대학교
- 한국외국어대학교
- 서울시립대학교
- 건국대학교
- 동국대학교
- 홍익대학교(서울)
- 숙명여자대학교
- 국민대학교
- 명지대학교
- 가톨릭대학교
- 가천대학교

02. 지방 거점 국립대학

- 부산대학교
- 경북대학교
- 경상대학교
- 충남대학교
- 강원대학교
- 전북대학교
- 전남대학교
- 제주대학교

03. 특수대학(수시 6회 지원 예외 대학)

- 카이스트(KAIST)
- 지스트(GIST)
- 디지스트(DGIST)
- 유니스트(UNIST)

04. 특별대학

- 포스텍(POSTEC)
- 한국공학대학교

01 수도권 주요 대학

🎓 서울대학교

전형명	전형 방법
지역 균형 (수능 최저 ○)	❶ 1단계: 서류 평가(3배수) ❷ 2단계: 1단계 성적(70) + 면접(30)
일반 전형 (수능 최저 ×, 단, 일부 있음)	❶ 서류 평가 100 (2배수) ❷ 서류 평가 100 + **면접 및 구술고사 100** 　　cf. (사범대) 2단계: 서류 평가 100 + 면접 · 구술 60 + 　　교직 적성 · 인성 40

* 예체능이 아닌 일반 대학 기준으로 작성함.

👤 지역균형선발전형(학종)

❶ 면접 개요

- **면접 방식**: 제출 서류 기반 학업 소양 확인 개별 면접
  - 서류 기반 면접으로 지원자가 제출한 학교생활기록부 등을 중심으로 그 내용을 확인하는 면접으로 진행

  - 꼬리에 꼬리를 무는 질문이 추가되기도 함(의과대학을 제외한 전 모집
    단위)
- cf. (의과대학)
  - 의학을 전공하는 데 필요한 자질, 적성과 인성 평가함
  - 상황/제시문 기반 면접과 서류 기반 면접을 복수의 면접실에서 진행함
    (60분 내외)
  *상황 숙지를 위한 답변준비 시간을 별도로 부여할 수 있음.
- **면접 시간**: 10분 내외
- **면접 평가위원**: 2명(교수 또는 사정관)

② 면접 평가 방법

- 학교생활기록부 등을 활용하여 질의응답하는 과정에서 서류 내용을 확인
  하고 기본적인 학업 소양을 평가합니다. 이를 위해 평가 항목 및 평가 내용
  에 따라 정성적인 평가 기준에 의해 종합적으로 평가합니다.
- 항목에 따라 꼬리에 꼬리를 무는 질문으로 연결시켜 질의하기도 합니다.

☑ 전략 포인트

- **서류 기반 면접**: 제출 서류를 기반으로 하는 면접이므로 우선 본인이 제출
  한 학교생활기록부의 철저한 숙지와 정리가 필요합니다. 특히, 독서부분에
  대해 철저히 정리하고 가야 합니다.
- **활동 내용 구체화**: 학업과 교과 연계 활동, 비교과 활동을 한 경험에 대해 구
  체적으로 답변해야 합니다. 동기, 과정, 결과, 변화, 후속 활동의 단계를 미
  리 정리하여 답변을 연습하면 가장 좋습니다.
- **전공지식**: 수험생 간 변별도를 높이기 위해 전공에 관한 지식을 물어봅니다.
  다만, 난도가 높은 전문 지식이라기보다는 기초 개념, 원리, 법칙 등을 물어
  봅니다. 따라서 전공 관련 과목의 기초 개념, 원리, 법칙에 대한 정리가 필요
  합니다.

① 면접 개요

- **면접 방식**: 제시문 기반 면접
  - 제시문을 활용하여 전공 적성 및 학업 능력 평가
  - 지원자들에게 제시문과 그에 따른 문항이 주어지면 모집 단위별로 30~45분 동안 답변 준비
  - 기본적으로 면접 및 구술 고사 문항은 고등학교 정규 교육과정 범위 안에서 출제
- **면접 시간**: 15분 내외(답변 및 추가 질의응답)
- **면접 평가위원**: 2명(교수 또는 사정관)

② 제시문 기반 면접 평가 방법

질의응답 과정에서 정답(결과) 자체보다는 문제를 풀이하고 답변을 연결하는 과정에서 보이는 교과 지식, 사고력, 논리력, 응용력 등을 중시하며 전반적인 학업 소양에 중점을 두고 평가합니다.

면접 및 구술고사는 고등학교 교육과정상의 기본 개념 이해를 토대로 단순 정답이나 단편 지식이 아닌 종합적인 사고력을 평가하는 데 중점을 두고 있습니다. 주어진 제시문과 질문을 바탕으로 면접관과 수험생 사이의 자유로운 상호작용을 통해 문제해결 능력과 논리적이고 창의적인 사고력을 종합적으로 평가합니다.

- **(모집 단위별) 평가 내용 및 방법**

대학	모집단위	평가내용	답변 준비시간	면접시간
인문대학	전체	인문학·사회과학 제시문 (영어/한자 가능)	30분 내외	15분 내외
사회과학 대학	경제학부 제외	사회과학·수학(인문) 제시문 (영어/한자 가능)	30분 내외	15분 내외

대학	모집단위	평가내용	답변 준비시간	면접시간
사회과학 대학	경제학부	사회과학·수학(인문) 제시문 (영어/한자 가능)	30분 내외	15분 내외
자연과학 대학	수리과학부	수학(자연) 제시문	45분 내외	15분 내외
자연과학 대학	통계학과	수학(자연) 제시문	45분 내외	15분 내외
자연과학 대학	물리·천문학부 (물리/천문)	물리학 제시문	45분 내외	15분 내외
자연과학 대학	화학부	화학 제시문	45분 내외	15분 내외
자연과학 대학	생명과학부	생명과학 제시문	45분 내외	15분 내외
자연과학 대학	지구환경 과학부	① 물리학, ② 화학, ③ 지구과학 중 택 1	45분 내외	15분 내외
경영대학	전체	사회과학·수학(인문) 제시문 (영어/한자 가능)	30분 내외	15분 내외
공과대학	전체	수학(자연) 제시문	45분 내외	15분 내외
농업생명 과학대학	농경제사회 학부	사회과학·수학(인문) 제시문 (영어/한자 가능)	30분 내외	15분 내외
농업생명 과학대학	식물생산과 학부	생명과학 제시문	45분 내외	15분 내외
농업생명 과학대학	산림과학부	수학(자연) 제시문	45분 내외	15분 내외
농업생명 과학대학	식품·동물생 명공학부	화학·생명과학 제시문	45분 내외	15분 내외
농업생명 과학대학	응용생물화 학부	① 화학, ② 생명과학 중 택 1	45분 내외	15분 내외
농업생명 과학대학	조경·지역시 스템공학부	수학(자연) 제시문	45분 내외	15분 내외

대학	모집단위	평가내용	답변 준비시간	면접시간
농업생명 과학대학	바이오시스템· 소재학부, 스마트시스템 과학과	① 수학(자연), ② 생명과학 중 택 1	45분 내외	15분 내외
사범대학	교육학과 및 인문계 전공	인문학·사회과학 제시문 (영어/한자 가능)	30분 내외	15분 내외
사범대학	수학교육과	수학(자연) 제시문	45분 내외	15분 내외
사범대학	물리/화학/생 물/지구과학교 육과	해당 전공 과학 제시문	45분 내외	15분 내외
생활과학 대학	소비자학전공	사회과학·수학(인문) 제 시문 (영어/한자 가능)	30분 내외	15분 내외
생활과학 대학	아동가족학 전공	인문학·사회과학 제시문 (영어/한자 가능)	30분 내외	15분 내외
생활과학 대학	식품영양학과	① 화학·생명과학, ② 사회과학·수학(인문) 중 택 1	45분 or 30분	15분 내외
생활과학 대학	의류학과	사회과학·수학(인문) 제시문 (영어/한자 가능)	30분 내외	15분 내외
약학대학	약학계열	수학(자연) 제시문	45분 내외	15분 내외
첨단융합 학부	전체	수학(자연) 제시문	45분 내외	15분 내외
자유전공 학부	전체	① 인문학 · 수학(인문) ② 사회과학 · 수학(인문) ③ 수학(인문), 수학 (자연) 관련 제시문을 활용하여 전공적성 및 학업능력 평가	30분 내외	15분 내외

구분	제시문별 출제 범위
수학(인문)	수학, 수학Ⅰ, 수학Ⅱ, 확률과 통계
수학(자연)	수학, 수학Ⅰ, 수학Ⅱ, 확률과 통계, 미적분, 기하
물리학	통합과학, 과학탐구실험, 물리학Ⅰ, 물리학Ⅱ
화학	통합과학, 과학탐구실험, 화학Ⅰ, 화학Ⅱ
생명과학	통합과학, 과학탐구실험, 생명과학Ⅰ, 생명과학Ⅱ
지구과학	통합과학, 과학탐구실험, 지구과학Ⅰ, 지구과학Ⅱ

▶ 공동 출제 문항 활용 모집 단위

- 인문대학·사회과학대학(경제학부 제외): 관련 제시문을 활용하여 전공적성 및 학업 능력 평가
  - 인문학, 사회과학(영어 또는 한자 활용 가능)
  - 답변 준비시간 30분 내외, 답변 15분 내외

- 사회과학대학(경제학부/경영대학/농경제사회학부): 관련 제시문을 활용하여 전공적성 및 학업 능력 평가
  - 사회과학, 수학(인문)(영어 또는 한자 활용 가능)
  - 답변 준비시간 30분 내외, 답변 15분 내외

- 농업생명과학대학, 바이오시스템소재학부: 관련 제시문을 활용하여 전공적성 및 학업 능력 평가
  - 물리, 화학(고등학교 교육과정 내 과학Ⅱ 수준까지 범위에서 출제)
  - 답변 준비시간 45분 내외, 답변 15분 내외

- 간호대학(2개 유형 중 택 1): 관련 제시문을 활용하여 전공적성 및 학업 능력 평가
  - ㉮ 화학, 생명과학, ㉯ 인문학, 사회과학(영어 또는 한자 활용 가능)
  - 답변 준비시간 30분 내외, 답변 15분 내외

- 사범대학(교직적성·인성면접):
  - 지원자 1명을 대상으로 하여 복수의 면접위원이 15분 내외 실시
  - 답변 준비시간 15분 내외
  - 면접 및 구술고사와 동일한 일정으로 시행

▶ 공동 출제 문항 비활용 모집 단위

- 수의과대학: 수의학을 전공하는 데 필요한 자질과 적성, 인성 등을 평가
  - 다양한 상황 제시와 생명과학과 관련된 기본적인 학업 소양 확인
  - 제출 서류 내용 확인(1개, 10분) 및 상황 제시(4개, 각 10분)
  - 총 5개 면접실에서 진행(50분 내외)
- 의과대학: 의학을 전공하는 데 필요한 자질, 적성과 인성을 평가
  - 제시문에 영어가 활용될 수 있음.
  - 상황/제시문 기반 면접과 서류 기반 면접을 복수 면접실에서 진행
    (60분 내외)
- 치의학과: 치의학을 전공하는 데 필요한 자질과 적성, 인성 등을 평가
  - 제시문에 영어 또는 한자가 활용될 수 있음.
  - 다양한 상황 제시와 제출 서류 내용 확인
  - 면접실 당 10분씩 총 4개 면접실에서 진행(40분 내외)

* 기타 모집 단위는 『대학 신입학생 입학전형 안내』를 참고하시기 바랍니다.

☑ 전략 포인트

- **제시문 기반 역량 면접**: 상대적으로 수험생 간 변별도를 높이기 위해 전공 관련 과목에 대한 깊은 지식을 물어봅니다. 따라서 전공 관련 과목의 기초 개념, 원리, 법칙부터 심화된 학습 내용에 대한 체계적이고 철저한 정리가 필요합니다. 또한 선행 학습이나 문제 풀이 훈련보다는 교육과정 내의 기본 개념을 바탕으로 한 응용 능력, 문제 해결력, 창의력을 키우는 데 집중해야 합니다. 정답의 여부만을 확인하는 것이 아니라 답변 과정에서 드러나는 지원자의 학업 소양과 그 깊이를 검증하는 것을 목적으로 하는 면접인 만큼 질문에 바로 답변하지 못하거나 '정답'에서 벗어났다고 생각되더라도 자신의 생각을 논리적으로 설명하려는 태도가 중요합니다.

- **적극적 힌트 요구**: 논제 분석이 잘 안 되거나 답변하다가 말문이 막히면 가만히 있지 말고 적극적으로 '힌트'를 요구하십시오. 정답을 내는지 못 내는 지를 보는 게 아니라, 어려운 문제를 포기하지 않고 적극적으로 대응하는

태도와 정답을 내기 위한 사고 과정상의 방식과 학업 역량을 더 중시하기 때문입니다.

이 때문에 일반전형 합격생들은 면접을 '대화'라 표현하기도 합니다. 이는 문제를 풀어내는 과정을 교수와 학생이 머리를 맞대고 서로 소통하는 모습과 같다는 맥락일 것입니다. 문제 풀이 과정에서 교수는 방향성이 일치하면 고개를 끄덕이기도 하며, 막히는 부분에는 힌트를 줘서 수험생의 사고의 확장성을 돕습니다.

- **Tip** 면접 시간이 1분 정도 남으면 밖에 있는 복도위원이 문을 두드립니다. 안에서는 면접관 중 1명이 스톱워치를 들고 시간을 체크하고 있습니다. 면접장 안과 밖에서 이중으로 면접 시간의 공평성을 위해 노력한다는 것입니다.

[기출 또는 예상문제] : 일부 변형

계열	평가 방식	평가 시간	제시문 예시
치의학대학원 치의학과	복수의 면접실에서 진행	30분	– 스웨덴 의식문화 관련 제시문 – 담배 가격 인상에 대한 찬반 – 고등학교 교육목표
수의과대학	면접실 당 10분씩, 총 4개 면접실에서 진행	40분	– 수의사가 갖추어야 할 덕목 – 야생 고라니 마을 출몰관련 주민과 지자체의 대응 – 송아지 면역력과 초유와의 관계 – 동물유래 인체감염병 질환 증가 – 젖소출산 개인적 도움과 법적문제
의과대학	면접실 당 10분씩, 총 5개 면접실에서 진행	50~60분	– 교통약자 배려석 상황 – 국가별 소득대비 관련 특정 질병 통계 – 본인 생각과 가치에 대한 문장완성형 – 난치병 자식을 둔 부모의 심정표현 문학작품
사범대학		15분내외	– 인공지능 시대, 교사의 역할 – 유능한 교사의 인성적 자질과 필요 역량 – 평균의 함정 관련

01 실존주의 철학이 발생한 배경을 말하고 실존주의 철학자 중 한명을 예로 들어 그의 사상을 구체적으로 구술하시오.

🔵**예시답변** ▶ "실존주의 철학은 20세기 초·중반, 세계대전과 산업화 등으로 인해 개인의 불안과 소외가 심화된 사회적 배경 속에서 등장했습니다.

첫째, 전통적 철학이 객관적 진리와 보편적 가치를 강조하는 반면, 실존주의는 개인의 주체성과 자유, 그리고 삶의 의미를 탐구하는 데 초점을 맞췄습니다.

둘째, 대표적인 실존주의 철학자 중 한 명인 사르트르는 '실존은 본질에 앞선다'고 주장했습니다. 이는 인간이 태어날 때부터 정해진 본질이 없으며, 스스로 선택하고 행동함으로써 자신의 본질을 만들어간다는 뜻입니다. 인간의 자유와 책임, 그리고 그로 인한 불안을 강조한 점이 그의 사상의 핵심입니다.

저는 이런 사상이 현대인의 삶에 깊은 통찰을 제공한다고 생각합니다."

02 반모음, 단모음, 이중모음, 삼중모음의 개념을 서로 비교하여 설명해 보세요.

🔵**예시답변** ▶ 음성학적으로 모음은 발음 시 혀의 위치나 입술 모양의 변화 양상에 따라 다양하게 분류될 수 있습니다. 먼저 단모음은 발성 과정에서 조음기관(혀, 입술 등)의 위치가 고정되어 소리의 처음부터 끝까지 변함없이 하나의 음질을 유지하는 모음을 말합니다. 한국어에서는 'ㅏ', 'ㅓ', 'ㅗ', 'ㅜ', 'ㅡ', 'ㅣ', 'ㅐ', 'ㅔ', 'ㅚ', 'ㅟ' 총 10개의 단모음이 이에 해당하며, 이들은 음절의 중심을 이루는 핵심적인 역할을 합니다.

이러한 단모음의 안정적인 소리와는 달리 반모음은 모음과 자음의 중간적인 성격을 띠는 흥미로운 음소입니다. 반모음은 성대가 울리며 공기 흐름의 방해 없이 발음되어 음성학적으로는 모음의 특성을 보이지만 홀로서는 독립적인 음절을 형성할 수 없고 반드시 다른 모음과 결합해야만 제 기능을 한다는 점에서 음운론적으로는 자음에 가까운 역할을 합니다. 마치 소리가 미끄러지듯이 다른 모음으로 이어지는 '활음(滑音)'과 같아서 한국어에서는 'ㅣ' 계열의 소리인 반모음 [j] (예: 영어의 'y' 소리)와

‘ㅗ/ㅜ’ 계열의 소리인 반모음 [w] (예: 영어의 ‘w’ 소리) 두 가지가 대표적입니다.

이러한 반모음이 단모음과 결합하여 소리의 움직임을 만들어내는 것이 바로 이중모음입니다. 이중모음은 발음하는 동안 혀의 위치나 입술 모양이 연속적으로 변화하여 두 개의 모음 소리가 하나의 음절 내에서 자연스럽게 이어지는 특징을 가집니다. 예를 들어, 한국어의 ‘ㅑ’는 반모음 [j]가 먼저 발음된 후 ‘ㅏ’가 이어지는 형태이며, ‘ㅘ’는 반모음 [w] 다음에 ‘ㅏ’가 이어지는 발음입니다. 이처럼 ‘ㅑ, ㅕ, ㅛ, ㅠ’ (j 계열 이중모음)나 ‘ㅘ, ㅝ, ㅙ, ㅞ’ (w 계열 이중모음) 등이 한국어의 주요 이중모음들입니다. 이는 단모음 두 개가 따로 발음되는 것(‘아 이’ vs ‘아이’)과는 달리 소리가 부드럽게 이어지며 하나의 음절로 인식되는 것이 특징입니다.

마지막으로 삼중모음은 이중모음보다 더 복합적입니다. 바로 하나의 음절 내에서 세 개의 모음 소리가 연속적으로 변화하며 발음되는 형태를 말합니다. 이는 매우 복잡한 조음 운동을 요구하기 때문에 언어에서 드물게 나타나며 특히 한국어에서는 발음상 뚜렷하게 독립된 삼중모음으로 분류되는 경우가 거의 없습니다. 예를 들어 영어의 ‘fire’ (파이어)나 ‘power’ (파워)와 같은 단어에서 간혹 삼중모음과 유사한 발음 현상을 관찰할 수 있지만 이는 언어학적 분류 기준에 따라 견해가 다를 수 있습니다. 이처럼 모음은 발음 시 조음기관의 미묘하고 역동적인 움직임에 따라 단일한 소리부터 복잡한 소리 겹침에 이르기까지 다채로운 음성학적 스펙트럼을 보여줍니다.

03 보편적인 통념이나 가치에 의문을 제기하는 학문적 태도를 기르기 위해 고교 재학 기간 동안 기울인 노력을 설명해 보세요.

예시답변 ▶ “저는 고등학교 재학 기간 동안 보편적인 통념이나 가치에 대해 비판적으로 사고하는 태도를 기르기 위해 다양한 노력을 했습니다. 첫째, 교과서나 일반적인 설명을 무조건 받아들이기보다 항상 ‘왜 그런가?’라는 질문을 스스로 던지며 깊이 탐구하려고 노력했습니다. 예를 들어, 역사 수업에서 주류 역사관뿐만 아니라 다양한 시각에서 사건을 바라보려 했습니다.

둘째, 독서와 토론 활동에 적극 참여하여 여러 관점과 생각을 접하고 자신의 생각을 논리적으로 표현하는 연습을 꾸준히 했습니다. 이를 통해 고정관념에서 벗어나 다각도로 사안을 바라보는 능력을 키웠다고 생각합니다.

이러한 노력들이 학문적 태도의 기초가 되었다고 믿습니다."

04 문학에서 외재적 비평과 내재적 비평의 차이를 설명하세요.

🔵**예시답변▶** "문학 비평에서 외재적 비평과 내재적 비평은 작품을 해석하는 관점의 차이에서 나뉩니다.

첫째, 외재적 비평은 작품 밖의 요소, 즉 작가의 생애, 시대적 배경, 사회적·정치적 상황 등 외부 요인들을 중심으로 작품을 해석합니다. 이를 통해 작품이 만들어진 맥락과 의미를 분석하는 데 초점을 둡니다.

둘째, 내재적 비평은 작품 내부의 언어, 구조, 주제, 상징 등 텍스트 자체에 집중하여 작품을 분석합니다. 작가나 시대적 배경과 무관하게 작품 그 자체가 가진 의미와 미학적 가치를 탐구하는 방식입니다.

이 두 접근 방식은 서로 보완적이며, 문학 작품을 다각도로 이해하는 데 모두 중요하다고 생각합니다."

05 감기 감염 속도와 로지스틱 방정식과는 어떠한 관계가 있나요?

🔵**예시답변▶** "감기 감염 속도와 로지스틱 방정식은 전염병 확산 모델링에서 밀접한 관련이 있습니다.

첫째, 감기와 같은 전염병은 초기에는 감염자가 적지만 시간이 지날수록 감염자가 급격히 늘어나는 '지수적 성장' 양상을 보입니다. 그러나 감염자가 일정 수준에 도달하면 자원이나 접촉 가능한 사람 수가 제한되어 감염 속도가 둔화됩니다.

둘째, 로지스틱 방정식은 이러한 초기 지수 성장과 후반기 포화 상태를 모두 반영하는 수학적 모델로, 감염자 수가 환경 수용 한계에 도달할 때 성장률이 줄어드는 과정을 설명하는 데 유용합니다.

따라서 로지스틱 방정식은 감기 감염 속도를 현실적으로 예측하는 데 중
요한 역할을 합니다.”

06 스마트폰의 기울기를 알아내는 기울기 센서와 g센서가 상호작용하여 공
간벡터를 만들어 내는 과정을 설명해 보세요.

🔵**예시답변** ▶ “스마트폰에서 기울기 센서와 G센서는 함께 작동하여 기
기의 공간 내 위치와 움직임을 파악합니다.

첫째, G센서는 중력과 가속도를 감지하여 스마트폰이 어느 방향으로 움
직이거나 기울어졌는지를 측정합니다. 이를 통해 X, Y, Z 축을 따라 가
해지는 힘의 크기와 방향 정보를 제공합니다.

둘째, 기울기 센서는 G센서의 데이터를 활용해 스마트폰의 정확한 기울
기 각도를 계산합니다. 이렇게 수집된 데이터들은 공간 벡터로 통합되
어, 스마트폰이 3차원 공간에서 어느 방향을 향하고 있는지를 나타냅
니다.

이러한 과정으로 스마트폰은 화면 회전, 게임 조작 등 다양한 기능을 수
행할 수 있습니다.”

07 암호학과 수학의 연관성에 대해 설명해 보십시오.

🔵**예시답변** ▶ “암호학은 정보를 안전하게 보호하고 전달하기 위한 학문
으로, 수학과 매우 밀접한 관련이 있습니다.

첫째, 암호 알고리즘의 핵심은 수학적 원리와 구조를 바탕으로 합니다.
예를 들어, 소인수분해, 모듈로 연산, 정수론 등 수학적 개념을 활용해
복잡한 암호체계를 설계합니다.

둘째, 수학은 암호의 보안성을 분석하고 강화하는 데 필수적인 역할을 합
니다. 암호가 얼마나 안전한지 평가하고, 해킹 시도를 방지하기 위해
수학적 난제와 문제들을 이용합니다.

따라서 수학은 암호학의 이론적 기초이자 실용적 응용을 가능하게 하는
중요한 도구입니다.”

08 쿠즈네츠 곡선의 특징을 설명해 보십시오.

　　예시답변 ▶ "쿠즈네츠 곡선은 경제 성장과 소득 불평등 간의 관계를 설명하는 이론적 모델입니다.

첫째, 초기 경제 발전 단계에서는 소득 불평등이 증가하는 경향을 보입니다. 산업화와 도시화가 진행되면서 일부 계층의 소득이 빠르게 증가하지만, 전체적으로 불평등이 심화됩니다.

둘째, 경제가 더욱 발전하고 성숙해지면 불평등이 감소하는 경향이 나타납니다. 교육 확대, 사회복지 제도 강화 등으로 소득 분배가 개선되어 불평등이 완화되는 '역 U자형' 관계를 형성합니다.

따라서 쿠즈네츠 곡선은 경제 발전과 불평등의 변화를 시간에 따라 설명하는 중요한 이론입니다."

09 수요곡선의 기울기가 완만할 때, 소비량이 가격의 변화에 어떻게 반응합니까?

　　예시답변 ▶ "수요곡선의 기울기가 완만하다는 것은 가격 변화에 대해 소비량이 민감하게 반응한다는 의미입니다.

첫째, 가격이 조금만 변해도 소비자들은 구매량을 크게 늘리거나 줄이는 경향이 있습니다. 즉, 수요의 가격탄력성이 높은 상태입니다.

둘째, 이는 소비재나 대체재가 많아 가격 변화에 소비자의 선택이 자유로울 때 자주 나타나며, 가격 인상 시 소비량이 크게 감소하고 가격 하락 시 소비량이 크게 증가하는 특징을 보입니다.

따라서 수요곡선이 완만할수록 소비자는 가격 변화에 민감하게 반응한다고 볼 수 있습니다."

10 스타벅스 지수란 무엇입니까?

　　예시답변 ▶ "스타벅스 지수는 한 나라의 경제력과 구매력을 간접적으로 비교하기 위해 사용되는 비공식적인 경제 지표입니다.

첫째, 이는 스타벅스에서 판매되는 커피 한 잔의 가격을 각국의 환율과 비교해 상대적인 생활비 수준이나 통화가치의 과대·과소평가 여부를 가늠하는 데 활용됩니다.

둘째, '빅맥 지수'처럼 소비재 가격을 기준으로 하여 간단하고 직관적인 방식으로 경제 상황을 비교할 수 있어, 글로벌 경제 동향을 이해하는 데 도움을 줍니다.

즉, 스타벅스 지수는 생활 물가와 경제력의 간접 지표로 활용되는 재미있는 경제 개념입니다."

11 다국적기업이 개발도상국에 들어왔을 때 발생할 수 있는 경제적 영향을 긍정적 측면과 부정적 측면으로 나누어 설명해 주세요.

🗨️**예시답변** ▶ "다국적기업이 개발도상국에 진출할 때 경제적으로 긍정적인 영향과 부정적인 영향이 모두 발생할 수 있습니다.

첫째, 긍정적인 측면으로는 외국인 직접투자(FDI)를 통해 자본과 기술이 유입되어 산업 발전과 고용 창출에 기여합니다. 또한, 현지 기업의 경쟁력을 높이고 수출 증대를 촉진하는 효과도 있습니다.

둘째, 부정적인 측면으로는 다국적기업이 현지 자원을 과도하게 이용하거나 이윤을 본국으로 송금해 개발도상국 경제에 대한 이익이 제한될 수 있습니다. 또한, 노동 착취나 환경 파괴 등의 사회적 문제도 발생할 우려가 있습니다.

따라서 다국적기업 진출 시 균형 잡힌 정책과 규제가 필요하다고 생각합니다."

12 외국에는 한국어로 된 안내책자가 부족한데 이를 해결할 수 있는 방법은 무엇인가요?

🗨️**예시답변** ▶ "외국에서 한국어 안내책자가 부족한 문제를 해결하기 위해서는 다음과 같은 노력이 필요하다고 생각합니다.

첫째, 한국 정부나 관련 기관이 해외 주요 관광지, 공공시설, 대사관 등에서 한국어 안내 자료를 제작하고 배포하는 지원 정책을 강화해야 합니다. 디지털 매체를 활용해 접근성을 높이는 것도 중요합니다.

둘째, 민간 기업과 협력하여 현지에서 활동하는 한국어 번역가와 콘텐츠 제작자들이 참여하는 플랫폼을 만들어, 다양한 분야의 한국어 안내서를 지속적으로 제작하고 업데이트할 수 있도록 해야 합니다.

이러한 노력이 합쳐진다면 해외에서 한국어 안내책자의 부족 문제를 효과적으로 해결할 수 있을 것입니다."

13 공민왕의 반원개혁정치는 반대 세력에 대한 숙청의 과정이 있었는데 개혁을 위해 반대파를 제거하는 것에 대한 의견을 말해보고, 공민왕의 반원개혁정치의 한계점을 설명해 보세요.

예시답변▶ "공민왕의 반원개혁정치에서 반대파를 제거하는 방식은 개혁의 동력을 확보하는 데 일시적으로 효과적이었지만, 신중하게 접근해야 한다고 생각합니다.

첫째, 반대파 숙청은 개혁의 저항 세력을 약화시키는 데 도움이 되었으나, 과도한 탄압은 사회적 갈등과 불안을 초래하고 정치적 불안정을 심화시킬 위험이 있습니다. 개혁이 지속 가능하려면 폭넓은 지지와 협력이 필요합니다.

둘째, 공민왕의 반원개혁정치는 외세의 간섭을 줄이고 왕권을 강화하려 했으나, 내부 반대 세력의 완전한 제거 실패와 왕권 기반의 취약성, 그리고 경제적 문제 해결의 한계 등으로 인해 개혁이 충분히 뿌리내리지 못한 한계가 있었습니다.

따라서 개혁은 단기적인 권력 행사뿐 아니라 사회 구조 전반의 변화를 함께 고려해야 한다고 봅니다."

14 인구의 이동과 문화 전파가 활발한 오늘날에도 문화적 차이에 따른 갈등이나 인종차별 등의 문제가 심각한 사회문제로 대두되는데, 이에 해당하는 예시를 들어보고, 해당 국가가 그 문제를 어떻게 해결하려고 했는지도 함께 설명해 보세요.

예시답변▶ "오늘날에도 문화적 차이와 인종차별 문제는 전 세계 여러 국가에서 심각한 사회문제로 나타나고 있습니다.

첫째, 미국은 다인종 사회임에도 불구하고 흑인, 히스패닉 등 소수 인종에 대한 차별과 갈등이 빈번히 발생합니다. 예를 들어, '흑인 생명도 소중하다(BLM)' 운동은 경찰 폭력과 인종차별 문제를 공론화시키며 사회적 변화를 요구했습니다.

둘째, 미국 정부와 시민사회는 법적 제도 개선, 다양성 교육 강화, 인종차별 금지 정책 도입 등을 통해 갈등 완화와 평등 사회 구현을 위해 노력하고 있습니다. 또한, 커뮤니티 간 대화와 화합 프로그램을 활성화하여 상호 이해를 증진시키고자 합니다.

이처럼 다양한 노력이 결합되어야 인종차별과 문화 갈등 문제를 극복할 수 있다고 생각합니다."

15 유태인 학살이 사회적 차원의 집단 폭력이라고 판단하게 된 이유는 무엇입니까?

◗**예시답변▶** "유태인 학살이 사회적 차원의 집단 폭력으로 판단되는 이유는 다음과 같습니다.

첫째, 나치 독일 정부가 국가 차원에서 조직적이고 계획적으로 유태인뿐만 아니라 로마인, 장애인 등 특정 집단을 대상으로 대규모 박해와 학살을 자행했기 때문입니다. 이는 단순한 개인적 범죄가 아닌 체계적이고 광범위한 사회적 행위였습니다.

둘째, 당시 사회 전반에 퍼진 인종차별과 편견, 선전이 대중의 동조와 협력을 이끌어내어 집단적 폭력이 가능하게 했습니다. 사회구조와 제도가 폭력 행위를 정당화하거나 묵인하는 역할을 했다는 점도 중요합니다.

따라서 유태인 학살은 국가와 사회가 함께 가해자가 된 집단 폭력 사건으로 평가됩니다."

16 모둠 활동에서 중요한 것은 무엇이라고 생각하고, 구성원의 역량을 향상하기 위해 할 수 있는 노력은 무엇입니까?

◗**예시답변▶** "모둠 활동에서 가장 중요한 것은 구성원 간의 원활한 소통과 협력이라고 생각합니다.

첫째, 서로의 의견을 존중하고 적극적으로 소통하는 분위기를 조성해야 합니다. 이를 통해 다양한 아이디어가 자유롭게 공유되고, 갈등이 최소화되어 효율적인 협업이 이루어집니다.

둘째, 구성원의 역량을 향상시키기 위해서는 각자의 강점과 약점을 파악하고 맞춤형 역할 분담과 피드백을 제공하는 노력이 필요합니다. 또한, 공동 목표를 설정하고 서로 격려하며 동기 부여를 하는 것도 중요합니다.

이런 노력이 모둠의 성과뿐만 아니라 개인의 성장에도 크게 기여한다고 생각합니다."

17 인류의 시작부터 호모 사피엔스가 등장하기까지 과정을 설명하시오.

🟣예시답변 ▶ "인류의 시작부터 호모 사피엔스가 등장하기까지는 긴 진화의 과정이 있었습니다.

첫째, 약 700만 년 전, 인류의 조상인 초기 영장류가 아프리카에서 출현하였고, 이들은 두 발로 걷기 시작하며 점차 뇌 용량이 커지는 진화 과정을 겪었습니다.

둘째, 이후 여러 인류 종이 등장했는데, 그 중 약 30만 년 전경 호모 사피엔스가 나타나 현대 인류의 직계 조상이 되었습니다. 호모 사피엔스는 도구 사용, 언어 능력, 사회적 협력 등 뛰어난 지적 능력을 갖추어 생존과 문명 발전에 큰 역할을 했습니다.

이처럼 인류는 오랜 시간에 걸쳐 신체적·인지적으로 진화하며 오늘날의 인간으로 발전했습니다."

18 광해군의 중립 외교에 대해 엇갈리는 역사적 평가가 있는데, 광해군의 중립 외교를 포함하여 광해군에 대한 역사적 평가를 해보고, 왜 그렇게 생각하는지 말씀해 주세요.

🟣예시답변 ▶ "광해군의 중립 외교는 당시 국제 정세에서 조선의 생존을 위한 전략적 선택이었다고 평가받습니다.

첫째, 그는 명과 후금(청) 사이에서 균형을 유지하며 조선이 두 강대국 사이에서 피해를 최소화하도록 노력했습니다. 이는 외교적으로 매우 어려운 상황에서 국익을 지키려는 현실적 판단으로 볼 수 있습니다.

둘째, 그러나 국내 정치에서는 폭정과 무능이라는 비판을 받으며 결국 인

조반정으로 폐위되었는데, 이는 그의 내치 실패와 정치적 갈등 때문입니다.

저는 광해군이 외교적으로는 능력을 발휘했으나, 내부 정치 운영에서 한계를 보였기에 평가가 엇갈린다고 생각합니다."

19 스마트팜 정책으로 대표되는 농업의 미래가 가지는 문제점은 무엇인가요?

● **예시답변 ▶** "스마트팜 정책은 농업의 생산성 향상과 효율화를 목표로 하지만, 미래 농업에는 몇 가지 문제점도 존재합니다.

첫째, 스마트팜 기술 도입에 따른 초기 투자 비용이 높아 소규모 농가나 저소득 농민들이 접근하기 어렵다는 점입니다. 이는 농업 내 불평등을 심화시킬 수 있습니다.

둘째, 첨단 기술에 의존하다 보면 농업 노동력 감소와 전통 농업 기술의 소멸 위험이 있으며, 기술 고장 시 대체 수단이 부족해 농업 생산에 차질이 발생할 수 있습니다.

따라서 스마트팜 정책은 기술 보급과 함께 농민 교육, 지원 정책이 병행되어야 지속 가능한 농업 발전이 가능하다고 생각합니다."

20 제주 방언이 위기에 처한 지리적, 역사적 이유가 무엇인가요?

● **예시답변 ▶** "제주 방언이 위기에 처한 데에는 지리적 · 역사적 이유가 있습니다.

첫째, 지리적으로 제주도는 섬이라는 특성 때문에 오랫동안 고유한 언어와 문화를 유지했으나, 현대에는 교통과 통신의 발달로 본토와의 교류가 활발해지면서 표준어 사용이 확대되어 제주 방언의 사용이 줄어들고 있습니다.

둘째, 역사적으로 일제강점기와 현대화 과정에서 표준어 교육과 행정의 통일화가 진행되면서 제주 방언이 사회적 · 교육적 차별을 받았고, 젊은 세대가 방언을 덜 사용하게 된 결과 언어 전승이 어려워졌습니다.

이러한 이유로 제주 방언은 점차 소멸 위기에 놓여 있다고 생각합니다."

21 국가 내에서 언어의 통일성을 추구하는 것과 다양성을 존중하는 것의 장단점을 설명해 주세요. 또한, 통일성과 다양성이 공존하기 위해서는 어떤 노력이 필요한가요?

💭**예시답변** ▶ "국가 내에서 언어의 통일성을 추구하는 것과 다양성을 존중하는 것에는 각각 장단점이 있습니다.

첫째, 언어의 통일성은 국민 간 원활한 소통과 사회 통합을 촉진하여 행정과 교육의 효율성을 높입니다. 그러나 지나친 통일성 추구는 소수 언어와 문화를 억압할 위험이 있습니다.

둘째, 언어의 다양성 존중은 문화적 풍요로움과 정체성 보호에 기여하지만, 여러 언어 사용으로 인해 소통과 정책 집행에 어려움이 생길 수 있습니다.

셋째, 통일성과 다양성이 공존하기 위해서는 국가 차원의 다언어 교육과 문화 존중 정책, 그리고 소수 언어권의 권리 보호가 함께 이루어져야 한다고 생각합니다."

22 도시 커먼즈 운동이란 무엇인가요? 확산하고 있는 이유(배경)는 무엇인가요?

💭**예시답변** ▶ "도시 커먼즈 운동은 주민들이 도시 공간과 자원을 공동으로 관리하고 활용하는 시민 주도의 협력 활동입니다.

첫째, 이 운동은 도시의 상업화와 개발로 인해 일부 계층이 공공 공간에서 배제되는 문제를 극복하고, 모두가 공유할 수 있는 공간을 마련하기 위해 시작되었습니다. 주민들이 직접 참여하여 공동체 의식을 강화하고, 사회적 자본을 형성하는 데 중요한 역할을 합니다.

둘째, 디지털 기술의 발전과 시민 참여 의식의 확산도 도시 커먼즈 운동이 빠르게 확산되는 배경입니다. 인터넷과 소셜 미디어를 통해 주민들이 정보를 쉽게 공유하고 협력할 수 있게 되면서, 도시 공간을 더 민주적이고 지속 가능하게 관리하려는 움직임이 활발해졌습니다.

이처럼 도시 커먼즈 운동은 현대 도시가 직면한 불평등 문제를 해결하고 공동체를 활성화하는 중요한 사회적 시도로 평가됩니다."

23 낙후된 지역에서 경제적 효율성을 중심으로 교육에 접근할 때 나타날 수 있는 문제점을 말씀해 보세요.

🔵**예시답변 ▶** "낙후된 지역에서 경제적 효율성만을 중심으로 교육에 접근할 경우 여러 문제가 발생할 수 있습니다.

첫째, 경제적 효율성을 중시하다 보면 교육의 질과 공평성이 희생될 수 있습니다. 자원이 부족한 지역에서는 비용 절감을 위해 필수적인 교육 프로그램이나 지원이 축소되어 학생들의 학습 기회가 제한될 우려가 있습니다.

둘째, 교육의 인간적·사회적 가치를 간과할 가능성이 큽니다. 경제적 성과만을 강조하면 학생 개개인의 창의성, 인성, 지역 문화에 대한 이해 같은 비경제적 측면이 소홀해져 지역사회 발전에 부정적인 영향을 미칠 수 있습니다.

따라서 낙후 지역 교육은 경제성과 더불어 포괄적이고 균형 잡힌 접근이 필요하다고 생각합니다."

24 다국적 기업의 활동이 지역 고유의 특색에 미치는 긍정적, 부정적 영향에 대해 말씀해 보세요.

🔵**예시답변 ▶** "다국적 기업의 활동은 지역 고유 특색에 여러 영향을 미칩니다.

첫째, 긍정적인 측면으로는 다국적 기업이 지역에 투자하고 기술과 자본을 유입시키면서 고용 창출과 경제 활성화를 가져와 지역 발전에 기여할 수 있습니다. 또한, 글로벌 네트워크를 통해 지역 문화와 상품이 세계에 알려지는 계기가 되기도 합니다.

둘째, 부정적인 측면으로는 다국적 기업의 획일적 경영 방식과 대규모 자본 집중이 지역 고유의 문화와 전통을 훼손하거나 지역 경제의 자생력을 약화시킬 위험이 있습니다. 때로는 현지 소규모 사업자들이 경쟁에서 밀려나는 문제도 발생합니다.

따라서 다국적 기업과 지역이 상생할 수 있도록 지역 특색을 존중하는 정책적 지원이 필요하다고 생각합니다.”

25 우리나라에 유입되는 난민의 수용 필요성에 대해서 평소 본인의 생각을 말씀해 보세요.

◖**예시답변** ▶ “우리나라에 유입되는 난민을 수용하는 것은 인도주의적 측면과 국제 사회의 책임 차원에서 매우 중요하다고 생각합니다.

첫째, 난민들은 전쟁, 박해, 재난 등으로부터 안전을 찾아 우리나라에 오기 때문에 인권과 생명을 보호하는 차원에서 적극적인 수용과 지원이 필요합니다. 이는 국제 사회의 연대와 협력의 기본 가치이기도 합니다.

둘째, 난민을 수용하는 과정에서 사회적 통합과 다문화 수용성을 높이기 위한 정책적 준비와 교육, 사회적 지원도 병행되어야 합니다. 이를 통해 난민과 국민 간 갈등을 줄이고 상생하는 사회를 만들어갈 수 있다고 생각합니다.

따라서 우리나라도 난민 수용에 있어 보다 적극적이고 체계적인 접근이 필요하다고 봅니다.”

26 미국 내 흑인 인권 문제는 역사적으로 꽤 오래된 문제임에도 끊임없는 사건(예, 조지플로이드 사망사건)처럼 여전히 해결되지 않는 이유는 무엇일까요?

◖**예시답변** ▶ “미국 내 흑인 인권 문제가 오랜 역사에도 불구하고 해결되지 않는 데에는 복합적인 이유가 있습니다.

첫째, 제도화된 인종차별과 구조적 불평등이 여전히 존재하기 때문입니다. 과거 노예제도와 짐 크로우 법 등으로 뿌리내린 차별이 현대 사회 곳곳에 잔존하며, 교육, 고용, 사법 시스템 등에서 흑인에 대한 불공정한 대우가 계속되고 있습니다.

둘째, 인종에 대한 편견과 사회적 갈등이 깊어 쉽게 해소되지 않는 점도 문제입니다. 일부 집단의 무의식적 편견과 사회적 분열, 정치적 갈등이 인권 개선을 가로막고 있어, 단기간 내에 해결하기 어려운 복잡한 상황입니다.

따라서 근본적 문제 해결을 위해 제도 개혁과 사회적 인식 변화가 동시에 이루어져야 한다고 생각합니다."

27 대중예술이 정치적으로 활용되는 것에 대해 본인의 입장을 말씀해 보세요.

🔵**예시답변 ▶** "대중예술이 정치적으로 활용되는 현상에 대해 긍정적인 측면과 주의할 점이 있다고 생각합니다.

첫째, 대중예술은 대중과 소통하는 강력한 매체로서 사회 문제를 알리고 시민 의식을 높이는 데 기여할 수 있습니다. 이를 통해 사회 변화를 촉진하고 민주주의 발전에 도움을 줄 수 있다는 점에서 긍정적으로 봅니다.

둘째, 그러나 정치적 목적에 지나치게 이용될 경우 예술 본연의 자유와 창의성이 훼손되고, 선전 수단으로 전락할 위험도 있습니다. 이는 표현의 다양성과 예술적 가치를 저해할 수 있어 신중한 접근이 필요하다고 생각합니다.

따라서 대중예술은 사회적 메시지를 전달하는 중요한 수단이지만, 예술적 독립성과 자유를 지키는 균형이 중요하다고 봅니다."

28 첨단 생명과학기술 투자와 공공 의료 확충이 대체 관계인지 아니면 보완 관계인지에 대해 본인의 생각을 말씀해 주세요.

🔵**예시답변 ▶** "첨단 생명과학기술 투자와 공공 의료 확충은 상호 보완적인 관계라고 생각합니다.

첫째, 첨단 기술 투자는 질병 진단과 치료의 혁신을 가능하게 하여 의료의 정확성과 효율성을 높이고, 새로운 치료법 개발에 기여합니다.

둘째, 공공 의료 확충은 국민 모두가 기본적인 의료 서비스를 평등하게 받을 수 있도록 보장하여 사회적 형평성과 건강 안전망을 강화합니다.

따라서 첨단 기술과 공공 의료가 함께 발전할 때, 의료 서비스의 질과 접근성이 동시에 개선되어 국민 건강 증진에 큰 효과를 낼 수 있다고 봅니다."

29 유교와 묵자의 관점에서 청소년 강력범죄 증가 문제는 어떻게 접근할 수 있을까요?

🔵**예시답변** ▶ "청소년 강력범죄 증가 문제를 유교와 묵자의 관점에서 각각 다르게 접근할 수 있습니다.

첫째, 유교는 가정과 사회의 도덕적 질서, 그리고 효(孝)와 인(仁)의 가치를 중시합니다. 따라서 청소년 범죄는 가정교육과 윤리교육의 부재에서 비롯된 것으로 보고, 올바른 인성과 도덕심 함양을 통해 해결해야 한다고 봅니다.

둘째, 묵자는 '겸애(兼愛)'와 '비공(非攻)'의 가르침을 강조하며, 모두가 평등하게 사랑받고 폭력을 배제하는 사회를 지향합니다. 이에 따라 청소년 범죄는 사회적 불평등과 갈등의 산물로 보고, 공동체 차원의 평화와 공정한 사회구조를 만드는 것이 해결의 열쇠라고 할 수 있습니다.

이처럼 두 사상은 각각 도덕교육과 사회구조 개선이라는 다른 차원에서 청소년 범죄 문제에 접근할 수 있다고 생각합니다."

30 플라톤과 롤스의 정의관에서 보이는 가장 큰 차이점은 무엇인지 설명해 주세요.

🔵**예시답변** ▶ "플라톤과 롤스는 모두 정의를 중시했지만, 정의관에는 근본적인 차이가 있습니다.

첫째, 플라톤은 정의를 각자가 자신의 역할과 위치에 충실하는 '조화로운 질서'로 보았습니다. 그는 사회를 계층별로 나누고 각 계층이 맡은 바 역할을 수행하는 것이 정의라고 주장했습니다.

둘째, 롤스는 정의를 '공정으로서의 정의'로 정의하며, 사회 구성원 모두가 공평한 자유와 기회를 보장받는 것을 중시했습니다. 특히 사회적·경제적 불평등은 가장 불우한 사람들에게 이익이 될 때만 정당하다고 보았습니다.

따라서 플라톤은 역할과 조화를 통한 정의를 강조한 반면, 롤스는 평등과 공정성에 기반한 정의를 강조하는 점이 가장 큰 차이점입니다."

31 물 분자가 마이크로파에 진동하는 이유를 설명해 보세요.

🔵예시답변 ▶ "물 분자가 마이크로파에 진동하는 이유는 물 분자의 극성 때문입니다.

첫째, 물 분자는 산소와 수소 원자가 비대칭적으로 결합해 전기적 쌍극자 모멘트를 갖고 있어 극성을 띕니다. 이 때문에 외부 전자기장에 민감하게 반응합니다.

둘째, 마이크로파는 물 분자의 극성에 맞는 주파수를 가지며, 이 전자기파가 물 분자에 작용하면 분자가 회전하고 진동하는 운동을 하게 됩니다. 이러한 진동은 분자 간 마찰과 열 발생을 일으켜 전자레인지에서 음식이 데워지는 원리가 됩니다.

따라서 물 분자의 극성과 마이크로파 주파수의 상호작용이 진동을 발생시키는 핵심 원인입니다."

32 가속도 법칙과 일-에너지 정리를 이용해 물체의 속력을 구하는 방법의 차이를 설명해 보세요.

🔵예시답변 ▶ "물체의 속력을 구할 때 가속도 법칙과 일-에너지 정리는 각각 다른 접근 방식을 사용합니다.

첫째, 가속도 법칙은 뉴턴의 운동 제2법칙에 기반해 힘과 가속도를 직접 계산하고, 이를 통해 시간이나 거리 농안 속도의 변화를 난계석으로 구하는 방법입니다. 즉, 운동 방정식을 풀어 속력을 도출합니다.

둘째, 일-에너지 정리는 물체에 가해진 일과 운동에너지의 변화를 관계로 속력을 구하는 방법으로, 힘이 한 일의 크기를 이용해 초기와 최종 속력 사이의 에너지 변화를 계산하는 보다 간접적인 방식입니다.

따라서 가속도 법칙은 운동의 원인인 힘과 가속도에 집중하는 반면, 일-에너지 정리는 에너지 보존과 전환 관점에서 속력을 구하는 차이가 있습니다."

33 이중 슬릿 실험과 광전 효과가 어떻게 빛의 파동성과 입자성을 설명할 수 있는지 말해보세요.

예시답변 ▶ "빛의 파동성과 입자성을 설명하는 대표적인 실험이 이중 슬릿 실험과 광전 효과입니다.

첫째, 이중 슬릿 실험은 빛이 두 개의 좁은 틈을 통과할 때 간섭 무늬가 나타나는 현상을 보여줍니다. 이 간섭 무늬는 빛이 파동처럼 행동하며 서로 겹쳐져 간섭 현상을 일으킨다는 것을 증명해 빛의 파동성을 설명합니다.

둘째, 광전 효과는 빛이 금속 표면에 닿을 때 일정 주파수 이상의 빛이 전자를 방출하는 현상입니다. 이때 빛이 입자처럼 에너지를 불연속적으로 전달하는 광자(포톤)로 작용한다는 점을 보여주어 빛의 입자성을 설명합니다.

따라서 두 실험은 빛이 파동과 입자라는 이중적 성질, 즉 '파동-입자 이중성'을 갖고 있음을 입증합니다."

34 핵분열과 핵융합의 원리를 설명하고, 장단점에 대해 말해보세요.

예시답변 ▶ "핵분열과 핵융합은 원자핵 에너지를 이용하는 두 가지 방식입니다.

첫째, 핵분열은 무거운 원자핵이 중성자 충돌로 쪼개지면서 많은 에너지를 방출하는 원리입니다. 원자력 발전에 주로 사용되며, 높은 에너지 효율과 안정적인 전력 공급이 장점입니다. 하지만 방사성 폐기물 처리 문제와 사고 위험성이라는 단점이 있습니다.

둘째, 핵융합은 가벼운 원자핵들이 고온·고압에서 결합하여 더 무거운 원자핵을 만들면서 에너지를 방출하는 과정입니다. 태양에서 발생하는 에너지 원리로, 청정하고 방사성 폐기물이 적은 장점이 있지만, 현재 기술적으로 상용화가 어려워 많은 연구가 필요합니다.

따라서 핵분열과 핵융합은 각각 장단점이 뚜렷하며, 미래 에너지 개발에 모두 중요한 역할을 할 것으로 기대됩니다."

35 우리나라에 적합한 신재생 에너지 분야를 제시하고 이유를 설명해 보세요.

●**예시답변** ▶ "우리나라에 적합한 신재생 에너지 분야로는 해상 풍력 에너지를 꼽을 수 있습니다.

첫째, 우리나라는 삼면이 바다로 둘러싸여 있어 해상 풍력 발전에 유리한 지리적 조건을 가지고 있습니다. 해상에서는 육상보다 바람의 세기가 강하고 일정하여 안정적인 전력 생산이 가능합니다.

둘째, 정부의 친환경 정책과 기술 발전에 힘입어 해상 풍력 단지가 점차 확대되고 있어, 경제성과 지속 가능성을 모두 갖춘 신재생 에너지로 성장할 잠재력이 큽니다.

따라서 우리나라는 해상 풍력을 중심으로 신재생 에너지 산업을 적극 육성하는 것이 효과적이라고 생각합니다."

36 정전기 유도와 유전분극이 적용된 사례를 각각 1가지 이상 설명해 보세요.

●**예시답변** ▶ "정전기 유도와 유전분극은 전기 현상을 이용한 다양한 기술에 적용됩니다.

첫째, 정전기 유도의 대표적인 사례는 정전기 복사기로, 이 장치는 대전된 판을 이용해 먼지나 입자를 끌어당겨 공기를 정화합니다. 이를 통해 공기 중 오염물질을 효과적으로 제거할 수 있습니다.

둘째, 유전분극은 콘덴서의 작동 원리에 적용됩니다. 콘덴서 내부의 유전체 물질이 전기장에 의해 분극되어 에너지를 저장하고, 전자기기에서 안정적인 전력 공급과 신호 처리를 가능하게 합니다.

이처럼 두 현상은 전기적 특성을 활용해 일상생활과 산업 현장에서 다양하게 활용되고 있습니다."

37 저밀도 폴리에틸렌과 고밀도 폴리에틸렌의 차이점을 말씀해 보세요.

●**예시답변** ▶ "저밀도 폴리에틸렌(LDPE)과 고밀도 폴리에틸렌(HDPE)은 분자 구조와 물리적 특성에서 차이가 있습니다.

첫째, LDPE는 분자 사슬이 가지를 많이 가지고 있어 구조가 불규칙하고 밀도가 낮습니다. 이로 인해 유연하고 투명하며 충격에 강한 반면, 내열성과 강도는 상대적으로 낮습니다.

둘째, HDPE는 분자 사슬이 직선형으로 촘촘히 배열되어 밀도가 높고 결정성이 큽니다. 그래서 강도와 내열성이 뛰어나며, 내화학성도 우수하지만 유연성은 떨어집니다.

따라서 사용 목적에 따라 LDPE는 비닐봉투나 포장재, HDPE는 파이프나 용기 제작에 주로 활용됩니다."

38 우리 눈이 가시광선만 볼 수 있는 것에 대해 가설을 세우고 그 이유를 설명해 보세요.

🗨️**예시답변 ▶** "우리 눈이 가시광선만 볼 수 있는 이유에 대해 다음과 같은 가설을 세울 수 있습니다.

첫째, 태양에서 지구로 도달하는 빛의 대부분이 가시광선 영역에 집중되어 있기 때문입니다. 따라서 진화 과정에서 생명체의 눈은 가장 풍부하게 존재하는 가시광선을 감지하도록 발달했을 가능성이 큽니다.

둘째, 가시광선은 파장이 너무 길거나 짧지 않아 대기 중 산란과 흡수가 적고, 적절한 에너지를 전달하여 시각 정보를 명확하게 처리할 수 있기 때문입니다. 이로 인해 눈의 광수용체가 가시광선에 최적화된 구조를 가지게 되었다고 생각합니다.

이처럼 환경적 요인과 생물학적 적응이 결합되어 우리 눈은 가시광선만 인지하도록 진화한 것으로 보입니다."

39 만약 주기율표에서 수소의 위치를 옮긴다면 가장 적절한 위치는 어디인지 말씀해 보세요.

🗨️**예시답변 ▶** "수소는 주기율표에서 보통 1족 가장 위에 위치하지만, 그 특성 때문에 다른 위치로 옮기는 것도 고려할 수 있습니다.

첫째, 수소는 1족 알칼리 금속과 비슷하게 전자를 하나 가지고 있어 화학적으로는 알칼리 금속과 유사한 반응성을 보입니다. 그래서 1족에 있는 것이 적절하다는 의견이 많습니다.

둘째, 그러나 수소는 또한 할로겐과 비슷하게 전자를 하나 잃거나 얻을 수 있는 성질이 있어 17족(할로겐족)에 배치하는 경우도 있습니다. 이 경우 비금속적 성질을 더 잘 반영할 수 있습니다.

따라서 수소는 전통적 1족뿐 아니라 17족에도 위치할 수 있는데, 그 특성이 매우 독특하여 두 위치 중 하나를 선택하는 것이 가장 적절하다고 생각합니다."

40 이상기체 방정식을 이용해 분자량을 구하는 식을 말씀해 보세요.

예시답변▶ "이상기체 방정식을 이용해 분자량을 구하는 방법은 다음과 같습니다.

첫째, 이상기체 상태방정식 $PV=nRT$에서 기체의 몰수(n)는 질량(m)을 분자량(M)으로 나눈 값, 즉 $n=\dfrac{m}{M}$ 임을 이용합니다. 이를 대입하면 $PV=\dfrac{m}{M}RT$가 됩니다.

둘째, 이 식을 변형하여 분자량 M을 구하면, $M=\dfrac{mRT}{PV}$가 됩니다. 즉, 기체의 질량 m, 압력 P, 부피 V, 온도 T, 그리고 기체 상수 R를 알면 분자량을 계산할 수 있습니다. 따라서 이상기체 방정식을 활용하여 실험적으로 분자량을 구할 수 있습니다."

여기서 각 기호의 의미는 다음과 같습니다.

P: 압력 (pressure)

V: 부피 (volume)

n: 몰수 (mole, 물질의 양)

R: 기체 상수 (ideal gas constant)

T: 절대 온도 (absolute temperature)

41 환경 보호를 위한 정부와 기업의 대책들에는 어떤 문제점들이 있나요?

예시답변▶ "환경 보호를 위한 정부와 기업의 대책에는 몇 가지 문제점이 존재합니다.

첫째, 정부 차원에서는 정책의 일관성과 집행력이 부족한 경우가 많습니다. 예산 부족이나 규제 완화로 인해 환경 보호 정책이 실효성을 갖지 못하거나 지속성이 떨어지는 문제가 발생합니다.

둘째, 기업들은 단기적인 이윤 추구에 치중해 환경 규제를 회피하거나 최
소한으로 준수하는 경향이 있습니다. 또한 친환경 기술 투자에 소극적
이거나 환경 비용을 외부화하는 문제도 나타납니다.

따라서 정부와 기업 모두 장기적인 관점에서 책임감 있는 정책과 경영을
실천하는 것이 중요하다고 생각합니다."

42 LMO와 GMO의 차이점이 무엇인가요? LMO 기술의 긍정적인 면과 부정
적인 면이 무엇인가요?

🔵**예시답변 ▶** "LMO와 GMO는 모두 유전자 조작 기술과 관련 있지만, 차
이가 있습니다.

첫째, GMO(Genetically Modified Organism)는 유전자 변형 생물로, 특정
유전자를 인위적으로 삽입하거나 삭제해 새로운 특성을 부여한 생물
을 의미합니다.

둘째, LMO(Living Modified Organism)는 생명체를 포함하는 유전자 변형
생물로, 주로 국제적 규제와 안전관리 차원에서 사용되는 용어입니다.
즉, LMO는 GMO의 범주에 포함되지만 법적·규제적 맥락에서 더 포
괄적으로 쓰입니다.

LMO 기술의 긍정적 면은 농작물의 생산성 향상과 병충해 저항성 강화
등으로 식량 문제 해결에 기여한다는 점입니다. 반면, 부정적 면은 생태계
교란과 유전자 확산, 인체 안전성 우려 등 잠재적 위험이 존재한다는 것
입니다.

따라서 LMO 기술은 신중한 관리와 평가가 필요하다고 생각합니다."

43 본인이 신재생 에너지를 연구하는 공학자라고 할 때, 공학자가 갖추어야
할 윤리 의식에는 어떤 것이 있는지 말해보세요. 또한, 연구 과정에서 지
녀야 할 공정성이라는 것이 무엇인지 구체적으로 설명해 보세요.

🔵**예시답변 ▶** "신재생 에너지를 연구하는 공학자가 갖추어야 할 윤리 의
식에는 여러 가지가 있습니다.

첫째, 사회와 환경에 미치는 영향을 항상 고려하는 책임감입니다. 연구 결과가 인류와 자연에 긍정적인 영향을 줄 수 있도록 안전하고 지속 가능한 기술 개발에 힘써야 합니다.

둘째, 투명성과 정직성입니다. 연구 데이터 조작이나 과장 없이 진실된 결과를 발표하고, 연구 과정에서 발생하는 문제점도 숨기지 않고 공유해야 합니다.

또한, 연구 과정에서 지녀야 할 공정성은 모든 실험과 평가를 편견 없이 객관적으로 수행하는 것을 의미합니다. 이는 동료 연구자와의 협력에서 신뢰를 쌓고, 과학적 진리를 추구하는 데 필수적인 자세입니다.

따라서 윤리적 책임과 공정성은 공학자의 연구 활동 전반에 걸쳐 반드시 지켜져야 할 가치라고 생각합니다."

44 생명체를 다루는 학문을 하는 사람이 가장 중요하게 여겨야 할 가치는 무엇이라고 생각하나요?

◖예시답변▶ "생명체를 다루는 학문에서는 여러 가치가 중요하지만, 특히 두 가지를 꼽을 수 있습니다.

첫째, 생명 존중의 가치입니다. 모든 생명체는 고유한 가치를 지니고 있으므로 연구자는 생명에 대한 존중과 책임감을 가지고 연구에 임해야 합니다. 이는 윤리적 문제뿐 아니라 연구의 신뢰성에도 직결됩니다.

둘째, 과학적 진실성과 정직성입니다. 연구 결과를 왜곡하거나 조작하지 않고 객관적이고 투명하게 보고하는 태도는 학문의 발전과 사회적 신뢰를 위해 필수적입니다.

이처럼 생명체 연구자는 생명 존중과 진실성이라는 가치를 중심에 두고 연구해야 한다고 생각합니다."

45 잘못된 실험을 했던 경험을 한 가지 사례가 있다면 말씀해 보시고, 그 문제점을 어떻게 해결하였는지 간단히 말씀해 보세요.

◖예시답변▶ "한 번은 실험 과정에서 시약의 농도를 잘못 계산하여 결과가 예상과 크게 달라진 경험이 있습니다.

첫째, 문제를 인지한 후 즉시 실험 기록과 절차를 꼼꼼히 검토하여 오류
의 원인을 파악했습니다. 이를 통해 농도 계산 실수가 문제임을 확인할
수 있었습니다.

둘째, 실험을 다시 설계하고 정확한 농도로 재실험을 진행했으며, 동료들
과 함께 실험 과정을 공유하며 실수를 방지할 수 있는 점검 절차를 마
련했습니다.

이 경험을 통해 세심한 준비와 팀원 간의 소통이 연구의 정확성과 신뢰성
을 높이는 데 중요하다는 것을 배웠습니다."

46 '커뮤니티 매핑'이 일반적인 인터넷 지도와 다른 점은 무엇이고, 어떤 사
회문제 해결에 도움이 되었는지 사례를 들어 설명해보세요.

● **예시답변** ▶ "커뮤니티 매핑은 일반적인 인터넷 지도와는 목적과 참여
방식에서 차이가 있습니다.

첫째, 커뮤니티 매핑은 지역 주민들이 직접 참여해 자신들의 생활 공간과
문제를 반영하는 지도를 만드는 과정입니다. 반면, 일반 인터넷 지도는
기업이나 기관이 주로 제작해 정보가 일방적으로 제공되는 경우가 많
습니다.

둘째, 커뮤니티 매핑은 주민들의 의견과 경험을 기반으로 하여 사회적 약
자나 소외된 지역의 문제를 시각화하고 공유함으로써, 도시 계획이나
복지 정책 개선에 실질적인 도움을 줍니다.

예를 들어, 미국의 'Harlem Children's Zone' 프로젝트에서는 커뮤니티 매
핑을 통해 범죄 발생 지역과 위험 요소를 파악하고, 이를 바탕으로 청소
년 안전 대책을 마련하는 데 성공했습니다.

따라서 커뮤니티 매핑은 참여적이고 사회 문제 해결에 직접적인 영향을
미치는 도구라고 할 수 있습니다."

47 수의학은 어떠한 학문인가요? 미래의 수의학은 어떻게 변화할까요? 그
이유는 무엇인지 설명해 보세요. 수의사의 사회적 역할은 무엇이라고 생
각하는지 구술하시오.

●예시답변 ▶ "수의학은 동물의 건강과 질병 예방, 치료를 연구하는 학문입니다. 동물의 생리와 병리, 그리고 인간과 동물 간의 상호작용까지 다루는 종합적 분야입니다.

첫째, 미래의 수의학은 첨단 기술과 융합하여 디지털 헬스, 유전자 치료, 인공지능 진단 등으로 변화할 것입니다. 이는 더 정밀하고 효율적인 진단과 치료를 가능하게 하여 동물 복지를 크게 향상시킬 것입니다.

둘째, 이러한 변화는 반려동물 증가, 공중보건 강화, 식품 안전 등 사회적 요구가 커지기 때문입니다. 수의학은 동물뿐 아니라 인간과 환경의 건강을 모두 고려하는 '원헬스(One Health)' 개념에 중요한 역할을 할 것입니다.

셋째, 수의사는 동물의 건강관리뿐 아니라 전염병 예방, 식품 안전 보장, 환경 보호 등 다양한 사회적 역할을 수행하며 공공의 이익에 기여한다고 생각합니다."

48 명의(名醫, 저명한 의사)와 양의(良醫, 좋은 의사)를 정의하고 차이를 설명해 보시오. 지원자는 둘 중에 어떤 의사가 되고 싶나요? 그 이유는 무엇인가요?

●예시답변 ▶ "명의는 뛰어난 의술과 높은 학문적 성취를 가진 저명한 의사를 의미합니다. 사회적으로 인정받고 명성을 얻은 경우가 많습니다.

첫째, 명의는 기술과 지식 면에서 탁월하지만 때로는 환자와의 소통이나 인간적인 면에서 부족할 수 있습니다.

둘째, 양의는 환자를 존중하고 이해하며, 환자와 신뢰 관계를 형성하는 좋은 의사를 뜻합니다. 뛰어난 의술뿐 아니라 인간적인 배려가 중요한 가치입니다.

셋째, 저는 양의가 되고 싶습니다. 기술뿐 아니라 환자의 마음까지 돌보는 의사가 진정한 의료인의 자세라고 생각하기 때문입니다. 환자와의 신뢰가 치료 효과를 높이는 데 가장 중요한 요소라고 믿습니다."

🎓 연세대학교

전형명	전형 방법
활동 우수형 (수능최저 ○)	❶ 서류 평가 100 (4배수) ❷ 서류 평가 60 + 면접 40
국제형 (국내고: 수능최저 ○)	❶ 서류 평가 100 (4배수) ❷ 서류 평가 60 + 면접 40

활동 우수형/국제형 전형(현장 녹화 면접(의예과 외))

1 면접 개요

- **면접 방식**
  - 일반 면접(1차): 제시문 기반 논리적 사고력 평가
  - 확인 면접(2차): 지원자의 활동 역량 평가
- **면접 시간**
  - 14분 내외로 진행(일반 면접 7분, 확인 면접 7분)
  - 면접 준비실에서 5분간 제시문을 읽고 준비할 수 있음.
- **면접 평가위원**: 면접 당일 지원자가 현장에서 녹화한 영상을 복수의 면접 평가위원

  cf. ◆ 의과대학 의예과: 대면 면접, 지원자 1명을 대상으로 복수의 평가위원이 평가, 제시문 기반 인·적성 면접

2 평가 내용 및 방법

- **일반 면접**: 제시문을 기반으로 논리적 사고를 바탕으로 자신의 의견을 정확히 전달할 수 있는 표현력을 평가합니다. 참고로 국제형은 제시문이 영어로 출제될 수 있습니다.

- **확인 면접**: 지원자의 고등학교 생활을 기반으로 한 자기주도성 및 창의적인 해결 능력을 평가합니다. 제시문은 없습니다. 고등학교 생활 중 가장 열심히 한 활동은 무엇인지, 실질적이고 구체적인 활동은 무엇인지, 어려움은 무엇인지, 그 어려움은 어떻게 극복했는지 등을 바탕으로 진정성, 진실성, 그리고 경험을 통한 성장과 가치를 보려고 합니다.

☑ 전략 포인트

- **확인 면접**: 제출 서류를 기반으로 하는 면접이 있으므로 우선 본인이 제출한 학교생활기록부의 철저한 숙지와 정리가 필요합니다. 또한 서류 평가를 한 평가위원이 면접 평가위원으로 참여하는 특징을 보입니다. 따라서 서류 평가를 하면서 궁금하거나 확인이 필요한 사항을 개별 맞춤형으로 질의합니다.

- **활동 내용 구체화**: 학업과 교과 연계 활동, 비교과 활동을 한 경험에 대해 구체적으로 답변해야 합니다. 동기, 과정, 결과, 변화, 후속 활동의 단계를 미리 정리하여 답변을 연습하면 가장 좋습니다.

- **제시문 기반 전공 지식**: 상대적으로 수험생 간 변별도를 높이기 위해 전공에 대한 직간접적인 지식을 제시문을 통해 확인할 수 있습니다. 다만, 난도가 높은 전문 지식보다는 기초 개념, 원리, 법칙 등의 활용 능력을 확인합니다. 따라서 전공 관련 과목의 기초 개념, 원리, 법칙에 대한 정리가 필요합니다. 또한 제시문에 기반한 일반 면접은 변별력이 크게 나타날 수 있으므로 평소 다양한 분야에 관심을 갖고, 폭넓게 학습한 학생이 유리합니다.

- **Tip**
  - 과제탐구보고서(R&E) 활동이 있다면 물어볼 수 있습니다. 그러나 과도한 과제탐구보고서 활동은 중요 평가 요소로 보지 않습니다.
  - 면접고사 응시율은 평균 79~90% 수준으로 나타나며, 서울대학교와 중복합격자가 많아 추가 합격도 많다는 점을 참고해야 합니다.
  - 국제형과 활동 우수형의 제시문 난이도나 경향에는 차이가 없습니다. 단, 면접 보는 날짜가 다르기 때문에 동일한 문제가 다시 나오지는 않습니다.

– 계열별로 전형별로 출제 교육과정 및 과목명이 다를 수 있으므로 대학교 요강을 살펴보고 본인이 해당하는 전형과 계열별로 준비를 해야 합니다.

[기출문제] : 일부 변형

[자연계열]

01 원자 내에 존재하는 전자가 불연속적인 에너지 준위를 가지고 있음을 설명하고 이를 증명할 수 있는 실험은 어떠한 것들이 있는지 구술하시오.

◐예시답변▶ "원자 내 전자는 특정한 불연속적인 에너지 준위를 가지며, 이 에너지 준위 사이에서만 존재할 수 있습니다. 이는 전자가 임의의 에너지 값을 갖지 않고 정해진 궤도 또는 상태에만 머문다는 뜻입니다.

첫째, 이러한 개념은 보어의 원자 모형에서 처음 제안되었으며, 전자가 높은 에너지 상태에서 낮은 에너지 상태로 떨어질 때 특정 파장의 빛을 방출하는 현상으로 설명됩니다.

둘째, 이를 증명한 대표적인 실험은 원자 스펙트럼 실험으로, 수소 원자의 방출 스펙트럼에서 선 스펙트럼이 나타나는 것을 통해 에너지 준위가 불연속적임을 확인할 수 있습니다. 또한, 광전 효과 실험도 전자의 에너지 준위와 관련된 양자적 특성을 입증하는 중요한 실험입니다.

이처럼 불연속적인 에너지 준위는 현대 양자역학의 기본 개념 중 하나입니다."

02 에너지띠의 관점에서 도체, 절연체, 반도체의 차이를 설명하고, 반도체에서 전류가 흐를 수 있는 조건에 대하여 구술하시오.

◐예시답변▶ "에너지띠 이론에 따르면, 도체, 절연체, 반도체는 전자의 에너지 띠 구조에서 차이가 있습니다.

첫째, 도체는 전도띠와 가전자띠가 겹치거나 매우 가까워서 전자가 쉽게 이동할 수 있어 전기가 잘 흐릅니다.

둘째, 절연체는 가전자띠와 전도띠 사이의 에너지 간격이 매우 커서 전자
가 전도띠로 이동하기 어렵기 때문에 전류가 흐르지 않습니다.

셋째, 반도체는 절연체보다는 에너지 띠 간격이 좁아 일정 조건에서 전자
가 가전자띠에서 전도띠로 올라가 전류가 흐를 수 있습니다. 반도체에
서 전류가 흐르려면 외부에서 열, 빛, 또는 도핑을 통해 전자를 전도띠
로 들여보내야 합니다.

따라서 반도체는 이러한 조건에 따라 전기적 특성이 변하는 중요한 물질
입니다."

03 광합성의 명반응 과정에서 고에너지 전자를 방출한 광계 Ⅱ가 바닥상태
로 되돌아오는 과정과 고에너지 전자를 최종적으로 수용하는 물질을 밝
히고, 광합성의 명반응 과정과 세포 호흡의 산화적 인산화 과정의 차이점
에 대하여 구술하시오.

◖예시답변▶ "광합성 명반응에서 광계 Ⅱ는 빛에너지를 받아 고에너지
전자를 방출합니다.

첫째, 광계 Ⅱ가 바닥상태로 되돌아오기 위해서는 물 분자를 분해하여 전
자를 보충하는데, 이 과정에서 산소가 발생합니다.

둘째, 고에너지 전자는 전자 전달계(ETC)를 통해 광계 Ⅰ으로 이동하고, 최
종적으로 $NADP^+$가 수소 이온과 전자를 받아 NADPH로 환원되어 전
자의 최종 수용체 역할을 합니다.

셋째, 광합성 명반응과 세포 호흡의 산화적 인산화는 모두 전자 전달계와
ATP 합성을 포함하지만, 광합성은 빛에너지를 사용해 물을 산화시키
며 NADPH와 ATP를 생성하는 반면, 세포 호흡은 유기물 분해로 얻은
전자를 산소에 전달해 ATP를 생성하는 과정입니다.

즉, 에너지의 입력과 전자 공급원, 최종 전자 수용체가 다르다는 점이 큰
차이점입니다."

04 용액에서 용질의 종류와 상관없이 용질의 입자 수에만 비례하는 특성을
총괄성이라고 한다. 총괄성에는 어떤 것이 있는지 제시하시오.

●**예시답변** ▶ "용액의 총괄성은 용질의 종류와 상관없이 용질 입자 수에만 비례하는 물리적 성질을 말합니다.

첫째, 증기압 강하입니다. 용액의 증기압은 순수 용매보다 낮아지며, 용질 입자 수가 많을수록 강하 폭이 커집니다.

둘째, 끓는점 상승입니다. 용질이 녹아 있는 용액은 순수 용매보다 끓는점이 높아지며, 용질 입자 수에 비례합니다.

셋째, 어는점 강하입니다. 용액의 어는점은 순수 용매보다 낮아지며, 이것도 용질 입자 수에 비례합니다.

마지막으로 삼투압이 있습니다. 용질 입자가 많을수록 용액의 삼투압이 증가합니다.

이처럼 총괄성은 용액의 여러 물리적 특성에 공통적으로 적용되는 중요한 개념입니다."

05 해안 지방의 낮과 밤의 풍향 변화 및 해수의 심층순환에 중력이 미치는 영향을 설명하시오. 지구온난화가 해수의 심층순환에 주는 영향과 이에 따른 지구환경의 변화에 대해 구술하시오.

●**예시답변** ▶ "해안 지방에서는 낮과 밤에 바람의 방향이 바뀌는 해륙풍 현상이 나타납니다.

첫째, 낮에는 육지가 해수보다 더 빨리 데워져서 해풍이 바다에서 육지로 불어오고,

둘째, 밤에는 육지가 더 빨리 식어 육풍이 육지에서 바다로 불어갑니다. 이 과정에서 중력은 공기의 밀도 차이와 대기압 차이에 영향을 줍니다.

셋째, 해수의 심층순환은 표층과 심층 해수가 온도와 염분 차이로 밀도 차이가 생기고, 중력에 의해 무거운 심층수가 하강하며 일어납니다.

넷째, 지구온난화는 극지방의 해빙과 온도 상승으로 해수의 염도와 밀도 변화를 초래해 심층순환을 약화시키고, 이로 인해 해양의 열 분포와 기후 패턴에 큰 영향을 미쳐 이상기후 및 생태계 변화를 일으킬 수 있습니다."

06 세포막을 통한 물질 이동 과정인 확산과 삼투의 공통점과 차이점을 설명하시오. 또한, 당뇨병 환자의 적혈구 부피 변화와 이러한 부피 변화의 원인을 물질 이동 과정에서 작용하는 세포막의 특성을 중심으로 설명하시오.

🟣예시답변 ▶ "확산과 삼투는 모두 세포막을 통한 물질 이동 과정이라는 공통점이 있습니다.

첫째, 확산은 고농도에서 저농도로 용질 분자가 이동하는 현상이고, 삼투는 반투과성 막을 통해 용매인 물이 농도가 낮은 쪽에서 높은 쪽으로 이동하는 현상입니다.

둘째, 확산은 용질의 이동이며 삼투는 용매의 이동이라는 점에서 차이가 있습니다.

셋째, 당뇨병 환자의 경우 혈액 내 포도당 농도가 높아져 적혈구 주변 용액이 고장액이 되어, 삼투압 차이로 인해 적혈구 내 물이 밖으로 빠져나가 적혈구 부피가 줄어드는 탈수 현상이 나타납니다. 이는 세포막이 선택적으로 물과 용질의 이동을 조절하는 반투과성 특성 때문입니다.

따라서 세포막의 반투과성은 세포 내외 물질 균형 유지에 중요한 역할을 합니다."

07 p형 반도체와 n형 반도체의 전기 전도도를 순수한 반도체 결정과 비교하고, 각각의 반도체가 전류를 흐르게 할 수 있는 원리를 비교하여 구술하시오. 또한, p형 반도체와 n형 반도체를 접합하였을 때, 접합면 가까이 존재하는 불순물 원자들의 전기적 특성의 변화에 대해서 구술하시오.

🟣예시답변 ▶ "순수한 반도체 결정은 전기 전도도가 낮아 상온에서 전류 흐름이 제한적입니다.

첫째, p형 반도체는 3가 불순물 원자를 도핑하여 전자 부족 상태, 즉 양공(홀)이 주요 전하 운반자가 되어 전류를 흐르게 합니다.

둘째, n형 반도체는 5가 불순물을 도핑하여 여분의 전자가 주요 전하 운반자가 되어 전류가 흐릅니다. 이로 인해 p형과 n형 모두 순수 반도체보다 전도도가 크게 증가합니다.

셋째, p형과 n형 반도체를 접합하면 접합면 근처에서 전자와 양공이 만나 재결합하면서 전하가 사라져 전기적으로 중성 영역인 공간 전하층이 형성됩니다.

넷째, 이 공간 전하층에서는 불순물 원자들이 고정된 이온 상태로 남아 전기장을 형성하여 전자의 이동을 억제하는 역할을 하며, 이는 다이오드 등의 반도체 소자 작동 원리의 기초가 됩니다."

08 설탕은 생명체의 에너지원으로 사용될 수 있으나, 소금은 에너지원으로 사용될 수 없는 이유를 구술하시오.

◖예시답변▶ "설탕과 소금은 모두 생명체 내에서 중요한 물질이지만, 에너지원으로 사용되는 이유에는 차이가 있습니다.

첫째, 설탕은 탄소, 수소, 산소로 이루어진 유기 화합물로, 세포 내에서 효소에 의해 분해되어 포도당 등으로 전환되고, 이를 통해 세포 호흡 과정에서 에너지를 생성할 수 있습니다. 즉, 화학 결합 에너지가 분해 과정에서 방출되어 ATP 합성에 활용됩니다.

둘째, 소금(염화나트륨)은 무기 화합물로서 화학 결합 에너지가 생명체가 이용할 수 있는 형태로 쉽게 분해되지 않으며, 에너지 생성에 직접적으로 관여하지 않습니다. 대신, 소금은 체내에서 전해질 균형 유지 및 신경 자극 전달 등 다른 중요한 기능을 담당합니다.

따라서 설탕은 유기물로서 에너지 공급원이 되지만, 소금은 생명 유지에 필수적이나 에너지원으로는 사용되지 않는 것입니다."

09 지구에는 풍부한 물이 존재하며 지구 표면의 2/3 이상은 바다로 덮여 있다. 지구에 존재하는 풍부한 물이 생명체의 생존을 위해 어떠한 도움을 주고 있는지를 구술하시오.

◖예시답변▶ 지구 표면의 2/3 이상을 덮고 있는 풍부한 물은 생명체의 존재와 진화에 필수적인 요소이며, 다양한 방식으로 생명체의 생존을 돕고 있습니다.

첫째, 생명체의 생체 기능을 유지하는 근원입니다. 물은 생명체의 몸을 구성하는 주된 성분이며, 신체 내에서 일어나는 모든 생화학적 반응의 매개체 역할을 합니다. 특히, 사람의 몸에서 물은 체온을 조절하고, 혈액 순환과 소화를 원활하게 하며, 영양소를 용해시켜 흡수, 운반한 후 세포로 공급하는 중요한 역할을 합니다. 또한, 체내에 불필요한 노폐물과 독소를 체외로 배설시켜 세포를 건강하게 유지하도록 돕습니다.

둘째, 다양한 생명체의 서식처를 제공합니다. 특히 지구 표면의 대부분을 차지하는 바다는 수많은 해양 생물의 광대한 서식지로서 생물 다양성의 보고입니다. 물은 생물들이 살아갈 수 있는 환경을 제공하며, 육상 생물에게도 강, 호수, 지하수 등의 형태로 생명 활동에 필수적인 자원이 됩니다.

셋째, 지구의 기후와 환경을 조절합니다. 넓은 면적의 바다는 태양 에너지를 흡수하여 저장하고 방출하면서 지구의 온도를 일정하게 유지하는 데 기여합니다. 물의 증발과 응결을 통해 구름이 형성되고 비가 내리는 등 물의 순환은 기후 시스템을 안정화하고 생명체가 살기에 적합한 환경을 조성합니다.

이처럼 물은 생명체의 내부 기능 유지부터 지구 전체의 환경 조절에 이르기까지, 생명체가 존재하고 번성하는 데 없어서는 안 될 가장 중요한 요소라고 할 수 있습니다.

10 2011년 동일본 대지진으로 인해 후쿠시마에서 원전 사고가 발생하였다. 그 후 일본 정부는 후쿠시마 원전 오염수의 해양 방류를 결정하였다. 원전 오염수의 해양 방류로 발생할 수 있는 문제에 대해서 구술하시오.

🔈**예시답변 ▶** 2011년 동일본 대지진으로 인한 후쿠시마 원전 사고 이후 발생한 오염수를 일본 정부가 해양 방류하기로 결정하면서, 다양한 문제점들이 제기되고 있습니다. 주요한 문제점들은 다음과 같습니다.

첫째, 해양 생태계 오염 및 생물 농축에 대한 우려입니다. 원전 오염수는 다핵종제거설비(ALPS)를 통해 대부분의 방사성 물질을 제거한다고 하지만, 삼중수소(Tritium)는 걸러내기 어렵습니다. 이 삼중수소와 기타 미량의 방사성 물질들이 해양으로 방류될 경우, 장기적으로 해양 생태계에 유입되어 해양 생물에 축적될 수 있다는 우려가 있습니다. 이는 생태계 교란뿐만 아니라, 먹이사슬을 통해 최종적으로 인간에게까지 영향을 미칠 가능성을 배제할 수 없습니다.

둘째, 인체 건강 및 안전성에 대한 논란입니다. 방류된 오염수가 해류를 타고 확산될 경우, 직접적으로 해산물을 섭취하는 인류의 건강에 미칠 영향에 대한 논란이 지속되고 있습니다. 일본 정부와 국제원자력기구(IAEA)는 처리된 오염수의 방류가 안전하다고 주장하지만, 장기적인 데이터 부족과 과학적 검증의 불확실성으로 인해 인체에 미치는 영향에 대한 우려는 여전히 존재합니다.

셋째, 수산업 및 경제적 피해 발생 가능성입니다. 해양 방류로 인한 가장 직접적인 영향 중 하나는 수산업 분야입니다. 오염수 방류에 대한 대중의 불안감과 불신은 해산물 소비 감소로 이어질 수 있으며, 이는 관련 어업 종사자들의 생계에 심각한 타격을 줄 수 있습니다. 특히 한국, 중국 등 주변국들은 이에 대해 강한 우려를 표명하며, 해산물 수입 제한 등과 같은 조치를 취할 가능성도 있습니다.

넷째, 국제 사회의 신뢰 저하 및 외교적 마찰 가능성입니다. 후쿠시마 원전 오염수 방류는 일본만의 문제가 아닌, 주변국 및 전 지구적인 해양 환경 문제로 인식되고 있습니다. 중국 등 여러 국가에서는 일본이 국제 사회의 우려를 충분히 해소하고 투명하게 처리하지 않고 있다고 비판하며, 이는 국제적인 외교 갈등으로 비화될 수 있습니다. 과학적 근거를 바탕으로 한 국제적 협력과 투명한 정보 공개가 이루어지지 않을 경우, 국가 간의 신뢰 문제로 번질 수 있습니다.

다섯째, 장기적인 환경 영향에 대한 불확실성입니다. 단기적인 방류의 영향이 미미할 수 있다는 주장도 있으나, 수십 년에 걸쳐 진행될 오염수 방류가 장기적으로 해양 생태계와 기후 시스템에 미칠 복합적인 영향에 대해서는 아직 명확하게 밝혀진 바가 없습니다. 이는 미래 세대에 대한 환경적 책임 문제로도 이어질 수 있습니다.

11 탄소 원자가 수소 원자 혹은 산소 원자와 결합하여 메테인과 이산화탄소를 형성할 수 있는 이유에 대해서 각 원자의 원자가 전자를 고려하여 설명하고 이들 분자의 구조적 특징에 대해서 구술하시오.

> **예시답변 ▶** 첫째, 탄소 원자는 4개의 원자가 전자를 가지고 있어, 다른 원자와 4개의 공유 결합을 형성하려는 성질이 있습니다. 수소 원자는 1개의 원자가 전자를 가지고 있어서 하나의 공유 결합이 가능하며, 산소는 6개의 원자가 전자를 가지고 있어 2개의 공유 결합이 가능합니다. 따라서 탄소가 수소 4개와 결합하면 메테인(CH_4), 산소 2개와 결합하면 이산화탄소(CO_2)가 생성됩니다.
>
> 둘째, 구조적으로 메테인은 중심에 탄소가 있고 그 주위에 수소 4개가 정사면체 형태로 배치되어 있어 대칭적이고 비극성 분자입니다. 반면, 이산화탄소는 직선형 구조로, 탄소를 중심으로 양쪽에 산소가 배치되어 있으며, 각 $C=O$ 결합은 극성이지만 전체적으로 대칭적이어서 비극성 분지로 분류됩니다.

12 전압이 걸리면 빛을 내는 소자인 LED(발광다이오드)의 발명은 적색과 녹색이 먼저 이루어졌고 청색 LED 발명은 그보다 한참 늦게 이루어졌다. 2014년 노벨 물리학상 주제는 '청색 LED의 발명'이었다. 이 발명이 왜 중요한가?

> **예시답변 ▶** 첫째, 청색 LED의 발명은 백색광을 만들 수 있는 기술적 완성을 의미합니다. 빛의 삼원색인 적색, 녹색, 청색 중 청색 LED가 없으면 백색 LED를 구현할 수 없기 때문에, 청색 LED는 조명 기술의 마지막 퍼즐이었습니다. 이 발명으로 고효율, 장수명의 백색 LED 조명이 가능해졌고, 기존 백열등이나 형광등보다 에너지 절감 효과가 매우 뛰어난 조명 혁명이 시작됐습니다2.
>
> 둘째, 청색 LED는 전 세계 조명 산업과 디스플레이 기술을 획기적으로 변화시켰습니다. 스마트폰, TV, 가로등, 의료기기 등 다양한 분야에서 활용되며, 특히 전기가 부족한 지역에 저전력으로 밝은 빛을 제공할 수 있어 인류 복지에 크게 기여했습니다. 노벨위원회가 "램프 혁명"이라 평가한 이유도 바로 여기에 있습니다

[의예과]

사람의 경우 세포 하나에 들어 있는 DNA의 총길이는 약 2m에 달한다. DNA에 담긴 모든 유전체 정보가 약 5μm의 지름을 지니는 핵에 담겨 있을 수 있는 이유를 설명하시오. 또한 만성 골수성 백혈병을 참고하여 염색체 구조 이상이 발암 단백질 출현을 일으키는 과정을 추론하시오.

●예시답변 ▶ 첫째, 사람의 세포 하나에 들어 있는 DNA는 약 2m에 달하지만, 이 긴 분자가 핵 속에 들어갈 수 있는 이유는 고도로 응축된 구조 덕분입니다. DNA는 히스톤 단백질을 중심으로 감겨 뉴클레오솜을 형성하고, 이들이 다시 고차 구조로 접히며 염색질을 구성합니다. 이러한 다단계 접힘과 응축 덕분에 DNA는 약 5μm 크기의 핵 안에 효율적으로 저장될 수 있습니다.

둘째, 만성 골수성 백혈병에서는 염색체 구조 이상, 특히 9번과 22번 염색체의 전좌로 인해 필라델피아 염색체가 형성됩니다. 이로 인해 BCR 유전자와 ABL 유전자가 융합되어 BCR-ABL 융합 단백질이 생성되는데, 이 단백질은 비정상적인 티로신 키나아제 활성을 가지며 세포의 증식과 생존을 촉진합니다. 결과적으로 세포 자멸사(apoptosis)를 억제하고 백혈병 세포의 과도한 증식을 유도하여 발암이 일어납니다

[인문사회계열]

01 고등학교 재학 중 단체 활동이나 팀 프로젝트 등을 수행한 경험을 바탕으로 무임승차 문제를 설명하고, 이때 발생한 무임승차 문제를 해결하기 위해 지원자가 한 노력에 대해 답하시오.

●예시답변 ▶ 첫째, 고등학교 과학 탐구 발표 프로젝트에서 팀원들과 역할을 나눠 자료 조사와 실험을 진행했습니다. 그런데 특정 팀원이 정해진 역할을 성실히 수행하지 않고 결과 정리에도 참여하지 않는 무임승차 문제가 발생했습니다. 그로 인해 다른 팀원들의 부담이 커졌고, 팀워크에도 영향을 미쳤습니다.

둘째, 저는 팀 전체의 분위기를 해치지 않기 위해 해당 팀원과 개별적으로 대화를 시도했습니다. 그 친구의 어려움을 경청하고 과중한 분량은 조

정해주는 대신, 남은 작업에 책임감을 가지고 참여할 수 있도록 실질적인 역할을 다시 배분했습니다. 또한 이후에는 모든 팀원이 진행 상황을 공유할 수 있는 체크리스트와 소통 시간을 정기적으로 마련해, 책임감을 갖고 프로젝트에 참여할 수 있도록 유도했습니다.

02 동물 및 인공지능과는 달리 인간만이 완전한 권리를 가진 법적 주체라고 주장한다면, 이를 정당화하는 여러 논거를 들어 설명하시오.

●예시답변 ▶ 첫째, 인간은 자율성과 이성적 판단 능력을 가진 존재로서, 법적 책임과 권리의 주체가 될 수 있습니다. 칸트의 철학에 따르면 인간은 선의지를 따를 수 있는 도덕적 존재이며, 이는 법적 권리의 정당화 근거가 됩니다. 반면, 동물이나 인공지능은 이러한 도덕적 자율성을 갖추지 못해 법적 책임을 질 수 없으므로, 완전한 권리 주체로 인정되기 어렵습니다.

둘째, 인간은 사회계약의 구성원으로서 법과 제도의 형성에 참여하고, 그에 따라 권리를 부여받습니다. 사회계약본에 따르면 권리는 합리석 개인들 간의 합의를 통해 정당화되며, 이는 인간에게만 적용되는 구조입니다. 인공지능은 법적 의무를 이행하거나 권리를 행사할 수 있는 의사능력과 행위능력이 없고, 동물 역시 법적 제도에 참여할 수 없기 때문에 법적 주체로서의 완전한 권리를 갖기 어렵습니다.

03 인공지능(AI)의 활용이 의사에게 좋은 점과 나쁜 점, 사회 전체 차원에서 좋은 점과 나쁜 점을 각각 설명하시오.

●예시답변 ▶ 첫째, 의사에게 AI는 진단 정확도 향상과 업무 효율성 증대라는 장점이 있습니다. 예를 들어, 의료 영상 분석이나 유전체 데이터 해석에서 AI는 빠르고 정확한 판단을 도와줍니다. 또한 진료 기록 자동 작성, 환자 모니터링 등 반복 업무를 줄여 의사가 환자에게 집중할 수 있는 시간을 늘려줍니다. 하지만 단점으로는 의사의 판단력과 직관이 약화될 수 있고, AI의 오류 발생 시 책임 소재가 불분명하다는 문제가 있습니다. 특히 환자와의 공감과 소통 능력은 AI가 대체하기 어려운 인간 고유의 영역입니다.

둘째, 사회 전체적으로 AI는 의료 접근성 향상과 비용 절감에 기여합니다. 원격 진료, 맞춤형 치료, 신약 개발 등에서 AI는 의료 서비스의 질을 높이고, 의료 자원이 부족한 지역에도 도움을 줄 수 있습니다. 그러나 동시에 일자리 감소, 개인정보 보호 문제, 윤리적 책임 소재 등 부정적인 영향도 존재합니다. 특히 AI의 결정이 편향된 데이터에 기반할 경우 사회적 불평등을 심화시킬 수 있으며, 의료의 인간적 가치가 훼손될 위험도 있습니다.

🎓 고려대학교

전형명	전형 방법
학생부종합 (계열적합전형)	❶ 서류 평가 100 (5배수, 동점자 모두 선발) ❷ 서류 평가 60 + 면접 40

👤 대면면접 진행절차

- 수험생은 지정된 면접고사일에 사전 안내된 고사실로 입실(가번호 부여)
- 2명 이상의 면접위원과 대면 면접 진행
- 면접 완료 후 지원자는 퇴실 및 귀가

👤 평가점수 부여 방법

- 6점 척도를 이용하여 평가함: 매우 우수(A+) → 우수(A) → 보통(B) → 미흡 (C) → 매우 미흡(D) → 부적격(F)
- 면접 평가 내용 및 요소

전형 구분	평가 내용	평가 요소	반영 비율	정의
• 계열 적합 전형	제시문 관련 질문에 대한 답변을 토대로 분석력, 적용력, 종합적 사고력 등을 종합적으로 평가함 (단, 필요시 학생부에 기재된 내용을 확인할 수 있음)	분석력	20%	제시문의 주제와 내용을 이해하고 제시문 사이의 연계성을 파악하는 능력
		적용력	30%	제시문에 나타난 정보를 주어진 문제에 구체적으로 적용할 수 있는 능력
		종합적 사고력	40%	주어진 정보를 논리적으로 통합하여 문제를 해결하는 능력
		면접 태도	10%	의사표현 방식과 면접에 임하는 전반적인 태도의 적절성

❶ 면접 유형: 제시문 기반

- 준비시간: 12분
- 면접 시간: 6분
- 면접 유형 및 평가 내용

면접 유형	평가 내용
제시문기반	제시문 속독 및 분석 후 답변을 통해 지원자의 논리적, 복합적 사고력 등을 평가

- 면접 평가위원: 2인 (이상)의 면접 평가위원

☑ 전략 포인트

- 제시문 기반 면접: 상대적으로 수험생간 변별도를 높이기 위해 전공에 대한 직·간접적인 지식을 제시문을 통해 확인할 수 있습니다. 기초/심화 개념, 원리, 법칙 등을 활용하는 것을 확인할 수 있습니다. 따라서 전공 관련 과목의 기초/심화 개념, 원리, 법칙에 대한 정리가 필요합니다. 또한 제시문을 기반 한 면접은 변별력이 크게 나타날 수 있으므로 평소에 다양한 분야에 관심을 갖고 폭넓게 학습하고 정리한 학생이 유리합니다.

- 기출 예시(일반 문제)

  - 행복이란 무엇이라고 생각하십니까?

    💬예시답변 ▶ 첫째, 행복은 단순한 감정이 아니라 삶의 태도와 실천의 과정이라고 생각합니다. 아리스토텔레스는 행복을 '에우다이모니아', 즉 인간이 자신의 잠재력을 실현하며 의미 있는 삶을 살아가는 상태라고 정의했습니다. 이는 순간적인 기쁨이 아니라 자기 실현과 덕의 실천을 통해 얻는 깊은 만족감입니다.

    둘째, 현대 심리학에서는 행복을 긍정적인 감정, 몰입, 관계, 의미, 성취의 다섯 요소로 설명합니다. 결국 행복은 외부 조건보다 내면의 평온과 삶에 대한 긍정적인 해석에서 비롯되며, 내가 하는 일과 사람들과의 관계 속에서 의미를 찾고 성장할 때 더 깊어집니다.

– 친구를 사귀는 기준은 무엇인가요?

　　🔵**예시답변▶**　첫째, 저는 친구를 사귈 때 서로 존중하고 진심으로 대화할 수 있는 사람을 기준으로 삼습니다. 생각이나 감정이 다를 수 있지만, 그 차이를 이해하려는 태도와 배려가 있는 사람이라면 오래도록 건강한 관계를 유지할 수 있다고 믿습니다. 특히, 솔직한 소통과 감정 공유가 가능한 사람은 갈등이 생겨도 함께 해결할 수 있는 힘이 있다고 생각합니다.

둘째, 친구는 서로에게 긍정적인 영향을 주는 존재여야 한다고 생각합니다. 함께 있을 때 나 자신이 더 나아지고 싶어지는 사람, 실패나 고민을 나눌 수 있고, 기쁨은 두 배로 나눌 수 있는 사람이라면 진정한 친구라고 느낍니다. 단순히 재미있거나 인기가 많은 것보다, 서로의 성장을 응원하고 지지해주는 관계가 더 중요하다고 생각합니다.

Tip

– 면접장 앞에 놓인 책상에는 타이머가 놓여있습니다. 코팅된 문제지를 받아 연습장에 문제를 풀 수 있습니다. 문제는 수학, 과학 문제가 아닙니다. 면접 시간은 총 20분 내외로 진행되는 것입니다.

– 인성을 상대적으로 중요시합니다. 인성적인 측면에 대한 대답을 요구합니다. 문항에 대해 재치 있고 순발력 있는 대답과 주어진 보기와 각 문제를 연관시키는 능력뿐만 아니라 문제들끼리 연결시킬 수 있는 능력을 중요시합니다.

– 신분을 확인하고 모든 전자기기는 손목시계를 포함하여 준비위원에게 제출합니다. 면접으로 인해 한번 나가면 대기실에 다시 못 들어갑니다. 화장실 갈 때에도 조교 인솔 하에 같이 가야합니다. 수험생들 간 대화는 원칙적으로 금지되어 있습니다. 그러나 친구들과 떠든다고 해서 별다른 제재를 하지는 않습니다. 그렇지만 별로 좋은 태도는 아닙니다..

👤 면접 평가 (계열적합전형)

① 면접 유형: 제시문 기반 면접

- **평가:** 제시문을 기반으로 하여 논리적·복합적 사고력, 문제해결력, 의사소통능력 등을 갖추고 있는지 종합적으로 평가

- **준비시간:** 21분

- **면접 시간** : 7분
- **면접 유형 및 평가 내용**

면접 유형	평가 내용
제시문기반	제시문 속독 및 분석 후 답변을 통해 지원자의 논리적, 복합적 사고력 등을 평가

- **면접 평가위원**: 2인 (이상)의 면접 평가위원
- **참고**: 계열적합전형 인문계 모집단위는 면접을 인문/사회로 구분하여 시행합니다.

☑️ 전략 포인트

- **제시문 기반 면접**: 상상대적으로 수험생간 변별도를 높이기 위해 전공에 대한 직 · 간접적인 지식을 제시문을 통해 확인할 수 있습니다. 기초/심화 개념, 원리, 법칙 등을 활용하는 것을 확인할 수 있습니다. 따라서 전공 관련 과목의 기초/심화 개념, 원리, 법칙에 대한 정리가 필요합니다. 또한 제시문을 기반 한 면접은 변별력이 크게 나타날 수 있으므로 평소에 다양한 분야에 관심을 갖고, 폭넓게 학습하고 정리한 학생이 유리합니다.
- **참고**: 의과대학은 인적성 면접 I (8분) + 인적성 면접 II (8분)을 별도로 봅니다. 상황제시문 기반 인적성 면접은 준비시간 없이 면접실 내에서 상황제시문을 숙독합니다.

[기출문제] : 일부 변형

01 다양성을 존중하기 위한 정책이 다른 가치와 충돌하는 구체적 사례(성할당제, 지역할당제, 소수 인종 우대 정책, 입시에서의 고른기회전형, 다문화 정책 등)를 들고, 다양성 존중 정책에 대한 찬성 또는 반대의 견해를 밝히시오.

> 🔵 **예시답변** ▶ 첫째, 다양성 존중 정책은 때때로 공정성과 능력주의 가치와 충돌할 수 있습니다. 예를 들어, 입시에서의 고른기회전형은 사회적 · 경제적 취약 계층에게 대학 진학 기회를 확대하지만, 일부에서는

성적이 높은 학생이 불이익을 받는다는 역차별 논란이 제기됩니다. 또 성할당제는 여성의 사회 진출을 촉진하지만, 남성 지원자에게 불공정하다는 비판도 존재합니다.

둘째, 저는 이러한 정책에 찬성하는 입장입니다. 왜냐하면 다양성 존중은 단순한 배려가 아니라 사회 전체의 역량을 확장하는 전략이기 때문입니다. 다양한 배경을 가진 사람들이 교육과 고용에 참여함으로써 창의성과 포용력 있는 사회가 형성되고, 장기적으로는 불평등 해소와 사회 통합에 기여합니다. 물론 제도 운영의 투명성과 정교함은 필요하지만, 기회의 균형을 맞추는 노력은 반드시 필요하다고 생각합니다.

02 '소극적 공리주의'(불행의 최소화)를 반영한 정책을 예로 들고 그것의 순기능과 역기능에 대해 설명하시오.

🔊예시답변▶ 첫째, '국민기초생활보장제도'는 소극적 공리주의를 반영한 대표적인 정책입니다. 이 제도는 최저 생계비 이하의 국민에게 생계·주거·의료·교육 등의 급여를 제공함으로써 극심한 빈곤과 고통을 줄이는 데 목적이 있습니다. 이는 사회적 약자의 불행을 최소화하고, 인간다운 삶을 보장함으로써 사회 통합과 안정에 기여하는 순기능을 가집니다.

둘째, 그러나 이 정책은 역기능도 존재합니다. 예를 들어, 급여 수준이 높거나 자립 지원이 부족할 경우 빈곤의 덫(Poverty Trap)에 빠질 수 있습니다. 즉, 수급자가 자립보다 복지에 의존하게 되어 근로 의욕이 저하되고, 장기적으로는 정부 재정 부담과 사회적 갈등을 초래할 수 있습니다. 따라서 불행을 줄이는 목적은 중요하지만, 자립 유도와 제도 설계의 정교함이 함께 필요합니다.

03 노동의 관점에서 성과사회, 근대사회, 노동 없는 사회에 대해 비교하고 이를 비판적으로 구술하시오.

🔊예시답변▶ 첫째, 근대사회는 노동을 생존과 사회 발전의 핵심 수단으로 보았습니다. 산업화와 함께 노동은 생산력의 원천이 되었고, 개인은

규율과 조직 속에서 역할을 수행하며 사회적 정체성을 형성했습니다. 노동은 인간의 도덕적·경제적 책임과 연결되어 있었죠.

둘째, 성과사회에서는 노동이 단순한 생존 수단을 넘어 자기실현과 경쟁의 도구로 변화합니다. 개인은 외부의 규율보다 내면화된 성과 압박에 따라 스스로를 착취하며, 끊임없이 더 많은 성과를 요구받습니다. 이로 인해 우울증, 소진증후군 등 심리적 병리가 확산되고, 노동은 즐거움보다 피로와 불안의 원천이 됩니다.

셋째, 노동 없는 사회는 기술 발전과 자동화로 인해 인간의 노동이 점차 줄어드는 미래를 상상합니다. 이는 자유와 창의성의 확장을 의미할 수도 있지만, 동시에 소외와 정체성 상실을 초래할 위험도 있습니다. 노동이 사라질 경우, 인간은 자신의 존재 이유와 사회적 역할을 새롭게 정의해야 하는 과제에 직면하게 됩니다.

04 품위 있는 죽음을 맞을 권리와 생명의 존엄성 간의 논란이 계속되고 있는 가운데, 최근 선진국을 중심으로 존엄한 죽음을 보장하는 국가가 늘면서 스위스와 캐나다, 네덜란드, 벨기에 등의 나라에서 안락사를 합법적으로 허용하고 있다. 특히 스위스에서는 안락사를 넘어서 대상자가 스스로 버튼을 눌러 죽음을 선택하도록 도와주는 조력자살 캡슐이 도입되기도 하였으며, 최근에는 한국인의 스위스 원정 안락사가 보도되기도 하였다. 안락사 또는 조력자살의 합법적 도입에 대한 본인의 생각과 그 이유를 설명하시오.

예시답변 ▶ 첫째, 저는 안락사 또는 조력자살의 합법적 도입에 찬성합니다, 왜냐하면 이는 자기결정권과 인간의 존엄을 보장하는 제도이기 때문입니다. 말기 환자가 극심한 고통 속에서 삶의 질을 상실한 채 생명을 유지하는 것은 오히려 인간의 존엄을 훼손할 수 있습니다. 스위스나 캐나다처럼 환자가 스스로 죽음을 선택할 수 있도록 돕는 제도는 고통을 최소화하고 품위 있는 죽음을 가능하게 하는 수단이 될 수 있습니다

둘째, 물론 생명의 존엄성과 윤리적 논란이 존재하지만, 이는 제도적 안전장치와 사회적 합의를 통해 충분히 조율할 수 있다고 생각합니다. 예를 들어, 의학적 판단, 정신적 상태 평가, 가족과의 충분한 상담 등 다단계

절차를 통해 남용을 방지하고 사회적 약자의 희생을 막는 장치를 마련할 수 있습니다. 오히려 이러한 제도가 없을 경우, 환자와 가족이 비공식적이고 위험한 선택을 하게 될 가능성이 더 높습니다.

05 보건의료 체계는 오래전부터 환자 진료에 '데이터'를 사용해왔다. 의사가 환자의 상태를 기록하는 진료 차트, 간호일지, 엑스레이나 혈액검사 결과, 처방전과 투약기록 등이 모두 데이터이며, 데이터는 양질의 진료와 간호에 필수적이다. 최근 정부는 보건의료 빅데이터 활용에 팔을 걷어붙이고 나섰다. 스마트 병원(보건복지부), 닥터앤서2.0(과학기술정보통신부), 모바일 건강지킴이(보건복지부) 등 보건의료 데이터 관련 프로젝트가 대표적 과제들이다. 보건의료 데이터는 잠재력이 큰 만큼, 잘못 다뤄졌을 때 피해도 크다. 기초적인 사회인구학적 특성은 물론 유전정보, 진단명과 상세한 치료 이력, 다양한 생활습관 등 대단히 민감한 개인정보가 담겨 있기 때문이다. 보건의료 빅데이터 활용 시 발생할 수 있는 대표적 문제를 제시하시오.

예시답변 ▶ 첫째, 보건의료 빅데이터에는 유전정보, 진단명, 치료 이력, 생활습관 등 고도로 민감한 개인정보가 포함되어 있어, 정보 유출 시 개인의 프라이버시 침해와 차별, 낙인, 보험·고용상의 불이익 등 심각한 피해가 발생할 수 있습니다. 특히 데이터가 익명화되더라도 재식별 가능성이 존재하며, 기업이나 제3자가 상업적 목적으로 악용할 경우 정보주체의 권리 침해가 우려됩니다

둘째, 데이터 활용 과정에서 정보주체의 동의 절차가 불명확하거나 형식적일 경우, 사회적 신뢰가 약화될 수 있습니다. 예를 들어, 스위스나 영국의 사례처럼 공공의 이익을 위한 데이터 활용이라 하더라도 투명성과 책임성이 부족하면 사회적 반발이 일어날 수 있습니다. 따라서 데이터 활용의 공익성과 안전성, 윤리적 거버넌스 체계가 함께 마련되어야 합니다.

06 우리나라는 인구의 고령화로 인해 치매 노인의 수도 빠르게 증가하고 있다. 우리나라 노인 65세 이상 기준으로 볼 때, 치매 유병률은 2020년 10.3%에서 2050년에는 16.1%로 매우 급증할 것으로 관련 전문기관은 예측하고 있다. 이에 치매 환자의 인지자극 및 정서적 지지를 도와줄 수 있는 인공지능(AI) 기반의 디지털 의료기기도 적극 개발되고 있다. 로봇팻과 같은 반려로봇 돌봄 제공이 그 대표적 사례이다. 로봇팻은 치매 환자의 정서적 안정 증진에 도움을 주었다는 연구결과도 발표 된 바 있다. 그러나 한편으로는 이러한 과학기술의 부정적 영향, 즉 직접적인 휴먼터치의 저하를 우려하면서 로봇팻이 인간관계를 대신해서는 안된다는 지적도 있다. 이러한 단점 극복을 위한 대안을 제시하시오.

◖예시답변▶ 첫째, 로봇팻은 치매 환자의 정서적 안정과 인지 자극에 도움을 줄 수 있지만, 직접적인 인간 접촉의 감소라는 단점이 있습니다. 특히 감정적 교감이나 사회적 유대는 기계가 완전히 대체할 수 없는 영역이며, 환자가 고립감을 느낄 위험도 존재합니다.

둘째, 이러한 단점을 극복하기 위해서는 로봇과 인간 돌봄의 병행 모델이 필요합니다. 예를 들어, 로봇팻이 환자의 상태를 모니터링하고 정서적 반응을 기록하면, 이를 바탕으로 전문 돌봄 인력이 맞춤형 상호작용을 제공할 수 있습니다. 또한 가족 참여형 돌봄 시스템을 도입해, 로봇이 가족과 환자 간의 소통을 중재하거나 연결하는 역할을 하도록 설계하면 인간관계의 단절을 방지할 수 있습니다.

07 자본주의의 문제점을 제시하고 이에 대한 해결방안을 개인차원, 시민사회차원, 국가차원으로 구별하여 제시하시오.

◖예시답변▶ 첫째, 자본주의는 소득 불평등과 자산 집중이라는 문제를 야기합니다. 경쟁과 효율을 중시하는 구조 속에서 상위 계층은 더 많은 자산을 축적하고, 하위 계층은 기회조차 얻기 어려운 구조가 고착화됩니다. 이로 인해 사회적 갈등과 계층 간 단절이 심화됩니다

둘째, 개인 차원에서는 윤리적 소비와 공정한 경제 활동이 중요합니다. 예를 들어, 공정무역 제품을 구매하거나 사회적 기업을 지지함으로써 자

본주의의 착취적 구조를 완화하는 소비자 역할을 수행할 수 있습니다.
또한, 자산의 과도한 축적보다 공유와 기부를 실천하는 삶의 태도가
필요합니다

셋째, 시민사회 차원에서는 연대와 감시 기능 강화가 필요합니다. 시민
단체와 협동조합은 공공의 이익을 중심으로 경제 활동을 조직하고, 기
업과 정부의 불공정한 정책에 대해 비판과 대안을 제시하는 역할을 수
행할 수 있습니다. 이는 자본주의의 일방적 흐름을 견제하는 힘이 됩
니다.

넷째, 국가 차원에서는 복지 자본주의 모델과 공정한 조세 정책이 필요합
니다. 예를 들어, 북유럽 국가처럼 사회적 안전망을 강화하고 교육 · 의
료 · 주거를 공공 서비스로 보장함으로써 불평등을 완화할 수 있습니
다. 또한 부유세나 보유세 강화를 통해 자산 집중을 조절하고, 탄소 배
출권 거래제 등 지속 가능한 경제 모델을 도입하는 것도 중요합니다

08 양면성과 양쪽성에 대한 개념을 설명하고 이를 기반으로 적절한 사회현
상에서의 사례를 들어 구술하시오.

●예시답변 ▶ 첫째, 양면성은 하나의 대상이나 현상에 서로 상반되는 두
가지 성질이 동시에 존재하는 것을 의미합니다. 예를 들어, 기술 발전은
삶을 편리하게 만들지만 동시에 개인정보 유출이나 디지털 중독 같은
부작용도 초래합니다. 즉, 장점과 단점이 공존하는 복합적 특성을 말합
니다. 반면, 양쪽성은 어떤 사안에 대해 서로 다른 두 입장이나 관점이
존재하는 것을 뜻합니다. 예를 들어, 동일한 정책에 대해 찬성과 반대
의견이 나뉘는 경우처럼, 사회적 해석이나 가치 판단의 차이를 나타냅
니다.

둘째, 이러한 개념은 코로나19 방역 정책에서 잘 드러납니다. 마스크 착
용 의무화는 공공의 안전을 위한 긍정적 효과가 있지만, 동시에 개인의
자유를 제한하는 부정적 측면도 있어 양면성을 지닙니다. 그리고 이에
대해 일부는 공공복리를 위해 찬성하고, 다른 일부는 자유권 침해로 반
대하는 양쪽의 입장이 존재합니다. 이처럼 하나의 사회현상 속에 양면

성과 양쪽성이 동시에 작용하며, 정책 결정 시 균형 잡힌 접근이 필요
합니다.

09 개인이 집단을 구성했을 때, 사회구조의 관계 속에서 나타나는 일탈행동의
원인을 이론적으로 분석하고 이에 대한 다양한 대처방안을 구술하시오.

●예시답변 ▶ 첫째, 사회구조 속에서의 일탈행동은 아노미 이론으로 설
명할 수 있습니다. 뒤르켐은 급격한 사회변동으로 인해 기존 규범이 약
화되고 새로운 규범이 정립되지 않은 무규범 상태에서 일탈이 발생한
다고 보았고, 머튼은 문화적 목표와 제도적 수단 간의 괴리가 일탈을
유발한다고 분석했습니다. 예를 들어, 성공을 추구하지만 합법적 수단
이 부족한 개인은 불법적 방법을 선택할 수 있습니다.

둘째, 차별적 교제 이론은 일탈행동이 사회적 상호작용을 통해 학습된다
고 봅니다. 일탈 집단과의 지속적인 접촉은 일탈 행동의 기술과 정당화
동기를 내면화하게 만들며, 이는 집단 내에서 일탈이 확산되는 원인이
됩니다.

셋째, 대처방안으로는 사회구조적 접근과 개인적 개입이 병행되어야 합
니다. 아노미 상황을 해소하기 위해서는 제도적 수단의 확대와 규범 교
육 강화, 차별적 교제를 줄이기 위해서는 건강한 집단과의 교류 촉진,
낙인 이론에 따라 일탈자에 대한 신중한 규정과 상담 지원이 필요합니
다. 또한 갈등이론 관점에서는 불평등한 구조 개선과 사회적 기회의 확
대가 핵심입니다.

10 우리나라의 양성평등과 관련된 정책을 소개하고 정책의 강점과 약점을
분석한 후 약점을 보완할 수 있는 방안을 구술하시오.

●예시답변 ▶ 첫째, 우리나라는 양성평등을 위해 여성새로일하기센터
운영, 성별영향평가 제도, 공공부문 여성 대표성 확대, 가족친화인증제
등 다양한 정책을 추진하고 있습니다. 특히 경력단절 예방과 재취업 지
원, 여성인재 데이터베이스 구축, 양성평등 교육 확대 등은 여성의 사회
참여를 촉진하고 성평등 기반을 강화하는 데 기여하고 있습니다.

둘째, 이러한 정책의 강점은 제도적 기반이 탄탄하고 전국적으로 운영되는 인프라가 잘 갖춰져 있다는 점입니다. 예를 들어, 여성새로일하기센터는 150개 이상 운영되며, 직업교육훈련과 인턴십까지 연계해 실질적인 취업을 지원합니다. 그러나 약점으로는 정책의 효과가 특정 계층에 집중되고, 남성의 성평등 참여가 상대적으로 부족하다는 점이 있습니다. 또한 민간부문 여성 대표성 확대는 여전히 더딘 편이며, 성별임금격차 해소도 과제로 남아 있습니다2.

셋째, 이러한 약점을 보완하기 위해서는 남성의 돌봄 참여 확대와 성평등 교육 강화, 민간기업 대상 성별근로공시제 도입, 그리고 청년층 대상 성인지 감수성 향상 프로그램이 필요합니다. 특히 양성평등을 여성만의 문제가 아닌 사회 전체의 과제로 인식시키는 문화적 접근이 중요하며, 정책 수혜 대상을 다양화하고 지역별 특성을 반영한 맞춤형 정책 설계가 필요합니다.

11 [의과대학] 기출문제

> **(제시문)**
>
> A는 의과대학을 졸업하고 시골 농촌 마을에서 일하기 시작한 공중보건의사다. 원인불명의 피부질환이 유행하여 동네 이장님과 확인해보니, 마을 뒤편에는 화학물을 이용한 도금공장 근처에 있는 주민들이 공동으로 사용하는 우물이 원인으로 지목되었다. 아무래도 공장 폐수가 우물물로 유입된 것으로 보여 A는 지역 보건소와 군청에 이 사실을 알렸으나, 별다른 행정조치가 없고 피부질환이 계속 유행하였다.

문항 1) 당신이 의사 A라면 이 다음에 어떤 조치를 취하겠는가?

예시답변 ▶ 첫째, 저는 공중보건의사로서 지역 주민의 건강을 보호할 책임이 있다고 생각합니다. 행정기관의 미온적인 대응에도 불구하고, 피부질환의 원인이 도금공장의 폐수로 추정되는 만큼, 환경오염에 의한 건강 피해 가능성을 명확히 규명하기 위한 역학조사와 수질검사를 전문기관에 의뢰하겠습니다. 객관적인 자료 확보는 이후 조치의 근거가 됩니다.

둘째, 확보된 자료를 바탕으로 언론과 지역사회에 문제를 공론화하고, 주민들과 함께 청원이나 민원 제기, 공청회 요청 등 집단적 대응을 추진하겠습니다. 또한, 지역 보건소와 군청에 재차 공식적인 보고서와 개선 요청서를 제출하고, 필요하다면 환경부나 국민권익위원회 등 상위 기관에 문제를 제기하겠습니다.

셋째, 단기적으로는 피부질환 환자에 대한 진료 및 예방 교육, 우물 사용 자제 권고, 대체 식수원 확보 방안 마련 등 주민 건강 보호를 위한 실질적인 조치를 병행하겠습니다. 이는 공중보건의사로서의 현장 대응 능력과 윤리적 책임을 보여주는 중요한 역할입니다.

문항 2) 질문1에서 취한 행동을 하게 됨으로써 의사 A가 불이익을 받는 부분도 있을텐데, 그럼에도 불구하고 이런 행동을 하게 되는 이유는 무엇일까?

예시답변 ▶ 첫째, 의사 A는 공중보건의사로서 공공의 건강을 지키는 책임과 윤리적 의무를 가지고 있습니다. 피부질환이 우물 오염으로 인한 것이라면, 이를 방치하는 것은 해악금지 원칙에 위배되며, 지역 주민의 건강을 위협하는 상황을 외면하는 것이 됩니다. 설령 행정기관의 미온적인 대응으로 불이익을 받을 수 있더라도, 선행의 원칙에 따라 주민의 고통을 줄이고 질병 확산을 막기 위한 행동은 정당화됩니다.

둘째, 의사 A는 전문직 윤리와 사회적 신뢰를 중시하는 의료인으로서, 단순히 지시를 따르는 행정보다 공공선과 정의 실현을 우선시한 것입니다. 이러한 행동은 단기적으로는 불이익을 초래할 수 있지만, 장기적으로는 지역사회와 의료인의 신뢰를 구축하고, 공중보건의 정당성과 책임성을 강화하는 데 기여합니다. 이는 공중보건윤리에서 강조하는 공공의 참여 보장과 정보의 정직한 공개라는 가치에도 부합합니다.

문항 3) 아무리 기다려도 관청의 응답이 없어서 결국 의사 A는 이장님과 둘이서 몰래 공장에서 나오는 하수구를 시멘트로 막아버렸다. 의사 A의 행동에 대한 찬반 의견을 밝히고, 근거를 제시하시오.

예시답변 ▶ 첫째, 저는 의사 A의 행동에 찬성합니다, 왜냐하면 이는 공공의 건강과 생명을 보호하기 위한 긴급 대응이었기 때문입니다. 관청의 반복적인 무응답 속에서 피부질환이 계속 확산되는 상황은 공중보건 위기로 볼 수 있으며, 의사 A는 해악금지 원칙과 선행의 원칙에 따라 주민의 피해를 최소화하려는 행동을 취한 것입니다. 이는 단순한 불복종이 아니라 윤리적 책임을 다한 공공의사로서의 실천입니다.

둘째, 물론 법적 절차를 따르지 않은 점에서 행정법 위반이나 사적 제재의 우려가 있지만, 이는 제도적 대응이 작동하지 않았을 때 발생하는 구조적 문제로 이해해야 합니다. 오히려 이러한 행동은 제도의 미비점을 드러내고, 환경보건 문제에 대한 사회적 경각심을 높이는 계기가 될 수 있습니다. 단, 이후에는 공식적인 조사와 제도 개선을 위한 협력적 대응이 뒤따라야 하며, 의사 A의 행동이 공공의 이익을 위한 정당한 문제 제기로 평가받을 수 있도록 사회적 논의가 필요합니다.

12 [간호대학] 기출문제

> **(제시문)**
>
> 2020년부터 시작된 코로나19 감염병의 세계대유행은 사회, 경제 및 보건의료체계에 많은 영향을 주었다. 특히 보건의료체계에서 의료자원의 불공평한 분배가 야기되었다는 의견이 제기되었다. 즉 사회경제적으로 취약한 인구집단에게 공평하게 의료공급 혜택이 주어지지 않았다는 우려를 야기하였다. 이를테면, 코로나19 감염병의 집중치료를 위해 중환자실 병상 수가 제한된 상황에서, 중환자실 입원이 고려될 때 경제적으로 부유한 사람이 가난한 사람에 비해 중환자실 병상을 차지하는 사례를 가정해 볼 수 있겠다.

문항 1-1) 이 사례에서의 쟁점은 무엇이라고 생각하는가?

예시답변 ▶ 첫째, 이 사례의 핵심 쟁점은 의료자원의 배분 정의(Distributive Justice)입니다. 중환자실 병상처럼 생명을 좌우할 수 있는 자원이 부족한 상황에서, 누구에게 우선적으로 자원을 배분할 것인지에 대한 윤리적 기준과 정책적 원칙이 필요합니다. 단순히 경제력이나 사회적 지위에 따라 병상이 배정된다면, 이는 공정성과 생명권의 평등을 침해하는 결과를 초래할 수 있습니다.

둘째, 이 사례는 사회경제적 취약계층의 의료 접근권 박탈이라는 구조적 불평등 문제를 드러냅니다. 감염병 위기 상황에서 의료자원이 시장 논리에 따라 배분될 경우, 가난한 사람은 치료받을 기회를 잃고 생명권이 위협받는 상황이 발생할 수 있습니다. 이는 의료가 단순한 상품이 아니라 공공재로서의 성격을 지닌다는 점을 다시금 환기시키며, 국가의 책임과 제도적 개입의 필요성을 강조합니다.

문항 1-2) 해결할 수 있는 방안을 제시하시오.

예시답변▶ 첫째, 의료자원의 공정한 배분을 위해 명확한 배분 기준과 윤리적 지침이 필요합니다. 예를 들어, 중환자실 병상처럼 생명을 좌우하는 자원은 환자의 회복 가능성, 중증도, 여생 등을 고려한 점수제 기반의 분류 시스템(Triage)을 도입해야 합니다. 이는 의료진의 부담을 줄이고, 자원 배분의 투명성과 정당성을 높이는 데 도움이 됩니다.

둘째, 사회경제적 취약계층의 의료 접근권을 보장하기 위해 공공의료 인프라 확대와 전달체계 개선이 필요합니다. 민간 중심의 의료체계는 지불능력에 따라 자원이 배분되기 쉬우므로, 공공병원 확충과 지불제도 개편을 통해 필요 기반의 자원 배분이 가능하도록 해야 합니다.

셋째, 이러한 제도들이 효과적으로 작동하기 위해서는 사회적 합의와 시민 참여가 필수적입니다. 의료자원 배분은 단순한 기술적 문제가 아니라 윤리적 가치와 사회적 신뢰가 걸린 문제이므로, 정책 결정 과정의 투명성 확보와 공론화를 통해 국민의 이해와 지지를 얻는 것이 중요합니다.

> **[제시문2]**
>
> 이틀 후 대장암 수술을 받기 위해 A대학병원 일반외과 병동의 6인용 병실에 입원한 외국인 환자가 자신의 나라 문화라고 하며 밤새도록 불을 켜고 기도를 하고 있고, 같은 병실을 사용하는 다른 환자들은 이에 대한 불만을 간호사실에 제기하고 있다.

문항 2-1) 이 상황에서의 문제점 또는 쟁점은 무엇이라고 생각하는가?

◐예시답변▶　첫째, 이 상황의 주요 쟁점은 문화적 다양성 존중과 병실 내 공동체 규범 간의 충돌입니다. 외국인 환자는 자신의 문화적·종교적 신념에 따라 밤새 기도를 하는 행동을 보였지만, 이는 공동 병실의 타 환자들에게 수면 방해와 불편을 초래하며 갈등을 유발했습니다. 즉, 개인의 문화적 표현의 자유와 공공 공간에서의 배려와 규칙 준수 사이의 균형 문제가 핵심입니다.

둘째, 병원이라는 공간은 치료와 회복을 위한 공동체적 환경이므로, 모든 환자가 안정적이고 평등한 치료 환경을 누릴 권리가 있습니다. 따라서 병원 측은 문화적 민감성을 고려한 중재와 조정이 필요하며, 환자의 문화적 배경을 존중하되 공동 병실의 규칙과 타인의 권리도 함께 보호해야 합니다. 이는 다문화 사회에서의 갈등 조정과 포용적 의료 환경 조성의 중요한 과제입니다.

문항 2-2) 본인이 담당 간호사라면 이 문제를 어떻게 해결하겠는가?

◐예시답변▶　첫째, 저는 외국인 환자의 문화적·종교적 배경을 존중하는 자세를 유지하되, 병실 내 다른 환자들의 수면권과 치료 환경도 함께 고려해야 한다고 생각합니다. 따라서 해당 환자에게 개별 면담을 통해 상황을 설명하고, 기도 시간이나 방식에 대해 조율 가능한 부분이 있는지 협의하겠습니다.

둘째, 병실 내 갈등을 줄이기 위해 병원 내 다문화 민감성 교육 자료나 안내문을 활용해, 다른 환자들에게도 문화적 차이에 대한 이해를 높일 수 있는 기회를 제공하겠습니다. 동시에, 병실 내 조명 사용 규칙이나 소음 기준을 명확히 안내해 공동생활의 기본 규범을 재확인하겠습니다.
셋째, 필요하다면 해당 외국인 환자에게 1인실이나 문화적 배려가 가능
한 병실로의 이동을 제안하고, 병원 측에 적절한 병실 배정 요청을 하
겠습니다. 이러한 조치는 환자의 문화적 권리와 타인의 치료권을 동시
에 보호하기 위함입니다.

🎓 성균관대학교

전형명	전형 방법
학생부종합 성균인재(신설, 면접형)	❶ 서류 평가 100 (5배수 내외, 단 의예는 6배수 내외) ❷ 서류 평가 70 + 면접 30

👤 면접 평가 (학생부종합전형: 학과모집)

❶ 면접 유형 : 인·적성 평가

- 교육학, 한문교육, 수학교육, 컴퓨터교육, 스포츠과학은 인·적성 평가를 진행합니다.
- 의예는 MMI(Multiple Mini Interview, 다중미니면접)를 통한 인·적성 평가를 실시합니다.
- **면접 시간**: 10분 내외
- **면접 평가위원**: 2인 (이상)의 면접 평가위원

☑ 전략 포인트

- **확인 면접**: 제출 서류를 기반으로 하는 면접이 있을 수 있으므로 우선 본인이 제출한 학교생활기록부의 철저한 숙지와 정리가 필요합니다.
- **활동 내용 구체화**: 학업과 교과 연계 활동, 비교과 활동한 경험에 대해 구체적으로 답변해야 합니다. 동기, 과정, 결과, 변화, 후속 활동의 단계를 미리 정리하여 답변을 연습하면 가장 좋습니다.

[기출문제] : 일부 변형

01
A 고등학교의 과학탐구동아리는 입시에 도움이 되기 때문에 가입 경쟁이 치열하다. 합격 여부에는 과학 성적 외에도 동아리 선배들의 추천이 중요하다.

1학년 연우와 지수 모두 동아리 2학년 선배 서원이에게 초콜릿 선물을 주면서 자기들을 추천해 달라고 부탁하였고, 서원이는 흔쾌히 추천해 주기로 하였다. 그런데 연우는 합격하고 지수는 불합격하였다. 지수는 동아리 선생님을 찾아가 연우가 서원이에게 선물을 주면서 추천을 부탁한 사실을 알렸고, 연우는 일단 합격이 보류 되었다.

질문) 지수의 행동에 대해서 어떻게 생각하나요?

예시답변 ▶ 첫째, 지수의 행동은 공정성과 투명성을 요구하는 입장에서 이해할 수 있습니다. 동아리 추천 과정에서 선물과 부탁이 영향을 미쳤다면, 이는 공정한 선발 기준을 흐릴 수 있으며, 지수는 이를 문제 제기함으로써 제도적 개선을 촉구한 셈입니다. 특히 입시와 관련된 민감한 영역에서는 공정한 절차가 무엇보다 중요하기 때문에, 지수의 행동은 정의감에서 비롯된 문제 제기로 볼 수 있습니다.

둘째, 그러나 지수의 행동은 개인적 감정이나 경쟁심에서 비롯된 고발로 비춰질 위험도 있습니다. 만약 지수가 같은 행동을 했음에도 불합격했기 때문에 문제를 제기한 것이라면, 이는 공익보다 사익을 위한 행동으로 해석될 수 있습니다. 따라서 지수의 행동은 동기와 맥락에 따라 윤리적 평가가 달라질 수 있으며, 학교는 이를 계기로 추천 절차의 기준을 명확히 하고, 선물 등 외부 요인의 영향을 배제하는 제도적 장치를 마련할 필요가 있습니다.

02 다음은 혈액형에 대한 여러 가지 연구 결과이다.

1) 20세기 초 우생학자 히르슈펠트는 유럽인에게는 A형이, 비유럽인에게는 B형이 많다는 사실을 근거로 유럽인의 우수성을 주장했다.

2) 일본 심리학자 후루카와는 A형은 진중하고, B형은 활동적이고, AB형은 모순적이며, O형은 호기심이 많다고 주장했다. 연구 결과, 혈액형과 성격의 관련성이 일본에서는 관찰되었고, 호주와 대만에서는 관찰되지 않았다.

3) 말라리아는 사람의 적혈구에서 증식하는 미생물에 의해 발생하는데, O형은 다른 혈액형에 비해 말라리아의 감염률이나 중증도가 낮다고 관찰되었다.

4) 최근 O형인 사람에서 코로나19의 발생률이나 중증도가 낮다는 것이 미국, 유럽, 중국에서 관찰되었다.

질문) 위의 지시문을 읽고 지원자의 생각을 간략하게 이야기해보세요.

🫐예시답변 ▶ 첫째, 혈액형에 대한 연구는 질병 감수성과 면역 반응 등 생물학적 특성과 관련된 유의미한 결과를 보여주기도 합니다. 예를 들어, O형이 말라리아나 코로나19에 대해 상대적으로 낮은 감염률과 중증도를 보인다는 연구는 면역학적 기전에 기반한 과학적 관찰로써, 공중보건과 예방의학에 활용될 수 있는 정보라고 생각합니다.

둘째, 반면 혈액형과 성격의 관련성이나 특정 혈액형을 근거로 인종의 우열을 주장하는 것은 과학적 근거가 부족하거나 편향된 해석일 수 있습니다. 특히 우생학적 주장이나 성격 일반화는 사회적 고정관념과 차별을 강화할 위험이 있으며, 문화적 맥락에 따라 관찰 결과가 달라지는 점에서도 객관성과 재현성의 한계가 드러납니다. 따라서 혈액형 연구는 과학적 검증과 윤리적 성찰을 함께 고려해야 한다고 생각합니다.

➡️ 이 문항은 혈액형 연구의 우생학적인 문제점과 과학성 논란에 대해 비판적이고 논리적인 사고를 평가하려는 의도를 가지고 있습니다. 혈액형 연구는 아직 과학적인 근거가 미흡하지만 사회문화적 영향력을 무시할 수 없다는 점에 착안해서 답변을 구성할 필요가 있습니다.

03 준희는 영우와 중학교때부터 로봇 만들기 취미가 같아 단짝 친구였다. 둘은 같은 고등학교에 진학하였지만 현재는 다른 반이다. 준희는 중학교 때 공부도 잘 하고 영우와 함께 로봇 경진대회에서 입상도 하는 등 재능 있는 친구였다. 그런데 고등학교에 들어와서 수업시간에 휴대폰을 보거나 책상에 엎드려 자는 경우가 많고 성적도 떨어졌다고 들었다. 영우는 준희의 재능을 이미 알고 있고 팀워크도 잘 맞았기 때문에 석 달 후에 있을 로봇경진대회를 위해 준희에게 같은 팀으로 준비하자고 하였다. 그런데 준희는 잠시 머뭇거리다가 이젠 그런 것에 관심 없다며 그냥 가버렸다. 영우에게는 로봇경진대회 입상이 대학 입시에 매우 중요하다.

질문) 지원자가 영우라면 어떤 생각이 들까요?

예시답변 ▶ 첫째, 저는 준희가 예전처럼 로봇에 관심을 갖고 함께 대회를 준비하길 바랐기 때문에, 그의 거절에 당황스럽고 아쉬운 마음이 들었습니다. 중학교 때 함께했던 추억과 팀워크를 떠올리며 기대했는데, 갑작스러운 변화에 혼란과 실망을 느꼈습니다. 특히 로봇경진대회가 제 입시에 중요한 만큼, 실질적인 걱정과 불안도 함께 들었습니다.

둘째, 하지만 준희의 변화된 모습과 반응을 보며, 단순히 실망하기보다 그 친구가 겪고 있는 어려움이나 감정적 거리감을 이해하려고 노력했습니다. 혹시 학업이나 개인적인 문제로 힘들어하고 있는 건 아닐까 생각하며, 친구로서 도와줄 수 있는 방법을 고민하게 되었습니다. 결국 중요한 건 대회보다 준희와의 우정과 서로에 대한 존중이라고 느꼈습니다.

04 메타버스와 인공지능(AI)의 활용이 늘어나면서, AI가 인간을 대신할 미래가 다가오고 있다는 전망이 늘어나고 있다. 학교에서도 'AI교사'가 '인간교사'를 대체할 수 있는지에 대한 찬반논쟁이 일어나고 있다. 우리나라 학교현실에서 'AI 교사'가 '인간 교사'를 대체할 수 있는지에 대한 자신의 생각을 제시하고, 인공지능융합시대에 교사가 어떤 능력을 갖출 필요가 있다고 생각하는지 구체적인 예를 들어 설명하시오.

예시답변 ▶ 첫째, 저는 우리나라 학교 현실에서 AI 교사가 인간 교사를 완전히 대체하기는 어렵다고 생각합니다. AI는 맞춤형 학습 제공, 반복 학습 지원, 채점 자동화 등에서 효율성을 높일 수 있지만, 학생의 감정과 상황을 공감하고 동기를 부여하는 능력은 인간 교사만이 수행할 수 있는 고유한 역할입니다. 특히 한국의 교육은 정서적 소통과 관계 중심의 교실 문화가 중요하기 때문에, AI는 보완재로는 유용하지만 대체재로는 한계가 있습니다

둘째, 인공지능융합시대의 교사는 디지털 도구 활용 능력과 인간 중심 역량을 동시에 갖춰야 한다고 생각합니다. 예를 들어, 교사는 ChatGPT나 스마트 학습 플랫폼을 활용해 학생별 맞춤형 학습 콘텐츠를 설계할 수 있어야 하며, 동시에 학생의 질문을 이끌어내고 창의적 사고를 촉진하는 질문 설계 능력도 필요합니다. 또한, AI가 제공하는 학습 데이터를 분석해 학생의 학습 경향을 파악하고 정서적 지지를 제공하는 상담자 역할도 수행해야 합니다.

05 코로나19 이후 교권침해 발생 비율이 다시 높아지면서, 학교현장의 우려가 높아지고 있다. 학생의 교권침해 사례가 학교에서 발생할 때, 예비교사로서 해당 학생을 어떻게 지도하는 것이 바람직한지, 자신의 직접 또는 간접 경험(언론기사 포함)을 바탕으로 구체적인 예를 들어 설명하시오..

예시답변 ▶ 첫째, 교권침해가 발생했을 때는 학생의 행동을 즉각적으로 제지하기보다, 상황을 안전하게 관리하고 감정을 가라앉히는 것이 우선이라고 생각합니다. 예를 들어, KBS 보도에 따르면 수업 중 교사 옆에 누워 휴대폰으로 촬영하는 학생이 있었지만, 교사는 직접적인 제재를 하지 못해 무력감을 느꼈다고 합니다. 이런 상황에서는 학생과의 직접적인 대립을 피하고, 교권보호위원회나 상담교사 등 학교 내 공식 절차를 활용하는 것이 바람직합니다.

둘째, 예비교사로서 저는 학생의 행동 이면에 있는 감정과 환경을 이해하려는 태도가 중요하다고 생각합니다. 예를 들어, 제가 교육봉사 중 만난 한 학생은 반복적으로 수업을 방해했지만, 알고 보니 가정 내 갈등

으로 인해 정서적으로 불안한 상태였습니다. 이때 저는 비난보다 공감과 상담을 통해 신뢰를 쌓고, 점진적으로 행동을 개선할 수 있었습니다. 이는 단순한 훈육보다 회복적 접근(restorative approach)이 효과적일 수 있다는 점을 보여줍니다.

셋째, 교권침해는 단순히 교사의 권리 문제가 아니라 학생의 학습권과 공동체의 안전을 위한 문제이기도 합니다. 따라서 예비교사는 생활지도권과 학생 인권 사이의 균형을 이해하고, 갈등 상황에서 윤리적 판단과 제도적 대응을 병행할 수 있는 역량을 갖춰야 한다고 생각합니다. 특히 교권보호 관련 법령과 절차에 대한 이해, 학생과의 소통 기술, 그리고 심리적 회복을 돕는 감수성이 중요합니다.

06 본인이 10년 후 미래에 대해 어떻게 생각하는지 말하시오. 본인이 생각하는 10년 후 미래의 모습을 이루기 위해 구체적으로 어떻게 할지 설명하시오.

> **예시답변 ▶** 첫째, 저는 10년 후에 전문성과 인간적 신뢰를 갖춘 교육자로 성장해 있기를 기대합니다. 단순히 지식을 전달하는 교사가 아니라, 학생의 삶에 긍정적인 영향을 주는 멘토이자 동반자가 되고 싶습니다. 기술과 인문학을 융합한 교육을 통해 학생의 창의성과 감수성을 함께 키우는 교실을 만들고 싶습니다. 또한, 교육 외에도 사회적 기여와 지속 가능한 삶을 실천하는 시민으로서의 역할도 중요하게 생각합니다.

둘째, 이러한 미래를 이루기 위해 저는 지금부터 세 가지 실천 전략을 꾸준히 이어갈 계획입니다. 첫째, 전문성 강화를 위해 교육학과 심리학, 디지털 리터러시 관련 학습을 지속하고, 둘째, 현장 경험을 통해 학생과의 소통 능력과 감수성을 키우며, 셋째, 자기 성찰과 피드백을 통해 인간적 성숙을 이루는 노력을 병행할 것입니다. 특히, 매년 목표를 설정하고 점검하는 루틴을 통해 장기적인 성장 흐름을 유지할 계획입니다.

07 본인이 좋아하는 스포츠 종목에 대해 설명하시오. 특히, 본인이 좋아하는 이유와 스포츠 종목의 특성에 대해 논리적으로 설명하시오.

예시답변▶ 첫째, 제가 좋아하는 스포츠는 테니스입니다. 테니스는 단식과 복식으로 나뉘며, 라켓을 이용해 공을 네트 너머로 넘기는 전략적이고 역동적인 라켓 스포츠입니다. 경기 중에는 순간적인 판단력, 민첩성, 지구력, 집중력이 모두 요구되며, 특히 서브와 리턴, 랠리 속에서의 심리전이 매우 흥미롭습니다. 또한 실내외 코트에서 즐길 수 있어 계절과 날씨에 구애받지 않고 꾸준히 운동할 수 있는 점도 큰 장점입니다.

둘째, 제가 테니스를 좋아하는 이유는 신체적 건강과 정신적 성취감을 동시에 얻을 수 있기 때문입니다. 테니스는 유산소와 무산소 운동이 결합된 형태로 심폐지구력과 근력 강화에 효과적이며, 경기 중에는 자기 통제력과 스트레스 조절 능력도 함께 향상됩니다. 특히 공이 라켓에 정확히 맞을 때의 임팩트 쾌감과 승부의 긴장감은 다른 스포츠에서 느끼기 어려운 매력입니다. 또한 다양한 연령대와 함께 즐길 수 있어 평생 스포츠로서의 가치도 높다고 생각합니다.

08 대학 생활에서 교과과정 이외에 본인이 중요하다고 생각하는 것을 설명하시오.

예시답변▶ 첫째, 저는 10년 후에 학생의 성장에 깊이 기여하는 교육자로 자리매김하고 있을 것입니다. 교과 지식뿐 아니라 정서적 공감과 사회적 연대감을 키울 수 있는 인간 중심의 수업을 운영하며, 교육 현장에서 신뢰받는 멘토로 활동하고 있을 거예요. 기술과 인문적 소양을 접목한 융합교육 콘텐츠 개발에도 참여하며, 미래 교육의 방향을 선도하는 역할을 하게 될 것입니다.

둘째, 이러한 미래를 실현하기 위해 지금부터 디지털 교육 역량, 소통 능력, 자기 성찰 루틴을 꾸준히 개발할 것입니다. 예를 들어, AI를 활용한 개인 맞춤 수업 설계법을 익히고, 다양한 교육봉사나 연구 프로젝트에 참여하여 현장성과 전문성을 동시에 갖춘 교사로 성장할 계획입니다.

매년 목표를 설정하고, 학문적·인격적 성장 지표를 점검하는 루틴을 통해 10년 후에는 제가 상상한 모습을 현실로 만들 수 있을 거예요.

09 BTS(방탄소년단)와 드라마 오징어게임과 같은 K-콘텐츠가 세계적으로 큰 인기를 끌고 있다. 하지만 매년 10월 발표되는 기초과학분야 노벨상에는 미국이나 일본에 비해 우리나라 수상자가 전무한 상태이다. 우리나라 학교현실에서 BTS나 오징어게임과 같은 K-콘텐츠의 세계적 성공 사례를 노벨상을 포함한 다른 분야에서도 가능하게 하기 위해서 교사로서 어떤 노력이 필요하다고 생각하는지 구체적인 예를 들어 설명하시오.

예시답변 ▶ 첫째, 교사는 학생들에게 창의성과 융합적 사고를 키울 수 있는 교육 환경을 제공해야 합니다. BTS나 오징어게임의 성공은 단순한 기술이 아니라 문화적 상상력과 사회적 메시지를 담은 창의적 콘텐츠에서 비롯된 것입니다. 과학 분야에서도 기초지식에 예술적 감수성과 문제해결력을 결합한 융합형 인재가 필요하며, 교사는 STEAM 교육(과학·기술·공학·예술·수학)을 통해 이러한 역량을 키워야 합니다.

둘째, 교사는 학생들에게 실패를 두려워하지 않는 탐구정신과 장기적 몰입의 중요성을 가르쳐야 합니다. 노벨상 수상자들은 대부분 수십 년간 한 분야에 몰입하며 실패를 반복한 끝에 성과를 이룬 사례가 많습니다. BTS 역시 데뷔 초의 무명 시절을 거쳐 세계적 성공을 이뤘듯, 교사는 과정 중심의 평가와 탐구 기반 수업을 통해 끈기와 자기주도적 학습 태도를 길러야 합니다.

셋째, 교사는 학생의 다양성과 잠재력을 존중하고, 개별 맞춤형 진로 탐색을 지원하는 멘토 역할을 수행해야 합니다. 오징어게임의 성공은 한 국적 현실을 세계적 언어로 풀어낸 결과이며, 이는 다양한 배경과 관점을 가진 인재들이 협업한 결과입니다. 교사는 학생의 흥미와 재능을 조기에 발견하고, 과학·예술·인문 등 다양한 분야로의 진로 탐색을 돕는 진로교육과 상담 역량을 갖춰야 합니다.

🎓 한양대학교

대표 면접 실시 전형 방법 개요

전형명	전형 방법
학생부종합 (면접형)	❶ 서류 평가 100 (7배수, 동점자 모두 선발) ❷ 서류 평가 70 + 면접 30

👤 면접 평가

❶ 면접 유형과 개요: 사범(학생부 기반), 공과(제시문 기반)

① **사범대학(학생부 기반):** 학교생활기록부를 기반으로 개별 면접 평가를 진행 ⇒ 공통질문(지원동기, 가치관 및 인성 등) 및 학생부 면접

- **면접 시간:** 10분 내외
- **면접 평가위원:** 2인 내외의 면접 평가위원

② **공과대학 및 한양인터칼리지학부(자연):** 제시문 기반 면접

- **면접방법:** 현장 녹화 면접(비대면)
- **면접 시간:** 20분 내외

❷ 평가 항목 및 평가 요소

① **사범대학(학생부 기반)**

- **평가요소:** 적성, 인성, 잠재력
- **평가내용:** 예비 교육인으로서의 가치관 및 태도, 질문에 대한 의사표현의 적절성 및 논리적인 전개력(학업지식 또는 대학 전공 수준의 이해를 요구하는 어려운 질문은 배제하고 개인 역량을 중심으로 평가)

② **공과대학 및 한양인터칼리지학부(자연):** 제시문 기반 면접

- **평가요소:** 학업, 논리적 사고, 의사소통

- **평가내용**: 제시문 기반 학업, 논리적 사고력 및 의사소통 능력 평가
- **출제 범위 (수학)**: 수학, 수학Ⅰ, 수학Ⅱ, 미적분, 확률과 통계, 기하 (과학): 통합과학, 물리학Ⅰ, 화학Ⅰ, 생명과학Ⅰ, 물리학Ⅱ, 화학Ⅱ, 생명과학Ⅱ

✔️ 전략 포인트

- **사범대: 학생부 기반**: 학생부를 기반으로 하는 면접이 있으므로 우선 본인이 제출한 학교생활기록부의 철저한 숙지와 정리가 필요합니다.

- **활동 내용 구체화**: 학업과 교과 연계 활동, 비교과 활동한 경험에 대해 구체적으로 답변해야 합니다. 동기, 과정, 결과, 변화, 후속 활동의 단계를 미리 정리하여 답변을 연습하면 가장 좋습니다.

🎓 이화여자대학교

면접이 있는 대표 전형

전형명	전형 방법
학생부종합: 미래인재전형 (신설, 면접형)	❶ 1단계: 서류 100 (5배수) ❷ 2단계: 1단계 성적 70 + 면접 30

학생부종합전형(미래인재전형)

① 면접 개요

- **면접 방식**: 서류 기반 맞춤형 개별 면접

  서류(학교생활기록부 등)를 기반으로 면접 평가 진행

- **면접 시간**: 10분 내외
- **면접 평가위원**: 2명 이상
- **평가 영역**: 학업역량, 진로역량, 발전가능성 등의 3개임

  - 학업역량: 대학입학 후의 학업수행을 위해 필요한 역량

  - 진로역량: 지원전공(계열)에 관한 탐색노력과 준비정도

  - 발전가능성: 현재 상황이나 수준보다 질적으로 더 높은 단계로 향상될
  가능성

  서류 평가를 통해 학업역량, 학교활동의 우수성, 발전가능성 등을 종합적
  으로 평가함.

✔️ 전략 포인트

- **확인 면접**: 제출 서류를 기반으로 하는 면접이 있으므로 우선 본인이 제출
  한 학교생활기록부의 철저한 숙지와 정리가 필요합니다.

- **활동 내용 구체화**: 학업과 교과 연계 활동, 비교과 활동을 한 경험에 대해 구체적으로 답변해야 합니다. 동기, 과정, 결과, 변화, 후속 활동의 단계를 미리 정리하여 답변을 연습하면 가장 좋습니다.

- **기출 문제(예시)**

  - 변호사, 검사, 판사, 배심원 중 누구의 역할이 가장 중요하다고 생각하는가?

    예시답변 ▶ 첫째, 저는 판사의 역할이 가장 중요하다고 생각합니다, 왜냐하면 판사는 사건의 최종 판단자로서 법률을 해석하고 적용하여 판결을 내리는 권한을 갖고 있기 때문입니다. 변호사와 검사가 각각 개인의 권리 보호와 공익을 대변한다면, 판사는 중립적 입장에서 양측의 주장을 경청하고, 증거와 법률을 바탕으로 공정한 결정을 내리는 핵심 역할을 수행합니다. 즉, 사법 절차의 마지막 문을 여닫는 존재라고 볼 수 있습니다.

    둘째, 물론 변호사와 검사는 각각 권리 보호와 사회 질서 유지라는 중요한 기능을 수행하고, 배심원은 시민의 참여를 통해 재판의 민주성과 신뢰를 높이는 역할을 합니다. 하지만 이 모든 과정의 결과를 법적 판단으로 확정짓는 사람은 판사이며, 그 결정은 개인의 삶과 사회 전체에 큰 영향을 미칩니다. 따라서 법치주의 실현과 정의 구현의 중심축은 판사라고 생각합니다.

  - 미래 학교는 어떤 형태라고 생각하는가?

    예시답변 ▶ 첫째, 미래 학교는 디지털 기반의 스마트 학습 환경으로 변화할 것입니다. AI 교사, VR · AR 콘텐츠, IoT 기반 학습 도구를 활용해 학생 개개인의 수준과 흥미에 맞춘 맞춤형 수업이 가능해지고, 교사는 학습 조력자와 설계자로서의 역할을 수행하게 될 것입니다. 예를 들어, 세종시의 '캠퍼스 고등학교'는 고교학점제를 기반으로 진로 맞춤형 교과 중점과정을 운영할 예정입니다.

    둘째, 학교의 물리적 공간은 유연하고 개방적인 형태로 진화할 것입니다. 교실은 가변형 구조로 바뀌고, 학생들은 정해진 시간표나 학년 구분 없이 자율적으로 프로젝트를 설계하고 협업하는 공간에서 학습하게 됩니다. 경기도의 '신나는학교'는 학생들이 교육과정과 공간을 직접 기획하고 설계하는 무학년 학점제 기반 학교로 운영되고 있습니다.

셋째, 교육과정은 개별화·융합형·생태지향적 방향으로 재구성될 것입니다. 단순한 지식 전달이 아닌, 문제 해결 중심의 프로젝트 학습, 생명·기후·평화 등 미래 사회의 핵심 이슈를 다루는 교육이 강화됩니다. 세종형 대안교육기관에서는 명상, 산책, 집단상담 등 삶 중심의 교육과정이 실제로 운영되고 있습니다.

🎓 중앙대학교

면접이 있는 대표 전형

전형명	전형 방법
CAU융합형 인재 (의학부)	❶ 서류 평가 100 (5배수) ❷ 서류 평가 70 + 면접 30
CAU탐구형 인재	❶ 서류 평가 100 (3.5~5배수) ❷ 서류 평가 70 + 면접 30

👤 면접 평가

① 면접 유형과 개요: 서류 확인 면접

- **서류 확인:** 서류(학교생활기록부 등)를 기반으로 개별 면접 평가를 진행합니다. ⇒ 공통질문(지원동기, 가치관 및 인성 등) 및 개인 서류 확인 면접
- **면접 시간:** 10분 내외
- **면접 유형 및 평가 내용**
- **면접 평가위원:** 다수의 면접 평가위원을 입학사정관 2인의 평가위원으로 교체

② 평가 항목 및 평가 요소

구분	전형별	
	CAU탐구형 인재	CAU융합형 인재(의학부)
평가방향	• 교과에 대한 기본 개념 이해 및 활용 능력, 관심분야에 대한 탐구 노력과 성과 • 전공(계열)에 대한 관심 및 진로 탐색 노력 및 발전 정도	• 교과에 대한 기본 개념 이해 및 활용 능력, 학습활동 과정에 대한 참여 및 이해 수준 • 다양한 교내 활동(학업, 비교과 활동 등)에 대한 관심과 참여노력, 성과

구분	전형별	
	CAU탐구형 인재	CAU융합형 인재(의학부)
평가요소	• 학업준비도 • 전공(계열) 적합성 • 의사소통능력 및 인성	• 학업준비도 • 학교생활충실도 • 의사소통능력 및 인성
질문내용	• 학교 수업 및 탐구활동을 중심으로 개인별 면접	• 학교 수업 및 비교과 활동 등 다양한 교내 활동에 대해 개인별 면접

• **평가척도**: 탁월(S), 우수(A), 양호(B), 보통(C), 미흡(D), 미달(F)

☑ 전략 포인트

• **서류 확인 면접:** 제출 서류를 기반으로 하는 면접이 있으므로 우선 본인이 제출한 학교생활기록부의 철저한 숙지와 정리가 필요합니다.

• **활동 내용 구체화:** 학업과 교과 연계 활동, 비교과 활동한 경험에 대해 구체적으로 답변해야 합니다. 동기, 과정, 결과, 변화, 후속 활동의 단계를 미리 정리하여 답변을 연습하면 가장 좋습니다.

🎓 경희대학교

면접이 있는 대표 전형

전형명	전형 방법
네오 르네상스	❶ 서류 평가 100 (3배수, 의약학은 4배수) ❷ 서류 평가 70 + 면접 30

🧑 네오르네상스전형

❶ 면접 개요

- **면접 방식**: 서류 확인 면접

  서류(학교생활기록부)를 기반으로 개별 면접 평가 진행

  공통질문(지원동기, 가치관 및 인성 등) 및 개인 서류 확인 면접
- **면접 시간**: 10분 내외
- **면접 평가위원**: 2명

❷ 평가 항목 및 평가 요소

항목	요소	평가 기준
인성 (50%)	가치관 및 태도	창학이념 적합도(창의적 노력, 진취적 기상, 건설적인 협동)
	의사소통능력	공감능력, 표현력
전공 적합성 (50%)	전공 기초 소양	전공 적합성, 학업역량
	논리적 사고력	논리력, 사고력

- **평가척도**: 탁월(S), 우수(A), 양호(B), 보통(C), 미흡(D), 미달(F)
  - 가감점 활용

✓ 전략 포인트

- **서류 확인 면접**: 제출 서류를 기반으로 하는 면접이 있으므로 우선 본인이 제출한 학교생활기록부의 철저한 숙지와 정리가 필요합니다.

- **활동 내용 구체화**: 학업과 교과 연계 활동, 비교과 활동한 경험에 대해 구체적으로 답변해야 합니다. 동기, 과정, 결과, 변화, 후속 활동의 단계를 미리 정리하여 답변을 연습하면 가장 좋습니다.

- **기출 문제(예시)**

  [인문계열] 정년 연장에 대한 본인의 의견을 찬성 또는 반대의 입장에서 말하시오.

  ▶ **예시답변 ▶** 첫째, 우리나라는 빠르게 초고령사회로 진입하고 있으며, 생산가능인구는 지속적으로 감소하고 있습니다. 이러한 인구 구조 변화 속에서 건강하고 숙련된 고령 인력의 노동시장 참여를 확대하는 것은 국가 경쟁력 유지와 연금 재정 안정화에 도움이 됩니다.

  둘째, 현재 60세 이상 고령층은 과거와 달리 업무 숙련도와 조직 적응력이 높고, 건강 상태도 양호한 경우가 많습니다. 단순히 나이만으로 은퇴를 강제하는 것은 사회적·경제적 자원의 낭비이며, 특히 기술직·공공행정·금융 분야에서는 경험 많은 인력의 지속 활용이 필수적입니다.

  셋째, 정년 연장은 청년층의 일자리를 빼앗는 것이 아니라, 세대 간 연대와 상생을 위한 구조적 접근이 될 수 있습니다. 고령층이 계속 일하면서 세금을 더 내고 복지 수요를 완화하면, 청년 세대의 장기적 부담을 줄이는 데도 기여할 수 있습니다. 다만, 임금체계 개편과 유연한 고용 방식이 병행되어야 하며, 청년 고용 확대 정책과 함께 추진되어야 합니다.

  [자연계열] 화석연료 소비량을 규제해야 한다는 의견과 규제에 반대하는 의견에 대해 본인의 입장을 말하시오.

  ▶ **예시답변 ▶** 첫째, 화석연료는 지구 온난화와 기후변화의 주요 원인입니다. 석탄, 석유, 천연가스의 연소 과정에서 발생하는 온실가스는 대기

중 농도를 높여 자연재해와 생태계 파괴를 초래합니다. 실제로 O형 혈액형이 말라리아나 코로나19에 덜 취약하다는 연구처럼, 환경은 인간 건강에도 직접적인 영향을 미칩니다.

둘째, 규제를 통해 재생에너지로의 전환을 촉진할 수 있습니다. 태양광, 풍력, 수력 등은 지속 가능하고 탄소 배출이 거의 없으며, 장기적으로는 에너지 독립성과 경제 안정성을 높이는 데 기여합니다. 노르웨이처럼 전기차 보급과 재생에너지 확대를 병행한 국가는 실제로 탄소 배출을 줄이며 국제적 리더십을 확보하고 있습니다.

셋째, 물론 규제에 따른 경제적 부담과 산업계의 반발이 있을 수 있지만, 이는 기술 혁신과 정책적 지원을 통해 완화할 수 있습니다. 예를 들어, 일자리 전환 프로그램이나 에너지 저장 기술 개발을 병행하면 정의로운 전환(just transition)이 가능합니다. 규제는 단절이 아니라 지속 가능한 미래로의 연결 고리라고 생각합니다.

- **Tip**
- **일반 계열**: 대기실에 있다가 2~3명씩 내려가서 문 앞에 대기하며, 친절하고 부드럽게 면접을 진행합니다. 압박 면접은 하지 않습니다. 자기소개 시간은 30초 정도를 줍니다. 이에 대비한 발언 내용을 정리할 필요가 있습니다.
- **의학 계열**: 면접장이 제시문 부분, 인성 부분 2개로 나뉘어져 있으며 각 면접장 당 약 9분씩 진행되어 총 18분을 진행합니다. 자기소개는 1분의 시간을 줍니다. 이에 대해 준비할 필요가 있습니다.

[기출문제: 의학계열]

〈문제1〉

1. 나는 2년차 정형외과 전공의다. 하루 종일 수술 보조를 한 후 잠시 쉬고 있는데 병원행정팀에서 연락이 왔다. 환자보호자가 나에 대한 불만을 '고객의 소리'에 올린 것이다. 불만의 내용은 내가 주치의를 맡은 어제 입원한 A 환자의 MRI 검사와 관련된 것이었다. A 환자는 2주 전 양쪽 어깨 통증으로 외래진료를 받았는데, 1년 전부터 오른쪽 어깨가 아프기 시작하더니 최근엔 왼쪽 어깨가 좀더 아프다고 호소했다. 외래에서 시행한 초음파 검사에서 양쪽 어깨의 힘줄파열이 보였으나 힘줄의 상태로

볼 때 오른쪽 어깨 수술이 좀더 급하다고 판단하여 수술 전 정밀검사로 오른쪽 어깨 MRI를 시행하고 입원하기로 하였다. 하지만 환자가 입원한 후 검사를 확인해보니 왼쪽 어깨 MRI를 시행한 상태였다. 외래진료 기록을 다시 살펴보니, 검사코드 입력담당 간호사가 왼쪽 어깨 MRI를 입력한 것으로 되어있었다. 아마도 환자의 주증상이 왼쪽으로 적혀 있는 진료기록을 보고 검사부위를 왼쪽 어깨로 잘못 입력한 것 같았다. 선배인 4년차 전공의는 "교수님의 회진이 1시간도 남지 않았으니 당장 오른쪽 어깨 MRI를 촬영하라."고 다그쳤다. 이에 나는 환자에게 충분히 설명하지 못하고 MRI 검사동의서를 뒤로 미룬 채 오른쪽 어깨 MRI를 촬영하였다. 무사히 회진을 마치고 바쁘게 다른 업무를 보다가 이 사실을 깜빡 잊고 있었는데, 다음날 의료비 중간정산서를 본 보호자가 고가의 MRI 비용이 또 청구된 것을 발견하고 "담당주치의가 제대로 된 설명도 없이 과도한 검사로 환자를 힘들게 했다."며 민원을 넣은 것이다. 더구나 보호자에 의하면, 환자는 입원 전 생애 첫 MRI 검사를 하면서 자신이 폐쇄된 좁은 공간에 대한 불안감이 있음을 처음으로 알게 되었고 두 번째 MRI 검사에서는 더 많이 힘들어했다고 한다. 행정팀에서는 민원에 대해 A 환자와 보호자에게 주치의로서 직접 답변해달라고 했다.

지원자가 '나'라면 A 환자와 보호자에게 어떻게 답변할지 말해보시오.

예시답변▶ 먼저, A 환자와 보호자님께 불편을 드린 점에 대해 진심으로 사과드립니다. 검사 부위가 잘못 입력되어 원래 계획과 달리 왼쪽 어깨 MRI가 먼저 촬영된 상황이 발생했고, 그 과정에서 환자분께 충분한 설명을 드리지 못한 점을 깊이 반성하고 있습니다.

이번 일은 제가 검사 동의 절차와 환자 안내를 충분히 확인하지 못한 데서 비롯되었습니다. MRI 검사를 두 번 받게 되어 불편함과 불안감을 느끼셨다는 말씀을 듣고, 의료진으로서 환자분의 신체적·심리적 부담을 충분히 고려하지 못한 점에 대해 매우 안타깝게 생각합니다.

앞으로는 이런 일이 재발하지 않도록, 검사 코드 입력과 검사 동의 절차를 보다 철저히 확인하고, 환자분과 보호자님께 검사 필요성과 과정을 충분히 안내하겠습니다. 또한, 환자분의 불안감을 고려한 검사 진행과 추가 안내 방안을 마련하여, 신뢰를 회복할 수 있도록 최선을 다하겠습니다. 다시 한번 불편을 드린 점에 대해 사과드리며, 앞으로도 환자 안전과 편의를 최우선으로 하는 진료를 약속드립니다.

〈추가 질문〉

01 이 상황의 문제점은 무엇이고 누구 잘못이 가장 크다고 생각하는가?

예시답변 ▶ 이 상황의 문제점은 여러 가지가 복합적으로 나타났습니다. 먼저, 검사 코드 입력 오류로 환자의 MRI가 잘못된 부위에서 촬영되었고, 그 과정에서 환자와 보호자에게 충분한 설명이 이루어지지 않았다는 점이 가장 큰 문제였습니다. 또한, 환자가 생애 처음 경험하는 MRI라는 점에서 심리적 부담과 불안을 충분히 고려하지 못한 점도 문제로 볼 수 있습니다. 이런 과정에서 행정적 확인 절차가 제대로 이루어지지 않아, 환자와 보호자에게 과도한 의료비가 청구된 것으로 보였습니다.

책임을 분석해 보면, 최종적으로 주치의인 제가 가장 큰 책임을 져야 한다고 생각합니다. 간호사의 입력 오류나 선배 전공의의 지시는 부분적 요인이지만, 환자에게 검사 필요성과 과정, 비용, 불편 가능성을 충분히 안내하고 확인하는 책임은 최종적으로 주치의에게 있기 때문입니다. 따라서 이번 경험을 통해 환자 안내와 확인 절차의 중요성을 다시 한 번 인식하게 되었고, 앞으로는 검사 전 동의와 충분한 설명을 통해 환자 안전과 신뢰를 최우선으로 하겠습니다.

02 이러한 상황이 재발하지 않도록 하기 위한 개선책은 무엇일까?

예시답변 ▶ 첫째, 검사 코드 입력과 확인 절차를 강화해야 합니다. 간호사가 입력한 검사 부위를 주치의가 반드시 재확인하고, 검사 동의서 작성 전에 부위와 목적을 환자와 보호자에게 명확히 안내하는 절차를 마련해야 합니다.

둘째, 환자 안내와 심리적 준비를 철저히 해야 합니다. MRI처럼 환자에게 부담이 되는 검사는 사전에 불안 정도를 확인하고, 검사 과정과 소요

시간을 충분히 설명하여 환자가 준비할 시간을 갖도록 해야 합니다.

셋째, 팀 내 의사소통과 역할 분담의 명확화가 필요합니다. 검사 코드 입력, 동의서 확인, 실제 검사 진행까지 각 단계별 책임자와 확인 절차를 명확히 하여 실수와 누락이 발생하지 않도록 해야 합니다.

마지막으로, 전자 의료 기록과 시스템 개선을 통해 입력 오류를 줄이고, 검사 부위와 비용 청구 내역을 자동으로 상호 검증할 수 있는 방안을 마련하면 재발 위험을 크게 줄일 수 있습니다.

이러한 개선책을 통해, 환자 안전과 신뢰를 최우선으로 하는 진료 환경을 만들 수 있다고 생각합니다.

03 "초음파 검사에서 양쪽 어깨에 모두 힘줄파열이 보였으므로 어차피 왼쪽 어깨 상태도 MRI로 정확하게 확인하는 것이 필요했다."라고 설득해보는 것은 어떠한가?

▶ 예시답변 ▶ 제가 만약 환자와 보호자님께 설명한다면, "초음파 검사에서 양쪽 어깨의 힘줄 파열이 모두 확인되었기 때문에, 왼쪽 어깨의 상태도 정확히 확인하기 위해 MRI 검사가 필요하다"라고 안내할 수 있습니다. 이렇게 설명하면, 단순히 오른쪽 어깨 수술만을 위한 검사가 아니라, 전체적인 어깨 상태를 정확히 파악하고 향후 치료 계획을 세우기 위해 필요한 검사임을 이해시키는 효과가 있습니다. 또한, MRI 검사 과정에서 발생할 수 있는 불편과 비용도 미리 안내하면서, 환자와 보호자가 검사 필요성을 충분히 이해하고 동의할 수 있도록 하는 것이 중요합니다. 이렇게 하면 환자와 보호자에게 불필요한 검사나 과잉 진료로 느껴질 가능성을 줄이고, 신뢰를 유지할 수 있습니다.

04 환자보호자가 정신적 피해보상의 차원에서 MRI 검사 비용을 삭감해달라고 요구한다면 어떻게 할 것인가? 단, 병원에서는 원칙적으로 그러한 지원은 없다고 한다.

▶ 예시답변 ▶ 먼저, 보호자님께 환자분이 겪으신 불편과 심적 부담에 대해 충분히 공감하고 사과를 전하는 것이 중요합니다. "MRI 검사로 인해

불편과 불안을 느끼셨다는 점에 대해 진심으로 죄송합니다"라고 말씀드릴 수 있습니다.

그 다음, 병원 정책상 비용 삭감이나 보상은 원칙적으로 제공되지 않는다는 점을 솔직하게 설명하되, 보호자가 이해할 수 있도록 이유를 명확히 합니다. 동시에, 향후 유사 상황에서 환자 불안을 최소화하고 안내를 철저히 하겠다는 재발 방지 약속을 강조합니다.

또한, 병원 내에서 가능한 지원 방안을 안내할 수 있습니다. 예를 들어, 향후 검사 안내 자료 제공, 검사 전 상담, 통증·불안 완화 프로그램 등을 통해 환자가 보다 편안하게 검사받도록 지원할 수 있음을 안내하면, 보호자가 단순 비용 삭감 요구만을 넘어 의료진의 진심과 배려를 느낄 수 있습니다.

즉, 비용 삭감은 어렵지만, 공감과 재발 방지, 향후 지원 방안 제시를 통해 보호자의 불만을 최대한 완화하는 방향으로 대응할 수 있습니다.

〈문제2〉

2. 나는 다음 학기부터 임상실습을 해야 한다. 그래서 이번 학기 초에 실습조를 구성하고 다음 학기부터 1년간 함께 실습을 해야 한다. 실습조는 매일 아침부터 저녁까지 병원에서 임상실습, 수기연습, 조별과제 등을 수행하며 거의 대부분의 과정을 함께 수행해야 하는 생활 공동체에 가깝다. 나중에 개별 시험도 있지만 실습기간 동안에는 조별로같은 평가점수를 받는 과제들이 많다. 임상실습조는 무작위로 선정된 3인과 선택할 수있는 1인으로 구성된다. 예전에는 학생들이 자율적으로 조원 구성을 할 수 있었는데 여러 가지 문제점이 발생되어 구성원칙이 변경되었다고 한다. 교수님의 설명에 따르면 예전에는 공부를 잘하는 학생끼리 모이거나, 같은 성별로만 구성되거나, 특정한 동아리 학생들이 모이거나, 남녀커플이 같은 조에 편성되어 조 분위기를 흐리는 등 여러 문제점이 있어서 조 구성원칙을 개선하였다고 한다. 대부분의 실습조 구성이 끝날 무렵 우리조도 3명이 추첨을 통해 무작위로 선정되었고 마지막 1명을 선택할 차례였다. 우리조가 선택할 후보는 2명이다. A 학생은 평판도와 인성이 좋은데 학교성적은 중위권이다. A는 상대방을 배려하고 매사에 긍정적인 태도를 가지고 있다. B 학생은 평판도와 인성은 좋지

않으나 실력이 좋아 학교 성적은 상위권이다. B는 다른 학생들에게 상처를 주는 말을 자주하고, 자기주장이 강하다고 알려져 있다. 졸업한 선배들께 이야기를 들어보니 공부를 잘하는 학생이 있는 실습조는 과제수행을 잘하고, 실습 중에 교수님과의 질의응답에서도 좋은 평가를 받는다고 한다. 실습성적은 나중에 학교 내신성적에 반영되고 졸업 후 인턴과 전공의 선발 때도 전형요소로 활용된다.

지원자가 '나'라면 A 학생과 B 학생 중 누구를 조원으로 선택할지와 그 이유를 제시하시오.

🗨️**예시답변 ▶** 저라면 A 학생을 선택하겠습니다. 이유는 임상실습조가 단순히 개인 실력을 평가하는 공간이 아니라, 하루 종일 함께 생활하며 협력하고 조별 과제를 수행하는 공동체이기 때문입니다. B 학생처럼 성적이 우수하더라도, 다른 사람에게 상처를 주거나 팀워크를 해치는 행동이 잦다면, 조 전체의 분위기와 협력, 실습 수행 능력에 부정적 영향을 줄 가능성이 높습니다.

반면, A 학생은 상대방을 배려하고 긍정적인 태도를 가진 학생으로, 조원들과 원활히 협력하며 조 전체가 안정적이고 효율적으로 과제를 수행할 수 있도록 도움을 줄 수 있습니다. 실제로 조별 과제나 임상 실습에서는 팀워크와 소통 능력이 성적과 평가에도 큰 영향을 미치므로, 조원의 인성과 협력 능력은 실력만큼 중요하다고 생각합니다.

따라서 장기적으로 실습조 전체의 성과와 분위기를 고려했을 때, 조원 간 협력이 원활하고 신뢰할 수 있는 A 학생을 선택하는 것이 최선이라고 판단합니다.

〈추가 질문〉

01 A 학생을 선택한 경우

나의 성적은 중하위권이다. 그런데 알고 보니 먼저 모인 3명의 조원 중에서 내가 공부를 제일 잘한다. 다시 선택한다면 누구를 택할 것이며, 그 이유는 무엇인가?

🔹**예시답변** ▶ 만약 제가 조원 중에서 공부 실력이 제일 높다는 사실을 알게 되었다면, 조원 선택 기준을 조금 달리 고려할 수 있습니다. 즉, 조 전체의 학습 성과와 평가를 높이는 것이 중요한 상황이 됩니다. 이런 경우라면 B 학생을 선택하는 것이 합리적일 수 있습니다. 이유는 B 학생이 학업 성적이 상위권이고 실력이 뛰어나므로, 조별 과제 수행과 실습 평가에서 전체 점수를 높이는 데 큰 도움을 줄 수 있기 때문입니다.

다만, B 학생의 인성과 협력 문제는 여전히 중요한 변수입니다. 따라서 B를 선택하더라도, 조 내에서 소통과 역할 분담을 명확히 하고, 의견 충돌 시 적절히 조정하는 노력이 필요합니다. 즉, 실력과 협력을 모두 고려한 균형 잡힌 팀 운영 전략을 통해, 조 전체 성과와 분위기를 최대한 유지하는 것이 목표입니다.

02 B 학생을 선택한 경우

먼저 모인 조원들에게 물어보니 작년에 B 학생과 같은 조로 실습했던 학생이 B 학생 때문에 실습조원간 사이가 너무 나빠져서 휴학할 생각까지 했었다고 한다. 다시 선택한다면 누구를 택할 것이며, 그 이유는 무엇인가?

🔹**예시답변** ▶ 만약 제가 B 학생을 선택하려고 했는데, 선배들의 경험에서 B 학생이 조 분위기를 해치고 갈등을 유발했다는 이야기를 들었다면, 저는 다시 선택할 기회가 주어진다면 A 학생을 선택하겠습니다.

그 이유는 임상실습조가 하루 종일 함께 생활하며 수행하는 조별 과제와 공동 실습이 단순 성적보다 팀워크와 협력에 크게 좌우되기 때문입니다. B 학생처럼 실력이 뛰어나더라도, 조원 간 신뢰와 소통을 해치면 전체 조의 성과와 평가, 나아가 조원의 학습 경험에 부정적 영향을 미칠 가능성이 크다고 판단됩니다.

반대로 A 학생은 성적은 중위권이지만, 긍정적 태도와 배려, 협력 능력이 뛰어나 조 전체가 안정적으로 과제를 수행할 수 있습니다. 따라서 팀워크를 유지하고 조 전체 성과를 높이기 위해서는 A 학생을 선택하는 것이 장기적으로 조에 더 유리하다고 생각합니다.

🎓 한국외국어대학교

전형명	전형 방법
학생부종합 (면접형)	❶ 서류 평가 100 (3배수) ❷ 서류 평가 50 + 면접 50

👤 학생부종합전형

① 면접 개요

- **면접 방식**: 서류 확인 위주의 개별 블라인드 면접(인·적성 면접)으로 학업 역량, 진로역량, 공동체 역량 등을 종합적으로 평가
  서류(학교생활기록부)를 기반으로 개별 면접 평가 진행
- **면접 시간**: 10분 내외
- **면접 평가위원**: 2명

② 평가 항목 및 평가 요소

항목	평가 요소
학업역량 (40%)	대학교육을 수행할 수 있는 지식을 가지고, 새로운 방식으로 문제를 보고 폭 넓게 탐구하여 문제를 해결하고 발전시킬 수 있는 능력을 평가
진로역량 (40%)	진로선택에 필요한 지식, 태도, 가치를 가지고, 진로를 설계하고 탐색하는데 필요한 자기주도적 능력을 평가
공동체역량 (20%)	개인과 공동체의 조화로운 발전을 위한 가치와 태도를 가지고, 공동체 발전을 위해 적극적으로 참여하는 능력을 평가

- **서류 확인 면접**: 제출 서류를 기반으로 하는 면접이 있으므로 우선 본인이 제출한 학교생활기록부의 철저한 숙지와 정리가 필요합니다.

- **활동 내용 구체화**: 학업과 교과 연계 활동, 비교과 활동을 한 경험에 대해 구체적으로 답변해야 합니다. 동기, 과정, 결과, 변화, 후속 활동의 단계를 미리 정리하여 답변을 연습하면 가장 좋습니다.

- **면접 변별도**: 면접으로 서류 평가 순위를 역전하는 역전 비율은 평균 10~20%입니다. 다만, 인기학과와 비인기학과 간 차이가 많이 나는 것으로 알려져 있습니다.

- **Tip**
  - 한국외국어대학교는 2014년도부터 모든 학과에서 자기소개를 해당 언어로 하지 않기로 했습니다. 다만, 자기소개는 해당 언어로 하지 않더라도 다른 질문에 대한 발언 시 해당 언어를 적절히 사용하는 것도 한 방법입니다.
  - 학교생활기록부로 질문하므로 학생부에 적혀 있는 모든 활동, 독서 기록, 세부 능력 및 특기 사항을 꼼꼼히 확인하는 것이 중요합니다. 한 가지의 질문에 꼬리에 꼬리를 무는 질문을 하여 집요하게 파고드는 경향을 보입니다.
  - 면접에 가기 전에 한국외국어대학교를 방문한 소감 한마디는 준비하는 것이 필요합니다. 면접관에 따라 물어보는 경향이 있습니다.

🎓 서울시립대학교

전형명	전형 방법
학생부종합 I (면접형)	❶ 서류 평가 100 (3 배수) ❷ 서류 60 + 면접 50

👤 학생부종합전형

① 면접 개요

- **면접 방식**: 서류 확인 위주 개별 면접

  서류(학교생활기록부)를 기반으로 개별 면접 평가 진행

- **면접 시간**: 12분 내외

- **면접 평가위원**: 2명

- **평가 항목**: 학업역량, 잠재역량, 사회역량을 중심으로 지원자의 종합적 사고력, 문제 해결 능력, 의사소통 능력, 공적 윤리 의식, 제출 서류의 진실성

☑ 전략 포인트

- **서류 확인 면접**: 제출 서류를 기반으로 하는 면접이 있으므로 우선 본인이 제출한 학교생활기록부의 철저한 숙지와 정리가 필요합니다.

- **활동 내용 구체화**: 학업과 교과 연계 활동, 비교과 활동을 한 경험에 대해 구체적으로 답변해야 합니다. 동기, 과정, 결과, 변화, 후속 활동의 단계를 미리 정리하여 답변을 연습하면 가장 좋습니다.

- **면접 변별도**: 면접이 40%이므로 서류 평가 순위를 역전하는 비율이 높을 것으로 예상됩니다. 따라서 서류 확인과 예상 문제 등의 철저한 준비가 필요합니다.

- **Tip** 면접 평가 기준에 의해 결격(F, 부적격, 원천 탈락) 제도를 운용하고 있습니다. 따라서 면접에 대해 철저한 기본 준비가 필요합니다.

[기출문제] : 일부 변형

01 공간 빅데이터가 무엇인지? 공간 빅데이터를 우리 삶에 어떻게 활용할 수 있는지?

　　예시답변 ▶ 첫째, 공간 빅데이터란 위치 정보를 포함한 방대한 데이터를 의미합니다. 이는 위성 위치정보(GPS), 센서, 드론, IoT 기기, 모바일 앱 등을 통해 수집된 지리적 데이터를 포함하며, 시간과 공간에 따라 변화하는 다양한 현상을 분석할 수 있는 데이터입니다. 예를 들어, 특정 지역의 유동 인구, 교통 흐름, 상권 변화 등을 실시간으로 파악할 수 있습니다.

둘째, 공간 빅데이터는 우리 삶의 여러 영역에서 매우 유용하게 활용됩니다. 대표적으로 도시계획에서는 혼잡한 교통 구간이나 인구 밀집지역을 분석하여 교통 체계나 대중교통 노선을 효율적으로 설계할 수 있습니다. 또한, 소상공인들은 상권 분석을 통해 유리한 입지를 선택할 수 있고, 정부는 범죄 발생 지역의 패턴을 분석해 치안 서비스를 강화할 수 있습니다. 기상 재해 예측, 물류 최적화, 부동산 가치 평가 등에도 널리 활용됩니다.

셋째, 앞으로 공간 빅데이터는 스마트시티 구축, 탄소중립 정책, 재난 대응 등 다양한 미래 사회 문제 해결에 핵심적인 역할을 하게 될 것입니다. 이러한 데이터를 정확하게 분석하고 활용하는 역량이 중요해지고 있는 만큼, 저는 대학에서 관련 지식과 기술을 적극적으로 배우고자 합니다. 특히 AI, GIS(지리정보시스템), 통계학 등과 융합하여 현실 문제 해결에 기여하는 인재로 성장하고 싶습니다.

02 노동권을 보장받지 못하는 외국인과 청소년 노동자의 입장에서 대해 설명하고 노동환경 개선을 위해 시행되어야 할 정책으로 무엇이 있는지 구술하시오.

　　예시답변 ▶ 첫째, 외국인과 청소년 노동자는 법적으로 보호받아야 할 기본적인 노동권을 실질적으로 보장받지 못하는 경우가 많습니다. 외국인 노동자의 경우 언어 장벽과 불안정한 체류 자격으로 인해 부당한 처우, 임금 체불, 산업재해에 노출되기 쉽습니다. 청소년 노동자는 경험 부족과 고용주와의 권력 격차로 인해 최저임금 미지급, 야간근로, 휴게 시간 미보장 등의 문제를 겪을 수 있습니다. 이들은 노동법에 명시된 권리를 모르거나, 알더라도 이를 주장하기 어려운 사회적 약자입니다.

둘째, 이들의 입장에서 보면 "일을 해서 생계를 유지하거나 꿈을 이루고 싶다"는 순수한 목적에도 불구하고, 현실에서는 안전하지 않은 환경과 불공정한 대우 속에서 심리적·신체적으로 큰 고통을 겪고 있습니다. 외국인 노동자는 특히 산업현장에서 위험한 업무를 맡는 경우가 많고, 청소년은 편의점, 배달, 아르바이트 현장에서 법의 사각지대에 놓이기 쉽습니다. 이는 단순한 개인 문제가 아니라 우리 사회의 인권과 정의의 문제입니다.

셋째, 이러한 문제를 해결하기 위해 몇 가지 정책이 필요합니다.

① 외국인 노동자를 위한 다국어 노동권 교육과 상담 서비스 확대가 필요합니다. 고용주에 의한 부당한 처우를 감시하고, 법률적 대응을 지원할 수 있는 전담 기구도 강화되어야 합니다.

② 청소년 노동자를 위한 "노동인권 교육"을 학교 교육과정에 정규화하고, 아르바이트 신고센터와 같은 실질적인 피해 구제 시스템을 쉽게 접근할 수 있도록 해야 합니다.

③ 고용주에 대한 지도·감독을 강화하고, 노동법 위반 시에는 실효성 있는 처벌과 행정 제재가 뒤따라야 노동권 침해를 근본적으로 줄일 수 있습니다.

이러한 제도적 개선은 단순한 규제 차원을 넘어, 모두가 존엄하게 일할 수 있는 사회를 만드는 기본 토대라고 생각합니다.

03 노년층의 상품 구매 특성과 심리를 말해보세요.

예시답변 ▶ 첫째, 노년층은 건강, 안정성, 실용성을 중시하는 소비 특성을 보입니다. 이들은 젊은 세대에 비해 충동 구매보다 경험과 필요에 기반한 합리적 소비를 선호하며, 상품의 품질, 신뢰성, A/S 여부 등을 꼼꼼히 따지는 경향이 강합니다. 특히 건강식품, 의료기기, 편의용품, 여행상품 등 삶의 질 향상과 관련된 분야에 관심이 높습니다.

둘째, 노년층의 소비 심리는 심리적 안정과 소속감, 자기 존중의 욕구와 밀접합니다. 은퇴 후 사회적 역할이 줄어든 상황에서 소비를 통해 자기 존재감을 확인하거나, 외로움과 공허함을 해소하려는 경향이 있습니다. 또한 과거의 구매 경험과 브랜드 충성도가 강하기 때문에, 신뢰할 수 있는 브랜드나 추천을 통한 구매 비중이 큽니다. 자녀나 지인의 조언도 구매 결정에 큰 영향을 미칩니다.

셋째, 이러한 특성과 심리를 고려할 때, 노년층을 위한 마케팅 전략은 단순한 할인보다 신뢰 기반의 설명, 체험 기회 제공, 사후관리 보장 등이 중요합니다. 또한 디지털 접근성이 낮은 점을 고려해 오프라인 상담, 전화 주문 등 비대면 대안 서비스도 제공할 필요가 있습니다. 저는 노년층의 소비를 단순한 경제 활동이 아닌 자기실현과 삶의 연장선상으로 이해하고, 이를 존중하는 사회적 인식이 함께 개선되어야 한다고 생각합니다.

04 우리나라 청년정책은 무엇이 있는지? 그 정책의 실효성과 한계는 무엇인지?

예시답변 ▶ 첫째, 청년정책의 주요 종류

청년희망적금 · 청년내일채움공제 등 금융 · 자산형성 지원:
청년희망적금은 월 70만 원 납입 시 정부가 이자 일부를 지원하며, 청년(19~34세)의 자산 형성을 돕습니다.

청년내일채움공제는 중소기업 청년 근로자 대상으로 2년간 청년 · 기업 · 정부가 공동납입하고, 만기 시 목돈을 지급하는 제도입니다.

청년 교통비 지원:
2022년부터 대중교통 이용 청년들에게 월 평균 약 6천 원 가량의 교통비 절감 혜택을 제공하고 있습니다.

취업보조 및 직업훈련 프로그램:

청년 실업자를 위한 중·장기 취업 프로그램, 참여 수당 최대 300만 원, 기업 채용 장려금 최대 1,200만 원 등을 지원하는 제도입니다.

또한 고용부 주도로 "Learning for Tomorrow" 등 직무기능 교육과 저리 대출을 통해 취업 역량을 강화합니다.

청년권익 및 참여 제도 강화:

여성가족부 중심으로 청년의 권리, 참여, 인권 보호, 위기청년 통합지원 체계 구축을 위한 법 정비가 진행 중이며, 지역 청년센터 통합 등을 추진합니다.

사회적 고립 청년 지원:

"은둔형 청년" 대상 월 약 65만 원 생활비 지급, 사회 복귀 촉진 프로그램 운영 등 사회적 고립 완화 정책이 작동 중입니다.

둘째, 정책의 실효성

사산 형성과 생활비 경감 측면에서 효과: 금융·교통비 지원은 직접적인 청년 부담 완화에 기여하고 있습니다.

취업 유인 제공: 중소기업 취업 장려금을 통해 청년 고용을 일부 촉진하며, 훈련 프로그램은 역량 강화에 도움이 됩니다.

청년 권리 기반 강화: 정책 조정·법 개정을 통해 청년 참여와 인권 보호 측면의 제도적 기반이 마련되고 있습니다.

셋째, 정책의 한계와 문제점

실질적 고용 개선에는 한계:

신규 채용보다 '경력 있는 신입'을 선호하는 기업 문화, 고용 시장의 경직성으로 인해, 청년 실업 상태는 지속되고 있습니다.

지원 대상 및 구조의 사각지대:

대기업 중심, 정규직 중심의 혜택 구조는 실제 취업에 어려움을 겪는 청년이나 NEET 등에게 소외감을 줍니다.

은둔형·정신건강 문제 등 특정 그룹에 대한 접근성·치료 연계에 한계가 존재합니다.

현금 중심 지원의 효과 제한:

단순 현금지원은 일시적 완화에는 도움을 주지만, 장기적 삶의 질 개선에는 부족하다는 비판이 있습니다.

고교·취업제도·교육 문화 등 구조적 변화 없이 계속되는 현금 정책은 한계가 명확합니다.

정책 일관성 및 지속성 문제:

예산 삭감 등으로 일부 지원이 축소되는 현상도 있으며, 변화하는 정치환경에 따라 정책이 흔들리기도 합니다.

✔ **정리하자면**

정부는 자산·교통비·취업·권리 보호·사회적 고립 해소 등 다양한 정책을 시행해왔습니다.

단기적 지원에는 효과가 있으나, 청년 고용 안정, 사회 통합, 구조적 개선에는 아직 부족한 상황입니다.

향후에는 기업 문화 변화, 교육·채용 시스템 혁신, 정신건강 및 고립 예방 프로그램의 강화가 함께 병행되어야 실질적 변화가 기대됩니다.

05 고전적인 육종의 한계점은 무엇이고 유전자 가위기술을 통해 어떻게 해결할 수 있는지 구술하시오.

예시답변 ▶ 첫째, 고전적인 육종이란 우수한 형질을 가진 식물이나 동물을 선택하여 교배시키고, 원하는 특성이 나타날 때까지 여러 세대를 걸쳐 선별하는 방식입니다. 이 방식은 수천 년간 인류의 식량 생산에 기여해 왔지만, 시간이 오래 걸리고 정확도가 낮다는 한계가 있습니다. 또한, 교배 과정에서 원하지 않는 유전자까지 함께 유입되는 경우도 많고, 유전적으로 먼 종 간에는 교배 자체가 불가능하다는 제한도 있습니다.

둘째, 이러한 한계를 극복하기 위한 기술로 유전자 가위 기술(CRISPR-Cas9 등)이 각광받고 있습니다. 유전자 가위는 특정 DNA 염기서열을 정밀하게 자르고 수정할 수 있는 기술로, 기존 육종 방식보다 훨씬 빠르고 정확하게 원하는 형질을 부여할 수 있습니다. 예를 들어, 병충해에 강한 작물, 가뭄에 잘 견디는 식물, 알레르기를 유발하지 않는 식품 등을 단기간에 개발할 수 있습니다.

셋째, 유전자 가위 기술은 고전육종의 시간·정확도·한계성 문제를 근본적으로 해결할 수 있는 미래형 육종 방법입니다. 특히 기후위기와 식량안보 문제가 심각해지는 상황에서, 이 기술은 인류의 지속가능한 생존을 위한 핵심 기술이 될 수 있습니다. 물론 생명윤리나 생태계 영향에 대한 충분한 검토와 안전성 확보도 반드시 병행되어야 한다고 생각합니다.

🎓 건국대학교

전형명	전형 방법
KU자기추천	❶ 서류 평가 100 (3배수) ❷ 서류 평가 70 + 면접 30

👤 KU자기추천전형

❶ 면접 개요

- **면접 방식**: 서류 확인 위주 개별 면접

  서류(학교생활기록부 등)의 진위여부 확인을 기반으로 개별 면접 평가 진행(인성 중심 학교생활의 충실성 등을 종합적으로 평가)
- **면접 시간**: 10분 내외
- **면접 평가위원**: 복수(2인)의 면접 평가위원

❷ 평가 항목 및 평가 요소

항목	학과(부)별	자유전공학부
학업역량	30%: 탐구력	20% 학업성취도 / 학업태도
진로역량 / 성장역량	40%: 전공(계열) 관련 교과 이수 노력 / 진로 탐색 활동과 경험	50%: 자기주도성 / 창의적 문제해결력 / 경험의 다양성
공동체역량 (30%)	협업과 소통능력 / 나눔과 배려	

☑ **전략 포인트**

- **서류 확인 면접**: 제출 서류를 기반으로 하는 면접이 있으므로 우선 본인이 제출한 학교생활기록부의 철저한 숙지와 정리가 필요합니다.

- **활동 내용 구체화**: 학업과 교과 연계 활동, 비교과 활동을 한 경험에 대해 구체적으로 답변해야 합니다. 답변은 동기, 과정, 결과, 변화, 후속 활동의 단계를 미리 정리하여 연습하면 가장 좋습니다.

- **면접 변별도**: 면접이 30%이므로 서류 평가 순위를 역전하는 비율이 20% 정도로 예상됩니다. 따라서 서류 확인과 예상 문제 등의 철저한 준비가 필요합니다.

- **결격 사유**: 면접 대상자 중 면접 결시자와 면접 평가 점수가 일정 수준 이하인 경우(F)는 때는 선발 대상에서 제외합니다.

🎓 동국대학교

전형명	전형 방법
DO DREAM	❶ 서류 평가 100 (4배수) ❷ 서류 평가 70 + 면접 30

DO DREAM전형

❶ 면접 유형

- **면접 방식**: 서류 확인 위주 개별 면접

  서류(학교생활기록부 등)를 기반으로 개별 면접 평가 진행
- **면접 시간**: 10분 내외
- **면접 평가위원**: 2명

❷ 평가 항목 및 평가 내용(배점)

항목	평가 내용	배점(100)
전공 적합성	– 학업수학능력, 전공에 관한 관심과 이해도	30
전형 취지 적합성	– 전형 유형별 인재상 부합도 평가 – DO DREAM: 주도적, 적극적 고교생활 참여태도	20
발전 가능성	– 문제 해결 능력, 목표에 대한 의지 및 열정 – 진로 계획 등을 평가	30
인성 · 사회성	– 면접 태도, 공감 능력 – 의사소통 능력, 수용 능력 등을 평가	20

- **서류 확인 면접**: 제출 서류를 기반으로 하는 면접이 있으므로 우선 본인이 제출한 학교생활기록부의 철저한 숙지와 정리가 필요합니다.

- **활동 내용 구체화**: 학업과 교과 연계 활동, 비교과 활동 경험을 구체적으로 답해야 하므로 동기, 과정, 결과, 변화, 후속 활동의 단계를 미리 정리하여 연습하면 가장 좋습니다.

- **면접 변별도**: 서류 평가 순위를 역전하는 비율이 평균 30% 정도로 알려져 있습니다. 따라서 서류 확인과 예상 문제, 모의 면접 연습 등의 철저한 준비가 필요합니다.

[기출문제] : 일부 변형

01 2년 동안 또래상담반 활동을 하면서 친구들의 다양한 고민을 들어준 기록이 있는데요. 가장 기억에 남는 사례하나를 소개하고, 또래상담을 하며 배운 점을 얘기해 주세요.

🔵**예시답변 ▶** 첫째, 제가 또래상담반 활동 중 가장 기억에 남는 사례는 자존감이 낮아 친구 관계에 어려움을 겪던 한 친구를 도왔던 경험입니다. 그 친구는 사소한 말에도 상처를 받고, 누군가 자기를 싫어하는 것 같다고 자주 말했습니다. 처음엔 말이 적고 조심스러웠지만, 제가 매주 시간을 정해 조용한 공간에서 이야기를 들어주고 공감하며 "그럴 수 있어"라고 말해주자 조금씩 마음을 열기 시작했습니다. 결국, 그 친구는 점점 밝은 표정을 되찾았고, 감사하다는 말을 전했을 때 제 마음도 뭉클해졌습니다.

둘째, 이 경험을 통해 저는 말보다 "경청"과 "공감"이 훨씬 더 큰 위로가 될 수 있다는 것을 배웠습니다. 조언을 하기보다 상대가 자신의 감정을 스스로 정리할 수 있도록 옆에서 들어주는 자세가 중요하다는 걸 깨달았습니다. 또, 상대의 입장에서 생각하는 능력, 즉 공감능력과 감정이입의 중요성도 몸으로 느끼게 되었습니다.

셋째, 또래상담 활동은 단순한 봉사를 넘어서 사람과 사람 사이의 진심 어린 소통을 배울 수 있었던 소중한 시간이었습니다. 저는 이 경험을 바탕으로 앞으로도 다른 사람의 이야기에 귀 기울이고, 관계 속에서 긍정적인 영향을 주는 사람이 되고 싶습니다. 대학에서도 상담·심리·복지 등의 분야에서 더 깊이 배우고, 언젠가는 누군가의 삶에 실질적인 도움이 되는 역할을 하고 싶습니다.

02 장애인 복지의 경우 정보전달성이 중요하다고 하였는데요. 그렇게 생각하는 이유를 말해보고, 그것은 일반적인 정보전달에 비해 어떤 특징적인 부분이 있는지 얘기해 주세요.

예시답변 ▶ 첫째, 장애인 복지에서 정보전달성이 중요한 이유는 복지 서비스가 존재하더라도 그것이 전달되지 않으면 아무런 효과가 없기 때문입니다. 특히 장애인은 신체적, 인지적, 환경적 제약으로 인해 일반적인 경로로 정보를 얻기 어려운 경우가 많습니다. 따라서 정확하고 접근 가능한 방식으로 정보를 전달해야만 실제로 필요한 복지 혜택이나 지원을 받을 수 있습니다. 정보 접근이 곧 복지 접근이라는 말이 있을 정도로 중요한 요소입니다.

둘째, 장애인 대상 정보전달은 일반적인 정보전달과 달리 접근성과 맞춤성이 강조되어야 합니다. 예를 들어, 시각장애인을 위해서는 음성 안내나 점자 자료, 청각장애인을 위해서는 자막과 수어 통역이 필요하며, 지적장애인의 경우 이해하기 쉬운 '쉬운 글'(easy-read) 형식이 요구됩니다. 또한 디지털 정보 접근이 어려운 장애인을 위해 오프라인 안내, 대면 설명, 사례관리자 연결 등이 함께 제공되어야 합니다.

셋째, 이러한 특수성을 고려할 때, 장애인 복지정보는 단순한 '홍보'가 아니라 권리 실현의 수단으로 접근해야 합니다. 저는 장애인의 정보 접근성을 높이는 것이 곧 자립과 참여를 돕는 길이라 생각하며, 향후 복지 현장에서 누구도 소외되지 않도록 다양한 방식으로 정보를 전달할 수 있는 전문가가 되고 싶습니다.

03 사회적 소수자의 차별이 일어나는 원인은 무엇이라고 생각하는지 말해 주세요. 또 차별을 개선하기 위한 방안으로 생각해본 것이 있다면 얘기해 주세요.

예시답변▶ 첫째, 사회적 소수자에 대한 차별은 무지, 고정관념, 두려움에서 비롯된다고 생각합니다. 사람들은 자신과 다르다는 이유만으로 편견을 갖고, 소수자의 상황을 깊이 이해하지 못한 채 판단하거나 배제하려는 경향이 있습니다. 또한 미디어, 교육, 사회 구조 속에서 반복되는 차별적인 인식과 표현이 무의식 속 차별로 이어지기도 합니다.

둘째, 차별이 지속되는 또 다른 원인은 제도적 장벽과 사회의 무관심입니다. 법적으로 보호받을 권리가 있음에도 불구하고, 실질적인 보호 장치나 제도적 접근성이 부족한 경우가 많습니다. 예를 들어 장애인 이동권, 성소수자의 법적 인정, 이주민의 사회 통합 지원 등이 현실적으로 미흡하다 보니 소수자들은 일상에서 차별과 배제를 반복적으로 경험하게 됩니다.

셋째, 차별을 줄이기 위한 방안으로 저는 첫째, 인식 개선 교육, 둘째, 제도적 보완, 셋째, 소수자와의 직접적 소통 기회 확대를 들고 싶습니다. 특히 청소년기부터 다름을 이해하는 인권 교육을 정규 교육과정에 포함시키는 것이 중요하다고 생각합니다. 또한 단순한 보호 대상이 아닌 동등한 시민으로 소수자를 인식하는 문화 조성이 필요하며, 저는 앞으로 이러한 변화에 기여할 수 있는 사람으로 성장하고 싶습니다.

04 건축공학과와 건설환경공학과의 관련성에 대해서 본인이 생각하는 바를 설명해 보세요.

예시답변▶ 첫째, 건축공학과와 건설환경공학과는 모두 인간의 삶의 터전을 설계하고 구축하는 공학 분야로서 기본적인 목표를 공유합니다. 건축공학과는 주로 건축물 자체의 구조적 안정성, 재료, 시공 기술, 설계 등을 중심으로 다루며, 실내외 공간의 기능성과 미관을 함께 고려합니다. 반면, 건설환경공학과는 도시, 도로, 수자원, 하수처리, 환경 영향 등 보다 넓은 인프라와 환경 시스템에 초점을 맞춥니다.

둘째, 두 학문은 서로 유기적인 연계 속에서 현실 문제를 함께 해결하고 있다고 생각합니다. 예를 들어, 하나의 건축물을 짓기 위해서는 해당 지역의 지반 안정성, 배수 시스템, 도시 인프라와의 연결성, 환경 영향 평가 등이 필수적이며, 이는 건설환경공학의 전문 영역입니다. 반대로 도시계획이나 인프라 개발 시에는 인간 중심의 공간 설계와 건축적 조화가 함께 고려되어야 하므로 건축공학의 시각이 필요합니다.

셋째, 저는 이 두 학문이 사람이 안전하고 쾌적하게 살아가는 공간을 만드는 공동의 목표를 가지고 있다고 생각합니다. 앞으로 기후위기, 도시 팽창, 지속가능성 등의 이슈가 중요해지는 만큼, 건축공학과 건설환경공학은 더욱 긴밀히 협력해야 한다고 봅니다. 저 역시 이 두 분야의 연결고리를 이해하고, 통합적 사고로 미래 도시와 환경을 설계하는 인재가 되고 싶습니다.

05 통계를 비판적으로 바라보아야 하는 이유는 무엇인지 얘기해 주세요.

예시답변 ▶ 첫째, 통계는 객관적인 숫자처럼 보이지만, 해석하는 방식에 따라 전혀 다른 메시지를 전달할 수 있기 때문에 비판적으로 바라봐야 합니다. 같은 데이터를 두고도 그래프의 축을 어떻게 설정하느냐, 평균이 아닌 중앙값을 사용하느냐에 따라 완전히 다른 인상을 줄 수 있습니다. 즉, 통계는 수단이지 절대적인 진실은 아닙니다.

둘째, 통계에는 의도적인 왜곡이나 편향이 개입될 수 있습니다. 조사 대상이나 표본 추출 방식이 잘못되었거나, 특정 목적을 위해 유리한 데이터만을 보여주는 경우도 많습니다. 예를 들어, "청소년의 SNS 사용 시간이 하루 평균 2시간"이라는 통계가 있다고 해도, 어떤 연령대가 많았는지, 주말 포함인지에 따라 전혀 다른 해석이 필요합니다. 이런 점에서 통계를 맹신하기보다는, 출처·조사 방식·해석 의도를 함께 살펴보는 태도가 필요합니다.

셋째, 통계를 비판적으로 바라보는 태도는 정보를 올바르게 해석하고, 사회 현상을 균형 있게 이해하는 데 필수적입니다. 특히 정책 결정, 언론 보도, 기업 마케팅 등에서 통계가 자주 활용되기 때문에, 통계를 해석할 줄 아는 사람은 단순한 수치 너머의 진실을 볼 수 있습니다. 저는 앞으로 어떤 정보를 접할 때에도 숫자에 속지 않고, 맥락을 파악하는 비판적 사고력을 갖춘 사람이 되고 싶습니다.

06 교과학습발달상황을 살펴보니 생명과학, 화학 과목의 성적이 다른 과목과 비교해서 상대적으로 다소 저조한데요. 그 이유를 설명해 줄 수 있나요? 또 생명과학, 화학 과목의 학업 보완을 위해 본인은 어떤 노력을 기울였는지 얘기해 주세요.

예시답변▶ 첫째, 생명과학과 화학 과목의 성적이 다소 저조한 이유는 이 과목들이 추상적인 개념과 복잡한 원리, 공식이 많아 이해와 암기가 어렵기 때문이라고 생각합니다. 특히 화학은 수학적 계산과 화학 반응식의 이해가 필수적이고, 생명과학은 세포, 유전, 생태 등 다양한 영역이 폭넓게 포함되어 있어 부담을 느꼈습니다.

둘째, 이러한 어려움을 극복하기 위해 저는 기본 개념부터 차근차근 반복 학습하는 방법을 선택했습니다. 예를 들어, 교과서와 참고서를 병행하며 중요한 부분을 노트에 정리했고, 이해가 잘 안 되는 부분은 인터넷 강의나 동영상 강의를 통해 시각적으로 보충했습니다. 또한, 친구들과 스터디 그룹을 만들어 서로 문제를 내고 토론하며 약점을 보완했습니다.

셋째, 앞으로도 꾸준히 실험 동영상 시청, 관련 독서, 문제풀이 연습을 통해 이해를 높일 계획입니다. 이 경험을 통해 어려운 과목도 체계적이고 성실한 노력으로 극복할 수 있다는 자신감을 얻었으며, 대학에서도 과학적 사고력을 키우는 데 집중하고 싶습니다.

07 2학년 때 공동교육과정으로 비교문화 과목을 이수했습니다. 이수하게 된 동기와 해당 과목 이수를 통해 기억에 남는 학습내용이 있다면 얘기해 보세요.

예시답변▶ 첫째, 비교문화 과목을 이수하게 된 동기는 다양한 문화에 대한 이해를 넓히고, 글로벌 시대에 필요한 다문화 감수성을 기르고 싶었기 때문입니다. 평소 외국어와 문화에 관심이 많았고, 앞으로 국제적인 환경에서 원활하게 소통하기 위해 문화 간 차이를 배우는 것이 중요하다고 생각했습니다.

둘째, 비교문화 과목을 통해 가장 기억에 남는 학습내용은 문화 상대주의와 고정관념의 위험성에 관한 부분이었습니다. 다양한 문화는 각기 나름의 가치와 규범을 가지고 있으며, 자신의 문화 기준으로 다른 문화를 판단하는 것은 편견으로 이어질 수 있다는 점을 깊이 깨달았습니다. 또한, 의사소통 과정에서 문화 차이가 갈등과 오해를 불러일으킬 수 있다는 점도 인상적이었습니다.

셋째, 이 과목을 통해 저는 다양성을 존중하는 태도와 열린 사고의 중요성을 배웠고, 이는 앞으로 외국인과 교류하거나 다문화 사회에서 살아가는 데 큰 도움이 될 것이라고 생각합니다. 앞으로도 비교문화에 관한 공부를 계속하며 글로벌 인재로 성장하고 싶습니다.

08 친환경적 서식지란 무엇인가요? 또 친환경적 서식지가 되기 위해서는 어떤 노력이 필요하다고 생각하는지 말해 보세요.

예시답변▶ 첫째, 친환경적 서식지란 동식물이 자연스럽게 살아가고 번식할 수 있도록 자연환경이 잘 보전되고, 생태계가 건강하게 유지되는 공간을 의미합니다. 이 서식지는 오염이 적고, 자연 식생이 잘 유지되며, 생물 다양성이 풍부한 환경을 말합니다.

둘째, 친환경적 서식지가 되기 위해서는 오염물질 배출을 줄이고, 자연 서식지의 파괴를 방지하며, 생태계의 균형을 유지하는 노력이 필수적입니다. 이를 위해 무분별한 개발을 자제하고, 자연보호구역 지정, 환경 정화 활동, 그리고 지속가능한 자원 이용 등이 필요합니다. 또한 시민들의 환경 보호 의식 향상과 정부의 엄격한 환경 정책 집행도 중요합니다.

셋째, 저는 개인적으로도 친환경적 서식지 보전을 위해 쓰레기 줄이기, 친환경 제품 사용, 지역 환경봉사 참여 등 작은 실천을 꾸준히 하려고 노력하고 있습니다. 앞으로 사회 전반적으로 자연과 공존하는 문화를 만들어 나가는 데 기여하는 사람이 되고 싶습니다.

09 과학탐구 동아리 활동 경험이 경찰행정학부를 준비하는데 구체적으로 어떻게 도움이 되었는지 설명해 주세요. 또 경찰행정학부 입학 후 본인이 목표하는 바는 무엇인가요?

🔵**예시답변 ▶** 첫째, 과학탐구 동아리 활동을 통해 논리적 사고력과 문제 해결 능력을 키울 수 있었습니다. 경찰 업무에서는 사건을 분석하고, 증거를 체계적으로 조사하며, 상황에 맞는 대응 방안을 신속히 마련하는 능력이 중요한데, 과학적 탐구 과정이 이러한 역량 강화에 큰 도움이 되었습니다.

둘째, 동아리 활동 중 다양한 실험과 팀 프로젝트를 수행하면서 협력과 소통 능력도 함께 배양할 수 있었습니다. 경찰은 혼자 일하는 경우가 드물고, 다양한 부서와 협업해야 하므로, 효과적인 팀워크가 필수적입니다. 과학탐구 동아리에서의 경험이 이 점을 미리 경험하게 해 주었습니다.

셋째, 경찰행정학부에 입학한 후에는 법률 지식과 치안 정책에 대한 전문성을 쌓아 사회 안전과 공공질서 유지에 기여하는 경찰 행정 전문가가 되고 싶습니다. 또한, 범죄 예방과 지역사회 치안 강화에 적극 참여하며, 시민과 신뢰받는 경찰관이 되기 위한 실무 역량을 갖추는 것이 목표입니다.

10 출결상황을 보면 미인정 지각이 3번 있는데요. 그 이유를 설명해 줄 수 있나요? 또 개선을 위해 학생이 기울인 노력이 있다면 얘기해 주세요

🔵**예시답변 ▶** 첫째, 미인정 지각 3번의 주된 이유는 아침 준비와 등교 시간 관리에 미숙했던 점 때문입니다. 특히 일어나서 준비하는 시간이 예상보다 오래 걸리거나, 교통 상황을 충분히 고려하지 못해 늦게 도착한 경우가 있었습니다.

둘째, 이를 개선하기 위해 저는 생활 패턴을 조정하고, 알람을 여러 개 맞추는 등 아침 기상 시간을 엄격히 관리하기 시작했습니다. 또한, 등교 경로의 교통 상황을 미리 파악하고 여유 시간을 확보해 지각 가능성을 최소화하려 노력했습니다.

셋째, 그 결과 이후부터는 지각 없이 출석을 꾸준히 유지하고 있으며, 시간 관리와 자기관리 능력이 향상되었습니다. 앞으로도 책임감을 가지고 학교 생활에 임하며, 신뢰받는 학생이 되도록 노력하겠습니다.

셋째, 그 결과 이후부터는 지각 없이 출석을 꾸준히 유지하고 있으며, 시간 관리와 자기관리 능력이 향상되었습니다. 앞으로도 책임감을 가지고 학교 생활에 임하며, 신뢰받는 학생이 되도록 노력하겠습니다.

🎓 홍익대학교(서울)

면접이 있는 대표 전형

전형명	전형 방법
학생부종합 (미술우수자)	❶ 교과 20 + 서류 80 (3배수) ❷ 1단계 40 + 면접 60

👤 학생부종합전형(미술우수자)

❶ 평가 내용

수학능력, 인성, 가치관, 기타 다양한 소질과 자질, 지원 모집 단위 전공 관련 지식과 소양(미술 관련 소양, 창의성, 표현 능력, 제출서류의 진실성 등)을 종합적으로 평가

❷ 평가 항목

- **전공 면접**: 창의성, 잠재력, 문제해결 능력, 관찰력 등을 종합적으로 평가
- **서류 확인 면접**: 지원자가 제출한 서류에 기술된 내용의 진정성, 객관성, 미술 관련 소양 등을 종합적으로 평가

☑️ 전략 포인트

- **전공 면접 > 서류 확인 면접**: 전공 면접이 서류 확인 면접보다 상대적으로 배점이 클 가능성이 높습니다. 따라서 전공 관련 기본 개념, 원리, 법칙 등의 정리가 우선 해결되어야 하고, 본인이 제출한 학교생활기록부의 철저한 숙지와 정리가 필요합니다.

🎓 숙명여자대학교

전형명	전형 방법
숙명인재 (면접형)	❶ 서류 평가 100 (3배수) ❷ 서류 평가 60 + 면접 40

숙명인재전형(면접형)

1 면접 개요

- **면접 방식**: 개별 면접
- **면접 시간**: 15분 내외
- **면접 평가위원**: 2명

2 평가 방법

- 지원자가 제출한 서류 내용을 확인하고 종합 사고력, 전공 적합성, 의사소통 능력, 인성 등에 대해 총체적으로 평가하는 심층 면접
- 전공 적합성은 진로 탐색 및 전공 선택의 과정, 전공에 대한 관심과 열정, 발전 가능성 등 평가

❸ 평가 항목 및 평가 내용

- **1단계:** 서류평가

평가 항목 (1000)	평가 내용
진로역량 (450)	– 진로에 대한 다양한 탐색 과정 및 노력 – 진로(전공/계열)에 대한 관심과 이해 – 진로(전공/계열) 관련 교과목 이수 과정과 성취
탐구역량 (350)	– 자발적인 의지와 자기주도적인 학습태도 – 지적호기심을 바탕으로 깊고 넓게 탐구하는 태도와 역량 – 학교 교육과정 내에서 이루어지는 탐구활동과 관련된 융합적 사고 역량과 문제해결역량 – 기본적인 학업 수학역량
공동체의식과 협업능력 (200)	– 공동체의 목표 달성을 위해 구성원의 협력을 이끌어낼 수 있는 역량 – 열린 사고로 타인의 의견을 존중하며 상황과 맥락을 이해하면서 소통하고 협업하는 역량

- **2단계:** 면접평가

평가 항목	평가 내용	평가자료 주요 활용 영역
전공적합성 및 사고력	– 진로탐색 및 전공 선택 과정 – 전공에 대한 관심과 적성, 발전 가능성 – 이해력, 논리적 사고력 – 다양한 시각 및 관점	– 학교생활기록부: 창의적 체험활동상황, 세부능력 및 특기 사항 등
의사소통능력 및 인성	– 면접태도 – 의사소통능력 – 협력, 배려, 도덕적 가치관 등	– 학교생활기록부: 출결상황, 창의적 체험활동상황, 행동 특성 및 종합의견 등

✅ 전략 포인트

- 제출 서류를 기반으로 하는 서류 확인 면접 중심이고 별도의 제시문은 없습니다.

- 2개 항목을 순서대로 질문하는 형태가 아니라 면접 과정에서 2개 요소들을 총체적으로 평가하며 2개 항목의 종합 사고력을 중심으로 평가할 수 있습니다.

[기출문제] : 일부 변형

01 사형제도에 대한 본인의 생각을 말하고 개인의 자유와 사회의 이익이 충돌했을 때 무엇이 우선되어야 한다고 생각하는지도 같이 설명하세요.

> **예시답변 ▶** 첫째, 저는 사형제도에 대해 매우 신중하게 접근해야 한다고 생각합니다. 사형은 가장 극단적인 형벌로, 돌이킬 수 없는 결과를 낳기 때문에 오심 가능성이나 인권 문제를 충분히 고려해야 합니다. 일부 범죄에 대해 강력한 처벌이 필요하다는 의견도 이해하지만, 인간의 생명권을 존중하는 측면에서 대체 형벌이나 재활 중심의 제도가 더 바람직하다고 봅니다.
>
> 둘째, 개인의 자유와 사회의 이익이 충돌할 때는 상황에 따라 균형을 맞추는 것이 중요하다고 생각합니다. 개인의 자유는 기본적 권리이지만, 사회 전체의 안전과 질서가 위협받는 경우에는 일정 부분 제한될 수밖에 없습니다. 다만, 이런 제한은 법의 테두리 안에서 최소한으로 이루어져야 하며, 과잉 규제는 오히려 사회의 건강성을 해칠 수 있다고 봅니다.
>
> 셋째, 저는 궁극적으로는 개인의 자유를 최대한 보장하면서도 사회의 공공선을 실현하는 균형점을 찾는 것이 중요하다고 믿습니다. 사형제도 문제 역시 그 연장선에서 사회적 합의와 인권 존중, 법적 안전장치 강화가 함께 이루어져야 한다고 생각하며, 저 역시 이러한 가치들을 존중하는 시민으로 성장하고 싶습니다.

02 다문화 가정 청소년을 위한 교육정책은 무엇이 있는지 소개하고 그 정책의 한계점은 무엇인지 설명하세요.

> **예시답변 ▶** 첫째, 다문화 가정 청소년을 위한 대표적인 교육정책으로는 '다문화 교육 지원 사업'과 '기초학력 지원 프로그램'이 있습니다. 다문화 교육 지원 사업은 한국어 교육, 문화 적응 교육, 부모 대상 상담 등을 통해 다문화 학생들의 학교 생활 적응을 돕고 있습니다. 기초학력 지원 프로그램은 부족한 학습 역량을 보완하기 위해 방과 후 학습 지원, 맞춤형 멘토링 등을 제공하고 있습니다.

둘째, 그러나 이러한 정책들은 언어 장벽과 문화 차이 해소에 집중하는 반면, 심리적·사회적 지원은 상대적으로 부족한 편입니다. 다문화 청소년들이 겪는 정체성 혼란, 차별 경험, 가족 내 갈등 등 심층적인 문제를 해결하는 데는 한계가 있습니다. 또한 지역별·학교별 지원 격차가 커서, 모든 다문화 청소년에게 균등한 기회가 제공되지 않는 현실도 문제입니다.

셋째, 저는 앞으로 다문화 가정 청소년을 위한 교육이 언어 교육뿐 아니라 정서적 안정과 사회성 발달을 위한 통합적 지원으로 확대되어야 한다고 생각합니다. 또한, 교사 연수 강화와 지역사회 연계 프로그램 개발로 현장 맞춤형 지원을 늘리는 것이 필요하다고 봅니다. 저도 관련 분야에서 이들의 교육 기회 확대와 평등한 성장 환경 조성에 기여하고 싶습니다.

03 학급을 이끄는 부반장과 학교 전체 학생을 이끄는 학생회 임원을 모두 경험했는데, 각각의 리더십에서 차이가 있을지와 본인이 생각하는 이상적인 리더란 무엇인지 간략하게 설명하여 주시기 바랍니다.

예시답변 ▶ 첫째, 부반장은 주로 학급 내에서 친구들과 가까운 관계를 유지하며, 친밀한 소통과 협력을 통해 작은 단위의 문제를 해결하는 역할이 큽니다. 반면 학생회 임원은 학교 전체 학생을 대표하는 위치로서, 더 넓은 시야와 공식적인 책임감을 가지고 여러 이해관계자와 소통하며 학교 전체 분위기를 조성하는 리더십이 요구됩니다.

둘째, 두 역할 모두 중요한 리더십이지만, 규모와 영향력에서 차이가 있어 부반장은 섬세하고 친근한 리더십, 학생회 임원은 전략적이고 포괄적인 리더십이 필요하다고 생각합니다. 저는 이 경험을 통해 상황과 대상에 맞게 리더십 스타일을 유연하게 조절하는 법을 배웠습니다.

셋째, 제가 생각하는 이상적인 리더는 신뢰와 존중을 바탕으로 구성원들의 의견을 경청하고, 공정하며 책임감 있게 행동하는 사람입니다. 또한, 어려운 상황에서도 침착하게 문제를 해결하며, 함께 성장할 수 있는 환경을 만드는 리더가 되어야 한다고 믿습니다.

04 보편적 복지와 선별적 복지의 장단점과 건강보험이 나아가야 할 방향을 말해보세요. 또 한국 사회에서 어떠한 복지가 더 필요하다고 생각하는지 설명하세요.

　예시답변 ▶　첫째, 보편적 복지는 모든 국민에게 동등하게 복지 혜택을 제공한다는 점에서 사회적 연대감을 강화하고, 복지 사각지대를 최소화하는 장점이 있습니다. 하지만 재정 부담이 크고, 상대적으로 부유층도 혜택을 받는다는 단점이 있습니다. 반면 선별적 복지는 소득이나 필요에 따라 대상자를 한정하여 지원하기 때문에 효율적 자원 배분과 재정 절감이 가능하나, 수급자의 낙인 효과와 행정 비용 증가, 누락 문제가 발생할 수 있습니다.

둘째, 건강보험은 보편적 복지의 대표적인 사례로서, 앞으로는 재정 안정성과 서비스 질을 균형 있게 유지하면서, 고령화 사회에 맞춘 맞춤형 의료 서비스 확대, 예방 중심 정책 강화, 디지털 헬스케어 도입 등에 주력해야 한다고 생각합니다. 이를 통해 국민 모두가 공평하고 지속 가능한 건강 관리를 받을 수 있어야 합니다.

셋째, 한국 사회에서는 여전히 저소득층, 노인층, 장애인 등 취약계층을 위한 선별적 복지 강화가 절실하다고 생각합니다. 동시에 국민 모두를 아우르는 보편적 복지 확대도 중요하므로, 두 접근법을 조화롭게 병행하는 복지 정책이 필요합니다. 저는 사회적 약자 보호에 집중하면서도 사회 전체의 복지 수준을 끌어올리는 균형 잡힌 복지 모델이 앞으로 더욱 중요하다고 봅니다.

05 의료용 대마초 합법화에 대해 찬반 의견을 제시하고 본인의 입장은 어떠한지 설명해 주시기 바랍니다.

　예시답변 ▶　첫째, 찬성 측 의견은 의료용 대마초가 통증 완화, 항염증, 항구토 등 다양한 치료 효과를 가지고 있어 환자들의 삶의 질을 높일 수 있다는 점입니다. 특히 난치병 환자나 화학요법 부작용 완화에 도움을 줄 수 있어, 합법화가 의료 발전과 인권 보호 측면에서 필요하다는 주장입니다.

둘째, 반대 측 의견은 대마초가 중독성과 남용 위험, 정신 건강 문제를 야기할 수 있으며, 사회적 부작용이 커질 수 있다고 우려합니다. 또한 아직 충분한 임상 연구가 부족하고, 대마초가 불법 약물로 오남용될 가능성이 크다는 점을 들어 신중한 접근을 요구합니다.

셋째, 저는 의료용 대마초의 합법화에 대해 엄격한 관리와 규제를 전제로 한 조건부 찬성 입장입니다. 충분한 과학적 근거와 의료 전문가의 판단 아래 사용을 허용하되, 남용 방지와 안전성 확보를 위한 법적 장치가 필수적이라고 생각합니다. 사회적 합의와 체계적인 정책 마련이 선행되어야 한다고 봅니다.

06 고등학교 3년 동안 다양한 실험을 진행하였는데, 현재 전공 선택과 관련하여 가장 도움이 되었던 실험은 무엇이었나요?

▶ **예시답변 ▶** 첫째, 제가 고등학교 때 진행했던 여러 실험 중에서 특히 생명과학 실험인 DNA 추출 실험이 전공 선택에 가장 큰 도움이 되었습니다. 이 실험을 통해 생명 현상의 기본 단위인 유전자를 직접 다뤄보면서 생명과학에 대한 흥미와 이해가 깊어졌습니다.

둘째, 실험 과정에서 정확한 절차를 따르고, 결과를 분석하는 과정에서 과학적 탐구 능력과 문제 해결 능력을 키울 수 있었습니다. 또한, 실험 결과가 예상과 다를 때 원인을 찾고 재실험을 하는 과정에서 인내심과 끈기도 배웠습니다.

셋째, 이 경험을 통해 저는 앞으로 생명과학 분야에서 더 깊이 공부하고 연구하며, 사람들의 건강과 생명에 기여하는 전문가가 되고 싶다는 목표를 확고히 하게 되었습니다. 대학에서도 이러한 기초 과학 지식을 바탕으로 전문성을 키워 나가고자 합니다.

07 본인이 학교에서 배운 과목 중 본인의 진로 탐색과정에 긍정적인 영향을 미친 과목이나 활동이 있다면 무엇인가요? 그 이유는 무엇인가요?

▶ **예시답변 ▶** 첫째, 저는 학교에서 배운 사회과목, 특히 사회문화와 윤리 과목이 진로 탐색에 큰 영향을 미쳤다고 생각합니다. 이 과목들을 통해

사회 구조와 인간 행동, 윤리적 문제에 대해 깊이 이해할 수 있었고, 사회복지나 행정 분야에 관심을 가지게 되었습니다.

둘째, 또한 동아리 활동인 봉사활동과 토론 동아리가 진로를 구체화하는 데 도움을 주었습니다. 봉사활동을 통해 다양한 사람들을 만나고 사회 문제를 직접 경험하면서, 사회적 약자를 돕고 싶다는 목표가 생겼습니다. 토론 동아리에서는 논리적으로 사고하고 의견을 표현하는 능력을 키워 사회복지 전문가로서 필요한 소통 역량을 배양했습니다.

셋째, 이처럼 학교에서의 학습과 활동은 제가 자신의 적성과 흥미를 발견하고, 구체적인 진로 방향을 설정하는 데 긍정적인 밑거름이 되었습니다. 앞으로도 이 경험들을 바탕으로 사회에 기여하는 전문가로 성장하고 싶습니다.

🎓 국민대학교

전형명	전형 방법
국민프런티어	❶ 서류 평가 100 (3배수) ❷ 서류 평가 70 + 면접 30

👤 국민프런티어(학생부종합)전형

❶ 면접 유형 및 개요

- **면접 방식**: 개별 면접
- **면접 시간**: 10분 이내
- **면접 평가위원**: 2명

❷ 평가 내용 및 문항

- **평가 내용**: 지원자가 제출한 서류(학교생활기록부)와 연계한 개별 심층 면접

- **평가 방법**: 입학사정관 2인의 평가자가 출제 지문 없이 제출 서류를 통한 질의응답

- **평가 문항**: 제제출 서류를 토대로 한 꼬리에 꼬리를 무는 질문 형태의 수험생별 1:1 맞춤형 문항

③ 평가 항목(영역) 및 평가 요소

평가 항목	평가 요소	예시 문항
자기 주도성 및 도전 정신 (30)	− 지원자가 수행한 교내 활동의 진정성 − 활동을 통한 인재로서의 발전 가능성	− 그 활동을 통해 배우고, 느낀 점은? − 그 활동이 본인에게 의미 있는 이유는?
전공 적합성 (40)	− 전공에 대한 이해력 − 전공 관련 과목의 학업 능력	− 전공과 관련하여 가장 우수한 역량은 무엇인가요? − 그 역량을 키운 방법은 어떻게 되나요?
인성 (30)	− 개인 활동의 진정성 − 면접 태도 및 의사소통 능력	− 친구들과 협력하여 좋은 결과를 얻어낸 경험을 얘기하고, 본인의 역할은 무엇이었는지 말해 주세요.

✓ 전략 포인트

- **서류 정리**: 우선 본인이 제출한 학교생활기록부의 철저한 숙지와 정리가 필요합니다.

- **핵심만 답변**: 면접 시간은 10분 내외입니다. 모두에게 공평한 시간이니 질문에 대한 답변으로 불필요한 내용은 자제하고 핵심 사항만을 말하는 연습이 필요합니다. 모의 면접 연습을 할 때, 타이머로 시간을 확인하면서 하면 많은 도움이 됩니다. 답변은 결론 → 이유 → 사례 → 결론의 4단계 양괄식으로 하는 것이 좋습니다.

- **면접 변별력**: 면접 평가 점수에서 기본 점수가 없어 수험생 간 역량 변별력에 의한 영향력이 매우 클 것입니다. 자료에 따르면 평균적으로 40%가 면접으로 서류 평가의 순위를 뒤집는(역전) 것으로 나타나고 있습니다. 특히, 교육학과는 70%가 역전한 적도 있었습니다. 이러한 이유는 면접 평가를 할 때 면접 평가위원들에게 별도로 1단계 서류 평가 점수를 알려 주지 않는 요인도 크게 작용하는 것입니다.

- **문항 출제**: 면접 문항의 출제는 면접고사 당일 면접 평가위원들이 모여서 단체로 90여 분 동안 만드는 것으로 알려져 있습니다. 3개의 평가 영역별로 1개씩 질문하려고 노력하는 것으로 알려져 있습니다.

[기출문제] : 일부 변형

01 2022년 2월 러시아의 우크라이나 침공과 더불어 미중 무역 갈등은 더욱 첨예하게 대립하고 있다. 특히 글로벌 반도체 공급망의 안정성이 핵심 과제로 부상하면서 미국은 한국, 대만, 일본이 연대하는 반도체 공급망을 강화하기 위해 칩4(Chip4)동맹을 구축하여 중국의 도전을 따돌리면서 반도체 경쟁력을 강화하고 있다. 이처럼 국제 반도체 시장을 동맹 및 파트너로 결속하여 칩4 동맹을 구축하려는 미국의 구상에 한국은 어떻게 대응해야 하는지 의견을 개진하시오.

🗨️**예시답변 ▶** 첫째, 한국은 칩4 동맹 참여를 통해 글로벌 반도체 공급망 안정과 기술 경쟁력 강화라는 긍정적 효과를 적극 활용해야 한다고 생각합니다. 미국, 대만, 일본과 협력함으로써 첨단 반도체 기술 개발과 생산 능력 확대, 시장 안정에 기여할 수 있고, 이는 한국 반도체 산업의 국제적 위상을 높이는 기회가 될 수 있습니다.

둘째, 동시에 한국은 미중 간 갈등 심화라는 국제 정세를 면밀히 고려하여 균형 외교 전략을 유지해야 합니다. 칩4 동맹 참여가 중국과의 경제적 관계에 부정적 영향을 줄 수 있기 때문에, 경제 안보와 외교 관계를 모두 조화롭게 관리하며 중국과도 지속적 협력 채널을 유지하는 것이 필요합니다.

셋째, 저는 한국이 기술 자립도 강화와 국내 반도체 생태계 혁신에 집중하는 한편, 국제 협력의 틀 안에서 주도적 역할을 수행하는 전략적 대응이 중요하다고 봅니다. 이를 통해 글로벌 공급망 불확실성에 대비하고, 장기적으로 안정적인 산업 발전과 국가 경쟁력 확보를 도모해야 한다고 생각합니다.

1-1) 세계 무역의 1위와 2위 국가인 '미국'과 '중국' 사이의 무역 갈등이 분쟁으로 치닫는 현시점에서 한국은 어떻게 이들 국가와의 관계를 설정하는 것이 국익에 도움이 될지를 말해보시오.

예시답변 ▶ 첫째, 한국은 미국과 중국 모두와 균형 잡힌 경제 협력 관계를 유지하는 것이 중요하다고 생각합니다. 두 나라 모두 한국의 주요 무역 파트너이기 때문에 어느 한쪽에 치우친다면 경제적 피해가 클 수 있으므로, 양국과의 안정적 교류와 협력을 동시에 추진해야 합니다.

둘째, 한국은 자국 산업의 경쟁력을 강화하고, 다변화 전략을 통해 무역 의존도를 분산하는 노력이 필요합니다. 미국과 중국에 대한 과도한 의존을 줄이고 유럽, 동남아시아 등 다양한 시장 개척과 첨단 기술 개발에 집중해 글로벌 경제 환경 변화에 유연하게 대응해야 합니다.

셋째, 저는 한국이 외교적으로는 '전략적 모호성'을 유지하면서도, 국제 규범과 다자주의를 지지하는 입장을 견지해야 한다고 봅니다. 무역 갈등에서 중립적 입장을 바탕으로 협상과 조정 역할을 수행하며, 국익을 최우선으로 고려하는 실용적 외교를 펼치는 것이 바람직하다고 생각합니다.

1-2) 동맹과 파트너 국가를 연합하여 반도체 시장 질서를 미국 중심으로 재편하면서 중국에 대해 전례 없는 보복성 무역 정책을 전개하고 있다. 미국은 어떠한 이유로 '자유무역'에서 '보호무역'이란 정책 기조로 무역 질서를 재편하게 되었는지에 대해 면접자의 견해를 밝히시오.

예시답변 ▶ 첫째, 미국은 글로벌 경제 경쟁에서 자국 산업 보호와 전략적 우위 확보가 절실해졌기 때문이라고 생각합니다. 특히 반도체와 같은 첨단 기술 분야에서 중국과의 경쟁이 격화되면서, 핵심 산업을 지키기 위해 보호무역 정책을 강화하는 것은 자국 경제 안보를 위한 필수 조치로 여겨집니다.

둘째, 자유무역 체제 하에서 일부 국가들이 불공정 무역 관행이나 기술 탈취, 지식재산권 침해 등을 통해 미국의 경제적 이익을 침해해왔다고 판단하기 때문입니다. 이런 문제를 해결하고 미국 기업의 경쟁력을 보호하기 위해 무역 장벽과 제재를 통해 강력한 대응을 하고 있습니다.

셋째, 저는 이러한 정책 변화가 단기적으로는 보호무역 강화로 보이나, 장기적으로는 글로벌 공급망 재편과 기술 동맹 강화라는 전략적 목표를 달성하기 위한 포석이라고 봅니다. 미국은 동맹국과 협력해 견고한 공급망을 구축함으로써 중국의 경제적 영향력 확대를 견제하고, 동시에 자국과 우방국의 경제적 번영을 도모하려는 의지가 반영된 것이라 생각합니다.

02 방탄소년단(BTS)의 병역 문제가 사회적 이슈로 부상하면서 여론은 상반된 목소리를 내고 있다. 현재의 병역 특례법은 국위를 선양한 운동선수에게는 해당되지만, 대중문화예술인은 병역특례 혹은 면제의 대상에 적용되지 않는다. 이처럼 공정성과 형평성의 가치란 측면에서 BTS의 병역 의무 이행에 관한 면접자의 입장이 무엇인지 설명해 보시오.

예시답변 ▶ 첫째, 저는 병역 의무는 모든 국민이 지켜야 할 기본적인 의무이자 사회적 책임이라고 생각합니다. 따라서 BTS를 포함한 모든 대중문화예술인도 병역을 성실히 이행하는 것이 공정성과 형평성 측면에서 원칙적으로 바람직하다고 봅니다.

둘째, 다만 BTS가 세계적으로 한국 문화를 알리고 국가 이미지 제고에 크게 기여한 점은 분명 인정해야 하며, 이에 따른 예우와 지원은 필요하다고 생각합니다. 하지만 이는 병역 면제보다는 다른 방식의 지원이나 명예로운 인정으로 충분히 보완할 수 있다고 봅니다.

셋째, 저는 앞으로 사회적 합의를 바탕으로 병역 특례 제도의 범위와 기준을 합리적으로 재정비해야 한다고 생각합니다. 공정성을 해치지 않으면서도 국가적 공헌을 인정할 수 있는 제도가 마련되어야 하며, 이를 통해 국민 간 갈등을 줄이고 국가 통합을 이룰 수 있다고 믿습니다.

2-1) 면접자는 어떠한 가치를 최우선으로 BTS의 병역 의무의 이행을 바라보고 있는지 설명해 보시오.

예시답변 ▶ 첫째, 저는 공정성을 가장 중요한 가치로 생각합니다. 모든 국민이 법 앞에 평등해야 하며, 특정 집단만 예외를 두는 것은 사회적 신뢰를 해칠 수 있기 때문입니다. BTS도 국민의 한 사람으로서 동일한 병역 의무를 수행하는 것이 공정하다고 봅니다.

둘째, 책임감 역시 중요하다고 생각합니다. 병역은 개인뿐 아니라 국가와 사회에 대한 책임이기 때문에, BTS도 사회적 역할과 책임을 다하는 모습을 보여야 한다고 봅니다.

셋째, 마지막으로 저는 국가와 국민에 대한 존중의 가치도 함께 고려합니다. BTS가 국가 이미지를 높이고 문화적 자긍심을 증진한 점은 존중하지만 이것이 병역 의무를 면제 또는 축소하는 이유가 될 수는 없다고 생각합니다.

2-2) BTS의 병역 특혜 관련 법 개정에 대해 면접자는 찬성인지, 반대인지 의견을 말해 보시오.

예시답변 ▶ 첫째, 저는 BTS 병역 특혜 관련 법 개정에 대해 신중한 입장을 가지고 있습니다. 대중문화예술인의 국가 기여도를 인정하는 것은 중요하지만, 병역 의무라는 기본 원칙을 훼손해서는 안 된다고 생각합니다.

둘째, 병역 특례를 확대하는 것은 일부 국민들 사이에 형평성과 공정성 문제를 야기할 수 있고, 사회적 갈등을 심화할 우려가 있습니다. 따라서 충분한 사회적 합의와 명확한 기준 마련이 선행되어야 한다고 봅니다.

셋째, 저는 법 개정보다는 병역 의무 이행을 원칙으로 하되, 대중문화예술인의 공헌을 인정하는 다른 지원책 마련이 더 바람직하다고 생각합니다. 예를 들어, 복무 중 특별활동 허용이나 복무 후 명예로운 인정 등의 대안이 있을 수 있습니다.

03 현재 우리 사회 일각에서 여성도 의무적으로 군복무를 해야 한다는 주장이 제기되고 있습니다. 이런 주장에 찬성 또는 반대한다면 그 이유는 무엇인가요?

예시답변 ▶ 첫째, 저는 여성 의무 군복무에 대해 찬성하는 입장입니다. 현대 사회에서 성평등은 매우 중요한 가치이며, 국방의 의무 또한 남녀 모두에게 공평하게 적용되어야 한다고 생각합니다.

둘째, 여성도 군복무를 통해 국가 안보에 기여할 수 있고, 다양한 역할에
서 능력을 발휘할 수 있다는 점에서 군의 다양성과 전문성 강화에도 긍
정적인 영향을 미칠 수 있다고 봅니다.

셋째, 다만, 여성의 신체적 특성과 개인적 상황을 고려한 합리적인 병역
제도 설계와 지원이 필요하며, 강제성보다는 선택과 지원 중심의 제도
가 병행되어야 한다고 생각합니다.

3-1) 여성을 일반 사병으로 징집하지 않는 것을 성차별로 볼 수 있는가?

◕예시답변 ▶ 첫째, 여성을 일반 사병으로 징집하지 않는 것은 전통적으
로 신체적 차이와 군사적 효율성을 고려한 제도적 결정이라고 볼 수 있
습니다. 따라서 단순히 '성별에 따른 차별'로만 보기에는 복합적인 사회
적, 군사적 맥락이 존재합니다.

둘째, 그러나 현대 사회에서 성평등 가치가 강조되면서 여성도 동등한 기
회를 가져야 한다는 요구가 커지고 있어, 징집에서의 성별 차별 여부를
재검토하는 움직임이 있습니다. 만약 여성을 제한하는 이유가 합리적
근거 없이 성별에만 기반한다면 이는 성차별로 지적될 수 있습니다.

셋째, 저는 군 복무의 특수성과 성별 차이에 따른 현실적 고려를 존중하
면서도, 점진적으로 여성의 군 복무 참여 기회를 확대하고, 제도가 공
정하고 평등하게 발전해 나가야 한다고 생각합니다.

3-2) 여성 징집이 국방 인력의 감소에 대한 적절한 대안이 될 수 있는가?

◕예시답변 ▶ 첫째, 여성 징집은 출산율 저하 등으로 인한 국방 인력 감
소 문제를 일부 완화할 수 있는 현실적이고 효과적인 대안 중 하나라고
생각합니다. 남성 인구가 줄어드는 상황에서 여성도 국방 의무에 참여
함으로써 인력 부족 문제를 보완할 수 있기 때문입니다.

둘째, 다만 여성 징집을 도입할 때는 신체적 · 심리적 특성을 고려한 맞춤
형 훈련과 배치, 지원 체계가 함께 마련되어야 하며, 무조건적인 의무
징집보다는 자발성과 효율성을 높이는 방향이 바람직합니다.

셋째, 저는 여성 징집이 국방력 강화를 위한 하나의 대안이 될 수 있으나,

동시에 첨단 무기체계 도입, 군 구조 개편, 전문 인력 활용 등 다각적인 대책과 병행되어야 한다고 봅니다. 국방 인력 문제는 단순히 징집 대상 확대만으로 해결될 수 없는 복합적인 과제이기 때문입니다.

04 현재 한국에서는 일본과의 관계를 정립하는 문제와 관련해 상반된 시각이 존재합니다. 한편은 미래에 초점을 맞추어 일본과의 협력을 더욱 강화해야 한다는 입장이고, 다른 한편은 일본과의 깊은 협력 이전에 과거사에 대한 일본의 진심어린 사죄가 먼저 이루어져야한다는 입장입니다. 국익의 관점에서 어떤 입장이 더 도움이 되나요?

예시답변▶ 첫째, 저는 국익 차원에서 미래 지향적 협력 강화가 우선되어야 한다고 생각합니다. 글로벌 경제와 안보 환경 변화 속에서 한일 협력은 지역 안정과 경제 발전에 필수적이기 때문입니다.

둘째, 그러나 과거사 문제에 대한 일본의 진심어린 사죄와 반성 없이는 신뢰 구축이 어려워 장기적 협력에 장애가 될 수 있으므로, 역사 문제 해결도 함께 병행되어야 한다고 봅니다. 과거사 문제를 외면한 채 협력만 강조하는 것은 국민 감정을 저버릴 수 있기 때문입니다.

셋째, 저는 두 입장을 균형 있게 조화시키는 '통합적 접근'이 가장 국익에 도움이 된다고 봅니다. 즉, 과거사 문제 해결 노력과 함께 실질적 협력 사업을 병행하며, 양국 국민 간 이해와 신뢰를 서서히 쌓아가는 전략이 바람직하다고 생각합니다.

4-1) 경제, 군사, 문화 등 제반 영역에 있어서 일본과의 협력이 우리에게 얼마나 중요한가?

예시답변▶ 첫째, 경제 분야에서 일본은 우리나라의 중요한 무역 파트너이자 투자국으로서, 첨단 부품·소재 산업과 기술 협력이 필수적입니다. 양국 간 협력은 글로벌 공급망 안정과 경제 성장에 크게 기여하며, 경쟁력을 높이는 데 매우 중요합니다.

둘째, 군사 및 안보 측면에서는 동북아 지역의 불안정한 정세 속에서 한일 간 정보 공유와 협력은 지역 평화 유지와 공동 대응에 필수적인 역할을 합니다. 특히 북한 문제와 중국의 군사적 부상에 대응하는 데 있어서 협력 강화가 필요합니다.

셋째, 문화 교류는 국민 간 이해와 친밀감을 높이고, 양국 관계의 긍정적 기반을 만드는 데 중요한 역할을 합니다. 한일 양국의 문화 교류 활성화는 사회적 갈등 완화와 미래 협력의 토대를 마련하는 데 큰 도움이 됩니다.

4-2) 과거사 문제와 관련해 일본이 경제적으로 충분히 한국에 배상했다는 주장에 대해 어떻게 생각하는가?

●예시답변 ▶ 첫째, 저는 경제적 배상이 일정 부분 이루어졌다는 사실은 인정하지만, 그것만으로 과거사 문제의 모든 책임과 갈등이 해소되었다고 보기는 어렵다고 생각합니다. 과거사 문제는 단순한 경제적 보상을 넘어 역사적 진실 인정과 진심 어린 사과가 함께 이루어져야 하는 복합적 문제입니다.

둘째, 일본의 공식적 사과와 역사 인식, 교육에 대한 노력 부족은 여전히 한일 관계의 장애물로 작용하고 있으며, 이러한 부분들이 해결되지 않으면 국민 감정과 신뢰 회복은 어려울 것입니다.

셋째, 저는 과거사 문제 해결은 경제적 배상뿐 아니라 일본의 진심 어린 반성과 책임 인정, 그리고 양국 간 지속적인 대화와 협력을 통해 이루어져야 한다고 생각합니다. 이를 통해 역사 문제를 넘어 미래지향적 관계를 구축하는 기반이 마련될 수 있다고 봅니다.

05 기후변화(climate change)가 생태계 파괴뿐 아니라 국가 및 계층 간 갈등을 야기하고 있다. 기후변화로 인해 발생하는 사회경제적 문제를 설명하고, 이에 대한 해결 방안에 대해 논하시오.

●예시답변 ▶ 첫째, 기후변화로 인해 자연재해 빈도와 강도가 증가하면서 농업 생산성 저하, 식량 부족, 물 부족 등의 문제가 발생하여 경제적 불평등과 빈곤층의 생활 어려움이 심화되고 있습니다. 이는 사회 내 계층 간 갈등과 불안을 초래할 수 있습니다.

둘째, 국가 간에는 기후변화 대응 비용과 책임 분담 문제로 인해 갈등이 발생합니다. 특히 개발도상국은 선진국의 온실가스 배출에 따른 피해를 입으면서도 적절한 지원을 받지 못해 국제적 갈등이 심화되고 있습니다.

셋째, 저는 이러한 문제를 해결하기 위해 국제 사회의 협력 강화와 공정한 책임 분담, 그리고 지속 가능한 발전을 위한 녹색 기술 투자 및 친환경 정책 추진이 필요하다고 생각합니다. 또한 국내적으로는 취약계층 보호와 기후 적응력을 높이는 사회안전망 확충이 중요하다고 봅니다.

5-1) 기후변화에 가장 취약한 계층은 누구인가

예시답변 ▶ 첫째, 경제적 여력이 부족한 저소득층과 빈곤층이 가장 취약한 계층입니다. 이들은 기후변화로 인한 재난이나 환경 변화에 대응할 수 있는 자원이 부족해 피해를 크게 입기 쉽습니다.

둘째, 노인, 어린이, 장애인 등 사회적 약자 역시 건강 문제나 이동성 제한 등으로 인해 기후변화의 영향에 더 취약합니다. 이들은 폭염, 한파, 자연재해 시 보호와 지원이 더욱 필요합니다.

셋째, 또한 개발도상국의 농촌 지역 주민들도 기후변화에 매우 취약한 집단입니다. 농업에 의존하는 이들은 가뭄, 홍수 등으로 생계가 직접 위협받으며, 사회 기반 시설이 미흡해 복구가 어렵습니다.

5-2) 개발도상국의 탄소배출을 선진국과 동일한 기준으로 규제하는 것이 정당한가?

예시답변 ▶ 첫째, 저는 개발도상국과 선진국의 경제 발전 수준과 역사적 책임이 다르기 때문에, 동일한 기준으로 규제하는 것은 공정하지 않다고 생각합니다. 선진국은 산업화 과정에서 이미 많은 탄소를 배출했으나, 개발도상국은 이제 성장 단계에 있어 탄소 배출 제한이 경제 발전에 큰 부담이 될 수 있습니다.

둘째, 국제사회에서는 "공통의 차별화된 책임(Common but Differentiated Responsibilities)" 원칙에 따라, 각국의 상황에 맞는 탄소 감축 목표 설정이 필요하다고 봅니다. 이를 통해 개발도상국의 지속 가능한 발전과 기후변화 대응을 균형 있게 추진할 수 있습니다.

셋째, 다만 개발도상국도 점차 경제 규모가 커지고 있기 때문에, 선진국의 지원과 기술 이전을 바탕으로 점진적으로 엄격한 환경 규제를 도입해 나가야 하며, 글로벌 협력이 중요하다고 생각합니다.

06 마약에 대한 국가적 대응 방식은 차이를 보인다. 상대적으로 중독성과 위험성이 낮은 soft drug(예: 대마초, 환각버섯)에 대해서는 소지와 사용을 합법화 (legalize) 하거나 비범죄화(decriminalize) 하는 국가나 지역도 존재한다. 우리나라도 soft drug의 사용과 소지(possession)를 합법화할 필요가 있다고 생각하는지 논하시오.

◖예시답변▶ 첫째, 저는 soft drug 사용과 소지의 합법화에 대해 신중한 입장을 가지고 있습니다. 대마초 등은 중독성과 부작용이 상대적으로 낮다고 해도 여전히 건강과 사회적 문제를 일으킬 가능성이 있어, 무분별한 합법화는 부작용을 초래할 수 있습니다.

둘째, 그러나 일부 국가들이 합법화 혹은 비범죄화를 통해 범죄 감소, 의료적 활용 증대, 세수 확보 등 긍정적 효과를 거둔 사례가 있으므로, 우리나라도 과학적 연구와 사회적 합의를 바탕으로 제한적이고 점진적인 접근이 필요하다고 생각합니다.

셋째, 저는 합법화보다는 먼저 대마초 등 soft drug에 대한 정확한 교육과 중독 예방 정책 강화, 의료용 활용 확대, 그리고 사회적 인식 개선에 집중하는 것이 바람직하다고 봅니다. 충분한 사회적 준비와 논의 없이 급격한 정책 변화는 부작용을 낳을 수 있기 때문입니다.

6-1) soft drug의 합법화가 사회에 경제적으로 어떤 영향을 미칠것인가?

◖예시답변▶ 첫째, 합법화는 세수 확보에 긍정적인 효과를 가져올 수 있습니다. 정부가 합법적 시장을 통해 과세를 실시하면 새로운 재정 수입원이 마련되어 복지, 교육, 공공 안전 등 다양한 분야에 재투자할 수 있습니다.

둘째, 불법 시장이 축소되고 관련 범죄가 감소하면서 사회적 비용 절감과 치안 유지 비용 감소 효과도 기대할 수 있습니다. 이는 경제적 부담을 줄이고, 경찰 및 사법 자원을 보다 효율적으로 활용하는 데 도움이 됩니다.

셋째, 한편으로는 합법화로 인해 사용 인구가 늘어나면서 보건 비용 증가, 생산성 저하, 중독 관련 사회 문제 발생 가능성도 있어 경제적 부담이 늘어날 위험이 있습니다. 따라서 이를 최소화하기 위한 예방과 관리 정책이 병행되어야 합니다.

6-2) 마약 수요를 줄이는 것과 마약 공급을 차단하는 것 중 보다 효과적인 방법은 무엇이라고 생각하나?

●예시답변▶ 첫째, 저는 마약 문제 해결에 있어 수요 감소가 더 근본적이고 장기적인 해결책이라고 생각합니다. 마약을 사용하려는 수요가 줄어들면 공급 측면의 유인도 자연스럽게 감소하기 때문입니다.

둘째, 물론 공급 차단도 중요하며, 단기적으로는 범죄 조직의 활동을 억제하고 유통 경로를 차단하는 데 효과적이지만, 공급만을 막는 데 집중할 경우 대체 공급처가 생기거나 밀수가 계속될 수 있다는 한계가 있습니다.

셋째, 따라서 저는 수요 감소와 공급 차단을 병행하는 통합적 접근이 가장 효과적이며, 특히 교육, 예방, 치료, 재활 프로그램 등 수요 관리에 더 많은 자원과 노력을 투입해야 한다고 봅니다.

07 최근 원자력 발전(nuclear power generation)에 대한 논의가 뜨겁다. 온실가스 배출이 매우 적지만(low greenhouse gas emissions), 한번 사고가 발생하면 큰 재앙을 초래할 수 있다는 단점도 존재한다. 추후에는 재생에너지를(clean energy) 활용하는 것이 이상적이지만, 현실적으로 어려움이 있으니 원자력 발전이라는 보완재를(complement) 사용하는 것이 좋은가에 대한 논란이 뜨겁다. 이에 대해 본인의 의견을 제시하시오.

●예시답변▶ 첫째, 저는 원자력 발전이 온실가스 감축에 효과적인 에너지원으로서 기후변화 대응에 중요한 역할을 할 수 있다고 봅니다. 재생

에너지의 불안정성과 저장 문제를 보완하는 데 기여할 수 있기 때문입니다.

둘째, 그러나 원자력 사고의 치명성과 방사성 폐기물 처리 문제는 여전히 심각한 안전 및 환경적 과제로 남아 있어, 안전 관리 강화와 첨단 기술 개발이 반드시 병행되어야 한다고 생각합니다.

셋째, 저는 장기적으로는 재생에너지 중심의 에너지 전환이 이상적이며, 원자력은 그 전환 과정에서 과도기적 보완재 역할을 하되 점차 비중을 줄여 나가는 전략이 바람직하다고 봅니다.

7-1) 탄소 중립 목표를 달성하기 위해 원자력 발전을 사용하는 것은 어떻게 생각하는가?

▶ 예시답변 ▶ 첫째, 원자력 발전은 온실가스 배출이 매우 적어 탄소 중립 목표 달성에 있어 중요한 역할을 할 수 있다고 생각합니다. 특히 재생에너지의 공급 불안정을 보완하며 안정적인 전력 공급을 가능하게 합니다.

둘째, 하지만 원자력 발전은 사고 위험과 방사성 폐기물 처리 문제 등 환경적·사회적 우려가 여전히 존재하므로, 안전 관리와 기술 혁신이 반드시 병행되어야 한다고 봅니다.

셋째, 저는 원자력을 탄소 중립을 위한 필수적이고 과도기적 에너지원으로 활용하되, 장기적으로는 재생에너지 확대와 에너지 효율화 등 다양한 대책과 함께 점진적으로 비중을 줄여 나가는 전략이 필요하다고 생각합니다.

7-2) 한국에서 완전히 재생에너지로의 전환이 가능할까? 만약 완전히 전환한다면 긍정/부정적 현상에는 어떤 것들이 있을까?

▶ 예시답변 ▶ 첫째, 완전한 재생에너지 전환은 기술 발전과 인프라 확충이 이루어진다면 장기적으로 가능하다고 생각합니다. 하지만 현재로서는 에너지 저장 문제, 공급 불안정성, 대규모 인프라 구축의 어려움 등 현실적 제약이 있어 단계적 전환이 필요합니다.

둘째, 긍정적인 현상으로는 탄소 배출 감소로 인한 기후변화 완화, 대기
오염 개선, 신재생 산업 발전과 일자리 창출, 에너지 자립도 향상 등이
기대됩니다.

셋째, 반면 부정적 현상으로는 높은 초기 투자 비용, 기존 산업과 노동자
들의 구조조정 문제, 전력 공급의 불안정성, 일부 지역의 환경 훼손 우려
등이 있을 수 있으므로 이를 보완할 정책 마련이 중요하다고 봅니다.

08 노키즈존(No-Kids Zone)은 영유아, 어린이 혹은 이들을 동반한 고객의
출입을 제한하는 곳으로, 최근에는 가족 단위의 방문객이 많은 가게에서
이러한 정책을 채택하는 경우가 많아지고 있다. 찬반의 입장을 간략히 서
술하고, 본인의 찬반 의견과 그에 대한 근거를 제시하시오.

예시답변 ▶ 첫째, 노키즈존 찬성 측은 어린이로 인한 소음과 안전 문
제, 다른 고객들의 쾌적한 이용권 보장을 위해 필요하다고 주장합니다.
특히 조용하고 편안한 환경을 원하는 성인 고객들에게 긍정적이라고
봅니다.

둘째, 반대 측은 아동과 가족의 출입 제한이 차별과 사회적 배제 문제를
초래하며, 어린이 친화적 사회 조성에 역행한다고 비판합니다. 또한 가
족 단위 외출의 자유를 제한하는 문제도 제기됩니다.

셋째, 저는 노키즈존 정책에 대해 상황과 장소에 따라 신중히 적용되어야
한다고 생각합니다. 모든 장소에 일률적으로 적용하기보다는, 서로의
권리를 존중하는 선에서 조용한 공간과 가족 친화 공간을 적절히 구분
하는 것이 바람직하다고 봅니다.

8-1) 찬성인 경우, 노키즈존은 영유아 및 어린이를 차별한다는 의견이
있다. 과거 특정 인종의 가게 입장을 차별했던 것은 어떻게 생각하
는가?

예시답변 ▶ 첫째, 과거 특정 인종을 대상으로 한 출입 제한은 인권과
평등의 근본 가치를 침해하는 명백한 차별 행위로서 부당하다고 봅니
다. 이는 사회 전반의 불평등과 분열을 심화시킨 역사적 잘못입니다.

둘째, 반면 노키즈존은 특정 인종이 아닌, 연령대와 행동 특성에 기반한 출입 제한으로, 주로 안전과 쾌적한 환경 조성을 목적으로 합니다. 따라서 인종 차별과 같은 성격으로 동일하게 판단하기에는 차이가 있다고 생각합니다.

셋째, 그러나 노키즈존 정책도 어린이와 가족의 사회적 권리를 과도하게 제한하지 않도록 신중하게 운영되어야 하며, 차별이라는 비판을 최소화하기 위해 대체 공간 마련과 상호 존중 문화가 함께 발전해야 한다고 봅니다.

8-2) 반대인 경우, 일부 자기 중심적인 부모들은 제재를 당하면 온라인으로 2차 가해를 하는 경우도 존재한다. 이는 어떻게 방지할 수 있겠는가?

예시답변 ▶ 첫째, 온라인상에서의 2차 가해를 방지하기 위해서는 법적 · 제도적 대응 체계 강화가 필요합니다. 명예훼손, 허위사실 유포 등에 대해 엄정한 처벌과 모니터링이 병행되어야 합니다.

둘째, 또한 온라인 커뮤니티와 SNS 플랫폼 사업자의 책임 강화와 신속한 대응 시스템 마련이 중요합니다. 불법 게시물에 대한 신고 체계와 차단 조치를 체계적으로 운영해야 합니다.

셋째, 마지막으로, 사회적 인식 개선과 교육을 통해 건전한 온라인 문화 조성이 필요합니다. 부모뿐 아니라 모든 이용자가 타인에 대한 존중과 책임감을 갖도록 지속적인 캠페인과 교육이 병행되어야 한다고 생각합니다.

09 오픈 소스 소프트웨어의 소스 코드 일부를 사용하여 프로그램을 작성하는 것은 표절인지 예를 들어 의견을 제시하세요.

예시답변 ▶ 첫째, 오픈 소스 소프트웨어는 일반적으로 특정 라이선스 (예: MIT, GPL)를 통해 사용과 수정, 배포가 허용되며, 이를 준수한다면 소스 코드 일부를 사용하는 것은 법적 · 윤리적으로 정당한 행위입니다.

둘째, 그러나 라이선스 조건을 무시하거나 출처 표기 없이 코드를 사용하면 표절이 될 수 있으며, 이는 저작권 침해에 해당할 수 있습니다. 예를 들어, GPL 라이선스는 사용 시 소스 코드 공개와 출처 표시를 요구합니다.

셋째, 따라서 오픈 소스 코드를 활용할 때는 해당 라이선스의 조건을 정확히 이해하고 준수하는 것이 중요하며, 출처를 명확히 밝혀 투명하게 사용하는 것이 바람직하다고 생각합니다.

9-1) 혹시 알고 있는 오픈 소스 소프트웨어 라이센스가 있다면 관련지어 어떻게 하면 표절이 되지 않는지 소개해 주세요.

▶예시답변▶ 첫째, 대표적인 오픈 소스 라이선스로는 MIT 라이선스, GPL(GNU General Public License), Apache License 2.0 등이 있습니다. 이들 모두 소스 코드를 자유롭게 사용하고 수정할 수 있도록 허용하지만, 각각 다른 조건을 가지고 있습니다.

둘째, 예를 들어 MIT 라이선스는 가장 관대한 라이선스로, 누구나 자유롭게 사용·복제·수정할 수 있습니다. 다만, 원 저작자에 대한 출처 표시는 반드시 해야 하며, 라이선스 전문을 함께 포함해야 합니다. 이것을 무시하고 출처 없이 자신의 코드처럼 사용하면 표절이 됩니다.

셋째, 반면 GPL 라이선스는 수정하거나 일부라도 사용할 경우, 전체 소스 코드를 공개해야 하고, 같은 GPL 라이선스를 따라야 합니다. 즉, 폐쇄적 소프트웨어에서 몰래 사용하면 저작권 위반과 표절에 해당합니다.

따라서 오픈 소스 코드를 사용할 때는 ① 라이선스 종류 확인 → ② 출처 명확히 밝히기 → ③ 요구 조건 충실히 이행하기가 필수입니다. 이를 지키면 표절 문제 없이 윤리적으로 개발에 기여할 수 있다고 생각합니다.

9-2) 오픈 소스 소프트웨어의 소스 코드를 사용해 본 경험이 있는지, 오픈소스 소프트웨어 코드 사용 시 장점과 단점을 이야기해 주세요.

▶예시답변▶ 첫째, 저는 고등학교에서 파이썬을 활용한 간단한 데이터 시각화 프로젝트를 진행하면서 GitHub에 공개된 matplotlib와 seaborn의 예제 코드를 참고해 수정하여 활용한 경험이 있습니다. 이를 통해

오픈 소스가 실제 개발에 얼마나 유용한지를 체감했습니다.

둘째, 오픈 소스 소프트웨어를 사용할 때의 가장 큰 장점은 개발 시간과 노력을 줄일 수 있다는 점입니다. 이미 검증된 코드와 모듈을 활용하면 신뢰성 높은 결과를 빠르게 얻을 수 있고, 글로벌 커뮤니티의 지원 덕분에 오류 수정이나 기능 개선도 수월합니다. 또 소스 코드 구조를 학습하면서 실전 개발 역량도 자연스럽게 향상됩니다.

셋째, 반면 단점으로는 라이선스 조건이 다양하고 복잡해서 법적 책임 문제가 발생할 수 있다는 점이 있습니다. 예를 들어 GPL 라이선스의 경우 사용한 코드 전체를 공개해야 하므로, 상업적 용도로는 부적합할 수 있습니다. 또한 코드의 보안이나 안정성이 100% 보장되지 않아 검토 없이 사용할 경우 취약점이 포함될 위험도 존재합니다.

10 과거 데이터센터 화재로 여러 인터넷 서비스가 일시 중단되는 등 장애가 발생했다. 네이버는 서비스의 일부에 장애가 생겼으며 짧은 기간에 복구가 된 반면, 카카오는 카카오톡을 비롯한 거의 모든 서비스의 이용불가 상태가 오랜기간 지속되는 등 장애 대응 측면에서 대조되는 양상을 보이기도 했다. 이처럼, 데이터센터 화재를 포함하여 다양한 이유로 인터넷 서비스 장애가 발생할 수 있다. 인터넷 서비스 장애가 발생하는 원인에는 무엇이 있으며, 장애가 발생했을 때 빠르게 복구하기 위한 기술적 선행조치로는 무엇이 있겠는가?

🎙예시답변 ▶ 인터넷 서비스 장애는 다양한 원인으로 발생할 수 있으며, 특히 대규모 사용자 기반을 가진 플랫폼에서는 치명적인 결과를 초래할 수 있습니다. 대표적인 사례로, 과거 데이터센터 화재로 인해 여러 인터넷 서비스가 중단된 일이 있었는데, 당시 네이버는 일부 서비스에 제한적인 장애만 발생하고 빠르게 복구한 반면, 카카오는 거의 전 서비스가 장기간 마비되면서 대응 체계의 차이를 보여주었습니다.

이처럼 서비스 장애의 원인에는 크게 네 가지가 있습니다. 첫째, 화재, 정전과 같은 물리적 재해가 대표적입니다. 둘째, 서버 과부하나 트래픽 폭주 같은 기술적 한계, 셋째, 시스템 오류나 잘못된 코드 배포로 인한 소프트웨어적 문제, 넷째, 사이버 공격이나 설정 실수 같은 외부 또는 내부 요인입니다. 이러한 요인들은 단독 또는 복합적으로 작용해 예기치 못한 장애를 일으킵니다.

따라서 장애 발생 시 피해를 최소화하고 빠르게 복구하기 위해서는 몇 가지 기술적 선행조치가 중요합니다. 가장 먼저, 서버와 데이터의 다중화(Redundancy)가 필요합니다. 핵심 시스템을 이중 혹은 삼중화하면 하나가 실패하더라도 다른 장비가 서비스를 지속할 수 있습니다. 또한 정기적인 백업과 재해 복구 시나리오(DR 시스템)는 데이터 유실을 방지하고, 빠른 복구를 가능하게 합니다. 특히 클라우드 환경에서는 백업 자동화와 신속한 스냅샷 복원이 매우 효과적입니다.

이와 더불어 멀티 리전 또는 멀티 AZ(가용영역) 구조를 통해 인프라를 물리적으로 분산시켜 놓는 것도 매우 중요합니다. 이는 특정 지역에 재난이 발생하더라도 다른 지역에서 즉시 서비스를 전환해 운영할 수 있게 해줍니다. 네이버가 비교적 빠르게 서비스를 복구할 수 있었던 이유도 이런 구조가 갖추어져 있었기 때문입니다.

마지막으로, 실시간 모니터링과 경고 시스템은 사소한 이상 신호라도 조기에 감지해 장애를 사전에 막는 역할을 합니다. 여기에 정기적인 비상훈련과 사후 분석(Postmortem)을 통해 문제 발생 시 정확한 원인 파악과 개선이 이루어진다면, 서비스 복구 속도와 안정성은 한층 높아질 수 있습니다.

결국 인터넷 서비스 장애는 완전히 막을 수는 없지만, 어떻게 대비하고 어떻게 복구하느냐가 서비스의 신뢰성과 기업의 역량을 결정짓는 핵심이라고 생각합니다.

10-1) 서버 이중화는 동일한 서비스를 제공하는 서버를 둘 혹은 그 이상 마련해두고, 하나가 실패할 경우 다른 하나로 서비스를 계속 이어가도록 구성하는 방법을 말한다. 하지만, 서비스의 규모가 클 경우, 이중화한 서버들 사이에 데이터나 서비스가 완전히 일치하지 않는

동기화 문제가 쉽게 발생한다. 이를 어떤 방식으로 해결할 수 있을까?

예시답변▶ 서버 이중화는 장애 상황에서도 서비스를 끊기지 않게 유지할 수 있도록 하는 매우 중요한 기술입니다. 하지만 서비스 규모가 커질수록 여러 서버 간 데이터 동기화 문제도 함께 커지게 됩니다. 이런 문제를 해결하기 위해 가장 흔하게 사용하는 방식 중 하나는 데이터베이스 복제입니다. 예를 들어, 한 서버에서 데이터를 수정하면 그 내용이 다른 서버로도 실시간으로 복제되도록 설정하는 것이죠.

또한 사용자 정보를 공유하는 경우, 서버마다 로그인 정보가 다르면 오류가 날 수 있기 때문에, Redis 같은 인메모리 저장소를 사용해 여러 서버가 동일한 세션 정보를 공유할 수 있도록 하기도 합니다.

이외에도 서버들을 하나의 클러스터로 묶어 상태 정보를 자동으로 복제하거나, 여러 서버에서 동시에 데이터가 바뀌었을 때 어느 쪽을 기준으로 할지 정해두는 충돌 해결 정책을 두는 방법도 있습니다.

결국 중요한 것은 서비스의 성격에 맞춰 '정확성'을 우선할 것인지, 아니면 '속도와 안정성'을 우선할 것인지를 고려해 서버 구조를 설계하는 것입니다. 이렇게 사전에 대비하면 서버 이중화에 따른 동기화 문제도 충분히 관리할 수 있다고 생각합니다.

10-2) 마이크로 서비스는 하나의 서비스를 작은 서비스들로 나누어 운영하는 방법으로, 서비스 장애의 규모를 줄이는 핵심 기술로 자리잡고 있다. 그렇다면, 서비스의 일부에 장애가 발생했을 때 어떻게 장애를 복구할 수 있겠는가?

예시답변▶ 마이크로 서비스 아키텍처는 전체 서비스를 기능 단위로 분리해 각각 독립적으로 개발, 배포, 운영할 수 있도록 하기 때문에 장애가 발생했을 때도 전체 시스템이 마비되지 않고, 영향을 최소화할 수 있다는 장점이 있습니다.

일부 서비스에 장애가 발생했을 때 복구를 위해 가장 먼저 해야 할 일은 장애 감지입니다. 이를 위해 모니터링 시스템을 통해 실시간으로 각 서비스의 상태를 확인하고, 이상이 감지되면 자동으로 알람이 발생합니다. 예를 들어, CPU 사용률이 급격히 높아지거나 응답 속도가 느려지면 문제가 발생했음을 알 수 있습니다.

다음으로는 문제가 된 마이크로 서비스만 선택적으로 재시작하거나 롤백(이전 버전으로 되돌리기)하는 방법을 사용합니다. 마이크로 서비스는 각 서비스가 독립적으로 배포 가능하기 때문에, 전체 시스템을 멈추지 않고도 문제 부분만 신속하게 수정하거나 교체할 수 있습니다.

또한, 마이크로 서비스 환경에서는 서비스 간 연결을 관리하는 API 게이트웨이나 서비스 메시를 통해 문제가 생긴 서비스를 자동으로 우회하거나, 다른 인스턴스로 트래픽을 분산시키는 것도 가능합니다. 이런 방법은 장애가 발생했을 때 사용자에게 미치는 영향을 최소화하는 데 효과적입니다.

결국 마이크로 서비스를 도입했다고 해서 문제가 완전히 사라지는 것은 아니지만, 문제가 발생했을 때 빠르게 대응하고 복구할 수 있는 구조를 갖추는 것이 핵심입니다. 저는 이런 구조가 시스템의 신뢰성과 유연성을 높인다고 생각하며, 점점 더 많은 기업들이 이런 방식을 채택하는 이유도 여기에 있다고 봅니다.

11 인공지능(AI)기술이 발전함에 따라 사람이 하던 일을 AI 로봇이 대신하게 되면서 점차 일자리를 잃는 사람이 늘어나고 있다. AI 로봇이 인간을 대신할 수 없는 부분을 예로 들어 설명하고 공학도로서 학습해야 할 덕목을 제시하시오.

🟣**예시답변 ▶** AI 기술이 빠르게 발전하면서 반복적이고 규칙적인 업무는 점점 로봇과 알고리즘으로 대체되고 있습니다. 하지만 모든 일을 AI가 대신할 수 있는 것은 아닙니다. 예를 들어, 사람의 감정과 상황을 섬세하게 읽고 공감해야 하는 직업, 즉 상담사나 교사, 간호사와 같은 직업에서는 AI가 인간을 완전히 대체하기 어렵다고 생각합니다.

그 이유는 인간의 고통이나 슬픔, 미묘한 감정은 단순한 데이터 분석만으로는 완벽히 이해할 수 없기 때문입니다. 또한 예상치 못한 상황에서 융통성 있게 판단하고 행동하는 창의성과 도덕성, 공감 능력 역시 인간만이 가질 수 있는 고유한 역량이라고 생각합니다.

따라서 저는 미래의 공학도라면 단순히 기술 지식뿐 아니라, 기술이 인간의 삶에 어떤 영향을 미치는지 깊이 고민할 수 있는 윤리의식과 책임감, 그리고 인간 중심의 기술을 설계할 수 있는 창의적 사고력을 갖추는 것이 매우 중요하다고 생각합니다.

AI 시대에 공학은 단순한 도구를 넘어 인간과 사회를 연결하는 역할을 하게 될 것이며, 저는 그런 기술을 개발하는 데 이바지할 수 있는 공학자가 되고 싶습니다.

11-1) AI 로봇이 인간 대신 일할 수 있는 일은 어떤 것이 있는가?

◀예시답변▶ AI 로봇은 특히 반복적이고 정형화된 업무에서 인간을 대신하기에 적합합니다. 예를 들어, 공장 생산 라인의 조립 작업이나 물류 창고에서의 분류 및 운반 작업은 정해진 규칙에 따라 빠르게 수행할 수 있기 때문에 AI 로봇이 효과적으로 대체할 수 있습니다.

또한, 데이터 분석과 패턴 인식에도 강점을 가지고 있어서, 고객의 소비 패턴을 분석하거나, 금융 사기의 이상 징후를 감지하는 업무도 AI가 수행하고 있습니다. 예를 들어, AI 챗봇은 고객 상담의 1차 응대를 자동화해 기업의 효율성을 높이는 데 기여하고 있습니다.

최근에는 의료 영상 판독, 자동 운전 차량, 자동 번역, 음성 비서 등 인지 기반의 업무까지 확장되고 있어, 인간의 능력을 보완하거나 일부 역할을 대체하는 경우가 점점 많아지고 있습니다.

결국 AI 로봇은 사람보다 더 빠르고 정확하게 일할 수 있는 정형적·반복적·규칙 기반의 업무에 강점을 보이며, 이러한 영역에서 점점 더 넓은 역할을 하게 될 것으로 예상됩니다.

11-2) 실생활 속에 인공지능이 적용된 예를 알고 있는가?

예시답변 ▶   네, 인공지능은 이미 우리가 일상에서 자주 접하는 다양한 분야에 적용되고 있습니다.

첫째로, 가장 흔한 예는 스마트폰 음성비서입니다. 애플의 Siri, 삼성의 빅스비, 구글 어시스턴트 등은 사용자의 음성을 인식해 알람을 설정하거나 날씨를 알려주는 등 다양한 명령을 수행합니다.

둘째로는 스트리밍 서비스의 추천 알고리즘입니다. 넷플릭스나 유튜브는 사용자의 시청 이력을 분석해 관심 있을 만한 콘텐츠를 자동으로 추천해 주는데, 이 과정에 딥러닝 기반의 AI 기술이 활용됩니다.

셋째로는 스마트 가전제품입니다. 예를 들어, AI 기능이 탑재된 로봇청소기는 공간을 스스로 인식해 효율적인 청소 경로를 설정하며, 에어컨이나 냉장고는 사용자 패턴을 학습해 자동으로 작동을 조절하기도 합니다.

이외에도 자율주행차, 실시간 번역 앱, AI를 활용한 교통 흐름 예측, 병원에서의 의료 진단 보조 시스템 등도 인공지능이 점차 확장되고 있는 영역입니다.

이처럼 AI는 단순히 기술을 넘어 우리 삶의 편의성과 효율성을 높이는 중요한 역할을 하고 있으며, 앞으로는 더욱 다양한 분야에 적용될 것으로 기대하고 있습니다.

12 주차장이나 비탈길 주차사고, 고령층의 '운전자 부주의 사고'가 증가하고 있다. 어떤 상황에서 사고로 이어지게 되었을지 상상하여 가설을 세우고, 기술적인 측면에서 사고 예방을 위한 해결방안을 제시하시오.

예시답변 ▶   먼저 사고가 발생하는 상황을 가설해 보면, 고령 운전자의 경우 인지 능력과 반응 속도가 떨어져 주차장이나 비탈길에서 차량을 정확하게 제어하지 못해 사고로 이어질 가능성이 큽니다. 예를 들어, 비탈길 주차 시 핸드브레이크를 제대로 걸지 않거나, 주차 시 차량 방향 조절을 실수해 주변 차량이나 보행자와 충돌하는 경우가 생각됩니다. 또한 좁은 주차 공간에서 후진하거나 주차하는 과정에서 시야 확보가 어려워 사고 위험이 높아질 수 있습니다.

기술적인 해결 방안으로는 첫째, 차량에 자동 주차 보조 시스템을 장착하는 것입니다. 이 시스템은 센서와 카메라를 통해 차량 주변 장애물을 인식하고, 스스로 속도와 방향을 조절해 안전하게 주차할 수 있도록 돕습니다.

둘째, 경사로 밀림 방지 장치(Hill-start Assist Control)를 통해 비탈길에서 차량이 뒤로 밀리지 않도록 하는 기술을 활용할 수 있습니다. 이 장치는 운전자가 브레이크에서 발을 떼도 잠시 제동을 유지해 차량이 움직이지 않도록 도와줍니다.

셋째, 고령 운전자를 위한 운전자 상태 모니터링 시스템을 도입할 수 있습니다. 이 시스템은 운전자의 주의 집중도를 실시간으로 감지해 졸음이나 부주의가 감지되면 경고를 보내 사고를 예방합니다.

이처럼 첨단 운전자 보조 시스템과 안전 기술을 적용하면 고령층 운전자들이 보다 안전하게 차량을 운전할 수 있어, 사고 발생을 줄이는 데 큰 도움이 될 것으로 생각합니다.

12-1) 자동차를 자동으로 멈추게 할 수 있는 조건이나 상황이 있는가?

◖예시답변▶ 네, 현대 자동차에는 자동으로 멈추는 기능이 여러 상황에서 적용되고 있습니다. 대표적인 예로 긴급제동시스템(Emergency Braking System)이 있습니다. 이 시스템은 전방에 차량이나 보행자가 갑자기 나타나 충돌 위험이 있을 때, 운전자가 제동하지 않아도 자동차가 스스로 감속하거나 정지하여 사고를 예방합니다.

또한, 자동차 전방 충돌 경고(Forward Collision Warning)와 연동되어 작동하는 경우가 많아, 위험을 감지하면 먼저 경고를 주고, 운전자가 반응하지 않으면 자동으로 브레이크를 작동합니다.

그 밖에도 어댑티브 크루즈 컨트롤(Adaptive Cruise Control)은 앞차와 일정 거리를 유지하면서 자동으로 속도를 조절하는데, 앞차가 멈추면 자동차도 자동으로 멈추게 됩니다.

이 외에도 주차 시 장애물이 가까워지면 자동으로 정지하는 주차 보조 시스템 등이 있어, 다양한 상황에서 안전을 위해 자동차가 자동으로 멈추는 기능이 이미 현실화되어 있습니다. 이러한 기술들은 운전자의 실수를 보완하고, 사고를 줄이는 데 중요한 역할을 하고 있다고 생각합니다.?

🎓 명지대학교

면접이 있는 대표 전형

전형명	전형 방법
교과면접	❶ 학생부 100 (5배수) ❷ 학생부 70 + 면접 30
학생부종합 (명지인재면접)	❶ 서류 평가 100 (4배수) ❷ 서류 평가 70 + 면접 30

👤 교과면접전형

❶ 면접 개요

- **면접 방식**: 개별 면접
- **면접 시간**: 5분 내외
- **면접 평가위원**: 2명

❷ 평가 항목 및 평가 내용

평가 항목	평가 내용
진로 역량 (35%)	– 진로탐색 활동과 경험
공동체역량 (35%)	– 성실성 : 책임감 – 공동체 의식 : 협동, 타인 이해, 배려 – 소통능력
의사소통능력 (30%)	– 논리성, 전달능력

- **평가등급**: A^+, A, B^+, B, C, D, E(7등급)

☑ 전략 포인트

- **면접 기초 자료는 점수에 미반영**: 면접 전 20분 동안 작성합니다. 면접 기초 자료는 2~3문항의 간략한 자기소개 형태이며, 면접 평가점수로는 반영되지 않고 참고자료로만 활용합니다.

- **면접 순서**: 면접은 면접 기초 자료 내용을 질문한 후, 전공 관련 내용을 추가로 질문하는 절차로 진행됩니다.

❷ 면접 기초 자료 문항 기출 예시

- 지원한 전공(학부/학과)과 관련하여 가장 흥미로웠던 주제는 무엇이며, 본 주제와 관련하여 고교생활(검정고시 포함) 중 수행한 활동이 있으면 서술하시오.

  예시답변▶ 제가 지원한 전공과 관련하여 가장 흥미로웠던 주제는 [예: 인공지능 알고리즘, 화학 반응 속도, 환경 문제 해결 등 구체적 주제]입니다. 이 주제에 관심을 가지게 된 계기는 고등학교 때 [관련 과목 수업, 동아리 활동, 탐구 프로젝트 등]을 통해 직접 탐구해 본 경험 때문입니다. 예를 들어, 저는 동아리에서 관련 실험을 설계하고 데이터를 수집하며 분석하는 활동을 수행했습니다. 또한, 팀 프로젝트를 통해 문제 해결 방안을 논의하고 결과를 발표하면서 해당 주제에 대한 이해를 심화시킬 수 있었습니다. 이러한 경험은 전공과 관련된 지식을 실제로 적용해 보는 좋은 기회였고, 대학에서도 이 주제를 깊이 탐구하며 발전시키고자 하는 동기가 되었습니다.

- 지원한 전공(학부/학과)을 졸업한 후 10년 후의 본인의 모습과 이를 달성하기 위하여 대학생활 중의 준비과정을 서술하시오.

  예시답변▶ 제가 지원한 전공을 졸업한 후 10년 뒤, 저는 전공 분야에서 전문성을 갖춘 실무 전문가 또는 연구자로 성장해 있을 것입니다. 이를 위해 대학에서는 전공 기초와 심화 과목을 충실히 학습하는 것은 물론, 연구실 경험, 프로젝트 참여, 인턴십 등 실무 경험을 적극적으로 쌓을 계획입니다. 또한, 팀 활동과 동아리, 학회 참여를 통해 협업 능력과 문제 해결 능력, 커뮤니케이션 역량도 함께 발전시키고자 합니다. 이러한 준비를 통해 졸업 후에는 전공 지식을 기반으로 실제 문제를 해결하며 사회적 가치를 창출하는 전문가로 성장할 수 있을 것이라 생각합니다.

- 지원한 전공(학부/학과) 관련하여 고등학교 교육과정(검정고시 포함) 중에 가장 기억에 남는 개념, 원리 등에 대해서 서술하시오.

🔵**예시답변** ▶ 제가 지원한 전공과 관련해 고등학교 교육과정 중 가장 기억에 남는 개념은 [예: 물리학에서 뉴턴의 운동법칙, 생물학에서 유전의 법칙, 수학에서 미적분의 기본 원리 등 구체적 개념]입니다. 이 개념이 인상 깊었던 이유는, 단순히 이론으로 배우는 것뿐만 아니라 실생활이나 실험에서 직접 적용해 볼 수 있었기 때문입니다. 예를 들어, 저는 동아리 활동이나 과학 탐구 프로젝트를 통해 해당 원리를 실험에 적용하고, 관찰 결과를 분석하며 이해를 깊게 할 수 있었습니다. 이러한 경험은 전공 지식을 실제로 활용하는 방법을 배우는 좋은 기회였고, 대학에서도 이 원리를 기반으로 더 심화된 학문 탐구를 이어가고 싶다는 동기를 주었습니다.

■ 지원한 전공(학부/학과)과 관련하여 사회적 이슈 하나를 들고, 이에 대한 본인의 의견 또는 해결방안을 제시하시오.

🔵**예시답변** ▶ 제가 지원한 전공과 관련하여 관심 있는 사회적 이슈는 [예: 인공지능 윤리 문제, 환경 오염, 데이터 개인정보 보호 등]입니다. 저는 이 문제를 해결하기 위해 기술적 접근과 사회적 책임을 동시에 고려해야 한다고 생각합니다. 예를 들어, 인공지능 윤리 문제라면, 알고리즘 설계 단계에서 편향을 최소화하고 투명성을 확보하는 동시에, 사용자와 사회에 미치는 영향을 평가하고 책임을 분명히 하는 정책을 마련하는 것이 필요합니다. 대학에서는 관련 전공 지식을 배우고, 실습과 프로젝트를 통해 실질적인 해결 방안을 탐구하고 적용함으로써, 졸업 후에는 사회적 가치를 창출할 수 있는 전문가로 성장하고 싶습니다.

● **면접 기출 문제(예시 _ 국어교육학과)**

성실성/공동체 의식

- 더불어 산다는 것의 의미는 무엇 인가요?

🔵**예시답변** ▶ '더불어 산다'는 것은 단순히 한 공간에서 함께 존재하는 것을 넘어, 서로가 서로를 이해하고 배려하며 협력하는 삶의 방식을 의미한다고 생각합니다. 사람은 혼자서는 살아가기 어려운 사회적 존재이기 때문에, 공동체 안에서 서로 돕고 나누며 조화롭게 살아가는 것이 중요합니다. 더불어 산다는 것은 다양한 사람들의 생각과 가치관이 다름을 인정하고,

갈등이 있을 때도 대화를 통해 해결하려는 태도를 포함합니다. 또한, 나뿐만 아니라 이웃과 자연, 그리고 미래 세대까지 배려하는 책임감을 갖는 것이라고 봅니다.

결국 '더불어 산다'는 것은 모두가 함께 행복하고 안전한 사회를 만들기 위한 서로의 존중과 연대, 협력의 정신이라고 생각합니다.

- **타인과의 갈등 사례가 있나요?**

  ◖**예시답변** ▶ 네, 저도 학생들과 지내면서 갈등을 겪은 경험이 있습니다. 예를 들어, 학교 프로젝트를 진행할 때 팀원과 의견이 달라 서로 소통이 잘 되지 않았던 적이 있었습니다. 저는 제 생각이 맞다고 주장했고, 팀원도 자신의 의견을 고집하다 보니 협력이 어려워졌습니다. 하지만 갈등이 오래 지속되면 프로젝트 전체에 좋지 않은 영향을 미친다는 것을 깨닫고, 서로의 입장을 차분히 듣고 이해하려고 노력했습니다. 그 결과, 서로의 장점과 아이디어를 조화롭게 반영해 문제를 해결할 수 있었습니다.

  이 경험을 통해 갈등은 피하는 것이 아니라, 열린 마음으로 대화하고 서로를 존중하며 협력할 때 더 나은 결과로 이어질 수 있다는 것을 배웠습니다. 앞으로도 다양한 사람들과 원활하게 소통하고 협력하는 자세를 가지려고 노력할 것입니다.

- **갈등을 극복하고 문제를 해결한 사례가 있나요?**

  ◖**예시답변** ▶ 고등학교 생활 중, 저는 동아리 프로젝트에서 팀원 간 의견 충돌을 겪은 경험이 있습니다. 각자 다른 방식으로 문제를 해결하려다 보니 진행이 지연되고 팀 분위기가 경직되었습니다. 저는 먼저 모든 팀원의 의견을 정리하고 공통점과 차이점을 분석한 뒤, 팀과 함께 우선순위를 정하고 역할을 재조정했습니다. 또한, 팀원들에게 상대방의 입장을 이해하도록 돕고, 필요한 부분은 조율하며 협력적 해결 방안을 제시했습니다. 결과적으로 프로젝트를 성공적으로 완수할 수 있었고, 이를 통해 갈등 상황에서 문제를 객관적으로 분석하고, 팀워크를 유지하며 해결하는 능력을 키울 수 있었습니다.

- **공동체 사회에서 얻을 수 있는 성과는 무엇인가요?**

예시답변 ▶ 공동체 사회에서는 개인이 혼자 이루기 어려운 여러 가지 성과를 함께 얻을 수 있다는 점이 가장 큰 장점입니다. 첫째, 서로 협력하고 지원함으로써 문제 해결 능력이 강화됩니다. 예를 들어, 복잡한 과제나 위기 상황에서도 다양한 의견과 역량을 모아 더 효과적이고 창의적인 해결책을 찾을 수 있습니다.

둘째, 공동체 속에서 사회적 연대감과 신뢰가 형성되어 모두가 더 안전하고 안정된 생활을 할 수 있습니다. 이는 경제적, 정서적 지원으로도 이어져 개인의 삶의 질을 높이는 결과를 가져옵니다.

셋째, 다양한 배경과 경험을 가진 사람들이 모임으로써 문화적 다양성과 포용성이 증진되어 사회 전반의 발전과 창조성이 촉진됩니다.

이처럼 공동체 사회는 개인의 한계를 넘어서는 협력과 상생의 가치를 실현하며, 모두가 더 나은 삶을 누릴 수 있는 기반을 만들어 준다고 생각합니다.

기초 학업 역량

- 지원 동기는 무엇인가요?

예시답변 ▶ 제가 이 학과를 지원한 동기는 [전공 분야에 대한 흥미와 장래 진로와의 연관성] 때문입니다. 고등학교 시절부터 관련 과목과 활동을 통해 전공 분야에 대한 이해를 깊게 쌓았고, 문제 해결 능력과 창의적 사고를 발휘할 수 있는 분야라는 점에서 큰 매력을 느꼈습니다. 또한, 대학에서는 이론 학습뿐 아니라 실험, 프로젝트, 연구 등 실질적인 경험을 통해 전공 역량을 본격적으로 발전시킬 수 있다고 생각했습니다. 이러한 이유로 저는 해당 학과에서 배우고 경험하며, 장래 목표를 달성하고 싶은 마음으로 지원하게 되었습니다.

- 우리 학과에서 무엇을 공부하고 싶은가요?

예시답변 ▶ 저는 우리 학과에서 [전공과 관련된 핵심 지식과 실습, 예: 데이터 분석, 실험 설계, 프로그래밍, 연구 방법 등]을 배우고 싶습니다. 단순히 이론을 습득하는 것을 넘어서, 실제 문제를 분석하고 창의적으로 해결할 수 있는 능력을 키우고 싶습니다. 또한, 팀 프로젝트와 연구 활동에 참여하면서 협업 능력과 실무 경험을 쌓아, 졸업 후 전공 분야에서 실

질적으로 활용할 수 있는 역량을 갖추는 것이 목표입니다. 이런 경험을
통해 저는 학문적 성취뿐 아니라, 사회적 기여가 가능한 전문가로 성장하
고 싶습니다.

- 장래 진로 계획이 어떻게 되나요?

예시답변 ▶ 제 장래 진로 계획은 지원 전공 분야에서 전문성을 갖춘 전
문가로 성장하는 것입니다. 대학에서 전공 지식을 탄탄히 쌓고, 실험, 연
구, 프로젝트 등 다양한 실무 경험을 통해 문제 해결 능력과 창의적 사고
를 키우고자 합니다. 이후에는 관련 산업이나 연구 분야에서 실제 문제를
해결하며 기여하고, 나아가 사회적 가치를 창출할 수 있는 전문가가 되는
것이 목표입니다. 이를 위해 대학에서는 전공 학습뿐만 아니라, 인턴십,
학회 참여, 팀 프로젝트 등 다양한 활동을 통해 실질적 경험을 쌓아 나갈
계획입니다.

전공 잠재 역량

- 인문학이란 무엇인가요?

예시답변 ▶ 인문학은 인간의 삶과 문화, 사상, 역사, 언어 등을 연구하
는 학문 분야를 말합니다. 인간이 어떻게 생각하고 느끼며 사회를 만들어
가는지를 탐구하여, 인간에 대한 깊은 이해와 성찰을 돕는 데 목적이 있
습니다.

철학, 문학, 역사, 언어학, 예술 등이 인문학의 대표적인 분야이며, 이를 통
해 인간의 가치와 의미, 윤리와 도덕에 대해 생각할 수 있습니다.

인문학은 기술이나 과학이 해결하지 못하는 인간의 본질적인 문제를 다
루며, 사회와 문화를 더 풍요롭고 건강하게 만드는 데 중요한 역할을 한
다고 생각합니다.

- 국어교육의 사회적 역할은 무엇인가요?

예시답변 ▶ 국어교육은 단순히 언어 능력을 키우는 것을 넘어, 사회 구성
원으로서 원활한 의사소통과 문화적 정체성 형성에 중요한 역할을 합니다.

첫째, 국어교육은 개인이 자신의 생각과 감정을 정확하고 효과적으로 표
현할 수 있도록 도와 사회적 소통 능력을 높입니다. 이를 통해 갈등을 줄

이고 협력을 증진시켜 건강한 공동체를 만드는 데 기여합니다.

둘째, 국어교육은 우리 고유의 문화와 역사, 문학을 이해하게 하여 국민 정체성과 자긍심을 키우는 데 중요한 역할을 합니다.

셋째, 비판적 사고와 창의적 사고를 기르는 데도 국어교육이 필수적입니다. 글을 읽고 쓰며 논리적으로 사고하는 능력은 민주사회에서 시민의 권리와 의무를 수행하는 데 꼭 필요합니다.

따라서 국어교육은 사회 통합과 발전, 개인의 성장 모두에 기여하는 매우 중요한 사회적 역할을 한다고 생각합니다.

- 현대 언어생활의 부정적인 측면은 무엇이 있나요?

🗨️**예시답변 ▶** 현대 언어생활에는 여러 긍정적인 변화가 있지만, 동시에 부정적인 측면도 존재한다고 생각합니다.

첫째, 온라인과 SNS의 발달로 인한 소통의 단절과 오해가 심화될 수 있습니다. 글이나 메시지로만 소통하다 보니, 감정이나 뉘앙스가 제대로 전달되지 않아 갈등이 발생하거나 인간관계가 피상적으로 변할 위험이 있습니다.

둘째, 속도와 간편함을 추구하다 보니 언어가 축약되고 비문법적인 표현이 확산되어 올바른 언어 사용이 저해될 수 있습니다. 예를 들어, 줄임말이나 신조어가 너무 많아 의사소통의 정확성이 떨어질 수 있습니다.

셋째, 익명성 뒤에 숨은 무책임한 언어 사용도 문제입니다. 온라인 상에서 욕설, 비방, 혐오 표현 등이 쉽게 확산되어 사회적 갈등을 키우기도 합니다.

이처럼 현대 언어생활은 편리하지만, 올바른 소통과 책임 있는 언어 사용을 위해 더 많은 관심과 노력이 필요하다고 생각합니다.

👤 명지인재면접전형

❶ 면접 개요

- **면접 방식**: 개별 면접
- **면접 시간**: 10분 내외
- **면접 평가위원**: 2명

❷ 평가 항목 및 평가 요소

평가 항목	평가 내용
진로 역량 40%	– 진로탐색 활동과 경험
공동체역량 30%	– 성실성: 책임감 – 공동체 의식: 협동, 타인 이해, 배려 – 소통능력
발전가능성 30%	– 자기주도성, 도전정신

- **평가등급**: A⁺, A, B⁺, B, C, D, E (7등급)

✓ 전략 포인트

- **제출 서류 기반**: 제출 서류 기반 면접이므로 우선 본인이 제출한 학교생활기록부의 철저한 숙지와 정리가 필요합니다.

- **활동 내용 구체화**: 학업과 교과 연계 활동, 비교과 활동 경험을 구체적으로 답변해야 합니다. 동기, 과정, 결과, 변화, 후속 활동의 단계를 미리 정리하여 연습하면 가장 좋습니다.

[기출문제] : 일부 변형

01 지원자의 고등학교 과정 중에서 본인이 느낀 취약한 역량과 이를 극복하기 위한 방안에 대해서 서술하시오.

> **예시답변 ▶** 제가 고등학교 과정을 돌아보며 느낀 취약한 역량은 공개 발표나 대중 앞에서 의견을 명확히 전달하는 능력입니다. 학급 토론이나 팀 프로젝트 발표에서 제 생각을 충분히 설득력 있게 표현하지 못해 아쉬움을 느낀 적이 있었습니다. 이를 극복하기 위해, 저는 작은 모둠 활동과 동아리 발표 기회를 적극적으로 활용했습니다. 사전에 자료를 정리하고, 핵심 메시지를 간결하게 전달하는 연습을 반복하며, 친구들과 피드백을 주고받았습니다. 또한, 온라인 강의와 관련 자료를 통해 효과적인 발표

기법과 논리적 구성을 학습했습니다. 이 과정을 통해 자신감을 얻고, 점차 말하기 능력과 설득력을 향상시킬 수 있었으며, 대학에서도 지속적으로 발전시켜 나갈 계획입니다.

02 지원자가 지원한 학과(학부/전공)에서 배우고, 이루고자 하는 바가 무엇인지 서술하시오.

🗨️**예시답변▶** 제가 지원한 학과에서는 [지원 전공과 관련된 핵심 학문 영역, 예: 컴퓨터공학과라면 알고리즘, 프로그래밍, 데이터 분석 등]을 배우게 됩니다. 이를 통해 저는 전공 지식과 실무 능력을 동시에 갖춘 전문가로 성장하고자 합니다. 구체적으로, 학과에서 배우는 이론과 실습을 바탕으로 문제를 분석하고 해결하는 능력, 창의적 아이디어를 구현하는 능력을 키우고 싶습니다. 또한, 팀 프로젝트와 연구 활동에 참여하며 협업 능력과 커뮤니케이션 능력도 함께 발전시키고자 합니다. 최종적으로는 대학에서 습득한 지식과 경험을 기반으로 지원 분야에서 실질적인 기여를 하고, 사회적 문제 해결에도 참여할 수 있는 전문가로 성장하는 것이 목표입니다.

03 지원한 학과(학부/전공)에서 가장 중요하다고 생각하는 역량은 무엇이며, 이를 위해 본인이 현재까지 수행한 활동에 대해서 서술하시오.

🗨️**예시답변▶** 제가 지원한 학과에서 가장 중요하다고 생각하는 역량은 문제를 분석하고 창의적으로 해결하는 능력과 협업 능력입니다. 전공 과정에서는 단순히 지식을 습득하는 것을 넘어, 실제 문제를 해결하고 팀과 함께 프로젝트를 수행하는 경험이 필수적이라고 생각합니다. 이를 위해, 저는 고등학교 시절 동아리 활동과 팀 단위 과제 수행, 창의적 체험활동에 적극적으로 참여했습니다. 예를 들어, 과학 탐구 동아리에서는 실험 설계부터 데이터 분석, 결과 발표까지 모든 과정을 팀과 협력하며 수행했습니다. 또한, 수행평가와 모둠 활동에서 팀원들과 역할을 분담하고 의견을 조율하며 문제를 체계적으로 접근하고 해결하는 능력을 실질적으로 키울 수 있었습니다. 이러한 경험을 바탕으로 대학에서도 전공 역량을 계속해서 발전시키고자 합니다.

04 지원자가 최근 3년의 학업과정에서 가장 성공적으로 성취한 사례에 대해 서술하시오.

🔵예시답변▶ 제가 최근 3년간 학업 과정에서 가장 성공적으로 성취한 사례는 고등학교 과학 탐구 대회 입상입니다. 이 과정에서 저는 단순히 지식을 습득하는 데 그치지 않고, 실험 설계, 데이터 수집과 분석, 결과 도출까지 전 과정을 주도적으로 수행했습니다. 특히 문제 상황이 발생했을 때, 기존 방법으로는 해결이 어려워 창의적인 접근과 팀원과의 협업을 통해 해결 방안을 찾아냈습니다. 결과적으로 대회에서 입상할 수 있었고, 이를 통해 자기 주도적 학습 능력과 문제 해결 능력, 협업 능력을 동시에 발전시킬 수 있었습니다. 이 경험은 앞으로 대학에서도 학업과 연구 활동에서 중요한 기반이 될 것이라고 생각합니다.

05 동아리 등의 학교생활 속에서 발생한 구성원 간의 갈등 상황을 효과적으로 조정한 사례는?

🔵예시답변▶ 고등학교 동아리 활동 중, 팀 프로젝트를 진행하면서 팀원 간 의견 충돌과 역할 분담 문제가 발생한 적이 있습니다. 서로 다른 아이디어와 접근 방식을 주장하다 보니 진행이 지연되었고, 팀 분위기도 다소 경직되었습니다. 저는 먼저 모든 팀원의 의견을 차례대로 듣고, 공통점과 차이점을 정리했습니다. 그 후 팀원들과 함께 우선순위를 정하고, 각자의 강점을 살릴 수 있는 역할을 재분배했습니다. 결과적으로 프로젝트를 효율적으로 진행할 수 있었고, 모두가 만족할 만한 결과물을 완성할 수 있었습니다. 이 경험을 통해 갈등 상황에서도 객관적으로 문제를 분석하고, 팀원 간 협력을 이끌어내는 능력을 키울 수 있었습니다.

06 역사 분야에서 메타버스를 활용할 수 방안은 무엇인가?

🔵예시답변▶ 메타버스는 가상 공간에서 현실과 비슷한 경험을 제공하는 기술로, 역사 교육과 연구에 매우 효과적으로 활용될 수 있다고 생각합니다.

첫째, 역사적 사건이나 유적지를 3D 가상공간으로 재현하여 학생들이 직접 그 시대를 체험하도록 할 수 있습니다. 예를 들어, 고대 도시나 중요한 전투 현장을 메타버스 속에서 탐험하며 역사적 배경과 문화, 생활상을 생생하게 이해할 수 있게 됩니다.

둘째, 시간과 공간의 제약 없이 전 세계 다양한 역사 자료와 박물관을 연결해 다국적 학생들이 함께 토론하고 협력하는 글로벌 역사 교육의 장을 만들 수 있습니다.

셋째, 역사 인물과 상호작용할 수 있는 AI 기반 아바타를 통해 복잡한 역사적 상황을 재현하고 다양한 시각에서 역사를 배울 수 있어, 보다 깊이 있는 역사 이해가 가능합니다.

이처럼 메타버스는 역사 교육을 보다 몰입감 있고 흥미롭게 만들 뿐 아니라, 다양한 사람들과의 협업과 소통을 통해 역사 인식의 폭을 넓히는 데 큰 도움이 될 것이라 기대합니다.

07 전공 탐색을 하며 가장 노력한 활동과 그로 인해 성취한 것은?

예시답변 ▶ 제가 전공 탐색을 하면서 가장 노력한 활동은 관련 동아리 활동과 심화 탐구 프로젝트 참여입니다. 예를 들어, 과학 탐구 동아리에서 관심 있는 주제를 선정하고, 실험 설계와 데이터 분석을 직접 수행했습니다. 단순히 결과를 도출하는 데 그치지 않고, 관련 논문과 자료를 찾아보고, 팀원들과 토론하며 문제 해결 방법을 개선했습니다. 그 결과, 프로젝트가 완성되었고, 학교 과학 경진대회에서 입상할 수 있었습니다. 이 경험을 통해 전공에 대한 이해와 흥미를 높이는 동시에, 문제 해결 능력과 협업 능력도 함께 발전시킬 수 있었습니다.

08 전공 탐색을 하며 가장 인상 깊게 읽었던 책/영화/컨텐츠는 무엇인가?

예시답변 ▶ 제가 전공 탐색을 하면서 가장 인상 깊게 접한 콘텐츠는 [콘텐츠 이름]입니다. 이 콘텐츠는 [주제나 내용, 예: 과학적 탐구, 사회 문제 해결, 기술 혁신 등]을 흥미롭게 다루고 있었고, 이를 통해 전공과 연결된 실제 사례와 문제 해결 과정을 깊이 이해할 수 있었습니다. 특히 저는 해당 콘텐츠 속 개념이나 원리를 직접 실험이나 프로젝트에 적용해 보면서 전공 지식이 실제로 어떻게 활용되는지 체험할 수 있었습니다. 이 경험은 제 전공 선택에 확신을 주었고, 앞으로 대학에서 학문적 탐구를 이어가는 데 큰 동기부여가 되었습니다.

09 본인이 생각하는 4차 산업혁명 시대에 미디어는 어떻게 변화/발전하고 있는지 설명해 주세요.

　예시답변▶ 4차 산업혁명 시대의 미디어는 인공지능, 빅데이터, 가상현실(VR), 증강현실(AR) 등 첨단 기술과 결합하여 빠르게 변화하고 있습니다.

첫째, AI 기술을 활용해 개인 맞춤형 콘텐츠 추천이 더욱 정교해지고, 사용자별로 최적화된 정보를 제공함으로써 미디어 소비 경험이 개인화되고 있습니다.

둘째, VR과 AR 기술이 발전하면서 기존의 2차원 미디어를 넘어서 가상공간에서 몰입감 있는 체험형 콘텐츠가 증가하고 있습니다. 이를 통해 사용자들은 직접 현장에 있는 듯한 생생한 경험을 할 수 있게 되었습니다.

셋째, 소셜 미디어와 플랫폼 기반 미디어가 확산되면서 누구나 콘텐츠 생산자가 될 수 있어, 정보의 다양성과 접근성이 크게 높아졌지만 동시에 정보의 신뢰성과 윤리 문제도 새롭게 대두되고 있습니다.

이처럼 미디어는 기술 혁신과 함께 사용자 참여와 상호작용이 강화되는 방향으로 발전하며, 사회와 문화 전반에 큰 영향을 미치고 있다고 생각합니다.

10 본인의 진로와 가장 관련이 높다고 생각하는 교과목은 무엇이고, 그 교과목과 '경영학'과의 관련성을 설명하시오.

　예시답변▶ 저는 경영학 분야로 진로를 정했기 때문에, '경제' 과목이 제 진로와 가장 관련이 깊다고 생각합니다. 경제 과목은 자원 배분과 시장의 작동 원리를 이해하는 데 도움을 주며, 이는 기업 경영의 기본 토대가 됩니다.

경영학은 기업의 목표 달성을 위해 자본, 인력, 정보 등 다양한 자원을 효율적으로 관리하는 학문인데, 경제학의 원리를 바탕으로 시장 환경을 분석하고 전략을 수립하는 과정과 밀접하게 연결되어 있습니다.

따라서 경제 과목에서 배운 수요와 공급, 시장 구조, 경기 변동 등의 개념이 경영 의사결정에 중요한 영향을 미치며, 이를 통해 경영학을 더 깊이 이해하고 실무에 적용할 수 있다고 생각합니다.

11 공동체 활동 경험이 있다면 소개하시오. 활동 중 가장 어려운 점은 무엇인가? 이를 극복하기 위해 노력한 사례를 말하시오

예시답변 ▶ 저는 학교 봉사 동아리에서 지역 사회 어르신들을 위한 봉사 활동에 참여한 경험이 있습니다. 주로 말벗 서비스와 생활 지원을 하면서 공동체 의식을 느끼고, 다른 사람을 배려하는 마음을 키울 수 있었습니다.

가장 어려웠던 점은 다양한 배경과 성격을 가진 팀원들과 의견 충돌이 발생했을 때였습니다. 봉사 방법이나 역할 분담에 대해 생각이 달라 갈등이 생기기도 했습니다.

이를 극복하기 위해 저는 먼저 상대방의 의견을 경청하고, 감정을 조절하며 중재자의 역할을 자처했습니다. 또한, 팀원들과 함께 목표를 다시 한 번 명확히 공유하고, 서로 존중하는 분위기를 만들기 위해 노력했습니다. 그 결과, 협력하여 봉사 활동을 성공적으로 마칠 수 있었고, 팀워크도 크게 향상되었습니다.

이 경험을 통해 공동체 활동에서는 소통과 이해가 무엇보다 중요하다는 것을 배웠습니다.

12 '경영' 관련 교과 또는 비교과 활동 경험을 간략히 소개하시오.

예시답변 ▶ 저는 학교에서 경영학 기초 과목을 수강하며 기업 경영 원리와 마케팅, 회계 등의 기본 개념을 배웠습니다. 특히 팀 프로젝트를 통해 시장조사와 마케팅 전략 수립을 직접 경험하면서 경영 활동의 실무적인 면을 이해할 수 있었습니다.

또한, 비교과 활동으로는 창업 동아리에서 활동하며 소규모 사업 계획서를 작성하고, 실제로 작은 이벤트를 기획·운영한 경험이 있습니다. 이를 통해 경영의 중요성뿐만 아니라 협업과 의사소통 능력도 함께 키울 수 있었습니다.

이런 경험들은 경영학에 대한 관심을 더욱 높이고, 실무 감각을 쌓는 데 큰 도움이 되었다고 생각합니다.

13 경영학의 핵심 목표는 무엇이라 생각하는가? 경영자의 역량 중 중요하다고 생각하는 점을 들고 이를 어떻게 배양할 수 있는지 설명해보시오.

예시답변 ▶ 경영학의 핵심 목표는 조직의 자원을 효율적으로 활용하여 지속 가능한 성과와 가치를 창출하는 것이라고 생각합니다. 즉, 기업이나 조직이 목표를 효과적으로 달성하고, 이해관계자 모두에게 이익을 제공하는 데 중점을 둡니다.

경영자에게 가장 중요한 역량은 의사결정 능력과 리더십이라고 봅니다. 변화하는 환경 속에서 신속하고 합리적인 결정을 내리고, 구성원들을 하나로 모아 공동의 목표를 향해 나아가게 하는 힘이 필수적입니다.

이러한 역량을 배양하기 위해서는 실제 사례 연구와 팀 프로젝트를 통해 문제 해결 경험을 쌓고, 다양한 사람들과 협력하며 소통 능력을 키우는 것이 중요합니다. 또한, 자기 성찰과 피드백을 반복하여 자신의 강점과 약점을 파악하고 꾸준히 개선해 나가야 합니다.

이처럼 경영학적 지식과 실무 경험, 그리고 인간관계 능력을 균형 있게 발전시키는 것이 좋은 경영자로 성장하는 길이라 생각합니다.

14 인공지능이란 무엇이라고 생각하며, 인공지능이 전자공학에 어떻게 활용이 되는지 설명해보시오.

예시답변 ▶ 인공지능(AI)이란 컴퓨터가 인간처럼 학습하고 판단하며 문제를 해결할 수 있도록 하는 기술과 이론을 말합니다. 즉, 인간의 지능적 행동을 모방하여 데이터를 분석하고 스스로 개선하는 능력을 갖춘 시스템을 만드는 것이 목표입니다. 전자공학 분야에서 인공지능은 매우 다양하게 활용되고 있습니다.

첫째, 신호 처리와 이미지 인식 분야에서 AI는 복잡한 데이터를 빠르고 정확하게 분석하여, 음성 인식, 얼굴 인식, 의료 영상 진단 등에 활용됩니다.

둘째, 자율주행차, 로봇 제어 시스템 등에서는 AI가 센서 데이터를 실시간으로 처리하여 주변 환경을 인식하고 판단함으로써 안전하고 효율적인 동작을 가능하게 합니다.

셋째, 전자기기 설계 과정에서는 AI를 활용해 회로 설계의 최적화를 지원하고, 제조 공정의 품질 관리를 자동화하여 생산성을 높이고 있습니다. 이처럼 인공지능은 전자공학과 결합하여 기술의 발전과 응용 범위를 넓히며, 더 스마트하고 혁신적인 전자 시스템을 만드는 데 핵심적인 역할을 하고 있다고 생각합니다.

15 현재 본인이 가장 많이 사용하는 인공지능 서비스가 있다면 무엇이고, 어떻게 개선하고 싶은가?

🔵**예시답변 ▶** 제가 가장 많이 사용하는 인공지능 서비스는 스마트폰 음성 비서 서비스입니다. 예를 들어, 구글 어시스턴트나 애플의 시리를 통해 일정 관리, 날씨 확인, 간단한 검색 등을 편리하게 하고 있습니다.

하지만 가끔 음성 인식 오류나 사용자의 의도를 제대로 파악하지 못하는 경우가 있어 답답할 때가 있습니다. 그래서 개선점으로는 더욱 정교한 자연어 처리 능력을 갖춰서, 사용자 의도를 정확하게 이해하고 다양한 상황에서도 유연하게 대응하는 AI가 되었으면 좋겠습니다.

또한, 개인 맞춤형 서비스가 강화되어 사용자 취향이나 습관을 더 잘 반영해 추천 기능이나 알림 기능이 한층 더 스마트해진다면 일상 생활의 편의성이 크게 높아질 것이라 생각합니다.

16 4차 산업혁명에서 산업경영공학이 기여할 분야는 무엇이라 생각하는가?

🔵**예시답변 ▶** 4차 산업혁명은 인공지능, 빅데이터, IoT, 자동화 등 첨단 기술을 기반으로 산업 전반의 혁신을 추구하는 시대입니다. 산업경영공학은 이러한 변화 속에서 효율적인 시스템 설계와 운영, 생산성 향상에 크게 기여할 수 있다고 생각합니다.

첫째, 산업경영공학은 데이터를 분석하여 최적의 의사결정을 지원함으로써 스마트 공장과 공급망 관리의 혁신을 돕습니다. 예를 들어, 빅데이

터와 AI를 활용해 생산 과정의 병목 현상을 찾아내고, 자동화 시스템을
효율적으로 운영할 수 있게 합니다.

둘째, 인간과 기계가 협력하는 작업 환경에서 인간 중심의 시스템 설계와
안전 관리를 통해 작업자의 생산성과 안전을 동시에 높이는 역할도 중
요합니다.

셋째, 지속 가능한 경영을 위해 자원 절약과 환경 영향을 최소화하는 생
산 및 물류 체계 구축에 산업경영공학적 접근이 필수적입니다.

따라서 산업경영공학은 4차 산업혁명의 핵심 기술들을 통합하고 최적화
하여 미래 산업의 경쟁력 강화에 중추적인 역할을 할 것으로 기대합니다.

17 미래 건축가의 역할과 책임은 무엇이라고 생각하는가?

예시답변 ▶ 미래 건축가는 단순히 건물을 설계하는 것을 넘어서, 사람
들의 삶의 질을 높이고 지속 가능한 환경을 만드는 데 중요한 역할을 해
야 한다고 생각합니다.

첫째, 사회와 환경 변화를 고려해 친환경적이고 에너지 효율이 높은 건축
물을 설계하는 책임이 있습니다. 기후변화 문제에 대응하기 위해 자원
절약과 탄소 배출 최소화를 고민하는 것이 필수적입니다.

둘째, 다양한 사람들이 안전하고 편리하게 사용할 수 있도록 공공성과 접
근성을 고려한 공간을 만드는 것도 중요합니다. 이는 모두가 함께 살
아가는 사회에서 평등과 포용을 실현하는 역할이라 할 수 있습니다.

셋째, 건축가는 문화와 역사적 가치를 존중하며, 지역 사회의 정체성을
살리는 설계를 통해 공동체와 소통하는 다리 역할도 해야 합니다.

이처럼 미래 건축가는 기술과 예술, 그리고 사회적 책임을 균형 있게 수
행하며 지속 가능한 발전에 기여하는 전문가가 되어야 한다고 생각합
니다.

🎓 가톨릭대학교

면접이 있는 대표 전형

전형명	전형 방법	비고
잠재능력 우수자 면접전형	❶ 서류 평가 100 (4배수) ❷ 서류 평가 70 + 면접 30	
학교장추천자 (수능 최저 ○)	❶ 서류 평가 100 (4배수) ❷ 서류 평가 70 + 면접 30	의예과 약학과

잠재능력우수자전형

❶ 면접 개요

- **면접 방식**: 인성 평가 + 서류 기반 면접
  - 인성 평가: 상대적으로 길지 않은 제시문을 주고 일정 시간 후 제시문에 대한 답변을 하는 형태로 진행
  - 서류 기반 면접: 학교생활기록부 내용을 중심으로 내용을 확인하는 형태로 진행
- **면접 시간**: 10분 내외
  - 학교생활기록부, 인성평가(8분)
  - 단, 제시문을 읽고 준비하는 시간은 면접 시간에 포함되지 않음.
- **면접 평가위원(2인 이상)**: 전공이나 계열 교수, 입학사정관이 배정되어 평가

❷ 평가 방법(서류 기반 면접)

- 학교생활기록부를 활용하여 질의응답하는 과정에서 서류 내용을 확인하고 평가 항목 및 평가 내용(평가 기준)에 따라 종합적으로 평가
- 항목에 따라 꼬리에 꼬리를 무는 질문으로 연결시켜 질의하기도 함.
- 진로 사항이 중간에 바뀐 경우 그 이유에 대해 질의하기도 함.

❸ 평가 요소 및 평가 척도

- 평가 요소

평가 요소	평가 항목	평가 자료
진로역량 (50%)	– 전공(계열) 관련 교과이수 노력 – 전공(계열)에 대한 관심과 이해 – 진로 탐색 활동과 경험	학생부
공동체역량 (20%)	– 협업 및 의사소통능력 – 나눔과 배려 실천 – 리더십 역량 및 공동체적 가치관 – 올바른 가치관 및 면접태도	학생부
학업역량 (30%)	– 학업태도 – 탐구력	학생부

- **평가 척도**: 7점 척도(수험생의 기본 소양 부족 시 '결격(F)' 처리를 통해 원천 탈락시킬 수 있음.)
  - 면접평가의 공정성 및 투명성 제고를 위해 일부 모집단위에서는 면접과정의 참관이 진행될 수 있습니다.

👤 추천자전형(의예과)

❶ 기출 문제(예시)

> 과학기술은 일반적으로 자연과학, 응용과학, 공학 따위를 실제로 적용하여 인간 생활에 유용하도록 가공하는 수단을 통틀어 이르는 말로서 정의되고 있다. 과학기술의 발달은 우리 삶에 큰 영향을 주고 있다.

01 모든 과학기술이 허용될 수 있다고 보는가?

🗨 **예시답변** ▶ 과학기술은 인류의 발전과 삶의 질 향상에 필수적인 도구이지만, 모든 과학기술이 무조건 허용되어야 한다고 보지는 않습니다. 이유는 다음과 같습니다.

첫째, 과학기술은 그 자체로 중립적이지만, 활용 방법에 따라 긍정적 또는 부정적 결과를 초래할 수 있기 때문입니다. 예를 들어, 유전자 편집 기술은 질병 치료에 혁신을 가져올 수 있지만, 윤리적 문제나 생명 존엄성 침해 우려도 있습니다.

둘째, 사회적, 윤리적 기준과 법적 규제가 반드시 필요합니다. 기술의 발전이 인간의 기본권, 안전, 환경 등에 부정적 영향을 미칠 수 있으므로, 사회적 합의와 규범을 바탕으로 허용 범위를 정해야 합니다.

셋째, 기술 발전과 함께 책임 있는 관리와 지속 가능한 발전을 위한 심도 있는 논의가 병행되어야 합니다. 무분별한 기술 허용은 장기적으로 사회 불평등이나 생태계 파괴를 초래할 수 있습니다.

따라서, 모든 과학기술이 허용되기보다는 윤리적, 법적, 사회적 기준에 따라 신중히 검토하고 제한하는 것이 바람직하다고 생각합니다.

02 과학기술이 인류에게 행복을 가져다 주었는가?

예시답변 ▶ 과학 기술은 인류의 생활 방식을 혁신적으로 변화시키며 많은 영역에서 행복에 긍정적인 영향을 미쳤다고 생각합니다.

첫째, 과학 기술은 건강과 수명을 크게 향상시켰습니다. 의학의 발전으로 질병 치료와 예방이 가능해져, 사람들은 더 건강하고 오래 살 수 있게 되었습니다. 이는 삶의 질과 행복에 직접적으로 기여합니다.

둘째, 편리한 생활 환경과 정보 접근성을 제공하여 생활의 편안함을 높였습니다. 교통, 통신, 가전제품 등 다양한 기술 발전이 일상생활을 편리하게 만들어, 시간과 노력을 절약할 수 있게 했습니다.

하지만 동시에, 과학 기술이 가져온 변화가 항상 긍정적이지만은 않습니다. 지나친 경쟁, 개인 정보 유출, 환경오염, 사회적 고립 등의 문제도 생겨나고 있습니다.

결론적으로, 과학 기술은 인류에게 많은 행복과 편의를 제공했으나, 그 사용과 영향에 대한 책임 있는 관리와 균형이 필요하다고 봅니다.

- **서류 기반 면접**: 제출 서류를 기반으로 하는 면접이 있으므로 우선 본인이 제출한 학교생활기록부의 철저한 숙지와 정리가 필요합니다.

- **활동 내용 구체화**: 학업과 교과 연계 활동, 비교과 활동 경험에 대해 구체적으로 답변해야 합니다. 동기, 과정, 결과, 변화, 후속 활동의 단계를 미리 정리하여 답변을 연습하면 가장 좋습니다. 진로 희망사항이 중간에 변경된 경우에는 미리 소명사항을 정리하여 예상 문제를 대비하여야 합니다.

- **추천자전형(의예과)**: 의예과 면접 평가는 인·적성 면접을 포함하여 개인별로 20분 정도 시행합니다. 또한 상황을 숙지하기 위한 시간을 별도로 줄 수 있습니다.

[기출문제] : 일부 변형

01 지원자는 시각장애인을 도와주는 의료용 로봇을 만들고 싶다고 하였고 학생부의 자기소개서 내용으로도 공학을 전공하는 것이 더 꿈에 가까이 가는 것 같은데 본인이 반드시 지금의 전공을 선택해야 하는 이유는 무엇인가요?

예시답변 ▶ 저는 시각장애인을 도와주는 의료용 로봇 개발이라는 꿈을 이루기 위해 단순한 기술적 접근만으로는 부족하다고 생각합니다. 의료용 로봇이 실제로 도움이 되려면, 기술이 사용자의 실제 필요와 삶의 환경에 잘 맞아야 하고, 이를 위해서는 사람에 대한 깊은 이해가 필수적입니다.

사회복지 전공은 사용자의 신체적, 심리적, 사회적 상황을 종합적으로 이해하고 지원하는 데 중점을 둡니다. 저는 이 전공을 통해 시각장애인들이 처한 현실적인 문제와 요구를 파악하고, 그에 맞는 맞춤형 솔루션을 구상할 수 있는 능력을 키우고 있습니다.

따라서, 공학적 기술과 사회복지적 이해가 결합될 때, 의료용 로봇이 단순한 기계적 도구를 넘어 사람들의 삶을 진정으로 개선하는 '따뜻한 기술'이 될 수 있다고 믿습니다. 이런 이유로 저는 사회복지 전공을 선택했고, 이 분야에서 전문성을 쌓아 제 꿈에 다가가고자 합니다.

02 지원자는 자연과학을 전공하기 위해서는 인문학적 소양이 중요하다고 했는데, 그렇게 생각하게 된 계기는 무엇이며, 인문학적 소양을 쌓기 위해 구체적으로 어떤 노력을 하였는지 이야기해 보세요.

예시답변 ▶ 저는 자연과학 전공자가 단순히 실험과 데이터 분석 능력뿐 아니라, 인간과 사회를 이해하는 폭넓은 인문학적 소양도 필수적이라는 점을 깨닫게 되었습니다. 그 계기는 자연과학 연구 과정에서 발생하는 윤리적 문제와 사회적 영향에 대해 고민하면서부터였습니다.

과학 기술이 사회에 미치는 긍정적 효과뿐 아니라 부작용도 함께 고려해야 한다는 사실을 인식했고, 이를 통해 과학 연구의 방향과 활용이 인문학적 가치와 조화를 이루어야 함을 알게 되었습니다.

이를 위해 저는 철학, 윤리학, 사회학 등 인문학 관련 교양 강의를 수강하고 독서 활동을 꾸준히 이어왔습니다. 예를 들어, '과학기술과 윤리'라는 교양 과목에서 과학기술의 사회적 책임과 윤리적 쟁점에 대해 학습하며, 실제 사례 분석을 통해 깊이 있는 사고력을 키웠습니다.

또한, 토론 동아리 활동을 통해 다양한 인문학적 관점에서 문제를 바라보고 논리적으로 표현하는 능력을 기르려 노력했습니다. 이런 경험들이 자연과학 연구를 더 인간 중심적이고 책임감 있게 수행하는 데 큰 밑거름이 되었다고 생각합니다.

03 봉사동아리에 참여하게 된 계기는 무엇이며, 가장 의미있었던 활동과 그 활동에서 본인이 역할이 무엇이었는지 말해 보세요.

예시답변 ▶ 저는 주변의 작은 도움도 모이면 큰 변화를 만든다는 믿음으로 봉사동아리에 참여하게 되었습니다. 특히, 사람들의 삶에 직접 긍정적인 영향을 미치고 싶다는 마음이 컸습니다.

가장 의미 있었던 활동은 지역 노인복지센터에서 어르신들과 함께 시간을 보내며 말벗과 간단한 신체 활동을 도와드린 경험입니다. 이 활동은 단순한 도움을 넘어 어르신들의 정서적 안정과 사회적 고립 해소에 기여할 수 있어 보람을 느꼈습니다.

저는 이 활동에서 주로 행사 기획과 진행을 맡아, 참여자들의 편안한 분위기 조성에 집중했습니다. 또한, 어르신 개개인의 요구를 세심하게 파악해 맞춤형 지원이 이루어지도록 노력했습니다. 이를 통해 소통 능력과 책임감을 키울 수 있었습니다.

04 반장에 입후보한 이유는 무엇인가요? 반장 활동을 하면서 가장 어려웠던 점 혹은 본인의 한계라고 느낀 점이 있다면 무엇이고 어떻게 극복했나요?

◗예시답변 ▶ 반장에 입후보한 이유는 학급 내에서 친구들과 선생님 사이의 원활한 소통을 돕고, 모두가 즐겁고 협력하는 학급 분위기를 만드는 데 기여하고 싶었기 때문입니다. 또한, 책임감을 가지고 학교 생활에 적극적으로 참여하며 리더십을 키우고 싶었습니다.

활동 중 가장 어려웠던 점은 학급 내 다양한 의견을 조율하는 일이었습니다. 특히, 갈등 상황에서 모두를 만족시키기 어려워 한계도 느꼈습니다.

이를 극복하기 위해 저는 경청하는 자세를 갖추고, 각자의 입장을 공감하며 중재하는 역할에 집중했습니다. 또한, 교사와 상의해 객관적인 기준을 마련하고, 공정하게 의견을 반영하려 노력했습니다. 이런 경험은 리더십과 문제 해결 능력을 키우는 소중한 기회가 되었습니다.

05 3년간 같은 동아리 활동을 한 이유는 무엇이며, 그것이 본인의 어떤 점을 성장시켰다고 생각하나요?

◗예시답변 ▶ 저는 3년간 같은 동아리 활동을 지속한 이유가 꾸준한 관심과 책임감을 바탕으로 깊이 있는 경험을 쌓고 싶었기 때문입니다. 단기간이 아닌 장기간 참여함으로써 동아리 내 역할을 점차 넓히고, 팀워크와 리더십을 체계적으로 발전시킬 수 있었습니다.

이 과정에서 저는 협력과 소통 능력, 그리고 문제 해결 역량이 크게 성장했다고 생각합니다. 특히, 다양한 프로젝트와 행사 준비를 통해 계획성과 실행력을 키웠고, 어려움이 있을 때 동료들과 함께 해결하는 법을 배웠습니다. 또한, 지속적인 활동은 자기 주도성과 인내심을 기르는 데도 큰 도움이 되었습니다.

06 어떤 교사가 좋은 교사라고 생각하나요? 그런 자질을 어떻게 기를 수 있으며 어떤 노력을 해 왔나요?

예시답변 ▶ 저는 좋은 교사란 학생을 진심으로 이해하고 존중하며, 학생들이 스스로 성장할 수 있도록 돕는 사람이라고 생각합니다. 단순히 지식을 전달하는 것을 넘어, 학생 개개인의 특성과 상황을 고려해 맞춤형 지도를 하는 것이 중요하다고 봅니다.

이런 자질을 기르기 위해서는 끊임없는 자기성찰과 학생과의 소통, 그리고 전문성 향상이 필수적입니다. 학생들의 목소리에 귀 기울이고 공감하는 태도를 갖추며, 교육학 및 전공 분야의 최신 지식을 꾸준히 학습해야 합니다.

저는 대학 강의 경험과 학생 상담 활동을 통해 학생들과 적극적으로 소통하려 노력해왔습니다. 또한, 평소 교육 관련 서적과 논문을 읽으며 교육 방법과 심리 이해를 심화하고 있습니다. 앞으로도 현장 경험을 통해 학생 중심 교육 역량을 더욱 강화해 나갈 계획입니다.

07 수업 시간에 질문이 많은 학생으로 작성되어 있는데, 질문을 많이 하게 된 이유는 무엇이며 특히 기억에 남는 질문이 있나요?

예시답변 ▶ 저는 호기심이 많고 깊이 있는 이해를 위해 질문을 많이 하는 편입니다. 수업에서 궁금한 점이나 이해가 잘 되지 않는 부분을 스스로 해결하려는 태도가 자연스럽게 질문으로 이어졌다고 생각합니다. 질문을 통해 다른 학생들과 생각을 공유하고, 수업 내용을 더 폭넓게 탐구할 수 있어 학습 효과도 높아졌습니다.

특히 기억에 남는 질문은 과학 수업 시간에 '기술 발전이 사회에 미치는 긍정적·부정적 영향은 무엇인가?'라는 주제였습니다. 이 질문을 계기로 교사와 학생들이 함께 사회적, 윤리적 측면을 토론하며 깊이 있는 수업이 이루어졌고, 저뿐 아니라 친구들에게도 의미 있는 시간이 되었습니다.

08 [의예과] ICT 기반의 원격의료 서비스에서 사회 계층 간의 차이로 고려되어야 하는 요소를 설명해보시오.

◀예시답변▶ ICT 기반 원격의료 서비스에서 사회 계층 간 차이를 고려할 때, 두 가지 주요 요소를 생각해야 한다고 봅니다.

첫째, 접근성과 활용 능력의 격차입니다.

사회 경제적 지위가 낮은 계층은 스마트폰, 컴퓨터, 인터넷 같은 ICT 인프라를 갖추기 어렵고, 디지털 문해력도 낮아 원격의료 서비스를 이용하는 데 어려움을 겪을 수 있습니다. 따라서 기본적인 인프라 보급과 함께, 누구나 쉽게 사용할 수 있는 친화적인 서비스 설계와 교육 지원이 필요합니다.

둘째, 경제적·문화적 부담입니다.

원격의료 이용에 드는 비용, 예를 들어 데이터 통신비용이나 기기 구매 비용은 저소득층에게 큰 부담이 될 수 있습니다. 또한, 문화적 배경이나 언어 차이로 인해 의료 서비스의 효과적인 전달이 어려울 수 있으므로, 이를 고려한 맞춤형 서비스와 신뢰 구축이 반드시 필요합니다.

결론적으로, 원격의료 서비스가 사회 모든 계층에 공평한 혜택을 주기 위해서는 기술적 접근성뿐 아니라 경제적·문화적 차이까지 포괄적으로 고려하는 전략이 중요하다고 생각합니다.

09 [의예과] 원격의료제도 확대로 인해 예상되는 장단점을 설명해보시오.

◀예시답변▶ 원격의료제도의 확대는 의료 서비스의 접근성과 효율성을 크게 향상시킬 수 있지만, 동시에 몇 가지 단점과 문제점도 동반할 수 있습니다.

장점부터 말씀드리면,

첫째, 의료 접근성 개선입니다. 특히 농어촌 등 의료 취약 지역에 사는 환자들이 시간과 거리의 제약 없이 전문적인 의료 서비스를 받을 수 있어, 의료 불균형 해소에 기여합니다.

둘째, 의료 자원의 효율적 활용입니다. 원격 진료를 통해 경증 환자나 만성 질환자의 관리가 용이해지며, 병원 방문이 줄어들어 의료진과 시설의 부담이 경감됩니다.

셋째, 비용 절감 효과도 기대할 수 있습니다. 교통비나 시간 비용이 줄어들고, 조기 진단 및 관리로 인한 중증 질환 악화 방지로 의료비용 부담이 감소할 수 있습니다.

하지만 단점도 존재합니다.

첫째, 대면 진료에 비해 진단의 한계가 있습니다. 원격의료는 환자의 신체 상태를 직접 확인하기 어려워 정확한 진단이 어려울 수 있고, 응급 상황 대응에 한계가 있습니다.

둘째, 개인정보 보호와 보안 문제가 발생할 수 있습니다. 원격 진료 과정에서 민감한 의료 정보가 유출되거나 해킹에 노출될 위험이 있습니다.

셋째, 기술 및 인프라 격차로 인한 불평등 문제가 있습니다. 저소득층이나 고령자 등 디지털 접근성이 낮은 계층은 원격의료 서비스를 제대로 이용하기 어렵습니다.

결론적으로, 원격의료제도는 의료 서비스의 질과 접근성을 높이는 긍정적인 변화지만, 이를 보완하기 위한 기술적, 법적, 사회적 준비와 규제가 병행되어야 한다고 생각합니다.

🎓 가천대학교

전형명	전형 방법
학생부교과 (지역균형)	❶ 학생부 교과 100% (7배수) ❷ 1단계 평가 50 + 면접 50
학생부 종합 (의예과, 한의예과, 약학과: 수능 최저 ○)	❶ 서류 100% (5배수) ❷ 1단계 평가 50+면접 50

① 면접 평가 (학생부교과 – 지역균형전형)

- **내용:** 학교생활기록부 기반 질문을 합니다.
- **평가요소:** 인성 40% + 수업충실도 및 학업동기 40% + 의사소통역량 20% 로 평가합니다.
- **평가방법:** 학교생활기록부 기반으로 수업에 대한 관심과 열의 확인을 평가기준에 따라 종합적으로 정성평가를 합니다.
- **평가위원:** 면접위원 3명이 지원자 1명을 대상으로 질문하는 면접이 진행됩니다.
- **면접 시간 :** 10분 내외로 진행됩니다.

② 면접 평가 (학생부종합)

- **일반 면접:** 제시문을
- **내용:** 학교생활기록부 기반 질문을 합니다.
- **평가요소:** 인성 40% + 진학의지 및 계열적합성 40% + 의사소통역량 20% 로 평가합니다. 단, 면접 시 학업 성취도를 반영하지 않고 면접관에게도 제공하지 않습니다.

- **평가방법**: 학교생활기록부 기반으로 지원학과, 계열에 대한주도적 참여 경험과 과정 확인을 평가기준에 따라 종합적으로 정성평가를 합니다.
- **평가위원**: 면접위원 3명이 지원자 1명을 대상으로 질문하는 면접이 진행됩니다.
- **면접 시간** : 10분 내외로 진행됩니다.
- **준비방법**: 학교생활기록부에 기록된 지원자의 고등학교 경험을 잘 정리하는 것입니다. 면접질문은 사실 확인부터 활동의 목적, 과정을 통해 배운 점, 느낀 점 등 기재된 내용과 학생의 역량을 확인하기 위해 질문을 할 수 있습니다. 따라서, 학교생활기록부를 정리한 후에는 질문의 핵심을 파악하여 답변할 수 있도록 준비하면 됩니다.

02

지방 거점 국립대학

🎓 부산대학교 [영남권]

면접이 있는 대표 전형

전형명	전형 방법
학생부종합 (학생부종합전형 / 지역인재전형)	❶ 서류 평가 100 (3~4배수), 동점자 모두 선발 ❷ 서류 평가 80 + 면접 20

👤 학생부종합전형(지역인재)

① 면접 개요

- **평가 방법**: 다수 면접위원이 수험생 1인을 심층 면접, 블라인드 면접, 면접 순서 당일 공개, 면접 순서 변경 불가
- **면접 시간**: 1인당 10분 내외

- **평가 내용**

일반 학과

평가 영역	평가 기준
탐구역량	– 관심 분야 관련 교과 이수 노력 및 자기주도적 학업역량 – 관심 분야 관련 학업태도 및 탐구 능력 – 자기계발 노력
사회역량	– 협업능력과 리더십, 의사소통능력 – 공동체의식, 성실성과 규칙준수

의과대학 의예과

평가 영역	평가 기준	소요시간
탐구역량	– 관심 분야 관련 교과 이수 노력 및 자기 주도적 학업역량 – 관심 분야 관련 학업태도 및 탐구 능력 – 자기계발 노력	학생부 기반 면접 10분 내외
사회역량	– 협업능력과 리더십, 의사소통능력 – 공동체의식, 성실성과 규칙준수	
잠재역량	– 종합적 사고력, 지식활용능력 – 논리적 의사표현능력	공통문제 답변 준비 10분 내외, 면접 10분 내외

✔️ 전략 포인트

- **서류 기반 면접**: 제출 서류를 기반으로 하는 면접이 있으므로 우선 본인이 제출한 학교생활기록부의 철저한 숙지와 정리가 필요합니다.

- **활동 내용 구체화**: 학업과 교과 연계 활동, 비교과 활동 경험을 구체적으로 답해야 하므로 동기, 과정, 결과, 변화, 후속 활동의 단계를 미리 정리하여 연습하면 가장 좋습니다.

- **정보의생명공학대학 정보컴퓨터공학부**: 소프트웨어 분야에 재능이 있거나 잠재력이 있는 자를 선발합니다.

대표 면접 실시 전형 방법 개요

전형명	전형 방법
지역인재(학종) 지역인재(학교장추천)	❶ 서류 평가 100 (4–5배수) ❷ 서류 평가 70 + 면접 30

지역인재 (학생부종합전형)

❶ 면접 개요(의예과 제외)

• 평가내용 및 방법

① 수험생 개인별로 다음과 같이 10분 내외로 진행하며 평가기준에 따라 종합적으로 평가합니다.

－평가 내용: 전공 적합성, 발전 가능성, 인성, 의사소통능력 등을 평가합니다.

－면접은 블라인드로 진행되고 면접 순서는 면접 당일 공개되며, 순서 변경은 불가합니다.

② 각 면접위원이 150점 만점으로 평가하며, 평가한 점수의 산술평균점수를 수험생의 성적으로 합니다.

• 반영점수: 150점(최고점) ~ 0점(최저점)

평가 영역	평가 기준
학업역량 (30%)	– 학업역량 향상을 위해 고교 교육과정에 충실하며 스스로 탐구하고 노력하였는가? – 의미있는 학습 경험이 나타나는가? – 학업 수행과정에서 구체적인 성과를 보이는가? – 교과와 탐구활동 등을 통해 지식 확장 노력이 보이는가?
진로역량 (45%)	– 전공(계열)관련 교과 이수를 위해 심화과목 이수 등의 노력을 하였는가? – 전공(계열)에 대한 지식 확장을 위해 스스로 탐구하고 노력한 성과가 있는가? – 전공(계열)에 대한 관심과 이해를 바탕으로 관련 활동에 적극적으로 참여하였는가? – 교내 다양한 활동에 참여하여 경험의 폭을 확장하였는가?
공동체역량 (20%)	– 리더십 발휘 및 공동체 화합을 위해 노력한 경험이 있는가? – 교내 활동에서 자신이 맡은 역할에 최선을 다해 노력한 경험이 있는가? – 구성원들과 협력하여 공동 과제를 수행하거나 완성한 경험이 있는가? – 공동체 내 나눔과 배려를 실천한 경험이 있는가? – 공동체 의식을 갖춘 사회구성원으로서의 기여 가능성이 보이는가?

❷ 면접(의예과)

- **평가내용 및 방법**

  ① 표현력 및 의사소통능력, 적성, 인성 등을 종합적으로 평가합니다.

  ② 고사실(2개 이상)당 10분 내외로 평가위원이 개별적 평가를 시행합니다.

   ※ 단, 교과관련 지식은 질문하지 않습니다.

  ③ 각 면접위원이 150점 만점으로 평가하며, 평가한 점수의 산술평균점수를 수험생의 성적으로 합니다.

- **반영점수**: 150점(최고점) ~ 0점(최저점)

- **서류 기반 면접**: 제출 서류를 기반으로 하는 면접이 있으므로 우선 본인이 제출한 학교생활기록부의 철저한 숙지와 정리가 필요합니다.

- **활동 내용 구체화**: 학업과 교과 연계 활동, 비교과 활동 경험에 대해 구체적으로 답변해야 합니다. 동기, 과정, 결과, 변화, 후속 활동의 단계를 미리 정리하여 답변을 연습하면 가장 좋습니다.

- **Tip**
  - 면접 유형은 인성과 서류 확인 면접입니다. 서류 확인은 주로 학생부에 나와 있는 내용을 질의하고, 활동의 구체적인 측면과 문제 해결 사례에 대해 질문합니다.
  - 전자기기는 소지할 수 없습니다. 자기소개는 2분 정도의 시간을 주므로 미리 준비할 필요가 있습니다. 마지막으로 하고 싶은 말도 물어봅니다.
  - 면접 성적이 60% 미만인 자는 모집 인원에 관계 없이 불합격입니다.

🎓 경상대학교 영남권

전형명	전형 방법
일반 / 지역인재(학종) : 의예, 약학과는 수능 최저 ○	❶ 서류 평가 100 (3배수, 의·약대 5배수) ❷ 서류 평가 80 + 면접 20

학생부종합전형

1 면접 개요

- **면접 방식 및 내용**
  - 면접 구성: 개별 면접(수험생 1명 + 면접 평가위원 3명)
  - 면접 질문: 지원 전공 특성의 이해 정도에 관한 질문, 서류 평가 결과서(요약서) 확인 및 진정성 질문
  - 면접 절차: 본인 확인(대기실) → 가번호 추첨 → 입실(가번호 순서) → 평가 → 퇴실
- **면접 시간**: 1인당 15분 내외
- **평가 영역**: 전공 적합성, 발전 가능성, 진로역량, 인성

평가 항목	평가부 기준
전공 적합성 50%	- 지원 전공(계열) 주요 과목의 학업역량((학업성취도 및 학업성실성) - 지원 전공(계열)에 대한 교육과정 기반 이해 및 지적 호기심 (전공 연계 기초학업탐구역량)
진로역량 20%	- 지원 전공(계열) 지원을 위한 준비 및 의지(전공 관련 분야에 대한 지적 탐구 역량) - 자신의 진로를 탐색하는 과정에서 이루어진 교내의 다양한 학습활동이나 경험과 노력 정도(진로탐색활동 역량)

평가 항목	평가부 기준
발전 가능성 20%	– 자신의 꿈을 위한 자기주도적 도전자세와 극복을 위한 노력 (미래목표 및 준비활동의 우수성, 자기주도성)
인성 10%	– 주변에 대한 배려와 자기역할에 대한 성실한 생활태도(학교 생활 충실도와 공동체의식)

☑ 전략 포인트

- **서류 기반 면접**: 제출 서류를 기반으로 하는 면접이 있으므로 우선 본인이 제출한 학교생활기록부의 철저한 숙지와 정리가 필요합니다.

- **활동 내용 구체화**: 학업과 교과 연계 활동, 비교과 활동 경험에 대해 구체적으로 답변해야 합니다. 동기, 과정, 결과, 변화, 후속 활동의 단계를 미리 정리하여 답변을 연습하면 가장 좋습니다.

[기출문제] : 일부 변형

01 [경제] 중앙은행의 금리 인상 이유와 파급 효과는 무엇이라고 생각하나요?

　🔵**예시답변** ▶ 중앙은행이 금리를 인상하는 주요 이유는 인플레이션(물가 상승)을 억제하기 위해서입니다. 금리를 올리면 대출이 어려워지고 소비와 투자가 줄어들어 경제 내 자금 흐름이 둔화되고, 그 결과 물가 상승 압력이 완화됩니다.

금리 인상의 파급 효과는 다음과 같습니다.

첫째, 소비와 투자 감소입니다. 대출 이자 부담이 커지면서 가계와 기업이 지출을 줄이고, 경제 성장 속도가 둔화될 수 있습니다.

둘째, 환율 안정 및 외국인 투자 유치입니다. 금리 인상으로 해당 국가의 자산 매력이 증가해 외국인 자본이 유입되고, 환율 변동성이 줄어들 수 있습니다.

셋째, 부채 상환 부담 증가입니다. 특히 가계 부채가 많은 경우 이자 부담이 커져 가계 소비가 위축될 수 있습니다.

결론적으로, 중앙은행의 금리 인상은 단기적으로는 경제 성장에 부담이 될 수 있으나, 장기적으로 물가 안정과 금융시장 안정을 위한 필수적인 조치라고 생각합니다.

02 [사복] 사회복지에서 가장 시급히 해결해야하는 사회문제는 무엇이라고 생각하는가?

예시답변 ▶ 사회복지 분야에서 가장 시급히 해결해야 하는 사회문제는 노인 빈곤과 고립 문제라고 생각합니다.

첫째, 우리 사회는 빠른 고령화로 노인 인구가 급증하고 있지만, 많은 노인들이 경제적 어려움과 사회적 고립에 시달리고 있습니다. 이는 기본적인 생활 안정뿐 아니라 정신적·신체적 건강에도 심각한 영향을 미치고 있습니다.

둘째, 노인 빈곤은 자칫 가족과 지역사회 단절로 이어져 돌봄 사각지대가 발생할 수 있으며, 이는 사회적 비용 증가와 공공복지 체계의 부담으로 직결됩니다.

따라서, 노인 맞춤형 복지 정책과 돌봄 서비스 강화, 지역사회 연계 프로그램 확대 등 종합적이고 체계적인 지원이 시급하다고 봅니다. 이를 통해 노인들이 존엄하고 안정된 삶을 누릴 수 있도록 하는 것이 사회복지의 중요한 과제라고 생각합니다.

03 [사회] 가장 관심 있는 사회문제는 무엇인가요?

예시답변 ▶ 제가 가장 관심 있는 사회문제는 청년 실업과 불안정한 노동 환경입니다.

현재 많은 청년들이 취업난과 비정규직 문제로 어려움을 겪고 있으며, 이는 경제적 불안뿐 아니라 정신적 스트레스와 사회적 고립으로도 이어지고 있습니다. 또한, 불안정한 고용은 장기적인 경력 개발과 사회적 자립에 큰 장애가 됩니다.

이 문제를 해결하기 위해서는 청년 맞춤형 취업 지원 정책과 안정적인 일자리 창출, 그리고 노동 환경 개선이 필수적이라고 생각합니다. 특히, 사회적 기업과 창업 지원, 직업 교육 강화 등을 통해 청년들이 자립할 수 있는 기반을 마련하는 것이 중요하다고 봅니다.

이처럼 청년 문제는 우리 사회의 지속 가능한 발전을 위해 반드시 해결해야 할 핵심 과제라고 생각합니다.

04 [심리] 심리학 중 관심 분야와 그에 적합하다고 생각되는 본인의 특성과 역량은 무엇이라고 생각하는가?

예시답변 ▶ 제가 심리학에서 가장 관심 있는 분야는 상담심리학입니다. 사람들의 마음을 이해하고, 그들이 겪는 어려움을 함께 해결해 나가는 과정에 큰 의미를 느끼기 때문입니다.

이 분야에 적합하다고 생각하는 저의 특성은 공감 능력과 경청하는 자세입니다. 저는 타인의 감정을 세심하게 파악하고 존중하는 태도를 갖추고 있으며, 이를 통해 신뢰를 쌓고 효과적인 상담이 가능하다고 믿습니다.

또한, 저는 문제 해결을 위해 논리적이고 체계적인 접근을 중요하게 여기며, 지속적으로 자기계발을 통해 상담 기법과 심리 이론을 깊이 있게 학습해 왔습니다. 이러한 역량과 태도가 상담심리학 분야에서 긍정적인 성과를 내는 데 도움이 될 것이라 생각합니다.

05 [정치외교] 최근 사회적 이슈 중 본인이 관심을 가지고 지켜본 사안에 대해 설명하시오.

예시답변 ▶ 최근 가장 관심을 가지고 지켜본 사회적 이슈는 청년 실업과 고용 불안정 문제입니다.

한국 사회는 빠르게 고령화되고 있지만, 청년층의 취업난은 여전히 심각한 상황입니다. 특히, 비정규직 일자리의 증가와 고용의 질 저하는 청년들의 경제적 자립과 사회적 안정성에 큰 영향을 미치고 있습니다. 이러한 문제는 단순한 경제적 문제를 넘어, 사회적 불평등과 세대 간 갈등을 심화시키는 요인으로 작용하고 있습니다.

이러한 상황에서 정부와 민간 부문이 협력하여 청년 맞춤형 일자리 창출과 직업 교육 강화, 창업 지원 등 다양한 정책을 추진하는 것이 필요하다고 생각합니다. 또한, 사회 전반에서 청년들의 목소리를 반영할 수 있는 구조적인 변화가 이루어져야 할 시점이라고 봅니다.

06 [행정] 효율성과 형평성에 대한 자신의 생각은 무엇인가요?

예시답변▶ 효율성과 형평성은 행정에서 모두 매우 중요한 가치라고 생각합니다.

효율성은 자원을 최대한 활용해 목표를 신속하고 경제적으로 달성하는 능력으로, 한정된 예산과 인력을 효과적으로 배분하는 데 필수적입니다. 하지만 효율성만 강조하면 소수의 이익이나 특정 집단에 치우칠 위험이 있습니다.

반면에, 형평성은 모든 사람이 공정하게 대우받고 혜택을 누릴 수 있도록 하는 원칙으로, 사회적 약자와 취약 계층에 대한 배려가 포함됩니다. 형평성을 무시하면 사회적 불평등이 심화되고 행정에 대한 신뢰가 떨어질 수 있습니다.

따라서 저는 효율성과 형평성은 상호 보완적인 관계라고 생각하며, 행정은 두 가치를 균형 있게 고려하여 효율적으로 운영하면서도 공정하고 포용적인 정책을 추진하는 것이 중요하다고 봅니다.

07 [아동] 아동학대는 무엇이며, 본인이 생각하는 해결방안은 무엇이라고 생각하나요?

예시답변▶ 아동학대란 보호자를 포함한 어른이 아동에게 신체적, 정서적, 성적 폭력이나 방임 등으로 신체적·정신적 건강과 복지를 해치는 모든 행위를 말합니다. 아동이 안전하고 건강하게 성장할 권리를 침해하는 심각한 사회 문제입니다.

해결방안으로는

첫째, 예방 교육과 인식 개선이 중요합니다. 아동학대의 심각성을 알리고, 가족과 지역사회가 아동 보호의 책임을 공유하도록 해야 합니다.

둘째, 신속한 신고와 전문적인 대응 체계 구축이 필요합니다. 아동학대 의심 사례를 조기에 발견하고, 보호 및 치료가 원활히 이루어지도록 아동 보호 기관과 의료, 상담 서비스가 긴밀히 협력해야 합니다.

셋째, 피해 아동과 가해 가족에 대한 종합적인 지원이 중요합니다. 피해 아동은 안전한 환경과 심리 치료를 받도록 하고, 가해 가족은 재활과 교육 프로그램을 통해 재발을 방지해야 합니다.

이처럼 아동학대 문제는 사회 전체가 함께 노력해야 할 과제이며, 예방과 보호, 치료가 균형 있게 이루어질 때 근본적인 해결이 가능하다고 생각합니다.

08 [언어] 본인의 언어능력에서 부족하다고 생각되는 영역을 발전시키기 위해 어떠한 노력을 해 왔나요?

예시답변 ▶ 저는 본인의 언어능력 중 특히 공적 자리에서의 표현력과 발표 능력이 부족하다고 느껴 이를 개선하기 위해 노력해 왔습니다.

먼저, 스피치와 프레젠테이션 관련 강의를 수강하고, 실제 발표 기회를 많이 갖도록 노력했습니다. 이를 통해 말의 논리성과 전달력을 높이려 했습니다. 또한, 다양한 독서와 글쓰기 연습을 통해 어휘력과 문장 구성 능력을 꾸준히 향상시키고 있습니다.

더불어, 토론 동아리 활동에 참여하여 다른 사람의 의견을 경청하고 논리적으로 반박하는 과정을 반복하며 자신감을 키웠습니다. 이러한 경험이 부족한 표현력을 보완하고, 보다 명확하고 설득력 있게 의사를 전달하는 데 큰 도움이 되었다고 생각합니다.

09 [물리] 본인이 가장 어렵게 공부한 물리내용은 무엇이며, 그 개념을 일반 학생한테 어떻게 설명할 수 있나요?

예시답변 ▶ 제가 가장 어렵게 공부한 물리 내용은 전기회로의 키르히호프 법칙입니다. 여러 전류와 전압이 복잡하게 얽혀 있는 회로에서 전기 흐름을 정확히 분석하는 것이 처음에는 매우 혼란스러웠습니다.

일반학생에게 이 개념을 설명할 때는, 전기가 도로를 달리는 자동차와 같다고 비유합니다. 키르히호프 법칙은 '교차로에서 자동차의 흐름이 멈추지 않고 균형을 이루어야 한다'는 원리와 같습니다. 즉, 한 교차로에 들어오는 자동차 수와 나가는 자동차 수가 같아야 하는 것처럼, 회로의 한 점에서 들어오는 전류와 나가는 전류의 총합이 같아야 한다는 의미입니다. 이런 비유를 통해 복잡한 전기회로도 일상에서 쉽게 접할 수 있는 상황으로 연결하면 학생들이 더 잘 이해할 수 있다고 생각합니다.

10 [수의예] 동물실험에 대한 본인의 생각, 동물원은 있어야 하는가에 대한 본인의 생각을 말하시오.

예시답변▶ 동물실험에 대해서는 과학 연구와 의학 발전에 중요한 역할을 한다고 생각합니다. 신약 개발이나 질병 메커니즘 이해에 필수적이지만, 반드시 동물의 복지를 최우선으로 고려하며, 최소한의 동물을 사용하고 대체 방법을 모색하는 윤리적 책임이 따라야 한다고 봅니다.

동물원에 대해서는 교육과 보전의 측면에서 필요하다고 생각하지만, 그 형태와 운영 방식이 매우 중요하다고 봅니다. 동물들이 자연에 가까운 환경에서 스트레스 없이 생활할 수 있도록 시설을 개선하고, 단순한 전시 공간을 넘어 멸종 위기종 보호와 생태 교육 기능을 강화해야 합니다.

결국, 동물 실험과 동물원 모두 과학적, 교육적 목적과 동물 복지 사이에서 균형을 찾는 것이 중요하며, 지속 가능한 방향으로 발전해 나가야 한다고 생각합니다.

11 [간호] 간호사의 역할은 무엇이라고 생각하나요?

예시답변▶ 간호사는 환자의 건강 회복과 삶의 질 향상을 위해 신체적, 정서적, 사회적 측면에서 전인적 돌봄을 제공하는 사람이라고 생각합니다.

첫째, 환자의 상태를 정확히 관찰하고 의료진과 소통하여 적절한 치료가 이루어지도록 지원하는 역할이 중요합니다.

둘째, 환자와 가족에게 건강 교육과 심리적 지지를 제공해 회복 과정에서 정서적 안정을 돕습니다.

셋째, 예방적 간호 활동을 통해 질병 발생을 줄이고, 지역사회 건강 증진
에도 기여합니다.

따라서 간호사는 전문 지식과 기술뿐 아니라 공감 능력과 소통 능력을 갖
추어야 하며, 환자 중심의 따뜻한 돌봄을 실천하는 핵심적인 의료 인력이
라고 생각합니다.

12 [의예] **의사 중 가장 존경하는 사람과 이유를 설명하시오.**

◀예시답변▶   제가 가장 존경하는 의사는 폴 파머(Paul Farmer) 박사입
니다. 그는 빈곤과 질병으로 고통받는 개발도상국의 의료 접근성을 개선
하기 위해 헌신한 세계적인 글로벌 보건학자이자 의사입니다.

파머 박사는 의학적 치료뿐 아니라 사회적 불평등, 경제적 어려움 등 복
합적인 문제를 함께 해결하려 노력하며, 의료의 '사회적 정의' 실현에 큰
역할을 했습니다. 그의 활동은 단순히 환자를 치료하는 것을 넘어, 의료
시스템 자체를 변화시키는 데 중점을 두고 있다는 점에서 깊은 감명을 받
았습니다.

저도 환자 개개인의 건강뿐 아니라 그들이 처한 사회적 환경까지 고려하
는 통합적 의료인이 되고자 하며, 파머 박사의 삶과 가치관을 본받아 의
료 분야에서 사회적 책임을 다하는 의사가 되기를 희망합니다.

충남대학교 [충청권]

면접이 있는 대표 전형

전형명	전형 방법
학생부 교과 (일반, 지역인재)	❶ 학생부 100 (3배수) ❷ 학생부 80% + 면접 20%
학생부종합 Ⅰ·Ⅱ·Ⅲ	❶ 학생부 100 (2~3배수) ❷ 학생부 교과 66.7% + 면접 33.3%

학생부종합 Ⅰ 전형

❶ 면접 개요

- **평가 방법**
  - 2명의 면접 평가위원이 수험생 1명을 개별 면접
  - 서류 내용을 바탕으로 별도의 평가 기준에 의거하여 종합적으로 정성적으로 평가
- **면접 시간**: 1인당 15분 내외

❷ 평가 영역 및 구성 요소

서류 평가 65(실질 66.7) + 면접 35(실질 33.3)

평가요소 (비율: %)	세부 평가 항목	평가내용
의사소통 능력(30)	종합적 사고력	질문의 핵심적인 주제를 파악하고 본인의 지식을 결합해 새로운 결론을 도출하는 능력
	논리적 사고력	구체적인 사실에서 결론을 도출하는 것으로 결론의 인과관계에 대해 명확하게 설명할 수 있는 능력

평가요소 (비율: %)	세부 평가 항목	평가내용
계열 적합성 (37.8)	학습태도 및 학업의지	• 전공에 대해 학습해 나가려는 자발적 의지와 노력 • 전공 관련 과목에서의 수행 활동의 이해도 및 탐구 능력
	전공에 대한 자기주도성	• 스스로 학습 목표를 설정하고 이를 달성한 경험 • 교내 교육활동에서 주도적이고 진취적으로 활동한 경험
	전공(계열) 관련 진로탐색 활동과 경험	• 전공 관련 활동과 경험의 적절성 • 전공 관련 꾸준한 탐색 노력 정도
사회적 역량 (24.4)	협업능력	공동체 내에서 함께 돕고 함께 생활할 수 있는 역량
	나눔과 배려	• 학교생활에서 나눔과 배려를 실천한 구체적 경험 • 이타적인 태도와 가진 것을 나누고자 하는 마음

☑️ 전략 포인트

- **서류 기반 면접**: 제출 서류를 기반으로 하는 면접이 있으므로 우선 본인이 제출한 학교생활기록부의 철저한 숙지와 정리가 필요합니다.

- **활동 내용 구체화**: 학업과 교과 연계 활동, 비교과 활동 경험을 구체적으로 답변해야 합니다. 답변은 동기, 과정, 결과, 변화, 후속 활동의 단계를 미리 정리하여 연습하면 좋습니다.

- **면접 변별도**: 면접으로 서류 평가 순위를 역전하는 비율이 상대적으로 높은 것으로 알려져 있습니다.

- **Tip**

  서류 평가에 들어갔던 교수들이 면접 평가에 그대로 들어갑니다.
  – 면접의 기본 점수는 없습니다.(예 최고점 100/ 최저점 0)
  – 충남대가 무엇으로 유명한지에 대해 물어보는 면접관이 있으니 준비해야 합니다.

🎓 강원대학교 [강원권]

면접이 있는 대표 전형

전형명	전형 방법
미래인재면접 / 지역인재면접	❶ 서류 평가 100 (4배수 이내) ❷ 서류 평가 60 + 면접 40

👤 미래인재면접

❶ 면접 평가 개괄

- **면접 방식**
  - 2인(이상)의 면접 평가위원이 수험생 1인을 개별 구술 면접
  - 서류를 바탕으로 별도의 평가 기준에 맞춰 종합적 · 정성적 평가
- **면접 시간**: 1인당 10분 내외

❷ 평가 영역 및 구성 요소

평가 요소	평가 항목 및 평가내용	
학업역량 30% : 대학 교육을 충실히 이수하는데 필요한 수학 능력	학업수행 노력	고등학교 교육과정에서 이수한 교과목의 성취 수준과, 이를 달성하기 위한 학습 과정에서의 의지와 노력, 태도의 발전정도
	탐구력	지적 호기심을 바탕으로 사물과 현상에 대해 탐구하고, 문제를 해결하려는 노력
진로역량/자기주도역량 50% : 자신의 진로와 전공(계열)에 관한 탐색노력과 준비 정도	진로관련 지식확장노력	진로와 관련된 교과를 스스로 선택하여 이수하고, 해당 분야의 학업 성취를 위해 노력한 정도
	진로탐색 활동경험	자신의 진로를 탐색하는 과정에서 이루어진 활동이나 경험 및 노력의 정도
	자기주도적 지식확장 노력	관심 분야에 대한 학습 목표를 스스로 설정하고, 관련 교과와 활동을 계획적으로 이수하며 지식을 확장하려는 노력의 정도

평가 요소		평가 항목 및 평가내용
〃	진로탐색활동노력	자신의 진로를 탐색하기 위해 스스로 계획하고 실천한 탐색 과정과 그에 대한 지속적인 관심과 의지의 정도
공동체 역량 20% : 공동체의 일원으로서 갖춰야 할 바람직한 사고와 행동	성실성및협업능력	공동체의 일원으로서 책임을 다하고, 목표 달성을 위해 타인과 협력하며 원활하게 소통하는 태도와 역량
	나눔과 배려	상대방을 존중하고 이해하며 원만한 관계를 형성하며, 타인을 위하여 기꺼이 나누어 주고자 하는 태도와 행동

- 평가척도: 7등급(A^+ ~ D)

지역인재면접

❶ 면접 평가 개괄

- **면접 방식**: 2인의 면접 평가위원이 수험생 1인을 개별 구술면접
- **면접 형식**: 대면 MMI 면접(학생부 기반 확인면접 + 인·적성 면접)
- **면접 시간**: 1인당 30분 내외
  - 학생부 기반 면접실: 10분간 질의 답법
  - 제시문 기반 면접실(2회): 2분간 제시문 확인, 8분간 질의답변

❷ 평가 영역 및 구성 요소

평가항목	반영비율(%)	평가내용
학업역량	40	학업수행 노력, 탐구력 등
진로역량	30	발전가능성, 문제해결능력 등
공동체역량	30	공동체에 대한 이해, 타인을 위한 배려 등

※ 면접평가의 출제범위는 다음학년도 대학수학능력시험 출제범위를 적용함

- **면접 평가 이유**: 면접은 말하기 평가가 아니라 역량평가입니다. 면접은 학생을 직접 대면하여 학생의 인지적 능력과 정의적 특성은 물론 인성 등을 종합적으로 판단하기 위해 실시합니다. 그러므로 면접에서 입학사정관이 무엇을 파악하기 위해 질문을 하는지 이해하는 것이 필요합니다. 입학사정관은 학생이 지원하는 학과나 전공에서 공부하기에 적절한 학업 역량을 지니고 있는지, 품격 있고 성숙한 인성을 갖추기 위해 노력하였는지, 발전 가능성이 어느 정도인지 등을 파악하려고 합니다. 즉, 지원자가 생각하고 탐구하며 문제를 해결하는 능력이 우수한지에 초점을 두고 자신이 이해하는 것을 말로 잘 표현하는지 등을 종합적으로 판단하려고 합니다.

- **서류 기반 면접**: 서류 확인 면접은 학생이 제출한 학교생활기록부의 내용을 기반으로 질문하게 됩니다. 통상 면접관은 학생의 학업 역량, 인성, 잠재역량을 파악하기 위해 세밀하고 깊이 있게 질문하면서 학생의 역량을 파악하려고 합니다. 학생이 학교생활에서 가장 의미 있고 중요하게 생각하는 학습활동이 무엇인지 질문하였다면, 그 공부를 하게 된 계기, 동기, 이유는 무엇이며, 그 공부를 잘하기 위해 어떤 노력을 하였으며, 공부하는 과정에서 경험한 어려움은 무엇인지, 그 어려움을 어떻게 극복하였는지, 어떤 성과나 성취가 있었는지, 그런 경험이 자신의 성장에 어떤 영향을 주었는지 등을 면밀하게 질문하게 됩니다. 즉, 공부나 활동의 '동기 – 과정 – 결과 – 성찰'을 주도면밀하게 질문하여 파악하고자 합니다. 그러므로 어떤 관심사를 탐구하고 문제를 해결한 경험 중에서 몰입하거나 집중하여 탐구한 것, 끈질기게 파고들어 탐구한 내용, 친구들과 함께 협력하거나 자신이 헌신하여 함께 성장하고 발전하도록 노력한 경험 등을 정리하고 성찰하는 것이 필요합니다.

- **활동 내용 구체화**: 학업과 교과 연계 활동, 비교과 활동 경험을 구체적으로 답변해야 합니다. 동기, 과정, 결과, 변화, 후속 활동의 단계를 미리 정리하여 답변을 연습하면 가장 좋습니다.

🎓 전북대학교 [호남권]

면접이 있는 대표 전형

전형명	전형 방법
큰사람	❶ 서류 평가 100 (3배수) ❷ 서류 평가 80 + 면접 20

👤 큰사람전형

① 면접 개요

- **면접 방식**
  - 3명의 면접 평가위원이 수험생 1명을 개별 구술 면접
  - 면접 평가: 1단계 서류 내용을 바탕으로 평가 기준에 의거하여 평가 실시 (블라인드 평가)
  - 면접 실시: 면접장 입실 및 평가
- **면접 시간**: 1인당 10분 내외

❷ 평가 영역 및 구성 요소

평가영역 (비율)	하위요소	평가지표
공동체 역량 및 소통능력 (30)	– 사회성 및 의사소통 능력 – 성실성 및 책임감 – 태도	타인의 의견을 경청하며, 합리적으로 의사소통하는 능력
		구성원으로서 공동의 과제나 목표에 협력하며, 성실한 자세로 자신의 역할을 책임감 있게 수행하는 정도
		면접과정에서 지원자의 자세 및 태도
진로역량 및 발전가능성 (70)	– 종합적 사고력 – 지원계열에 대한 이해도 – 진학 후 학업 계획	면접 질문에 대해 논리적으로 사고하며, 표현하고 있는가?
		지원동기가 분명하고, 지원학과에 대한 흥미와 관심이 있는가?
		학업 및 진로계획이 구체적이며, 의지와 열정이 있는가?
		진로를 개척하려는 도전의식과 모험정신을 갖추고 있는가?

❸ 유의사항

- 국제학부 및 국제이공학부는 전공특성상 면접 시 영어 질문을 추가로 실시할 수 있음
- 사회통합전형의 경우 면접 진행 시 녹화·녹음이 이루어질 수 있음

- **서류 기반 면접**: 제출 서류를 기반으로 하는 면접이 있으므로 우선 본인이 제출한 학교생활기록부의 철저한 숙지와 정리가 필요합니다.

- **활동 내용 구체화**: 학업과 교과 연계 활동, 비교과 활동 경험을 구체적으로 답변해야 하되, 동기, 과정, 결과, 변화, 후속 활동의 단계를 미리 정리하여 연습하면 가장 좋습니다.

[기출문제]

01 다른 사람들과 함께 생활하거나 활동을 수행할 때 본인만의 장점이나 특징이 있다면 무엇인가?

● 예시답변 ▶ 저는 다른 사람들과 함께 활동할 때 조율과 경청 능력이 강점입니다. 팀 안에서 서로의 의견이 다를 때, 먼저 상대방의 생각을 충분히 듣고 정리한 뒤 공통점을 찾아 제안하는 방식으로 갈등을 줄이고 효율적인 진행을 돕습니다. 예를 들어, 고등학교 동아리 프로젝트에서 팀원마다 의견이 엇갈렸을 때, 저는 각자의 장점을 살릴 수 있는 역할 분담을 제안했고, 그 결과 프로젝트를 계획보다 효율적으로 마칠 수 있었습니다. 이렇게 저는 팀워크 속에서 조화를 이끌고 실질적인 성과를 만드는 역할을 잘 수행합니다.

02 경영학과의 지원동기와 지원학과에 입학하기 위해 노력한 점이 있다면 무엇인지 말해보라.

● 예시답변 ▶ 저는 경영학을 통해 조직과 시장을 이해하고, 창의적 문제 해결 능력을 기르고 싶어서 지원했습니다. 고등학교 때부터 경제와 경영 관련 책을 읽고, 모의 창업 프로젝트에 참여하며 팀 단위로 사업 계획을 세우고 역할을 조율하는 경험을 쌓았습니다. 또한, 온라인 강의를 통해 기본적인 회계와 마케팅 지식을 습득하며 경영학적 사고를 미리 연습했

습니다. 이러한 경험을 통해 경영학에 대한 관심과 이해를 넓혔고, 앞으로 학과에서 배우는 이론과 실무를 접목해 실제 비즈니스 문제를 해결할 수 있는 역량을 키우고자 합니다.

03 고등학교 때 가장 좋아했던 과목은 무엇이며 그 이유에 대해 말해보라.

🔵**예시답변** ▶ 고등학교 때 가장 좋아했던 과목은 경제입니다. 그 이유는 경제를 공부하면서 우리 주변에서 일어나는 다양한 현상을 논리적으로 이해할 수 있었기 때문입니다. 예를 들어, 학교 신문 제작 동아리에서 학생회 예산을 계획하고 집행하는 과정을 맡았을 때, 경제 원리를 적용해 수입과 지출을 효율적으로 조정할 수 있었습니다. 이러한 경험을 통해 단순한 이론 공부가 아니라 실제 문제 해결에도 활용할 수 있다는 점이 흥미로웠습니다. 경제를 배우며 쌓은 분석력과 논리적 사고가 앞으로 경영학 공부에도 큰 도움이 될 것이라 생각합니다.

04 학과에서 성공적인 대학 생활을 위해 가장 필요한 역량은 무엇이라고 생각하는가? 본인은 필요한 역량을 가지고 있다고 생각하는지 만약 가지고 있지 않다고 생각한다면 향후 어떤 노력을 기울일 계획인지 말해보라.

🔵**예시답변** ▶ 저는 경영학과에서 성공적인 대학 생활을 위해 가장 중요한 역량은 문제 해결 능력과 팀워크 능력이라고 생각합니다. 경영학은 다양한 사람과 협업하며 현실 문제를 분석하고 해결하는 과정을 배우는 학문이기 때문입니다. 저는 고등학교 때 동아리 프로젝트나 모의 창업 활동을 통해 팀원들과 협력하며 문제를 해결한 경험이 있어, 이러한 역량을 어느 정도 갖추고 있다고 생각합니다. 하지만 대학에서는 더 복잡한 사례와 실무 중심의 활동이 많기 때문에, 앞으로는 토론과 발표, 실제 경영 사례 분석 경험을 지속적으로 쌓아 문제 해결 능력과 협업 능력을 한층 강화할 계획입니다.

05 본인이 가장 열심히 수행했던 고등학교 활동이 하나 있다면 무엇인가?

🔵**예시답변** ▶ 제가 고등학교 시절 가장 열심히 수행했던 활동은 동아리 모의 창업 프로젝트입니다. 저는 팀원들과 함께 사업 아이디어를 기획하

고, 역할을 분담해 실제 사업 계획서를 작성하며 시장 조사와 마케팅 전략까지 구체적으로 설계했습니다. 과정 중에 의견 충돌도 있었지만, 서로의 아이디어를 조율하고 장점을 살리는 방법을 찾으면서 팀워크와 문제 해결 능력을 키울 수 있었습니다. 결과적으로 저희 팀은 교내 발표에서 좋은 평가를 받았고, 이 경험을 통해 실제 경영 과정을 배우고 실행하는 즐거움과 성취감을 느낄 수 있었습니다.

06 고교 생활 중 팀 프로젝트를 수행한 경험이 있다면 어떤 활동이었으며, 본인은 어떠한 역할을 했는지 말해보라(동아리 활동, 수행평가, 봉사활동 등)

예시답변 ▶ 고등학교 시절 수행한 팀 프로젝트 중 가장 기억에 남는 활동은 동아리 모의 창업 프로젝트입니다. 저희 팀은 학교 축제를 위한 가상의 창업 아이템을 기획하고, 사업 계획서를 작성하며 마케팅 전략과 예산 계획까지 세웠습니다. 저는 팀 내 기획과 역할 조정을 맡아 팀원들의 아이디어를 정리하고, 각자의 강점을 살릴 수 있도록 역할을 분배했습니다. 의견 충돌이 있을 때는 중재자로서 서로의 생각을 경청하고 합리적인 결정을 도출하는 데 집중했습니다. 그 결과, 프로젝트를 계획보다 효율적으로 마무리할 수 있었고, 팀워크와 문제 해결 능력의 중요성을 직접 체감할 수 있었습니다.

전남대학교 [호남권]

면접이 있는 대표 전형

전형명	전형 방법
고교생활우수자 Ⅰ (학생부종합)	❶ 서류 평가 100 (3배수) (단, 의학 계열은 6배수) ❷ 1단계 70 + 면접 30

고교생활우수자 Ⅰ 전형

❶ 면접 개요

- **면접 방식**
  - 3명의 면접 평가위원이 면접 질문지를 바탕으로 지원자 1명을 개별 면접
  - 면접 질문지: 서류 평가자 2명이 서류 평가를 할 때 궁금했던 것이나 확인할 사항을 적어 놓음
- **면접 시간**: 1인당 15분 내외

❷ 평가 영역 및 구성 요소

- **학업 수행 역량(50%)**: 모집 단위 관심 및 이해도, 학업 관련 참여 노력 및 활동
- **인성 역량(50%)**: 공동체 관심 및 이해도, 나눔과 배려 경험

- **서류 기반 면접**: 제출 서류를 기반으로 하는 면접이 있으므로 우선 본인이 제출한 학교생활기록부의 철저한 숙지와 정리가 필요합니다.

- **활동 내용 구체화**: 학업과 교과 연계 활동, 비교과 활동 경험에 대해 구체적으로 답변해야 합니다. 동기, 과정, 결과, 변화, 후속 활동의 단계를 미리 정리하여 답변을 연습하면 가장 좋습니다.

- **Tip**
  - 2명 이상의 평가자에게 매우 미흡(F) 판정을 받으면 원천 탈락하여 불합격 처리됩니다.
  - 면접 질문지는 활동 특이 사항, 세특 발표 내용 등이 기록되며, 보통 3개 이상의 사항을 의무적으로 적게 되어 있습니다.
  - 면접 등급은 8급간(A^+ ~ D)이며 결시란이 별도 있습니다.

면접이 있는 대표 전형

전형명	전형 방법
일반학생2 (면접형)	❶ 서류 평가 100 (3배수) ❷ 서류 평가 70 + 면접 30

👤 **일반학생전형**

① 면접 개요

- **면접 방식**
  - 2인의 면접 평가위원이 면접 질문지를 바탕으로 수험생 1인을 개별적으로 면접 평가
  - 면접 절차: 대기실에서 본인 확인 → 가번호 추첨 → 가번호 순서대로 입실 → 평가 → 퇴실
- **면접 시간**: 1인당 15분 내외

② 평가 영역 및 구성 요소

- **진로역량(30%)**: 전공 관심도, 전공 관련 활동
- **학업역량(30%)**: 목표 지향과 도전 정신, 문제 해결 능력, 성실성, 리더십
- **인성 및 공동체 역량(40%)**

영역	학업역량	진로역량	인성공동체역량
최고점 300	90	90	120
최저점 120	36	36	48

- **서류 기반 면접**: 제출 서류를 기반으로 하는 면접이 있으므로 우선 본인이 제출한 학교생활기록부의 철저한 숙지와 정리가 필요합니다.

- **활동 내용 구체화**: 학업과 교과 연계 활동, 비교과 활동 경험을 구체적으로 답변하되, 동기, 과정, 결과, 변화, 후속 활동의 단계를 미리 정리하여 연습하면 좋습니다.

- **과락**: 면접고사 성적이 150점(300점 만점) 미만일 때 전형 총점에 관계 없이 불합격 처리합니다.

- **Tip**

  – 인성 관련 지필 문제 및 발표 면접은 실시하지 않습니다.
  – 그 해의 중요 사건, 시사 등은 면접에 도움이 됩니다.

특수대학
(수시 6회 지원 예외 대학)

🎓 카이스트(KAIST) 대전광역시 소재

면접이 있는 대표 전형

◎ 일반전형

전형 명(1단계 배수)	전형 방법
일반전형	❶ 1단계: 서류 평가 100 (2.5 배수 내외) ❷ 2단계: 서류 40 + 면접평가 60

◎ 특기자전형

전형 명	전형 방법
특기자전형	❶ 1단계: 서류 평가 100(2배수 내외) ❷ 2단계: 서류 40 + 면접평가 60 ※ 특기자전형 지원자가 수시 타 전형에 중복합격 한 경우, 특기자전형 합격자로 처리함.

❶ 평가 내용

• 학업 역량 및 적합성을 종합적으로 평가함

구분	내용 및 방법	비고
학업 역량	수학·과학·영어관련 개인별 구술면접 ※ 면접 전 사전 준비 시간 있음.	과학은 물리, 화학, 생명과학 중 지원자 선택 1과목
학업 외 역량	지원서 기반 질문 및 공통 질문에 대한 개인별 구술 면접	제출 서류 기재 내용을 확인할 수 있음.

❷ 면접 시간

• 개인별 약 30분 내외 소요

❸ 면접 절차

• 면접 준비실 → 면접 준비실(문제풀이실) 60분 → 학업역량 면접실 15분 → 적합성 면접실 15분 → 면접 후 대기실 순서로 진행

❹ 학업역량 면접 문제 출제 범위

• 수학: 수학, 수학I, 수학II, 미적분, 확률과 통계, 기하
• 과학: 물리, 화학, 생명과학 중 지원자가 1과목 선택
  - 물리: 통합과학, 물리I, 물리II
  - 화학: 통합과학, 화학I, 화학II
  - 생명과학: 통합과학, 생명과학I, 생명과학II

❶ 평가 방법

- 면접을 통해 특기역량, 적합성을 종합 평가함

구분	내용 및 방법	비고
특기 역량	특기관련 우수성과 잠재력, 영어능력을 확인하는 개인별 구술면접 ※ 본인 특기역량에 대한 발표(5분) 포함	제출된 서류는 면접시 활용할 수 있음
적합성	지원서 기반 질문 및 공통 질문에 대한 개인별 구술 면접 (면접 전 사전 준비 시간 있음)	

❷ 면접 시간 : 개인별 약 35분 내외 소요

❸ 면접 절차

- 면접 준비실 → 특기역량 면접실 20분 → 적합성 면접준비실(제시문) 15분 → 적합성 면접실 15분 → 면접 후 대기실 순서로 진행.

면접 기출

- 교내 생활 외에 남는 시간에는 주로 뭘 하고 지내나요?

  예시답변 ▶ 교내생활 외 남는 시간에는 주로 독서와 자기계발에 집중합니다. 특히 전공 관련 서적과 최신 연구 논문을 읽으며 지식을 넓히고, 새로운 트렌드에 뒤처지지 않도록 노력하고 있습니다.

  또한, 운동을 통해 체력 관리와 스트레스 해소를 하고 있습니다. 규칙적인 운동은 집중력 향상에도 큰 도움이 됩니다.

  그 밖에 친구들과 교류하며 다양한 의견을 나누거나, 봉사 활동 등 사회적 경험을 쌓는 데에도 시간을 할애하고 있습니다. 이런 활동들이 학업과 인간관계 모두에 긍정적인 영향을 준다고 생각합니다.

- 스트레스를 해소하는 자신만의 방법이 있나요?● 리더로 활동한 점과 그를 통해 깨달은 점은?

  예시답변 ▶ 네, 저는 스트레스를 느낄 때 혼자 조용히 산책을 하며 마음을 정리하는 편입니다. 걷는 동안 생각을 정리하고 감정을 객관적으로 바라볼 수 있어서 스트레스가 누그러집니다. 때로는 좋아하는 음악을 들으며 일기를 쓰기도 하는데, 그 과정을 통해 감정을 말로 정리하면서 마음이 가벼워집니다. 이런 습관 덕분에 스트레스를 쌓아두기보다는 건강하게 해소하고 다시 집중할 수 있는 힘을 얻고 있습니다.

● 리더로 활동한 점과 그를 통해 깨달은 점은?

🗨 **예시답변** ▶ 저는 학교 동아리에서 팀장을 맡아 교내 축제 부스를 운영한 적이 있습니다. 준비 과정에서 의견이 충돌하는 일이 많았지만, 팀원들의 이야기를 끝까지 듣고 조율하며 모두가 만족할 수 있는 방향을 함께 고민했습니다. 그 결과, 행사도 성공적으로 마칠 수 있었고, 리더는 앞에서 끌기보다 함께 가는 사람이 되어야 한다는 걸 깨달았습니다. 이 경험을 통해 소통과 협력의 중요성을 깊이 배웠고, 지금도 실천하려 노력하고 있습니다.

● 고등학교 생활 동안 불합리하다고 느낀 점은? 그 이유는?

🗨 **예시답변** ▶ 고등학교 생활 중 가장 불합리하다고 느낀 점은 자율학습 시간이 형식적으로 운영된다는 것이었습니다. 모든 학생에게 동일한 방식으로 운영되다 보니, 학습 수준이나 진로에 따라 효율이 떨어진다는 생각이 들었습니다. 저는 이 점을 생활기록부 자율활동 의견서에 제안했고, 이후 학급 단위로 진로별 학습 주제를 정해 운영하는 방식이 일부 반영되기도 했습니다. 이 경험을 통해 제도나 규칙도 구성원의 목소리를 반영해 더 나은 방향으로 바뀔 수 있다는 걸 배웠습니다.

● 10년, 20년 후의 자신의 모습은?

🗨 **예시답변** ▶ 10년 후 저는 전공 분야에서 전문성을 갖춘 실무자가 되어 있을 것이라 생각합니다. 예를 들어 경영학을 전공한다면, 기업의 마케팅 전략을 기획하고 실행하는 일을 하며 실력을 쌓고 있을 것입니다. 20년 후에는 그 경험을 바탕으로 조직을 이끄는 책임 있는 리더가 되어, 지속가능한 가치를 만드는 데 기여하고 싶습니다. 단순한 성공보다, 제가 속한 조직과 사회에 긍정적인 영향을 주는 사람이 되는 것이 저의 궁극적인 목표입니다.

④ 기타 사항

● **면접 평가 선택 과목과 지원서의 희망 전공과의 일치 여부**

면접 평가 시 선택 과목과 지원서의 희망 전공이 일치하지 않아도 됩니다. 카이스트는 입학 후 무학과로 1년을 보냅니다. 실제로 많은 학생들이 1학년 말 전공을 선택할 때 입학 시 지원서에 적었던 희망 전공과 다른 전공을 선택하고 있습니다.

🎓 지스트(GIST) 　광주광역시 소재

면접이 있는 대표 전형

전형명	전형 방법
일반전형/ 학교장추천전형	❶ 1단계: 서류 평가 100 (6배수 내외) ❷ 2단계: 서류 60 + 면접 40
특기자	❶ 1단계: 특기종합평가 (4배수 내외) ❷ 2단계: 종합평가 100%

👤 일반/학교장추천전형

❶ 면접 개요

- **면접 시간**: 개인별 약 25분 내외(내적 역량 확인 5~10분[3] + 수학, 과학 구술 평가 10~15분)
- **면접 평가 위원**: 3명
- **면접 절차**

  최초 대기실 → 면접 대기실 → 면접 준비실(25분 내외) → 전공 수학 능력 면접(15분 내외) → 내적 역량 면접(10분 내외) → 퇴실의 순서로 진행

❷ 평가 방법

지원자의 내적 역량 확인[4] 및 전공 수학(修學) 능력 등 평가

- 지원자에 따라 내적 역량 확인(인성 평가) 외 수학, 과학 교과 구술 면접[5] 을 실시할 수 있음.

---

[3] 단, 수학, 과학 면제자의 경우 12분 내외로 진행

[4] 진행 방식: 기본적으로 지원자의 제출 서류 내용을 근거로 한 질의응답이 이루어지며, 지원자의 성향을 파악할 수 있는 내용을 추가하여 질문함.

[5] 구술 면접 문항 출제 범위: 고등학교 수학교과(수학Ⅰ, 수학Ⅱ, 미적분, 확률과 통계, 기하) 및 과학교과(물리학Ⅰ, 물리학Ⅱ, 화학Ⅰ, 화학Ⅱ, 생명과학Ⅰ, 생명과학Ⅱ) 내

- 과학 교과 구술 면접(해당자에 한함)은 지원자가 원서 제출 시 선택한 과학(물리, 화학, 생명과학 중 택 1) 과목으로 진행
- 수학, 과학 교과 구술 면접[6] 대상자에게는 면접 고사장 입실 전 답변 준비 시간(25분 내외)이 주어짐(수험생 중 일부는 수학, 과학 구술 평가 면제자[7]로 결정됨).

특기자전형

1 면접 개요

- **면접 시간**: 개인별 15분 내외
- **평가 방법**: 면접을 통해 특기 역량, 내적 역량을 종합 평가

구분	내용 및 방법	비고
특기 역량	특정분야에 대한 탁월성 또는 다양한 분야의 우수성, 특기내용의 검증 및 관련 분야에 대한 관심, 역량 등 확인	제출서류 기재내용을 확인할 수 있음.
내적 역량	발전가능성, 진학의지, 학업에 대한 열의, 표현력 및 인성 등 확인	

---

[6] 수학, 과학 구술 평가는 각 과목당 3~4문항으로 구성되며 1개 문항에는 1~3개의 세부 질문이 주어짐. 답변 준비 시간은 수학, 과학 과목 구분 없이 활용 가능함. 면접실에서 수학은 8분 이내, 과학은 7분 이내의 시간 사용이 가능함. 만약 풀이 과정 중 내용이 잘 생각이 나지 않는다면 평가관에게 도움 요청이 가능함. 다만, 일정 부분 감점이 발생하며, 문제 풀이 과정의 주요 개념 및 단답형 문항은 평가관이 도움을 거절할 수도 있음. 기본적으로 지원자가 풀이실에서 준비한 답변 내용을 함께 화면으로 보며 구술로 설명하지만 추가 설명이 필요할 때는 칠판 사용도 가능함.

[7] 별도로 공지하지 않으며, 서류 평가 우수자 중 수학·과학 성적 또는 활동 사항이 우수한 지원자 중 일부 인원을 면제 대상자로 선정(비율은 해마다 변동). 다만, 면제자라고 해서 우선 합격 대상자는 아니며 내적 역량 확인 평가 과정에서 일정 점수 이상을 획득하지 못하면 불합격 처리됨.

🎓 디지스트(DGIST) 대구광역시 소재

면접이 있는 대표 전형

전형명	전형 방법
과학인재전형	❶ 1단계: 서류 평가 100 (4배수 내외) ❷ 2단계: 서류 50 + 면접 50 (혼합: 발표 + 개별 + 학업 역량)

과학인재전형

❶ 평가 내용

　지원자의 제출서류를 바탕으로 과학활동 우수성, 사회적 역량을 종합적으로 평가

❷ 평가 방법

- **특기분야 발표(20분 내외):** 제출된 우수성 입증자료 관련 요약발표 및 질의응답
- **개별심층면접(10분 내외):** 제출서류 기반으로 면접대상자 개별 맞춤형 질의응답
- **면접 시간:** 개인별 약 30분 내외 소요

❸ 면접 진행

- **면접 전 대기실**
  - 학업 역량 평가 문제 제공 및 숙지(20분)
  - 문제 확인 및 풀이시간 제공
- **면접장**
  - 특기 분야 발표(5분): PPT는 별도 사용할 수 없으나 A4 1장 정도의 참고자료 사용 가능

- 질의응답(10분): 특기 분야 발표 관련 질의응답
- 학업 역량 평가(15분): 수학·과학 학업 역량, 탐구 역량을 중심으로 평가
 (화이트보드를 이용하여 면접관에게 풀이 과정 설명)
- 개별 면접(5분): 제출 서류 확인 및 탐구 역량, 리더로서의 잠재력, 인성 등
 을 종합 평가

토의 면접

- 기초학문에 대한 공부가 창의력과 혁신 역량을 키우는데 도움이 되는
가? 된다면 그 근거를 밝히고, 되지 않는다고 생각하면 혁신 역량을 키
울 수 있는 다른 교육 방법을 제시하시오.

  찬성관점 ▶ 저는 기초학문 공부가 창의력과 혁신 역량을 키우는
데 도움이 된다고 생각합니다. 수학, 철학, 역사처럼 기초학문은 사
고력의 틀을 넓혀주고 문제를 다양한 시각에서 바라보는 힘을 길러줍
니다. 예를 들어, 수학적 사고는 논리적 문제 해결력의 기초가 되고,
인문학은 인간과 사회에 대한 깊은 이해를 통해 더 현실적인 혁신 아
이디어를 도출하게 해줍니다. 단기적인 기술 습득보다 근본적인 사고
력을 키우는 기초학문이 장기적으로는 더 창의적이고 지속가능한 혁
신의 바탕이 된다고 생각합니다.

- 로봇을 활용하면서 사람의 일자리, 혹은 사람의 생활환경, 문화에 끼치
는 영향에 대해서 얘기하고 이에 대한 자신의 의견을 피력하시오.

  예시답변 ▶ "로봇의 활용은 현대 사회에 큰 변화를 가져오고 있
다고 생각합니다.

첫째, 로봇은 반복적이고 위험한 작업을 대신함으로써 인간의 노동
 강도를 줄이고 생산성을 높이는 긍정적인 역할을 합니다. 이를 통
 해 사람들은 보다 창의적이고 고부가가치의 일에 집중할 수 있게
 됩니다.

둘째, 그러나 자동화로 인한 일자리 감소와 노동 시장의 불평등 심화
 같은 부작용도 발생하고 있습니다. 특히 기술 변화에 적응하지 못
 하는 계층은 어려움을 겪을 수 있습니다.

저는 로봇 기술의 발전이 인간의 삶을 풍요롭게 하기 위해서는, 사회
전반적인 재교육과 직업 전환 지원, 그리고 윤리적 기준 마련이 함께
이루어져야 한다고 생각합니다."

● 자율주행 자동차에게 윤리적(도덕적) 판단을 맡겨도 괜찮은가?

　– 윤리적 판단은 인간만의 영역인가?

　– 인간은 합리적 판단을 못하는가? 너무 비약적이지 않는가?

　예시답변 ▶ "자율주행 자동차에게 윤리적 판단을 맡기는 것은 신중하게 접근해야 할 문제라고 생각합니다.

첫째, 윤리적 판단은 복잡하고 상황에 따라 다양한 가치가 충돌하는 영역이기에, 현재로서는 인간만이 상황의 맥락과 도덕적 책임을 완전히 이해하고 결정할 수 있다고 봅니다.

둘째, 물론 인간도 항상 합리적이고 완벽한 판단을 하는 것은 아니며, 때로 감정이나 편견에 휩싸이기도 합니다. 그러나 인간은 도덕적 책임과 감정을 바탕으로 판단하고, 이를 사회적·법적 기준에 맞춰 조정할 수 있다는 점에서 차별성이 있습니다.

결론적으로, 자율주행 기술이 발전함에 따라 기계가 윤리적 의사결정에 일부 도움을 줄 수 있지만, 최종적인 도덕적 판단과 책임은 인간에게 있어야 한다고 생각합니다."

학업역량평가

● (수학–확률과 통계) 일대일 대응의 개념을 물어봤으며, 어떤 값을 가질 때 확률이 최대가 되는지 구하는 과정은?

　예시답변 ▶ 일대일 대응이란, 두 집합 A와 B에서 A의 각 원소에 B의 유일한 원소가 대응되고, 그 반대도 성립하는 경우를 말합니다. 즉, 서로 짝짓는 방식이 겹치지 않고 완전한 경우입니다. 예를 들어 학생 3명과 사물함 3개가 있을 때, 각 학생이 하나의 사물함만 배정받고, 각 사물함도 한 학생에게만 배정된다면 일대일 대응입니다.

어떤 확률이 최대가 되는 값을 구할 때는, 먼저 확률 함수의 정의역과 값을 확인하고, 일반적으로 확률분포가 이산형이면 각각의 값을 계산해서 비교하고, 연속형이면 함수의 극댓값을 미분을 통해 찾습니다. 예를 들어 정규분포에서는 평균값에서 확률 밀도가 최대가 됩니다. 이처럼 함수의 성질과 분포의 특징을 고려해 최댓값을 구하는 것이 핵심입니다.

● (수학–기하와 벡터) 직사각형 모양의 종이를 여러 번 접어서 생기는 포물선 모양의 그래프를 기하학적으로 얼마나 잘 해석할수 있는지를 물어봄. 포물선을 봤을 때 접점이 어디 위치하는지 기하학적으로 알아내는 방법은?

예시답변 ▶ 직사각형 종이를 대각선 방향으로 접으면, 접힌 선의 자취가 포물선을 그립니다. 이때 접힌 선은 종이의 한 점을 기준선에 접되도록 접은 것이기 때문에, 해당 접힌 선은 기준선에 접하면서 종이 위의 고정된 한 점을 지나게 되는 직선입니다. 이런 접선들의 모임이 곡선을 만들고, 그 곡선이 포물선이 됩니다.

기하학적으로 포물선은 초점에서의 거리와 준선까지의 거리가 같은 점들의 모임이므로, 포물선 위의 임의의 점에서 초점과 준선까지의 거리의 수직이등분선이 접선이 됩니다. 따라서 포물선에서 어떤 점이 접점인지 찾으려면, 해당 직선이 포물선과 한 점에서만 만나고, 그 점에서 포물선의 기울기와 접선의 기울기가 일치하는지를 확인해야 합니다.

즉, 함수로 표현한 포물선에서 미분을 통해 기울기를 구하거나, 벡터의 내적과 법선의 개념을 활용해 접점을 판별할 수 있습니다.

● (수학) 정의역과 공역이 주어져 있고 함수를 몇 번 합성해야 항등함수가 되는지 그 최소의 횟수는?

예시답변 ▶ 이 문제는 주어진 함수 f를 몇 번 합성해야 $f(n)$ $(x)=xf^{(n)}(x)=xf(n)(x)=x$, 즉 항등함수가 되는지를 묻는 것입니다. 이를 구하려면 각 원소가 다시 자기 자신으로 돌아오기까지의 주기, 즉 순환 구조를 파악해야 합니다.

예를 들어 정의역이 유한 집합일 경우, f의 작용을 통해 각 원소가 몇 번 만에 원래 위치로 돌아오는지를 확인하고, 그 순환의 최소공배수를 구하면 됩니다. 이것이 항등함수가 되는 최소의 합성 횟수입니다.

즉, 문제는 함수의 동작을 순열로 보고, 그 순열의 주기의 최소공배수를 구하는 문제와 같습니다. 이 과정을 통해 항등함수가 되는 최소 횟수를 논리적으로 도출할 수 있습니다.

● (화학) 유효핵전하가 왜 같은 주기에서 원자번호가 증가함에 따라서 증가하는 이유, 18족 원소에서 1족 원소로 넘어갈 때 유효핵전하가 감소하는 이유는?

예시답변 ▶ 유효핵전하는 전자가 실제로 느끼는 핵의 인력으로, $Z_{eff}=Z-SZeff=Z-S$로 표현됩니다. 여기서 Z는 원자번호, S는 전자 사이의 차폐 효과입니다.

같은 주기에서는 주양자수가 같아 전자껍질의 개수가 동일합니다. 하지만 원자번호가 증가할수록 양성자 수가 늘어나기 때문에 핵의 인력이 커지고, 차폐 효과는 큰 차이가 없으므로 유효핵전하는 증가합니다. 그래서 오른쪽으로 갈수록 전자를 더 강하게 끌어당깁니다.

반면, 18족에서 1족으로 넘어갈 때는 새로운 전자껍질이 추가되며 차폐 효과가 급격히 커지고, 전자가 핵에서 멀어지기 때문에 유효핵전하가 감소합니다. 즉, 족이 바뀌면서 원자 반지름이 커지고 전자들이 느끼는 인력이 약해지는 것입니다.

● (화학) 가리움 효과는?

🗨예시답변 ▶ 가리움 효과란, 원자 내에서 바깥쪽 전자가 핵의 양성자로부터 받는 인력이 내부 전자들에 의해 차단되는 현상을 말합니다. 즉, 내부 전자들이 핵과 바깥 전자 사이에 위치해 핵전하를 부분적으로 가리기 때문에, 바깥 전자는 실제로 느끼는 핵전하가 감소합니다. 이 효과는 원자 크기, 이온화 에너지, 전자친화도 등 여러 원자 특성에 영향을 미치며, 주기율표에서 주기와 족에 따른 원자 특성 변화를 이해하는 데 중요한 역할을 합니다.

● (회학) 얼음이 물로 변할 때보다 물이 수증기로 변할 때가 왜 더 시간이 오래 걸리고 그 상태를 나타내는 그래프에서 상태가 변할 때 얼음이 물이 될 때의 기울기가 왜 물이 수증기로 변할 때의 기울기보다 가파른지를 분자간의 힘(수소결합)으로 설명하라.

🗨예시답변 ▶ 얼음이 물로 녹는 과정과 물이 수증기로 변하는 과정 모두 분자간 힘을 극복하는 데 에너지가 필요합니다. 얼음은 고체 상태로, 분자들이 강한 수소결합으로 단단히 결합해 있습니다. 물로 녹을 때는 이 수소결합을 일부만 끊으면 되어 상대적으로 에너지가 덜 들고, 상태 변화가 비교적 빠릅니다.

반면, 물이 수증기로 변하는 과정은 액체 상태에서 거의 모든 수소결합을 완전히 끊어야 하기 때문에 더 많은 에너지가 필요하고 시간이 오래 걸립니다.

그래프에서 상태 변화 구간의 기울기가 다르게 나타나는 이유는, 얼음→물 전이는 잠열이 상대적으로 작아 온도 변화가 급격한 반면, 물→수증기 전이는 큰 잠열을 필요로 해 온도 변화가 완만해 기울기가 완만하게 나타나기 때문입니다.

개별면접

● DGIST에 지원하게 된 동기와 학교에서 왜 본인을 추천하였다고 생각하는 지 말해보세요.

🗨예시답변 ▶ DGIST는 융합과학기술 분야에서 혁신적인 연구와

교육을 선도하는 대학으로, 저의 전공과 진로 목표에 매우 부합한다고 생각해 지원했습니다. 특히 학제 간 융합과 실용적 연구를 강조하는 교육철학이 저의 창의적 문제 해결 능력과 잘 맞아, DGIST에서 성장하며 미래 기술 발전에 기여하고 싶습니다.

학교에서 저를 추천한 이유는, 학업 성취도뿐 아니라 팀 프로젝트와 동아리 활동에서 리더십과 협업 능력을 꾸준히 보여주었기 때문이라고 생각합니다. 또한 새로운 지식에 대한 적극적 태도와 책임감 있는 자세가 긍정적으로 평가되었을 것이라 믿습니다.

• DGIST 말고 지원한 학교가 있나요? [절대 당황하지 말 것!!]

　　🗨예시답변 ▶ 　네, 저는 DGIST를 포함해 몇몇 대학에 지원했습니다. 각 학교마다 강점이 다르지만, DGIST는 특히 제가 희망하는 융합 연구와 혁신 교육 분야에서 가장 적합하다고 생각해 우선순위를 두고 있습니다.

　　다른 학교들도 저의 진로와 맞는 좋은 기회를 제공하지만, DGIST에서 배우고 성장하는 것이 제게 가장 큰 의미가 있다고 믿어 선택했습니다.

• 본인이 가장 중요하게 생각하는 가치관은 무엇인가요?

　　🗨예시답변 ▶ 　제가 가장 중요하게 생각하는 가치관은 '성실함'입니다. 어떤 일을 하든 꾸준히 최선을 다하는 자세가 결국 좋은 결과와 신뢰를 만든다고 믿습니다. 성실함은 어려운 상황에서도 포기하지 않고 문제를 해결하는 힘이 되며, 주변 사람들과 건강한 관계를 유지하는 데도 중요한 역할을 합니다.

　　저는 학업과 활동 모두에서 성실함을 바탕으로 성장해 왔고, 앞으로도 이 가치를 지키며 책임감 있게 살아가고자 합니다.

• 과학자로서 가장 중요한 자질은 무엇이라고 생각하나요?

　　🗨예시답변 ▶ 　"과학자로서 가장 중요한 자질은 책임감이라고 생각합니다.

첫째, 과학 연구는 사회와 인류에 큰 영향을 미칠 수 있기 때문에, 연구 결과에 대해 진실하고 정직하게 보고하는 책임이 필수적입니다. 왜곡이나 부정확한 정보는 심각한 사회적 피해를 초래할 수 있습니다.

둘째, 과학자는 새로운 지식을 탐구하는 과정에서 윤리적 기준을 준수하며, 연구 대상과 환경에 대한 책임감을 가져야 합니다. 또한, 연구 결과가 사회에 미치는 영향을 고민하며 신중하게 행동해야 한다고 봅니다.

저는 이러한 책임감을 바탕으로 신뢰받는 과학자가 되고자 노력하겠습니다."

- 본인이 창의적인 학생이라고 생각하나요?

  예시답변 ▶ 네, 저는 스스로 창의적인 학생이라고 생각합니다. 문제를 해결할 때 기존 방법만 따르지 않고, 새로운 시각에서 접근하려 노력합니다. 예를 들어, 학교 프로젝트에서 예상치 못한 문제가 생겼을 때 팀원들과 함께 다양한 아이디어를 내고 시도해 새로운 해결책을 찾았습니다.

  이처럼 저는 창의성을 단순한 아이디어뿐 아니라 문제 해결 과정에서 유연하게 생각하는 능력으로 보고 있으며, 앞으로도 계속 발전시키고 싶습니다.

- 인문학과 관련된 강연이나 읽은 책 중에서 기억에 남는 것이 있나요?

  예시답변 ▶ 네, 인문학 강연 중에서 '인간과 기술의 공존'이라는 주제가 특히 기억에 남습니다. 강연에서는 기술 발전 속에서 인간다움과 윤리의 중요성을 강조했는데, 현대 사회에서 인문학적 사고가 기술 발전을 균형 있게 이끄는 데 꼭 필요하다는 점이 인상적이었습니다.

  또한, '데미안'이라는 책을 읽으면서 자기 내면을 탐구하고 성장하는 과정에 대해 깊이 생각하게 되었고, 이는 제 삶과 학업 태도에 큰 영향을 주었습니다.

- 디지스트의 인재상 4C중에서 자기가 잘 실천한 것 하나와 실천하지 못한 것(부족한 것)을 말해보세요.

  예시답변 ▶ 저는 DGIST 4C 중 '협력'을 가장 잘 실천해 왔다고 생각합니다. 학교 프로젝트와 동아리 활동에서 다양한 의견을 조율하고, 팀원들과 적극적으로 소통하며 목표를 함께 이루기 위해 노력했습니다. 그 과정에서 서로의 강점을 살리고 약점을 보완하는 협력의 가치를 몸소 체험했습니다.

  반면, '도전' 부분에서는 아직 부족함을 느낍니다. 새로운 분야에 뛰어들 때 가끔 실패에 대한 두려움 때문에 망설이는 경우가 있었습니다. 앞으로는 더 적극적으로 도전 정신을 발휘해 다양한 경험을 쌓고 성장하고자 합니다.

- 개별 면접은 10분 이내라고 기술되어 있는데, 대부분 7분을 기준으로 타이머를 맞추며, 마지막에 하고 싶은 말을 하고 마칩니다.

- 교과 문제 풀이가 중간에 잘못되면 면접관이 힌트를 주기도 합니다. 힌트가 없다면 본인이 아는 만큼 답변하고 나머지 부분에 대한 힌트를 적극적으로 요구하는 것이 좋습니다.

- **Tip**
  - 학교 인재상(4C)을 미리 조사하여 실제로 물어보면 답변하고 만약 물어보지 않더라도 답변 중간에 인재상과 관련지어서 말하면 좋습니다.
  - 면접 전 기숙사를 신청하여 지원자들과 미리 모의 면접할 기회를 만드는 것도 하나의 연습 방법이 될 수 있습니다(1차 발표 후 '이공계의 별' 네이버 카페를 활용하여 날짜와 시간별로 오픈 채팅방을 만들어 연습 등 그룹 토의 관련 사항 논의 등).

🎓 유니스트(UNIST) 울산광역시 소재

면접이 있는 대표 전형

전형명	전형 방법
탐구우수전형	❶ 1단계: 서류 평가 100 (2배수 내외) ❷ 2단계: 서류 60 + 종합 다면 면접 평가 40

👤 특기자전형

❶ 면접 개요

- **면접 내용**: 제시문＋일반 면접의 혼합 형태
  창의적인 탐구능력 및 수학능력, 진로계획 및 발전가능성, 품행 및 인성 등을 종합적으로 평가
- **면접 시간**: 개인별 약 20분 내외 소요
- **면접 평가위원**: 2~3명(교수 또는 입학사정관)

❷ 면접 문항(제시문)

- 고능학교 교육과정 범위 및 수준 내에서 융합 지문 형태로 줄제
- 면접실 입실 전 10분 동안 제시문 답변 준비 시간 부여

☑ 전략 포인트

- **제시문 면접 전 질문(예상)**
  - 유니스트에 와 봤나요? 유니스트에 학교 선배가 있나요?
  - 학교 선배가 유니스트에 대해 뭐라고 말하던가요?
- **자기소개**: 시키는 곳과 시키지 않는 곳이 혼재되어 있으므로 수험생 입장에서는 사전에 준비를 해 갈 필요가 있습니다. 참고로 본인이 재학하는 고등학교를 소개시키는 곳도 간혹 있습니다.

- **독서 활동**: 개인에 따라 물어볼 수도 있고 안 물어보는 경우도 있습니다. 따라서 학생부에 적힌 독서는 반드시 요약 정리하고 가야 합니다.
- 수상 기록을 정리하거나 진로를 구체적으로 얘기하는 것이 좋습니다.
- 수험표를 뽑지 못했거나 잃어버렸을 경우 따로 뽑을 시간을 줍니다. 합격자 발표 화면도 출력해 가야 하는데 학교에서도 출력이 가능합니다. 또한 학생증을 신분증으로 제시할 수 있습니다.
- 시사 관련 내용을 물어보는 경우도 있으므로 평소에 틈틈이 살펴보거나, 본인의 관심 분야(과학 중에서)를 미리 정리해 가는 것이 필요합니다.

[기출문제]

[일반]

- (문제1) 학생 본인이 2025년 UNIST 앱 개발 팀 프로젝트의 조장으로서 앱 개발 공모전에 참여하고자 한다. 팀원은 본인 포함 총 3명이어야 한다.

  ◆ 선택할 수 있는 팀원 후보들은 다음과 같다.

  > A: 새로운 아이디어를 잘 내지만, 일을 제때 끝내지 않는다.
  > B: 아이디어를 내진 않지만, 성실히 과제를 수행한다.
  > C: 조모임에 잘 참여하지 않지만, 앱 개발 능력이 뛰어나다.
  > D: 다수의 공모전 입상 경험이 있지만, 친화력이 매우 부족하다.

  [질문 1] 팀원들 중 두 명을 선택해야 한다면 어떤 팀원을 선택하여 앱 개발을 해야 공모전에서 입상을 할 것인가?

  🗨 예시답변 ▶ 저는 B와 C를 팀원으로 선택하겠습니다. B는 아이디어를 내진 않지만 매우 성실하게 맡은 일을 끝까지 해내는 사람이고, C는 조모임 참여는 적지만 뛰어난 앱 개발 능력을 가진 실력자입니다. 공모전에서는 아이디어뿐 아니라, 기한 내에 완성도 높은 결과물을 제출하는 것이 중요하기 때문에 이 두 분과 함께라면 기술력과 책임감을 갖춘 팀워크가 가능하다고 생각합니다.

A는 아이디어는 좋지만 마감일을 지키지 않는 점이 부담이고, D는 경험은 풍부하지만 친화력이 부족해 협업에 어려움이 있을 것 같아 제외했습니다.

[질문 2] 그렇게 선택할 경우 발생할 문제점을 기술하고, 본인의 장점을 활용하여 조장으로서 어떻게 앱 개발 프로젝트를 이끌어 나갈 것인지 설명하시오.

🔘예시답변▶ B는 성실하지만 아이디어 제시가 부족하고, C는 뛰어난 개발 능력이 있지만 조모임 참여가 적어 소통 부족이 예상됩니다. 이로 인해 창의적인 아이디어 부족과 협업의 어려움이 발생할 수 있습니다.

저는 조장으로서 팀원들의 장점을 최대한 살리면서, 부족한 부분을 보완하는 데 집중하겠습니다. 먼저 B와 C가 의견을 편하게 나눌 수 있는 소통 채널을 만들고, 정기적인 미팅을 통해 진행 상황과 아이디어를 공유하도록 독려하겠습니다. 또한, 제가 직접 새로운 아이디어를 제안하며 창의적인 방향성을 제시하고, 두 분의 강점이 프로젝트에 잘 반영되도록 역할을 명확히 분담할 계획입니다.

이런 방식으로 팀원 간 신뢰를 쌓고 협업 효율을 높여 성공적인 프로젝트 완수를 이끌겠습니다.

● (문제2) 딥러닝 같은 인공지능 기술의 발달은 인류의 삶에 막대한 영향력을 주고 있다. 특히 개인들의 소셜미디어 기록, 인터넷망 등에서의 데이터가 충분할 경우, 개인의 실제 말투, 목소리 등이 완벽히 일치하는 '네트워크 인간'을 온라인상에서 복원할 수 있다고 가정하자.

🔘예시답변▶ 만약 본인이 UNIST AI 센터 인공지능 연구자로서 이러한 기술을 활용하여 가족을 사고로 잃은 사람들을 치유하기 위하여, 죽은 사람과 온라인상에서 지속적으로 소통할 수 있도록 '네트워크 인간 프로젝트'를 의뢰받았다고 하자.

[질문 1] 과학기술의 발전, 인간 윤리 문제, 사회적 영향의 관점에서 이 프로젝트를 수행할 것인지 선택하고, 그 근거를 제시하시오.

◖예시답변▶ 저는 이 프로젝트를 신중하게 수행하되, 윤리적 가이드라인과 사회적 합의를 전제로 추진해야 한다고 생각합니다. 우선 과학기술 발전 측면에서는, AI를 통해 가족을 잃은 사람들에게 정서적 위로와 치유를 제공할 수 있는 긍정적 효과가 큽니다. 이는 기술의 인간적 가치를 높이는 좋은 사례가 될 수 있습니다.

하지만, 개인 프라이버시 침해, 죽은 이의 권리 문제, 그리고 사회적 혼란 가능성 등 윤리적·사회적 문제도 심각하게 고려해야 합니다. 따라서 충분한 동의 절차와 투명한 정보 관리, 그리고 전문가와 시민이 참여하는 윤리위원회 설립을 통해 책임감 있게 기술을 활용해야 한다고 봅니다. 이처럼 균형 있는 접근이 필요하며, 무조건 수행보다는 안전장치를 갖춘 조건부 추진이 바람직하다고 생각합니다.

● (문제3) UNIST에서는 대학생활 동안 '인턴쉽' 등 다양한 연구활동에 참여할 기회가 많습니다. 지원자는 미래의 연구자로서 다음 내용에 답하세요.

[질문 1] 평소에 관심 있었던 연구주제는 무엇이고, 관심을 갖게 된 계기는 무엇인가요?

◖예시답변▶ 저는 인공지능을 활용한 의료 데이터 분석에 관심이 많습니다. 관심을 갖게 된 계기는 가족 중 한 분이 만성 질환으로 고생하는 모습을 보면서, AI 기술이 의료 분야에서 진단과 치료를 혁신할 수 있다는 가능성에 매료되었기 때문입니다.

이후 관련 논문과 강의를 접하며 데이터 기반 맞춤형 치료법 개발에 대해 깊이 배우게 되었고, UNIST에서 이 분야 연구에 참여해 실제 사회 문제 해결에 기여하고 싶습니다.

[질문 2] 해당 연구 또는 유사한 연구를 진행하고 있는 유니스트 교수님이 있는지 찾아보고, 그 교수님이 진행하고 있는 연구들을 간단히 조사하여, 그 중에 제일 관심 있게 본 연구에 대해 간략하게 설명하세요.

예시답변 ▶ 저는 UNIST의 인공지능 연구 분야에 큰 관심을 가지고 있습니다. 특히, 의료 데이터 분석을 통한 맞춤형 치료법 개발에 매력을 느끼고 있습니다. 이러한 관심을 바탕으로 UNIST의 인공지능 연구실에서 진행 중인 '의료 영상 분석을 통한 질병 예측 모델 개발' 연구에 주목하고 있습니다. 이 연구는 딥러닝을 활용하여 의료 영상을 분석하고, 이를 통해 질병의 조기 진단 및 예측 모델을 개발하는 것을 목표로 하고 있습니다. 이러한 연구는 의료 분야에서의 인공지능 기술의 적용 가능성을 넓히고, 궁극적으로 환자 맞춤형 치료에 기여할 수 있을 것으로 기대됩니다.

[제시문 면접]

- 제시문은 U14 남자축구대표팀(청소년)과 U22 남자축구대표팀(성인)의 생일을 4분기로 나눈 표와 히스토그램이 제공됨. 실제 면접관은 면접실에서 다음과 같이 묻습니다. "제시문은 지원자의 기본적인 그래프 해석능력을 묻고 있는 문제입니다. 앞의 문제는 지원자의 기본적인 수학역량을, 뒤의 문제는 지원자의 통계 해석 역량을 묻고 있습니다. 그럼 답해 볼까요?"

- U14 남자축구대표팀과 U22 남자축구대표팀에서 각각 한 선수를 뽑았을 때 모두 4분기에 태어난 선수일 확률은?

  예시답변 ▶ 먼저, 각 팀에서 4분기에 태어난 선수들의 비율을 제시문에서 확인합니다. 예를 들어, U14 팀에서 4분기 출생 비율이 P_{U14}, U22 팀에서 4분기 출생 비율이 P_{U22}라고 가정합니다.

  두 팀에서 각각 한 명씩 독립적으로 선수를 뽑는 경우, 두 선수가 모두 4분기에 태어날 확률은 두 확률을 곱한 값입니다.

  즉, $P = P_{U14} \times P_{U22}$ 입니다.

  따라서, 제시된 그래프에서 두 팀의 4분기 출생 비율을 확인한 뒤 위 식에 대입하여 계산하면 됩니다.

- U14와 U22에서 한 선수를 뽑았을 때 그 선수가 2분기에 태어났음이 확인 되었다. 이 때 이 선수가 U14에 속할 확률은?

◉**예시답변** ▶ 이 문제는 조건부 확률을 묻고 있습니다. 즉, 선수가 2분기에 태어났다는 조건 하에서 그 선수가 U14일 확률을 구하는 것입니다. 조건부 확률 공식에 따라 모두 1/4로 동일하고, U14와 U22 선수 수가 같다고 가정하면, 전체 2분기 선수의 확률 $P(Q2)P(Q2)P(Q2)$도 1/4가 됩니다.

즉, 2분기에 태어난 선수라면 U14일 확률은 50%입니다.

정리하면, 주어진 조건만으로는 U14와 U22가 균등하게 분포되어 있고, 생일이 분기별로 균등하다고 가정하면 2분기 생일 선수는 반반의 확률로 U14 또는 U22라고 결론낼 수 있습니다.

- 전반기(1,2분기), 후반기(3,4분기)에 사람이 태어날 확률이 같다고 하자. U14와 같은 생일 분포를 보일 확률은?

(전반기, 후반기로만 따질 것)

◉**예시답변** ▶ 이번 문제는 전반기, 후반기 생일 정보를 바탕으로 선수가 U14에 속할 확률을 묻는 질문입니다. 문제에서 전반기와 후반기에 태어날 확률이 같다고 했고, U14와 U22 모두 같은 생일 분포를 가진다고 가정하면, 전반기든 후반기든 특정 선수가 어느 그룹에 속할 확률은 서로 균등합니다. 다시 말해, 전반기에 태어났다고 해서 그 선수가 U14일 가능성이 U22보다 높거나 낮지 않고, 단순히 같은 비율로 나누어져 있기 때문에 반반, 즉 50% 정도라고 볼 수 있습니다. 따라서 이 경우에는 전반기 또는 후반기 정보를 아는 것만으로는 어떤 그룹에 속하는지 판단할 수 없고, U14일 확률은 자연스럽게 50%가 됩니다.

- 데이터를 보면 전체적으로 전(상)반기에 선수가 많이 태어났음을 알 수 있다. 그 이유를 해석 하시오

◉**예시답변** ▶ 데이터를 보면 전체적으로 전반기, 특히 상반기에 선수가 많이 태어난 것을 확인할 수 있습니다. 이는 여러 가지 요인으로 해석할 수 있는데, 가장 대표적인 이유는 학년 기준과 연령 제한 때문입니다. 예를 들어, 축구나 농구 같은 연령별 리그에서는 특정 연령 범위 안에 있는 선수들만 참가할 수 있기 때문에, 같은 학년 기준으로 연령이

상대적으로 많은 선수들이 팀에 속하는 경향이 있습니다. 상반기에 태어난 선수들은 같은 학년에서 나이가 조금 더 많기 때문에 체력이나 성장 단계에서 유리한 경우가 많고, 이런 이유로 선수 선발 과정에서 자연스럽게 전반기 출생자가 많아지는 현상이 나타납니다. 즉, 단순히 출생월의 우연이 아니라 연령 기준과 발달 단계가 경기력과 선발에 영향을 준 결과라고 해석할 수 있습니다.

– 그렇다면 성인축구대표팀도 이러한 생일분포 양상을 보일까?

예시답변▶ 성인 축구대표팀까지 가면, 고등학교나 유소년 대표팀에서 보이는 전반기 쏠림 현상과는 다르게 나타날 가능성이 높습니다. 이유는 성인 대표팀은 이미 신체적 발달이 완료된 상태이기 때문에, 나이에 따른 체력이나 성장 차이가 상대적으로 적고, 선수 선발에서도 실력과 경험이 더 중요한 기준이 되기 때문입니다. 따라서 유소년 단계에서 나타나는 생일에 따른 유리함은 점차 줄어들고, 생일 분포는 전체 인구의 출생 비율과 비슷한 형태를 보일 가능성이 높습니다. 즉, 성인 대표팀에서는 전반기 쏠림 현상이 크게 나타나지 않을 것으로 예상할 수 있습니다.

– 이 데이터를 근거로 어떤 학자가 '전반기에 태어난 남자아이는 선천적으로 축구를 잘한 다'라고 했을 때 이에 동의하는가?

예시답변▶ 저는 그 주장에 완전히 동의하지 않습니다. 전반기에 태어난 남자아이들이 유소년 축구팀에서 더 많이 보이는 현상은 선천적 능력 때문이 아니라 연령 기준과 성장 차이 때문으로 해석하는 것이 더 타당합니다. 즉, 같은 학년 내에서 전반기 출생자는 나이가 상대적으로 많아 체격과 신체 발달이 유리할 수 있고, 이런 이유로 선발 과정에서 더 많이 선택되는 경향이 나타나는 것입니다. 따라서 데이터에서 전반기 출생자가 많다고 해서 그들이 선천적으로 축구를 잘한다는 결론을 바로 내리는 것은 과학적으로 근거가 부족합니다. 오히려 환경적 요인과 연령 효과를 고려해야 합리적인 해석이 됩니다.

● 80 : 20의 법칙이란 프로그램의 20% 부분이 프로그램 실행 시간의 80%

를 소비하는 경향이 있다고 하는 경험 원칙 이다. 프로그램의 효율을 향상시키기 위해서는 이 20% 부분의 개량에 중점을 두는 것이 좋다. 80 : 20 법칙을 한국인의 인터넷 사용실태에 빗대어 설명할 예를 하나 드시오. (80대 20: 파레토 법칙에서 인터넷 사용에 있어서 예시 들기)

🗨예시답변 ▶ 한국인의 인터넷 사용 실태를 80:20 법칙에 빗대어 설명하면, 전체 사용 시간 중 상위 20%의 웹사이트나 앱이 전체 사용 시간의 80%를 차지하는 경향으로 볼 수 있습니다. 예를 들어, 사람들은 수많은 사이트를 방문하지만 실제로는 카카오톡, 유튜브, 네이버 같은 주요 몇 개의 앱에서 대부분의 시간을 소비합니다. 따라서 인터넷 환경이나 서비스를 개선할 때, 모든 앱이나 사이트를 똑같이 개선하는 것보다 사용자가 가장 많이 활용하는 상위 20%의 서비스에 집중하는 것이 효율적입니다. 이렇게 하면 제한된 자원으로도 최대한 효과를 낼 수 있다는 점에서 80:20 법칙이 잘 적용됩니다.

– 한 국가에서 전체 부의 80%를 상위계층 20%가 소유하고 있다고 한다. 그렇다면 상위20%에 속하는 사람의 부는 나머지 80%에 속하는 사람의 부의 몇 배인가? (답: 16배)

🗨예시답변 ▶ 한 국가에서 전체 부의 80%를 상위 20%가 소유하고, 나머지 80%가 전체 부의 20%를 소유한다고 가정해 보겠습니다. 전체 부를 단순히 100이라고 하면, 상위 20%가 가진 부는 80, 하위 80%가 가진 부는 20이 됩니다. 그런데 여기서 중요한 것은 개인 단위 평균입니다. 상위 20% 한 사람당 평균 부는 80 ÷ 20 = 4이고, 하위 80% 한 사람당 평균 부는 20 ÷ 80 = 0.25가 됩니다. 따라서 상위 20% 한 사람이 하위 80% 한 사람보다 16배 더 많은 부를 가진 셈입니다.

즉, 상위 20%가 전체 부를 많이 갖는 것뿐만 아니라, 개인 기준으로 보면 격차가 훨씬 더 크다는 점을 알 수 있습니다.

● 누진세란 소득금액이 커질수록 높은 세율을 적용하도록 정한 세금을 말한다. 누진세가 필요한지 안한지 자신의 입장과 그 이유를 밝히고, 그 반대 측에 대해서도 입장과 이유를 밝혀라.

예시답변 ▶ 먼저는 누진세가 필요하다고 생각합니다. 그 이유는 소득 격차를 완화하고, 사회적 재원을 공평하게 확보하는 데 효과적이기 때문입니다. 소득이 높은 사람에게 더 높은 세율을 적용하면, 사회적 불평등을 줄이면서 교육, 의료, 복지 등 공공서비스를 충분히 제공할 수 있습니다.

반대로, 누진세에 반대하는 입장도 이해할 수 있습니다. 그들은 과도한 누진세가 근로 의욕과 투자 의욕을 저해할 수 있다고 주장합니다. 높은 소득자에게 너무 많은 세금을 부과하면 경제활동이 위축되고, 세수 자체에도 부정적 영향을 줄 수 있다는 것입니다.

결국, 누진세의 필요성은 사회적 형평성과 경제적 효율성 사이의 균형 문제로 볼 수 있으며, 적절한 수준과 설계가 중요하다고 생각합니다.

● 한나라에서 국민이 걷는 횟수가 많을수록 비만율이 적다는 통념에 대해 한 문단 제시. 하지만 그 밑의 그래프에서는 x축을 걷는 횟수로 설정하고 y축을 비만율로 설정하여 증가함 수의 양상을 보임. 왜 이런 결과가 나왔는지 설명해 보세요.(활동 불평등도와 비만율의 그래프를 주고 관계를 찾는 문제)

예시답변 ▶ 일반적으로 국민의 걷는 횟수가 많을수록 비만율이 낮아질 것이라는 통념이 널리 자리 잡고 있습니다. 이는 개개인의 활동량이 건강에 긍정적인 영향을 미친다는 상식에 기반한 것입니다. 그러나 제시된 그래프처럼 x축을 국민의 걷는 횟수로, y축을 비만율로 설정했을 때 오히려 양의 상관관계를 보이며 비만율이 증가하는 양상이 나타날 수 있는데, 이는 바로 활동 불평등도 때문입니다. 활동 불평등도가 높다는 것은 한 국가 내에서 극소수의 사람만이 매우 활동적인 반면, 대다수의 사람은 거의 움직이지 않는다는 것을 의미합니다. 이러한 상황에서는 매우 활동적인 소수의 사람들로 인해 국민 전체의 평균 걷는 횟수(x축 값)가 높게 나타날 수 있습니다. 그러나 동시에 대부분을 차지하는 비활동적인 인구가 전반적인 비만율(y축 값)을 높게 만들기 때문에 국가 평균 지표상으로는 '걷는 횟수'가 높은 것처럼 보이지만 '비만율' 또한 높은, 즉 양의 상관관계가 나타나는 역설적인 현상이 벌어지는 것입니다. 결국 이는 개개인의 활동 수준이 극단적으로 나뉘는 불균형이 국가 단위의 평균 지표에서 통념과 상반되는 결과를 초래함을 보여줍니다.

– 10명의 사람이 있을 때 모두 1,000보씩을 걷는다고 한다면 활동 불평등도는 어떻게 되죠?

🔵예시답변 ▶ 활동 불평등도는 사람들 간 신체 활동량의 차이가 얼마나 큰지를 나타내는 지표입니다. 10명의 사람이 모두 하루 1,000보씩 걷는다고 하면, 각 개인의 활동량이 모두 동일합니다. 즉, 편차가 전혀 없기 때문에 불평등도가 0이 됩니다. 활동 불평등도가 0이라는 것은 모든 사람이 동일하게 활동하고 있다는 뜻이고, 숫자가 클수록 활동 격차가 크다는 의미입니다.

– 활동 불평등도의 그래프와 비만율의 관계는 어떻게 되죠?

🔵예시답변 ▶ 활동 불평등도의 그래프를 보면, 불평등도가 높을수록 비만율도 증가하는 경향이 나타납니다. 이는 단순히 국민 평균의 걷기 횟수만 보는 것이 아니라, 개인 간 활동 격차가 크면 일부 사람들은 충분히 걷지 않아 비만율이 높아지고, 일부 사람들만 많이 걷는 구조가 되기 때문입니다. 즉, 전체 인구가 동일하게 걷지 않고 활동이 불균형하게 분포되어 있을 때 비만율이 높아지는 양상을 보여주는 것입니다. 따라서 활동 불평등도가 클수록 비만 문제가 심화될 가능성이 높다고 해석할 수 있습니다.

– 경제, 사회현상에 불평등도를 적용해보고 평균 외에 사용할 수 있는 개념이나 방법은 무엇이 있나요?

🔵예시답변 ▶ 경제나 사회 현상에 불평등도를 적용할 때 평균만 보는 것은 한계가 있습니다. 평균은 극단값이나 분포를 반영하지 못하기 때문에, 불평등의 실제 양상을 놓칠 수 있습니다. 이를 보완하기 위해 분산, 표준편차, 지니계수, 5분위수 비율, 로렌츠 곡선 등 다양한 지표를 사용할 수 있습니다. 예를 들어, 소득 분포를 분석할 때 지니계수나 로렌츠 곡선을 활용하면, 상위와 하위 계층 간 격차가 얼마나 큰지를 시

각적으로 파악할 수 있습니다. 마찬가지로 건강, 교육, 신체 활동 등 사회적 현상에도 이러한 불평등 지표를 적용하면 평균 외에 개인 간 격차와 구조적 문제를 더 명확하게 이해할 수 있습니다.

– 활동 불평등도 개선을 위한 해결방안은 무엇이 있을까요?

　　🔵예시답변▶　활동 불평등도를 개선하려면 개인 간 신체 활동 격차를 줄이는 것이 핵심입니다. 이를 위해 첫째, 대중교통, 걷기 좋은 환경, 공원과 체육시설 확대 등 일상에서 자연스럽게 움직일 수 있는 환경을 조성할 수 있습니다. 둘째, 학교와 직장 등 조직 단위에서 걷기 챌린지, 건강 프로그램, 참여형 운동 이벤트를 활성화하여 활동 참여를 유도할 수 있습니다. 셋째, 취약 계층을 위한 맞춤형 지원, 예를 들어 운동 기회가 적은 사람들에게 무료 체육시설 제공이나 모바일 앱을 통한 동기 부여 등도 효과적입니다. 이렇게 하면 전체 인구의 평균 활동량뿐만 아니라, 개인 간 활동 격차를 줄여 비만율 감소와 건강 증진에 기여할 수 있습니다.

[일반 면접]

● 생기부를 보니까 봉사를 아주 많이 했던데 그 속에 의미가 있었나요? 그걸 통해 무엇을 배웠나요?

　　🔵예시답변▶　저는 고등학교 동안 봉사활동을 많이 했는데, 단순히 시간을 채우기 위해서가 아니라 다른 사람과 사회를 이해하고 공감하는 경험으로 의미를 두었습니다. 봉사를 통해 다양한 사람을 만나고, 상황에 따라 문제를 해결하는 과정에서 책임감과 협력의 중요성을 배웠습니다. 예를 들어, 지역 복지시설에서 봉사할 때 팀원과 역할을 나누고, 예상치 못한 상황에 대응하며 서로 의견을 조율했던 경험이 있습니다. 이런 과정을 통해 단순한 참여를 넘어, 사회적 관계와 협업 능력을 실제로 체험하고 성장할 수 있었습니다.

● 전체적으로 성적이 아주 우수한데 미적분에서 2등급이 있네요. 어떻게 된 건지 설명해주실 수 있으신가요?

예시답변▶ 네, 말씀하신 것처럼 전체 성적은 우수하지만 미적분에서 2등급이 나온 것은 사실입니다. 그 이유는 미적분 과목 특성상 이해의 깊이와 문제 유형이 다른 과목보다 난이도가 높았기 때문입니다. 개인적으로는 이 과목에서 개념을 완전히 이해하고 적용하는 데 시간이 조금 더 필요했고, 일부 시험에서 문제 풀이 전략이나 시간 관리가 완벽하지 못했습니다. 다만 이 경험을 통해 약점을 명확히 파악하고 보완하는 습관을 가지게 되었고, 이후에는 반복 학습과 문제 풀이 연습을 통해 이해도를 크게 높였습니다. 앞으로도 부족한 부분을 분석하고 개선하는 태도를 유지할 계획입니다.

- 자소서에 보니까 양자역학에 대해 아주 관심이 많으시던데 양자의 개념과 양자역학의 특징에 대해 간단하게 설명해 보세요. 가장 중요한 것이 뭐라고 생각하세요? 고전역학과 엮어서 양자역학이 다른 부분은 무엇인가요?

예시답변▶ 고전역학과 엮어서 양자역학이 다른 부분은 무엇인가요?

양자역학은 원자와 전자, 광자 등 미시 세계의 입자들이 가진 성질을 설명하는 이론입니다. 가장 중요한 개념은 불확정성 원리와 파동-입자 이중성입니다. 즉, 입자의 위치와 운동량을 동시에 정확하게 알 수 없고, 입자가 동시에 파동과 입자의 성질을 가진다는 것입니다.

고전역학과 다른 점은, 고전역학은 물체의 위치와 속도를 정확히 측정할 수 있고 예측이 가능하다는 전제에서 출발하지만, 양자역학은 측정 자체가 결과에 영향을 미치며 확률적으로만 기술할 수 있다는 점입니다. 따라서 양자역학은 고전적인 직관과 달리, 확률적 사고와 상태함수, 파동함수를 이해하는 것이 핵심이라고 생각합니다.

간단히 말해, 가장 중요한 것은 고전적 결정론을 넘어서는 확률적 세계관과 미시 세계의 불확정성을 이해하는 것입니다.

- 연구원은 무엇을 하는 사람이라고 생각하나요?

예시답변▶ 연구원은 새로운 지식과 정보를 발견하고, 문제를 해결하며, 기존 이론이나 기술을 발전시키는 사람이라고 생각합니다. 단순히 책이나 데이터를 보는 것뿐만 아니라, 관찰, 실험, 분석을 통해 현상을 이해하고 개선할 방법을 찾는 역할을 합니다. 또한 연구 결과를 공유하고 실제로 적용할 수 있도록 하는 것도 중요한 책임이라고 봅니다. 쉽게 말해, 연구원은 호기심과 창의력을 기반으로 지식을 탐구하고 사회나 산업에 기여하는 사람이라고 생각합니다.

● **왜 유니스트를 선택하였나요?(학교의 특징 및 장점 얘기할 것)**

　예시답변 ▶ 제가 UNIST를 선택한 이유는 연구 중심의 환경과 첨단 학문에 대한 지원 체계가 잘 갖춰져 있기 때문입니다. UNIST는 학부생부터 다양한 연구 프로젝트에 직접 참여할 수 있는 기회가 많고, 실험실과 첨단 시설이 잘 갖추어져 있어 실제 연구 경험을 쌓기에 최적의 환경이라고 생각했습니다. 또한 융합적 사고와 창의성을 강조하는 교육과정 덕분에 전공 지식뿐 아니라 문제 해결 능력과 실무 역량도 함께 키울 수 있다고 판단했습니다. 이런 점에서 UNIST는 제가 학문적 호기심을 발전시키고, 미래 연구자로 성장하는 데 가장 적합한 학교라고 생각했습니다.

● **유니스트 진학 후 진로계획이 어떻게 되나요?**

　예시답변 ▶ UNIST에 진학한 후에는 먼저 전공 지식을 탄탄히 쌓고, 다양한 연구 경험을 통해 실력을 키우고자 합니다. 특히 관심 있는 분야의 실험과 프로젝트에 참여하며 문제 해결 능력과 창의적 사고를 강화할 계획입니다. 학부 과정 동안 충분한 연구 경험을 쌓은 뒤에는 대학원 진학이나 연구기관에서 전문 연구원으로 활동하며 첨단 기술 개발에 기여하고 싶습니다. 장기적으로는 이러한 경험을 바탕으로 산업과 학문을 연결하는 연구자로 성장하여, 사회적 문제 해결이나 신기술 개발에 실질적으로 기여하는 것이 목표입니다.

● **유니스트에 과학고 학생들이 많이 지원하는데 일반고 학생인 본인이 과고 아이들보다 더 잘하는 것은 무엇이 있나요?**

　예시답변 ▶ 과학고 학생들과 비교했을 때, 저는 일반고 출신으로서 다양한 경험과 폭넓은 사고를 강점으로 가지고 있다고 생각합니다. 과고 학생들은 주로 이론 중심의 학습과 경쟁 환경에 익숙하지만, 저는 학교 활동, 동아리, 봉사, 프로젝트 등 다양한 경험을 통해 문제 해결 능력과 협업 능력, 창의적 사고를 균형 있게 길러왔습니다. 이러한 경험 덕분에 새로운 문제를 접했을 때 융합적이고 현실적인 시각에서 접근할 수 있는 능력이 있습니다. 따라서 단순한 학업 성취도뿐 아니라, 연구와 실험 과정에서 팀워크와 창의적 아이디어를 발휘하는 데 있어 장점을 가지고 있다고 생각합니다.

● **독서활동 중 삼각함수에 대해 읽은 경험이 있는데 그렇다면 삼각함수를 실생활에 응용할 수 있는 사례는 무엇이 있나요?**

예시답변▶ 정보를 주고받는 전자기 회로에서 전자기파는 횡파의 형태를 띠어 일정한 주기가 생기는데 이는 삼각함수의 사인파와 비슷합니다. 이러한 성질은 수신기에서의 고유진동수와 보내는 정보의 진동수를 일치시킬 때 응용 될 수 있습니다.

● **독서활동 중 우주에 대해 읽은 책이 많은데 암흑에너지와 암흑물질이 무엇인지 설명해 보시겠어요?**

예시답변▶ 우주에는 별, 행성과 같이 질량이 거대한 천체들이 많은데 이들은 만유인력에 의해 서로를 끌어당깁니다. 이 힘에 의해서는 우주가 수축되어야 하는데 실제로 우주는 팽창중입니다. 아인슈타인은 우주를 팽창시키는 어떤 힘이 있다고 생각하여 중력에 반하는 힘, 이것을 암흑에너지라 불렀습니다. 암흑물질은 우주에 넓게 분포하고 있는 물질로 오로지 중력에 의해서만 관측 가능한 물질을 말합니다.

● **혹시 R&E 한 거 있어요? 있으면 자세히 설명해 주세요.**

예시답변▶ 네, 고등학교 때 R&E 활동에 참여한 경험이 있습니다. 저는 연구 주제로 '양자역학에서 입자 거동 연구와 데이터 분석을 통한 사회현상 연구'를 주제로 프로젝트를 수행했습니다. 이 과정에서 먼저 문헌 조사와 기초 이론 학습을 통해 주제를 이해하고, 그 후 실험 설계와 데이터 수집, 분석을 직접 수행했습니다. 특히 예상치 못한 결과가 나왔을 때 원인을 분석하고 가설을 수정하며 문제 해결 능력을 키웠습니다. 프로젝트를 마무리하면서는 연구 결과를 보고서로 정리하고, 발표를 통해 다른 사람에게 설명하는 경험도 했습니다. 이 경험을 통해 연구 과정 전반을 체험하고, 문제 해결력과 협업 능력, 발표 능력까지 함께 키울 수 있었습니다.

네, 고등학교 때 R&E 활동에 참여한 경험이 있습니다. 저는 연구 주제로 '양자역학에서 입자 거동 연구와 데이터 분석을 통한 사회현상 연구'를 주제로 프로젝트를 수행했습니다. 이 과정에서 먼저 문헌 조사와 기초 이론 학습을 통해 주제를 이해하고, 그 후 실험 설계와 데이터 수집, 분석을 직접 수행했습니다. 특히 예상치 못한 결과가 나왔을 때 원인을 분석하고 가설을 수정하며 문제 해결 능력을 키웠습니다. 프로젝트를 마무리하면서는 연구 결과를 보고서로 정리하고, 발표를 통해 다른 사람에게 설명하는 경험도 했습니다. 이 경험을 통해 연구 과정 전반을 체험하고, 문제 해결력과 협업 능력, 발표 능력까지 함께 키울 수 있었습니다.

● **최근에 본 뉴스기사 뭐 있어요?**

　예시답변▶ 최근 비만 치료제인 '위고비'의 가격이 40% 인하되었다는 뉴스를 접했습니다. 이는 제약사 간의 경쟁과 시장 상황에 따른 가격 조정으로, 소비자들에게는 긍정적인 영향을 미칠 것으로 보입니다. 이러한 경제적 변화는 제약 산업의 동향을 이해하고, 향후 진로 선택에 있어 중요한 참고자료가 될 수 있다고 생각합니다.

[기타사항]

● **제시문 면접 전에 다음과 같은 질문을 할 수도 있음"**

– 유니스트에 와 봤나요? 유니스트에 학교 선배가 있나요?

　예시답변▶ 네, 유니스트 캠퍼스에는 직접 방문해 본 경험이 있습니다. 캠퍼스가 연구 중심으로 설계되어 있고, 실험실과 첨단 시설이 잘 갖춰져 있다는 점이 인상적이었고, 학생들이 자유롭게 연구에 참여하는 분위기가 느껴졌습니다. 또한 제가 아는 선배 중 일부가 유니스트에 재학 중인데, 선배들은 학생이면서도 실제 연구 프로젝트에 참여할 수 있는 기회가 많고, 교수님과 소통이 활발하다고 이야기해 주었습니다. 이런 경험담과 캠퍼스 방문 경험을 통해, 유니스트가 실질적인 연구 경험을 쌓고 학문적 성장을 이루기에 최적의 환경이라는 확신을 가지게 되었습니다.

– 학교 선배가 유니스트에 대해 뭐라고 말하던 가요?

◖예시답변▶   제가 아는 유니스트 선배들은 주로 "학생들이 직접 연구에 참여할 기회가 많고, 교수님과의 소통이 활발하다"고 말했습니다. 또한 캠퍼스가 연구 중심으로 잘 구성되어 있어 학부생도 첨단 실험 장비와 다양한 프로젝트를 경험할 수 있다고 이야기했습니다. 선배들의 경험담을 들으면서, 제가 학문적 호기심을 실제 연구로 연결하고 성장할 수 있는 적합한 환경이라는 확신을 가지게 되었습니다.

04

특별대학

🎓 포스텍(POSTEC, 포항공대) 경북 포항 소재

면접이 있는 대표 전형

전형명	전형 방법
일반전형 I	❶ 1단계 서류 평가 100% (3배수) ❷ 2단계 서류 평가 50% + 면접 평가 50%
일반전형 II	❶ 1단계 서류 평가 100% (3배수 내외) ❷ 2단계: 서류 평가 67% + 면접 평가 33%

👤 일반전형 I

❶ **평가 내용:** 면접을 통해 이공계 분야 연구자로서 필요한 창의적, 논리적 사고능력, 학업 태도 및 커뮤니케이션 능력 등을 종합하여 다단계로 평가

❷ **평가 방법:** 개인면접 + 개인과제(프로젝트) + 그룹활동

❸ **평가 인원:** 각 지원자에 대해 2명의 입학사정관이 독립평가

❸ **평가 항목:** 이공계 분야 연구자로서 필요한 창의적, 논리적 사고능력, 기본 학업 태도 및 커뮤니케이션 능력을 5단계 척도로 평가

[창의력평가면접 – 개인 면접]

● 한국이 청소년 자살률이 높은 나라인데, IT기술을 사용해서 어떻게 해결할 수 있을까요?

　　예시답변 ▶ "한국 청소년 자살률이 높은 주요 원인 중 하나는 정서적 고립과 사회적 비교에서 오는 스트레스라고 생각합니다. IT 기술을 활용한다면, AI 기반 감정 분석 챗봇이나 정신건강 모니터링 앱을 통해 위기 징후를 조기에 감지할 수 있습니다.

　　예를 들어, SNS 게시글이나 검색 기록에서 부정적인 표현이 자주 나타나면, 해당 학생에게 맞춤형 심리 상담 콘텐츠나 전문가 연결 서비스를 제공하는 방식입니다.

또한, 가상현실(VR)을 활용해 공감 훈련이나 자존감 회복 프로그램을 만들면 또래 간 소통의 질도 개선할 수 있다고 생각합니다.이러한 기술이 단순히 감시 수단이 아니라, 청소년이 '보살핌을 받고 있다'고 느끼게 만드는 정서적 안전망이 되는 것이 중요하다고 생각합니다."

● 집안의 여러 사물에 ICT를 적용해서 구성원들 간 소통과 유대를 확대해 가족의 행복감을 높일 수 있는 방안을 말해 보세요.

　　예시답변 ▶ "가족 구성원 간의 소통 단절은 무관심보다 바쁜 일상 속 놓치는 순간들에서 시작된다고 생각합니다. 이를 해결하기 위해, 집안의 사물에 ICT 기술을 접목해 자연스럽고 감성적인 소통이 가능한 환경을 만들 수 있다고 생각합니다.

　　예를 들어, 스마트 냉장고에 가족별 메모 기능이나 '오늘 기분 한 줄 쓰기' 기능을 넣어 가족들이 간접적으로 감정을 나눌 수 있고, 거실 조명이나 TV에 '가족 일정 공유'나 '응원 메시지 알림'을 연동하면 정서적 연결이 강화됩니다.

　　또한, AI 스피커를 활용해 가족 모두가 하루 중 가장 좋았던 순간을 음성으로 녹음해 공유하는 '하루 마무리 시간'을 만들면, 가족 간 관심과 공감이 자연스럽게 형성될 수 있다고 생각합니다.

이처럼 ICT가 소통을 위한 도구가 될 때, 기술은 차가운 장치가 아니라 따뜻한 관계를 이어주는 매개가 될 수 있습니다."

[잠재력 평가 면접]

● 수학성적이 1학년에 비해 2~3학년에 점진적으로 좋아지고 있는데, 성적 향상을 위해 사용한 방법을 말해 주십시오.

　　예시답변 ▶ "1학년 때는 수학 개념을 외우는 데 집중하다 보니 응용 문제에서 자주 막혔습니다. 그래서 2학년부터는 '왜 이런 개념이 나왔는지'에 집중해 개념의 원리를 이해하려는 공부법으로 바꾸었습니다.

특히 틀린 문제를 오답노트에 단순히 정리하는 대신, 그 문제의 핵심 개념과 실수 이유를 짧게 메모하며 반복 학습했습니다. 또 친구들과 함께 서로에게 문제를 출제하고 설명하는 활동을 하며 자연스럽게 개념이 정리되고, 논리적으로 표현하는 능력도 좋아졌습니다.

이런 과정을 통해 수학에 대한 자신감도 생기고 성적도 꾸준히 오를 수 있었습니다. 단순한 암기가 아닌, 이해 중심의 학습법이 제게 가장 효과적이었습니다."

● 중학생 대상 교육봉사 활동을 했는데, 가장 기억에 남는 학생은 누구이고 이유는 무엇인지 말해 주십시오.

🟣예시답변 ▶ "중학생 대상 수학 교육봉사를 할 때, 기억에 남는 학생은 '문제 풀이를 포기하던 학생'이었습니다. 처음엔 수학에 자신이 없고, 질문도 거의 하지 않았지만, 저는 그 친구의 풀이 과정에서 작은 장점 하나라도 꼭 언급하며 피드백을 주려고 노력했습니다.

특히 정답보다 '생각한 과정'을 칭찬해줬더니, 그 뒤로는 점점 스스로 질문하고, 틀려도 다시 도전하려는 태도를 보였어요. 마지막 날엔 '이제 수학이 재미있어졌다'는 말을 들었고, 그게 저에게도 큰 보람이 었습니다.

이 경험을 통해, 학생의 변화를 끌어내는 건 지식보다 '관심과 믿음'이라는 걸 배웠고, 앞으로도 그런 시선을 잃지 않는 연구자이자 멘토가 되고 싶다고 느꼈습니다."

● 대학 입학 후 영어공부를 열심히 하겠다고 했는데 이유가 무엇인지 말해 주십시오.

🟣예시답변 ▶ "영어는 단순한 의사소통 수단을 넘어서, 글로벌 학술 정보에 접근하고 국제 공동연구에 참여하는 데 필수적인 역량이라고 생각합니다. 저는 대학에서 과학기술 분야 연구에 적극 참여하고 싶은데, 최신 논문이나 컨퍼런스 자료는 대부분 영어로 되어 있기 때문에 이를 자유롭게 이해하고 활용하기 위해 영어 실력이 꼭 필요합니다. 또한, 앞으로 국제 학회 발표나 해외 연구진과의 협업 기회도 많을 것으로 기대되는데, 그때 자신 있게 소통할 수 있으려면 지금부터 꾸준히 준비해야 한다고 생각합니다.

그래서 단순한 시험 영어가 아닌, 논문 독해와 발표, 토론에 초점을 맞춘 영어 공부를 하며 제 연구 역량과 표현 능력을 함께 키워가고 싶습니다."

- **주의 사항**: 면접이 블라인드로 진행되기 때문에 면접 시 지원자의 출신 고교, 지역 등을 유추할 수 있는 복장(교복 등)을 금지합니다.

- **창의력 평가 면접**: 문제를 다 풀면 면접관이 그 문제를 응용한 다른 문제를 주고 풀게 할 수 있습니다. 또한 문제를 풀다가 막히면 힌트를 요구할 수 있습니다(감점은 없음).
  - 면접에서 중요한 건 자신감과 당당함입니다. 일반고 학생이라고 자사고, 특목고에 주눅 들어 그 학생의 의견을 따라가지 말고 본인의 관점과 생각을 개진하려는 노력이 필요합니다.
  - 개념, 원리의 이해 및 연계에 맞춰 충실하게 준비하는 것이 필요함. 다만, 단순히 정형화된 유형(정답)을 중심으로 한 공부보다는 다양한 응용과 연계가 가능하도록(창의성) 공부하는 것이 필요합니다.

※ [참고: 예비 포스테키안 프로그램]

아래의 프로그램 참여는 나중에 면접 시 많은 도움이 되므로 가급적 참여할 것(⇒ 왜냐하면 프로그램을 진행하는 교수와 입학사정관이 바로 여러분의 서류와 면접평가자이므로 우선 프로그램 체험을 통해 배울 수 있고, 그 분들에게 좋은 이미지를 심어줄 수 있는 좋은 기회임)

▶ 찾아가는 이공계 진로진학 설명회

- 참가 대상: 이공계 진로와 POSTECH 입학에 대해 알고자 하는 수험생, 학부모, 교사
- 주요 내용: 이공계 진로 안내, 입학전형 안내, Q&A
- 일정 및 장소: 4월~8월, 전국주요 도시(포스테키안 뒷 표지 참조)
- 신청: 입학팀 홈페이지 ▷ 예비 포스테키안 ▷ 찾아가는 이공계 진로진학 설명회에서 신청

▶ **이공계학과 대탐험**

- 행사 소개: 이공계 분야에 관심 있는 전국 우수 학생 초청, 관심 학과에 대한 이해와 안목을 넓히는 진로탐색 기회 제공
- 주요 내용: 교수 특강, 학과탐방 및 관련 연구 분야 실험실습, 동아리 탐방, 과학콘테스트 등
- 행사개요(3박 4일): 7월 중(여름방학) 일반고 2학년, 1월 중(겨울방학) 영재고 및 과학고 1학년 ※구체적 일정 및 계획은 입학팀 홈페이지에서 확인

▶ **잠재력 개발과정**

- 행사소개: 전국 일반고 학생초청, 이공계 분야 심층교육 및 진로탐색 기회 제공
- 행사대상: 전국 일반고 2학년 학생 중 학업적으로 뛰어난 재능을 보이는 교육소외계층 학생 또는 사교육 없이 자기주도적 학습 능력이 탁월한 학생, 학교장의 추천을 통해 심의 및 선발
- 주요내용: 교수 강의, 실험을 기본으로 한 학과탐방, 재학생 학습 멘토링, 진로탐색 프로그램 등 제공
- 행사 개요(2~3주): 고교 2학년 겨울방학 기간 중 ※ 구체적 일정 및 계획은 입학팀 홈페이지에서 확인

면접이 있는 대표 전형

전형명	전형 방법
창의인재	❶ 1단계: 서류 평가 100 (4배수) ❷ 2단계: 서류 60 + 면접 40

👤 창의인재전형

① 면접 개요

- **면접 방법**: 개별 구술 면접
- **면접 내용**: 진로역량(40%), 학업역량(30%), 공동체역량(30%)을 종합적으로 확인
- **면접 시간**: 10분 내외
- **면접 평가위원**: 입학사정관 2명

기출 문제

공동체역량

- 봉사활동 중 가장 의미 있었던 활동은 무엇이며, 본인이 생각하는 봉사의 의미에 대해 말해 보시오.

  🔵 **예시답변 ▶** 제가 고등학교 때 했던 봉사활동 중 가장 의미 있었던 활동은 지역 복지시설에서 아이들을 돌보며 학습과 놀이를 지원한 경험입니다. 단순히 시간을 보내는 것이 아니라, 아이들과 소통하고 개별적 필요를 살피며 도움을 주는 과정에서 책임감과 공감 능력을 깊이 배우게 되었습니다. 제가 생각하는 봉사의 의미는 타인을 이해하고, 나의 능력으로 사회에 긍정적 영향을 미치는 것이라고 생각합니다. 봉사를 통해 저는 다른 사람과 협력하며 문제를 해결하는 경험과 사회적 책임감을 실질적으로 배우는 기회를 얻었다고 생각합니다.

- 세특에 ○○○○(사회, 윤리 문제 등을 다룬 도서)을 읽었다고 기록되어 있다. 이 책에 대한 본인의 생각을 저자의 주장과 비교하여 말해 보시오.

● 독서활동상황에 사회, 윤리 문제 등을 다룬 도서들을 읽었다고 기록되
어 있다. 이 책들에 대한 본인의 생각을 저자의 주장과 비교하여 말해보
시오.

🗨 **예시답변 ▶** 제가 읽은 사회·윤리 관련 도서들은 주로 현대 사회의
불평등, 개인과 공동체의 책임, 윤리적 선택의 중요성을 다루고 있었습
니다. 저자들은 특정한 사회적 문제에 대해 강한 주장이나 해결책을 제
시했는데, 저는 읽으면서 저자의 관점과 제 생각을 비교하며 비판적으로
사고하려 노력했습니다. 예를 들어, 한 도서에서 '개인의 책임이 사회 문
제 해결의 핵심'이라는 주장을 했을 때, 저는 구조적 요인과 제도적 문제
도 함께 고려해야 한다고 생각했습니다. 이렇게 읽으면서 단순히 저자의
의견을 수용하기보다, 자신의 가치관과 논리적 근거를 바탕으로 비판적
사고를 하는 경험을 얻을 수 있었습니다.

● 선행상(효행상, 모범상)을 수상한 기록이 있다. 본인이 수상한 원인이 무
엇이라고 생각하는가?

🗨 **예시답변 ▶** 제가 선행상(효행상, 모범상)을 수상한 것은 일상에서
꾸준히 책임감과 배려를 실천했기 때문이라고 생각합니다. 가족이나 학
교 공동체 내에서 작은 일이라도 맡은 바를 성실히 수행하고, 어려움에
처한 친구나 주변 사람을 도와주려 노력했습니다. 예를 들어, 학급 내에
서 친구들의 학습이나 생활을 돕고, 봉사활동에도 적극 참여했던 경험들
이 이러한 평가로 이어졌다고 생각합니다. 저는 이 수상을 통해 단순한
상 자체보다는 타인과 사회를 배려하고 책임감 있는 행동이 자연스럽게
누적될 때 인정받을 수 있다는 점을 깨달았습니다.

● 학급활동, 모둠 활동 등을 하면서 집단(공동)의 목표 달성을 위해 본인이
열심히 참여했던 경험에 대해 이야기해보시오.

🗨 **예시답변 ▶** 고등학교 때 학급 프로젝트와 모둠 활동에서 집단의 목
표 달성을 위해 적극적으로 참여했던 경험이 있습니다. 예를 들어, 수행
평가나 학급 행사 준비 과정에서 팀원들과 역할을 분담하고 의견을 조율
하며 계획을 구체화했습니다. 저는 주어진 역할을 성실히 수행하는 것뿐
아니라, 팀원 간 갈등이나 의견 차이가 발생할 때 중재하고 협력할 수 있
는 분위기를 만드는 역할을 맡았습니다. 이러한 경험을 통해 협업의 중
요성과 의사소통 능력, 책임감을 실질적으로 배우고 발전할 수 있었습니
다. 결국 우리 팀은 목표를 성공적으로 달성했고, 그 과정에서 얻은 경험
은 앞으로의 학업과 연구에서도 큰 도움이 될 것이라고 생각합니다.

학업 역량

- 실험, 발표, 만들기 등의 대회에서 입상한 기록이 있다. 입상한 원인을 입상을 하지 못한 학생들에 비해 뛰어났던 점, 상위 등급 입상자 (상위 등급 입상자가 존재할 경우) 비해 부족했던 점을 포함하여 말해보시오.

🎤**예시답변 ▶** 제가 실험·발표·창작 대회에서 입상할 수 있었던 이유는 철저한 준비와 팀원 간의 협력, 문제 해결 능력 덕분이었다고 생각합니다. 다른 학생들과 비교했을 때, 저는 주제를 깊이 이해하고 자료를 분석하며, 예상되는 문제 상황을 미리 대비했던 점이 뛰어났습니다. 또한 발표나 제작 과정에서 팀원과 적극적으로 소통하며 역할을 분담한 것이 성과로 이어졌다고 봅니다.

반면, 상위 등급 입상자와 비교했을 때는 창의성이나 발표의 완성도에서 조금 더 다듬을 부분이 있었습니다. 예를 들어, 아이디어 자체는 우수했지만 시각적 표현이나 전달력 면에서 약간 부족했다고 느꼈습니다. 이 경험을 통해 자신의 강점과 부족한 부분을 객관적으로 분석하고, 다음 도전을 준비하는 태도의 중요성을 배울 수 있었습니다.

- 성과 또는 결과물과 관계없이, 본인이 고교생활 중 가장 열정적으로 참여(공부)한 활동(과목)은 무엇이었고, 구체적으로 어떠한 활동을(공부를) 했는지 말해 보시오.

🎤**예시답변 ▶** 제가 고등학교 생활 중 가장 열정적으로 참여한 활동은 수학 공부였습니다. 특히 미적분과 통계 단원에서 심화 문제를 스스로 찾아 풀고, 학교에서 진행되는 수학 동아리 활동과 문제풀이 모임에도 적극적으로 참여했습니다. 단순히 교과서 문제를 푸는 데 그치지 않고, 대회 문제나 응용 문제를 통해 개념을 깊이 이해하려고 노력했습니다. 또한 친구들과 서로 풀이 방법을 공유하고 토론하며, 다양한 접근법을 배우는 과정에서 논리적 사고와 문제 해결 능력을 크게 향상시킬 수 있었습니다. 이 경험은 단순한 성적 향상뿐 아니라, 자기 주도적 학습과 협력적 학습의 중요성을 깨닫게 해주었습니다.

- 성적이 지속적으로 하락(상승)하고 있는데, 특별한 원인(공부 방법)이나 계기가 있다면 말해 보시오.

🎤**예시답변 ▶** 저는 고등학교 동안 일부 과목에서 성적이 일시적으로 하락한 경험이 있습니다. 그 원인은 공부 방법이 효율적이지 못했거나, 시간 관리를 충분히 하지 못했기 때문이라고 생각합니다. 이를 개선하기 위해, 저는 먼저 약점을 분석하고 학습 계획을 체계적으로 세우는 방법을 도입했습니다. 예를 들어, 개념 이해가 부족한 단원은 반복 학습하고,

문제 풀이 시간을 정해 집중적으로 연습했으며, 이해한 내용을 친구나 선생님과 토론하며 확인했습니다. 이러한 계기와 방법을 통해 성적은 점차 회복되고 상승할 수 있었고, 자기 주도적 학습과 꾸준함의 중요성을 직접 체감할 수 있었습니다.

진로역량

● ○○학과에 지원했는데, ○○학과에서는 ○○관련 과목을 많이 공부하게 된다. 과학(사회) 과목 중 ○○관련 과목 이수 내역이 없는(적은) 이유에 대해 설명해 보시오.

　🗨예시답변 ▶　제가 ○○학과에 지원하게 된 이유는 ○○ 분야에 대한 흥미와 장래 진로와의 연관성 때문입니다. 그런데 과학(사회) 과목 중 ○○ 관련 과목 이수 내역이 적은 이유는, 제가 고등학교 시절에는 교과 선택이나 교육 과정상 해당 과목을 깊이 공부할 기회가 제한적이었기 때문입니다. 대신, 저는 관련 지식을 보충하기 위해 자율 학습과 독서, 온라인 강의, 탐구 활동 등을 통해 기초 이해와 관심을 지속적으로 발전시켜 왔습니다. 이러한 경험을 바탕으로, 대학에 진학하면 ○○ 관련 과목을 깊이 있게 학습하고, 실제 연구나 프로젝트에 적극적으로 참여하며 전공 역량을 본격적으로 강화할 계획입니다.

● ○○○○대회(지원 전공과 관련이 있는 실험, 탐구, 발표, 말하기 등에 한함) 에 입상한 기록이 있다. 대회 준비과정부터 결과물(발표내용)을 구체적으로 설명해보시오.

　🗨예시답변 ▶　제가 참여한 ○○○○대회는 지원 전공과 관련된 실험 및 탐구 대회였습니다. 준비 과정에서 먼저 주제를 선정하고 관련 자료와 선행 연구를 조사했습니다. 이후에는 실험 설계를 직접 하고, 필요한 데이터를 수집하며 여러 번의 시도와 조정을 거쳐 최적의 방법을 찾는 과정을 거쳤습니다. 발표를 준비할 때는, 수집한 데이터를 시각적으로 이해하기 쉽게 정리하고, 실험 과정과 결과를 논리적 흐름에 맞게 설명하는 데 중점을 두었습니다. 대회에서 저는 팀원과 협력하여 문제를 해결하고 발표를 수행했고, 결과적으로 입상할 수 있었습니다. 이 경험을 통해 연구 과정 전반에 대한 이해, 문제 해결 능력, 협업 능력, 그리고 발표 능력을 동시에 키울 수 있었습니다.

● 지원 전공 또는 학과와 관련 있는 창의적 체험 활동 중 본인이 가장 만족한 활동은 무엇이며, 구체적으로 어떤 활동들을 했는지 말해 보시오.

　🗨예시답변 ▶　제가 지원 전공과 관련해 가장 만족했던 창의적 체험활동은 과학 탐구 동아리 활동입니다. 이 활동에서는 단순한 실험을 넘어,

주제를 직접 선정하고 실험 설계부터 결과 분석, 발표까지 전 과정을 경험할 수 있었습니다. 예를 들어, 특정 화학 반응의 속도를 측정하는 실험을 진행하면서 변수 설정, 데이터 수집, 그래프 작성 등을 직접 했습니다. 또한 팀원과 협력하여 실험 계획을 조율하고, 결과를 바탕으로 발표 자료를 제작하며 논리적으로 설명하는 능력도 키웠습니다. 이 활동을 통해 단순한 지식 습득을 넘어, 창의적 사고와 문제 해결 능력, 협업 능력을 동시에 발전시킬 수 있었던 점이 가장 만족스러웠습니다.

● 학교생활기록부에 장래 희망이 ○○○이라고 기록되어 있다. ○○○이 구체적으로 어떤 일을 하는지, ○○○이 되기 위해서는 대학에서 무엇을 준비해야 하는지 알고 있는 만큼 말해 보시오.

예시답변 ▶ 학교생활기록부에 기록된 제 장래희망은 ○○○입니다. ○○○은 [직업의 구체적 역할: 예를 들어, 데이터를 분석하고 문제를 해결하거나, 연구를 수행하고 기술을 개발하는 등]을 수행하는 사람입니다. 이를 위해서는 단순한 이론 학습뿐만 아니라 실험, 분석, 프로젝트 경험 등 실제 적용 능력을 키우는 것이 중요합니다. 대학에서는 전공 과목을 통해 기초 지식을 탄탄히 하고, 연구실이나 동아리 활동, 인턴십 등을 통해 실제 문제 해결과 협업 경험을 쌓아야 합니다. 또한 관련 분야의 최신 기술과 동향을 지속적으로 학습하며, 장래에 ○○○으로서 사회적 기여와 전문성을 동시에 발휘할 수 있는 능력을 갖추는 것이 목표입니다.

발전 가능성

● 학교생활기록부에 반장(부반장, 동아리 회장, 부회장 등) 역할을 경험한 것으로 기록되어 있다. 리더와 조력자 중 본인은 어느 쪽에 더 적합하다고 생각하는지 말해 보시오.

예시답변 ▶ 학교생활기록부에 기록된 것처럼, 저는 반장과 동아리 부회장 등 다양한 리더 역할을 경험했습니다. 이러한 경험을 통해 리더십과 조율 능력을 배웠고, 팀 목표를 달성하기 위해 구성원들의 의견을 듣고 조정하는 역할이 중요하다는 것을 깨달았습니다. 그렇지만 저는 상황에 따라 리더와 조력자 모두 역할을 수행할 수 있다고 생각합니다. 단, 제가 더 적합하다고 느끼는 쪽은 조력자입니다. 팀의 목표 달성을 위해 필요한 부분을 세심하게 지원하고, 팀원들이 역량을 최대한 발휘할 수 있도록 돕는 과정에서 협업과 문제 해결 능력이 빛난다고 생각하기 때문입니다. 이러한 경험을 바탕으로 대학에서도 팀 활동에서 신뢰할 수 있는 조력자 역할을 잘 수행할 자신이 있습니다.

- 팀 단위 경쟁 대회에 입상한 기록이 있다. 본인이 팀에서 어떤 역할을 맡았으며, 역할은 어떻게 결정된 것인지 구체적으로 설명하시오.

예시답변 ▶ 제가 참여한 팀 단위 경쟁 대회에서, 저는 팀 내에서 자료 조사와 분석, 그리고 발표 준비를 담당했습니다. 역할은 팀원들의 강점과 관심사를 고려해 자연스럽게 분담되었습니다. 예를 들어, 저는 자료를 정리하고 분석하는 데 흥미와 경험이 있었고, 다른 팀원은 실험 설계나 실습에 더 강점이 있어 서로 보완하며 역할을 나누었습니다. 대회 준비 과정에서 저는 자료를 수집하고 핵심 내용을 도출한 후, 발표 자료로 시각화하고 발표 연습까지 진행했습니다. 이러한 역할 수행 덕분에 팀 목표를 효율적으로 달성할 수 있었고, 입상이라는 성과로 이어졌습니다. 이번 경험을 통해 팀 내 역할 분담의 중요성과 협업 능력을 깊이 배울 수 있었습니다.

- 고교생활 중 문제 해결을 위해 남들과는 다른 자신만의 아이디어를 도출해서 일을 잘 해냈던 경험에 대해 말해 보시오.

예시답변 ▶ 고등학교 생활 중, 저는 학급 행사 준비 과정에서 문제를 해결하기 위해 남들과는 다른 아이디어를 도출했던 경험이 있습니다. 행사 준비 도중 예산과 시간 부족 문제로 기존 계획을 그대로 진행하기 어려웠습니다. 저는 팀원들과 논의한 뒤, 자원을 효율적으로 활용하면서도 행사의 흥미를 높일 수 있는 대체 아이디어를 제안했습니다. 예를 들어, 장식을 최소화하고, 참여형 프로그램을 추가하여 비용은 줄이면서 학생들의 참여도와 만족도를 높이는 방법이었습니다. 이 아이디어를 팀과 함께 실행한 결과, 행사는 성공적으로 진행되었고, 문제를 창의적으로 해결하고 팀과 협력하는 능력을 직접 경험할 수 있었습니다.

- 자신의 장단점을 간략히 말하고, 특히 단점을 극복하기 위해 고교생활 중 가장 힘들여서 노력했던 사례를 말해 보시오.

예시답변 ▶ 제 장점은 책임감과 성실함입니다. 맡은 일을 끝까지 완수하려는 성향 덕분에 학업과 봉사, 팀 활동 등에서 꾸준히 성과를 낼 수 있었습니다. 반면 단점은 완벽주의적인 성향 때문에 일이 늦어지거나 부담을 크게 느끼는 점이 있었습니다. 이를 극복하기 위해 고등학교 생활 중 가장 노력한 사례는 수학 수행평가 준비 과정입니다. 처음에는 한 문제를 완벽하게 해결하려다 시간 관리가 어려웠지만, 선생님과 친구들의 피드백을 받아 우선순위를 정하고 단계별로 문제를 해결하는 방법을 적용했습니다. 그 결과, 효율적으로 학습하면서도 성적을 향상시킬 수 있었고, 단점을 극복하며 시간 관리와 문제 해결 능력을 크게 발전시킬 수 있었습니다.

- 면접 시 학교생활기록부에 언급되어 있지 않은 내용의 교과 질문은 하지 않습니다. 다만 학교생활기록부에 교과와 교과 관련 내용이 언급되어 있거나 활동 내역이 기재되어 있을 경우 그와 관련해서는 질문이 있을 수 있습니다. 따라서 제출한 서류에 기재되어 있는 모든 내용에 대해서는 꼼꼼하게 읽어보고 관련 개념과 이해, 응용, 연계 등에 답변할 수 있도록 준비하는 것이 필요합니다.
- 서류 위주로 질문을 진행하므로 질문이 개인마다 다릅니다.

류영철(柳榮徹)

학력

교육학 박사 – 평생교육(진로진학상담, 교육정책) 전공

경력

현) 부산외국어대학교 글로벌미래융합학부장 사회복지평생교육전공 책임교수

전) 영산대학교 부산캠퍼스 사회복지학과 전임 교수

전) 계명대학교 교육대학원 진로진학상담전공 겸임교수

전) (서울) 가톨릭대학교 책임 입학사정관

전) (사) 한국대학교육협의회 대입상담센터 상담 전문위원

전) (서울) 동국대학교 입학사정관

전) 국립 군산대학교 입학관리본부 입학사정관실 팀장

전) 대구교육청 대구미래교육연구원 교육정책연구부장

전) 경남교육청 교육연구정보원 교육정책연구소 선임 연구위원

저서

『제대로 학종 준비법』(씨마스)

『제대로 교대 사대면접』(씨마스)

『학종 로드맵』(우리교과서)

『학생부 종합전형 이렇게 준비하라』(한올)

학술논문

'진로진학상담교사의 역량모형 개발'(KCI 등재지) 등 다수

메일 및 블로그

이메일: ksun072@naver.com

블로그: http://blog.naver.com/ksun072

대입 면접 총정리 문제

　대학교에서는 면접을 중요한 선발 기준인 평가 척도로 활용하고 있습니다. 특히, 학생부종합전형 2단계에서는 합격과 불합격을 가르는 가장 중요한 요소입니다. 면접은 앞으로 그 비중이 확대될 가능성이 큽니다. 특수학교 외에는 자기소개서가 폐지되고 대학수학능력시험(이하 수능)이 정부의 정책 방향에 따라 절대평가 또는 자격고사로 전환될 가능성이 크기 때문입니다.

　서류 평가를 통해 겉으로 보이는 학생 개개인의 스펙보다는 실질적으로 학생이 갖추고 있는 지식, 기술, 태도, 즉 '역량'을 측정할 수 있는 면접이 더 중요하다고 생각합니다. 다만, 현재는 대학교의 여건과 고교의 교육과정상 면접을 무한히 확대하기는 어려울 수 있으므로 수능 절대평가 정책과 더불어 점진적으로 확대해 가는 것이 바람직해 보입니다.

　학생들은 면접을 기본적으로 두려워합니다. 늘 말을 하고 살지만 면접에 대해서는 누구나 익숙하지 않기 때문에 그렇다고 생각합니다. 특히, 개별 면접이 아니라 집단 면접을 하는 경우에는 더 어렵고 힘들게 느껴집니다.

　이렇게 두려운 면접의 실력 차이는 어떨까요? 생각보다 엄청납니다. 답변을 한 마디도 못하는 학생부터 언제 긴장했냐는 듯이 청산유수처럼 너무나도 잘하는 학생까지 그 차이가 너무 큽니다.

　그런데 막상 학교에서는 면접이 정규 교육과정에 없기 때문에 선생님들이 학생들의 면접 실력을 길러주기가 쉽지 않습니다. 또 실제로 면접 평가를 해본 적이 없기 때문에 면접이 어떻게 진행되고 평가 기준과 의도가 무엇이며 핵심적으로 묻는 내용이 무엇인지 모릅니다. 그 때문에 학교에서는 면접고사가 닥치면 해당 학생들을 모아놓고 면접 교육을 형식적으로 진행하는 경우가 많습니다.

한편, 대부분의 대학교에서도 입학사정관이나 교수들에게 면접 교육을 별도로 하지 않습니다. 교수는 이미 한 분야의 권위자이고, 다른 면접 평가를 통해 나름대로 터득하기 때문일 것입니다. 그래서 입학사정관들끼리도 면접의 기술, 실력, 역량은 천양지차입니다.

이러한 교육 여건을 고려하여 다음과 같은 대상과 목적으로 이 책을 집필하였습니다.

첫째, 학생들에게 면접의 기술, 방법을 알려 주고 싶은데 어떻게 해야 할지 모르는 전국에 있는 고등학교, 중학교의 많은 선생님들을 대상으로 실세 면접의 기술, 답변 포인드, 연습 요령 등을 알려 주고지 합니다.

둘째, 면접을 잘하고 싶은데 잘되지 않는 전국의 수많은 고등학생, 중학생들에게 실제 면접장의 분위기, 면접의 요령, 답변 포인트, 연습하는 방법 등을 알려 주고자 합니다.

셋째, 전국의 대학교에서 근무하는 초보 입학사정관들을 대상으로 모의 면접과 실전 면접에서의 발문 기술, 목적, 평가 포인트 등에 대해 알려 주고자 합니다.

아무쪼록 이 책이 면접을 앞둔 수험생과 학부모, 면접을 가르쳐야 할 교사, 면접 평가를 수행해야 할 입학사정관들에게 큰 도움이 되기를 간절히 바랍니다.

– 금정산 자락에서 저자 류영철 씀.

제1부

면접 평가 문제와 답변 Point편

학과, 계열 및 학부별 대입 면접 총정리 문제

인성평가 및 공통영역

1 우리 대학 또는 전공에 지원한 동기는 무엇입니까? 그리고 입학하기 위해 어떤 노력을 했습니까?

답변 Point ▶ 제가 ○○대학교 ○○전공에 지원한 이유는, 해당 전공이 이론과 실무를 균형 있게 배우며, 사회에 기여할 수 있는 전문성을 기를 수 있기 때문입니다.

특히 ○○대학교는 현장 중심 교육과 체계적인 커리큘럼으로 잘 알려져 있어, 제 진로 목표와 잘 맞는다고 판단했습니다.

입학을 준비하면서 관련 교과목에 집중했고, 독서나 체험 활동도 병행했습니다. 예를 들어, ○○ 관련 책을 읽고 독후감을 쓰거나, 진로 체험 캠프에 참여해 해당 분야에 대한 이해를 넓혔습니다.

또한, 면접이나 자기소개서 준비도 꾸준히 하며 제 진심과 열정을 담기 위해 노력해왔습니다.

이러한 과정을 통해 저는 제 진로에 확신을 갖게 되었고, 대학에 입학한 후에도 꾸준히 성장하며 사회에 기여하는 인재가 되고 싶습니다.

❷ 입학 후 학업 계획과 진로 계획에 대해 구체적으로 말해 보십시오.

답변 Point ▶ 입학 후에는 전공의 기초부터 충실히 다지며, 체계적인 학습 계획을 세워 꾸준히 실력을 쌓고자 합니다.

1, 2학년 때는 전공 필수 과목 위주로 이론적 기반을 다지고, 3, 4학년 때는 심화 과목과 실습 중심 수업에 집중할 계획입니다.

또한 방학 기간을 활용해 자격증 준비나 인턴십, 봉사활동 등에 참여하며 실무 경험도 쌓아갈 생각입니다.

진로는 ○○ 분야(예: 사회복지사, 상담교사, 공공기관 근무 등)로 설정하고 있으며, 현장성과 전문성을 갖춘 인재로 성장하는 것이 목표입니다.

이를 위해 관련 자격증 취득과 진로 관련 비교과 활동에도 적극 참여할 계획입니다.

대학에서 배운 지식을 바탕으로, 나아가 사회에 긍정적인 영향을 주는 전문가가 되고 싶습니다.

❸ 지원자의 삶에 가장 큰 영향을 끼친 사람은 누구인가요?

답변 Point ▶ 저의 삶에 가장 큰 영향을 끼친 분은 어머니이십니다.

어머니는 경제적으로 넉넉하지 않은 상황에서도 항상 웃음을 잃지 않으시며, 가족을 위해 묵묵히 헌신하셨습니다.

그런 어머니의 모습은 저에게 책임감과 성실함의 본보기가 되었고, 어떤 어려움 속에서도 포기하지 않는 자세를 배우게 해주셨습니다.

예를 들어, 중학교 때 성적이 크게 떨어져 좌절한 적이 있었는데, 어머니께서는 결과보다 과정을 더 중요하게 여기시며 "실패해도 괜찮다, 중요한 건 다시 일어서는 용기"라고 말씀해 주셨습니다.

그 말에 힘입어 다시 마음을 다잡고 꾸준히 노력한 끝에, 고등학교 입학 후 성적을 끌어올릴 수 있었습니다.

이러한 경험을 통해 저는 도전과 실패를 두려워하지 않는 태도를 가지게 되었고, 앞으로도 어머니처럼 성실하고 긍정적인 자세로 살아가고 싶습니다.

❹ **지원자를 선발해야 할 가장 큰 이유를 말해 보세요.**

🔹**답변Point ▶** 　저를 선발해야 하는 가장 큰 이유는 성실함과 꾸준한 성장 가능성입니다.

저는 어떤 일이든 맡은 바를 책임감 있게 해내려 노력해왔고, 실패를 두려워하기보다는 그 속에서 배움을 찾는 자세를 가지고 있습니다.

예를 들어, 1학년 때 수학 과목에서 어려움을 겪었지만, 포기하지 않고 방과 후 스스로 공부 계획을 세워 꾸준히 보완했고, 결국 성적을 끌어올릴 수 있었습니다.

이 경험은 저에게 '노력은 결과로 이어진다'는 확신을 주었고, 이후 다른 과목에서도 자기주도적인 학습 습관을 형성하는 데 큰 도움이 되었습니다.

저는 대학에서도 이런 성실함을 바탕으로 끊임없이 배우고 성장하며, 학교에 긍정적인 영향을 주는 학생이 되고 싶습니다. 그래서 저를 선발해 주신다면, 그 기대에 꼭 부응하겠습니다.

❺ **봉사활동을 한 동기는 무엇인가요?**

🔹**답변Point ▶** 　저는 봉사활동을 단순한 활동이 아닌, 타인을 이해하고 사회를 더 깊이 배우는 기회라고 생각했습니다. 처음 봉사활동에 참여하게 된 계기는 중학교 시절 지역 복지관에서 진행한 캠페인이었는데, 그때 도움이 필요한 이웃을 직접 만나면서 '내가 누군가에게 작은 도움이 될 수 있다'는 경험이 인상 깊었습니다. 이후에도 지속적으로 봉사활동에 참여하며 다양한 사람들과 소통했고, 그 과정에서 공감능력과 책임감을 기를 수 있었습니다. 특히 장애아동센터에서의 활동은 배려와 인내심의 가치를 체득하게 해주었습니다. 이런 경험들은 공동체 속에서 살아가는 태도와 진로에 대한 방향성에도 긍정적인 영향을 주었고, 앞으로도 사회에 기여하는 삶을 살아가고 싶다는 다짐을 갖게 되었습니다.

❻ 봉사활동을 하면서 가장 힘든 점은 무엇이었나요?

답변 Point ▶ 봉사활동을 하면서 가장 힘들었던 점은 나와 다른 환경에 있는 사람들을 완전히 이해하는 것이 쉽지 않았다는 점입니다. 예를 들어, 노인복지관에서 어르신들을 도와드리는 활동을 할 때, 처음에는 단순히 도움을 드리면 된다고 생각했지만, 실제로는 어르신들의 정서적인 외로움이나 건강 문제에 대한 깊은 이해와 공감이 필요하다는 것을 알게 되었습니다. 말투 하나, 눈맞춤 하나에도 민감하게 반응하시는 분들도 있었고, 제 행동이 충분하지 않다고 느끼실까 봐 조심스러웠습니다. 하지만 그런 과정을 통해 경청의 중요성과 진정성 있는 태도가 얼마나 큰 영향을 주는지를 깨닫게 되었고, 점점 더 배려심 깊고 섬세한 자세를 갖게 되었습니다. 이런 경험은 저의 인간관계에도 긍정적인 변화를 가져왔습니다.

❼ 리더로서 활동한 경험과 어려웠던 점, 극복 사례를 구체적으로 말해 보세요.

답변 Point ▶ 고등학교 2학년 때 학급 반장을 맡으며 리더로서의 책임을 경험한 적이 있습니다.

당시 우리 반은 서로 성격이 다른 친구들이 많아 협력이 잘 되지 않았고, 특히 체육대회 준비 과정에서 의견 충돌이 많았습니다.

처음에는 갈등을 조율하기가 쉽지 않았지만, 구성원 한 명 한 명의 의견을 직접 들어보고, 모두가 납득할 수 있는 중간 지점을 찾기 위해 소그룹 회의를 자주 열었습니다.

그 결과 점차 친구들 사이에 신뢰가 생기기 시작했고, 체육대회 때는 우리 반이 응원상까지 수상하는 성과를 거둘 수 있었습니다.

이 경험을 통해 저는 리더란 앞장서기만 하는 사람이 아니라, 모두의 목소리를 듣고 함께 가는 사람이라는 걸 배웠고, 지금도 협업할 때 그 원칙을 지키려 노력하고 있습니다.

⑧ **리더십이란 무엇이라고 생각하나요?**

답변 Point ▶ 저는 리더십이란 함께의 힘을 이끌어내는 능력이라고 생각합니다.

단순히 앞에서 지시하고 이끄는 것이 아니라, 구성원들의 의견을 존중하고 각자의 장점을 잘 발휘할 수 있도록 돕는 역할이라고 봅니다.

예를 들어, 제가 학급 임원으로 활동할 때, 의견이 엇갈릴 때마다 중재하고 모두가 공감할 수 있는 방향을 찾아가는 데 집중했습니다.

그 결과 팀워크가 좋아졌고, 다양한 활동을 성공적으로 마칠 수 있었습니다.

이처럼 진정한 리더십은 혼자 앞서는 것이 아니라, 함께 가는 길을 만들고 모두가 그 길에 참여하도록 만드는 힘이라고 생각합니다.

⑨ **자신이 생각하는 리더로서의 가장 중요한 자질과 그렇게 생각한 이유를 말해 보세요.**

답변 Point ▶ 제가 생각하는 리더로서 가장 중요한 자질은 공감 능력입니다.

리더는 단순히 앞에서 이끄는 사람이라기보다, 구성원들의 생각과 감정을 이해하고 그에 맞춰 소통할 수 있어야 팀이 하나로 움직일 수 있다고 생각하기 때문입니다.

예를 들어, 제가 학급 임원으로 활동할 때 친구들 사이에 갈등이 생긴 적이 있었는데, 각자의 입장을 충분히 들어주고 중립적인 태도로 대화의 장을 열자 분위기가 차츰 좋아졌습니다.

이 경험을 통해 공감이 갈등을 줄이고 협력을 이끄는 핵심적인 힘이라는 걸 느꼈습니다.

따라서 저는 좋은 리더가 되기 위해 먼저 상대방을 이해하고, 함께 가는 방향을 찾는 노력을 계속해 나가고 있습니다.

❿ 가장 인상 깊게 읽은 책은 무엇이고 이유는 무엇인가요?

답변 Point ▶ 제가 가장 인상 깊게 읽은 책은 알베르 카뮈의 『페스트』입니다.

이 책은 전염병이 퍼진 도시에서 각자의 방식으로 고통에 맞서는 사람들의 이야기를 담고 있는데, 특히 주인공 리외 의사의 책임감 있는 태도가 깊은 인상을 남겼습니다.

리외는 절망적인 상황 속에서도 사람들을 위해 묵묵히 자기 역할을 다하는데, 그 모습은 저에게 진정한 용기와 연대의 의미를 생각하게 했습니다.

이후 저도 공동체 안에서 제 역할을 고민하게 되었고, 자원봉사 활동에 참여하며 실천하려 노력했습니다.

『페스트』는 단순한 소설을 넘어, 어려움 속에서도 인간다움을 지켜야 한다는 메시지를 준 책이기에 저에게 매우 의미 있는 독서 경험이었습니다.

⓫ 가장 존경하는 인물은 누구인가? 그렇게 생각한 이유를 말해 보세요. 그 인물에게 어떤 영향을 받았나요?

답변 Point ▶ 제가 가장 존경하는 인물은 유관순 열사입니다.

어려운 시대에도 나라를 위해 당당히 목소리를 내고 행동한 용기 있는 모습이 항상 제 마음에 깊이 남아 있습니다.

특히 17세의 나이에 자신의 안위보다 공동체의 자유를 선택했다는 점에서, 진정한 책임감과 신념의 상징이라고 생각합니다.

그 모습을 보며 저도 작은 일이라도 내가 할 수 있는 역할을 책임감 있게 해내는 자세를 가져야겠다고 다짐하게 되었습니다.

이후 학교생활에서도 누군가 먼저 나서기 꺼리는 일을 맡거나, 친구들을 도우며 공동체에 기여하려 노력하고 있습니다.

유관순 열사의 삶은 저에게 소신과 용기, 그리고 실천의 중요성을 일깨워 주었고, 지금도 제 삶의 중요한 가치 기준이 되고 있습니다.

⓬ **30년, 20년, 10년 후 자신의 모습은 어떤 모습일까요? 그때 어떤 평가를 받길 원하는가요?**

◀**답변** Point ▶　30년, 20년, 10년 후의 제 모습은 성장과 나눔을 실천하는 사람입니다. 10년 후에는 전공 분야에서 전문성을 갖춘 실무자로서, 조직이나 사회에 기여하는 위치에 있고 싶습니다.

20년 후에는 그 경험을 바탕으로 후배들을 이끌고 함께 성장하는 리더, 30년 후에는 사회 전반에 긍정적인 영향을 미치는 선한 영향력을 가진 전문가가 되어 있기를 꿈꿉니다.

그때 저는 주변으로부터 "자신의 길을 성실히 걸어온 사람, 함께할 때 신뢰가 가는 사람"이라는 평가를 듣고 싶습니다.

지금은 그 목표를 향해 꾸준히 준비해 나가는 과정 속에 있고, 대학에서의 배움과 경험들이 그 밑거름이 될 것이라 믿습니다.

⓭ **자신을 가장 잘 표현할 수 있는 낱말을 한 단어로 말해 보세요. 그 이유는 무엇인가요?**

◀**답변** Point ▶　저를 가장 잘 표현할 수 있는 단어는 '열정'입니다.

무엇을 하든 항상 강한 관심과 의지를 가지고 최선을 다하는 태도가 저의 가장 큰 특징입니다.

예를 들어, 관심 있는 과목이나 활동에 몰입할 때는 시간이 어떻게 가는지 모를 정도로 집중하며, 어려움이 있어도 포기하지 않고 끈기 있게 도전하는 편입니다. 이러한 열정 덕분에 저는 스스로 동기부여를 하며 꾸준히 성장할 수 있었습니다.

앞으로도 어떤 일을 하든 이 '열정'을 바탕으로 최선을 다하며 긍정적인 영향을 끼치는 사람이 되고 싶습니다.

⑭ **취미나 특기는 무엇인가요? 그게 본인의 진로에 어떤 영향을 줬나요?**

🔵 **답변 Point ▶** 저의 취미는 독서와 글쓰기이고, 특기는 효과적인 의사소통 능력입니다.

독서를 통해 다양한 생각과 지식을 접하면서 사고의 폭이 넓어졌고, 글쓰기를 통해 제 생각을 명확하고 논리적으로 표현하는 능력이 향상되었습니다.

이러한 경험은 진로에 큰 도움이 되었는데, 특히 상담이나 교육 같은 분야에서 상대방의 이야기를 잘 듣고 이해하며, 제 의사를 정확하게 전달하는 데 중요한 역할을 합니다.

앞으로도 제 취미와 특기를 살려, 전문성과 인간적인 소통 능력을 함께 갖춘 인재가 되고 싶습니다.

⑮ **만약 3가지 소원을 들어주는 램프의 요정을 만났다면 어떤 3가지 소원은 말하겠습니까?**

🔵 **답변 Point ▶** 만약 3가지 소원을 들어주는 램프의 요정을 만난다면, 첫째로는 가족과 주변 사람들의 건강과 행복을 빌겠습니다. 둘째로는 제가 원하는 분야에서 꾸준히 성장할 수 있는 기회와 역량을 갖게 해달라고 소원할 것 같습니다. 마지막으로는 세상에 도움이 되는 일을 하며, 많은 사람들과 좋은 영향을 나눌 수 있는 삶을 살게 해달라고 부탁하고 싶습니다.

이 세 가지 소원은 저뿐 아니라 주변과 사회 모두가 함께 행복해질 수 있는 길이라고 생각하기 때문입니다.

저에게는 무엇보다 '나만의 성공'보다 '함께 성장하고 나누는 삶'이 중요하기에 이와 같은 소원을 바랐습니다.

16 지원자 본인의 어떤 면이 우리 학과와 어울린다(적절하다)고 생각하십니까?

답변 Point ▶ 저는 문제를 관찰하고 스스로 해결하려는 태도를 중요하게 여깁니다. 단순히 주어진 과제만 수행하기보다는 그 이면에 있는 의미나 원인을 분석하려는 습관이 있어, 학문적인 탐구를 중시하는 귀 학과의 학습 분위기와 잘 맞는다고 생각합니다. 또한 저는 협업에 강점을 가지고 있어 팀 프로젝트나 실습이 많은 학과 커리큘럼에서도 적극적인 역할을 할 수 있습니다. 실제로 학교생활이나 봉사활동에서 다양한 사람들과 소통하며 의견을 조율한 경험이 많고, 그 과정에서 책임감과 조화로운 태도를 키워왔습니다. 학문적 관심과 더불어 공동체 속에서 함께 성장하려는 저의 성향은 귀 학과의 인재상과 잘 부합한다고 생각합니다.

17 본인이 생각하는 직업이 사회에 어떤 기여를 할 수 있다고 생각하십니까?

답변 Point ▶ 제가 희망하는 직업은 사회복지사이며, 이 직업은 사회에 중요한 기여를 한다고 생각합니다. 특히 사람들의 삶의 질을 높이고, 어려움에 처한 이웃을 돕는 역할을 하기에 사회 전반의 안정과 행복에 크게 이바지할 수 있습니다.

특히 사회복지사는 경제적·정신적으로 힘든 사람들에게 맞춤형 지원을 제공해, 그들이 자립하고 건강한 삶을 살도록 돕습니다.

이 과정에서 사회적 격차를 줄이고, 공동체의 연대감을 높이는 데 중요한 역할을 한다고 봅니다.

저도 이런 의미 있는 역할을 맡아, 사회 구성원 모두가 더 나은 환경에서 살아갈 수 있도록 기여하고 싶습니다.

⑱ 가장 기억에 남는 영화는 무엇이고, 그 영화는 본인에게 어떤 영향을 주었나요?

답변 Point ▶ 제가 가장 기억에 남는 영화는 『인턴(The Intern)』입니다. 은퇴한 70세 노인이 청년 CEO가 운영하는 스타트업에 인턴으로 입사해 세대 차이를 극복하고 조직에 기여하는 이야기인데요, 이 영화를 보며 진정한 '배움'은 나이에 상관없이 계속될 수 있다는 점을 깨달았습니다. 또한 인생의 경험이 기술 못지않게 조직에 큰 가치를 줄 수 있다는 점도 인상 깊었습니다. 저는 이 영화를 통해 변화에 유연하게 대응하고, 어떤 환경에서도 배우려는 태도가 중요하다는 것을 느꼈고, 제 진로에 있어서도 단순한 지식 습득보다 사람과 조직을 이해하는 폭넓은 시각이 필요하다는 생각을 갖게 되었습니다.

⑲ 사회 과목 중 가장 좋아했던 과목은 무엇입니까? 그 이유는 무엇입니까?

답변 Point ▶ 제가 가장 좋아했던 사회 과목은 역사입니다. 역사는 과거 사람들의 삶과 선택, 그리고 그로 인해 현재 사회가 어떻게 형성되었는지를 이해할 수 있게 해 주기 때문입니다. 특히 다양한 시대의 사건들을 배우면서 인간의 행동과 사회 변화를 깊이 생각해 보는 경험이 흥미로웠습니다. 역사를 통해 현재의 문제를 더 넓은 시각에서 바라보고, 같은 실수를 반복하지 않도록 교훈을 얻을 수 있다는 점이 큰 매력이라고 생각합니다. 이러한 이해는 앞으로 사회를 바라보는 폭넓은 사고력에도 도움이 될 것이라 믿습니다.

⑳ 과학 과목 중 가장 좋아했던 과목은 무엇입니까? 그 이유는 무엇입니까?

답변 Point ▶ 제가 가장 좋아했던 과학 과목은 물리입니다. 물리는 자연 현상을 수학적 법칙과 원리를 통해 설명하는 학문이라, 세상을 이해하는 데 논리적이고 체계적인 접근을 할 수 있다는 점이 매력적이었습니다. 특히 뉴턴의 운동 법칙이나 에너지 보존 법칙처럼 일상에서 쉽게 접할 수 있는 현상을 과학적으로 분석하는 과정이 흥미로웠습니다. 물리를 공부하면서 문제 해결력과 사고의 깊이가 깊어졌고, 이는 앞으로 과학기술 분야에서 필요한 역량을 키우는 데 큰 도움이 될 것이라 생각합니다.

㉑ 미래 사회에서 경쟁력을 가진 글로벌 인재란 어떤 인재라고 생각하는가요?

답변 Point ▶ 미래 사회에서 경쟁력을 가진 글로벌 인재란 다양한 문화와 환경 속에서 소통하고 협력할 수 있는 능력을 갖추면서, 빠르게 변화하는 기술과 사회 변화에 유연하게 대응하는 사람이라고 생각합니다. 단순한 지식 전달에 머무르지 않고, 문제를 창의적으로 해결하며 비판적 사고를 발휘할 줄 알아야 합니다. 또한 윤리적 책임감과 리더십을 갖추어 사회적 가치를 실현할 수 있는 사람이 되어야 하며, 여러 나라와 문화 간의 다리 역할을 하며 협력과 융합을 이끌어내는 능력이 중요하다고 봅니다. 결국 지식뿐 아니라 태도와 역량을 두루 갖춘 인재가 글로벌 경쟁력을 갖출 수 있다고 생각합니다.

㉒ 가족 외에 자신의 성격 형성에 가장 영향을 준 사람은 누구입니까? 그리고 그 사람이 어떤 영향을 주었습니까?

답변 Point ▶ 가족 외에 제 성격 형성에 가장 큰 영향을 준 분은 고등학교 시절 담임 선생님입니다. 선생님은 항상 학생 한 명 한 명을 진심으로 관심 있게 대해 주셨고, 어려운 상황에서도 긍정적인 태도와 끈기를 잃지 않도록 격려해 주셨습니다. 덕분에 저는 어려움을 마주했을 때 포기하지 않고 문제를 해결하려는 책임감과 자기주도적인 태도를 갖게 되었습니다. 또한, 타인을 존중하고 배려하는 마음도 선생님을 통해 배웠습니다. 이 경험은 제 성격뿐 아니라 앞으로의 학업과 사회생활에서도 큰 자산이 될 것이라 생각합니다.

㉓ 고교 시절 기억에 남는 나눔 또는 배려 활동은 무엇이었습니까?
그 경험을 통해서 무엇을 배웠습니까?

●답변Point ▶ 고등학교 시절, 지역 사회 복지관에서 진행한 독거노인 돕기 봉사활동이 가장 기억에 남습니다. 직접 어르신들 댁을 방문해 말벗이 되어 드리고, 필요한 생활용품을 전달하며 소통하는 시간이 뜻깊었습니다. 이 경험을 통해 타인의 입장에서 생각하고 공감하는 마음의 중요성, 그리고 작은 배려가 누군가의 삶에 큰 힘이 된다는 것을 배웠습니다. 더불어 공동체 의식과 책임감을 느끼게 되었고, 앞으로도 사회에 긍정적인 영향을 주는 사람이 되고 싶다는 다짐을 하게 되었습니다.

㉔ 길을 찾는 외국인을 만났을 때 어떻게 하겠는가?

●답변Point ▶ 길을 찾는 외국인을 만나면 먼저 친절한 태도로 다가가 도움을 주겠다는 의사를 분명히 표현할 것입니다. 언어가 통하지 않을 수도 있으니, 간단한 영어 표현이나 휴대폰 지도 앱을 활용해 시각적으로 안내하려 노력하겠습니다. 만약 상황이 복잡하거나 길 안내가 어렵다면, 근처 도움을 받을 수 있는 안내소나 경찰서, 관광 안내센터로 함께 가서 도움을 받을 수 있도록 안내하겠습니다. 무엇보다 낯선 사람에게 불안감을 주지 않도록 차분하고 배려심 있게 행동하는 것이 중요하다고 생각합니다.

02 인문학 계열

🏛 공통영역

■ **인문학과 사회과학의 차이는 무엇이라고 생각하십니까?**

● **답변 Point** ▶ 인문학과 사회과학은 모두 인간과 사회를 연구하는 학문이라는 점에서 공통점이 있지만, 접근 방법과 초점에서 차이가 있다고 생각합니다. 인문학은 문학, 철학, 역사, 예술 등 인간의 정신문화와 사상을 깊이 탐구하며, 인간 존재와 가치, 의미에 대한 질문을 주로 다룹니다. 반면 사회과학은 사회 구조, 경제, 정치, 법, 심리 등 사회 현상을 과학적이고 체계적으로 분석하여 사회 문제의 원인과 해결 방안을 찾는 데 초점을 둡니다. 쉽게 말해 인문학은 인간 내면과 문화의 '질적' 이해에, 사회과학은 사회 시스템과 행동의 '양적' 분석에 더 집중한다고 볼 수 있습니다. 두 분야는 서로 보완적이며, 함께 공부할 때 더 깊은 통찰을 얻을 수 있다고 생각합니다.

1. 역사학과

❶ 건국절과 관련한 논란에 대해 말하고 거기에 대한 본인의 의견을 말해 보세요.

🔹**답변Point ▶** 건국절 논란은 대한민국이 1948년 8월 15일 정부 수립을 '건국'으로 볼 것인지, 아니면 임시정부 수립과 3.1운동 등을 건국의 연장 선으로 볼 것인지에 대한 역사적 해석 차이에서 비롯됩니다.

1948년을 건국절로 본다면 국가의 법적, 제도적 출발을 명확히 하는 장점이 있지만, 그 이전 독립운동과 임시정부의 법통성을 간과할 우려가 있습니다.

반면, 1919년 임시정부 수립을 건국의 시작으로 보면 대한민국의 정통성과 역사적 연속성이 강조되며, 이는 현재 헌법 전문에도 반영되어 있는 입장입니다.

저는 대한민국은 1948년에 정부가 수립되었지만, 건국의 정신과 정통성은 1919년 임시정부로부터 계승되었다고 보는 것이 바람직하다고 생각합니다.

이는 단지 연도 문제가 아니라 독립운동의 의미, 국민의 주권, 그리고 헌법 가치와도 연결된 역사 인식이기 때문입니다.

이처럼 민감한 역사 논쟁은 이념이 아닌 사실과 헌법 정신에 기반하여 통합적인 시각으로 접근하는 것이 중요하다고 생각합니다.

❷ 일본 역사교과서 및 우경화 문제(독도, 동해 표기, 위안부, 집단자위권 등)에 대한 해결방안을 말해 보세요.

🔹**답변Point ▶** 일본의 역사교과서 왜곡과 우경화는 독도 표기 문제, 위안부 부정, 동해 명칭 삭제, 집단자위권 확대 등 다양한 형태로 나타나고 있으며, 한일 간의 외교적 긴장뿐만 아니라 동북아 평화에도 부정적 영향을 주고 있다고 생각합니다.

이 문제를 해결하기 위해서는 단순히 항의하는 외교적 대응을 넘어서, 역사적 사실에 기반한 국제적 공감대 형성이 중요하다고 봅니다.

예를 들어, UN, 유네스코, 국제 학술 단체 등을 통해 위안부나 독도 문제에 대한 역사자료를 널리 알리고, 해외 교과서나 지도에서 올바른 표기가 반영되도록 지속적으로 노력해야 합니다.

또한 한일 간의 민간 교류와 청소년 역사교육을 확대해, 정치적 대립을 넘어 미래 세대가 서로를 이해하고 협력할 수 있는 기반을 만드는 것도 중요하다고 생각합니다.

결론적으로는 사실에 근거한 역사 인식, 국제 사회와의 공조, 그리고 미래지향적 교육과 외교가 함께 이뤄져야 한다고 생각합니다.

❸ **역사학은 과거를 공부하는 학문인데, 왜 오늘날에도 중요한 학문이라고 생각하나요?**

답변 Point ▶ 역사는 단순히 과거의 이야기를 모아놓은 것이 아니라, 오늘날 우리가 왜 이런 사회에 살고 있는지를 이해하게 해줍니다. 역사적 배경을 알면 현재의 갈등이나 제도, 문화가 어떻게 형성되었는지 파악할 수 있고, 같은 실수를 반복하지 않도록 교훈도 얻을 수 있습니다. 특히 사회가 빠르게 변할수록, 역사적 맥락을 이해하고 균형 있는 시각을 갖는 것이 더 중요하다고 생각합니다.

❹ **가장 인상 깊게 공부한 역사적 사건은 무엇이며, 그 이유는 무엇인가요?**

답변 Point ▶ 저는 동학농민운동에 가장 인상 깊었습니다. 단순한 반외세 운동이 아니라, 조선 말 사회개혁을 요구한 민중의 자발적 움직임이었다는 점이 놀라웠습니다. 그 안에는 불평등한 사회 구조, 외세에 대한 경계심, 그리고 자주적인 사회를 만들려는 열망이 담겨 있었습니다. 지금의 시민 의식이나 민주주의의 기초를 역사 속에서 찾아볼 수 있었다는 점에서 매우 의미 있게 다가왔습니다.

❺ 역사 해석은 주관적일 수 있습니다. 서로 다른 해석이 존재할 때, 진실은 어떻게 판단해야 한다고 생각하나요?

🗨️**답변 Point ▶** 저는 진실에 접근하려면 다양한 사료를 비교하고, 그 사료가 작성된 배경과 목적까지 고려해야 한다고 생각합니다. 역사에는 항상 다양한 입장과 시각이 존재하지만, 그것이 진실을 왜곡해도 괜찮다는 뜻은 아닙니다. 해석의 다양성은 필요하지만, 사료에 기반한 객관성과 논리적 설명력이 뒷받침되어야 진정한 역사적 진실에 가까워질 수 있다고 봅니다.

❻ 최근 사회 이슈 중 역사학의 시각에서 분석해보고 싶은 것이 있다면 무엇인가요?

🗨️**답변 Point ▶** 저는 일본과의 강제동원 피해자 배상 문제를 역사학적으로 바라보고 싶습니다. 단순한 외교 갈등이 아니라, 식민지 시기의 인권 침해와 그에 대한 사후 처리 방식이 오늘날까지 이어진 문제라고 생각합니다. 이 사건을 통해 과거사 청산이 단순히 사과나 배상 문제를 넘어, 공동체가 정의롭게 과거를 기억하고 해결해나가는 과정임을 느꼈습니다.

❼ 대학 진학 후 역사학을 통해 어떤 주제나 시대를 연구하고 싶나요?

🗨️**답변 Point ▶** 저는 근현대사를 중심으로 한국 사회의 민주주의 발전 과정에 대해 깊이 있게 연구하고 싶습니다. 특히 1960년대 이후의 민주화 운동이나 시민 참여의 역사가 어떻게 오늘날의 제도와 의식에 영향을 미쳤는지에 관심이 많습니다. 제도보다 사람에 초점을 맞추어, 시대를 움직인 보통 시민들의 이야기를 발굴하고 기록하는 데 기여하고 싶습니다.

❽ (역사) 한국의 역사 중 가장 기억에 남는 시대와 사건은 무엇입니까? 그렇게 생각하는 이유는 무엇입니까?

답변 Point ▶ 제가 가장 기억에 남는 한국의 시대는 조선 후기입니다. 특히 그 시기의 실학 운동이 인상 깊었는데, 이는 당시 사회 문제를 현실적으로 해결하려는 학자들의 노력 덕분에 근대적 사고의 밑거름이 되었기 때문입니다. 실학자들은 백성들의 삶을 개선하고, 경제와 과학 기술 발전에 관심을 기울이며, 사회 전반의 변화를 모색했습니다.

이러한 움직임은 오늘날 우리 사회의 발전 방향과도 맞닿아 있어, 과거의 지혜가 현대에도 큰 의미를 가진다는 것을 느꼈습니다.

이 시대를 통해 저는 변화와 혁신의 중요성, 그리고 현실 문제를 직시하는 태도를 배우게 되었습니다.

❾ 역사학을 전공할 때 가장 중요한 태도는 무엇이라고 생각하나요?

답변 Point ▶ 저는 역사학에서 가장 중요한 태도는 비판적 사고와 균형 잡힌 시각이라고 생각합니다. 같은 사건이라도 시대적 상황과 이해관계에 따라 기록이 다르게 남겨지기 때문에, 사료를 그대로 받아들이기보다는 맥락을 고려하며 분석해야 합니다. 또한 한쪽의 관점에 치우치지 않고 다양한 해석을 비교하는 태도가 필요합니다. 이런 자세가 있어야 역사를 사실에 가깝게 이해할 수 있다고 생각합니다.

❿ 역사학의 연구가 오늘날 우리 사회에 어떤 기여를 할 수 있다고 생각하나요?

답변 Point ▶ 역사는 단순히 과거를 기록하는 것이 아니라, 현재와 미래를 비추는 거울이라고 생각합니다. 과거의 잘못된 선택에서 교훈을 얻고, 공동체가 어떤 과정을 거쳐 발전해 왔는지를 이해함으로써 사회 통합에 기여할 수 있습니다. 또한 역사 인식은 시민의식과도 연결되기 때문에, 역사학 연구는 민주주의와 공동체 의식을 강화하는 데 중요한 역할을 한다고 생각합니다.

2. 철학과

① 철학이 현대 사회에 왜 필요한 학문이라고 생각하나요?

답변 Point ▶ 철학은 단순히 고대의 사상을 배우는 학문이 아니라, 우리가 어떤 기준으로 옳고 그름을 판단하고, 사회적 문제를 어떻게 바라볼지를 고민하게 해줍니다. 빠르게 변화하는 현대 사회에서는 기술, 정치, 윤리 문제들이 복잡하게 얽혀 있는데, 철학은 이 모든 문제에 대해 근본적인 질문을 던지고 스스로 생각하는 힘을 길러줍니다. 그래서 철학은 오늘날에도 여전히 중요한 학문이라고 생각합니다.

② 철학과 다른 학문은 어떤 점에서 다르다고 생각하나요?

답변 Point ▶ 철학은 단순히 정보를 습득하는 것이 아니라, 질문을 만드는 학문이라고 생각합니다. 다른 학문들은 특정 대상이나 문제를 정해놓고 연구하지만, 철학은 그 학문들이 전제로 삼는 개념들, 예를 들어 '진리란 무엇인가' 또는 '인간이란 무엇인가' 같은 근본적인 질문을 다룹니다. 그래서 철학은 모든 학문의 바탕이자, 스스로 사고하는 힘을 기르는 가장 기초적인 학문이라고 생각합니다.

③ 당신이 생각하는 '정의'란 무엇인가요?

답변 Point ▶ 저는 정의란 모두에게 공정한 기회를 보장하는 것이라고 생각합니다. 단순히 결과가 같게 나오는 것이 아니라, 각자의 상황에 맞게 균형 잡힌 기회를 주는 것이 진정한 정의라고 봅니다. 플라톤이나 롤스처럼 철학자들마다 정의의 기준은 다르지만, 중요한 건 우리가 어떤 사회를 만들고 싶은지를 끊임없이 고민하는 과정이라고 생각합니다.

④ '모든 진리는 상대적이다'라는 말에 동의하시나요?

답변 Point ▶ 이 말에 부분적으로는 동의하지만, 전적으로 동의하지는 않습니다. 문화나 개인의 관점에 따라 다르게 보이는 진리도 있지만, 일정 수준 이상의 보편적 진리도 있다고 생각합니다. 예를 들어 인권이나

생명 존중 같은 가치는 시대나 문화가 달라도 지켜져야 할 보편적 기준
입니다. 따라서 상대주의가 중요하지만, 무조건적인 상대주의는 위험할
수 있다고 생각합니다.

❺ 윤리적 판단은 감정으로 해야 할까요, 이성으로 해야 할까요?

답변 Point ▶ 저는 윤리적 판단은 감정보다 이성을 기반으로 해야 한다
고 생각합니다. 감정은 순간적일 수 있고, 사람마다 다르기 때문에 일관
된 판단을 하기 어렵습니다. 반면 이성은 기준을 세우고 논리적으로 판단
할 수 있게 해주기 때문에, 더 보편적이고 책임 있는 결정을 내릴 수 있습
니다. 물론 감정도 고려돼야 하지만, 최종 판단은 이성을 바탕으로 해야
한다고 봅니다.

❻ 대학에서 철학을 배운 뒤, 그 학문을 어떻게 활용하고 싶나요?

답변 Point ▶ 저는 철학을 통해 비판적 사고력과 논리적 글쓰기 능력을
키우고 싶습니다. 졸업 후에는 학문 자체를 더 깊이 연구할 수도 있지만,
교육이나 콘텐츠 제작, 공공정책 등 다양한 분야에서 철학적 사고를 적용
하고 싶습니다. 철학은 어디서든 의사결정과 문제해결의 기준이 될 수 있
기 때문에, 다양한 현실 문제를 철학적으로 풀어내는 사람이 되고 싶습
니다.

❼ 철학에서 '인간이란 무엇인가'라는 질문은 왜 중요한가요?

답변 Point ▶ 인간에 대한 질문은 철학의 출발점이라고 생각합니다. 인
간의 본질을 이해해야 도덕, 정치, 사회 제도 같은 모든 철학적 논의가 가
능해집니다. 예를 들어 인간을 이성적 존재로 보느냐, 욕망의 존재로 보
느냐에 따라 사회 제도의 방향도 달라질 수 있습니다. 그래서 '인간이란
무엇인가'는 단순한 추상적 질문이 아니라 현실 사회를 설계하는 데 직접
적인 의미가 있는 질문이라고 생각합니다.

❽ 철학과 과학은 어떤 관계에 있다고 생각하나요?

🔵 **답변 Point ▶** 철학과 과학은 대립하기보다는 서로 보완하는 관계라고 생각합니다. 과학은 경험과 실험을 통해 구체적인 사실을 밝혀내지만 철학은 그 과학적 지식이 어떤 의미를 갖는지, 인간과 사회에 어떤 영향을 주는지를 고민합니다. 예를 들어 인공지능이 발전했을 때 철학은 그것이 인간의 자유나 노동에 어떤 의미를 주는지를 성찰하게 만듭니다. 따라서 철학은 과학의 한계를 보완하는 반성적 학문이라고 생각합니다.

❾ 본인이 철학자와 대화할 수 있다면 누구를 선택하겠으며, 이유는 무엇인가요?

🔵 **답변 Point ▶** 저는 소크라테스를 선택하고 싶습니다. 소크라테스는 끊임없이 질문을 던지고, 상대방 스스로 답을 찾도록 이끄는 대화법을 실천했습니다. 저 역시 정답을 주는 학문보다 스스로 사고하는 힘을 기르는 학문이 중요하다고 생각하기 때문에 그의 방식이 오늘날 교육이나 토론 문화에도 여전히 큰 의미가 있다고 봅니다.

❿ 철학을 전공하려는 본인의 가장 큰 이유는 무엇인가요?

🔵 **답변 Point ▶** 저는 단순히 지식을 배우는 것보다 생각하는 힘을 기르는 데 더 큰 가치를 두고 있습니다. 철학은 정해진 답을 외우는 것이 아니라 끊임없이 질문을 던지고 스스로 답을 탐구하는 과정이라고 생각합니다. 저는 이 과정을 통해 더 넓은 시각을 얻고, 복잡한 사회 문제를 깊이 있게 바라보는 사람이 되고 싶습니다. 그래서 철학을 전공하려고 합니다.

3. 국어국문학과

① 왜 국어국문학과에 진학하고자 하나요?

🔵 **답변 Point ▶** 저는 어릴 때부터 책을 읽고 글을 쓰는 데에서 큰 즐거움을 느껴왔고, 문학이 사람의 감정과 사회를 깊이 있게 비추는 거울이라고 생각해왔습니다. 특히 한국 문학은 시대마다 다른 목소리를 담아내며 역사

와 사회의 흐름을 반영해왔다는 점에서 큰 매력을 느꼈습니다. 대학에서
는 문학 작품을 분석하고 연구하며, 그 안에 담긴 인간과 사회에 대한 통
찰을 깊이 있게 배우고 싶습니다.

❷ 좋아하는 한국 문학 작품이나 작가는 누구인가요? 그 이유는?

답변 Point ▶ 저는 김훈 작가의 『칼의 노래』를 인상 깊게 읽었습니다. 단
순히 이순신 장군을 영웅적으로 그리는 것이 아니라, 전쟁과 역사 속에서
고뇌하는 인간의 내면을 섬세하게 묘사한 점이 인상 깊었습니다. 그의 문
체 또한 굉장히 절제되면서도 밀도 높아, 한 문장 한 문장이 시처럼 다가
왔습니다. 이런 작품을 통해 문학이 단순한 이야기를 넘어 철학과 미학을
품을 수 있다는 것을 느꼈습니다.

❸ 한국 문학이 우리 사회에 어떤 역할을 할 수 있다고 생각하나요?

답변 Point ▶ 한국 문학은 시대의 아픔과 갈등, 그리고 희망을 담아내는
창입니다. 시대마다 억압받는 사람들의 목소리를 대변하거나, 사회의 부
조리를 고발하며, 사람들로 하여금 공감하고 연대하게 만들었습니다. 최
근에는 다양한 목소리를 반영하는 소수자 문학도 늘고 있는데, 이를 통
해 문학은 더 많은 사람들의 삶을 이해하고 소통하는 매개체로서의 역할
을 한다고 생각합니다.

❹ 국문학을 공부하는 데 가장 중요한 자질은 무엇이라고 생각하
나요?

답변 Point ▶ 저는 감수성과 사고력의 균형이 중요하다고 생각합니다.
문학을 느끼는 감정적 공감 능력도 필요하지만, 그 작품을 분석하고 해
석하는 논리적 사고력도 필요하기 때문입니다. 또한 많은 작품을 꾸준히
읽고, 그 속에서 작가의 언어와 세계관을 이해하려는 태도도 중요하다고
생각합니다. 국문학은 단순히 문학을 즐기는 데 그치지 않고, 그 의미를
탐구하고 비판적으로 바라보는 학문이기 때문입니다.

⑤ 국문학과를 졸업한 후 진로 계획이 있다면?

답변 Point ▶ 저는 문학을 바탕으로 사람들과 소통하는 일을 하고 싶습니다. 학문적으로는 현대문학 연구를 계속해 나가고 싶고, 실무적으로는 문학 콘텐츠 기획이나 글쓰기 교육, 출판 분야에도 관심이 많습니다. 또한 국어교사라는 진로도 고민 중인데, 문학을 통해 학생들이 세상을 더 깊이 바라보고 표현하는 힘을 갖도록 돕는 데 의미를 느낍니다.

⑥ 국어는 계속 바뀌는 언어입니다. 순우리말만 써야 할까요, 외래어나 신조어도 받아들여야 할까요?

답변 Point ▶ 저는 언어는 시대와 함께 변화해야 한다고 생각합니다. 순우리말을 보존하는 것도 중요하지만, 외래어나 신조어 역시 사람들이 실제로 사용하는 언어이기 때문에 이를 무조건 배척할 수는 없다고 봅니다. 중요한 건 언어를 무분별하게 수용하느냐가 아니라, 그 말이 사회에 어떤 영향을 주는지를 비판적으로 살펴보는 태도라고 생각합니다.

⑦ 좋아하는 현대 작가나 작품이 있다면 소개하고 이유를 말해보세요.

답변 Point ▶ 저는 한강 작가의『소년이 온다』를 인상 깊게 읽었습니다. 단순한 역사 서사가 아니라 1980년 광주 민주화운동이라는 사건 속에서 개인의 삶과 트라우마를 섬세하게 담아내어 문학이 역사와 인간의 감정을 연결할 수 있음을 보여주었습니다. 이를 통해 문학이 단순한 이야기 전달이 아니라 공감과 성찰을 이끌어내는 힘을 가진다는 것을 느꼈습니다.

⑧ 문학 작품을 분석할 때 어떤 접근 방식을 중요하게 생각하나요?

답변 Point ▶ 저는 작품의 시대적 배경과 작가의 의도를 함께 고려하는 접근이 중요하다고 생각합니다. 작품 자체의 언어와 서사 구조를 분석하는 것뿐만 아니라 그 작품이 만들어진 역사적, 사회적 맥락을 이해하면 의미가 한층 깊어집니다. 이를 통해 단순한 감상에서 벗어나, 비판적이고 다층적인 이해가 가능해진다고 생각합니다.

⑨ 한국 문학이 국제적으로도 주목받을 수 있는 요소는 무엇이라고 생각하나요?

🔵**답변Point** ▶ 한국 문학은 독창적이고 강렬한 정서 표현과 역사적 경험을 바탕으로 세계 독자에게 공감을 줄 수 있다고 생각합니다. 예를 들어 일제강점기, 전쟁, 산업화와 같은 격동의 경험을 인간 중심 서사로 풀어내는 작품들은 보편적 인간 경험과 맞닿아 있습니다. 이런 점에서 한국 문학은 문화적 특수성과 보편성을 동시에 갖추고 있어 국제적 관심을 끌 수 있다고 봅니다.

⑩ 국문학을 공부하며 어떤 연구 주제를 탐구하고 싶나요?

🔵**답변Point** ▶ 저는 현대 한국 문학 속 사회적 소수자의 목소리를 연구하고 싶습니다. 문학 속 인물과 사건을 분석하면서 시대적 억압이나 차별이 개인과 사회에 미친 영향을 탐구할 계획입니다. 이를 통해 문학이 단순한 창작물이 아니라 사회를 이해하고 공감하는 통로임을 보여주고, 더 나아가 현대 사회 문제를 성찰하는 데 기여하고 싶습니다.

4. 영어영문학과

① 왜 영어영문학과에 진학하고 싶나요?

🔵**답변Point** ▶ 저는 영어를 단순한 소통의 도구로 넘어서, 그 안에 담긴 문화와 사상, 문학적 깊이에 관심이 많았습니다. 특히 영문학은 다양한 시대와 지역의 가치관, 인간 본성, 사회 문제를 다루기 때문에 문학을 통해 세계를 더 넓고 깊게 이해할 수 있다고 생각합니다. 영문학과에 진학해서 작품 속에 담긴 인간의 심리와 철학을 분석하고, 그것을 현대 사회와 연결시키는 공부를 하고 싶습니다.

❷ 가장 인상 깊게 읽은 영어 문학 작품은 무엇이며, 그 이유는?

🔹답변 Point ▶   저는 조지 오웰의 『1984』를 인상 깊게 읽었습니다. 단순한 디스토피아 소설이 아니라, 언어가 사고를 어떻게 통제하는지, 권력이 인간의 자유를 어떻게 억압하는지를 보여준다는 점에서 충격적이었습니다. 특히 '뉴스피크'라는 개념을 통해, 언어가 단지 표현의 수단이 아니라 사고의 범위까지 결정할 수 있다는 점을 느끼고 언어의 힘을 다시 보게 되었습니다.

❸ 영문학이 우리 사회에 어떤 역할을 할 수 있다고 생각하나요?

🔹답변 Point ▶   영문학은 단지 영어권의 문학을 읽는 것이 아니라, 다른 문화와 시각을 이해하고 비판적으로 사고하는 능력을 기르는 학문이라고 생각합니다. 다양한 인물과 시대를 통해 인간의 보편적인 감정과 갈등을 이해할 수 있고, 다문화 사회에서 필요한 포용력과 공감 능력도 키울 수 있습니다. 따라서 영문학은 글로벌 시대에 타인을 이해하고 소통하는 데 큰 역할을 할 수 있다고 생각합니다.

❹ 영어 실력을 향상시키기 위해 어떤 노력을 해왔나요?

🔹답변 Point ▶   저는 영어를 단지 시험 과목이 아닌, 실제 의사소통과 사고의 도구로 활용하려고 노력했습니다. 다양한 영미 문학 작품을 원서로 읽으면서 어휘력과 독해력을 키웠고, 영어 토론 동아리 활동을 통해 표현력과 말하기 능력도 발전시켰습니다. 특히 문학 작품을 읽을 때는 작가의 의도나 시대적 배경을 함께 파악하며, 깊이 있는 이해를 위해 꾸준히 공부해왔습니다.

❺ 셰익스피어 작품은 지금 읽어도 의미가 있을까요?

🔹답변 Point ▶   저는 셰익스피어의 작품은 여전히 현대적 의미가 크다고 생각합니다. 인간의 본성, 사랑과 질투, 권력과 도덕성 같은 주제는 시대를 초월하기 때문입니다. 또한 셰익스피어는 언어의 유희와 상징, 극적인 표현을 통해 독자나 관객에게 감정과 사고의 깊이를 동시에 전달합니다.

지금도 연극, 영화, 문학 등 다양한 분야에서 셰익스피어의 영향력이 이어지는 이유라고 생각합니다.

❻ 영문학 전공을 어떻게 활용하고 싶나요?

답변 Point ▶ 저는 영문학을 통해 인간의 내면과 사회를 통찰하는 시각을 키우고 싶습니다. 졸업 후에는 콘텐츠 기획이나 문화 관련 번역·출판, 혹은 교육 분야에서 사람들과 문학을 연결하는 일을 하고 싶습니다. 단순한 언어 구사 능력보다, 문학을 통한 깊은 이해와 소통 능력이 사회에 더 필요한 역량이라고 생각합니다.

❼ 영어와 한국어 각각의 우수성에 관하여 설명해 보세요.

답변 Point ▶ "영어와 한국어는 서로 다른 장점을 가진 언어라고 생각합니다.

첫째, 영어는 전 세계적으로 사용되는 국제 공용어로서, 다양한 문화와 사람을 연결하는 소통의 도구로 우수합니다. 간결하고 직관적인 문법 구조는 빠르고 명확한 정보 전달에 유리합니다.

둘째, 한국어는 높임말과 어미 변화 등 섬세한 표현 구조를 가지고 있어, 정서와 관계를 섬세하게 전달하는 데 뛰어납니다. 특히 맥락에 따라 말의 의미가 달라지는 특성은 깊이 있는 소통을 가능하게 합니다.

저는 두 언어의 우수성을 이해하고 적절히 활용하는 것이 진정한 언어 능력이라고 생각합니다."

❽ 영어권 문화와 한국 문화를 비교하며 느낀 점이 있나요?

답변 Point ▶ 영어권 문화는 개인의 권리와 자유를 강조하고, 논리와 합리적 사고를 중시하는 경향이 강합니다. 반면 한국 문화는 공동체와 관계, 예절과 정서적 조화를 중요시합니다. 이러한 차이를 비교하며, 문화가 언어와 사고방식에 어떤 영향을 미치는지 이해하게 되었고, 이는 영문학 작품을 읽고 분석할 때 다양한 맥락을 고려하는 데 큰 도움이 됩니다.

⑨ **번역과 문학 연구 중 어떤 분야에 더 관심이 있나요?**

 저는 문학 연구와 번역을 모두 중요하게 생각하지만, 특히 작품의 의미와 맥락을 분석하는 연구에 더 관심이 있습니다. 번역은 작품의 의미를 다른 언어로 전달하는 과정에서 필연적으로 해석이 수반되기 때문에 문학 연구를 기반으로 하면 더 정확하고 풍부한 번역이 가능합니다. 따라서 연구를 바탕으로 번역 능력을 함께 키우고 싶습니다.

⑩ **영문학을 공부하며 사회적 문제를 탐구할 수 있는 방법은 무엇이라고 생각하나요?**

 영문학 작품 속 인물과 사건을 분석하면, 시대적·사회적 갈등과 인간 행동의 근본적 원인을 이해할 수 있습니다. 이를 통해 현대 사회의 인권, 차별, 윤리 문제를 비판적으로 성찰할 수 있으며 문학을 통한 토론이나 글쓰기를 통해 사회적 메시지를 전달할 수도 있습니다. 즉, 영문학은 단순한 언어 학습을 넘어 사회를 이해하고 개선하는 통로가 될 수 있다고 생각합니다.

5. 중어중문학과

① **왜 중어중문학과에 진학하고 싶나요?**

 저는 중국어가 가진 언어적 매력뿐 아니라, 그 안에 담긴 오랜 역사와 문화에 관심이 많았습니다. 중국은 정치, 경제뿐 아니라 문화적으로도 한국과 밀접한 영향을 주고받는 나라입니다. 중어중문학과에 진학해 중국 문학과 사상을 깊이 있게 공부하고, 언어를 넘어 문화를 이해하는 시야를 넓히고 싶습니다. 이를 통해 한중 간의 교류와 소통에 기여하는 사람이 되고 싶습니다.

❷ **중국어를 어떻게 공부해왔고, 어떤 점이 가장 어려웠나요?**

◖**답변 Point** ▶ 중국어는 발음이 중요하다고 생각해서 성조와 병음 학습에 많은 시간을 들였고, 일상 회화뿐 아니라 중국 문장을 직접 써보며 익혔습니다. 특히 성조나 유사한 발음 때문에 의미가 달라지는 점이 가장 어려웠지만, 드라마나 뉴스 시청을 통해 듣는 연습을 꾸준히 해왔습니다. 그 과정에서 중국어의 표현 방식이 한국어와 어떻게 다른지 이해하게 되었고, 더 깊은 흥미를 느꼈습니다.

❸ **한중관계에서 문화 교류는 어떤 의미가 있다고 생각하나요?**

◖**답변 Point** ▶ 문화 교류는 양국이 서로를 이해하고 신뢰를 쌓는 가장 평화롭고 지속적인 방법이라고 생각합니다. 정치·경제 관계가 일시적으로 불안정하더라도, 문화는 국민들 간의 정서적 유대를 만들 수 있습니다. 예를 들어, 중국의 문학이나 예술을 한국에 소개하고, 한국 문화를 중국에 전달하는 일을 통해 오해를 줄이고 공감대를 높일 수 있다고 생각합니다.

❹ **중국 문학 중 인상 깊게 읽은 작품이 있다면 소개해 주세요.**

◖**답변 Point** ▶ 저는 루쉰(鲁迅)의 『아Q정전』을 인상 깊게 읽었습니다. 이 작품은 단순한 개인 이야기처럼 보이지만, 당시 중국 사회의 모순과 국민의식의 문제를 비판적으로 드러내고 있습니다. 루쉰은 문학이 사회를 비추는 거울이 될 수 있다는 점을 잘 보여준 작가라고 생각합니다. 이런 작품을 통해 문학이 단순한 감상의 대상이 아니라, 현실을 변화시키는 힘이 있다는 걸 느꼈습니다.

❺ **중국어는 영어보다 중요하다고 생각하나요?**

◖**답변 Point** ▶ 저는 영어와 중국어가 각각 다른 방식으로 중요하다고 생각합니다. 영어는 국제 공용어로서 필수적인 도구이고, 중국어는 세계 인구의 1/5이 사용하는 언어이자 중국과의 교류에 필수적인 언어입니다.

특히 중국이 세계 정치 · 경제에서 차지하는 비중이 커지고 있기 때문에, 앞으로 중국어의 중요성은 더욱 높아질 것입니다. 영어에 더해 중국어까지 구사할 수 있다면 국제 사회에서 경쟁력이 높다고 생각합니다.

❻ 졸업 후 중어중문학 전공을 어떻게 활용하고 싶나요?

답변 Point ▶ 저는 중문학과 언어를 바탕으로 문화 콘텐츠 기획이나 번역, 국제교류 관련 분야에서 일하고 싶습니다. 특히 한중 간의 문화 오해를 줄이고, 더 깊은 상호이해를 돕는 가교 역할을 하는 데 관심이 많습니다. 단순히 언어를 잘하는 것을 넘어서, 중국 문화를 깊이 이해하는 전공자로서 실질적인 소통 능력을 갖추고 싶습니다.

❼ 중국어와 중국 문화를 공부하며 가장 흥미로웠던 점은 무엇인가요?

답변 Point ▶ 중국어를 배우면서 문자의 구조와 성조뿐만 아니라 단어 하나에도 오랜 역사와 문화적 배경이 담겨 있다는 점이 가장 흥미로웠습니다. 예를 들어 한자 하나만 보아도 사회적 가치관, 철학적 사유, 역사적 사건이 녹아 있어서 단순한 언어 학습이 아니라 문화와 사고방식을 함께 이해하는 경험이 됩니다.

❽ 중국과 한국 문학을 비교해 본 경험이 있나요?

답변 Point ▶ 네, 루쉰의 『아Q정전』과 한국의 『무정』을 비교하며 읽은 적이 있습니다. 두 작품 모두 사회적 모순과 개인의 갈등을 다루지만 중국 문학은 보다 집단적 · 사회적 맥락을 강조하고, 한국 문학은 개인 내면의 갈등과 인간관계에 초점을 맞추는 차이를 느꼈습니다. 이를 통해 문화와 역사적 배경이 문학적 표현에 어떻게 반영되는지 이해할 수 있었습니다.

❾ 중국어와 중국 문화를 공부하는 데 있어 가장 큰 도전은 무엇이었나요?

답변 Point ▶ 가장 큰 도전은 언어적 장벽뿐 아니라 문화적 차이를 이해하는 것이었습니다. 중국의 역사, 사회 관습, 가치관을 이해하지 않으면 문학이나 대화 속 뉘앙스를 온전히 파악하기 어렵습니다. 그래서 역사·철학 관련 자료를 병행 학습하며 언어와 문화를 통합적으로 이해하려고 노력했습니다.

⑩ 대학 진학 후 어떤 연구나 프로젝트를 하고 싶나요?

답변 Point ▶ 저는 중국 문학과 현대 중국 사회의 연결점을 연구하고 싶습니다. 예를 들어, 근대 중국 문학 속 민족주의와 사회 변화를 분석하거나 현대 중국 사회에서 문학적 표현이 어떻게 문화적 정체성을 반영하는지 탐구하고 싶습니다. 또한 한중 문화 교류를 주제로 학생 프로젝트를 진행해, 언어와 문화를 실질적으로 연결하는 경험을 쌓고 싶습니다.

6. 일어일문학과

① 왜 일어일문학과에 진학하고 싶나요?

답변 Point ▶ 저는 일본 문학과 문화에 대한 관심을 통해 일본어 공부를 시작했습니다. 단지 말하는 능력을 넘어서, 일본 사회와 사고방식을 문학과 언어를 통해 깊이 있게 이해하고 싶었습니다. 대학에서는 일본의 고전 문학부터 현대 사회 담론까지 폭넓게 배우며, 일본을 올바르게 이해하고, 양국 간의 문화 교류에도 기여할 수 있는 사람으로 성장하고 싶습니다.

② 일본어를 공부하며 느낀 가장 흥미롭거나 어려운 점은 무엇인가요?

답변 Point ▶ 일본어는 존댓말과 겸양어 같은 복잡한 표현 체계를 통해 인간관계에서의 예의와 거리감을 세심하게 드러낸다는 점이 인상 깊었습니다. 동시에 그 점이 가장 어려운 부분이기도 했습니다. 하지만 그만큼 일본어는 사회문화적 맥락을 함께 배우며 언어의 배경을 이해해야 한다는 점에서 흥미로운 학문이라고 느꼈습니다.

❸ 일본 문학 중 인상 깊게 읽은 작품이나 작가가 있다면?

🔵 **답변 Point ▶** 저는 무라카미 하루키의 『노르웨이의 숲』을 인상 깊게 읽었습니다. 인간의 상실, 외로움, 삶과 죽음이라는 철학적 주제를 일상적인 문체로 섬세하게 풀어내는 방식이 감명 깊었습니다. 단순한 청춘소설을 넘어서 인간 내면에 대한 깊은 통찰을 담고 있다는 점에서, 일본 현대 문학의 깊이를 느꼈습니다.

❹ 한일관계에 대해 어떻게 생각하나요?

🔵 **답변 Point ▶** 한일관계는 과거사 문제와 감정적인 갈등이 존재하지만, 동시에 경제·문화적으로는 매우 밀접한 이웃 국가라고 생각합니다. 감정에 치우치기보다는, 서로의 역사와 문화를 이해하고 존중하는 자세가 필요하다고 봅니다. 일어일문학 전공자로서 저는 양국 간의 소통을 매끄럽게 이어주는 가교 역할을 하는 데 기여하고 싶습니다.

❺ 일본 문화를 어떻게 접하고 있으며, 어떤 분야에 관심이 있나요?

🔵 **답변 Point ▶** 저는 일본 문화를 접할 때 애니메이션, 영화, 전통예술 등 다양한 매체를 활용합니다. 특히 일본의 계절감과 미학이 잘 드러나는 하이쿠나 와카 같은 고전 문학에 흥미가 많습니다. 앞으로는 단순한 소비자적 시각이 아닌 분석자, 연구자로서 일본 문화를 더 깊이 이해하고 싶습니다.

❻ 졸업 후 일어일문학 전공을 어떻게 활용하고 싶나요?

🔵 **답변 Point ▶** 저는 일어일문학 전공을 바탕으로 문화 콘텐츠 분야나 국제 교류 관련 분야에서 일하고 싶습니다. 한류 콘텐츠에 일본 현지 감성을 잘 맞춰 기획·번역하는 일, 혹은 공공 외교 분야에서 문화로 소통하는 일을 해보고 싶습니다. 단순히 언어 구사가 아닌, 문화 이해와 공감이 가능한 전문 인력이 되고 싶습니다.

❼ 일본어와 일본 문화를 공부하면서 가장 흥미로웠던 점은 무엇인가요?

◗답변 Point ▶ 일본어를 배우면서 단순한 의사소통을 넘어서 언어 속에 담긴 사회적 규범과 문화적 맥락을 이해할 수 있다는 점이 가장 흥미로웠습니다. 예를 들어 존댓말과 겸양어 사용에서 인간관계와 사회적 위계가 반영되는 것을 배우면서, 언어 학습이 곧 문화 이해로 이어진다는 사실을 깨달았습니다.

❽ 일본 문학과 한국 문학의 차이점을 느낀 경험이 있나요?

◗답변 Point ▶ 네, 일본 문학은 개인의 내면 세계와 감정을 세밀하게 묘사하는 반면, 한국 문학은 사회적 · 역사적 맥락 속에서 인물의 행동과 갈등을 강조하는 경향이 있다는 점을 느꼈습니다. 이러한 비교를 통해서 문학이 단순한 이야기 전달을 넘어 문화적 사고방식을 반영한다는 점을 이해할 수 있었습니다.

❾ 일본어 학습에서 가장 어려웠던 점과 극복 방법은 무엇인가요?

◗답변 Point ▶ 가장 어려웠던 점은 발음과 억양, 특히 유사한 발음으로 인해 의미가 달라지는 상황이었습니다. 이를 극복하기 위해 일본어 원서와 뉴스, 드라마를 반복적으로 듣고, 문장을 직접 써보며 실습했습니다. 또한 일본인과의 대화를 통해 실제 사용 맥락에서 언어를 이해하고 적용하는 연습을 꾸준히 했습니다.

❿ 대학에서 어떤 연구나 프로젝트를 하고 싶나요?

◗답변 Point ▶ 저는 일본 근현대 문학과 사회 변화를 연결하는 연구를 하고 싶습니다. 예를 들어, 전쟁과 경제 성장 속에서 일본 문학이 개인과 사회를 어떻게 반영했는지 분석하거나 현대 일본 사회 속 문학적 표현이 어떻게 문화 정체성과 가치관을 드러내는지 탐구하고 싶습니다. 또한 한일 문화 교류 프로젝트를 진행하며, 언어와 문화를 실제로 연결하는 경험도 쌓고 싶습니다.

6. 프랑스언어문화학과

1 프랑스언어문화학과에 지원한 이유는 무엇인가요?

답변 Point ▶ 저는 언어가 단순한 의사소통 수단을 넘어 문화를 이해하는 창이라고 생각합니다. 특히 프랑스어는 외교, 예술, 철학 등 다양한 분야에서 영향력이 크기 때문에 학문적으로 깊이 탐구하고 싶어 지원했습니다.

2 프랑스 문화 중 가장 관심 있는 분야는 무엇인가요?

답변 Point ▶ 저는 프랑스 문학에 관심이 많습니다. 특히 사르트르와 까뮈의 실존주의 문학을 통해 인간의 자유와 책임에 대해 고민하게 되었고, 이를 더 깊이 공부해보고 싶습니다.

3 프랑스어를 공부하는 데 가장 큰 어려움은 무엇이라고 생각하나요?

답변 Point ▶ 성별에 따라 달라지는 문법 체계와 발음 규칙이 처음엔 어렵다고 들었습니다. 하지만 꾸준히 반복 학습하고 프랑스어 원서를 읽으며 익숙해진다면 충분히 극복할 수 있다고 생각합니다.

4 프랑스와 한국의 문화 차이 중 흥미로운 점을 말해보세요.

답변 Point ▶ 프랑스는 개인의 의견 표현을 매우 중시하는 반면, 한국은 조화와 배려를 중시합니다. 이런 차이를 이해하는 것은 단순한 언어 학습을 넘어 문화 간 소통을 가능하게 한다고 생각합니다.

5 프랑스어를 활용한 진로 계획이 있나요?

답변 Point ▶ 졸업 후에는 국제기구나 문화 교류 관련 기관에서 일하고 싶습니다. 프랑스어와 영어를 함께 활용해 국제 무대에서 한국 문화를 알리고, 프랑스 문화를 한국에 소개하는 가교 역할을 하고 싶습니다.

⑥ 프랑스의 대표적인 사상가 중 한 명을 소개해보세요.

●답변 Point ▶ 루소를 예로 들고 싶습니다. 그는 '사회계약론'을 통해 개인의 자유와 공동체의 관계를 설명했는데, 현대 민주주의의 기초를 마련한 사상가라고 생각합니다.

⑦ 프랑스와 관련된 최근의 국제 이슈를 아는 것이 있나요?

●답변 Point ▶ 최근 프랑스는 환경 문제에 적극적인 정책을 펼치고 있습니다. 파리협정 이후 기후 위기에 대한 국제적 연대를 강조하고 있는데, 이는 프랑스가 전통적으로 갖고 있는 국제 사회 리더십의 연장선이라고 생각합니다.

⑧ 프랑스어와 영어의 차이점은 무엇이라고 생각하나요?

●답변 Point ▶ 영어는 국제 공용어로 기능적 측면에서 강하지만, 프랑스어는 예술·철학·외교에서 뿌리 깊은 전통을 가지고 있습니다. 두 언어를 함께 공부하면 폭넓은 문화적 시야를 가질 수 있다고 생각합니다.

⑨ 프랑스 언어와 문화를 공부하는 것이 본인에게 어떤 의미가 있나요?

●답변 Point ▶ 저에게는 단순한 학문적 선택이 아니라 세계와 소통하고 제 시야를 넓히는 과정입니다. 언어를 통해 사고방식까지 배울 수 있다는 점에서 제 성장에 중요한 의미가 있습니다.

⑩ 프랑스어 공부에 있어 본인의 강점은 무엇인가요?

●답변 Point ▶ 저는 꾸준히 독서를 해온 습관이 있어 텍스트 이해력과 표현력이 강점입니다. 이를 기반으로 프랑스어 문학이나 철학 텍스트를 깊이 있게 읽어낼 수 있다고 생각합니다.

8. 독일어문화언어학과

❶ 왜 독일어문화언어학과에 진학하고 싶나요?

답변 Point ▶ 저는 독일어를 단순한 의사소통 수단이 아닌, 언어 속에 담긴 문화와 사고방식을 이해하는 도구로 보고 있습니다. 독일은 철학, 문학, 음악 등 다양한 문화적 유산을 가진 나라입니다. 대학에서는 독일어 실력을 심화하고, 독일 문학과 사회 · 문화 연구를 통해 언어와 문화의 상호작용을 깊이 이해하고 싶습니다. 또한 한독 문화 교류와 국제 협력에도 기여할 수 있는 인재로 성장하고 싶습니다.

❷ 독일어 학습에서 가장 흥미로웠던 점은 무엇인가요?

답변 Point ▶ 독일어는 어순과 격, 성별 표현이 체계적으로 언어 구조에 반영되어 있다는 점이 흥미로웠습니다. 특히 문법 규칙이 사고방식과 밀접하게 연결되어 있다는 사실을 배우면서 언어 학습이 단순한 회화 연습을 넘어 문화적 사고 이해로 이어진다는 점을 느꼈습니다.

❸ 독일 문학이나 작가 중 가장 인상 깊은 작품이나 인물은 누구인가요?

답변 Point ▶ 저는 괴테의 『파우스트』를 인상 깊게 읽었습니다. 인간의 욕망과 도덕, 지식과 한계에 대한 깊은 탐구가 담겨 있어서 단순한 문학 작품을 넘어 철학적 · 사회적 질문을 던진다고 느꼈습니다. 이 작품을 통해 문학이 인간과 사회를 통찰하는 중요한 도구임을 깨달았습니다.

❹ 독일 문화에서 흥미롭게 느낀 점이 있다면 무엇인가요?

답변 Point ▶ 독일은 음악, 철학, 건축 등에서 세계적 유산을 가진 나라입니다. 특히 사회적 규범과 질서를 중시하면서도 개인의 자유와 창의성을 존중하는 균형이 흥미로웠습니다. 이를 통해 문화적 배경이 사람들의 사고와 생활 방식을 어떻게 형성하는지 이해할 수 있었습니다.

❺ 독일어와 영어, 한국어의 차이점을 설명해 보세요.

🔵 답변Point ▶ 독일어는 문법과 어휘 체계가 매우 체계적이고 논리적이며 복합 명사와 격 표현이 특징입니다. 영어는 국제 공용어로 소통과 표현에 효율성이 강점이고, 한국어는 높임말과 어미 변화로 정서와 관계를 섬세하게 표현할 수 있습니다. 각 언어가 가진 특성을 이해하면 문화와 사고방식까지 폭넓게 이해할 수 있다고 생각합니다.

❻ 독일어 학습에서 가장 어려웠던 점과 극복 방법은 무엇인가요?

🔵 답변Point ▶ 가장 어려웠던 점은 동사 위치와 격 변화, 성 구분 등 복잡한 문법이었습니다. 이를 극복하기 위해 반복적인 문장 연습과 독일어 원서 읽기, 독일 뉴스와 영상 자료를 활용한 듣기 연습을 병행했습니다. 실제 독일인과의 회화 경험도 큰 도움이 되었습니다.

❼ 대학에서 어떤 독일 문화나 문학 연구를 하고 싶나요?

🔵 답변Point ▶ 저는 독일 근현대 문학과 사회 변화의 관계를 연구하고 싶습니다. 특히 20세기 독일 역사 속 문학 작품을 분석하여 전쟁과 분단, 통일 과정에서 문학이 개인과 사회에 어떤 영향을 주었는지 탐구하고 싶습니다.

❽ 독일어 전공을 졸업 후 어떻게 활용하고 싶나요?

🔵 답변Point ▶ 졸업 후에는 독일과 관련된 문화 콘텐츠 기획, 번역, 국제 교류, 또는 기업의 해외 협력 업무 등에서 독일어와 문화 이해를 실질적으로 활용하고 싶습니다. 단순한 언어 능력뿐 아니라 문화적 맥락까지 고려한 소통 능력을 발휘하고자 합니다.

❾ 한독 관계에서 문화 교류의 중요성에 대해 어떻게 생각하나요?

🔵 답변Point ▶ 문화 교류는 상호 이해와 신뢰를 구축하는 가장 지속적이고 평화로운 방법이라고 생각합니다. 경제적·정치적 관계가 일시적으로

변하더라도 문화 교류를 통해 양국 국민 간 공감대와 친밀감을 형성할 수 있습니다.

⑩ 독일어를 배움으로써 자신에게 어떤 변화를 기대하나요?

답변 Point ▶ 독일어 학습을 통해 사고력과 분석력을 높이고, 다양한 문화적 시각을 이해하는 능력을 키우고 싶습니다. 이를 바탕으로 국제 사회에서 다른 문화와 원활하게 소통하고, 비판적·창의적 사고를 기반으로 문제를 해결하는 능력을 갖춘 사람이 되고자 합니다.

9. 문화인류학과

❶ 왜 문화인류학과에 진학하고 싶나요?

답변 Point ▶ 저는 인간의 삶과 사회를 깊이 이해하고 싶어 문화인류학을 선택했습니다. 문화인류학은 단순히 다른 문화를 관찰하는 것이 아니라 인간이 만들어내는 가치, 관습, 상징, 제도를 분석하며 인간 사회를 이해하게 해줍니다. 대학에서는 다양한 문화의 비교 연구를 통해 인간과 사회에 대한 폭넓은 통찰을 얻고 싶습니다.

❷ 문화인류학에서 가장 흥미로운 주제는 무엇인가요?

답변 Point ▶ 저는 의례와 신화, 사회 구조가 사람들의 삶과 사고방식에 어떻게 영향을 미치는지에 관심이 있습니다. 예를 들어 결혼 의례나 장례 문화는 단순한 관습이 아니라 사회적 규범과 인간관계, 가치관을 반영합니다. 이런 상징적 행위를 연구하는 것이 흥미롭습니다.

❸ 문화상대주의와 인류학적 관점에 대해 설명해 보세요.

답변 Point ▶ 문화상대주의란 다른 문화의 관습과 가치가 자기 문화 기준으로 판단될 수 없음을 인정하는 태도입니다. 인류학에서는 이를 바탕으로 문화 간 차이를 존중하고, 그 문화가 왜 그렇게 형성되었는지 맥락을 이해하려고 합니다. 이는 편견 없는 분석과 이해를 가능하게 합니다.

④ 현대 사회에서 문화인류학이 중요한 이유는 무엇인가요?

답변 Point ▶ 글로벌화와 다문화 사회가 확산되면서 다양한 문화적 배경을 가진 사람들이 상호작용합니다. 문화인류학은 이 과정에서 갈등과 오해를 줄이고, 문화적 다양성을 이해하고 존중할 수 있는 기반을 제공합니다. 또한 사회 문제를 인간과 문화의 관점에서 분석하는 능력을 길러줍니다.

⑤ 가장 인상 깊게 관찰하거나 연구하고 싶은 문화 현상은 무엇인가요?

답변 Point ▶ 저는 한국과 주변 국가의 청소년 문화 차이를 연구하고 싶습니다. 학교생활, 놀이, 인터넷 문화 등에서 세대와 지역에 따른 가치관과 행동 양식의 차이를 분석하면, 현대 사회의 문화적 흐름과 변화 양상을 이해하는 데 큰 도움이 될 것이라고 생각합니다.

⑥ 문화인류학을 통해 해결할 수 있는 사회적 문제는 무엇이라고 생각하나요?

답변 Point ▶ 문화인류학은 사회적 갈등, 편견, 소수자 배제 문제 등을 완화하는 데 기여할 수 있습니다. 서로 다른 문화적 배경을 이해하고 존중하는 방법을 제시함으로써 다문화 사회에서 발생할 수 있는 차별과 오해를 줄일 수 있다고 생각합니다.

⑦ 참여관찰(fieldwork)의 의미와 중요성은 무엇인가요?

답변 Point ▶ 참여관찰은 연구자가 직접 현장에 참여하여 사람들의 행동과 문화를 관찰하는 방법입니다. 이를 통해 책이나 자료로는 알 수 없는 실제 생활과 문화의 미묘한 의미를 이해할 수 있습니다. 현장의 맥락 속에서 문화의 실제를 경험하는 것이 핵심입니다.

⑧ 문화인류학 전공을 졸업 후 어떻게 활용하고 싶나요?

답변 Point ▶ 졸업 후에는 국제 NGO, 문화 정책 연구, 다문화 교육, 문화 콘텐츠 기획 등에서 전공을 활용하고 싶습니다. 문화적 이해와 분석 능력을 바탕으로 사회 문제를 해결하고, 다양한 사람들과 소통하는 데 기여하고자 합니다.

⑨ 문화적 충격(cultural shock)을 경험한 적이 있다면, 어떻게 극복했나요?

답변 Point ▶ 해외 교류 프로그램에서 문화적 차이로 인해 초기에는 의사소통과 생활방식에서 혼란을 겪었습니다. 이를 극복하기 위해 적극적으로 현지 문화를 배우고, 관찰하며 이해하려고 노력했습니다. 이러한 경험은 다른 문화를 존중하고 적응하는 능력을 기르는 중요한 계기가 되었습니다.

⑩ 문화인류학적 관점에서 한국 사회의 특징을 하나 꼽는다면 무엇인가요?

답변 Point ▶ 한국 사회는 전통과 현대가 공존하는 특징이 있습니다. 예를 들어, 전통적 유교 가치가 여전히 가족과 사회관계에 영향을 미치면서, 동시에 글로벌화와 디지털 문화가 빠르게 확산되고 있습니다. 이러한 상반된 요소를 이해하는 것이 한국 사회를 깊이 연구하는 데 중요하다고 생각합니다.

03

사회과학 계열
(정치·경제·행정·심리 등)

상경계열 공통 영역(경영, 경제 등)

❶ 최저임금 인상에 대한 본인의 입장을 논리적으로 제시하라.

답변 Point ▶

① 최저임금인상에 대한 본인의 입장(찬성)과 논리

첫째, 저소득층의 삶의 질 개선과 소득 불평등 완화입니다.

최저임금 인상은 저임금 노동자들의 소득을 높여주어 삶의 질을 개선하고 소득 양극화 현상을 완화하는 데 기여합니다. 우리나라 저임금 근로자의 비중이 OECD 평균보다 높고, 이로 인해 사회적 격차와 삶의 질 문제가 심각합니다. 국제통화기금(IMF) 연구에 따르면 하위 20%의 소득이 증가할 때 경제 성장률도 같이 오른다는 근거도 있습니다.

둘째, 내수 활성화와 경제 선순환에 긍정적 효과입니다.

최저임금 인상으로 저소득층의 소비 여력이 늘어나면, 이 돈이 곧바로 시장에서 사용되어 내수경제 활성화에 도움이 됩니다. 임금이 인상된 근로자는 추가 소득을 식비, 교통비, 주거비 등 기본적인 곳에 지출하게 되고, 이는 소상공인과 자영업자의 매출에도 긍정적인 영향을 줄 수 있습니다.

셋째, 노동 생산성 향상 및 고용시장 정착입니다.

최저임금 인상은 근로자들에게 더 나은 동기를 부여하고, 기업 입장에서도 직원의 이직률 감소와 업무 집중도를 높일 수 있습니다. 이는 노동생산성의 향상으로 이어질 수 있고, 장기적으로는 고용시장 질적 개선에도 긍정적인 변화를 가져옵니다.

넷째, 사회적 안전망 강화입니다.

저임금 근로자는 사회 취약계층(청년, 여성, 고령자)인 경우가 많기 때문에, 최저임금 인상은 사회의 기본적인 안전망을 강화하는 효과도 있습니다. 실질적으로 이들을 보호하지 않으면 사회 전체적인 불안과 복지비용 증가로 이어질 수 있습니다.

② 반대 의견에 대한 반론 및 한계

반대론에서는 최저임금 인상 시 영세 자영업자, 중소기업의 부담 증가와 신규 고용 감소(또는 구조조정) 문제를 가장 크게 지적합니다. 단기간에 급격히 인상될 경우 일부 영세업종에는 부담이 크고, 인건비 부담으로 인해 신규 채용이 줄거나 사업체의 존속이 어려워질 수 있습니다.

또한 급격한 임금 인상이 전체 경제에 미치는 영향은 정책 시행의 속도와 보완대책에 따라 다르게 나타날 수 있음을 인정해야 합니다.

(결론)

최저임금 인상은 궁극적으로 저소득층 보호와 사회 전체의 경제 선순환, 불평등 완화라는 측면에서 사회적·경제적 긍정효과가 분명합니다. 단, 속도 조절과 영세 자영업자 및 중소기업 지원 등 세밀한 보완정책이 반드시 병행되어야 한다고 생각합니다.

❷ 최저임금 인상이 경제에 미치는 긍정적/부정적 영향은?

답변 Point ▶ 최저임금 인상은 노동자의 삶의 질을 높이고, 소비 여력을 늘려 경제 활성화에 긍정적인 영향을 미칠 수 있습니다.

실질 소득 증가로 인해 근로자들의 구매력이 높아지고, 이는 내수 시장의 확대와 기업 매출 증대로 이어질 수 있습니다.

하지만 반면에, 인건비 부담 증가로 일부 중소기업이나 영세 자영업자는 경영에 어려움을 겪고, 고용 축소나 근로시간 단축 등 부작용이 발생할 위험도 있습니다.

특히 자동화나 기계화로 대체되는 일자리가 늘어날 가능성도 무시할 수 없습니다.

따라서 최저임금 인상은 사회적 합의와 경제 상황을 고려해 단계적으로 시행하고, 중소기업 지원책과 함께 추진하는 것이 바람직하다고 생각합니다.

❸ 환율의 하락과 상승이 경제에 미치는 영향에 대하여 알고 있는 사람 말해보세요.

🔵 **답변 Point** ▶ 환율이 하락한다는 것은 자국 통화가 강세를 보인다는 뜻으로, 수입품 가격이 상대적으로 저렴해져 소비자에게 유리합니다.

하지만 반대로 수출 기업 입장에서는 제품 가격 경쟁력이 떨어져 수출 감소로 이어질 수 있습니다.

반면 환율이 상승하면 자국 통화가 약세가 되어 수출 기업에는 유리해지고, 해외 시장에서 가격 경쟁력을 높일 수 있습니다.

그러나 수입품 가격이 상승해 물가 상승 압력으로 작용할 수 있고, 소비자 부담이 커질 수 있습니다.

따라서 환율 변동은 수출입 균형과 물가, 기업 경쟁력에 모두 영향을 미치기 때문에 정부와 기업은 이를 잘 관리하고 대비하는 것이 중요합니다.

❹ 담배 값이 인상되어 이슈가 되었는데 담배 값에는 세금이 포함되어 있습니다. 담배 값 인상으로 인한 금연 효과는 저조하고, 세수는 확대 되었다고 하는데 어떻게 생각 하나요?

🔵 **답변 Point** ▶ 담배 값 인상이 건강을 위한 정책이라면, 그 목적은 흡연율 감소와 국민 건강 증진이어야 합니다.

하지만 실제로는 금연 효과는 기대보다 낮았고, 대신 세수는 크게 증가했다는 점에서, 국민 입장에서는 이 정책이 '건강을 위한 조세'라기보다 '세금 수입 확대' 중심의 정책으로 비춰질 수 있다고 생각합니다.

물론 건강증진기금 등으로 일정 부분이 재투자되고 있지만, 여전히 담배 세수의 상당 부분이 일반 재정으로 흡수되고 있다는 점에서 투명성과 신뢰성의 문제가 제기됩니다.

따라서 단순한 가격 인상만으로는 흡연율을 줄이기 어렵고, 금연 치료 지원 확대, 청소년 흡연 예방 교육, 흡연 환경 제한 등 다양한 건강 중심의 접근이 병행되어야 효과를 낼 수 있다고 봅니다.

세금 정책은 목적이 명확하고 국민이 납득할 수 있어야 지속 가능하다고 생각합니다.

❺ **국가 부채와 가계 대출 증가에 대한 본인의 생각을 말해 보세요.**

답변 Point ▶ 국가 부채와 가계 대출 증가 문제는 경제 성장과 안정에 심각한 도전이라고 생각합니다. 국가 부채가 과도하게 쌓이면 미래 세대의 부담이 커지고, 재정 건전성이 약화될 수 있습니다. 반면 가계 대출 증가는 개인과 가정의 경제적 위험을 높여 소비 위축과 금융 불안정으로 이어질 우려가 있습니다.

따라서 정부는 재정 지출의 효율성을 높이고, 성장 동력을 확보하는 동시에, 가계의 부채 관리를 강화하는 정책이 필요하다고 봅니다. 예를 들어, 무분별한 대출을 막고, 금융 교육을 확대해 가계의 재정 건전성을 높이는 노력이 중요합니다. 균형 있는 재정 운영과 건전한 금융 문화 조성이 함께 이루어져야 경제의 지속 가능성을 확보할 수 있다고 생각합니다.

1. 경영학과

❶ 왜 경영학과에 지원했나요?

답변 Point ▶ 저는 조직이 어떻게 운영되고, 사람들이 어떻게 협업하는지에 대한 관심이 많습니다. 특히 기업이 전략적으로 의사결정을 내리고 시장을 분석해 성과를 내는 과정이 흥미로웠습니다. 고등학교 때 경영 관련 동아리 활동을 하면서 마케팅 사례를 분석하고, 모의 창업 활동을 하며 제 아이디어가 구조화되는 과정에서 큰 보람을 느꼈습니다. 경영학과에 진학해 경영 전략, 회계, 마케팅 등을 체계적으로 배우고, 궁극적으로는 창의적인 문제 해결 능력을 갖춘 경영 전문가로 성장하고 싶습니다.

❷ 경영학과에서 어떤 분야에 가장 관심이 있나요?

답변 Point ▶ 저는 마케팅 분야에 가장 큰 관심이 있습니다. 소비자의 심리를 분석하고, 그에 맞는 전략을 세워 가치를 창출하는 과정이 매력적이라고 느꼈습니다. 특히 SNS나 빅데이터를 활용한 디지털 마케팅이 기업의 경쟁력을 좌우한다는 점에서, 관련 기술과 분석 능력을 함께 갖춘 마케터가 되고 싶다는 목표를 갖고 있습니다. 대학에서는 소비자행동론, 브랜드 전략, 데이터 분석 등을 깊이 있게 배우고 싶습니다.

❸ 최근 관심 있게 본 기업 사례가 있다면 소개해 주세요.

답변 Point ▶ 최근 무신사의 브랜드 확장 전략에 주목했습니다. 온라인 스트리트 패션 편집숍으로 시작했지만, 이제는 자체 브랜드를 통해 수익 구조를 다각화하고 있고, 오프라인 진출까지 시도하고 있습니다. 특히 고객 커뮤니티를 적극 활용해 브랜드 충성도를 높이는 전략이 인상 깊었습니다. 이를 통해 하나의 플랫폼이 브랜드로 성장하는 과정을 볼 수 있었고, 경영 전략과 마케팅의 중요성을 다시금 느낄 수 있었습니다.

❹ 리더십을 발휘한 경험이 있다면 말해 보세요.

답변 Point ▶ 학교에서 환경 캠페인을 기획한 적이 있습니다. 처음엔 의견이 분산되고 참여율도 낮았지만, 팀원들과 소통하며 역할을 재분배하고, 학생들의 관심을 끌 수 있는 '제로웨이스트 챌린지' 형태로 바꿨습니다. 결과적으로 자발적 참여가 늘었고 교내 신문에도 소개되었습니다. 이 경험을 통해 리더십은 명령이 아니라 조율과 설득이라는 걸 깨달았고, 이는 경영학에서 말하는 조직관리와도 연결된다고 느꼈습니다.

❺ 본인의 단점은 무엇이며, 이를 극복하기 위해 어떤 노력을 했나요?

답변 Point ▶ 저는 한 가지에 몰두하면 주변 상황을 놓치는 경향이 있었습니다. 이를 극복하기 위해 계획표를 작성하고, 매일 끝나기 전에 하루를 되돌아보며 자기 피드백을 하는 습관을 들였습니다. 특히 팀 프로젝트에서는 중간 점검을 통해 제 업무뿐 아니라 전체 흐름을 함께 보려 노력했습니다. 이 과정에서 균형 감각과 협업의 중요성을 배우게 되었고, 지금은 더 유연하고 조율 능력 있는 사람으로 성장하고 있다고 생각합니다.

❻ 졸업 후 어떤 진로를 생각하고 있나요?

답변 Point ▶ 저는 브랜드 마케터 또는 경영 컨설턴트를 목표로 하고 있습니다. 소비자와 시장을 분석하고, 기업의 가치를 극대화하는 전략을 제시하는 일에 매력을 느낍니다. 특히 ESG나 사회적 가치까지 고려하는 지속가능한 경영에도 관심이 많아, 대학에서는 이론과 실무를 균형 있게 배우고, 다양한 인턴 경험도 쌓을 계획입니다. 장기적으로는 변화에 유연하게 대응하고, 새로운 기회를 창출하는 경영 전문가로 성장하고 싶습니다.

❼ 경영학과에 지원한 만큼 본인이 평소 존경하는 경영인에 대하여 설명해 보세요.

답변 Point ▶ "제가 존경하는 경영인은 일론 머스크입니다.

첫째, 그는 미래지향적인 비전과 혁신적인 아이디어로 전기차, 우주산업, 에너지 분야 등 다양한 산업을 선도하며 글로벌 변화를 주도하고 있습니다. 끊임없는 도전정신과 창의성이 인상적입니다.

둘째, 실패와 비판에도 굴하지 않고 자신의 목표를 향해 꾸준히 나아가
는 끈기와 열정을 보여주었습니다. 이러한 태도는 어려운 경영 환경에
서도 지속가능한 성장을 이루는 데 큰 역할을 한다고 생각합니다.

저도 경영학을 공부하며 혁신과 도전을 두려워하지 않는 리더가 되고 싶
습니다."

❽ **(경영) 기업의 사회적 책임(ESG)에 대해 자신의 의견을 말해 보
세요.**

🔵**답변 Point ▶** 저는 기업의 사회적 책임, 즉 ESG 경영이 현대 사회에서 매
우 중요하다고 생각합니다. 기업은 단순히 이윤 창출을 넘어서 환경 보
호(Environment), 사회적 책임(Social), 투명한 지배구조(Governance)를
통해 지속 가능한 성장을 도모해야 합니다.

특히 환경 보호는 지구의 미래를 위해 꼭 필요하고, 사회적 책임을 다함
으로써 직원과 지역사회, 고객과의 신뢰를 쌓을 수 있다고 봅니다. 또한
투명한 지배구조는 공정한 경영과 책임 있는 의사결정을 가능하게 하여
기업의 장기적 발전을 돕습니다.

저는 앞으로 기업이 ESG를 적극 실천할 때, 사회 전체가 더 건강하고 균
형 있게 발전할 수 있다고 믿으며, 이러한 가치가 널리 퍼지길 바랍니다.

❾ **팀 프로젝트에서 갈등이 발생했을 때, 어떻게 해결했나요?**

🔵**답변 Point ▶** 팀 프로젝트를 진행하면서 의견 충돌이 생긴 적이 있었
습니다. 이때 저는 갈등의 원인을 먼저 명확히 파악하고, 각 팀원의 의견
과 우려를 경청하는 데 집중했습니다. 그 후 공통 목표를 다시 상기시키
고, 각자의 강점을 살린 역할 분담으로 문제를 해결했습니다. 결과적으로
팀원 모두가 만족할 수 있는 결과를 도출할 수 있었고, 이 경험을 통해 경
영에서는 소통과 조율 능력이 갈등 해결에 핵심이라는 것을 배웠습니다.

⑩ 최근 경영 트렌드 중 가장 주목하는 것은 무엇이며, 이유는 무엇인가요?

🔵**답변 Point** ▶ 저는 디지털 전환(Digital Transformation, DX) 트렌드에 주목하고 있습니다. 기업이 데이터를 기반으로 의사결정을 내리고, 디지털 기술을 활용해 고객 경험을 개선하는 과정이 경쟁력의 핵심이 되기 때문입니다. 특히 AI, 빅데이터, 클라우드 기술을 경영 전략과 연결하면 비용 효율과 고객 만족도를 동시에 높일 수 있다는 점이 흥미롭습니다. 대학에서 이러한 기술과 경영 전략을 함께 배우고, 실제 사례 분석을 통해 실무 감각을 키우고 싶습니다.

2. 경제학과

① 왜 경제학과에 지원했나요?

🔵**답변 Point** ▶ 저는 사회의 다양한 현상이 결국 '경제적 선택'과 연결되어 있다는 점에 흥미를 느껴 경제학과에 지원했습니다. 고등학교 경제 수업에서 한정된 자원을 어떻게 효율적으로 배분할 것인지에 대한 논의를 접하며 경제학의 합리성과 현실 적용성에 큰 매력을 느꼈습니다. 또한 사회 현상 뒤에 숨겨진 구조를 분석하는 경제학의 논리적 사고 방식이 저의 성향과도 잘 맞아 대학에서 경제이론을 깊이 있게 배우고 싶습니다.

② 관심 있는 경제 분야는 무엇이고, 그 이유는 무엇인가요?

🔵**답변 Point** ▶ 저는 거시경제학에 관심이 많습니다. 한 나라의 성장, 실업, 물가 같은 거시적 지표들이 국민 삶에 직접적인 영향을 주기 때문입니다. 특히 경제위기, 금리정책, 재정정책이 어떤 파급효과를 가지는지에 대해 공부하고 싶습니다. 최근 뉴스에서 금리 인상이 실물경제에 미치는 영향을 접하면서 경제학이 매우 현실적인 학문이라는 것을 체감했고, 이런 복잡한 흐름을 읽을 수 있는 통찰력을 기르고 싶습니다.

③ **최근에 관심 있게 본 경제 이슈는 무엇인가요?**

● **답변 Point ▶** 최근 고물가와 금리 인상 기조가 인상 깊었습니다. 인플레이션을 억제하기 위해 중앙은행이 기준금리를 인상하는 상황에서 가계 부채 부담과 경기침체 우려가 동시에 존재한다는 점이 흥미로웠습니다. 이러한 경제정책의 딜레마를 보면서, 경제학이 단순한 수치의 계산이 아닌 균형과 판단의 학문이라는 것을 느꼈습니다. 대학에서 이러한 정책 효과를 이론적으로 깊이 있게 배우고 싶다는 생각이 들었습니다.

④ **경제학과와 본인의 어떤 성향이 잘 맞는다고 생각하나요?**

● **답변 Point ▶** 저는 논리적으로 사고하고, 다양한 변수를 비교·분석하는 데 강점이 있습니다. 수학과 사회과목을 좋아하고, 문제 해결 과정에서 원인과 결과를 체계적으로 정리하는 습관이 있어 경제학의 분석적 접근과 잘 맞는다고 생각합니다. 또한 복잡한 사회 현상 속에서 '왜 그런 현상이 발생하는가'를 궁금해하고 탐구하는 태도도 경제학과의 학문적 분위기와 잘 어울린다고 생각합니다.

⑤ **경제학이 우리 사회에 어떤 기여를 할 수 있다고 생각하나요?**

● **답변 Point ▶** 경제학은 단순한 숫자 계산이 아니라, 사회 구성원들의 선택과 행동을 분석하고, 보다 공정하고 효율적인 정책을 설계하는 데 기여할 수 있습니다. 예를 들어 복지 정책, 조세 제도, 노동 시장의 설계 등은 모두 경제학적 분석을 바탕으로 이루어집니다. 저는 경제학이 사회의 구조적인 문제를 해결하고, 미래를 예측할 수 있는 중요한 도구라고 생각하며, 이를 통해 보다 나은 사회를 만드는 데 기여할 수 있다고 믿습니다.

⑥ **졸업 후 어떤 진로를 생각하고 있나요?**

● **답변 Point ▶** 저는 경제학을 전공한 후 공공정책 분석가 또는 경제연구원으로 일하고 싶습니다. 특히 정부나 연구기관에서 실증적 데이터를 바탕으로 정책을 분석하고, 사회적 효율성과 형평성을 고려한 제안을 하는

역할에 관심이 많습니다. 대학에서는 계량경제학, 통계, 정책학 등을 집중적으로 배우고, 인턴 경험과 논문 작성 등을 통해 실무 감각도 키우고 싶습니다. 장기적으로는 경제적 관점에서 사회 문제를 해결하는 데 기여하는 전문가가 되고 싶습니다.

⑦ 최근에 미국과 타결된 관세정책이 우리나라 경제에 미치는 영향에 관해 설명해 보세요.

답변 Point ▶ 최근 미국과 타결된 관세정책은 우리나라의 수출 산업에 긍정적인 영향을 미칠 것으로 예상됩니다. 미국이 한국산 제품에 부과하던 고율의 관세가 완화되면, 우리 기업들의 제품 경쟁력이 높아지고 수출이 증가할 가능성이 큽니다. 특히 자동차, 반도체 등 주요 산업에 도움이 될 것입니다. 이는 국내 생산과 고용 확대에도 긍정적인 효과를 가져올 수 있습니다. 하지만 한편으로는 미국과의 무역 관계 변화에 따른 불확실성이나 다른 국가와의 경쟁 심화 등도 고려해야 하며, 우리 정부와 기업이 신속하게 대응 전략을 마련하는 것이 중요하다고 생각합니다.

⑧ 세계화의 긍정적 또는 부정적 사항을 말해 보세요.

답변 Point ▶ 세계화의 긍정적인 측면은 국가 간의 교류와 협력이 활발해지면서 경제, 문화, 기술 등 다양한 분야에서 발전을 촉진한다는 점입니다. 예를 들어, 한 나라에서 개발된 기술이나 문화 콘텐츠가 전 세계로 빠르게 확산되고, 다양한 국가의 사람들이 협력해 더 나은 결과를 만들어내는 것이 가능해졌습니다.

하지만 부정적인 면도 존재합니다. 세계화로 인해 자국 산업이 경쟁에서 밀려 사라지거나, 문화의 획일화, 빈부 격차 심화 같은 문제가 발생하기도 합니다. 예를 들어, 저개발국의 노동 착취나 환경 파괴 같은 윤리적 문제가 생길 수 있습니다.

따라서 세계화는 일방적인 긍정도, 부정도 아닌, 균형 있게 접근하고 조율해야 할 과제라고 생각합니다.

❾ 환율이란 무엇이며, 환율 변동에 따른 영향에는 어떤 것들이 있나요?

◆답변 Point ▶ 환율이란 한 나라의 통화를 다른 나라의 통화로 바꿀 때 적용되는 비율을 말합니다. 예를 들어, 1달러가 1,300원이라면, 환율은 1달러 = 1,300원이 되는 것입니다.

환율이 변동하면 국가 경제에 다양한 영향을 미칩니다. 예를 들어, 환율이 상승해 원화 가치가 떨어지면 수출 기업은 이익을 보지만, 수입품의 가격이 올라 소비자 물가가 상승할 수 있습니다. 반대로 원화 가치가 높아지면 수입은 유리해지지만, 수출 경쟁력이 떨어져 기업이 타격을 받을 수 있습니다.

또한 해외여행, 유학, 외화 부채 등 개인 경제에도 직접적인 영향을 주기 때문에 환율은 국가뿐 아니라 개인에게도 중요한 경제 지표라고 생각합니다.

❿ 대기업 우선 정책과 수출 위주의 정책이 우리에게 미치는 영향은 무엇인가요?

◆답변 Point ▶ 대기업 우선 정책과 수출 중심 정책은 과거 우리나라가 고속 성장을 이루는 데 큰 역할을 했습니다. 대기업의 대규모 투자를 통해 고용 창출과 산업 경쟁력 강화, 그리고 외화를 확보하는 수출 증대에 기여해 왔습니다.

하지만 이러한 구조는 중소기업의 성장 기회를 제한하고, 내수 시장의 약화, 소득 양극화 등의 부작용도 가져왔습니다. 수출 의존도가 높다 보니 글로벌 경제 불안정이나 환율 변동에 취약해지는 문제도 있습니다.

따라서 앞으로는 대기업과 중소기업의 균형 있는 성장, 그리고 내수와 수출이 조화를 이루는 경제 구조로 전환해 나가는 것이 중요하다고 생각합니다. 지속 가능한 성장을 위해선 다양한 계층과 산업을 포용하는 정책이 필요합니다.

3. 행정학과

❶ 왜 행정학과에 진학하고 싶나요?

답변 Point ▶ 저는 사회 문제를 해결하고 더 나은 공동체를 만드는 데 기여하고 싶다는 생각을 오래전부터 해왔습니다. 특히 정책이 개인의 삶에 어떤 영향을 미치는지를 배우면서 행정의 중요성을 실감했고, 제도와 조직, 정책을 체계적으로 공부할 수 있는 행정학과 진학을 결심했습니다. 앞으로 공공의 이익을 위한 정책을 기획하고, 실제로 적용할 수 있는 전문가가 되고 싶습니다.

❷ 행정과 정치의 차이점은 무엇이라고 생각하나요?

답변 Point ▶ 정치는 주로 사회의 다양한 이해관계를 조정하고 방향을 결정하는 과정이라면, 행정은 그 결정된 방향을 구체적인 정책으로 실행하는 과정이라고 생각합니다. 즉, 정치는 '무엇을 할 것인가'를 결정하고, 행정은 '어떻게 실행할 것인가'를 책임지는 영역입니다. 하지만 둘은 항상 긴밀하게 연결되어 있어, 효과적인 행정을 위해선 정치적 감각도 필요하다고 생각합니다.

❸ 관심 있는 정책 분야가 있다면 무엇이며, 왜 관심을 가졌나요?

답변 Point ▶ 저는 청년 정책, 특히 일자리와 주거 정책에 관심이 많습니다. 또래 친구들과 이야기하다 보면, 단기적 복지보다도 지속가능한 삶의 기반에 대한 고민이 크다는 걸 느꼈습니다. 안정된 일자리와 주거 환경은 청년의 자립과 미래 설계에 큰 영향을 미치므로, 사회적 투자로서 중요하다고 생각합니다. 이 분야에서 실질적인 대안을 만들 수 있는 전문가가 되고 싶습니다.

❹ 공무원의 가장 중요한 자질은 무엇이라고 생각하나요?

답변 Point ▶ 공무원의 가장 중요한 자질은 공정성과 책임감이라고 생각합니다. 행정은 국민 세금으로 이루어지고, 국민 전체를 위한 서비스이기 때문에 특정 집단의 이익보다 공익을 우선할 수 있는 가치관이 중요합니다. 또한, 실수를 피하려 하기보다 실수 이후에도 투명하고 책임 있게 대처할 수 있는 자세도 중요하다고 생각합니다.

❺ 최근 행정 관련 이슈 중 하나를 소개하고, 당신의 의견을 말해보세요.

답변 Point ▶ 최근 '청년 월세 지원' 정책이 화제였습니다. 일부는 실효성 부족이나 형평성 문제를 지적하지만, 저는 시작 단계라는 점에서 의미가 있다고 생각합니다. 청년 주거 문제는 단기적인 금전 지원을 넘어서, 장기적으로 공공임대 확대나 청년주택 공급처럼 구조적 해결이 필요하다고 봅니다. 이러한 점에서 정책의 보완과 단계적 확장이 중요하다고 생각합니다.

❻ 행정학을 전공한 후 어떤 진로를 생각하고 있나요?

답변 Point ▶ 저는 행정학을 전공한 후, 공공기관이나 정부 부처에서 정책 기획이나 공공서비스 개선 업무에 참여하고 싶습니다. 궁극적으로는 정책을 직접 설계하거나 제도를 개선해 국민의 삶에 긍정적인 영향을 줄 수 있는 행정 전문가가 되는 것이 목표입니다. 필요하다면 대학원 진학을 통해 전문성을 더 쌓을 계획입니다.

❼ 가상 국가 위기상황에서 행정가로서 해결방안을 제시해보세요.

답변 Point ▶ 가상 국가가 위기 상황에 처했다면, 행정가로서 가장 먼저 해야 할 일은 신속한 상황 파악과 정확한 정보 수집입니다.

이를 바탕으로 정부 내 각 부처와 긴밀히 협력해 위기 대응 태스크포스를 구성하고, 체계적인 대응 전략을 마련해야 합니다.

또한, 국민들에게 상황을 투명하게 알리고, 혼란과 불안을 최소화하기 위한 소통을 강화하겠습니다.

필요한 경우 비상 자원을 신속히 동원하고, 피해 최소화를 위한 구호 활동과 안전 대책도 병행해야 합니다.

장기적으로는 위기의 근본 원인을 분석해 재발 방지 대책을 수립하고, 국가 시스템 전반의 안정성과 회복력을 강화하는 데 집중하겠습니다.

⑧ 지방 자치제와 지방 재정 문제에 대한 자신의 생각을 말해 보세요.

답변 Point ▶ 지방 자치제는 지역 주민의 자율성과 참여를 보장하고, 지역 특성에 맞는 정책을 수립할 수 있다는 점에서 매우 중요한 제도라고 생각합니다. 하지만 현재 우리나라의 지방 재정 구조는 중앙정부에 지나치게 의존하고 있어, 실질적인 자치가 어렵다는 문제가 있습니다. 지방세 수입이 부족하고, 복지나 인프라 등 필수적인 지출이 많은 상황에서 중앙정부의 교부금이나 보조금에 의존하다 보면 지역의 자율성이 제한되고, 창의적인 행정도 어려워질 수 있습니다. 따라서 지방 자치를 실질적으로 강화하기 위해서는 지방 정부의 재정 자립도를 높이는 방향으로 제도가 개선되어야 하며, 그 과정에서 지방정부의 책임성과 투명성 또한 함께 강화되어야 한다고 생각합니다.

⑨ 행정학 전공을 통해 사회 문제를 해결한 경험이나 사례를 구체적으로 설명해보세요.

답변 Point ▶ 고등학교 때 학교 내 환경 개선 프로젝트를 기획한 경험이 있습니다. 학교 화장실과 복도의 쓰레기 문제를 해결하기 위해 설문조사를 실시하고, 데이터를 분석해 문제의 원인을 파악했습니다. 그 후 학생들과 함께 분리수거와 청결 캠페인을 기획하고 실행했습니다. 결과적으로 참여율이 높아지고 환경 개선 효과도 나타났습니다. 이 경험을 통해 행정학적 접근, 즉 문제 파악 → 데이터 분석 → 실행 → 평가의 중요성을 실제로 체험했고, 이를 전공 학습과 연결할 수 있다고 생각합니다.

⑩ 디지털 행정(전자정부) 시대에서 행정가에게 필요한 역량은 무엇이라고 생각하나요?

답변 Point ▶ 디지털 행정 시대에는 데이터 분석 능력과 정보 기술 활용 능력이 필수적이라고 생각합니다. 공공서비스를 효율적으로 제공하려면 방대한 데이터를 체계적으로 관리하고, 이를 정책 결정과 실행에 반영할 수 있어야 합니다. 또한 국민과의 소통을 디지털 플랫폼에서 투명하게 수행하는 능력도 중요합니다. 따라서 전통적 행정 지식뿐 아니라, ICT 활용 능력과 디지털 리터러시를 함께 갖춘 행정가가 필요하다고 생각합니다.

4. 정치외교학과

❶ 왜 정치외교학과에 진학하고 싶나요?

답변 Point ▶ 저는 세상을 움직이는 힘이 '정치'에 있다고 생각했습니다. 사회적 갈등을 조정하고, 공동체를 더 나은 방향으로 이끄는 역할이 바로 정치의 본질이라고 믿습니다. 또한 국제사회에서 국가 간 협력과 갈등을 이해하고 싶다는 생각에서 외교 분야에도 관심을 갖게 되었습니다. 정치외교학과는 이 두 분야를 균형 있게 배울 수 있는 최적의 학문이라고 판단했습니다.

❷ 정치와 외교의 차이는 무엇이라고 생각하나요?

답변 Point ▶ 정치는 한 국가 내부에서 권력을 획득하고 행사하며 사회 질서를 유지하는 활동이라면, 외교는 국가 간의 관계 속에서 자국의 이익과 평화를 조정해나가는 활동입니다. 정치가 국내 문제 해결에 중심을 둔다면, 외교는 국제사회의 협력과 갈등을 다루는 것이 핵심입니다. 하지만 두 영역은 긴밀히 연결되어 있으며, 내부 정세가 외교 정책에 영향을 미치기도 합니다.

❸ 가장 관심 있는 정치 이슈 또는 국제 문제는 무엇인가요?

답변 Point ▶ 저는 최근 우크라이나 전쟁과 관련된 국제 안보 문제에 관심이 많습니다. 이 전쟁은 국제 질서의 변화와 집단 안보 체제의 한계를 보여주는 사례이기 때문입니다. 국제사회가 무력 분쟁을 어떻게 예방하고, 전후 복구 과정에서 어떤 외교적 노력을 해야 하는지 고민해보게 되었습니다. 정치외교학을 통해 이런 국제 문제를 더 깊이 이해하고 싶습니다.

④ 민주주의의 가장 큰 장점과 단점은 무엇이라고 생각하나요?

답변 Point ▶ 민주주의의 가장 큰 장점은 국민의 참여와 자유를 보장하는 점입니다. 다양한 목소리를 제도적으로 반영할 수 있고, 정권 교체가 평화적으로 이뤄진다는 점에서 매우 의미 있습니다. 반면 단점은 때때로 다수의 의견이 항상 옳다고 보기 어려운 점, 그리고 의사결정이 느리고 갈등이 자주 발생할 수 있다는 점입니다. 그래서 민주주의는 끊임없는 타협과 견제가 중요한 제도라고 생각합니다.

⑤ 외교관이 되기 위한 가장 중요한 자질은 무엇이라고 생각하나요?

답변 Point ▶ 외교관은 국가를 대표해 타국과 소통하는 만큼, 전문성과 책임감, 그리고 균형 잡힌 시각이 필요하다고 생각합니다. 특히 감정이 아닌 이성적 판단과 설득력이 중요하며, 다양한 문화와 가치관을 이해하고 존중하는 태도도 갖춰야 합니다. 저는 정치외교학과에서 이러한 자질을 기르고, 국제사회에서 신뢰받는 외교관이 되고 싶습니다.

⑥ 한일 또는 한미 관계에 대해 본인의 의견을 말해보세요.

답변 Point ▶ 저는 한일 관계가 과거사 문제로 인해 갈등이 반복되고 있지만, 동시에 문화·경제적 협력도 활발한 관계라고 생각합니다. 과거를 외면하지 않되, 미래를 위한 현실적인 협력이 필요합니다. 한미 관계는 안보 중심의 동맹을 넘어 경제·기술 분야까지 확장되고 있어 더욱 중요해지고 있습니다. 정치외교학의 시각으로 양국 관계를 균형 있게 분석할 수 있는 역량을 기르고 싶습니다.

⑦ 한중관계에 대해 본인의 생각을 말해보세요.

답변 Point ▶ 한중관계는 지리적, 경제적, 안보적으로 매우 밀접하지만, 동시에 민감한 갈등 요소도 많은 복합적인 관계라고 생각합니다. 중국은 우리나라의 최대 교역국이면서도, 사드(THAAD) 배치 문제나 역사 왜곡 문제 등에서 갈등을 빚어온 상대이기도 합니다. 저는 한국이 자주적인 외교 노선을 유지하면서도 실용적인 외교 전략을 통해 중국과의 협력을 이어가야 한다고 봅니다. 특히 청년 교류나 문화 콘텐츠 같은 소프트 파워 분야에서 신뢰를 쌓는 것도 미래지향적 관계 개선에 도움이 된다고 생각합니다.

⑧ 미국이 우리나라에게 전시 작전권을 이전하는 것을 유예하는 것에 대한 본인의 생각을 말해보세요.

답변 Point ▶ "전시 작전권 환수는 국가의 군사 주권 확립이라는 측면에서 당연히 이루어져야 할 과제라고 생각합니다. 그러나 이를 단순히 '빨리 환수해야 한다'는 입장보다는, 군사적 역량과 외교적 여건이 충분히 갖춰졌을 때 진행해야 한다는 점에서 일정 부분 '유예'가 필요하다는 주장에도 공감합니다.

예를 들어, 북한의 군사 위협이나 동북아 정세가 불안정한 상황에서는 한미연합 방위 체제의 공백이 생기지 않도록 충분한 준비가 선행돼야 한다고 봅니다.

다만, 유예가 무기한으로 지속되면 결국 우리 군의 독자적 전략 수립 능력을 약화시킬 수 있으므로, 명확한 목표와 일정표를 정해 단계적으로 전환하는 방식이 필요하다고 생각합니다.

즉, 전작권 환수는 시기의 문제이지 방향의 문제는 아니며, 실질적 자주 국방을 목표로 현실적인 조건을 따져 추진해야 한다고 봅니다."

❾ 북한의 미사일 실험 발사, 핵무기 배치에 대한 본인의 관점을 개진해 보세요.

답변 Point ▶ 북한의 미사일 실험 발사와 핵무기 배치는 국제 사회의 평화와 안정을 위협하는 심각한 도전이라고 생각합니다. 북한은 최근 단거리 탄도미사일과 장거리 포병을 시험하며, 핵무기 대응 태세를 강조하였습니다. 이는 지역 안보를 불안정하게 만들고, 군비 경쟁을 촉발시킬 수 있습니다.

또한, 북한은 핵무기 보유를 정당화하며, 미국과의 대화 재개를 위한 조건으로 제재 완화나 군사 훈련 중단을 요구하고 있습니다. 이러한 상황은 국제 사회의 협력과 신뢰 구축을 더욱 어렵게 만듭니다.

따라서, 북한의 핵무기 개발을 억제하고, 대화와 협상을 통한 평화적인 해결을 모색하는 것이 중요합니다. 이를 위해 국제 사회는 단합된 대응과 외교적 노력을 지속해야 하며, 북한은 국제 규범을 준수하고, 평화적인 공존을 위한 노력을 기울여야 한다고 생각합니다.

❿ 남북 간의 분열 및 소통 부재에 대한 해결 방법은 무엇이 있을까요?

답변 Point ▶ 남북 간 분열과 소통 부재를 해소하려면 신뢰 구축과 지속적인 교류가 핵심이라고 생각합니다. 우선, 군사적 긴장 완화를 위한 대화 채널을 유지하고, 인도적 협력 분야부터 단계적으로 협력 범위를 확대해야 합니다. 예를 들어, 이산가족 상봉이나 문화·체육 교류가 서로의 이해를 높이는 좋은 시작점이 될 수 있습니다.

또한, 경제 협력과 공동 개발 프로젝트를 통해 상호 의존성을 높이면 평화 정착에 긍정적 영향을 미칠 수 있습니다. 무엇보다 국민 간 상호 이해를 증진시키기 위한 교육과 미디어 역할도 중요하며, 이를 통해 편견과 불신을 줄이고 소통의 기반을 다져야 한다고 봅니다.

5. 사회학과

❶ AI와 일자리와 관련한 본인 생각을 이야기하라.

⦿답변 Point ▶ AI 기술의 발전은 일자리 구조에 큰 변화를 가져오고 있다고 생각합니다.

한편으로는 반복적이고 단순한 업무가 자동화되어 일부 일자리가 줄어들 위험이 있지만, 다른 한편으로는 새로운 산업과 직무가 생겨나며 일자리 창출의 기회도 많아지고 있습니다.

따라서 AI가 인간의 일을 완전히 대체하기보다는, 인간과 AI가 협력하여 생산성과 효율성을 높이는 방향으로 나아갈 것이라 봅니다.

이 과정에서 중요한 것은 노동자들이 변화하는 환경에 적응할 수 있도록 재교육과 직무 전환 지원이 적극적으로 이루어져야 한다는 점입니다.

저도 미래 사회에 맞는 역량을 갖추기 위해 꾸준히 학습하고 준비하려 노력하고 있습니다.

❷ 사회 양극화 문제 중 부의 편중에 대한 자신의 생각을 말해 보세요.

⦿답변 Point ▶ 사회 양극화 중에서도 부의 편중 문제는 매우 심각하다고 생각합니다.

소수에게 부가 집중되면 경제적 불평등이 심화되고, 사회 전반의 갈등과 불신이 커질 수 있습니다.

이는 경제 성장의 지속 가능성을 저해하고, 사회 통합을 어렵게 만드는 요인입니다.

따라서 공정한 세제 정책과 사회복지 강화, 교육 기회의 균등 제공을 통해 부의 재분배가 필요하다고 봅니다.

또한, 중산층과 서민의 경제적 안정과 성장 기회를 확대하는 정책도 함께 추진되어야 한다고 생각합니다.

이처럼 다방면에서 노력을 기울여야 양극화 문제를 완화하고 건강한 사회를 만들 수 있다고 믿습니다.

❸ 소외 계층에 대한 사회적 배려 미흡에 대한 자신의 생각을 말해 보세요.

🔵**답변 Point** ▶ 소외 계층에 대한 사회적 배려가 미흡한 것은 우리 사회가 풀어야 할 중요한 과제라고 생각합니다.

경제적, 사회적 어려움에 처한 이들이 적절한 지원을 받지 못하면 기본적인 삶의 질이 떨어지고, 사회 전반의 불평등이 심화될 수밖에 없습니다.

특히 주거, 교육, 의료, 고용 등 다양한 분야에서 소외된 계층을 위한 맞춤형 지원과 접근성이 강화되어야 한다고 봅니다.

또한 사회 구성원 모두가 서로를 이해하고 존중하는 문화를 확산시키는 것도 중요하다고 생각합니다.

이러한 노력이 함께 이루어질 때, 모두가 함께 살아가는 포용적이고 건강한 사회가 될 수 있다고 믿습니다.

❹ 비정규직 증가 및 차별에 대한 자신의 생각을 말해 보세요.

🔵**답변 Point** ▶ 비정규직 증가와 차별 문제는 우리 사회가 반드시 해결해야 할 중요한 과제라고 생각합니다.

최근 고용 유연성의 필요성이 강조되면서 비정규직은 계속 늘고 있지만, 이들은 정규직에 비해 임금, 복지, 고용 안정성 면에서 명백한 차별을 받고 있습니다.

이러한 차별은 단지 개인의 문제가 아니라 사회 전반의 불평등과 위화감을 심화시키고, 장기적으로는 사회 통합을 저해할 수 있습니다.

따라서 정부와 기업은 '동일노동 동일임금' 원칙을 기반으로 차별을 줄이기 위한 법적·제도적 장치를 강화해야 하며, 비정규직도 경력 개발과 안정된 일자리를 가질 수 있도록 직무 전환 교육이나 정규직 전환 기회를 확대해야 한다고 생각합니다.

또한 사회 전반에서도 비정규직에 대한 인식을 개선하고, 이들이 존중받는 노동 환경을 만드는 노력이 필요하다고 봅니다.

이러한 방향으로 나아간다면 노동시장의 양극화를 완화하고, 모두가 함께 성장할 수 있는 사회가 될 수 있다고 믿습니다.

❺ '부자는 가난한 사람 보다 더 많은 세금을 내야 한다.'라는 주장에 대한 생각을 말해 보세요.

답변 Point ▶ 저는 '부자는 가난한 사람보다 더 많은 세금을 내야 한다'는 주장에 기본적으로 동의합니다.

세금은 단순한 의무가 아니라 사회 구성원으로서의 책임이라고 생각합니다.

부유한 사람일수록 더 많은 자산과 기회를 누리고 있는 만큼, 사회적 약자를 위해 더 많은 기여를 하는 것은 공정하다고 봅니다. 특히 복지 국가로 나아가기 위해서는 누진세 구조가 필요하며, 이는 단지 소득 재분배 차원을 넘어 사회 통합과 경제 정의 실현을 위한 제도적 장치입니다.

물론 세금이 공정하고 투명하게 쓰이는 것도 중요하므로, 함께 정부의 재정 운용에 대한 신뢰를 높이는 노력이 병행되어야 한다고 생각합니다.

결국 모두가 함께 살아가는 사회를 위해서는 형편에 맞는 세금 부담이 사회 전체의 안정을 높이는 길이라고 생각합니다.

❻ 원자력발전소 건설 증가(또는 축소)에 대한 자신의 의견을 말해 보세요.

답변 Point ▶ 저는 원자력발전소의 건설은 '조건부 증가'가 필요하다고 생각합니다.

에너지 수요가 지속적으로 증가하는 상황에서, 원자력은 온실가스를 거의 배출하지 않는 저탄소 에너지이기 때문에 기후 위기 대응과 에너지 안보 측면에서 중요한 역할을 합니다.

특히 태양광이나 풍력 같은 재생에너지는 날씨에 따라 출력이 불안정하기 때문에, 기저 전력으로서 원자력의 역할은 당분간 유지되어야 한다고 봅니다.

하지만 후쿠시마 원전 사고 등에서 보듯이, 안전성 확보가 절대적으로 중요합니다. 따라서 건설 확대 여부는 철저한 안전 기준과 지역 주민 동의, 폐기물 처리 대책이 수반되어야 하며, 장기적으로는 재생에너지로의 전환을 목표로 균형 있게 에너지 정책을 설계해야 한다고 생각합니다.

결론적으로 저는 안전과 환경, 에너지 수급을 종합적으로 고려한 '신중한 확대'가 바람직하다고 봅니다.

❼ SNS의 이용 목적은 무엇입니까? 또 SNS 사용 확산의 순기능과 역기능은 무엇이라고 생각합니까?

답변 Point ▶ SNS의 이용 목적은 소통과 정보 공유라고 생각합니다. 개인은 일상과 감정을 표현하고, 기업이나 기관은 정보를 신속하게 전달하거나 홍보 수단으로 활용합니다.

SNS 확산의 순기능으로는 빠른 정보 전달, 다양한 사람들과의 연결, 사회 참여 기회 확대가 있습니다. 예를 들어 사회적 이슈에 대한 공감과 연대가 가능해졌습니다.

반면 역기능으로는 가짜 뉴스 확산, 사생활 침해, 과도한 비교로 인한 심리적 스트레스 등이 있습니다. 따라서 SNS는 목적과 책임의식에 따라 바르게 활용하는 것이 중요하다고 생각합니다.

❽ 스마트폰 및 스마트 기기가 가져다 준 긍정적인 면과 부정적인 면을 이야기하세요.

답변 Point ▶ 스마트폰과 스마트 기기는 삶의 효율성과 편리함을 크게 높여준 기술입니다. 정보 검색, 소통, 학습, 금융, 건강 관리 등 다양한 기능을 한 기기로 수행할 수 있게 되면서 일상생활이 훨씬 간편해졌습니다.

하지만 부정적인 면도 존재합니다. 과도한 사용으로 인한 집중력 저하, 수면 장애, 인간관계의 단절, 특히 청소년층에서는 중독 문제도 심각하게 나타나고 있습니다.

결국 중요한 것은 사용자의 태도입니다. 기술은 도구일 뿐, 그것을 어떻게 사용하느냐에 따라 삶의 질이 달라진다고 생각합니다.

⑨ 전문 분야에서 실력과 인성 중 어느 것이 더 중요하다고 생각하나요. 그리고 그 이유는 무엇인가요?

답변 Point ▶ 저는 전문 분야에서 실력과 인성 모두 중요하지만, 인성이 더 근본적으로 중요하다고 생각합니다. 실력은 교육과 경험을 통해 발전시킬 수 있지만, 인성은 쉽게 바뀌지 않고, 실력을 올바르게 사용할 수 있도록 방향을 잡아주는 기준이 되기 때문입니다.

예를 들어, 의료나 경영과 같은 전문 분야에서는 아무리 뛰어난 실력을 가졌더라도 윤리의식이 부족하면 사회적 신뢰를 잃고 큰 피해를 줄 수 있습니다. 반면, 인성이 바른 사람은 팀워크를 중시하고 지속적으로 배우며 성장하기 때문에 장기적으로 더 큰 성과를 낼 수 있다고 생각합니다.

따라서 실력을 갖추기 위한 노력과 함께 올바른 인성을 바탕으로 한 책임감과 공감능력이 전문성을 완성하는 핵심이라고 생각합니다.

⑩ 지역 간 분열 및 소통 부재에 대한 해결 방법은 무엇이 있을까요?

답변 Point ▶ 지역 간 분열과 소통 부재를 해결하려면 상호 이해와 협력을 촉진하는 장기적 전략이 필요합니다. 첫째, 공통의 목표를 설정하고 함께 참여하는 프로젝트를 확대해 협력의 기회를 늘려야 합니다. 예를 들어, 문화 교류 행사나 공동 경제 개발 사업 등이 효과적일 수 있습니다.

둘째, 디지털 플랫폼과 지역 커뮤니티를 활성화해 열린 소통 창구를 마련하는 것도 중요합니다. 주민 의견을 수렴하고 정책 결정 과정에 참여할 수 있는 시스템이 분열 완화에 도움을 줍니다.

마지막으로, 교육과 홍보를 통해 지역 간 편견과 오해를 줄이고, 다양성을 존중하는 문화를 조성하는 것이 근본적인 해결책이라고 생각합니다.

❶❶ **세대 간 분열 및 소통 부재에 대한 해결 방법은 무엇이 있을까요?**

답변Point ▶ 세대 간 분열과 소통 부재를 해결하기 위해서는 상호 이해와 공감의 기회를 늘리는 것이 중요합니다. 먼저, 세대 간 대화와 교류 프로그램을 활성화해 서로의 경험과 가치를 공유할 수 있는 장을 마련해야 합니다. 예를 들어, 멘토링이나 공동 봉사 활동 같은 협력 프로젝트가 효과적일 수 있습니다.

또한, 디지털 미디어 활용 방식의 차이를 고려해 다양한 소통 채널을 마련하고, 각 세대가 편안하게 의견을 나눌 수 있도록 해야 합니다. 마지막으로, 교육과 캠페인을 통해 세대 차이에 대한 편견을 줄이고 서로 존중하는 문화를 확산시키는 것이 필요하다고 생각합니다.

❶❷ **갈수록 악화되는 청년 취업난(비정규직 증가 등)에 대한 본인의 생각을 말해 보세요.**

답변Point ▶ 청년 취업난과 비정규직 증가 문제는 단순한 일자리 부족이 아닌, 고용의 질 저하와 구조적 문제에서 비롯된다고 생각합니다. 최근 통계에 따르면, 청년층의 비정규직 비율이 20대 취업자의 43%에 달하며, 특히 여성 청년층에서 그 비율이 더욱 높아지고 있습니다. 이러한 현상은 기업의 경력직 선호와 고용 시장의 이중 구조로 인해 더욱 심화되고 있습니다.

또한, 청년층 중 상당수가 취업을 포기하거나 여러 개의 직업을 동시에 갖는 'N잡러'로 전환하는 현상이 나타나고 있습니다. 이는 고용 불안정과 미래에 대한 불확실성 때문입니다

이러한 문제를 해결하기 위해서는 양질의 일자리 창출과 고용 구조 개혁이 필요합니다. 특히, 정규직 일자리의 확대와 비정규직의 처우 개선, 그리고 청년층의 경력 개발을 지원하는 정책이 중요하다고 생각합니다.

⑬ '민중은 개돼지'라고 했던 공직자 언행이 과거 문제가 되었습니다. 현대판 신분제도에 대한 자신의 생각을 말해 보세요.

● **답변 Point** ▶ '민중은 개돼지'라는 발언은 과거의 몰지각한 언행이지만, 현대 사회에서도 신분이나 계층에 따른 차별과 불평등이 여전히 존재한다고 생각합니다. 현대판 신분제도는 법적 신분보다는 경제력, 교육, 직업 등에 따라 사회적 기회와 대우가 달라지는 현실적인 문제입니다.

이로 인해 사회 구성원 간 갈등과 불신이 심화되고, 개인의 잠재력 발휘가 제한될 수 있습니다. 따라서 평등한 교육 기회 제공과 공정한 사회 구조 구축, 그리고 차별을 없애기 위한 지속적인 노력과 인식 개선이 매우 중요하다고 봅니다.

결국, 모든 국민이 존엄과 권리를 인정받는 사회가 진정한 민주사회라고 생각합니다.

⑭ 근절되지 않는 사회 상류층의 갑질(국회의원의 보좌관 사건, OO우유, 땅콩회항, 백화점 모녀, OO제분 사건, 모 대학 교수 등)에 대한 근절 방안에는 어떤 것이 있을까요?

● **답변 Point** ▶ "사회 상류층의 갑질 문제는 단순한 개인 일탈이 아닌 사회 전반의 구조적 문제로 봐야 한다고 생각합니다.

첫째, 갑질 행위에 대한 법적 처벌과 감시를 강화해야 합니다. 공정거래법, 직장 내 괴롭힘 방지법 등 관련 법률을 엄격히 적용하고, 피해자가 안심하고 신고할 수 있는 시스템을 구축해야 합니다.

둘째, 사회 전반에 갑질 근절을 위한 인식 개선과 교육이 필요합니다. 어린 시절부터 인권과 평등 의식을 키우는 교육을 강화하고, 기업과 기관에서도 윤리경영과 상호 존중 문화를 정착시켜야 합니다.

이와 함께 언론과 시민사회가 갑질 문제를 지속적으로 감시하고 공론화하는 역할도 중요하다고 생각합니다."

⑮ 스마트 기기 확대 보급에 따른 PC시장 위축 등에 대해 말해 보세요.

답변Point ▶ "스마트 기기의 확대 보급은 사용자 편의성과 이동성 측면에서 큰 혁신을 가져왔지만, 동시에 전통적인 PC 시장에는 위축이라는 부정적 영향을 주고 있습니다. 스마트폰과 태블릿 같은 기기가 일상적인 컴퓨팅 수요를 많이 흡수하면서 PC 수요가 감소하는 것은 자연스러운 현상입니다.

하지만 PC는 여전히 고성능 작업, 전문적인 업무, 게임 등에서 필수적인 역할을 하고 있으며, 시장은 점차 '고성능·특화' 쪽으로 재편되는 경향이 있습니다. 따라서 PC 시장 위축은 단순한 축소라기보다 '재구성' 과정으로 볼 수 있습니다.

이와 함께, 스마트 기기와 PC가 상호 보완적인 생태계를 이루도록 기술과 서비스가 발전하는 방향이 중요하다고 생각합니다. 즉, 기술 변화가 불러온 시장의 변화를 이해하고, 기업들은 변화에 맞는 전략적 대응이 필요하다고 봅니다."

⑯ 시민단체 중 활동해 보고 싶은 단체가 있습니까? 그 이유는 무엇인가요?

답변Point ▶ 저는 '환경운동연합'에서 활동해 보고 싶습니다. 기후변화, 미세먼지, 플라스틱 문제 등 환경 이슈는 더 이상 미래의 문제가 아니라 지금 우리가 해결해야 할 과제라고 생각합니다. 특히 환경운동연합은 단순한 캠페인뿐만 아니라 정책 제안, 기업 감시 활동 등 실질적인 변화를 만들어내는 데 힘쓰고 있어 의미 있다고 느꼈습니다. 저는 그 안에서 청소년이나 대학생 대상의 환경 교육 활동에 참여해, 또래들과 함께 인식을 바꾸는 데 기여하고 싶습니다. 경제학 또는 경영학을 공부하게 된다면, 지속가능한 경영이나 ESG 분야로도 연결해볼 수 있다고 생각합니다. 시민단체 활동을 통해 사회문제에 대한 감수성과 실천력을 더욱 키우고 싶습니다.

⑰ 양심 우산 회수율이 저조한데, 어떻게 생각하나요?

답변 Point ▶ 양심 우산 회수율이 낮다는 것은 공동체에 대한 책임감이 부족하거나, 시스템이 잘 갖춰져 있지 않기 때문이라고 생각합니다. 단순히 시민 의식이 낮다고 비판하기보다, 왜 회수가 되지 않는지 근본적인 원인을 고민하는 것이 중요하다고 봅니다. 예를 들어, 우산을 반납하는 위치나 방법이 불편하다면 실수로 미반납하는 경우도 생길 수 있고, 회수에 따른 안내나 상기 장치가 부족할 수도 있습니다. 따라서 반납 편의성 개선, 문자 알림, 포인트 제공 같은 인센티브 제도, 그리고 우산에 고유 코드나 QR코드를 부착해 추적이 가능하도록 하는 방식도 고려해볼 수 있다고 생각합니다. 결국 양심 우산은 단순한 비품이 아니라 공공 자원을 함께 사용하는 경험을 통해 시민 의식을 기르는 장치이기 때문에, 제도와 교육이 함께 뒷받침되어야 한다고 생각합니다.

6. 사회복지학과

❶ 사회복지사가 갖추어야 할 자질과 능력은 무엇이라고 생각하는가요?

답변 Point ▶ 사회복지사가 갖추어야 할 가장 중요한 자질은 공감 능력과 인내심이라고 생각합니다.

클라이언트의 상황을 깊이 이해하고, 오랜 시간 꾸준히 지원하는 자세가 필요하기 때문입니다.

또한, 문제 해결을 위한 전문적인 지식과 의사소통 능력도 매우 중요합니다.

다양한 사람들과 협력하고, 복잡한 상황을 조율하며 적절한 서비스를 연결하는 역할을 하기 때문입니다.

더불어, 윤리 의식과 자기 관리 능력도 갖추어야 하며, 변화하는 사회 환경에 맞춰 지속적으로 자기계발을 하는 자세가 필요하다고 봅니다.

이러한 자질과 능력을 바탕으로 사회복지사는 어려운 이웃에게 실질적인 도움을 제공하고, 사회 통합에 기여할 수 있다고 생각합니다.

❷ 고령화가 되어가는 사회에서 대책 없는 노후와 부족한 노인복지에 대한 문제점과 해결책을 제시해 보세요.

답변 Point ▶ 고령화 사회에서는 노후 준비가 부족한 사람들이 많고, 현재 노인복지 제도도 수요를 따라가지 못하는 문제가 심각합니다.

이로 인해 경제적 어려움, 건강 악화, 사회적 고립 등이 늘어나고 있으며, 이는 개인뿐 아니라 사회 전체에 부담으로 작용합니다.

해결책으로는 첫째, 노후 대비 교육과 금융 지원을 강화해 개인의 자립 능력을 높여야 합니다.

둘째, 공공 및 민간 차원의 노인복지 서비스 확대와 질적 향상이 필요하며, 특히 돌봄 인력 확충과 맞춤형 프로그램 제공이 중요합니다.

셋째, 지역사회 중심의 사회적 네트워크를 활성화해 노인의 고립을 방지하고, 건강과 여가를 지원하는 정책이 뒷받침되어야 한다고 생각합니다.

이러한 다각적 노력이 병행될 때, 고령화 사회의 도전을 극복할 수 있을 것입니다.

❸ 우리나라의 출산률 제고 방안 정책에 대한 생각을 말해 보세요.

답변 Point ▶ 우리나라 출산률 제고를 위해서는 단기적 출산 장려뿐 아니라 장기적 사회 환경 개선이 필요하다고 생각합니다.

먼저, 양육과 일을 병행할 수 있도록 육아휴직 지원과 보육 서비스 확대, 유연근무제 도입이 중요하다고 봅니다.

또한 청년과 신혼부부의 주거 부담을 줄이기 위한 공공임대주택 공급 확대도 필수적입니다.

교육비 부담 완화와 함께 성평등 문화 확산을 통해 가정 내 역할 분담을 개선하는 것도 중요한 과제입니다.

이처럼 경제적 지원과 사회적 인식 변화를 통합적으로 추진할 때, 실질적인 출산률 증가와 지속 가능한 사회가 가능하다고 생각합니다.

❹ 노령화 및 독거노인 해소 정책에 대한 생각을 말해 보세요.

답변 Point ▶ 고령화 사회에서 독거노인의 문제는 점점 더 심각해지고 있습니다. 이러한 문제를 해결하기 위해서는 단순한 복지 지원을 넘어, 체계적이고 지속 가능한 정책이 필요하다고 생각합니다.

① 문제점

첫째, 독거노인의 고립과 외로움은 정신적 · 신체적 건강에 부정적인 영향을 미칩니다. 둘째, 기존의 복지 시스템은 수요에 비해 부족하여 실질적인 지원이 어려운 상황입니다. 셋째, 지역사회와의 연계가 부족하여 노인의 사회적 참여가 제한적입니다.

② 해결책

첫째, 지역사회 기반의 통합 돌봄 서비스를 확대해야 합니다. 예를 들어, '우리동네 동물병원' 사업처럼 지역 내 자원을 활용하여 노인의 의료 및 복지 서비스를 제공하는 모델을 확산시킬 수 있습니다. 이러한 서비스는 노인의 접근성을 높이고, 지역사회와의 연계를 강화하는 데 도움이 됩니다.

둘째, ICT 기술을 활용한 스마트 돌봄 시스템을 도입해야 합니다. 스마트폰 앱을 통해 노인의 건강 상태를 모니터링하고, 응급 상황 시 신속하게 대응할 수 있는 시스템을 구축하는 것이 필요합니다.

셋째, 노인의 사회적 참여를 촉진하는 프로그램을 개발해야 합니다. 문화 활동, 자원봉사, 평생 교육 등 다양한 프로그램을 통해 노인이 사회와 연결될 수 있도록 지원해야 합니다.

이러한 정책들이 통합적으로 시행될 때, 독거노인의 삶의 질을 향상시키고, 고령화 사회의 문제를 효과적으로 해결할 수 있을 것이라고 생각합니다.

❺ **노령인구 빈곤정책에 대한 생각을 말해 보세요.**

● **답변 Point** ▶ 노령인구 빈곤 문제는 우리 사회에서 매우 심각한 문제라고 생각합니다.

현재 기초연금 제도는 많은 노인에게 도움이 되고 있지만, 증가하는 고령 인구와 재정 부담 문제로 한계가 있습니다. 또한 많은 노인이 저임금 단순 노동에 종사하며 안정적인 생활을 하기 어렵습니다.

따라서 연금 제도를 개선하여 소득 보장을 강화하고, 노인의 재취업과 일자리 창출을 위한 교육과 지원 프로그램 확대가 필요하다고 봅니다.

아울러 건강 관리와 사회적 고립 예방을 위한 통합 돌봄 서비스도 강화되어야 한다고 생각합니다.

이런 종합적 노력이 노인 빈곤 문제 해결에 효과적일 것이라 믿습니다.

❻ **기초연금 지급정책에 대한 생각을 말해 보세요.**

● **답변 Point** ▶ 기초연금 제도는 고령층의 빈곤 문제를 완화하고 생활 안정을 도모하기 위해 도입된 중요한 사회안전망입니다. 하지만 제도의 실효성을 높이기 위해서는 몇 가지 개선이 필요하다고 생각합니다.

첫째, 수급 자격 기준의 현실화가 필요합니다. 현재 기초연금은 소득·재산 기준을 충족하는 만 65세 이상 어르신에게 지급됩니다. 그러나 고가의 재산을 보유한 경우에도 기초연금을 받을 수 있는 경우가 있어, 재정적 부담이 증가하고 있습니다. 따라서 수급 자격 기준을 현실에 맞게 조정하여 재정 건전성을 확보해야 합니다.

둘째, 직역연금 수급자의 수급 자격 확대가 필요합니다. 현재 공무원연금, 사학연금, 군인연금 등 직역연금을 받는 어르신은 기초연금을 받을 수 없습니다. 그러나 일부 직역연금 수급자는 기초연금 수급 기준을 충족할 수 있으므로, 이들의 수급 자격을 확대하여 복지 사각지대를 줄여야 합니다.

셋째, 제도의 홍보와 접근성 향상이 필요합니다. 기초연금 제도의 혜택을 받지 못하는 어르신들이 여전히 존재합니다. 이는 제도의 홍보 부족과 신청 절차의 복잡성 때문입니다. 따라서 제도의 홍보를 강화하고, 신청 절차를 간소화하여 어르신들이 쉽게 접근할 수 있도록 해야 합니다.

이러한 개선을 통해 기초연금 제도가 고령층의 실질적인 생활 안정에 기여할 수 있을 것입니다.

❼ 건강보험 정책에 대한 생각을 말해 보세요.

답변 Point ▶ 건강보험 제도는 국민의 건강을 보호하고 의료비 부담을 완화하는 중요한 사회안전망입니다. 그러나 제도의 지속 가능성과 실효성을 높이기 위해서는 몇 가지 개선이 필요하다고 생각합니다.

첫째, 건강보험 재정의 안정성 확보가 필요합니다. 고령화 사회로 진입하면서 의료비 지출이 증가하고 있습니다. 이에 따라 건강보험 재정의 안정성을 확보하기 위한 장기적인 재정 계획과 효율적인 지출 관리가 필요합니다.

둘째, 의료 서비스의 질 향상과 접근성 개선이 필요합니다. 지역 간 의료 서비스의 불균형과 의료 인력의 부족 문제를 해결하기 위해, 의료 인프라를 고르게 배치하고, 의료 인력의 교육과 처우를 개선하는 노력이 필요합니다.

셋째, 예방 중심의 건강관리로 전환이 필요합니다. 질병 치료 중심에서 벗어나 예방과 건강 증진에 중점을 두는 정책이 필요합니다. 예를 들어, 건강검진 확대, 만성질환 관리, 건강한 생활습관 유도를 위한 프로그램을 강화해야 합니다.

이러한 개선을 통해 건강보험 제도가 국민 모두에게 실질적인 혜택을 제공하고, 지속 가능한 의료 환경을 구축할 수 있을 것입니다.

❽ 선별적 복지와 보편적 복지에 대한 자신의 생각을 말해 보세요.

답변 Point ▶ 복지 정책은 국민의 삶의 질 향상과 사회적 안정에 핵심적인 역할을 합니다. 저는 보편적 복지와 선별적 복지는 대립적 개념이 아니라, 상황에 따라 병행할 수 있는 상보적 개념이라고 생각합니다.

보편적 복지는 모든 국민이 인간다운 삶을 보장받을 수 있다는 점에서 사회 통합과 형평성을 강화할 수 있고, 낙인 효과가 없다는 장점이 있습니다.

반면, 선별적 복지는 한정된 재정을 효율적으로 사용해 진짜 도움이 필요한 계층에게 집중 지원할 수 있다는 장점이 있습니다.

따라서 저는 기초적인 사회서비스나 교육, 의료 같은 분야는 보편적 복지로 보장하고, 긴급 생계 지원이나 특정 취약계층 대상 복지는 선별적으로 운영하는 '혼합형 접근'이 가장 현실적이라고 생각합니다.

중요한 것은 복지의 방식보다 복지가 실질적으로 국민의 삶에 긍정적인 변화를 주는가라고 생각합니다.

⑨ 사회복지정책 중에서 가장 인상 깊은 것은 무엇이며, 왜 그렇게 생각하는지 설명해 보세요.

답변 Point ▶ 제가 가장 인상 깊게 생각하는 사회복지정책은 기초연금제도입니다. 고령화 사회로 접어들면서 노인 빈곤 문제가 심각해지고 있는데, 기초연금은 경제적으로 어려운 어르신들에게 최소한의 생활 안정을 제공해 삶의 질을 높이는 역할을 합니다.

이 제도는 단순한 금전 지원을 넘어서, 노인들의 사회적 고립을 완화하고 건강한 노후를 보장하는 데 기여한다고 생각합니다. 또한, 세대 간 갈등 완화에도 긍정적인 영향을 미쳐 사회 통합을 촉진하는 중요한 정책이라고 봅니다.

따라서 기초연금은 우리 사회가 함께 책임지는 복지의 대표적 사례로 인상 깊습니다.

⑩ 부모의 아동 체벌에 대한 생각을 말해 보세요.

답변 Point ▶ 부모의 아동 체벌에 대해 저는 지양되어야 한다는 입장입니다. 과거에는 훈육의 한 방식으로 받아들여졌지만, 오늘날 체벌은 아동의 인격과 권리를 침해하는 행위로 간주되고 있습니다.

첫째, 체벌은 단기적으로 복종을 유도할 수 있지만, 장기적으로는 아이에게 공포, 분노, 불신, 낮은 자존감을 심어줄 수 있습니다. 이러한 부정적인 감정은 정서적 불안정과 공격성으로 이어질 수 있습니다.

둘째, 부모의 체벌은 아동학대로 이어질 위험이 있으며, 사회 전반적으로 폭력을 정당화하는 문화를 낳을 수 있습니다. 아이는 말보다 행동을 배우기 때문에, 체벌은 아이가 갈등을 해결하는 방법으로 폭력을 학습하게 만들 수 있습니다.

셋째, 우리나라는 '포용국가 아동정책', 아동복지법 개정, UN 아동권리협약 등에 따라 체벌을 금지하거나 지양하는 방향으로 나아가고 있습니다. 이러한 흐름에 발맞추어 비폭력적인 훈육 방식, 예컨대 대화, 공감, 자연적 결과 경험 등을 통해 아이를 지도하는 것이 바람직하다고 생각합니다. 요약하면, 체벌은 효과적인 훈육 방식이 아니라 아동의 권리를 침해하고 정서에 악영향을 미치는 구시대적 방법입니다. 사랑과 존중, 그리고 일관성 있는 비폭력적 훈육 방식이 건강한 아동 발달을 위한 올바른 길이라고 생각합니다.

7. 호텔관광경영학과

❶ 우리나라 호텔, 관광, 외식, 일반경영 분야 중 본인이 관심 있는 분야의 산업을 활성화하기 위한 아이디어가 있으면 말해 보세요.

답변 Point ▶ 저는 관광 산업에 관심이 많습니다. 우리나라 관광 산업을 활성화하기 위해서는 지역 특화 콘텐츠 개발과 디지털 기술의 접목이 필요하다고 생각합니다.

예를 들어, 지역의 전통문화나 축제, 자연자원에 AR · VR 콘텐츠나 모바일 해설 시스템을 도입하면, 특히 MZ세대와 외국 관광객의 관심을 끌 수 있습니다. 또 지역 주민이 직접 참여하는 마을 해설사, 숙박 연계 체험 프로그램을 운영하면 지역 경제도 함께 살아날 수 있습니다.

관광은 단순한 소비가 아니라 경험과 감동을 주는 산업이기 때문에, 디지털 기술과 지역 공동체의 결합이 핵심이라고 생각합니다.

② 호텔관광경영학과에 지원한 이유는 무엇인가요?

답변 Point ▶ 저는 다양한 사람들과 소통하고 감동을 주는 일을 하고 싶다는 생각을 해왔습니다. 특히 여행을 통해 사람들의 경험이 풍성해지고, 호텔과 관광 서비스가 그 감동의 핵심이라는 점에 매력을 느꼈습니다. 호텔관광경영학과에서는 서비스의 기획부터 경영, 마케팅까지 체계적으로 배울 수 있기 때문에, 이 분야의 전문가로 성장하기 위한 첫걸음으로 지원하게 되었습니다.

③ 호텔과 관광 산업의 미래 전망에 대해 어떻게 생각하나요?

답변 Point ▶ 저는 호텔과 관광 산업이 단순한 '여가 산업'을 넘어, 문화·지역경제 활성화에 기여하는 핵심 산업으로 성장하고 있다고 생각합니다. 특히 팬데믹 이후 비대면 기술과 지속가능한 관광에 대한 관심이 높아지면서, 새로운 서비스 방식과 친환경 경영이 중요해지고 있습니다. 이런 변화에 능동적으로 대응할 수 있는 사람이 되기 위해 학문적으로 준비하고 싶습니다.

④ 좋은 서비스란 무엇이라고 생각하나요?

답변 Point ▶ 좋은 서비스는 단순히 친절한 태도만이 아니라, 고객이 무엇을 필요로 하는지 미리 이해하고 대응하는 능동적 서비스라고 생각합니다. 예를 들어, 고객의 불편을 사전에 예측하고 대안을 제시하거나, 문화적 차이를 존중하는 태도는 고객에게 깊은 인상을 남깁니다. 저는 이러한 감성 지능과 상황 대응 능력이 서비스 직무에서 매우 중요하다고 봅니다.

❺ 기억에 남는 호텔 또는 관광 경험이 있다면 말해보세요.

답변 Point ▶ 한 번은 가족과 함께 국내 특급호텔에 묵었을 때, 직원이 체크인 시 제 이름을 기억해 불러줬던 경험이 인상 깊었습니다. 사소한 행동이었지만, 고객을 소중히 여기는 마음이 느껴졌고, 호텔 서비스의 힘을 체감할 수 있었습니다. 이처럼 고객의 감정을 세심하게 다루는 것이 호텔 산업의 본질이라는 걸 느꼈고, 그 경험이 진로 결정에도 영향을 줬습니다.

❻ 관광객이 많은 지역의 주민 불편 문제에 대해 어떻게 생각하나요?

답변 Point ▶ 관광 활성화는 지역 경제에 긍정적이지만, 교통 혼잡이나 쓰레기, 소음 문제 등으로 주민 불편이 발생하기도 합니다. 이를 해결하려면 관광 정책이 단순한 '관광객 유치'에서 그치지 않고, 지역 주민과의 상생 모델을 포함해야 한다고 생각합니다. 예를 들어 지역 참여형 관광, 사전 예약제 운영, 관광객 에티켓 캠페인 등이 도움이 될 수 있습니다.

❼ 졸업 후 어떤 분야에서 일하고 싶나요?

답변 Point ▶ 저는 호텔 서비스 기획이나 브랜드 전략 분야에 관심이 많습니다. 단순히 손님을 응대하는 것을 넘어서, 고객 경험 전체를 설계하고 개선하는 역할을 해보고 싶습니다. 호텔관광경영학과에서 마케팅, 고객 관리, 현장 실습 등을 통해 실무 능력을 쌓고, 글로벌 브랜드의 현장 경험도 도전해보고 싶습니다.

❽ 호텔관광경영학과에서 배우고 싶은 핵심 역량은 무엇인가요?

답변 Point ▶ 저는 고객 경험 관리와 데이터 기반 경영 역량을 배우고 싶습니다. 호텔과 관광 산업은 고객 만족이 곧 매출과 직결되는 분야이므로 고객의 행동과 선호를 분석해 맞춤형 서비스를 제공할 수 있는 능력이 중요합니다. 또한 디지털 마케팅, 예약 시스템, 고객 리뷰 관리 등 실제 현장에서 활용이 가능한 실무 역량도 함께 익히고 싶습니다. 이러한 지식과 기술은 졸업 후 현장에서 경쟁력을 갖추는 데 필수적이라고 생각합니다.

⑨ 호텔관광 산업에서 지속가능성을 위해 필요한 점은 무엇이라고 생각하나요?

🔹**답변 Point** ▶ 호텔과 관광 산업에서도 지속가능성은 매우 중요합니다. 친환경 시설 운영, 에너지 절감, 지역사회와의 상생 프로그램 등은 단순한 윤리적 선택이 아니라 장기적인 경쟁력 요소라고 생각합니다. 예를 들어, 지역 농산물을 활용한 레스토랑 운영이나 에코 투어 프로그램은 관광객에게 긍정적 경험을 제공하면서 지역 경제와 환경 보호에도 기여할 수 있습니다. 저는 이러한 지속가능한 경영 모델을 직접 설계하고 실행할 수 있는 전문가가 되고 싶습니다.

⑩ 글로벌 관광 산업에서 한국의 경쟁력을 높이기 위한 전략이 있다면 무엇인가요?

🔹**답변 Point** ▶ 한국 관광 산업의 경쟁력을 높이려면 K-문화 콘텐츠, 지역 특화 체험, 첨단 기술 접목이 결합된 차별화 전략이 필요하다고 생각합니다. 예를 들어, 한류 콘텐츠와 연계한 관광 상품, 전통 문화 체험 프로그램, AR · VR 관광 안내 시스템을 제공하면 외국인 관광객의 관심을 끌 수 있습니다. 또한 글로벌 고객의 니즈에 맞춘 다국어 서비스와 현지 맞춤형 마케팅도 필수적입니다. 저는 이러한 전략을 기획하고 실행할 수 있는 전문가로 성장하고 싶습니다.

8. 언론학과

❶ 언론학과에 진학하고 싶은 이유는 무엇인가요?

🔹**답변 Point** ▶ 저는 사람들이 세상을 이해하는 데 중요한 역할을 하는 것이 '정보'이며, 그 정보를 전달하고 해석하는 미디어에 관심이 많았습니다. 특히 미디어가 사회 여론 형성, 권력 감시, 사회적 의제 설정에 어떤 영향을 주는지 알고 싶었고, 언론학을 통해 그 구조와 원리를 체계적으로

배우고 싶었습니다. 나아가 공정하고 신뢰받는 언론인이 되고 싶다는 꿈도 생겼습니다.

❷ **언론의 가장 중요한 역할은 무엇이라고 생각하나요?**

🔹**답변 Point** ▶ 언론의 핵심 역할은 감시자와 중재자로서의 기능이라고 생각합니다. 정부나 기업 등 권력 기관을 감시하고, 사회 구성원들의 다양한 목소리를 균형 있게 전달함으로써 공정한 공론장을 형성해야 합니다. 또한 사실에 기반한 정보를 빠르고 정확하게 전달함으로써 시민의 올바른 판단을 돕는 역할도 중요합니다. 이 모든 역할의 기반은 '신뢰'라고 생각합니다.

❸ **가짜뉴스 문제에 대해 어떻게 생각하나요?**

🔹**답변 Point** ▶ 가짜뉴스는 사실 왜곡을 넘어, 사회 불신과 갈등을 조장할 수 있기 때문에 매우 심각한 문제라고 생각합니다. SNS를 통해 빠르게 확산되며 언론의 신뢰도까지 떨어뜨릴 수 있기 때문에, 이를 막기 위한 언론사 내부의 검증 시스템과 윤리 의식이 중요합니다. 동시에 시민들도 미디어 리터러시를 통해 정보를 비판적으로 수용할 수 있는 능력을 갖춰야 한다고 생각합니다.

❹ **최근 관심 있게 본 뉴스나 이슈가 있다면 소개해주세요.**

🔹**답변 Point** ▶ 저는 최근 'AI 뉴스 생성 도입'에 관심이 많았습니다. 생성형 AI가 일부 뉴스 생산 과정을 대체하면서 효율은 높아졌지만, 편향이나 오류 문제도 함께 발생하고 있습니다. 이 변화는 기자의 역할이 단순 정보 전달자에서, 진위 검증자이자 해석자 역할로 변화하고 있다는 걸 보여준다고 생각합니다. 기술 발전과 언론의 공공성 사이에서 균형 있는 논의가 필요하다고 느꼈습니다.

❺ 언론의 자유는 어디까지 보장되어야 한다고 생각하나요?

🗨️**답변 Point** ▶ 언론의 자유는 민주주의의 핵심 가치이지만, 책임과 윤리를 전제로 보장되어야 한다고 생각합니다. 타인의 명예를 훼손하거나, 허위 정보를 유포하는 등 사회적 피해를 유발하는 경우에는 자유에도 한계가 있어야 한다고 봅니다. 언론의 자유와 공익 사이의 균형을 고민하고 실천하는 것이 진정한 언론인의 자세라고 생각합니다.

❻ 졸업 후 어떤 분야에서 일하고 싶나요?

🗨️**답변 Point** ▶ 저는 저널리즘과 미디어 콘텐츠 제작에 관심이 많습니다. 특히 데이터 기반 보도나 인포그래픽처럼 정보를 시각화하고 분석하는 방식에 흥미를 느껴왔습니다. 언론학과에서 보도 윤리, 미디어 이론, 디지털 편집 기술 등을 배우며, 사회적 책임감을 갖춘 저널리스트나 뉴미디어 전문가로 성장하고 싶습니다.

❼ 권력의 언론 통제와 언론의 역할에 대한 본인의 생각을 말해 보세요.

🗨️**답변 Point** ▶ 저는 언론의 가장 중요한 역할은 권력을 감시하고, 사실을 바탕으로 국민의 알 권리를 보장하는 것이라고 생각합니다. 따라서 정치권력이나 경제권력이 언론을 통제하려는 시도는 매우 위험합니다. 언론이 독립성을 잃게 되면, 정보가 왜곡되고 국민은 올바른 판단을 할 수 없게 되어 민주주의의 근간이 흔들릴 수 있습니다.

물론 언론도 책임을 져야 합니다. 객관성과 공정성을 유지하며, 확인되지 않은 정보를 유포하지 않도록 스스로 윤리 기준을 지켜야 합니다. 건강한 사회를 위해서는 권력으로부터 자유롭고, 동시에 스스로 책임을 다하는 언론이 필요하다고 생각합니다.

❽ 디지털 미디어 시대에 언론인이 갖추어야 할 역량은 무엇이라고 생각하나요?

🔵**답변 Point** ▶ 디지털 미디어 시대에는 단순한 글쓰기나 취재 능력만으로는 부족하다고 생각합니다. 데이터 분석 능력, 멀티미디어 제작 능력, SNS 활용 능력 등 다양한 기술적 역량이 필요합니다. 동시에 빠르게 확산되는 정보 속에서 진위를 검증하고, 신뢰할 수 있는 보도를 제공할 수 있는 윤리적 판단력도 필수적입니다. 저는 이러한 균형 잡힌 역량을 갖춘 언론인이 되고 싶습니다.

❾ 언론의 공정성을 유지하기 위해 개인적으로 어떤 노력을 할 수 있을까요?

🔵**답변 Point** ▶ 언론의 공정성을 유지하기 위해서는 스스로 정보의 출처를 꼼꼼히 확인하고, 편향을 의식하며 보도하는 습관이 필요하다고 생각합니다. 또한 다양한 시각을 이해하고, 특정 집단이나 개인의 이익에 치우치지 않도록 항상 비판적 사고를 유지해야 합니다. 저는 이러한 습관을 학교 프로젝트와 글쓰기 활동에서 꾸준히 연습하며, 실무에서도 실천할 준비가 되어 있다고 생각합니다.

❿ 언론학을 전공한 후, 사회에 기여하고 싶은 방식은 무엇인가요?

🔵**답변 Point** ▶ 저는 언론을 통해 사회 문제를 정확히 알리고, 공감과 변화를 이끌어내는 역할을 하고 싶습니다. 예를 들어, 사회적 약자나 소외된 계층의 목소리를 조명하고, 정책이나 제도의 개선을 촉진하는 보도를 하고 싶습니다. 또한 새로운 미디어 환경에서 시민들이 정보를 비판적으로 이해하도록 돕는 교육적 콘텐츠 제작에도 기여하고 싶습니다. 이를 통해 사회적 신뢰와 공익을 동시에 높이는 언론인이 되는 것이 목표입니다.

9. 무역 또는 물류학과

❶ 무역(또는 물류)학과에 지원한 이유는 무엇인가요?

답변 Point ▶ 저는 글로벌 경제에서 무역과 물류가 국가 경제와 기업 경쟁력의 핵심임을 깨달았습니다. 특히 상품과 정보가 어떻게 국경을 넘어 이동하는지, 그리고 그 과정에서 효율성과 리스크 관리를 어떻게 하는지 배우고 싶어 지원했습니다. 이 분야의 전문가가 되어 글로벌 시장에서 경쟁력 있는 기업과 국가를 만드는 데 기여하고 싶습니다.

❷ 무역과 물류의 차이점은 무엇이라고 생각하나요?

답변 Point ▶ 무역은 상품과 서비스를 국제적으로 사고파는 활동을 말하고, 물류는 이 거래가 원활하게 이루어질 수 있도록 상품의 저장, 운송, 재고 관리 등을 담당하는 과정입니다. 무역이 '거래'에 초점을 둔다면, 물류는 '공급망 관리'에 집중한다고 볼 수 있습니다. 두 분야가 서로 밀접하게 연결되어 있어 통합적인 이해가 필요합니다.

❸ 최근 글로벌 무역에서 주목받는 이슈가 있다면 무엇인가요?

답변 Point ▶ 과거 코로나19 팬데믹과 미중 무역 갈등으로 인해 공급망의 안정성이 크게 주목받고 있습니다. 이에 따라 기업들은 다변화된 공급망 구축과 디지털 물류 시스템 도입에 힘쓰고 있습니다. 또한 친환경 물류와 탄소 배출 감축 요구도 커져, 지속 가능한 무역·물류 전략이 필수적인 시대가 되었다고 생각합니다.

❹ 무역이나 물류 분야에서 필요한 역량은 무엇이라고 생각하나요?

답변 Point ▶ 가장 중요한 역량은 문제 해결 능력과 커뮤니케이션 능력이라고 생각합니다. 무역과 물류는 국가별 규제, 문화, 환경 등 다양한 변수에 영향을 받기 때문에 예상치 못한 문제가 자주 발생합니다. 이를 신속하고 효율적으로 대응하기 위해서는 다국적 이해관계자와 원활히 소통하고 협력하는 능력이 필수적입니다.

❺ 무역학과(물류학과)에서 배우고 싶은 과목이나 분야가 있다면 무엇인가요?

답변 Point ▶ 저는 국제 무역 실무와 글로벌 공급망 관리에 특히 관심이 많습니다. 무역 계약, 관세 제도, 국제 물류 네트워크를 깊이 있게 배우고 싶고, 더 나아가 최신 디지털 물류 기술이나 빅데이터 분석을 통해 공급망 효율을 높이는 방법도 탐구하고 싶습니다. 실무 중심의 경험도 중요하다고 생각합니다.

❻ 졸업 후 어떤 분야에서 일하고 싶나요?

답변 Point ▶ 저는 국제 무역 회사나 물류 기업, 혹은 해외 진출을 계획하는 제조업체에서 공급망 관리나 무역 실무를 담당하고 싶습니다. 특히 글로벌 시장에서 발생하는 다양한 이슈를 해결하며 기업의 경쟁력을 높이는 역할을 맡고 싶습니다. 더 나아가 무역과 물류가 융합된 통합 관리 전문가가 되는 것이 목표입니다.

❼ 글로벌 무역 환경에서 최근 가장 중요한 트렌드는 무엇이라고 생각하나요?

답변 Point ▶ 최근에는 디지털화와 친환경화가 글로벌 무역의 핵심 트렌드라고 생각합니다. 전자상거래 확산과 AI, IoT 기반 스마트 물류 시스템은 공급망 효율성을 높이고, 실시간 모니터링을 가능하게 합니다. 동시에 탄소 배출을 줄이는 친환경 물류와 지속 가능한 공급망 구축은 기업 경쟁력과 사회적 책임을 동시에 만족시키는 중요한 요소로 부상하고 있습니다.

❽ 무역 · 물류 전문가로서 갖추어야 할 역량은 무엇이라고 생각하나요?

답변 Point ▶ 무역과 물류 전문가에게 필요한 역량은 크게 세 가지라고 생각합니다. 첫째, 문제 해결 능력과 기획력으로 복잡한 공급망과 거래 문제를 효율적으로 관리할 수 있어야 합니다. 둘째, 글로벌 커뮤니케이션 능력과 외국어 능력으로 다양한 국가와 문화 속에서 협업할 수 있어야 합니다. 셋째, 데이터 분석과 디지털 기술 활용 능력으로 효율적인 의사결정과 전략 수립이 가능해야 합니다.

⑨ 무역 · 물류 분야에서 가장 기억에 남는 경험이나 사례가 있나요?

답변 Point ▶ 저는 고등학교 시절 무역 동아리에서 모의 수출입 프로젝트를 수행한 경험이 기억에 남습니다. 가상의 상품을 해외로 수출하며 관세, 운송, 환율 문제를 직접 계산하고 해결해보면서 무역과 물류가 단순한 거래가 아니라 체계적 계획과 분석이 필요하다는 점을 체감했습니다. 이 경험이 전공 선택에도 큰 영향을 주었습니다.

⑩ 무역·물류 산업의 사회적 역할이나 의미는 무엇이라고 생각하나요?

답변 Point ▶ 무역과 물류는 단순히 기업 이윤을 창출하는 것을 넘어, 국가 경제와 글로벌 연결성을 높이는 중요한 역할을 한다고 생각합니다. 효율적인 공급망과 안정적인 무역 시스템은 가격 안정과 상품 공급을 가능하게 하고, 국제 협력과 문화 교류에도 기여합니다. 따라서 무역 · 물류 전문가로서 사회적 책임과 지속가능성을 항상 고민하며 일하는 것이 중요하다고 생각합니다.

10. 회계 또는 세무학과

❶ 회계학과(또는 세무학과)에 지원한 이유는 무엇인가요?

답변 Point ▶ 저는 숫자와 데이터를 통해 기업의 건강 상태를 파악하고, 경영 의사결정에 도움을 줄 수 있다는 점에 매력을 느꼈습니다. 특히 세무 분야는 기업과 개인의 경제활동을 법적으로 관리하는 중요한 역할을 하기에 전문적으로 배우고 싶어 지원했습니다. 정확성과 신뢰가 중요한 분야에서 전문가로 성장하고 싶습니다.

❷ 회계와 세무의 차이점은 무엇이라고 생각하나요?

답변 Point ▶ 회계는 기업의 재무 상태를 기록하고 보고하는 전반적인 활동을 뜻하며, 세무는 그 회계 정보를 바탕으로 세법에 따라 세금 신고와 절세 전략을 수립하는 활동입니다. 즉, 회계는 재무 정보의 생성과 관리에, 세무는 세법 적용과 세무 계획에 중점을 둔다고 할 수 있습니다.

❸ 회계 또는 세무 분야에서 가장 중요한 윤리적 가치가 무엇이라고 생각하나요?

답변 Point ▶ 정직성과 투명성이 가장 중요하다고 생각합니다. 회계·세무 정보는 기업과 사회의 신뢰를 좌우하므로, 의도적 조작이나 은폐 없이 사실 그대로 정확하게 보고하는 것이 기본입니다. 또한 고객이나 기업의 이익과 공공의 이익 사이에서 균형을 지키는 책임감도 매우 중요하다고 봅니다.

❹ 최근 세법 개정 중 관심 있게 본 내용이 있나요?

답변 Point ▶ 최근 중소기업 세제 지원 강화 정책에 관심이 많았습니다. 경제적 어려움을 겪는 중소기업에 대해 세제 혜택을 확대해 경영 안정과 일자리 창출을 지원하려는 취지입니다. 이런 정책은 실제 기업 경영에 큰 영향을 미치므로, 세무 전문가로서 이를 정확히 이해하고 고객에게 도움이 되는 컨설팅을 제공하는 것이 중요하다고 생각합니다.

❺ 회계(세무) 관련 소프트웨어나 시스템 사용 경험이 있나요?

답변 Point ▶ 학교에서 ERP(전사적 자원 관리) 시스템과 회계 소프트웨어 사용 교육을 받았습니다. 특히 재무제표 작성과 전표 처리, 세무 신고 과정에 활용되는 프로그램을 직접 다뤄 보면서 실무 감각을 익혔습니다. 앞으로도 최신 회계·세무 IT 기술을 지속적으로 학습해 전문가 역량을 강화하고 싶습니다.

❻ 졸업 후 어떤 분야에서 일하고 싶나요?

답변 Point ▶ 저는 회계법인이나 세무 법인에서 실무를 시작해 다양한 기업의 재무와 세무를 관리하고 싶습니다. 장기적으로는 기업 내부 회계 담당자나 세무 컨설턴트로 성장하여, 법과 규정을 준수하면서도 효율적인 세무 전략을 설계하는 전문가가 되는 것이 목표입니다.

❼ 회계·세무 전문가로서 갖추어야 할 핵심 역량은 무엇이라고 생각하나요?

답변 Point ▶ 가장 중요한 역량은 분석력, 정확성, 문제 해결 능력이라고 생각합니다. 재무 데이터를 분석하고 오류를 찾는 능력, 법과 규정을 이해하고 적용하는 능력, 기업의 세무 전략을 설계하며 발생할 수 있는 문제를 해결하는 능력이 필수적입니다. 또한 고객과 원활히 소통하는 커뮤니케이션 능력도 매우 중요하다고 봅니다.

❽ 회계·세무 분야에서 기억에 남는 경험이 있다면 소개해 주세요.

답변 Point ▶ 고등학교 시절, 학교 프로젝트에서 가상의 기업 재무제표를 작성하고 분석한 경험이 있습니다. 전표 처리부터 재무제표 작성, 손익 계산까지 직접 진행하면서 회계가 단순 계산이 아니라 기업 운영과 의사결정을 지원하는 중요한 역할임을 깨달았습니다. 이 경험이 회계·세무 전공 선택에 큰 영향을 주었습니다.

❾ 세법이 자주 개정되는 이유는 무엇이라고 생각하나요?

답변 Point ▶ 세법은 경제 상황, 정부 정책, 사회적 요구에 따라 기업과 개인의 경제 활동을 조정하고 지원하기 위해 자주 개정됩니다. 또한 국제 조세 환경 변화나 디지털 경제 확산 등 새로운 경제 활동이 등장하면, 이에 대응하기 위해 법적 기준을 업데이트해야 합니다. 세무 전문가로서 최신 법령을 꾸준히 학습하고 적용하는 것이 필수적이라고 생각합니다.

⑩ 회계 · 세무 분야가 사회와 기업에 미치는 영향은 무엇이라고 생각하나요?

🔵**답변 Point** ▶ 회계와 세무는 단순히 숫자를 기록하는 것을 넘어서 기업의 경영 투명성과 신뢰성을 확보하고, 국가 재정과 경제 안정에 기여하는 중요한 역할을 합니다. 정확한 회계 · 세무 정보는 투자자, 경영진, 정부 등 이해관계자에게 신뢰를 제공하며, 기업과 사회 전체가 효율적으로 자원을 활용할 수 있게 돕습니다. 따라서 전문성을 갖춘 회계 · 세무인은 경제적, 사회적 책임까지 함께 고려해야 한다고 생각합니다.

11. 심리학과

① 심리학과에 지원한 이유는 무엇인가요?

🔵**답변 Point** ▶ 저는 사람의 마음과 행동에 대해 깊이 이해하고 싶었습니다. 특히, 사람들이 왜 특정한 감정이나 선택을 하는지를 알고 싶다는 호기심이 컸고, 심리학이 그 해답을 과학적으로 탐구하는 학문이라는 점에 끌렸습니다. 이론뿐 아니라 실험, 통계 등도 함께 배우며 인간 이해에 더 가까워질 수 있다는 점에서 심리학과에 지원하게 되었습니다.

② 심리학은 과학이라고 생각하나요? 그 이유는 무엇인가요?

🔵**답변 Point** ▶ 네, 심리학은 과학이라고 생각합니다. 인간의 행동과 정신 과정을 주관적으로 해석하는 것이 아니라, 가설을 세우고 실험과 통계를 통해 객관적인 근거를 찾기 때문입니다. 심리검사, 뇌영상기법, 행동 실험 등 다양한 방법을 통해 데이터를 수집하고 분석한다는 점에서 심리학은 명백한 과학 분야라고 봅니다.

③ 정신질환은 개인의 의지 문제라고 생각하나요?

🔵**답변 Point** ▶ 아니라고 생각합니다. 정신질환은 유전적, 생물학적, 환경적 요인 등 다양한 원인이 복합적으로 작용한 결과입니다. 단순히 의지가

부족해서가 아니라, 뇌의 기능 변화나 트라우마 같은 외부 요인들이 영향을 미치기도 합니다. 따라서 정신질환을 겪는 사람에게 비난보다는 이해와 전문적 지원이 필요하다고 생각합니다.

④ 친구가 심한 우울감을 호소한다면 어떻게 하시겠습니까?

답변 Point ▶ 먼저 친구의 이야기를 비판 없이 진심으로 들어주고, 혼자가 아니라는 걸 느끼게 해주는 것이 중요하다고 생각합니다. 필요하다면 전문가의 도움을 받는 것이 좋다는 점도 조심스럽게 권유할 것 같습니다. 내가 해결하려 하기보다는, 곁에서 함께하며 회복의 방향으로 유도하는 태도가 중요하다고 봅니다.

⑤ 관심 있는 심리학 분야는 무엇이며, 그 이유는 무엇인가요?

답변 Point ▶ 저는 상담심리학에 관심이 많습니다. 누구나 살아가며 마음의 어려움을 겪지만, 이를 말하고 해결할 기회는 많지 않다고 느꼈습니다. 상담심리는 내담자가 스스로 문제를 인식하고 변화하도록 돕는 과정이라는 점에서 사람을 깊이 있게 이해할 수 있는 분야라 생각해 흥미를 느끼고 있습니다.

⑥ 심리학을 통해 어떤 사회적 기여를 하고 싶나요?

답변 Point ▶ 저는 심리학 지식을 통해 사람들이 더 건강한 삶을 살아갈 수 있도록 돕고 싶습니다. 정신 건강 문제는 개인만의 문제가 아니라 사회 전체의 문제이기도 하기에, 심리학은 교육, 직장, 대중매체 등 다양한 분야에 적용될 수 있다고 생각합니다. 특히 청소년 정신 건강이나 감정 조절 교육 분야에서 기여하고 싶습니다.

⑦ 심리학 연구에서 가장 중요하다고 생각하는 가치는 무엇인가요?

답변 Point ▶ 심리학 연구에서 가장 중요한 가치는 윤리와 객관성이라고 생각합니다. 연구 과정에서 참여자의 권리와 안전을 존중해야 하며, 데이터를 왜곡하지 않고 사실 그대로 해석하는 것이 필수적입니다. 이러한 가치를 지킬 때 연구 결과가 신뢰를 얻고 사회에 유익하게 활용될 수 있습니다.

⑧ 스트레스 관리에 대해 개인적으로 실천하는 방법이 있나요?

답변 Point ▶ 저는 규칙적인 운동과 명상, 일기 쓰기를 통해 스트레스를 관리합니다. 특히 감정을 글로 정리하면 자신의 심리 상태를 객관적으로 바라볼 수 있고, 불필요한 걱정을 줄이는 데 도움이 됩니다. 이러한 경험은 나중에 상담심리나 임상심리 실습에도 활용할 수 있는 유익한 자기관리 방법이라고 생각합니다.

⑨ 인간 행동을 이해하는 데 심리학 외 다른 학문과의 연계가 필요하다고 생각하나요?

답변 Point ▶ 네, 심리학은 단독으로는 인간 행동을 완전히 이해하기 어렵다고 생각합니다. 뇌과학, 사회학, 인류학, 경제학 등 다양한 학문과 연계하면 개인과 집단행동의 복합적 원인을 더 정확히 분석할 수 있습니다. 이러한 융합적 접근이 심리학적 이해와 실무 적용을 더욱 풍부하게 합니다.

⑩ 졸업 후 심리학 전공을 어떻게 활용하고 싶나요?

답변 Point ▶ 저는 상담심리사나 임상심리 전문가로 활동하며 개인과 집단의 정신 건강을 증진시키는 일을 하고 싶습니다. 특히 청소년과 청년층을 대상으로 한 정신 건강 교육, 상담, 심리적 지원 프로그램 개발에 참여하고 싶습니다. 또한 연구를 통해 사회적 문제 해결에도 기여할 수 있는 심리학 전문가로 성장하고 싶습니다.

12. 광고홍보학과

❶ 광고홍보학과에 지원한 이유는 무엇인가요?

답변 Point ▶ 저는 사람들의 관심을 끌고 메시지를 효과적으로 전달하는 광고와 홍보에 큰 흥미를 느꼈습니다. SNS와 디지털 미디어가 발달하는 시대에 창의적인 아이디어와 전략으로 소비자와 소통하는 역할을 배우고 싶어 지원했습니다. 광고홍보학과에서 전문 지식을 쌓아 미래에 브랜드를 성공적으로 알리는 마케터가 되고 싶습니다.

❷ 좋아하는 광고나 홍보 캠페인이 있다면 소개해 주세요. 그 이유도 말해 주세요.

답변 Point ▶ 최근에 본 한 친환경 브랜드의 캠페인이 기억에 남습니다. 단순히 제품을 홍보하는 것이 아니라 환경 보호 메시지를 감성적으로 전달해 많은 사람들의 공감을 이끌어냈습니다. 이 광고는 창의성과 사회적 가치를 잘 결합한 사례라 생각했고, 저도 이런 캠페인을 만들어 사회에 긍정적인 영향을 주고 싶다는 꿈을 갖게 되었습니다.

❸ 광고나 홍보에서 가장 중요한 요소는 무엇이라고 생각하나요?

답변 Point ▶ 저는 타겟 이해와 메시지의 명확성이 가장 중요하다고 생각합니다. 아무리 좋은 아이디어라도 전달 대상이 누구인지, 그들이 무엇을 원하고 어떻게 반응할지 정확히 파악하지 못하면 효과가 떨어집니다. 따라서 소비자의 니즈와 관심사를 분석하고, 간결하면서도 강렬한 메시지를 전달하는 것이 성공의 핵심이라고 봅니다.

❹ 광고홍보 분야에서 창의성을 어떻게 발휘할 수 있다고 생각하나요?

답변 Point ▶ 창의성은 다양한 경험과 열린 사고에서 나온다고 생각합니다. 평소에 여러 매체를 접하고, 사회 현상이나 트렌드를 주의 깊게 관찰하며 아이디어를 떠올립니다. 또한 팀원들과의 자유로운 토론과 피드백을 통해 새로운 관점을 얻고, 그것을 바탕으로 독창적인 캠페인을 구상할 수 있다고 믿습니다.

❺ **팀 프로젝트에서 갈등이 생긴 경험이 있나요? 어떻게 해결했나요?**

🔵**답변 Point ▶** 팀 프로젝트 중 의견 차이로 갈등이 있었지만, 모두의 의견을 경청하고 공통점을 찾으려 노력했습니다. 감정을 자제하고 논리적으로 대화하며, 서로의 역할과 책임을 명확히 나누는 방식으로 문제를 해결했습니다. 이런 경험을 통해 소통과 협력이 갈등 극복에 얼마나 중요한지 배웠고, 앞으로도 팀워크를 중시할 것입니다.

❻ **졸업 후 어떤 진로를 희망하나요?**

🔵**답변 Point ▶** 저는 광고 대행사나 마케팅 부서에서 브랜드 전략을 기획하는 전문가가 되고 싶습니다. 디지털 미디어와 빅데이터 분석 기술을 활용해 소비자 행동을 연구하고, 창의적인 홍보 캠페인을 만드는 데 기여하고 싶습니다. 장기적으로는 사회적 가치를 전달하는 광고를 통해 긍정적인 변화를 이끌어내고 싶습니다.

❼ **최근 접한 광고(TV, 신문, 잡지 등) 중에서 가장 인상 깊었던 광고는 무엇이며 그 이유를 말해 보세요.**

🔵**답변 Point ▶** 최근에 본 한 친환경 자동차 브랜드의 TV 광고가 가장 인상 깊었습니다. 이 광고는 단순히 차량의 성능을 강조하는 대신, 환경 보호와 지속 가능한 미래를 주제로 감성적인 스토리텔링을 활용했습니다. 특히, 자연과 사람, 그리고 차가 함께 어우러지는 모습을 통해 브랜드의 철학과 사회적 책임감을 잘 전달했다고 생각합니다. 이 광고를 보면서 소비자와 공감하는 메시지의 중요성을 다시 한번 깨달았고, 저도 광고를 통해 긍정적인 변화를 이끌어내고 싶다는 동기부여가 되었습니다.

❽ **디지털 미디어와 광고의 관계에 대해 어떻게 생각하나요?**

🔵**답변 Point ▶** 디지털 미디어는 광고와 홍보 전략의 핵심 플랫폼이 되었다고 생각합니다. SNS, 유튜브, 인플루언서 콘텐츠 등 다양한 채널을 통

해 소비자와 직접 소통할 수 있고, 실시간으로 반응과 데이터를 확인할 수 있습니다. 이러한 점에서 디지털 환경을 적극 활용해 맞춤형 메시지와 창의적인 캠페인을 기획하는 능력이 필수적이라고 봅니다.

⑨ 광고 윤리와 사회적 책임에 대해 어떻게 생각하나요?

🔵**답변 Point ▶** 광고는 소비자를 설득하는 힘이 크기 때문에 윤리와 사회적 책임을 지켜야 한다고 생각합니다. 허위·과장 광고를 지양하고, 사회적 문제에 민감하게 반응하며 긍정적인 메시지를 전달하는 것이 중요합니다. 특히 친환경, 공익 캠페인처럼 사회적 가치를 담은 광고는 기업 이미지뿐 아니라 사회 전반에도 긍정적인 영향을 줄 수 있습니다.

⑩ 광고홍보학 전공을 통해 얻고 싶은 역량은 무엇인가요?

🔵**답변 Point ▶** 저는 광고홍보학을 통해 전략적 기획 능력, 창의적 콘텐츠 제작 능력, 데이터 기반 분석 능력을 갖추고 싶습니다. 단순히 메시지를 전달하는 것이 아니라 소비자의 심리를 이해하고, 효과적으로 소통하며, 사회적 가치까지 고려한 캠페인을 설계할 수 있는 전문가로 성장하는 것이 목표입니다.

13. 문헌정보학과

❶ 문헌정보학과에 지원한 이유는 무엇인가요?

🔵**답변 Point ▶** 저는 정보가 사회와 개인의 삶에 큰 영향을 미친다고 생각하며, 이를 체계적으로 관리하고 활용하는 방법을 배우고 싶었습니다. 문헌정보학은 도서, 디지털 자료, 데이터베이스 등 다양한 정보를 조직, 저장, 검색, 분석하는 학문이기 때문에 지원하게 되었습니다. 미래에는 사람들에게 필요한 정보를 신속하고 정확하게 제공할 수 있는 전문가가 되고 싶습니다.

❷ 문헌정보학과에서 배우고 싶은 분야는 무엇인가요?

🔵 **답변 Point** ▶ 저는 디지털 아카이브와 데이터 관리 분야에 특히 관심이 있습니다. 전통적인 도서관 정보 관리뿐 아니라 빅데이터와 디지털 자료를 효과적으로 분류하고 검색할 수 있는 시스템을 배우고 싶습니다. 또한 정보 보안과 저작권 관리도 함께 학습해 전문성을 갖추고 싶습니다.

❸ 정보 검색과 관리의 중요성에 대해 어떻게 생각하나요?

🔵 **답변 Point** ▶ 정보가 넘쳐나는 시대일수록 정확하고 신뢰할 수 있는 정보를 빠르게 찾는 능력이 중요합니다. 정보 검색과 관리를 체계적으로 하지 않으면 잘못된 정보가 확산될 수 있습니다. 문헌정보학은 필요한 정보를 효율적으로 찾고, 분석하며, 활용할 수 있는 능력을 기르는 학문이라고 생각합니다.

❹ 디지털 정보 시대의 도서관 역할은 무엇이라고 생각하나요?

🔵 **답변 Point** ▶ 디지털 시대에도 도서관은 단순한 책 보관소가 아니라 정보 접근성과 공유의 중심이라고 생각합니다. 전자책, 온라인 학술 자료, 데이터베이스 등 다양한 디지털 자료를 제공하고, 시민과 학생이 이를 활용할 수 있도록 지원하는 것이 도서관의 핵심 역할이라고 봅니다.

❺ 빅데이터와 문헌정보학의 연관성은 무엇이라고 생각하나요?

🔵 **답변 Point** ▶ 빅데이터는 방대한 정보를 체계적으로 분석하고 활용하는 학문적 기반을 제공합니다. 문헌정보학에서는 도서, 학술 자료, 디지털 콘텐츠 등 다양한 데이터를 수집하고 분류하는데, 빅데이터 분석 능력이 결합되면 정보의 가치를 극대화할 수 있습니다. 이를 통해 연구자나 일반 사용자에게 맞춤형 정보를 제공할 수 있습니다.

❻ 기억에 남는 정보 활용 경험이 있다면 말씀해 주세요.

🔵 **답변 Point** ▶ 학교 과제에서 국내외 학술 데이터를 수집하고 분석하는

프로젝트를 진행했습니다. 단순히 자료를 모으는 것이 아니라 신뢰성을 검증하고 분류 기준을 설정해 연구에 맞는 정보를 선별했습니다. 이 과정을 통해 체계적 정보 관리의 중요성과 흥미를 느꼈고, 문헌정보학 공부의 필요성을 깨달았습니다.

❼ 정보 윤리와 개인정보 보호에 대해 어떻게 생각하나요?

◉답변 Point ▶ 정보는 강력한 도구이지만 잘못 사용되면 피해를 줄 수 있습니다. 개인정보 보호와 저작권 준수는 문헌정보학 전문가의 필수 윤리라고 생각합니다. 이를 준수하며 정보를 안전하게 관리하고, 사회적 신뢰를 지키는 것이 매우 중요합니다.

❽ 도서관과 정보센터 운영에서 중요한 요소는 무엇이라고 생각하나요?

◉답변 Point ▶ 이용자의 접근성, 편리성, 정보의 신뢰성이 가장 중요하다고 생각합니다. 자료를 체계적으로 정리하고, 검색과 대출 시스템을 효율적으로 운영하며, 이용자에게 필요한 정보를 신속하게 제공할 수 있어야 합니다. 또한 지속적인 서비스 개선과 기술 도입도 필요하다고 봅니다.

❾ 미래의 문헌정보학이 나아갈 방향은 무엇이라고 생각하나요?

◉답변 Point ▶ 문헌정보학은 디지털화, AI, 빅데이터 분석 등 기술과 결합해 발전할 것으로 보입니다. 전통적 도서관 업무를 넘어서 데이터 기반 정보 서비스, 지식 관리, 디지털 아카이빙 등으로 확장될 것이며, 정보 활용 능력과 IT 역량이 더욱 중요해질 것입니다.

❿ 졸업 후 문헌정보학 전공을 어떻게 활용하고 싶나요?

◉답변 Point ▶ 저는 공공 도서관, 학술 정보센터, 디지털 아카이브 관리 분야에서 일하며, 사용자에게 필요한 정보를 정확하고 신속하게 제공하는 전문가가 되고 싶습니다. 또한 디지털 자료 관리와 데이터 분석 능력을 결합해 연구 지원과 교육, 문화 콘텐츠 개발에도 기여하고 싶습니다.

14. 경찰행정학과

❶ 경찰행정학과에 지원한 이유는 무엇인가요?

답변 Point ▶ 저는 사회의 안전과 질서를 지키는 일을 통해 사람들에게 실질적인 도움을 주고 싶었습니다. 경찰행정학과에서는 법, 치안, 행정 등 다양한 지식을 체계적으로 배우며 전문적인 치안 인력으로 성장할 수 있다고 생각해 지원했습니다.

❷ 경찰관으로서 가장 중요한 자질은 무엇이라고 생각하나요?

답변 Point ▶ 책임감과 공정성, 상황 판단 능력이 가장 중요하다고 생각합니다. 시민의 안전을 지키는 직업이므로 항상 신중하게 판단하고, 법과 원칙을 준수하며 행동해야 한다고 봅니다.

❸ 경찰행정학과에서 배우고 싶은 과목이나 분야는 무엇인가요?

답변 Point ▶ 범죄학과 치안 정책, 경찰 조직 관리, 수사 및 범죄 예방 분야에 관심이 있습니다. 이 과목들을 통해 실제 치안 현장에서 필요한 전문 지식과 실무 능력을 갖추고 싶습니다.

❹ 범죄 예방을 위해 필요한 가장 효과적인 방법은 무엇이라고 생각하나요?

답변 Point ▶ 예방 교육과 지역사회 협력이 중요하다고 생각합니다. 시민의 안전 의식을 높이고, 지역 주민과 경찰이 상호 협력하는 시스템을 구축하면 범죄 발생을 줄이는 데 효과적일 것이라 봅니다.

❺ 경찰행정학과 졸업 후 어떤 분야에서 활동하고 싶나요?

답변 Point ▶ 경찰청, 지방경찰청, 수사기관 등에서 공공의 안전과 질서를 지키는 업무를 수행하고 싶습니다. 장기적으로는 범죄 예방 정책 개발이나 치안 행정 관리 분야에도 기여하고 싶습니다.

❻ 경찰관이 된 후 겪을 수 있는 어려움을 어떻게 극복할 계획인가요?

답변 Point ▶ 체력적·정신적 부담이 클 수 있지만 꾸준한 체력 관리와 스트레스 관리, 동료와의 협업과 소통으로 극복할 계획입니다. 또한 업무 관련 전문 지식과 경험을 통해 문제 해결 능력을 강화하겠습니다.

❼ 범죄 현장에서 가장 중요하게 고려해야 할 점은 무엇인가요?

답변 Point ▶ 시민의 안전과 증거 보호를 최우선으로 고려해야 한다고 생각합니다. 신속하면서도 정확하게 판단하고, 법과 규정에 따라 절차를 준수하는 것이 중요합니다.

❽ 경찰관이 사회에 기여할 수 있는 방법은 무엇이라고 생각하나요?

답변 Point ▶ 범죄 예방, 시민 보호, 법 집행을 통해 사회 안정에 기여할 수 있습니다. 또한 지역사회와 협력하여 사회적 약자를 보호하고, 안전한 사회 환경을 만드는 역할을 수행할 수 있습니다.

❾ 경찰행정학과에서 팀 프로젝트나 실습 경험을 통해 얻고 싶은 것은 무엇인가요?

답변 Point ▶ 실제 치안 사례를 분석하고 해결책을 모색하는 경험을 통해 문제 해결 능력과 협업 능력을 키우고 싶습니다. 이를 통해 현장에서 바로 활용 가능한 실무 능력을 확보할 수 있을 것이라 생각합니다.

❿ 경찰행정학과 학생으로서 갖춰야 할 핵심 역량은 무엇이라고 생각하나요?

답변 Point ▶ 법과 규정을 이해하는 지식, 상황 판단 능력, 체력, 소통 능력, 강한 책임감과 공정성이 핵심 역량이라고 생각합니다. 이 모든 역량을 균형 있게 발전시켜 전문성을 갖춘 경찰관으로 성장하고 싶습니다.

15. 법학과

❶ 법학과에 지원한 이유는 무엇인가요?

🔵**답변 Point ▶** 저는 사회 정의와 공정성에 관심이 많았습니다. 법은 사람들의 권리를 보호하고 갈등을 해결하는 중요한 도구라고 생각합니다. 법학과에서 체계적으로 법 지식을 배우고, 사회에 기여할 수 있는 전문가로 성장하고 싶어 지원했습니다.

❷ 법학을 공부하면서 가장 중요하게 생각하는 가치가 무엇인가요?

🔵**답변 Point ▶** 공정성과 합리성이라고 생각합니다. 법은 사람들의 권리와 의무를 조정하는 체계이므로, 감정이 아니라 원칙과 논리에 따라 판단하는 태도가 중요하다고 봅니다.

❸ 법학과에서 배우고 싶은 구체적인 분야가 있나요?

🔵**답변 Point ▶** 형법과 헌법, 민사법, 국제법에 관심이 있습니다. 특히 헌법과 인권법을 통해 시민의 권리 보호와 정의 실현에 기여하고 싶습니다.

❹ 최근 사회적으로 논란이 된 법적 이슈 중 관심 있는 사례가 있나요?

🔵**답변 Point ▶** 최근 AI 기술과 개인정보 보호 관련 법적 논의가 흥미로웠습니다. 기술 발전 속에서 개인의 권리와 자유를 어떻게 보장할지, 법적 규제를 어떻게 설계할지가 중요하다고 생각합니다.

❺ 법학과 졸업 후 진로 계획은 무엇인가요?

🔵**답변 Point ▶** 변호사, 판사, 검사 등 법조인을 목표로 하고 있습니다. 장기적으로는 공익 변호사로 활동하며 사회적 약자를 보호하고, 법적 정의를 실현하는 역할을 하고 싶습니다.

⑥ 법학 공부에서 예상되는 어려움과 극복 방법은 무엇인가요?

답변 Point ▶ 방대한 판례와 조문을 이해하고 기억하는 것이 어려울 수 있습니다. 이를 극복하기 위해 체계적인 요약과 사례 분석, 스터디 그룹 활동을 통해 지식을 반복 학습하고 실무 감각을 익히겠습니다.

⑦ 법을 공부하며 가장 흥미로웠던 경험은 무엇인가요?

답변 Point ▶ 고등학교에서 모의 법정 활동을 하며, 사건을 분석하고 논리적으로 주장을 구성하는 과정이 흥미로웠습니다. 실제 법적 판단 과정을 체험하면서 법학의 매력을 깊이 느꼈습니다.

⑧ 법학과 학생으로서 가져야 할 역량은 무엇이라고 생각하나요?

답변 Point ▶ 논리적 사고, 문제 해결 능력, 분석력, 윤리의식이 중요합니다. 법은 사람들의 삶과 직결되므로, 정확한 분석과 도덕적 판단이 필수적이라고 생각합니다.

⑨ 법과 윤리가 충돌할 때 어떻게 판단해야 한다고 생각하나요?

답변 Point ▶ 법적 절차와 원칙을 우선으로 고려하되 인간적·사회적 영향을 함께 고려해야 한다고 생각합니다. 단순한 규정 준수가 아니라 공정성과 정의를 함께 실현할 수 있는 판단이 필요합니다.

⑩ 법학이 현대 사회에서 가지는 의미는 무엇이라고 생각하나요?

답변 Point ▶ 법학은 사회 질서를 유지하고, 갈등을 해결하며 시민의 권리를 보호하는 학문입니다. 현대 사회의 복잡한 문제를 합리적으로 조정하고, 정의로운 사회를 만드는 데 필수적인 도구라고 생각합니다.

16. 항공서비스학과

❶ 항공서비스학과에서 배우는 주요 교과목에는 어떤 것들이 있으며 이들이 항공서비스 직무와 어떻게 연결되나요?

답변 Point ▶ 항공서비스학과에서는 항공객실서비스, 항공보안, 항공예약·발권, 항공영어, 항공관광학 등을 배웁니다. 이러한 교과목은 실제 항공사 객실 승무원이나 지상직 직원의 서비스, 안전, 의사소통 능력과 직접 연결됩니다.

❷ 승무원이 갖추어야 할 기본적인 자질 세 가지를 설명하시오.

답변 Point ▶ 첫째, 친절한 서비스 정신입니다. 둘째, 비상 상황에 대응할 수 있는 안전 관리 능력입니다. 셋째, 국제적 환경에서 필요한 원활한 의사소통 능력입니다.

❸ 항공서비스 직무에서 '안전'과 '서비스' 중 어느 것이 우선되는지 설명하시오.

답변 Point ▶ 안전이 최우선입니다. 서비스는 고객 만족을 높이는 중요한 요소이지만 항공사는 생명과 직결되는 안전 관리가 최우선 가치로 자리합니다.

❹ 항공기 비상 상황 발생 시 승무원의 역할은 무엇인가요?

답변 Point ▶ 승무원은 신속하게 비상 절차를 수행하고, 승객을 안전하게 대피시키며 상황에 따라 응급처치를 제공하는 역할을 해야 합니다.

❺ 항공서비스학과에서 외국어 능력이 중요한 이유를 설명하시오.

답변 Point ▶ 항공 서비스는 다국적 승객을 대상으로 하므로 원활한 의사소통이 필수적입니다. 특히 영어는 국제 공용어로써 고객 응대뿐 아니라 항공 업무 매뉴얼 이해에도 필요합니다.

⑥ 항공서비스와 호텔·관광 서비스의 공통점과 차이점을 설명하시오.

🔵 **답변 Point ▶** 공통점은 고객을 대상으로 한 친절한 응대와 서비스 정신입니다. 차이점은 항공 서비스는 안전과 비상 상황 대응이 핵심이고, 호텔·관광 서비스는 편의와 여가 제공에 초점이 맞춰집니다.

⑦ 항공서비스 직종에서 '감정노동'이 발생하는 이유와 이를 극복하는 방법을 제시하시오.

🔵 **답변 Point ▶** 승객의 다양한 요구와 불만에 대응하면서 자신의 감정을 억제해야 하므로 감정노동이 발생합니다. 극복 방법으로는 자기 관리, 정기적인 스트레스 해소, 조직 차원의 심리 지원 프로그램이 있습니다.

⑧ 항공서비스학과에서 배우는 '이미지 메이킹'의 목적은 무엇인가요?

🔵 **답변 Point ▶** 승무원으로서의 단정하고 세련된 외모와 태도를 통해 고객에게 신뢰와 호감을 주고, 서비스 직무에 적합한 인상을 유지하는 데 목적이 있습니다.

⑨ 승무원 채용 시 면접에서 평가하는 주요 요소 세 가지를 설명하시오.

🔵 **답변 Point ▶** 첫째, 서비스 마인드와 친절성입니다. 둘째, 원활한 의사소통 능력과 외국어 구사력입니다. 셋째, 위기 대처 능력과 침착함입니다.

⑩ 항공서비스학과 졸업 후 진출할 수 있는 진로에는 어떤 것들이 있나요?

🔵 **답변 Point ▶** 항공사 객실 승무원, 항공사 지상직, 공항 보안 검색요원, 항공 예약·발권 직원, 여행사 및 관광 관련 서비스 직종 등이 있습니다.

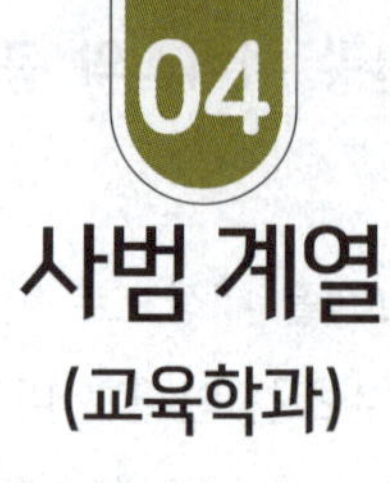

04

사범 계열
(교육학과)

🏛 공통 영역

❶ 학생들이 수업에 집중하지 않을 때 교사로서 어떻게 지도할 것인가?

답변 Point ▶ 학생들이 수업에 집중하지 않을 때 교사로서 다음과 같이 단계별로 지도할 수 있습니다.

첫째, 이유를 파악하고 대화를 시도합니다

학생이 집중하지 못하는 원인을 먼저 파악해야 합니다. 단순한 지루함, 피로, 개인적 고민 등 다양한 요인이 있을 수 있으므로 교사가 학생과 짧게라도 대화를 나누어 학생의 상태와 이유를 들어보는 것이 효과적입니다. 이를 통해 학생도 자신이 존중받는다는 인식을 갖게 됩니다.

둘째, 긍정적 행동을 강화하고 선택권을 부여합니다

학생이 수업에 집중했을 때 즉각적으로 칭찬하거나, 권장되는 행동에 대해 구체적으로 피드백을 주는 것이 좋습니다. 예를 들어, 집중한 학생에게 작은 보상이나 역할, 발표 기회를 주는 방식입니다. 일부 학교에서는 벌칙을 학생 스스로 선택하게 하여 자율성과 책임감을 높이고 있습니다.

셋째, 수업 환경을 조정합니다

주의 산만을 줄이기 위해 학생을 교사 가까이로 배치하거나, 소음·불필요한 시각 자극을 최소화하는 등 교실 환경을 점검해보는 것도 필요합니다. 학생의 자리 이동이나 그룹 활동 조정도 활용할 수 있습니다.

넷째, 개별 맞춤 지도와 상담을 실시합니다

지속적으로 집중하지 못하는 학생에 대해서는 상담을 통해 보다 심층적으로 원인을 진단하고, 필요시 학부모와의 연계 지도, 학교 전문 상담교사의 도움을 받을 수 있습니다. 반복적인 문제에는 '생각 교실' 등 별도의 일시적 분리 공간에서 교사가 대화를 통해 재정비할 기회도 제공할 수 있습니다.

다섯째, 명확한 기준·규칙을 안내하고 일관되게 적용합니다

수업 중 지켜야 할 규칙을 분명하게 안내하고, 이를 반복적으로 위반할 경우에는 단계적으로 지도(경고, 자리 이동, 별도 상담 등)를 실시합니다. 중요한 것은 학생의 인권을 존중하며, 체벌·감정적 지도 대신 일관되고 예측 가능한 규칙을 적용하는 것입니다.

위와 같은 단계적 지도는 학생의 자율성과 존중을 바탕으로 하면서도 구체적으로 문제행동을 개선할 수 있는 현장 중심의 방법입니다.

② 좋은 교사가 되기 위한 본인의 역량 세 가지는?

답변 Point ▶ 좋은 교사가 되기 위해 본인이 강조하고 싶은 세 가지 역량은 다음과 같습니다.

첫째, 공감 능력 및 의사소통 능력입니다.

학생과의 신뢰 관계를 형성하고, 학생의 감정과 상황을 이해하며 적극적으로 소통하는 역량이 중요합니다. 공감 능력이 높을수록 학생들은 교사에게 마음을 열고 다양한 문제도 더 쉽게 해결할 수 있습니다. 효과적인 의사소통은 학생뿐 아니라 학부모, 동료 교사와의 협력에도 꼭 필요합니다.

둘째, 전문성 및 자기계발 역량입니다.

좋은 교사는 자신이 가르치는 교과에 대한 깊은 이해와 함께, 교육 방법

에 대한 전문성을 갖추고 꾸준히 공부하며 발전하려는 자세가 필요합니다. 교사는 새로운 지식과 기술, 변화하는 교육 환경에 능동적으로 대응하며 자기계발에 힘써야 합니다.

셋째, 학생 성장 지원 및 동기 유발 능력입니다.

학생의 잠재력을 발견하고 발휘하도록 이끌어 주는 역할이 필수적입니다. 학습의 동기를 높이고, 학생 개개인이 자기주도적으로 성장할 수 있도록 지도하는 힘은 좋은 교사의 핵심 자질입니다. 피드백과 격려, 다양한 방법으로 학생 개개인의 성장을 도울 수 있어야 합니다.

이 세 가지 역량이 조화를 이룰 때 학생에게 신뢰받고, 현장에서도 긍정적인 변화를 만들어낼 수 있는 좋은 교사가 될 수 있다고 생각합니다.

❸ 학생의 학습 의욕이 저하될 때 어떻게 지도하겠는가?

답변 Point ▶ 학생의 학습 의욕이 저하될 때, 교사로서 다음과 같이 단계적으로 지도할 수 있습니다.

첫째, 원인 파악과 공감적 상담입니다.

먼저 학생의 학습 의욕 저하 원인이 무엇인지 세심하게 파악해야 합니다. 단순한 피로나 흥미 부족, 자신감 부족, 가정 문제, 대인관계, 성적 부담 등 다양한 이유가 있을 수 있습니다. 학생과 조용히 대화하며 고민을 들어주고, 이해와 공감의 메시지를 전해 학생이 존중받고 있다는 감정을 느끼도록 합니다.

둘째, 소규모 목표 설정 및 성취 경험 제공입니다.

너무 큰 목표나 부담이 오히려 의욕 저하를 불러올 수 있으므로, 학생의 현재 수준에서 도전 가능한 소규모 목표를 설정하게 돕습니다. 작은 성공 경험을 통해 자기효능감을 높이면 학습 동기 회복에 효과적입니다. 예를 들어, 하루 한 문제씩 풀이, 간단한 과제부터 해결하게 합니다.

셋째, 관심 과목 또는 취미 연계 지도로 동기 유발입니다.

학생이 관심을 보이거나 좋아하는 분야와 교과 내용을 연결해 지도하면 자연스럽게 흥미를 올릴 수 있습니다. 예를 들어, 수학에 흥미가 없다면 학생이 좋아하는 스포츠나 게임과 연계한 문제를 제시하고, 글쓰기에 흥미가 없다면 만화, 영화 등 다양한 소재를 활용합니다.

넷째, 긍정적 피드백과 격려 제공입니다.

학습 과정에서 작은 변화, 노력을 적극적으로 칭찬하고, 도전 자체를 인정해줍니다. 학생 개인의 성향에 맞는 피드백 방식을 사용해 정서적 지지를 제공합니다. 실패나 실수에는 부정적 평가 대신 "노력한 점이 인상 깊었다", "다시 시도해 보자" 등 긍정 언어를 사용합니다.

다섯째, 학부모, 전문 인력과의 협력입니다.

문제가 지속될 경우, 학부모와 소통하거나 학교 내 전문 상담교사, 심리상담실 등과 연계하여 다각적 지원 방안을 마련합니다. 학생이 심리적으로 불안하거나 의욕 상실이 심각하다면 전문가의 도움이 필요할 수 있습니다.

이처럼 공감적 태도로 원인을 파악하고, 성공 경험의 기회 제공, 흥미 유발, 긍정적 격려 능 다각적으로 접근하는 것이 학습 의욕을 회복하는 데 중요한 방법입니다.

❹ 본인이 생각하는 좋은 교사상과 그 이유는?

답변 Point ▶ 본인이 생각하는 좋은 교사상은 학생의 성장을 가장 우선으로 두고, 공감과 소통, 전문성을 바탕으로 학생 한 명 한 명의 잠재력을 이끌어내는 교사입니다.

첫째, 공감과 신뢰를 바탕으로 학생과 관계를 맺는 교사입니다.

학생의 감정과 상황을 이해하며, 진심 어린 공감과 존중을 바탕으로 소통하면 학생이 마음을 열고 다양한 고민도 함께 나눌 수 있습니다. 이런 신뢰관계는 학생의 학습 동기와 학교생활 적응에 큰 힘이 됩니다.

둘째, 전문성과 자기계발에 노력하는 교사입니다.

자신이 맡은 교과에 대한 깊은 이해를 갖추고, 변화하는 교육 환경과 학생의 다양한 요구에 능동적으로 대응하는 태도가 필요합니다. 꾸준히 학습하며 교육 방법을 연구하는 교사가 학생들에게 긍정적인 영향을 줄 수 있습니다.

셋째, 학생 개개인의 차이를 존중하고 성장 가능성을 이끌어주는 교사입니다.

학생마다 강점과 약점, 속도가 다르다는 것을 이해하고, 그에 맞는 맞춤 피드백과 격려로 학습의 동기를 높여주는 것이 중요합니다. '좋은 교사'는 학생이 스스로 목표를 세우고, 성취 경험을 쌓을 수 있도록 도와줍니다.

이 세 가지가 조화를 이룰 때, 학생에게 신뢰와 존경을 받으며 긍정적인 변화를 이끄는 좋은 교사상을 실현할 수 있다고 생각합니다.

❺ 학부모와 갈등이 있을 때 대처 방안은?

답변 Point ▶ 학부모와 갈등이 있을 때 교사로서 효과적으로 대처하는 방안은 다음과 같이 정리할 수 있습니다.

첫째, 감정적으로 대응하지 않고 침착함을 유지합니다

갈등 상황에서 교사가 감정적으로 대응하면 문제는 오히려 더 악화될 수 있습니다. 학부모의 비판에 즉각적으로 반응하지 않고, 감정을 가라앉힌 뒤 이성적으로 상황을 바라보는 것이 중요합니다. 자신의 신념과 전문성을 지키면서도 상대의 의견을 존중하는 태도가 필요합니다.

둘째, 학부모의 입장과 이야기를 충분히 경청합니다

학부모가 가지고 있는 우려와 기대, 그리고 자녀로부터 들은 이야기를 충분히 들어주며 학부모의 입장을 이해하려 노력해야 합니다. 열린 자세로 소통하며, 학부모의 입장에서 가장 염려하는 부분이 무엇인지 파악하는 것이 신뢰 구축에 도움이 됩니다.

셋째, 사실 중심으로 문제를 접근하고 협의점을 모색합니다

갈등이 감정적으로 흐르지 않도록 대화의 초점을 사실과 정보에 맞추고, 서로의 의견 차이와 다양한 관점을 공유하면서 문제를 함께 해결하려는 자세를 갖습니다. 학생의 성장이라는 공동 목표에 집중해, 교사와 학부모가 협력할 방안을 찾아봅니다.

넷째, 정기적인 소통과 예방적 접근을 실천합니다

정기적인 학부모 상담과 소통을 통해 오해를 미리 방지하고, 신뢰를 쌓아가는 노력이 필요합니다. 중요한 사안이나 학부모의 오해가 있을 경우, 관련 내용을 기록으로 남기고, 필요한 경우 동료 교사나 학교 관리자와 정보를 공유함으로써 신뢰받는 교사로서 자신의 입장을 분명하게 밝힙니다.

다섯째, 학부모와 학생 모두의 발전을 위한 협력적 자세를 취합니다

갈등의 원인과 양측의 요구를 파악하여 아이의 건강한 성장이라는 공통된 목표에 집중합니다. 서로의 입장을 이해하고 협의점을 찾기 위해 노력하면서, 불필요한 대립을 지양하고 생산적인 관계로 발전시킬 수 있도록 노력합니다.

이와 같은 접근법을 통해 교사는 학부모와 신뢰를 쌓고, 갈등 상황을 긍정적인 소통과 협력의 기회로 만들 수 있습니다.

❻ 앞으로 교사가 되어 학급 담임을 맡게 된다면, 담임교사로서 학급 운영을 어떻게 하고 싶습니까?

답변 Point ▶ 담임교사가 된다면, 저는 학생 개개인의 성장과 행복을 최우선으로 하는 학급 운영을 하고 싶습니다.

이를 위해 학생들과의 신뢰 관계를 바탕으로 서로 존중하고 배려하는 분위기를 조성하겠습니다.

먼저, 학생들의 의견을 경청하고 함께 규칙을 만들어 자율성과 책임감을 키우며, 다양한 체험 활동과 협동 프로젝트를 통해 협력심과 문제해결 능력을 높이고자 합니다.

또한, 정기적으로 상담 시간을 마련해 학생들이 어려움을 털어놓을 수 있는 공간을 만들고, 학부모님과도 긴밀히 소통하여 가정과 학교가 함께 성장할 수 있도록 노력하겠습니다.

이렇게 학생들이 안전하고 즐거운 학교생활을 할 수 있도록 돕는 담임이 되고 싶습니다.

❼ 교사가 되었을 때, 학교에 부적응하는 학생을 만나면 어떤 방법으로 지도하는 것이 좋다고 생각합니까?

답변 Point ▶ 학교에 부적응하는 학생을 만났을 때는 먼저 학생의 마음을 이해하고 신뢰를 쌓는 것이 가장 중요하다고 생각합니다.

학생이 왜 어려움을 겪는지 경청하고, 그 원인을 함께 찾아보는 시간을 가지겠습니다.

그리고 학생의 상황에 맞는 맞춤형 지원을 제공하기 위해 상담 교사, 학부모, 그리고 필요한 경우 전문가와 협력하여 통합적인 도움을 주려고 노력할 것입니다.

또한, 긍정적인 관심과 격려를 통해 학생이 자신감을 회복하고, 작은 성공 경험을 쌓을 수 있도록 도울 것입니다.

이 과정에서 학생이 학교생활에 조금씩 적응하며 성장할 수 있도록 인내심을 가지고 꾸준히 지원하는 것이 중요하다고 생각합니다.

❽ 유치원 교사, 초등 교사, 중등 교사가 다른 점은 무엇이라고 생각하는가요?

답변 Point ▶ 유치원 교사, 초등 교사, 중등 교사는 학생들의 성장 단계와 발달 특성에 따라 역할과 접근법이 다르다고 생각합니다.

유치원 교사는 아이들의 기초 생활습관 형성과 사회성 발달에 중점을 두어, 놀이와 체험 중심으로 안전하고 즐거운 환경을 조성하는 역할을 합니다.

초등 교사는 기본 학습 능력과 기초 지식을 탄탄히 다지는 동시에, 학생들의 호기심과 창의성을 키우는 데 초점을 맞춥니다.

중등 교사는 심화된 학문 지식을 가르치며, 학생들의 자기주도 학습 능력과 진로 탐색을 지원하는 역할이 크다고 봅니다.

즉, 각 단계에 맞는 교육 내용과 방법을 적용하며 학생들의 전인적 성장을 돕는 것이 교사로서의 중요한 차이점이라고 생각합니다.

❾ 우리나라 교육열이 대단히 높은 편인데, 이러한 교육열이 우리 교육 현장에 미치는 영향을 말해 보세요.

●답변 Point ▶　우리나라 교육열이 매우 높은 것은 학생과 학부모가 교육에 큰 관심과 열정을 가지고 있다는 점에서 긍정적입니다.

이 덕분에 학생들은 목표 의식이 뚜렷하고, 학업 성취도가 전반적으로 높으며, 우수한 인재가 많이 배출되고 있습니다.

하지만 과도한 교육열은 학생들의 스트레스 증가, 사교육 의존도 상승, 그리고 창의성이나 자기주도 학습 시간이 부족해지는 부작용도 초래합니다.

또한, 학부모와 학생 간, 또는 학교 내 경쟁이 지나치게 심해지면서 전인교육보다는 입시 위주 교육으로 흐를 위험도 있습니다.

따라서 높은 교육열을 긍정적인 동기로 살리되, 학생들의 균형 잡힌 성장과 행복을 위한 제도적 보완과 지원이 함께 이루어져야 한다고 생각합니다.

❿ 선행학습 금지법에 대해 말해 보세요.

●답변 Point ▶　"선행학습 금지법은 학생들이 학교 교육과정을 정상적으로 따라가도록 돕고, 사교육 과열을 줄여 교육 격차를 완화하려는 취지에서 도입되었습니다. 이 법의 긍정적 측면은, 학생들이 무분별한 선행학습으로 인한 부담에서 벗어나 균형 있는 학습 환경을 조성할 수 있다는 점입니다.

하지만 현실적으로는 온라인 강의나 개인 과외 등에서 완전한 통제가 어렵고, 일부 학생들이 여전히 선행학습을 지속하면서 효과적인 시행에 한계가 있다는 지적도 있습니다.

따라서 선행학습 금지법은 단순한 법적 규제에 그치지 않고, 학교 교육의 질을 높이고, 학생 개개인의 학습 지원을 강화하는 방향과 함께 보완적으로 운영되어야 한다고 생각합니다."

⓫ **특목고, 자사고 폐지에 대한 자신의 의견을 말해 보세요.**

🔵 **답변 Point ▶** "특목고 · 자사고 폐지에 대해 저는 일괄 폐지보다는 제도 개선을 통한 공존이 더 바람직하다고 생각합니다. 특목고와 자사고는 재능 있는 학생에게 심화 교육 기회를 제공하고, 교육 다양성을 보장한다는 긍정적 역할도 있기 때문입니다.

하지만 동시에, 이 제도가 사교육을 유발하고 교육 격차를 심화시키는 문제점도 분명하다고 생각합니다. 따라서 중요한 것은 학교 유형 자체를 없애기보다, 입시 위주의 운영이나 계층화 문제를 줄일 수 있는 방향으로 개선하는 것이라고 봅니다.

예를 들어, 선발 방식을 일부 조정하거나, 지역사회와의 연계를 강화하고, 공교육 전반의 질을 높여 선택권의 격차를 줄이는 접근이 필요하다고 생각합니다. 폐지보다는 공정성과 다양성의 균형을 맞추는 개선이 핵심이라고 봅니다."

⓬ **학교에서의 체벌 금지법에 대한 생각을 말해 보세요.**

🔵 **답변 Point ▶** 학교에서의 체벌 금지법은 학생의 인권을 보호하고, 교사와 학생 간의 신뢰를 바탕으로 한 교육 환경을 조성한다는 점에서 반드시 필요한 조치라고 생각합니다. 과거에는 체벌이 교육의 수단으로 여겨졌지만, 시대가 바뀐 만큼 이제는 학생의 자율성과 감정을 존중하는 방향으로 교육 방식이 바뀌어야 한다고 봅니다. 물론 일부 학생들의 일탈 행동에 대해 교사의 통제력이 약해졌다는 우려도 있지만, 체벌 없이도 충분히 지도할 수 있는 다양한 방법이 존재하며, 교사의 권위를 세우기 위해 폭력을 사용해서는 안 된다고 생각합니다. 오히려 체벌은 학생에게 상처와 반감을 남기고, 장기적으로는 교육의 효과를 떨어뜨릴 수 있습니다. 진정한 교육은 두려움이 아니라 존중과 소통 속에서 이루어져야 하며, 교사와 학생이 상호 이해와 공감을 바탕으로 함께 성장하는 방향으로 나아가야 한다고 생각합니다.

⑬ AI 디지털교과서 도입 찬성/반대 입장을 논리적으로 제시하라

답변 Point ▶

① AI 디지털교과서 도입 찬성 입장

첫째, 맞춤형 교육 실현이 가능합니다.

AI 디지털교과서는 학생 각자의 학습 데이터와 성취도를 분석해 수준에 맞는 자료와 과제를 제공합니다. 이로써 느린 학습자에게는 기초 학습을, 빠른 학습자에게는 심화 학습을 지원하여 학습 효율을 높일 수 있습니다.

둘째, 교육 격차 해소가 가능합니다.

인공지능 기술을 활용하면 지역, 환경에 상관없이 모든 학생이 동일한 수준의 교육 자료를 제공받을 수 있습니다. 이는 도시와 농촌, 다양한 배경의 학생들 간의 교육 기회 격차를 줄이는 데 도움이 됩니다.

셋째, 교사의 역할 보조를 할 수 있습니다.

AI 교과서는 학생별 학습 현황을 교사에게 제공하여 교사가 학생을 1:1로 효과적으로 지도할 수 있도록 도와줍니다. 또한 반복 학습 지원, 발음 체크, 코딩 오류 지적 등 구체적 기능들이 교사의 업무 부담도 덜어줍니다.

넷째, 디지털 소양 및 미래 사회 대비가 가능합니다.

디지털 기기를 사용한 학습 경험은 학생들이 자연스럽게 디지털 역량을 키울 수 있게 하며, 미래 사회가 요구하는 디지털 리터러시를 함양할 수 있는 기회가 됩니다.

② AI 디지털교과서 도입 반대 입장

첫째, 디지털 과의존 및 건강 우려가 있습니다.

학생들이 이미 스마트폰과 태블릿 등 디지털 기기에 많이 노출되어 있는 상황에서, AI 교과서 도입은 기기 과의존, 중독, 시력 저하 등 건강 문제를 더 심각하게 만들 수 있습니다.

둘째, 문해력 및 사고력 저하가 우려됩니다.

디지털 화면 위주의 학습은 정보를 빠르게 소비하는 데 익숙해지게 만들고, 그 결과 깊이 있는 독서와 사고, 집중력, 문해력 저하 등 부정적 영향을 줄 수 있습니다.

셋째, 교육 효과 검증 부족 및 시행착오 우려

교육 효과에 대한 충분한 검증이 이루어지지 않았고, 성급한 도입은 현장의 혼란과 시행착오를 초래할 수 있습니다. 실제로 교사들 상당수가 도입 절차가 부적절했다고 평가했습니다.

넷째, 개인정보 보호 문제가 대두될 수 있습니다.

AI 교과서를 통해 학생 데이터가 수집되면서 개인정보 유출 위험이 커질 수 있으며, 이를 보호할 제도적 장치 또한 미흡하다는 우려가 제기됩니다.

다섯째, 사회적 합의 및 현장 의견 수렴이 미흡합니다.

정책 도입 과정에서 교사, 학부모, 학생 등 현장 이해관계자의 목소리가 충분히 반영되지 않았고, 사회적 논의와 합의도 부족하다는 지적이 있습니다.

이처럼 AI 디지털교과서 도입에는 긍정적 효과와 함께 다양한 우려도 공존하기 때문에, 충분한 논의와 준비가 필요하다는 점을 강조할 수 있습니다.

1. 교육학과

❶ 교육학과에 지원한 이유는 무엇인가요?

답변 Point ▶ 저는 교육을 통해 사람들의 성장과 사회 변화를 돕고 싶다는 목표가 있습니다. 교육학과에서는 학습 이론, 교수 방법, 교육 정책 등을 체계적으로 배우며 교육 현상을 분석하고 개선할 수 있는 역량을 키울 수 있습니다. 이를 통해 효과적이고 포용적인 교육 환경을 설계할 수 있는 전문가가 되고자 지원했습니다.

❷ 좋은 교사의 자질은 무엇이라고 생각하나요?

답변 Point ▶ 좋은 교사는 전문성과 인성을 모두 갖춘 사람이라고 생각합니다. 학습 지도와 평가 능력 등 전문적 지식과 기술이 필요하며, 동시에 학생을 이해하고 공감하며 올바른 가치관을 심어줄 수 있는 인성도 중요합니다. 학생의 성장과 잠재력을 존중하고 이끌어 줄 수 있어야 한다고 봅니다.

❸ 교육학에서 가장 관심 있는 분야는 무엇이며, 그 이유는 무엇인가요?

답변 Point ▶ 저는 교육 정책과 교육 평가 분야에 관심이 있습니다. 정책이 학교와 교사의 활동, 학생의 학습 기회에 직접적인 영향을 주기 때문에 이를 분석하고 개선할 수 있는 능력을 갖추는 것이 중요하다고 생각합니다. 나아가 교육의 형평성과 질을 높이는 데 기여하고 싶습니다.

❹ 최근 교육 이슈 중 관심 있는 주제가 있나요?

답변 Point ▶ 최근 '온라인 학습과 학습 격차' 문제가 주목받고 있습니다. 디지털 환경이 확대되면서 학습 기회가 불균형하게 제공될 수 있는데, 이를 해결하기 위한 지원 정책과 교수법 연구가 필요하다고 생각합니다. 교육학 지식을 활용해 실질적 대안을 모색하고 싶습니다.

❺ 교육에서 평가의 중요성에 대해 설명해 보세요.

답변 Point ▶ 평가는 학생의 학습 수준과 교육 효과를 확인하는 중요한 도구입니다. 공정하고 다양한 평가 방법을 통해 학생의 성취와 성장을 정확히 파악할 수 있으며, 이를 기반으로 교육 방법과 학습 환경을 개선할 수 있습니다. 평가의 목적은 단순 점수가 아니라 학습 향상과 발전이라고 생각합니다.

❻ 교육학 지식을 통해 사회에 어떤 기여를 하고 싶나요?

답변 Point ▶ 저는 교육학 지식을 활용해 학교와 지역 사회의 교육 환경을 개선하고, 모든 학생이 공평하게 학습할 수 있는 기회를 제공하고 싶습니다. 특히 학습 격차 해소, 창의적 교수법 개발, 교육 정책 분석 등을 통해 사회 전반의 교육 질 향상에 기여하고자 합니다.

❼ 협동 학습과 개별 학습 중 어떤 방식을 선호하며 이유는 무엇인가요?

◗답변 Point ▶ 두 방식 모두 중요하지만 상황에 맞게 선택해야 한다고 생각합니다. 협동 학습은 사회성, 협력 능력, 문제 해결력을 기르는 데 유용하고, 개별 학습은 자기 주도적 학습 능력과 개별 맞춤 학습에 효과적입니다. 교육자는 학생의 특성과 학습 목표에 따라 적절히 활용해야 한다고 봅니다.

❽ 교육 현장에서 가장 중요하게 생각하는 점은 무엇인가요?

◗답변 Point ▶ 저는 '학생 중심의 교육'이 가장 중요하다고 생각합니다. 교사는 지식 전달자가 아니라 학생의 학습을 지원하고, 학습 환경과 방법을 조정하는 역할을 해야 합니다. 학생의 관심과 능력을 존중하며 적극적으로 참여하도록 유도하는 것이 핵심이라고 봅니다.

❾ 교육 정책이 교실 현장에 미치는 영향에 대해 설명해 보세요.

◗답변 Point ▶ 교육 정책은 학교 운영, 교사 역할, 교육과정, 평가 방법 등 교실 전반에 영향을 미칩니다. 정책이 잘 설계되고 실행된다면 교육의 질과 형평성이 높아지지만 미흡하거나 현실과 동떨어진 정책은 교사와 학생에게 부담으로 작용할 수 있습니다. 교육학 지식을 통해 현장과 정책 간 균형을 맞추는 것이 중요합니다.

❿ 장래에 어떤 교육 전문가가 되고 싶나요?

◗답변 Point ▶ 저는 학생 개개인의 성장과 잠재력을 지원하고, 교육 현장과 정책 개선에 기여할 수 있는 교육 전문가가 되고 싶습니다. 연구와 실무 경험을 통해 교육 프로그램을 개발하고, 교사와 학생, 학부모가 함께 성장할 수 있는 환경을 만드는 전문가로 성장하고자 합니다.

2. 유아교육학과

❶ 유아교육학과에 지원한 이유는 무엇인가요?

답변 Point ▶ 저는 어린이들의 성장 과정에 깊은 관심이 있었고, 아이들이 처음으로 사회를 배우는 유치원 시기가 인생에 큰 영향을 미친다고 생각해왔습니다. 유아교육학과에서는 단순히 돌보는 것을 넘어 발달 심리, 교수법, 놀이 교육 등을 체계적으로 배우며 아이들의 전인적 성장을 돕는 전문적인 교사가 되고 싶어 지원하게 되었습니다.

❷ 유아교사에게 가장 필요한 자질은 무엇이라고 생각하나요?

답변 Point ▶ 저는 인성과 전문성이 균형 있게 갖춰져야 한다고 생각합니다. 아이들은 감정 표현이 서툴기 때문에 교사의 따뜻한 공감 능력이 매우 중요하고, 동시에 발달 단계에 맞는 교육을 하기 위해선 전문적인 지식과 계획력도 필요합니다. 결국, 유아교사는 사랑과 책임, 지식을 모두 갖춘 존재여야 한다고 생각합니다.

❸ 유아기는 왜 중요한 시기라고 생각하나요?

답변 Point ▶ 유아기는 인간 발달의 기초가 형성되는 시기입니다. 이 시기의 뇌 발달과 정서, 사회성, 언어 능력은 평생에 영향을 미칩니다. 따라서 올바른 자극과 안정된 환경을 제공하는 것이 중요합니다. 유아교육은 단지 지식을 전달하는 것이 아니라, 아이가 자기 자신을 긍정적으로 받아들이고 건강하게 성장할 수 있도록 돕는 출발점이라고 생각합니다.

❹ 유아교육에서 놀이가 중요한 이유는 무엇인가요?

답변 Point ▶ 놀이는 유아의 주된 학습 방식입니다. 아이들은 놀이를 통해 사회성을 익히고, 문제 해결력과 창의성을 자연스럽게 키웁니다. 강요된 교육보다 자율적이고 흥미로운 놀이 활동이 더 효과적인 학습을 유도할 수 있다고 생각합니다. 그래서 교사는 놀이를 통해 아이가 스스로 배우고 표현할 수 있도록 환경을 조성해야 합니다.

❺ 유아교육 현장에서 가장 중요하게 여겨야 할 점은 무엇이라고 생각하나요?

🔵**답변 Point** ▶ 저는 '안전'과 '존중'이라고 생각합니다. 유아는 신체적, 정서적으로 매우 민감한 시기이기 때문에 항상 안전한 환경을 유지해야 하고, 아이 한 명 한 명의 성향과 속도를 존중하는 교육이 이루어져야 합니다. 또한 교사와 부모 간의 긴밀한 소통도 함께 이루어져야 효과적인 교육이 가능하다고 생각합니다.

❻ 어떤 유아교사가 되고 싶나요?

🔵**답변 Point** ▶ 저는 아이들이 믿고 의지할 수 있는 따뜻한 교사가 되고 싶습니다. 아이 한 명 한 명의 가능성을 존중하며, 긍정적인 자아 형성에 도움을 주는 교사가 되고자 합니다. 또한 유아교육학과에서 이론과 실습을 성실히 익혀, 신뢰받는 전문 교육자로 성장하고 싶습니다.

❼ 유아교육에서 부모와의 관계는 왜 중요한가요?

🔵**답변 Point** ▶ 유아교육은 가정과 유치원이 함께 협력할 때 효과가 극대화됩니다. 부모는 아이의 첫 번째 교사이자 안정적 애착 형성의 중심이므로 교사는 부모와의 지속적인 소통과 정보 공유를 통해 교육 방향을 일관되게 유지해야 합니다. 또한 부모에게 적절한 지도와 조언을 제공함으로써 가정에서도 아이의 발달이 자연스럽게 이어지도록 돕는 것이 중요하다고 생각합니다.

❽ 유아교육에서 관찰의 중요성에 대해 말해보세요.

🔵**답변 Point** ▶ 관찰은 아이의 발달 상태와 필요를 정확히 이해하기 위한 핵심 방법입니다. 행동, 언어, 사회적 상호작용 등을 세심하게 관찰하면, 개별 아이에 맞춘 교육 계획을 세울 수 있습니다. 또한 문제 행동의 원인을 파악하고, 긍정적 성장을 지원하기 위한 개입을 계획하는 데 필수적이라고 생각합니다.

⑨ 최근 유아교육 트렌드 중 관심 있는 것이 있나요?

답변 Point ▶ 저는 STEAM 교육과 놀이 기반 학습에 관심이 많습니다. 과학, 기술, 공학, 예술, 수학을 통합적으로 접근하는 STEAM 활동은 아이들의 창의성과 문제 해결 능력을 자연스럽게 향상시킵니다. 놀이와 접목하면 아이들이 즐겁게 배우면서도 논리적 사고와 탐구 능력을 키울 수 있어, 현대 유아교육에서 중요한 트렌드라고 생각합니다.

⑩ 유아교육학과에서 배우고 싶은 과목이나 활동은 무엇인가요?

답변 Point ▶ 저는 발달 심리, 교수법, 놀이 교육뿐 아니라 현장 실습을 통해 실제 유아와 상호작용하며 배울 수 있는 과목을 중점적으로 배우고 싶습니다. 또한 디지털 교육 자료 활용과 다양한 교수 전략을 익혀, 아이들에게 보다 흥미롭고 효과적인 학습 환경을 제공할 수 있는 능력을 갖추고 싶습니다.

3. 특수교육학과

❶ 특수교육학과에 지원한 이유는 무엇인가요?

답변 Point ▶ 저는 장애가 있는 친구와 함께 생활하며 그 친구가 교육에서 겪는 어려움을 가까이서 본 경험이 있습니다. 이 경험을 통해 특수교육의 필요성과 중요성을 깨달았고, 장애 학생들도 동등하게 교육받을 권리가 있다는 신념을 갖게 되었습니다. 전문적인 지식과 실천력을 갖춘 특수교사가 되어 모두를 위한 교육에 기여하고 싶습니다.

❷ 특수교사에게 가장 중요한 자질은 무엇이라고 생각하나요?

답변 Point ▶ 저는 인내심과 관찰력이 가장 중요하다고 생각합니다. 장애 학생들은 학습 속도와 표현 방식이 모두 다르기 때문에 교사는 꾸준히 기다려주고, 세심하게 아이의 반응을 읽는 능력이 필요합니다. 또한, 한 사람의 가능성을 끝까지 믿고 격려할 수 있는 따뜻한 마음도 필수라고 생각합니다.

❸ 통합교육에 대해 어떻게 생각하나요?

📍**답변 Point ▶** 통합교육은 장애와 비장애 학생이 함께 어울리며 서로를 이해하고 존중하는 기회를 제공하는 점에서 긍정적이라고 생각합니다. 그러나 무조건적인 통합보다는, 각 학생의 특성과 필요에 맞는 개별화된 지원이 함께 이루어져야 실질적인 효과가 있다고 봅니다. 통합은 형식보다 내용과 준비가 더 중요하다고 생각합니다.

❹ 장애 학생의 학습 동기를 높이기 위해 어떤 노력이 필요하다고 생각하나요?

📍**답변 Point ▶** 장애 학생의 강점을 발견하고 이를 기반으로 맞춤형 수업을 구성하는 것이 중요하다고 생각합니다. 또한 칭찬과 긍정적 피드백을 통해 성취감을 느낄 수 있도록 돕는 것도 효과적입니다. 학생이 자신의 가능성을 믿고 스스로 해낼 수 있다는 자신감을 가질 때, 학습 동기도 자연스럽게 높아진다고 생각합니다.

❺ 특수교육에서 ICT(정보통신기술)의 활용에 대해 어떻게 생각하나요?

📍**답변 Point ▶** ICT는 특수교육에서 매우 유용한 도구입니다. 시각이나 청각에 제한이 있는 학생에게 보완적 기능을 제공하거나, 반복 학습이 필요한 학생에게 맞춤형 학습 자료를 제공할 수 있습니다. 하지만 기술만으로 교육이 완성되는 것은 아니며, 교사의 역할이 여전히 핵심이라는 점도 함께 인식해야 한다고 생각합니다.

❻ 어떤 특수교사가 되고 싶나요?

📍**답변 Point ▶** 저는 학생 한 명 한 명의 가능성을 발견하고, 끝까지 함께 해주는 교사가 되고 싶습니다. 장애를 이유로 포기하지 않고, 아이의 작은 변화에도 감동하며 함께 성장하는 교육자가 되는 것이 제 꿈입니다. 이를 위해 특수교육학과에서 전문성과 실천력을 꾸준히 키워가겠습니다.

❼ 특수교육에서 개별화교육계획(IEP)의 중요성에 대해 설명해 보세요.

답변 Point ▶ IEP는 학생 개개인의 학습 능력과 필요에 맞춘 맞춤형 교육 계획입니다. 이를 통해 교사는 학습 목표와 방법을 체계적으로 설정하고, 학생의 강점과 어려움을 균형 있게 고려할 수 있습니다. 또한 학부모, 교사, 전문가가 함께 협력하며 학생의 전인적 발달을 지원할 수 있어서 특수교육에서 매우 중요한 도구라고 생각합니다.

❽ 특수교육학과에서 배우고 싶은 과목이나 활동은 무엇인가요?

답변 Point ▶ 저는 발달장애, 학습장애, 행동장애 등 다양한 특수교육 영역을 깊이 있게 배우고 싶습니다. 특히 실제 교육 현장을 체험할 수 있는 현장 실습과 보조기기 활용 교육, ICT 기반 맞춤형 학습 자료 제작 경험을 통해 실무 능력을 쌓고 싶습니다. 이를 통해 학생 맞춤형 교육을 설계할 수 있는 전문 교사로 성장하고자 합니다.

❾ 장애 학생과 일반 학생이 함께 참여하는 수업에서 주의해야 할 점은 무엇인가요?

답변 Point ▶ 모두가 배울 수 있는 환경을 만드는 것이 중요하다고 생각합니다. 수업 난이도와 학습 자료를 적절히 조절하고, 장애 학생이 소외되지 않도록 배려해야 합니다. 동시에 일반 학생에게는 다양성과 포용성을 배우는 기회로 활용할 수 있도록 지도하며, 서로 존중하고 협력하는 분위기를 조성하는 것이 핵심이라고 생각합니다.

❿ 특수교육에서 가장 보람을 느낀 순간은 언제라고 생각하나요?

답변 Point ▶ 학생이 작은 성취라도 스스로 해냈을 때, 혹은 새로운 기술이나 표현 방식을 익혔을 때 보람을 느낄 것 같습니다. 학생의 변화와 성장에 함께 기뻐하고, 그 과정에 기여했다는 것을 실감할 때 교사로서 큰 만족감을 얻을 수 있다고 생각합니다. 저는 이러한 경험을 꾸준히 쌓으며, 학생과 함께 성장하는 교사가 되고 싶습니다.

4. 교육공학과

❶ 교육공학과에 지원한 이유는 무엇인가요?

답변 Point ▶ 저는 기술을 활용해 학습의 효율성과 접근성을 높이는 데 관심이 많았습니다. 교육공학과에서는 교육 이론과 IT기술을 결합해 효과적인 교수·학습 환경을 설계할 수 있는 능력을 배울 수 있습니다. 이를 통해 교육의 질을 향상시키는 전문가가 되고 싶어 지원했습니다.

❷ 교육공학의 핵심 역할은 무엇이라고 생각하나요?

답변 Point ▶ 교육공학의 핵심은 학습 목표 달성을 위해 교육 환경과 도구를 설계하고 최적화하는 것입니다. 단순히 기술을 사용하는 것이 아니라 학습자의 특성과 학습 목표를 고려해 교육 콘텐츠, 시스템, 평가 방법 등을 체계적으로 개발하는 것이 중요하다고 생각합니다.

❸ 온라인 학습과 전통적 학습의 장단점을 비교해 보세요.

답변 Point ▶ 온라인 학습은 시간과 장소의 제약이 적고, 다양한 학습 자료와 상호작용을 제공할 수 있어 접근성과 유연성이 뛰어납니다. 그러나 학습 동기 유지나 사회적 상호작용 측면에서는 부족할 수 있습니다. 반대로 전통적 학습은 직접적인 상호작용과 실시간 피드백이 강점이지만 장소와 시간에 제약이 있습니다. 효과적인 교육 설계는 두 방식을 적절히 결합하는 데 있다고 생각합니다.

❹ 교육용 소프트웨어나 플랫폼을 사용해 본 경험이 있나요?

답변 Point ▶ 학교에서 LMS(Learning Management System)를 사용해 과제를 제출하고, 퀴즈와 토론 활동을 진행한 경험이 있습니다. 또한, 프레젠테이션과 멀티미디어 제작 도구를 활용해 학습 자료를 제작하며, 기술을 교육에 적용하는 방법을 실습해 본 경험이 있습니다.

❺ **교육공학에서 가장 중요한 역량은 무엇이라고 생각하나요?**

◗**답변 Point** ▶ 저는 분석력과 창의력이 가장 중요하다고 생각합니다. 학습자의 요구와 교육 목표를 정확히 분석하고, 이를 충족할 수 있는 혁신적이고 효과적인 교육 자료와 시스템을 설계하는 능력이 핵심입니다. 또한, 기술적 이해와 교육적 이해를 함께 갖추는 것이 필요합니다.

❻ **최근 교육 기술 분야에서 관심 있는 트렌드가 있나요?**

◗**답변 Point** ▶ 저는 AI 기반 학습 분석과 맞춤형 학습에 관심이 있습니다. 학습자의 행동과 성과 데이터를 분석해 개인별 학습 전략을 제공하는 기술은 교육 효율성을 높이고, 학습 격차를 줄이는 데 기여할 수 있다고 생각합니다.

❼ **교육공학이 실제 교실에 적용될 때 고려해야 할 점은 무엇인가요?**

◗**답변 Point** ▶ 기술을 적용할 때는 학습자의 수준과 접근성을 먼저 고려해야 합니다. 아무리 뛰어난 시스템이라도 학생이 이해하지 못하거나 접근하기 어려우면 효과가 떨어집니다. 또한 교사의 역할과 피드백 체계가 함께 설계되어야 학습 효과를 극대화할 수 있다고 생각합니다.

❽ **교육공학 지식을 통해 사회에 기여할 수 있는 방법은 무엇인가요?**

◗**답변 Point** ▶ 교육공학을 통해 누구나 양질의 교육을 받을 수 있는 환경을 만드는 데 기여할 수 있습니다. 예를 들어, 원격 학습 플랫폼, 디지털 학습 콘텐츠, 맞춤형 학습 시스템 등을 개발하여 지역, 경제적 제약 없이 학습 기회를 제공할 수 있습니다.

❾ **미래 교육에서 기술이 가지는 역할은 무엇이라고 생각하나요?**

◗**답변 Point** ▶ 기술은 학습 경험을 개인화하고, 학습 자료를 효율적으로 제공하며, 학습 성과를 객관적으로 평가하는 데 핵심적인 역할을 할 것이라고 생각합니다. 다만 기술 자체가 목적이 아니라, 교육 목표 달성을 지원하는 도구로 활용되어야 합니다.

⑩ 장래에 어떤 교육공학 전문가가 되고 싶나요?

답변 Point ▶ 저는 학습자 맞춤형 교육 시스템과 디지털 학습 콘텐츠를 설계할 수 있는 전문가가 되고 싶습니다. 또한 교육 현장과 정책 개발을 연결해, 기술과 교육이 조화롭게 결합된 학습 환경을 구현하는 역할을 담당하고 싶습니다.

5. 초등교육과

① 초등교육과에 지원한 이유는 무엇인가요?

답변 Point ▶ 저는 어린 시절 교사의 긍정적인 영향을 경험하며 교육에 대한 관심을 키웠습니다. 특히 초등교육은 학생의 기초 학습 능력과 인성을 형성하는 중요한 시기이기 때문에 이 시기에 전문적인 교육을 제공하는 교사가 되고 싶어 지원하게 되었습니다.

② 초등교사에게 가장 필요한 자질은 무엇이라고 생각하나요?

답변 Point ▶ 저는 인내심과 공감 능력이 가장 중요하다고 생각합니다. 초등학생은 감정과 사고가 아직 성숙하지 않아 세심한 관심과 지도, 긍정적인 격려가 필요합니다. 또한 체계적인 수업 계획과 전문성도 필수적이라고 봅니다.

③ 학생들의 학습 동기를 높이는 방법은 무엇이라고 생각하나요?

답변 Point ▶ 학생 개개인의 흥미와 성취감을 고려한 수업 설계가 중요하다고 생각합니다. 구체적인 목표 제시, 성취 경험 제공, 칭찬과 피드백, 놀이와 활동 중심 학습 등을 통해 학생들이 스스로 학습에 참여하도록 유도할 수 있다고 봅니다.

❹ 협동 학습의 장점과 지도 방법은 무엇인가요?

답변 Point ▶ 협동 학습은 학생들의 사회성, 문제 해결 능력, 책임감과 의사소통 능력을 향상시킵니다. 이를 지도할 때는 그룹 구성 시 능력과 성향을 고려하고, 역할 분담과 목표 설정을 명확히 하며, 교사가 적절히 관찰하고 피드백을 제공하는 것이 중요합니다.

❺ 초등학교에서 인성 교육의 중요성에 대해 어떻게 생각하나요?

답변 Point ▶ 초등학생 시기는 인성과 가치관 형성이 중요한 시기입니다. 도덕적 판단, 배려와 협력, 책임감 등을 배우는 것은 학업 성취만큼 중요합니다. 교사는 수업과 생활 지도 속에서 자연스럽게 인성 교육을 통합해야 한다고 생각합니다.

❻ 기억에 남는 교사 경험이 있다면 소개해 주세요.

답변 Point ▶ 초등학교 시절 담임 선생님이 학생들의 작은 성취에도 칭찬과 격려를 아끼지 않으셨던 경험이 있습니다. 이를 통해 자신감과 학습 의욕이 높아졌고, 교사의 역할이 학습과 성장에 얼마나 중요한지 깨달았습니다.

❼ 학부모와의 관계에서 중요한 점은 무엇인가요?

답변 Point ▶ 학부모와의 신뢰와 소통이 가장 중요하다고 생각합니다. 학생의 학습과 정서 발달을 위해 교사와 학부모가 함께 목표를 공유하고, 정기적인 피드백과 상담을 통해 협력해야 효과적인 교육이 가능합니다.

❽ 수업 중 발생할 수 있는 문제 상황을 어떻게 해결하시겠습니까?

답변 Point ▶ 학생 간 갈등이나 학습 태도 문제는 먼저 상황을 정확히 관찰하고, 개별적 원인과 배경을 이해한 뒤 적절한 개입을 합니다. 필요하다면 학급 규칙과 협동 활동을 활용하고, 학생이 스스로 문제를 해결할 수 있도록 유도하는 것이 중요합니다.

⑨ **창의적 수업을 위해 어떤 노력을 할 수 있나요?**

답변 Point ▶ 다양한 교수 자료와 멀티미디어, 프로젝트 학습, 체험 활동 등을 활용하여 학생들이 주도적으로 참여할 수 있는 환경을 만들겠습니다. 또한, 학생들의 질문과 호기심을 존중하며, 스스로 탐구하고 표현할 수 있도록 지원하겠습니다.

⑩ **장래에 어떤 초등교사가 되고 싶나요?**

답변 Point ▶ 저는 학생 한 명 한 명의 잠재력을 발견하고, 학습과 성장을 따뜻하게 이끌어 줄 수 있는 교사가 되고 싶습니다. 학업뿐 아니라 인성 발달에도 기여하며, 학생과 학부모 모두에게 신뢰받는 교사가 목표입니다.

6. 체육교육과

① **체육교육과에 지원한 이유는 무엇인가요?**

답변 Point ▶ 저는 운동과 스포츠를 통해 사람들의 건강과 성장을 돕는 것에 관심이 많았습니다. 체육교육과에서는 단순한 체력 향상을 넘어서 학생들의 인성, 협동심, 자기 관리 능력까지 지도할 수 있는 전문 교사로 성장할 수 있다고 생각해 지원했습니다.

② **체육교사에게 가장 중요한 자질은 무엇이라고 생각하나요?**

답변 Point ▶ 저는 전문성, 리더십, 공정성이 가장 중요하다고 생각합니다. 학생들에게 안전하고 효과적인 운동을 지도하기 위해 스포츠 지식과 체력, 상황 판단 능력이 필요하며, 모든 학생을 공정하게 지도하는 태도가 필수라고 봅니다.

❸ 학생들의 운동 흥미를 높이는 방법은 무엇이라고 생각하나요?

🔹**답변 Point** ▶ 다양한 스포츠와 게임을 접목하고, 학생 개인의 능력과 흥미를 고려한 맞춤형 수업을 제공하는 것이 중요합니다. 성취 경험을 통해 자신감을 키워주고, 협동과 경쟁이 조화된 활동을 설계하면 흥미와 참여도가 높아진다고 생각합니다.

❹ 체육 수업에서 안전을 위해 고려해야 할 점은 무엇인가요?

🔹**답변 Point** ▶ 운동 환경과 장비 점검, 학생들의 체력과 기술 수준을 고려한 난이도 조절, 충분한 준비 운동과 스트레칭이 필수적입니다. 또한 학생들의 상태를 지속적으로 관찰하고, 사고 발생 시 신속하게 대응할 수 있는 체계를 갖추는 것이 중요합니다.

❺ 체육교육이 학생들에게 주는 사회적 · 정서적 효과는 무엇인가요?

🔹**답변 Point** ▶ 체육 활동은 협동심, 책임감, 도전 정신, 자기 통제 능력 등 인성 발달에도 큰 영향을 미칩니다. 또한 스트레스 해소와 정서 안정, 자신감 향상 등 정서적 발달에도 도움을 주며, 전인적 성장을 돕는 중요한 교육 영역이라고 생각합니다.

❻ 기억에 남는 스포츠 경험이 있다면 소개해 주세요.

🔹**답변 Point** ▶ 중학교 시절 축구 동아리 활동에서 팀원들과 전략을 세우고 함께 승리를 이뤄낸 경험이 기억에 남습니다. 이를 통해 협력과 책임감의 중요성을 배웠고, 스포츠가 사람을 성장시키는 힘이 있다는 점을 깨달았습니다.

❼ 학급 내 체육 활동에서 갈등이 발생한다면 어떻게 지도하시겠습니까?

🔹**답변 Point** ▶ 갈등 상황을 객관적으로 관찰하고, 각 학생의 입장을 이해한 뒤 규칙과 공정성을 기준으로 중재합니다. 또한 학생들이 스스로 문제

를 해결하도록 역할을 부여하고, 협력과 존중의 중요성을 지도하며 학습 기회로 삼습니다.

⑧ 체육 수업에서 창의성을 발휘할 방법은 무엇인가요?

답변 Point ▶ 기존 스포츠 규칙을 변형한 게임, 팀 전략 설계, 학생 참여형 활동, 미디어 활용 등 다양한 방법으로 수업을 흥미롭게 구성할 수 있습니다. 학생들이 스스로 참여하고 아이디어를 내도록 격려하면 창의적 수업이 가능하다고 생각합니다.

⑨ 체육교육과 건강 교육의 관계에 대해 어떻게 생각하나요?

답변 Point ▶ 체육과 건강 교육은 서로 보완적인 관계입니다. 운동을 통해 신체 건강을 증진시키면서, 올바른 생활습관, 영양, 스트레스 관리 등 건강 지식을 함께 교육하면 학생들의 전인적 발달에 큰 도움이 된다고 생각합니다.

⑩ 장래에 어떤 체육 교사가 되고 싶나요?

답변 Point ▶ 저는 학생들에게 운동의 즐거움과 건강관리의 중요성을 전달하고, 책임감과 협동심을 길러주는 교사가 되고 싶습니다. 안전하고 창의적인 체육 수업을 통해 학생들의 성장과 자신감을 지원하는 신뢰받는 교사가 목표입니다.

7. 국어교육과

① 국어교육과에 지원한 이유는 무엇인가요?

답변 Point ▶ 저는 언어를 통해 사고를 확장하고, 사람들과 소통하며 이해를 돕는 것에 관심이 많았습니다. 국어교육과에서는 문법, 문학, 독서, 글쓰기 등 다양한 국어 지식을 체계적으로 배우며 학생들의 언어 능력과 사고력을 길러주는 교사로 성장할 수 있다고 생각해 지원했습니다.

❷ 국어교사에게 가장 중요한 자질은 무엇이라고 생각하나요?

🗨️**답변 Point ▶** 저는 언어에 대한 전문성, 소통 능력, 공감 능력이 중요하다고 생각합니다. 학생들이 올바르게 이해하고 표현할 수 있도록 지도하면서 학생 개개인의 생각을 존중하고 다양한 의견을 경청할 수 있는 능력이 필요하다고 봅니다.

❸ 국어 수업에서 가장 강조하고 싶은 부분은 무엇인가요?

🗨️**답변 Point ▶** 사고력과 표현력을 동시에 키우는 활동을 강조하고 싶습니다. 단순 암기보다는 독서와 토론, 글쓰기, 발표 등 다양한 방법으로 학생들이 생각을 논리적으로 정리하고, 자신의 의견을 정확하게 전달할 수 있도록 지도하는 것이 중요하다고 생각합니다.

❹ 국어 교육에서 문학과 비문학의 균형은 왜 중요하다고 생각하나요?

🗨️**답변 Point ▶** 문학은 감수성과 창의적 사고를 기르는 데 도움을 주고, 비문학은 논리적 이해와 정보 해석 능력을 키우는 데 중요합니다. 두 영역을 균형 있게 지도해야 학생들이 다양한 사고 능력을 종합적으로 발달시킬 수 있다고 생각합니다.

❺ 학생들의 독서 습관을 높이기 위한 방법은 무엇인가요?

🗨️**답변 Point ▶** 학생의 흥미와 수준에 맞는 도서를 추천하고, 독서 토론, 독후 활동, 글쓰기 등 참여형 학습을 활용하면 독서 흥미를 높일 수 있습니다. 또한 읽은 내용을 발표하거나 공유하면서 성취감을 느끼도록 지원하는 것도 효과적입니다.

❺ 국어교육에서 ICT(정보통신기술)를 활용할 수 있는 방법은 무엇인가요?

🗨️**답변 Point ▶** 온라인 학습 플랫폼, 전자책, 디지털 토론 게시판, 영상 자

료 등을 활용하여 학습 자료를 다양화하고 학생 참여를 높일 수 있습니다. 특히 글쓰기 피드백이나 토론 기록 등을 디지털로 관리하면 학습 효과를 높이는 데 도움이 됩니다.

❼ 학생들이 글쓰기를 어려워할 때 어떻게 지도하시겠습니까?

답변 Point ▶ 작은 단계부터 시작하여 글의 구조, 표현 방법, 문법 등을 체계적으로 지도하고, 칭찬과 긍정적 피드백을 통해 자신감을 심어줍니다. 또한 학생 개별의 관심사나 경험을 반영한 주제로 글쓰기 활동을 유도하면 흥미와 참여도가 높아집니다.

❽ 국어교사가 되면 어떤 수업 방식을 중시하고 싶나요?

답변 Point ▶ 학생 참여형 수업과 토론 중심의 수업을 중시하고 싶습니다. 학생들이 스스로 질문하고 토론하며 생각을 확장할 수 있는 환경을 조성하고, 수업에서 얻은 지식을 실제 글쓰기와 발표에 연결시키는 방식으로 지도하고자 합니다.

❾ 최근 국어 교육 관련 이슈나 변화에 관심 있는 것이 있나요?

답변 Point ▶ 최근 인공지능과 디지털 기술이 교육에 접목되면서 글쓰기와 독서 지도 방법도 변화하고 있습니다. 예를 들어, AI 글쓰기 도구를 활용한 피드백이나 온라인 토론 시스템이 학생들의 사고와 표현력 향상에 도움을 줄 수 있는 방안에 관심을 가지고 있습니다.

❿ 장래에 어떤 국어교사가 되고 싶나요?

답변 Point ▶ 학생들이 언어를 통해 생각하고 표현하며 자신감을 가질 수 있도록 돕는 교사가 되고 싶습니다. 문법, 독서, 글쓰기 등 전문 지식을 바탕으로 학생 개개인의 능력을 존중하고, 사고력과 창의성을 동시에 길러주는 신뢰받는 교사를 목표로 합니다.

8. 영어교육과

① 영어교육과에 지원한 이유는 무엇인가요?

> **답변 Point ▶** 저는 영어를 배우며 다양한 문화와 사람들을 이해할 수 있다는 점에 큰 매력을 느꼈습니다. 영어교육과에서는 언어 습득 이론, 교수법, 평가 방법 등을 체계적으로 배우며 학생들이 영어를 즐겁게 배우고 자신감을 가질 수 있도록 지도하는 교사로 성장하고 싶어 지원했습니다.

② 영어 교사가 되기 위해 가장 필요한 자질은 무엇이라고 생각하나요?

> **답변 Point ▶** 영어에 대한 전문성뿐 아니라 학생과 원활히 소통할 수 있는 의사소통 능력과 공감 능력이 중요하다고 생각합니다. 학생들의 학습 동기를 이해하고, 개별 수준에 맞는 지도 방법을 적용할 수 있는 능력도 필수적이라고 봅니다.

③ 영어 수업에서 가장 강조하고 싶은 부분은 무엇인가요?

> **답변 Point ▶** 의사소통 능력 향상을 가장 강조하고 싶습니다. 단순 문법이나 단어 암기보다는 말하기, 듣기, 읽기, 쓰기 활동을 통합하여 학생들이 실제 상황에서 영어를 활용할 수 있도록 지도하는 것이 중요하다고 생각합니다.

④ 학생들이 영어를 어려워할 때 어떻게 동기를 부여하시겠습니까?

> **답변 Point ▶** 학생들의 흥미와 관심사에 맞는 주제를 활용하고, 소규모 활동, 게임, 토론 등 참여형 학습을 통해 학습 부담을 줄입니다. 또한 작은 성취를 칭찬하고 피드백을 제공하여 자신감을 심어주는 것이 효과적이라고 생각합니다.

⑤ 영어교육에서 ICT(정보통신기술)를 활용할 수 있는 방법은 무엇인가요?

> **답변 Point ▶** 온라인 학습 플랫폼, 앱, 영상 자료, 디지털 퀴즈 등을 활용

하여 학습 자료를 다양화하고 학생 참여를 높일 수 있습니다. 또한, 학습 기록을 디지털로 관리하며 개별 피드백을 제공하면 학습 효과를 높일 수 있습니다.

⑥ 영어교육에서 문법과 의사소통 중 무엇을 중시해야 한다고 생각하나요?

답변 Point ▶ 문법도 중요하지만 궁극적으로는 의사소통 능력을 중시해야 한다고 생각합니다. 문법은 정확한 표현을 위해 필요하지만 학생들이 영어로 자신의 생각을 자연스럽게 표현하고, 다른 사람과 소통할 수 있는 능력이 핵심이라고 봅니다.

⑦ 영어 교사로서 수업 중 가장 중요하게 여기는 원칙은 무엇인가요?

답변 Point ▶ 학생 참여와 흥미, 차별화된 지도라고 생각합니다. 학생들이 수업에 적극적으로 참여하도록 유도하고, 개별 학습 수준에 맞춘 활동을 제공하여 모두가 학습 효과를 경험하도록 하는 것이 중요합니다.

⑧ 최근 영어교육에서 관심 있는 이슈가 있다면 무엇인가요?

답변 Point ▶ 최근 AI와 디지털 학습 도구를 활용한 영어교육이 관심 있습니다. 예를 들어, AI를 활용한 발음 교정, 온라인 협동 학습, 디지털 영어 포트폴리오 등은 학생들의 학습 동기를 높이고 맞춤형 피드백을 제공할 수 있어 효과적이라고 생각합니다.

⑨ 학생들이 영어 말하기를 꺼릴 때 어떻게 지도하시겠습니까?

답변 Point ▶ 안전하고 긍정적인 학습 환경을 조성하고, 소규모 그룹 활동, 롤플레이, 게임 등을 통해 부담 없이 말할 기회를 제공합니다. 또한, 실수를 자연스러운 학습 과정으로 받아들이고, 칭찬과 격려를 통해 자신감을 키워주고 싶습니다.

⑩ **졸업 후 어떤 분야에서 활동하고 싶나요?**

답변 Point ▶ 초·중·고등학교 영어 교사로서 학생들의 영어 의사소통 능력을 높이는 지도자가 되고 싶습니다. 장기적으로는 교육 콘텐츠 개발이나 영어 교수법 연구 등에도 참여하여, 학생 중심의 효과적인 영어교육을 실현하고 싶습니다.

9. 수학교육과

❶ **수학교육과에 지원한 이유는 무엇인가요?**

답변 Point ▶ 저는 수학을 통해 문제를 해결하고 논리적으로 사고하는 능력을 배우는 경험이 흥미로웠습니다. 또한, 학생들에게 수학의 재미와 가치를 전달하고 싶은 마음이 커서 수학교육과에 지원하게 되었습니다. 체계적인 교수법과 교육 심리 등을 배우며 학생 중심의 수업을 설계하고 싶습니다.

❷ **수학 교사에게 가장 필요한 자질은 무엇이라고 생각하나요?**

답변 Point ▶ 논리적 사고 능력과 문제 해결 능력, 학생의 눈높이에 맞춰 설명할 수 있는 소통 능력이 중요하다고 생각합니다. 또한 인내심과 학생을 이해하려는 공감 능력도 필수적이라고 봅니다.

❸ **수업에서 수학의 흥미를 어떻게 높일 수 있을까요?**

답변 Point ▶ 실생활과 연결된 문제를 제시하거나 게임과 활동을 통해 수학적 개념을 체험하게 하는 방법이 효과적입니다. 학생들이 스스로 탐구하고 발견할 수 있는 기회를 제공하면 흥미와 이해도가 높아집니다.

❹ **학생들이 수학을 어려워할 때 어떻게 지도하시겠습니까?**

답변 Point ▶ 개별 학습 수준을 파악하고, 기초부터 차근차근 지도합니다. 또한, 문제 해결 과정을 단계별로 나누어 설명하고, 학생이 성취감을 느낄 수 있도록 작은 목표를 설정하며 칭찬과 피드백을 제공합니다.

⑤ 수학교육에서 ICT(정보통신기술)를 활용할 수 있는 방법은 무엇인가요?

● **답변 Point** ▶ 디지털 교구, 그래프 시뮬레이션, 온라인 학습 플랫폼을 활용해 학생들이 수학 개념을 시각적으로 이해하도록 도울 수 있습니다. 또한, 개별 학습 관리와 진단 평가를 통해 맞춤형 수업을 제공할 수 있습니다.

⑥ 수학에서 중요한 교육 목표는 무엇이라고 생각하나요?

● **답변 Point** ▶ 단순한 계산 능력 향상뿐 아니라 논리적 사고력과 문제 해결 능력을 기르는 것이 중요하다고 생각합니다. 이를 통해 학생들이 수학적 사고를 일상과 다른 학문 분야에 적용할 수 있는 능력을 갖추도록 지도하고 싶습니다.

⑦ 수학교육에서 강조해야 할 교수법은 무엇인가요?

● **답변 Point** ▶ 탐구 중심 학습과 학생 참여형 수업이 중요하다고 생각합니다. 학생 스스로 질문하고 실험하며 개념을 발견하도록 유도하면 이해력과 사고력이 함께 향상됩니다.

⑧ 최근 수학교육에서 관심 있는 이슈가 있다면 무엇인가요?

● **답변 Point** ▶ 최근 STEAM 교육과 융합형 프로젝트 기반 학습에 관심이 있습니다. 수학을 다른 과목과 연계해 문제 해결 프로젝트를 수행하면 실생활과 연계된 학습이 가능하고 학생들의 흥미도 높아진다고 생각합니다.

⑨ 학생들이 수학을 포기하지 않도록 지도하는 방법은 무엇인가요?

● **답변 Point** ▶ 실패를 자연스러운 학습 과정으로 받아들이고, 단계별 성공 경험을 제공하며 자신감을 심어줍니다. 또한, 학생 개별 수준에 맞춘 과제와 지속적인 피드백으로 학습 동기를 유지하도록 돕습니다.

⑩ 졸업 후 어떤 분야에서 일하고 싶나요?

🔵 **답변Point** ▶　중·고등학교 수학 교사로서 학생들에게 논리적 사고와 문제 해결 능력을 가르치고 싶습니다. 장기적으로는 교육과정 개발, 교재 집필, 교수법 연구 등에도 참여하여 학생 중심의 수학교육 발전에 기여하고 싶습니다.

10. 통합사회교육과

① 통합사회교육과에 지원한 이유는 무엇인가요?

🔵 **답변Point** ▶　저는 역사, 지리, 경제, 정치, 사회문화를 통합적으로 이해하고, 학생들이 현실 문제를 다각도로 분석하도록 돕고 싶어 지원했습니다. 통합사회교육과에서는 다양한 사회 영역의 지식과 교수법을 함께 배우며 창의적이고 비판적 사고를 가진 사회교육 전문가로 성장할 수 있다고 생각했습니다.

② 통합사회교사가 갖춰야 할 가장 중요한 자질은 무엇이라고 생각하나요?

🔵 **답변Point** ▶　폭넓은 사회 지식과 비판적 사고력, 학생들과 소통하며 다양한 의견을 존중할 수 있는 지도력이 중요하다고 생각합니다. 또한 사회 문제를 통합적 시각으로 설명하고, 학생 스스로 문제 해결 능력을 키우도록 유도할 수 있어야 합니다.

③ 통합사회 수업에서 학생 흥미를 높이는 방법은 무엇이라고 생각하나요?

🔵 **답변Point** ▶　뉴스, 사회 현상, 사례 연구, 현장 학습, 모의 토론 등 학생이 직접 참여할 수 있는 활동을 활용하면 흥미가 높아집니다. 또한 역사·경제·정치 등 각 영역을 연결해 실제 생활과 관련짓는 사례 중심 수업이 효과적입니다.

❹ 통합사회교육에서 강조해야 할 핵심 역량은 무엇이라고 생각하나요?

●답변 Point ▶ 비판적 사고력, 문제 해결력, 의사소통 능력, 협력 능력이라고 생각합니다. 학생들이 사회 문제를 단순 암기가 아니라 분석하고 판단하며 다양한 관점을 고려해 결론을 도출할 수 있도록 지도해야 합니다.

❺ 최근 관심 있는 사회 이슈가 있다면 무엇이며, 수업에 어떻게 활용할 수 있을까요?

●답변 Point ▶ 최근 ESG 경영과 지속가능한 발전 목표(SDGs)에 관심이 많습니다. 이를 수업에 적용해 학생들이 경제, 사회, 환경을 통합적으로 이해하고, 문제 해결 방안을 토론하거나 프로젝트로 제시하도록 지도할 수 있습니다.

❻ 통합사회교육에서 학생들이 어려워하는 부분을 어떻게 지도하시겠습니까?

●답변 Point ▶ 복잡한 사회 문제를 단계별로 나누어 설명하고, 시각 자료와 사례를 활용해 이해를 돕습니다. 학생이 직접 조사하고 토론하도록 유도하여 자신만의 논리를 구축하도록 지원합니다.

❼ 통합적 사회교육과 개별 과목 수업의 차이점은 무엇이라고 생각하나요?

●답변 Point ▶ 개별 과목 수업은 특정 영역의 지식 전달에 초점이 있지만, 통합사회교육은 역사 · 경제 · 정치 · 사회문화 등 다양한 영역을 연결해 학생들이 현실 문제를 다각도로 분석하고 비판적 사고를 기를 수 있도록 돕습니다.

❽ ICT 활용이 통합사회교육에서 갖는 장점은 무엇이라고 생각하나요?

●답변 Point ▶ 디지털 자료, 온라인 토론, 가상 체험, 데이터 시각화 등을

활용하면 학생 이해와 참여를 높일 수 있습니다. 최신 뉴스, 통계, 영상 자료를 실시간으로 활용하면 수업이 현실적이고 생동감 있게 진행될 수 있습니다.

⑨ 학생들의 사회 참여 의식을 높이기 위한 수업 방법은 무엇인가요?

답변 Point ▶ 지역사회 문제 탐구, 모의 정책 토론, 사회 조사 프로젝트 등을 통해 학생이 실제 사회 문제를 경험하고 자신의 의견을 형성하도록 유도합니다. 이를 통해 비판적 사고와 책임감을 동시에 키울 수 있습니다.

⑩ 졸업 후 어떤 진로를 희망하시나요?

답변 Point ▶ 중·고등학교 통합사회 교사로서 학생들에게 통합적 사고와 사회 참여의 중요성을 가르치고 싶습니다. 장기적으로는 교육과정 개발, 사회과 교재 집필, 교육 정책 연구 등 통합사회교육 발전에 기여하는 전문가로 성장하고 싶습니다.

11. 통합과학교육과

① 통합과학교육과에 지원한 이유는 무엇인가요?

답변 Point ▶ 저는 물리, 화학, 생물, 지구과학 등 과학의 다양한 분야를 통합적으로 이해하고, 학생들이 과학적 사고와 문제 해결 능력을 기르도록 돕고 싶어 지원했습니다. 통합과학교육과에서는 이론과 실험, 교수법을 함께 배우며 창의적이고 논리적인 과학 교사를 양성할 수 있다고 생각했습니다.

② 통합과학교사가 갖춰야 할 가장 중요한 자질은 무엇이라고 생각하나요?

답변 Point ▶ 폭넓은 과학 지식과 실험·탐구 능력, 학생들의 호기심을 유발하고 관찰력과 사고력을 키워줄 수 있는 지도력이 중요하다고 생각합니다. 또한 안전 관리와 학생 이해, 소통 능력도 필수적입니다.

❸ 통합과학교육에서 학생 흥미를 높이는 방법은 무엇이라고 생각하나요?

답변 Point ▶ 실험, 관찰, 프로젝트 학습, STEM 활동, 일상 속 과학 문제 해결 등 학생 참여형 수업을 활용하면 흥미가 높아집니다. 또한 다양한 과학 영역을 연결해 실제 생활과 관련된 사례를 소개하면 이해와 관심이 증진됩니다.

❹ 통합과학교육에서 강조해야 할 핵심 역량은 무엇이라고 생각하나요?

답변 Point ▶ 문제 해결 능력, 탐구 능력, 협력 능력, 과학적 사고력입니다. 학생들이 단순 암기가 아니라 실험과 관찰을 통해 데이터를 분석하고 결론을 도출하며, 팀 프로젝트를 통해 협력적 학습을 경험하도록 지도해야 합니다.

❺ 최근 관심 있는 과학 이슈가 있다면 무엇이며, 수업에 어떻게 활용할 수 있을까요?

답변 Point ▶ 최근 기후 변화와 탄소 중립에 관심이 많습니다. 이를 수업에 적용해 학생들이 물리, 화학, 생물, 지구과학 지식을 통합적으로 활용해 문제를 분석하고, 해결 방안을 모색하도록 지도할 수 있습니다.

❻ 학생들이 과학 학습에서 어려워하는 부분을 어떻게 지도하시겠습니까?

답변 Point ▶ 개념이 어려운 부분은 실험과 시각 자료를 통해 직접 체험하게 하고, 단계별 탐구 활동을 통해 이해를 돕습니다. 또한 학생이 직접 질문하고 탐구할 수 있는 환경을 제공하여 흥미와 자신감을 높입니다.

❼ 통합과학교육과 개별 과목 수업의 차이점은 무엇이라고 생각하나요?

🔵 **답변Point** ▶ 개별 과목 수업은 특정 분야의 지식 전달에 초점을 맞추지만, 통합과학교육은 물리, 화학, 생물, 지구과학 지식을 연결하여 학생들이 문제를 다각도로 분석하고 종합적 사고를 기를 수 있도록 돕습니다.

❽ ICT 활용이 통합과학교육에서 갖는 장점은 무엇이라고 생각하나요?

🔵 **답변Point** ▶ 가상 실험, 시뮬레이션, 데이터 시각화, 온라인 토론 등을 활용하면 학생 이해와 참여를 높일 수 있습니다. 최신 기술을 활용해 실험 환경이 제한된 상황에서도 과학 탐구를 생생하게 경험하게 할 수 있습니다.

❾ 학생들의 과학적 탐구 외식을 높이기 위한 수업 방법은 무엇인가요?

🔵 **답변Point** ▶ 프로젝트 기반 학습, 탐구 실험, 문제 중심 학습, 과학 대회 참여 등 학생이 직접 실험하고 결과를 분석하도록 지도합니다. 이를 통해 스스로 탐구하고 문제를 해결하는 능력과 자신감을 키울 수 있습니다.

❿ 졸업 후 어떤 진로를 희망하시나요?

🔵 **답변Point** ▶ 중·고등학교 통합과학교사로서 학생들에게 통합적 과학 사고와 탐구 능력의 중요성을 가르치고 싶습니다. 장기적으로는 과학교육 프로그램 개발, 교육 자료 집필, STEM 교육 연구 등 과학교육 전반 발전에 기여하는 전문가로 성장하고 싶습니다.

12. 아동보육학과

❶ 아동보육학과에 지원한 이유는 무엇인가요?

답변 Point ▶ 저는 어릴 때부터 아이들과 함께 시간을 보내는 것을 좋아했고, 그 과정에서 아이들의 발달과 성장에 깊은 관심을 가지게 되었습니다. 전문적인 지식을 배우고 아이들의 건강한 성장과 교육에 기여하고 싶어 지원했습니다.

❷ 아동보육학과에서 배우고 싶은 분야가 있나요?

답변 Point ▶ 발달심리, 아동행동 관찰, 보육 프로그램 개발 등 다양한 분야를 배우고 싶습니다. 특히 아이들의 사회성과 정서 발달을 지원하는 방법을 체계적으로 배우고 싶습니다.

❸ 좋은 보육교사가 갖춰야 할 역량은 무엇이라고 생각하나요?

답변 Point ▶ 인내심, 관찰력, 공감능력과 의사소통 능력이 가장 중요하다고 생각합니다. 아이들은 말로 표현하지 못하는 감정을 행동으로 보여주기 때문에 세심하게 관찰하고 적절히 대응할 수 있는 능력이 필요합니다.

❹ 아동과의 갈등 상황을 어떻게 해결할 것인가요?

답변 Point ▶ 먼저 아이의 감정을 이해하고 공감한 후 행동의 이유를 파악합니다. 그리고 안전하고 긍정적인 방법으로 문제 해결을 유도하며 반복 학습을 통해 올바른 행동을 습득하도록 돕겠습니다.

❺ 아동보육학과에서 예상되는 어려움과 극복 방법은 무엇인가요?

답변 Point ▶ 다양한 성격과 발달 단계의 아이들을 이해하는 것이 어려울 수 있습니다. 이를 극복하기 위해 관찰 기록과 사례 연구를 꾸준히 하고, 교수님과 동료들과 논의하며 경험을 쌓겠습니다.

❻ 보육 관련 봉사나 경험이 있다면 소개해 주세요.

답변 Point ▶ 저는 지역 어린이집에서 방과후 학습 지원 봉사를 했습니다. 아이들과 놀이를 하면서 그들의 발달 단계와 관심사를 이해하고, 맞춤형 활동을 제공하는 경험을 쌓았습니다.

❼ 아동보육학과 졸업 후 진로 계획은 무엇인가요?

답변 Point ▶ 보육교사로 어린이집 또는 유치원에서 근무하며 아이들의 발달과 교육을 지원하고 싶습니다. 장기적으로는 보육 프로그램 개발이나 아동 상담 분야까지 전문성을 확대하고 싶습니다.

❽ 아동발달 연구에서 가장 흥미롭게 느낀 주제는 무엇인가요?

답변 Point ▶ 사회성과 정서 발달입니다. 아이들이 또래와 상호작용하며 사회적 기술을 배우고, 정서 조절 능력을 키우는 과정이 흥미로웠습니다. 이를 통해 교육과 놀이가 발달에 미치는 영향을 배우고 싶습니다.

❾ 아동보육학과에서 중요하게 생각하는 윤리적 가치가 있다면 무엇인가요?

답변 Point ▶ 아동의 권리와 안전을 최우선으로 고려하는 윤리적 책임입니다. 모든 아이들은 보호받고 존중받을 권리가 있으며, 교사는 이를 지키는 중요한 역할을 해야 합니다.

❿ 아동보육학과를 공부하면서 기대되는 점은 무엇인가요?

답변 Point ▶ 이론과 실습을 통해 아동의 발달과 교육에 대해 깊이 이해하고, 실제 현장에서 적용할 수 있는 능력을 기를 수 있다는 점입니다. 또한 아이들과 상호작용하며 성장하는 보람을 느낄 수 있을 것이라 기대합니다.

05

자연/공학 계열
(기계·전기·컴퓨터 등)

🏛 공통 영역

■ 사회과학과 자연과학의 차이는 무엇이라고 생각하십니까?

답변 Point ▶ 사회과학과 자연과학은 모두 과학적 방법을 사용하지만, 연구 대상과 접근 방식에서 차이가 있다고 생각합니다. 자연과학은 물리, 화학, 생물 등 자연 현상을 실험과 관찰을 통해 법칙을 발견하고 예측하는 데 중점을 둡니다. 반면, 사회과학은 인간의 사회적 행동과 구조, 경제, 정치, 문화 등을 연구하는 학문으로, 복잡한 인간 심리와 사회적 상호작용을 이해하기 위해 통계, 설문조사, 사례 연구 등의 방법을 활용합니다. 자연과학은 주로 객관적이고 반복 가능한 실험을 통해 결과를 얻지만, 사회과학은 인간의 다양성과 변화성 때문에 절대적 법칙보다는 경향성과 패턴을 파악하는 데 집중하는 경향이 있습니다. 두 분야 모두 세상을 이해하는 데 중요한 역할을 하며, 서로 보완적이라고 생각합니다.

❶ 기계(인공지능과 로봇 등)가 인간의 일자리를 대체하는 현상에 대한 본인 생각을 말해보라.

답변 Point ▶ 기계, 특히 인공지능과 로봇이 인간의 일자리를 대체하는 현상은 분명히 일자리 감소와 변화를 초래합니다. 반복적이고 기계화할 수 있는 업무에서 일자리가 줄어드는 반면, IT, AI, 데이터 분석, 로봇 공학 등 새로운 분야에서 다양한 일자리가 창출되고 있습니다. 또한 기계가 위험하거나 단순한 일을 대신함으로써 인간은 보다 창의적이고 대인관계가 필요한 업무에 집중할 수 있습니다.

단기적으로는 일자리 불안정과 임금 하락 등 부정적 영향이 있으나, 사회적 안전망 강화와 평생교육, 기술 적응을 위한 교육 정책이 뒷받침된다면 충분히 극복할 수 있다고 생각합니다.

결국 기계가 일자리를 대체하는 변화는 피할 수 없지만, 이를 재앙으로 보지 않고 새로운 기회로 받아들이며 적극적으로 준비하는 자세가 중요하다고 봅니다.

❷ 친환경 에너지 발전소 설계 시 고려해야 할 요소는 무엇인가?

답변 Point ▶ 첫째, 입지 선정과 환경 영향 최소화

발전소의 입지는 발전 효율뿐만 아니라 주변 생태계와 자연환경에 미치는 영향을 최소화하도록 선정해야 합니다. 토양, 기후, 생태계 훼손 여부, 주민 의견 반영 등을 고려한 환경영향평가가 필수적입니다.

둘째, 효율성 및 경제성 확보

각 에너지 자원(태양광, 풍력 등)의 특성에 맞는 최적 기술과 시스템을 적용해 발전 효율을 극대화하고, 건설·운영 비용 및 투자 회수 기간 등 경제성을 충분히 분석해 계획해야 합니다.

셋째, 친환경 자재 사용과 스마트 관리 시스템 도입

저탄소 친환경 건설 자재와 설비를 사용하고, 폐기물과 오염을 최소화하는 시공법을 적용하며, 스마트그리드·에너지저장장치(ESS) 등 자동화 및 실시간 모니터링 시스템으로 운영 효율과 지속가능성을 높여야 합니다.

❸ AI 기술이 발전하는 미래 사회에서 기계공학도가 기여할 수 있는 영역은?

답변 Point ▶ AI 기술이 발전하는 미래 사회에서 기계공학도는 스마트

제조와 자동화 시스템 개발에 크게 기여할 수 있습니다. 예를 들어, AI와 로봇 기술을 결합해 생산 라인의 효율성을 극대화하고, 품질 관리를 자동화하는 스마트 팩토리를 설계할 수 있습니다.

또한, 자율주행 자동차나 드론 같은 미래 모빌리티 기술 개발에도 기계공학의 설계 능력과 AI 데이터 분석이 융합되어 중요한 역할을 하게 될 것입니다.

기계공학도는 AI가 가져올 기술 혁신의 토대를 만들고, 이를 실제 산업 현장에 적용해 사회 전반의 생산성과 안전성을 높이는 데 핵심적인 기여를 할 수 있다고 생각합니다.

❹ 최근 관심 있게 본 공학 관련 현안을 설명하고, 본인의 견해를 말해 보라.

답변 Point ▶ 최근 저는 친환경 에너지 기술, 특히 수소연료전지 개발에 관심을 가지고 있습니다. 수소연료전지는 배출가스가 거의 없고, 높은 에너지 효율을 자랑해 미래 친환경 자동차와 발전소에 중요한 역할을 할 것으로 기대됩니다.

하지만 현재는 수소 저장과 운송의 안전성 문제, 생산 비용 등이 해결 과제로 남아 있습니다. 저는 기계공학의 관점에서 이 문제들을 해결하기 위해 경량화된 저장 탱크 설계와 고효율 촉매 개발에 집중하는 연구가 필요하다고 생각합니다.

친환경 기술이 우리 사회의 지속 가능성을 좌우하는 만큼, 공학도로서 이 분야에서 혁신을 이끌고 싶습니다.

❺ 이공이나 공학계열 기피 현상에 대한 원인과 대책은 무엇이라고 생각하는가요?

답변 Point ▶ 이공 및 공학 계열 기피 현상의 주요 원인은 첫째, 상대적으로 학업 난이도가 높고, 실험과 수학 등 어려운 과목이 많아 학생들이 부담을 느끼기 때문이라고 생각합니다.

둘째, 졸업 후 진로에 대한 불확실성과 낮은 사회적 인지도, 그리고 상대적으로 적은 보상 기대도 영향을 미칩니다.

이를 해결하기 위해서는, 첫째, 교육 현장에서 이공계 학습을 더 재미있고 실용적으로 접근할 수 있도록 교과과정과 교수법을 개선해야 합니다.

둘째, 산업계와 연계한 다양한 현장 경험과 인턴십 기회를 제공해 학생들이 진로를 구체적으로 설계할 수 있도록 지원해야 합니다.

셋째, 이공계 인재에 대한 사회적 인식 개선과 적절한 보상 체계 마련도 필요하다고 봅니다.

이러한 노력이 함께 이루어질 때 이공 및 공학 분야에 대한 관심과 참여가 늘어날 것이라 생각합니다.

1. 식품생명공학과

① 식품공학과를 지원한 동기는 무엇인가요?

답변 Point ▶ "저는 어릴 때부터 먹는 것에 관심이 많았고, 특히 식품 안전과 건강에 큰 흥미를 느껴왔습니다. 최근에는 가공식품과 기능성 식품에 대한 수요가 증가하고 있는데, 식품공학은 단순히 조리 기술이 아니라 식품의 안전, 영양, 저장, 가공 전반을 과학적으로 다루는 학문이라는 점에서 매력을 느꼈습니다. 이 전공을 통해 국민 건강에 기여하고 싶습니다."

② 식품공학이 다른 학문과 차별화되는 점은 무엇이라고 생각하나요?

답변 Point ▶ "식품공학은 화학, 생물학, 공학을 종합적으로 활용한다는 점에서 차별화됩니다. 단순히 맛과 조리에 집중하는 것이 아니라 미생물 제어, 영양 성분 분석, 저장과 유통까지 아우르는 융합 학문입니다. 그래서 식품산업 전반에서 안전성과 혁신을 동시에 추구할 수 있다는 점이 특징이라고 생각합니다."

❸ 최근 식품산업의 주요 이슈는 무엇이며, 이에 대해 어떻게 생각하나요?

🔵답변Point ▶ "최근 가장 큰 이슈 중 하나는 대체식품과 지속가능성이라고 생각합니다. 예를 들어, 대체육이나 곤충 단백질은 환경 문제와 식량 위기를 해결할 수 있는 대안으로 주목받고 있습니다. 저는 이러한 변화가 단순한 트렌드가 아니라 미래 사회의 필수 조건이 될 것이라 보고, 학문적으로 깊이 탐구할 필요가 있다고 생각합니다."

❹ 식품공학을 전공하면 어떤 진로를 희망하나요?

🔵답변Point ▶ "저는 식품 안전과 품질 관리 분야에 관심이 많습니다. 소비자가 믿고 먹을 수 있는 안전한 식품을 제공하는 것이 사회적으로 중요한 가치라고 생각하기 때문입니다. 나아가 장기적으로는 기능성 식품 연구를 통해 고령화 사회의 건강 문제를 해결하는 데 기여하고 싶습니다."

❺ 식품공학과 공부에서 가장 중요한 역량은 무엇이라고 생각하나요?

🔵답변Point ▶ "첫째는 과학적 사고력입니다. 식품의 성분과 반응은 대부분 화학·생물학적 원리에 기반하기 때문입니다. 둘째는 창의성과 응용력입니다. 소비자의 기호는 빠르게 변하기 때문에 기존 지식을 바탕으로 새로운 식품을 개발할 수 있는 능력이 필요합니다. 이런 점에서 기초과학과 창의성의 조화가 중요하다고 생각합니다."

❻ 식품 안전사고가 사회에 미치는 영향에 대해 말해보세요.

🔵답변Point ▶ "식품 안전사고는 단순히 한 기업의 문제가 아니라 사회 전체의 신뢰를 무너뜨립니다. 예를 들어, 세균 오염이나 불법 첨가물 사용이 밝혀지면 소비자의 불안이 커지고, 이는 시장 위축과 국가 이미지 하락으로 이어질 수 있습니다. 따라서 예방 중심의 관리와 투명한 검증

체계가 무엇보다 중요하다고 생각합니다."

❼ '식품공학이 미래 사회에서 가지는 가치'에 대해 본인의 생각을 말해보세요.

🔵 **답변 Point ▶** "미래 사회는 기후변화, 고령화, 식량 자원 부족 같은 도전에 직면해 있습니다. 식품공학은 이러한 문제를 해결하는 핵심 학문입니다. 친환경 가공, 영양 최적화, 대체식품 개발은 모두 식품공학이 다루는 영역으로써 단순한 산업을 넘어 인류의 생존과 건강을 지키는 데 중요한 가치를 가진다고 생각합니다."

❽ 미래 사회 식량 고갈에 대비하여 특정 식품을 개발할 수 있습니다. 예를 들어서 설명해 보세요.

🔵 **답변 Point ▶** 미래 사회의 식량 고갈 문제를 해결하기 위해서는 지속 가능하고 환경 친화적인 식품 개발이 필요하다고 생각합니다. 예를 들어, 곤충 단백질이 좋은 사례입니다. 곤충은 사육에 필요한 공간과 물, 사료가 기존 가축에 비해 훨씬 적고, 단백질 함량이 높아 영양가도 뛰어납니다.

또한, 식물성 대체육 기술도 발전하고 있는데, 이는 육류 생산 과정에서 발생하는 온실가스와 환경 부담을 줄이면서도 고기와 유사한 맛과 질감을 제공합니다.

이처럼 새로운 식품 개발은 미래 식량 문제뿐만 아니라 환경 문제도 함께 해결할 수 있는 중요한 대안이라고 생각합니다.

❾ 식품에 유해한 미생물을 처리하는 특정 처리 방법의 특징을 설명하고 다른 미생물 처리 방법과 대비한 장단점을 설명해 주십시오.

🔵 **답변 Point ▶** 식품 멸균법은 식품 안전과 품질을 유지하기 위해 다양한 방식으로 활용됩니다.

첫째, 열처리 멸균법은 고온이나 고압 증기를 활용해 미생물과 포자를 제거하는 방법으로, 비용이 낮고 독성 잔류물이 없어 안전하지만, 열에 약한 식품에는 영양소와 식감 손상의 우려가 있습니다.

둘째, 여과 멸균법은 0.22μm 이하의 여과막을 통해 열에 약한 효소나 용액을 멸균하는 방식으로, 원료 특성을 유지할 수 있으나 막힘 현상과 높은 비용이 단점입니다.

셋째, 자외선 및 방사선 멸균법은 미생물 DNA를 손상시켜 사멸시키는 방식으로, 비열처리여서 식품 품질 변화가 적지만, 표면 처리에 한정되고 설비 비용이 높습니다.

넷째, 화학적 처리법은 소독제나 방부제로 미생물 증식을 억제하는 방법이며, 적용 범위가 넓지만 독성 잔류와 규제 문제가 존재합니다.

다섯째, 초고압 처리법(HPP)은 열없이 고압으로 미생물을 사멸시켜 맛과 영양 보존에 효과적이고 유통기한도 연장되지만, 초기 설비비가 크고 포장 조건이 까다롭습니다.

이처럼 멸균법은 식품 특성과 목적에 따라 선택적으로 적용해야 하며, 각 방법의 장단점을 이해하는 것이 식품 위생 관리에 있어 매우 중요하다고 생각합니다.

⑩ 식품과 의약품의 차이점을 설명해 보세요.

🔵답변 Point ▶ 식품과 의약품은 목적과 규제가 다릅니다. 식품은 주로 영양 공급과 생리적 기능 유지를 위해 섭취하며, 일상생활에서 건강을 유지하는 데 도움을 줍니다. 반면 의약품은 특정 질병의 예방, 진단, 치료를 목적으로 하며, 효과와 안전성이 엄격히 검증됩니다.

또한, 의약품은 복용 시 부작용이나 상호작용 가능성이 있어 전문적인 관리가 필요하지만, 식품은 상대적으로 규제가 덜 엄격합니다. 간단히 말해, 식품은 '건강을 지키는 일상적인 수단'이고, 의약품은 '질병을 치료하는 전문적인 수단'이라 할 수 있습니다.

2. 수학과

❶ 수학과에 지원하게 된 동기는 무엇인가요?

답변Point ▶ 어릴 때부터 수학은 저에게 퍼즐처럼 흥미로운 과목이었습니다. 단순한 계산이 아니라 문제 속에서 규칙을 찾고, 논리적으로 사고하는 과정이 즐거웠습니다. 고등학교에 올라와서 수열, 함수, 확률 등 개념의 추상성이 깊어질수록 수학의 구조적 아름다움과 체계성에 매료되었고, 이론적 수학뿐 아니라 이를 활용한 다양한 응용 분야에도 관심이 생겼습니다. 수학은 모든 과학과 기술의 기초라고 생각하기에, 더 깊이 있는 이해를 위해 수학과에 지원하게 되었습니다.

❷ 수학에서 가장 흥미롭게 느낀 개념이나 단원은 무엇인가요?

답변Point ▶ 저는 미분과 극한 개념에 큰 흥미를 느꼈습니다. 한 점에 점점 가까워지며 값을 예측한다는 개념이 매우 철학적이면서도 현실 세계에서 널리 활용되는 것이 인상 깊었습니다. 예를 들어, 변화율을 계산하거나 최적화를 할 때 미분이 필수적이라는 것을 배우며, 수학이 단순한 이론이 아니라 실제 문제 해결 도구라는 점을 실감했습니다. 이처럼 추상적 개념이 현실 세계와 연결되는 지점에서 수학의 힘을 느낄 수 있었습니다.

❸ 수학을 공부하면서 어려움을 느낀 경험과 이를 극복한 방법은 무엇인가요?

답변Point ▶ 수학을 공부하면서 가장 어려웠던 것은 한 문제를 다양한 시각에서 접근하는 유연함이 부족하다는 점이었습니다. 특히 도형이나 함수 그래프 해석 문제에서 고정된 방식에만 의존하다 보면 막히는 경우가 많았습니다. 이를 극복하기 위해 여러 풀이 방법을 비교해보는 습관을 들였고, 친구들과 토론하면서 생각의 폭을 넓혔습니다. 그 결과 단지 문제를 푸는 것에서 나아가 문제를 분석하고 접근하는 사고 과정 자체를 더 즐기게 되었습니다.

❹ 수학과는 추상적이고 이론적인 내용을 많이 배우는데, 본인은 그에 적합하다고 생각하나요?

답변 Point ▶ 네, 저는 수학의 추상성과 논리적인 사고를 즐기는 성향이 강합니다. 명확한 근거와 정리를 통해 복잡한 구조를 이해하는 데서 보람을 느끼고, 긴 증명 과정 속에서도 꾸준히 사고를 정리하며 결론에 도달하는 데 자신이 있습니다. 또한 인내심 있게 문제를 깊이 파고드는 자세도 갖추고 있어, 수학과의 학문적 특성과 잘 맞는다고 생각합니다. 대학에서는 순수수학뿐 아니라 응용수학에도 도전해보고 싶습니다.

❺ 수학이 사회나 과학에 어떤 기여를 한다고 생각하나요?

답변 Point ▶ 수학은 자연과학, 공학, 경제, 컴퓨터공학 등 거의 모든 학문과 산업의 기초가 되는 도구입니다. 예를 들어, 코로나19의 확산 모델링, AI의 알고리즘, 금융공학의 위험관리 등 핵심에는 항상 수학적 모델과 계산이 있습니다. 특히 최근에는 빅데이터와 인공지능이 급속도로 발전하면서 수학의 중요성은 더 커지고 있다고 생각합니다. 저는 수학이 단순한 계산이 아니라 세상을 구조적으로 이해하고 미래를 예측하는 힘을 제공한다고 믿습니다.

❻ 졸업 후 어떤 진로를 생각하고 있나요?

답변 Point ▶ 저는 금융공학이나 데이터 분석 분야에 진출하고 싶습니다. 수학적 모델링과 통계, 컴퓨터 활용 능력을 바탕으로 실생활의 문제를 해결하는 데 매력을 느끼고 있습니다. 특히 보험, 주식, 리스크 관리 등에서 수학이 핵심적인 역할을 한다는 점에서 관심이 큽니다. 또한, 수학을 기반으로 하는 인공지능 알고리즘 연구에도 흥미가 있어, 대학원 진학도 고려하고 있습니다. 수학적 사고를 다양한 분야에 적용하는 융합형 전문가가 되는 것이 제 목표입니다.

❼ 과학의 기초학문으로서 수학이 실생활에서 활용되는 예를 이야기해 보고, 미래 수학교육의 방향과 연결하여 설명해 보세요.

🔵 답변 Point ▶ 수학은 과학의 기초학문으로서 단순한 계산을 넘어, 문제를 분석하고 논리적으로 해결하는 사고력을 기르는 데 핵심적인 역할을 한다고 생각합니다.

실생활에서도 수학은 매우 밀접하게 활용됩니다. 예를 들어, 가계부를 정리할 때의 예산 계획, 교통 시간 예측, 건축 구조 계산, 온라인 쇼핑 시 할인율 비교 등 일상 전반에 걸쳐 수학적 사고가 필요합니다.

또한 4차 산업혁명 시대에는 인공지능, 빅데이터, 암호 기술 등 첨단 기술의 기반이 수학에 있기 때문에, 미래 사회에서 수학은 더욱 중요한 역할을 하게 될 것입니다.

따라서 미래 수학교육은 단순한 문제 풀이를 넘어, 실생활과 연계된 수학적 사고력, 창의력, 그리고 문제 해결력을 키우는 방향으로 나아가야 한다고 생각합니다.

학생들이 수학을 통해 세상을 바라보는 도구를 익히고, 실질적인 문제를 해결할 수 있는 능력을 기를 수 있도록 교육이 변화해야 한다고 봅니다.

❽ 수학 문제를 풀 때 논리적 사고와 창의적 사고 중 어느 쪽이 더 중요하다고 생각하나요?

🔵 답변 Point ▶ 저는 두 가지 사고가 균형을 이루어야 한다고 생각합니다. 논리적 사고는 문제 해결 과정에서 근거와 절차를 명확히 하여 정확한 결론에 도달하게 하고, 창의적 사고는 고정된 접근법에 얽매이지 않고 새로운 방법을 시도하게 합니다. 예를 들어, 고난도 문제에서는 정석 풀이만으로는 해결이 어렵지만, 창의적인 접근으로 새로운 관점을 발견할 수 있습니다. 따라서 수학에서는 논리와 창의가 함께 작동해야 한다고 봅니다.

⑨ 팀 프로젝트나 수학 관련 활동에서 협업 경험이 있다면 소개하고, 수학적 사고와 어떻게 연결되는지 설명해 보세요.

🔵**답변 Point** ▶ 고등학교에서 수학 경시대회를 준비하며 친구들과 팀으로 문제를 풀었던 경험이 있습니다. 각자 다른 접근 방법을 제시하고, 서로의 풀이를 검증하며 최종 해법을 결정했습니다. 이 과정에서 단순 계산뿐 아니라 문제를 분석하고 전략적으로 접근하는 수학적 사고가 협업과 직결된다는 것을 느꼈습니다. 서로의 아이디어를 조합해 더 효율적이고 창의적인 해결책을 찾는 경험은 수학뿐 아니라 실제 문제 해결에도 큰 도움이 되었습니다.

⑩ 수학을 배우면서 발견한 가장 큰 즐거움이나 성취감은 무엇인가요?

🔵**답변 Point** ▶ 저는 복잡한 문제를 논리적으로 풀어내고, 그 과정에서 숨겨진 규칙이나 패턴을 발견할 때 큰 성취감을 느낍니다. 특히 증명 문제를 완전히 이해하고 논리적으로 정리했을 때 느끼는 쾌감은 다른 어떤 성취와도 비교할 수 없습니다. 이런 경험을 통해 수학이 단순한 계산이 아니라 사고의 깊이와 창의력을 키우는 학문임을 깨달았고, 앞으로도 이러한 즐거움을 바탕으로 더 깊이 있는 연구와 응용에 도전하고 싶습니다.

3. 지구과학과

🔵 **지구과학과에 지원한 이유는 무엇인가요?**

🔵**답변 Point** ▶ 저는 자연현상의 원인을 탐구하는 데 큰 흥미를 느껴왔습니다. 특히 지진, 화산, 기후 변화처럼 인간의 삶에 직접적인 영향을 주는 현상들이 어떻게 일어나고, 예측되고, 분석되는지를 알고 싶었습니다. 고등학교 지구과학 수업에서 판 구조론, 대기 대순환, 별의 진화 등을 배우며 지구뿐 아니라 우주까지 확장된 시야를 갖게 되었고, 이 분야를 체계적으로 배우고 싶다는 마음이 들었습니다. 지구를 과학적으로 이해함으

로써, 환경 문제나 재난 대응에도 기여하고 싶어 지구과학과에 지원하게
되었습니다.

② 지구과학에서 가장 흥미롭게 느낀 분야는 무엇인가요?

답변 Point ▶ 저는 기후 변화와 관련된 대기과학에 가장 큰 흥미를 느낍
니다. 기온 상승, 해수면 상승, 이상기후 현상들이 왜 일어나는지 과학적
으로 설명할 수 있고, 인간의 활동이 어떤 영향을 주는지도 분석할 수 있
다는 점이 흥미로웠습니다. 특히 탄소 순환, 해양의 열 저장, 엘니뇨·라
니냐 현상처럼 복잡한 시스템이 서로 영향을 주고받는 구조에 깊은 매력
을 느꼈습니다. 앞으로 이 분야를 더 깊이 공부해 기후 위기 해결에 과학
적 근거를 제시할 수 있는 사람이 되고 싶습니다.

③ 지구과학은 실험보다 야외조사나 관측이 많습니다. 그에 적합한 본
인의 강점이 있다면 말해보세요.

답변 Point ▶ 저는 관찰력과 인내심이 강점입니다. 야외 활동에서도 세
밀하게 자연 현상을 기록하고, 시간의 흐름에 따른 변화를 꾸준히 추적
하는 데 적응력이 좋습니다. 실제로 학교 자연탐사 동아리에서 직접 하천
수질을 분석하고, 암석 지형을 조사했던 경험이 있습니다. 날씨나 시간에
구애받지 않고 꾸준히 탐구하려는 자세가 있어, 야외조사 중심의 지구과
학 활동에도 잘 어울린다고 생각합니다.

④ 지구과학이 다른 과학과 다른 점은 무엇이라고 생각하나요?

답변 Point ▶ 지구과학은 단일한 대상이 아니라 지권, 수권, 기권, 생물
권, 우주권 등 다양한 분야가 복합적으로 연결된 학문입니다. 생물학, 화
학, 물리학의 지식을 융합해서 복잡한 자연 현상을 설명해야 하기 때문에
통합적 사고가 필수적입니다. 예를 들어 지진 하나만 보더라도 지질학적
구조, 물리적 진동, 사회적 영향까지 고려해야 하며, 이런 다학제적 성격
이 지구과학의 가장 큰 차별점이라고 생각합니다.

❺ **지구과학이 현재 인류 사회에 어떤 기여를 하고 있나요?**

◗답변 Point ▶ 지구과학은 자연재해의 예측과 대응, 환경문제 해결, 자원 탐사, 우주 탐사 등 다양한 분야에서 실질적인 기여를 하고 있습니다. 예를 들어 지진이나 태풍, 화산폭발을 예측하고 경고 시스템을 구축하는 데 지구과학의 역할이 매우 큽니다. 또한 기후 변화의 원인을 분석하고 탄소중립 전략을 세우는 데 있어서도 핵심적인 과학 분야입니다. 미래에는 우주 산업의 확대와 함께 행성 탐사나 위성 활용에도 지구과학이 더욱 중요한 역할을 하게 될 것입니다.

❻ **졸업 후 어떤 진로를 희망하나요?**

◗답변 Point ▶ 저는 기상청이나 환경 관련 연구기관에서 기후 변화나 자연재해를 분석하는 과학자가 되고 싶습니다. 사람들의 생명과 안전에 영향을 미치는 자연현상을 정확히 예측하고, 데이터를 바탕으로 정책을 제안하는 역할에 매력을 느낍니다. 또한 위성 관측, 데이터 분석, 기상모델링 등에 대한 학문적 관심도 커서, 대학에서는 관련 전공 과목들을 충실히 이수하고, 필요하다면 대학원 진학도 고려할 계획입니다.

❼ **우리나라도 물 부족 국가로 분류되어 있습니다. 본인이 생각하는 지구상의 물 부족 문제에 대한 해결책에는 무엇이 있나요?**

◗답변 Point ▶ 물 부족 문제는 전 세계적인 위기이며 우리나라도 예외가 아니라고 생각합니다.

첫째, 물 사용의 효율성을 높이는 것이 중요합니다. 가정과 산업 현장에서 절수 기술을 도입하고, 재활용 수자원을 적극 활용하여 물 낭비를 줄여야 합니다.

둘째, 정부와 지역 사회가 협력하여 수자원 관리 정책을 강화해야 합니다. 댐과 저수지 관리, 빗물 저장 시스템 확대 등 인프라를 개선하고, 물 부족에 대비한 장기적인 계획을 수립해야 합니다.

또한, 시민 개개인이 물 절약의 중요성을 인식하고 실천하는 문화 확산도 필요하다고 생각합니다.

저는 이러한 다각적인 노력이 함께 이루어져야 물 부족 문제를 극복할 수 있다고 봅니다."

❽ **지진, 화산 등 자연재해를 연구할 때 가장 중요하게 생각해야 할 점은 무엇인가요?**

답변 Point ▶ 자연재해 연구에서는 정확한 데이터 수집과 분석이 가장 중요하다고 생각합니다. 지진이나 화산 활동은 예측이 쉽지 않기 때문에 지질학적 기록, 지진계 데이터, 위성 관측 자료 등을 종합적으로 분석해야 합니다. 또한, 단순한 과학적 이해를 넘어 인명과 재산 보호라는 사회적 책임도 함께 고려해야 하므로 실용성과 안전성을 함께 추구하는 연구 자세가 필수적이라고 생각합니다.

❾ **기후 변화 문제 해결을 위해 개인, 사회, 국가 차원에서 할 수 있는 역할을 설명해 보세요.**

답변 Point ▶ 기후 변화 대응은 다음과 같은 다층적인 접근이 필요합니다.

첫째, 개인 차원에서는 에너지 절약, 친환경 소비, 대중교통 이용 등을 통해 탄소 배출을 줄일 수 있습니다. 둘째, 사회 차원에서는 기업과 지역사회가 친환경 기술과 정책을 도입하고, 재생에너지와 탄소중립 활동을 확대해야 합니다. 셋째, 국가 차원에서는 국제 협약 참여, 법과 규제 강화, 기후 연구 투자 등을 통해 장기적 전략을 수립할 수 있습니다.

이처럼 개인과 사회, 국가가 모두 역할을 수행할 때 실질적인 기후 변화 대응이 가능하다고 생각합니다.

⑩ 지구과학 연구를 통해 사회에 기여하고 싶은 구체적인 분야가 있다
면 무엇인가요?

답변Point ▶ 저는 자연재해 예측과 기후 분석을 통해 사회적 안전과
환경 문제 해결에 기여하고 싶습니다. 예를 들어, 태풍 · 홍수 · 지진 등 재
해 발생 시 조기 경보 시스템을 개발하고, 데이터를 바탕으로 안전 정책
과 도시계획을 제안하는 연구를 하고 싶습니다. 또한, 기후 모델링과 탄
소 순환 연구를 통해 지속 가능한 환경 정책 수립에도 참여하고, 지구과
학 지식을 사회와 연결하는 과학자로 성장하고 싶습니다.

4. 건축학과

① 건축학과에 지원한 이유는 무엇인가요?

답변Point ▶ 어릴 때부터 공간에 대한 관심이 많아 여행을 갈 때마다 건
물이나 도시 구조를 유심히 관찰하곤 했습니다. 특히 건축이 단순히 '건
물 짓기'가 아니라, 사람들의 삶과 도시의 분위기까지 바꾸는 '공간 예술'
이라는 점이 매력적이었습니다. 고등학교에서 미술과 수학을 함께 좋아
했고, 기술과 디자인, 사람에 대한 이해가 결합된 분야가 건축이라고 생
각해 건축학과에 진학하고 싶다는 목표를 갖게 되었습니다.

② 가장 인상 깊었던 건축물은 무엇이고, 그 이유는 무엇인가요?

답변Point ▶ 저는 스페인의 가우디의 사그라다 파밀리아 성당이 인상
깊었습니다. 기하학적 구조와 자연에서 영감을 받은 디자인이 매우 독창
적이었고, 한 건축물이 수백 년에 걸쳐 완성되어 간다는 점도 놀라웠습니
다. 이 건축물은 단순한 기능을 넘어 문화와 종교, 자연과의 조화를 표현
했다는 점에서 '건축은 메시지를 담는 예술'이라는 생각을 하게 되었습니
다. 저도 언젠가 사람들에게 기억에 남을 공간을 설계해보고 싶다는 동기
를 갖게 된 계기였습니다.

❸ 건축에 수학이나 과학이 어떻게 활용된다고 생각하나요?

답변 Point ▶ 건축은 예술과 과학이 결합된 분야라고 생각합니다. 수학적으로는 비례, 기하, 구조 계산, 과학적으로는 재료의 물성, 열역학, 환경 공학적 요소가 활용됩니다. 예를 들어, 건물의 하중을 계산하거나 빛의 방향을 고려한 창호 배치, 단열재의 성능 평가 등은 모두 과학과 수학적 이해를 바탕으로 이루어집니다. 저는 수학적 사고력과 문제 해결력을 통해 기능성과 아름다움을 모두 고려한 설계를 할 수 있는 건축가가 되고 싶습니다.

❹ 본인의 성격이나 능력 중 건축학과와 잘 맞는 점은 무엇이라고 생각하나요?

답변 Point ▶ 저는 관찰력과 끈기, 그리고 협업 능력이 건축과 잘 맞는다고 생각합니다. 건축은 세밀한 관찰을 통해 사용자의 니즈를 파악하고, 긴 시간 동안 설계와 수정 과정을 반복해야 하기 때문에 인내심이 중요합니다. 또 여러 전문가들과 협업하는 과정이 필수이므로, 다른 사람과 소통하고 의견을 조율하는 능력도 중요합니다. 저는 팀 프로젝트나 발표 활동을 통해 이런 역량을 꾸준히 길러왔기 때문에, 건축학과에서의 학업과 실무에서도 잘 적응할 수 있을 거라고 생각합니다.

❺ 건축물이 사회에 미치는 영향은 무엇이라고 생각하나요?

답변 Point ▶ 건축물은 단순히 기능을 수행하는 공간이 아니라, 사람들의 행동, 감정, 삶의 방식까지 영향을 줍니다. 예를 들어, 학교의 구조는 학생들의 학습 방식에 영향을 줄 수 있고, 병원의 설계는 환자의 치유에도 중요한 역할을 합니다. 또 도시의 건축 디자인은 지역 정체성과 문화까지 반영합니다. 따라서 건축은 사회적 책임이 큰 분야이며, 인간 중심적인 건축이 중요하다고 생각합니다.

❻ 졸업 후 어떤 건축가가 되고 싶나요?

답변Point ▶ 저는 사람 중심의 공간을 설계하는 건축가가 되고 싶습니다. 단순히 외관이 멋진 건물이 아니라, 사람들이 편안하고 안전하게 생활할 수 있는 공간을 만드는 것이 제 목표입니다. 특히 공공건축물이나 지역 재생 프로젝트에 참여해, 건축을 통해 사회문제를 해결하고 사람들의 삶의 질을 높이는 데 기여하고 싶습니다. 이를 위해 대학에서 설계 이론뿐만 아니라 구조, 재료, 도시계획 등 다양한 분야를 폭넓게 배우고 싶습니다.

❼ 가장 이상적인 건축물은 무엇이라고 생각하시는지 궁금합니다.

답변Point ▶ 제가 생각하는 가장 이상적인 건축물은 '사용자, 환경, 시대적 요구에 조화롭게 부응하는 건축물'입니다. 구체적으로는 다음과 같은 이유에서 핀란드의 알바 알토가 설계한 '세이나츠알로 시청사'(Seinäjoki Town Hall)를 예로 들고 싶습니다.

첫째, 사용자 중심의 설계입니다.

이 건축물은 시청사라는 공공의 기능을 중심으로, 시민들이 편하게 이용하고 머무를 수 있도록 개방적이고 인간 친화적으로 설계되었습니다. 실내·외 공간의 유기적 연결, 충분한 자연채광, 휴식 공간 등 이용자의 경험을 최우선으로 고려한 점이 이상적이라고 생각합니다.

둘째, 환경과의 조화입니다.

건물 전체가 주변 자연환경과 조화를 이루고, 재료 선택에서도 핀란드산 목재와 벽돌 등 지역성이 잘 드러납니다. 이는 지속가능성과 친환경을 중시하는 현대 건축의 방향성과도 맞닿아 있습니다.

셋째, 시대와 문화의 반영입니다.

세이나츠알로 시청사는 단순히 기능적이거나 아름다운 외형에 그치지 않고, 핀란드의 민주주의 정신과 지역사회의 문화를 상징합니다. 건축이 사회와 문화를 반영하는 이상적인 사례라고 생각합니다.

따라서, 이상적인 건축물은 단순한 조형미나 규모가 아니라, '사용자에게 편안함과 영감을 주고 자연과 조화를 이루며, 그 시대와 사회의 가치를 담는 건축물'이라고 생각합니다. 이러한 건축이야말로 사람들이 오랫동안 사랑하고, 사회에 긍정적 영향을 줄 수 있는 진정한 이상적 건축이라고 믿습니다.

❽ 건축 설계 과정에서 가장 중요하게 고려해야 할 요소는 무엇이라고 생각하나요?

●답변Point ▶ 저는 기능, 미적 가치, 안전, 환경 친화성, 사용자의 편의성을 균형 있게 고려하는 것이 가장 중요하다고 생각합니다. 건축은 단순히 아름다운 외관을 만드는 것이 아니라 사람들이 실제로 이용하면서 편안함과 효율성을 느끼고, 안전하게 생활할 수 있어야 합니다. 또한 에너지 효율과 지속가능한 재료 사용 등 환경적 요소도 필수적으로 고려해야 한다고 봅니다.

❾ 건축에서 협업과 소통이 중요한 이유는 무엇인가요?

●답변Point ▶ 건축은 혼자 완성할 수 없는 분야이므로 다양한 전문가와 협업이 필수적입니다. 설계자는 구조 엔지니어, 시공사, 조경사, 인테리어 디자이너 등과 긴밀히 소통해야 하며, 클라이언트의 요구와 사회적 요구도 반영해야 합니다. 원활한 소통과 협업 없이는 설계 의도를 제대로 구현하기 어렵고, 기능적·미적·안전적 측면에서 문제를 일으킬 수 있습니다. 따라서 협업 능력과 의사소통 능력이 건축가에게 핵심 역량이라고 생각합니다.

❿ 미래 건축 분야에서 가장 관심 있는 트렌드나 기술은 무엇인가요?

●답변Point ▶ 저는 지속가능한 친환경 건축과 스마트 건축 기술에 큰 관심이 있습니다. 에너지 효율을 높이고 재생 가능한 재료를 사용하는 친환경 건축, IoT와 스마트 센서를 활용한 자동화 건물 관리, 데이터 기반의

사용자 맞춤 설계가 앞으로 건축의 핵심 트렌드라고 생각합니다. 이런 기술과 설계 방법을 익혀 사람들이 더 안전하고 편리하며 환경 친화적인 공간에서 생활할 수 있도록 기여하고 싶습니다.

5. 환경공학과

❶ 환경공학과에 지원한 이유는 무엇인가요?

●**답변 Point ▶** 저는 기후변화와 미세먼지, 수질오염 등 환경 문제를 접할 때마다 근본적인 해결 방법을 찾고 싶다는 생각을 해왔습니다. 환경공학은 이론뿐 아니라 실질적인 기술과 시스템을 통해 환경 문제를 해결하는 학문이라는 점에서 매력을 느꼈습니다. 저는 기술로 지속 가능한 미래를 만드는 데 기여하고 싶어서 이 학과에 지원하게 되었습니다.

❷ 가장 관심 있는 환경 문제는 무엇이고, 그 이유는 무엇인가요?

●**답변 Point ▶** 저는 기후 변화 문제에 가장 큰 관심이 있습니다. 탄소배출과 지구 온난화는 생태계뿐 아니라 식량, 경제, 인류 건강까지 영향을 주는 복합적인 위기라고 생각합니다. 이 문제는 단순히 인식하는 것을 넘어서 기술적, 제도적 접근이 동시에 필요한 분야이기 때문에, 환경공학을 통해 적극적으로 해결 방안을 모색하고 싶습니다.

❸ 환경 보호와 경제 성장은 양립할 수 있다고 생각하나요?

●**답변 Point ▶** 저는 충분히 양립할 수 있다고 생각합니다. 초기에는 친환경 기술이 비용이 더 들 수 있지만, 장기적으로는 에너지 효율 향상, 자원 절약, 탄소 배출권 등 경제적 이익으로도 연결될 수 있기 때문입니다. 환경과 경제를 대립 구조로 보지 않고, 지속 가능성을 기준으로 새로운 성장 모델을 만드는 것이 환경공학의 핵심 과제 중 하나라고 생각합니다.

❹ 환경공학과에서 어떤 분야를 배우고 싶나요?

🔹**답변 Point ▶** 저는 수처리와 대기오염 저감 기술에 관심이 많습니다. 깨끗한 물과 공기는 생명 유지의 기본이지만, 산업화로 인해 가장 먼저 오염되는 분야이기도 합니다. 환경공학에서 배우는 물리적·화학적 처리 기술, 생물학적 정화 시스템 등을 깊이 배우고, 새로운 정화 기술 개발에 기여하고 싶습니다.

❺ 플라스틱 문제 해결을 위한 대안이 무엇이라고 생각하나요?

🔹**답변 Point ▶** 플라스틱 문제는 생산, 사용, 폐기 전 과정에서 접근해야 한다고 생각합니다. 바이오 플라스틱이나 재활용 기술의 개발도 중요하지만, 사용 자체를 줄이기 위한 소비자 교육과 제도적 유도도 병행돼야 합니다. 저는 환경공학이 이런 기술적 해결뿐만 아니라, 시스템 차원의 접근까지 고민하는 학문이라 생각합니다.

❻ 어떤 환경공학자가 되고 싶나요?

🔹**답변 Point ▶** 저는 문제를 정확히 진단하고, 실질적인 기술로 해결책을 제시할 수 있는 실용적인 환경공학자가 되고 싶습니다. 단순히 연구에 그치지 않고, 실제 현장에 적용되는 기술을 개발해 더 나은 환경을 만드는 데 기여하고 싶습니다. 특히 개발도상국의 수질 개선이나 재생에너지 보급 등 국제적인 환경 이슈에도 관심을 갖고 싶습니다.

❼ 실생활에서 가장 크게 느끼는 환경문제는 무엇인가요

🔹**답변 Point ▶** 제가 실생활에서 가장 크게 느끼는 환경 문제는 일회용품 사용의 증가입니다. 특히 배달 음식이나 카페 이용이 많아지면서 플라스틱 컵, 포장용기, 비닐봉지 같은 일회용품이 지나치게 많이 사용되고 있습니다.

예를 들어, 친구들과 외출할 때마다 음료 한 잔을 사면 플라스틱 컵과 빨대가 매번 버려지고, 배달음식을 시키면 그릇부터 포장재까지 한 번 쓰고 버리는 경우가 많습니다.

이러한 작은 습관들이 모여서 환경 오염, 특히 해양 생태계에 큰 악영향을 미친다는 뉴스를 접하면서 경각심을 갖게 되었습니다.

그래서 저도 개인적으로 텀블러를 사용하거나, 포장보다는 매장에서 먹는 습관을 실천하려고 노력하고 있습니다.

이처럼 생활 속에서 작은 실천이 환경을 보호하는 데 도움이 될 수 있다고 생각합니다.

❽ 환경의 개발과 보존이라는 두 개념의 관계에 대하여 설명해 보세요.

답변 Point ▶ 환경 개발과 보존은 겉으로 보면 상반된 개념처럼 보이지만, 사실은 균형과 상호 보완의 관계에 있다고 생각합니다. 환경 개발은 인간의 삶의 질을 높이고 경제적 성장을 위해 자연 자원을 활용하는 활동을 의미합니다. 반면 환경 보존은 자연 생태계의 건강을 유지하고 미래 세대에게 지속 가능한 환경을 물려주기 위한 노력입니다. 두 개념은 갈등이 발생하기 쉽지만, 지속 가능한 개발(Sustainable Development)이라는 개념 아래서 조화를 이루는 것이 중요합니다. 즉, 환경을 훼손하지 않는 범위 내에서 필요한 개발을 진행하고, 개발 과정에서 환경 영향을 최소화하며, 보존과 복원을 함께 추진하는 것이 바람직하다고 봅니다. 결국 환경 개발과 보존은 서로 대립하는 것이 아니라, 공존하며 함께 고려해야 할 과제라고 생각합니다.

❾ 생활용품 중 가습기 살균제 및 살균제 성분 치약 등 인체에 유해한 몇 가지 상품이 문제가 된적이 있습니다. 이에 대한 본인의 생각을 말해 보세요.

답변 Point ▶ 생활용품에서 인체에 유해한 성분이 포함되어 문제가 된 것은 매우 심각한 문제라고 생각합니다. 소비자의 건강과 안전이 최우선이어야 하는데, 이에 대한 관리와 감독이 미흡했던 점은 큰 책임이 있다고 봅니다. 기업은 제품을 출시하기 전에 철저한 안전성 검사를 해야 하며, 정부는 보다 엄격한 규제와 감시 시스템을 갖춰야 합니다. 또한 소비자들도 제품 선택 시 성분과 안전 정보를 꼼꼼히 확인하는 자세가 필요합니다. 이번 사건을 계기로 생활용품의 안전 기준이 강화되고, 건강을 위협하는 제품이 시장에서 철저히 배제되어야 한다고 생각합니다.

⑩ 미세먼지가 문제로 인식되고 있습니다. 노후 디젤차의 운행 제한 문제에 대해 말해 보세요.

답변 Point ▶ 미세먼지가 심각한 환경 문제로 대두되면서 노후 디젤차의 운행 제한은 필요한 조치라고 생각합니다. 노후 디젤차는 배출가스가 많아 대기 오염의 주요 원인 중 하나이며, 건강에도 직접적인 피해를 줄 수 있기 때문입니다. 운행 제한을 통해 대기질을 개선하고 시민들의 건강을 보호할 수 있습니다. 다만, 운행 제한이 사회적 불편을 초래할 수 있으므로, 정부는 저공해 차량 보급 지원, 대중교통 강화 등 보완 대책도 힘께 마련해야 한다고 봅니다. 결국 환경 보호와 시민 편의를 균형 있게 고려하는 정책이 필요하다고 생각합니다.

6. 물리학과

❶ 물리학과에 지원한 이유는 무엇인가요?

답변 Point ▶ 저는 자연의 원리를 탐구하는 데 큰 흥미를 느꼈습니다. 특히 일상 속 현상들을 수식으로 설명하고 예측할 수 있다는 점에서 물리학의 매력을 느꼈습니다. 전자기학이나 양자역학처럼 추상적인 개념을 논리적으로 접근하는 과정이 재미있었고, 이론과 실험을 모두 아우르는 물리학을 더 깊이 공부하고 싶어 이 학과에 지원했습니다.

❷ 물리학은 실생활에 어떤 도움이 된다고 생각하나요?

답변 Point ▶ 물리학은 스마트폰, MRI, GPS 같은 첨단 기술의 기초가 되는 학문입니다. 파동, 전자기, 상대성 이론 등 물리학 개념이 응용되어 생활 속 다양한 기술이 탄생했습니다. 특히 지금은 양자컴퓨팅, 반도체, 에너지 개발 등에서도 물리학이 핵심 역할을 하며 실질적인 영향을 끼치고 있다고 생각합니다.

③ 관심 있는 물리학 분야가 있다면?

답변 Point ▶ 저는 천체물리학에 관심이 많습니다. 우주의 탄생, 블랙홀, 암흑물질 등은 아직 인류가 완전히 밝혀내지 못한 미지의 영역이 많아 매력적입니다. 특히 허블의 팽창 이론이나 일반상대성이론이 우주의 구조를 설명하는 방식에 흥미를 느꼈고, 앞으로 더 깊이 공부하고 싶습니다.

④ 실험에서 오차가 발생했을 때 어떻게 대처해야 한다고 생각하나요?

답변 Point ▶ 오차는 실험에서 항상 존재하는 요소이며, 이를 줄이기 위한 노력이 과학의 발전으로 이어진다고 생각합니다. 저는 먼저 실험 과정이나 기구에 문제가 없는지 점검하고, 측정 횟수를 늘리거나 조건을 통제하여 오차를 최소화하려 할 것입니다. 중요한 것은 결과를 왜곡하지 않고, 오차의 원인을 분석해 다음 실험에 반영하는 태도라고 생각합니다.

⑤ 아인슈타인의 상대성 이론을 간단히 설명해보세요.

답변 Point ▶ 아인슈타인의 상대성 이론은 크게 특수상대성과 일반상대성으로 나눌 수 있습니다. 특수상대성은 빛의 속도는 관측자에 관계없이 일정하며, 시간과 공간이 절대적이지 않다는 내용을 담고 있습니다. 일반상대성은 중력이 질량에 의해 시공간이 휘어지는 현상으로 설명된다는 이론입니다. 이 이론은 GPS의 시간 보정 등 실제 기술에도 활용되고 있습니다.

⑥ 수학이 물리학에서 중요한 이유는 무엇이라고 생각하나요?

답변 Point ▶ 물리학은 자연 현상을 수식으로 표현하고 분석하는 학문이기 때문에 수학은 그 언어라고 볼 수 있습니다. 수학적 모델링을 통해 실험 전에 현상을 예측하거나, 복잡한 시스템을 단순화해 분석할 수 있습니다. 그래서 물리학을 잘하기 위해선 수학적 사고력이 필수라고 생각합니다.

❼ 물리학 연구에서 협업의 중요성에 대해 어떻게 생각하나요?

답변 Point ▶ 현대 물리학은 실험 규모가 크고 복잡하기 때문에 개인 연구보다 팀 단위의 협업이 중요하다고 생각합니다. 예를 들어, 입자물리학의 대형 실험이나 천체물리 관측 프로젝트는 다양한 전공과 역할을 가진 연구자들이 함께해야 가능한 경우가 많습니다. 협업을 통해 다양한 관점과 기술을 결합하면 더 정확하고 의미 있는 결과를 얻을 수 있다고 봅니다.

❽ 물리학을 공부하며 느낀 가장 큰 어려움과 극복 방법은 무엇인가요?

답변 Point ▶ 저는 추상적인 개념을 직관적으로 이해하는 것이 가장 어려웠습니다. 예를 들어 양자역학에서 입자와 파동의 이중성 같은 개념은 일상 경험과 달라 이해가 쉽지 않았습니다. 이를 극복하기 위해 다양한 시각 자료와 모형을 활용하고, 문제를 직접 풀며 개념을 반복 학습했습니다. 또한 선생님과 학생들과 토론하면서 이해를 심화시켰습니다.

❾ 물리학이 인류 사회에 기여한 사례를 하나 들어보세요.

답변 Point ▶ 물리학은 전자기학의 발견을 통해 전기·전자 산업과 통신 기술 발전에 큰 기여를 했습니다. 예를 들어, 마이클 패러데이의 전자기 유도 법칙은 발전기와 모터 기술의 기반이 되었고, 현대 문명의 필수 기술로 자리 잡았습니다. 이처럼 물리학의 기초 연구가 실생활과 산업 전반에 응용되는 사례는 무수히 많다고 생각합니다.

❿ 졸업 후 물리학 지식을 활용해 어떤 진로를 희망하나요?

답변 Point ▶ 저는 연구기관이나 대학원에서 기초 물리학 연구를 이어가거나 기술 개발과 응용 연구 분야에서 활동하고 싶습니다. 특히 양자 컴퓨팅, 반도체, 재생에너지, 천체 관측 등 첨단 분야에서 물리학 지식을 실용적으로 활용해 문제를 해결하는 전문가가 되고 싶습니다. 장기적으로는 학계와 산업계의 다리를 잇는 역할을 수행하고 싶습니다.

7. 화학과

1 화학과에 지원한 이유는 무엇인가요?

답변 Point ▶ 저는 물질이 어떻게 구성되어 있고, 그것들이 어떻게 변하는 지를 탐구하는 것이 흥미로웠습니다. 특히 실험을 통해 눈앞에서 변화가 일어나는 과정을 보는 것이 인상 깊었고, 그 뒤에 숨은 원리를 배우고 싶었습니다. 또, 화학은 제약, 에너지, 환경 등 다양한 분야와 연결되어 있다는 점에서 실용성과 확장성이 큰 학문이라 생각해 지원하게 되었습니다.

2 화학을 실생활에서 어떻게 활용할 수 있다고 생각하나요?

답변 Point ▶ 화학은 일상 거의 모든 곳에 활용됩니다. 예를 들어, 약품 개발, 화장품 제조, 식품 보존, 세제 성분 등은 모두 화학 지식에서 비롯됩니다. 또한 신재생에너지 분야에서는 수소 생산이나 전지 개발 등에서도 핵심적인 역할을 하고 있어, 미래 산업에서도 매우 중요한 역할을 한다고 생각합니다.

3 가장 흥미롭게 배운 화학 개념은 무엇이었나요?

답변 Point ▶ 저는 화학 결합 중에서 수소 결합이 흥미로웠습니다. 단순한 분자 간 상호작용 같지만, 물의 비정상적인 끓는점이나 DNA의 이중 나선 구조 등 생명과 물질의 특성에 큰 영향을 준다는 점에서 놀라웠습니다. 이처럼 미시적인 상호작용이 거시적 특성에 영향을 준다는 점에서 화학의 깊이를 느낄 수 있었습니다.

4 화학 실험 중 오차가 발생했다면 어떻게 대처하겠습니까?

답변 Point ▶ 먼저 실험 기구의 상태나 사용 방법, 시약의 농도 등을 점검하며 실험 조건을 다시 확인할 것입니다. 실험 기록을 정확히 남기고, 반복 실험을 통해 오차 범위를 줄이려 노력하겠습니다. 실험에서 중요한 것은 완벽한 결과보다는 원인을 파악하고 개선하는 과정이라고 생각합니다.

❺ **관심 있는 화학 분야가 있다면 무엇이고, 이유는 무엇인가요?**

🔵**답변 Point** ▶ 저는 유기화학에 관심이 많습니다. 생명체의 구조와 기능을 이해하는 데 핵심이 되는 분야이기 때문입니다. 특히 약물의 구조 변화가 효과에 어떤 영향을 주는지, 또는 유기 합성을 통해 새로운 기능성 물질을 만드는 과정에 매력을 느껴 더 깊이 배우고 싶습니다.

❻ **친환경 사회를 위해 화학이 어떤 기여를 할 수 있다고 생각하나요?**

🔵**답변 Point** ▶ 화학은 친환경 소재 개발, 오염 물질의 정화, 이산화탄소 포집 등 다양한 방식으로 기여할 수 있습니다. 예를 들어, 생분해성 플라스틱이나 고효율 촉매 개발은 환경 오염을 줄이는 데 도움이 됩니다. 저는 화학이 오염의 원인이 아니라 해결책이 될 수 있다고 생각합니다.

❼ **화학 연구에서 안전 관리의 중요성에 대해 어떻게 생각하나요?**

🔵**답변 Point** ▶ 화학 실험은 다양한 시약과 장비를 다루기 때문에 안전 관리가 필수적이라고 생각합니다. 실험 계획 단계에서 위험성을 평가하고, 안전 장비 착용과 적절한 폐기 방법을 준수해야 합니다. 안전을 철저히 지키는 것은 연구의 신뢰성을 높이고, 자신과 주변 사람을 보호하는 기본이자 책임이라고 생각합니다.

❽ **화학 지식이 다른 과학 분야와 연결되는 사례를 들어보세요.**

🔵**답변 Point** ▶ 화학은 생물학, 물리학, 환경과학 등 다양한 학문과 밀접하게 연결됩니다. 예를 들어, 생화학에서는 화학 결합과 반응을 이해해야 생체 내 대사 과정이나 단백질 구조를 설명할 수 있습니다. 환경과학에서는 화학적 분석을 통해 오염 물질의 특성과 확산을 연구합니다. 이처럼 화학은 다른 과학을 이해하는 기반이 되는 학문이라고 생각합니다.

⑨ 화학 실험에서 예상치 못한 결과가 나왔을 때, 이를 어떻게 활용할
수 있을까요?

답변 Point ▶ 예상치 못한 결과는 종종 새로운 발견의 단서가 될 수 있
다고 생각합니다. 결과를 단순히 실패로 보지 않고, 실험 조건, 반응 메커
니즘, 측정 과정 등을 분석하며 의미를 찾아야 합니다. 저는 이러한 과정
에서 호기심과 분석력을 발휘해 새로운 가설을 세우고, 실험을 개선하는
데 활용할 수 있다고 봅니다.

⑩ 졸업 후 화학 지식을 활용해 어떤 진로를 희망하나요?

답변 Point ▶ 저는 제약, 재료, 환경 분야에서 화학 지식을 응용하고 싶
습니다. 특히 신약 개발이나 친환경 소재 연구처럼 화학적 이해가 핵심인
분야에서 실질적인 문제를 해결하고, 인류와 환경에 기여하는 전문가가
되고 싶습니다. 장기적으로는 연구와 산업 현장을 연결하는 융합형 화학
자가 되는 것이 목표입니다.

8. 생명공학과

❶ 생명공학과에 지원한 이유는 무엇인가요?

답변 Point ▶ 저는 생명체의 구조와 기능을 분자 수준에서 이해하고, 이
를 활용해 인류에 도움이 되는 기술을 개발하는 데 관심이 있었습니다.
특히 유전자 편집, 재생의학, 백신 개발 등 생명공학이 인간 삶의 질을 향
상시키는 데 중요한 역할을 한다는 점에서 이 학문에 매력을 느꼈고, 그
래서 생명공학과에 지원하게 되었습니다.

❷ 생명공학이 우리 사회에 미치는 긍정적인 영향은 무엇이 있을
까요?

답변 Point ▶ 생명공학은 질병 치료, 식량 문제 해결, 환경 정화 등 다양
한 분야에서 긍정적인 영향을 줍니다. 예를 들어, 유전자 치료는 난치병

의 근본적인 치료를 가능하게 하고, GMO 기술은 식량 부족 문제를 해결할 수 있으며, 미생물을 이용한 오염 정화 기술은 환경 문제 해결에 기여할 수 있습니다.

❸ 유전자 편집 기술에 대해 어떻게 생각하나요?

답변 Point ▶ 유전자 편집은 질병 치료나 작물 개량 등 다양한 분야에서 혁신적인 가능성을 열어줍니다. 하지만 생식세포에 대한 편집이나 인간 배아 유전자의 변경처럼 윤리적 문제가 따르는 경우는 신중하게 접근해야 한다고 생각합니다. 과학 기술은 인간에게 도움이 되어야 하며, 반드시 윤리적 기준과 사회적 합의가 함께 가야 한다고 생각합니다.

❹ 가장 관심 있는 생명공학 분야는 무엇인가요?

답변 Point ▶ 저는 합성생물학에 관심이 많습니다. DNA 조합을 통해 새로운 생명체 기능을 만들어낸다는 점에서 매우 창의적인 분야라고 생각합니다. 특히 환경을 정화하는 박테리아나 질병 진단을 돕는 인공세포 개발과 같은 기술들이 인상 깊었고, 앞으로 이 분야에서 더 공부하고 싶습니다.

❺ 생명공학과 생명윤리는 어떤 관계가 있다고 생각하나요?

답변 Point ▶ 생명공학은 생명체를 직접 다루는 학문이기 때문에 생명윤리와 떼려야 뗄 수 없는 관계입니다. 예를 들어, 줄기세포 연구나 유전자 조작처럼 사회적으로 민감한 주제는 기술 발전과 함께 윤리적 기준도 함께 발전해야 합니다. 저는 생명공학자가 과학적 역량뿐 아니라 윤리적 책임감도 가져야 한다고 생각합니다.

❻ 생명공학이 환경 문제 해결에 어떤 기여를 할 수 있나요?

답변 Point ▶ 생명공학은 환경 정화 미생물 개발, 생분해성 플라스틱, 바이오에너지 생산 등으로 환경 문제 해결에 큰 기여를 할 수 있습니다. 특히 미생물을 활용해 유해 폐기물을 분해하거나, 화석 연료 대신 사용할 수 있는 바이오연료를 개발하는 기술은 지속 가능한 사회로 나아가는 데 중요한 역할을 할 수 있다고 생각합니다.

❼ DNA는 어떤 특징을 가지고 있고, 유전자는 무엇인가요?

답변 Point ▶ DNA는 우리 몸을 구성하는 모든 생명체의 유전 정보를 저장하고 전달하는 분자입니다. 이중 나선 구조를 가지고 있으며, 네 가지 염기(아데닌, 티민, 구아닌, 사이토신)가 특정한 쌍을 이루어 정보를 암호화합니다. DNA는 세포가 성장하고 기능을 수행하는 데 필요한 모든 지침을 담고 있어, 부모로부터 자식에게 유전 형질을 전달하는 역할을 합니다. 유전자는 DNA의 특정 구간으로, 하나의 유전자는 특정 단백질이나 기능을 만드는 데 필요한 정보를 가지고 있습니다. 즉, 유전자는 생명체의 형질을 결정하는 기본 단위라고 할 수 있습니다.

❽ 생명공학 연구에서 실험 결과가 예상과 다르게 나왔을 때 어떻게 대처하시겠습니까?

답변 Point ▶ 예상과 다른 결과는 새로운 발견이나 문제 해결의 단서가 될 수 있다고 생각합니다. 저는 먼저 실험 과정과 조건을 꼼꼼히 검토하고, 반복 실험과 대조군 실험을 통해 원인을 분석할 것입니다. 또한 결과를 단순한 실패로 보지 않고, 데이터에서 의미를 찾아 새로운 가설을 세우는 과정으로 활용하겠습니다.

❾ 졸업 후 생명공학 지식을 활용해 어떤 진로를 희망하나요?

답변 Point ▶ 저는 제약회사나 연구기관에서 신약 개발, 유전자 치료, 바이오센서 연구 등 실질적으로 사람과 환경에 기여할 수 있는 분야에서 일하고 싶습니다. 장기적으로는 연구와 산업을 연결하는 역할을 하며, 과학적 성과가 사회적 가치로 이어지도록 하는 융합형 생명공학자가 되는 것이 목표입니다.

⑩ 미래 사회에서 생명공학의 역할은 어떻게 변할 것이라고 생각하나요?

🔵 **답변 Point** ▶ 미래 사회에서는 고령화, 질병, 식량 문제, 환경 위기 등 다양한 문제가 심화될 것으로 예상되며 생명공학은 이를 해결하는 핵심 기술로 자리잡을 것입니다. 개인 맞춤형 의료, 합성생물학 기반의 지속가능한 자원 생산, 환경 정화 기술 등에서 역할이 확대될 것이며 윤리적·사회적 책임을 고려한 연구와 정책 개발이 함께 이루어져야 한다고 생각합니다.

9. 반도체(공)학과

① 반도체학과에 지원한 이유는 무엇인가요?

🔵 **답변 Point** ▶ 반도체는 스마트폰, 자율주행차, AI까지 현대 기술의 핵심을 이루는 부품이며, 미래 산업의 근간이 된다고 생각합니다. 고등학교에서 물리와 화학을 배우며 재료의 전도성과 전자의 움직임에 흥미를 느꼈고, 이를 실제 산업에 적용할 수 있는 분야가 반도체라는 점에서 큰 관심을 가지게 되었습니다. 그래서 이 분야에서 전문성을 키우고 싶어 반도체학과에 지원했습니다.

② 반도체가 무엇이고, 왜 중요한가요?

🔵 **답변 Point** ▶ 반도체는 도체와 부도체의 중간 성질을 가진 물질로, 전류의 흐름을 조절할 수 있어 전자회로의 기본이 됩니다. 메모리 반도체는 데이터를 저장하고, 시스템 반도체는 연산 기능을 수행하는 등 정보기기의 두뇌 역할을 합니다. 최근에는 AI, 자율주행, 클라우드 산업 성장과 함께 반도체 수요가 폭발적으로 늘어나며 국가 경쟁력의 핵심이 되고 있습니다.

❸ **반도체 산업이 한국에서 중요한 이유는 무엇인가요?**

🔵**답변 Point ▶** 　반도체는 우리나라 수출의 가장 큰 비중을 차지하는 산업입니다. 특히 메모리 반도체 분야에서 세계적인 기술력과 시장 점유율을 가지고 있어 경제적으로도 큰 영향력을 지니고 있습니다. 또, 반도체는 미래 산업의 '쌀'이라 불릴 만큼 AI, 바이오, 모빌리티 등의 기반이 되므로, 지속적인 기술 투자와 인재 양성이 중요하다고 생각합니다.

❹ **반도체가 실리콘으로 만들어지는 이유는 무엇인가요?**

🔵**답변 Point ▶** 　실리콘은 지구상에 풍부하게 존재하는 자원이며, 전기적 특성을 조절하기 쉬운 반도체 특성을 가졌습니다. 특히 열 안정성과 가공성이 좋아 고집적 회로를 만들기에 적합합니다. 게다가 실리콘 산화막(SiO_2)을 이용하면 절연층도 쉽게 만들 수 있어 트랜지스터 구조에 최적화된 소재입니다.

❺ **관심 있는 반도체 분야는 무엇이고, 이유는 무엇인가요?**

🔵**답변 Point ▶** 　저는 시스템 반도체에 관심이 많습니다. AI나 자율주행 같은 첨단 기술에서 시스템 반도체의 역할이 중요해지고 있고, 한국은 아직 이 분야에서 글로벌 경쟁력이 더 필요한 상황입니다. 연산 속도와 전력 효율을 높이기 위한 회로 설계나 소재 기술을 배우고 연구하며 이 분야에 기여하고 싶습니다.

❻ **반도체 산업에서 가장 큰 도전 과제는 무엇이라고 생각하나요?**

🔵**답변 Point ▶** 　기술적으로는 미세 공정의 한계가 가장 큰 도전이라고 생각합니다. 현재 3나노 이하 공정에서는 양산의 수율과 효율이 큰 과제가 되고 있습니다. 동시에, 미중 기술 패권 경쟁으로 인한 공급망 리스크와 기술 보호 문제도 중요하다고 생각합니다. 이런 복합적인 도전에 대응하기 위해선 기술 혁신뿐만 아니라 인재 양성과 산업 생태계 안정화가 함께 필요합니다.

❼ 반도체 연구에서 실험 결과가 예상과 다르게 나왔을 때 어떻게 대처하시겠습니까?

답변 Point ▶ 예상과 다른 결과는 기술 발전의 중요한 단서가 될 수 있다고 생각합니다. 먼저 공정 조건, 장비 상태, 측정 방법 등을 꼼꼼히 점검하고, 반복 실험을 통해 원인을 분석할 것입니다. 또한 단순한 실패로 보기보다는 데이터를 통해 새로운 인사이트를 찾아 다음 연구에 반영하는 자세가 필요하다고 생각합니다.

❽ 졸업 후 반도체 분야에서 어떤 진로를 희망하시나요?

답변 Point ▶ 저는 반도체 설계나 공정 개발 분야에서 일하며 AI, 전기차, 통신 등 첨단 산업에 필요한 반도체 기술을 연구하고 싶습니다. 장기적으로는 산업과 학계를 연결하며 기술 혁신과 인재 양성에도 기여할 수 있는 엔지니어가 되는 것이 목표입니다.

❾ 반도체 기술 발전이 사회에 미치는 영향은 무엇이라고 생각하나요?

답변 Point ▶ 반도체 기술은 디지털 산업, 통신, 의료, 자동차 등 다양한 분야의 기반이 됩니다. 성능 향상과 비용 절감으로 첨단 기기가 대중화되고, AI와 데이터 기반 산업이 활성화되는 등 사회 전반의 생산성과 삶의 질을 높이는 역할을 합니다. 따라서 반도체 기술 발전은 국가 경쟁력과 사회적 발전에 직결된다고 생각합니다.

❿ 미래 반도체 산업에서 필요한 역량은 무엇이라고 생각하나요?

답변 Point ▶ 기술적으로는 미세 공정, 신소재, 회로 설계 능력이 필수적입니다. 동시에 데이터를 분석하고 문제를 해결하는 창의적 사고, 팀워크와 협업 능력도 중요합니다. 글로벌 산업 환경 속에서 최신 기술을 신속히 습득하고, 윤리적·사회적 책임을 고려한 연구와 개발이 가능한 인재가 미래 반도체 산업에서 필요하다고 생각합니다.

10. 인공지능(AI)학과

❶ 인공지능학과에 지원한 이유는 무엇인가요?

답변 Point ▶ 저는 문제 해결을 위한 논리적인 사고를 좋아했고, 다양한 데이터를 통해 의미를 찾는 과정에 흥미를 느껴왔습니다. 인공지능은 이러한 수학적 사고와 컴퓨터 기술을 결합해 현실의 복잡한 문제를 해결하는 분야라 매력을 느꼈습니다. 또, AI는 의료, 자율주행, 로봇, 금융 등 거의 모든 산업에서 활용되며, 미래의 핵심 기술이라는 점에서도 진로로 삼고 싶다고 생각해 지원하게 되었습니다.

❷ 인공지능이란 무엇이며, 어디에 활용되고 있나요?

답변 Point ▶ 인공지능은 인간의 학습, 판단, 문제 해결 능력을 모방하거나 보완하는 기술로, 주로 머신러닝과 딥러닝 알고리즘을 통해 구현됩니다. 현재 AI는 스마트폰의 음성인식, 유튜브 추천 시스템, 자율주행차, 의료 진단 보조, 챗봇, 번역 등 다양한 영역에서 실생활에 적용되고 있습니다. 앞으로도 AI는 모든 산업의 경쟁력을 결정하는 핵심 기술이 될 것이라 생각합니다.

❸ AI 기술 발전에 있어 가장 중요한 요소는 무엇이라 생각하나요?

답변 Point ▶ 저는 데이터의 질과 윤리적 기준이 중요하다고 생각합니다. AI는 데이터에 기반해 학습하기 때문에 편향된 데이터는 잘못된 판단으로 이어질 수 있습니다. 또한, AI가 인간을 대체하거나 판단하는 경우가 늘어나면서, 기술적 발전과 함께 이를 규제하고 통제할 수 있는 윤리 기준과 사회적 합의가 필요하다고 생각합니다.

❹ 인공지능이 인간의 일자리를 대체하는 것에 대해 어떻게 생각하나요?

답변 Point ▶ 일부 직무는 자동화로 대체될 수 있지만, 동시에 새로운 형태의 일자리도 만들어진다고 생각합니다. 중요한 건 인간만의 고유한 능력인 창의성, 감성, 윤리 판단 능력을 살리는 방향으로 교육과 직업 구조가 재편되는 것입니다. AI는 경쟁 상대가 아니라, 협업할 수 있는 도구로 바라봐야 한다고 생각합니다.

❺ 최근 흥미롭게 본 AI 기술이나 사례가 있다면 소개해 주세요.

답변 Point ▶ 최근 GPT와 같은 생성형 AI 기술이 특히 흥미로웠습니다. 기존의 AI가 주어진 선택지에 반응했다면, 이제는 사람처럼 창작하고 언어를 생성할 수 있다는 점에서 큰 진화를 보여줬다고 생각합니다. 하지만 동시에 정보 왜곡이나 저작권 문제 등 새로운 과제가 생겼다는 점에서, 기술 발전과 책임 있는 사용이 동시에 이루어져야 한다고 생각합니다.

❻ 인공지능 개발에 있어 수학이나 코딩의 중요성에 대해 어떻게 생각하나요?

답변 Point ▶ AI는 기본적으로 수학적 개념에 기반합니다. 특히 선형대수, 확률, 통계는 모델 설계와 분석에 필수석입니다. 또한 파이썬과 같은 프로그래밍 언어는 AI 알고리즘을 구현하는 데 반드시 필요합니다. 따라서 AI를 잘 이해하고 활용하기 위해선 수학과 코딩의 기본기를 충실히 다지는 것이 매우 중요하다고 생각합니다.

❼ 머신러닝과 딥러닝의 차이를 설명해보세요.

답변 Point ▶ 머신러닝은 데이터를 이용해 기계가 스스로 규칙을 학습하는 기술이고, 딥러닝은 머신러닝의 하위 분야로 인공신경망을 활용해 더 복잡하고 추상적인 패턴까지 학습할 수 있는 기술입니다. 예를 들어, 머신러닝은 특징을 사람이 설계한 뒤 학습하지만, 딥러닝은 이미지나 음성 등의 비정형 데이터를 스스로 분석하고 특징까지 추출할 수 있어 자율성이 더 높습니다. 즉, 딥러닝은 머신러닝보다 더 깊은 구조와 연산 능력을 필요로 하지만, 더 뛰어난 성능을 낼 수 있습니다.

⑧ AI가 사회에 가져올 가장 큰 변화는 무엇이라고 생각하나요?

◖답변 Point ▶ 저는 AI가 인간의 '판단'을 보조하거나 일부 대체하게 되면서, 사회 전반의 '결정 구조'에 큰 변화를 가져올 것으로 봅니다. 예를 들어 금융에서는 AI가 대출 심사를, 의료에서는 질병 진단을 보조합니다. 이는 효율성과 정확성을 높일 수 있지만, 동시에 편향된 판단이나 책임 소재 문제도 발생시킬 수 있습니다. 결국 AI 기술의 발전은 사회적 신뢰와 책임 구조의 재설계를 함께 요구하게 될 것입니다.

⑨ 자율주행차의 사고 책임은 누구에게 있다고 생각하나요?

◖답변 Point ▶ 자율주행차의 사고는 하나의 주체가 아닌, 복합적인 책임 구조가 필요하다고 생각합니다. 사고 원인이 소프트웨어 오류인지, 센서 문제인지, 제조사의 설계 결함인지 등에 따라 책임 주체가 달라질 수 있기 때문입니다. 따라서 기술 개발 단계에서부터 정부와 기업, 보험사 등이 함께 책임 구조를 명확히 정리하고, 윤리 기준도 함께 마련하는 것이 필요하다고 생각합니다.

⑩ AI 윤리 기준은 어디까지 필요하다고 보시나요?

◖답변 Point ▶ AI는 점점 더 인간의 판단을 대체하는 방향으로 발전하고 있기 때문에, 윤리 기준은 기술만큼이나 중요하다고 생각합니다. 특히 감시, 편향, 차별, 개인정보 침해 문제는 AI 기술이 강화될수록 더 민감해질 수 있습니다. 기술이 무분별하게 활용되지 않도록, 사용 목적, 데이터 출처, 책임 주체를 명확히 하는 '가이드라인'과 '감독 기구'가 함께 마련되어야 한다고 봅니다.

⑪ 인간의 창의성을 AI가 대체할 수 있다고 생각하나요?

◖답변 Point ▶ AI는 데이터를 바탕으로 새로운 결과물을 생성할 수 있지만, 그것이 진정한 '창의성'인지는 생각해볼 필요가 있습니다. 인간의 창의성은 감정, 직관, 맥락적 판단, 문화적 배경에서 나오는데, 이는 현재 AI가 쉽게 모방할 수 없는 부분입니다. 따라서 AI는 인간의 창작 활동을 보

조하거나 영감을 주는 역할은 할 수 있어도, 완전히 대체할 수는 없다고 생각합니다.

11. 로봇공학과

① 로봇공학과에 지원한 이유는 무엇인가요?

답변 Point ▶ 저는 어릴 때부터 기계가 사람처럼 움직이는 모습을 보며 흥미를 느꼈습니다. 특히 로봇이 인간의 반복적이고 위험한 작업을 대신하는 모습을 보고, 기술을 통해 삶의 질을 높일 수 있다는 점에 매력을 느꼈습니다. 기계, 전자, 프로그래밍 등 다양한 분야를 아우르는 로봇공학을 배우며 문제 해결 능력을 키우고 싶어 지원했습니다.

② 로봇이 우리 사회에서 중요한 이유는 무엇인가요?

답변 Point ▶ 로봇은 산업 현장의 생산성 향상, 의료 분야의 정밀 수술, 재난 구조와 같은 위험한 작업 수행 등 다양한 분야에서 인간의 한계를 보완하고 있습니다. 고령화 사회와 노동력 부족 문제를 해결하는 데도 큰 역할을 하며, 미래 사회의 핵심 인프라로 자리잡고 있다고 생각합니다.

③ 로봇의 구성 요소에는 어떤 것들이 있나요?

답변 Point ▶ 로봇은 크게 센서, 제어기, 구동기, 소프트웨어로 구성됩니다. 센서는 환경 정보를 감지하고, 제어기는 이를 바탕으로 명령을 처리하며, 구동기는 물리적인 동작을 수행합니다. 소프트웨어는 전체 시스템을 연결하고, 인공지능 알고리즘을 통해 자율적 판단을 가능하게 합니다.

④ 자율주행 로봇과 원격조종 로봇의 차이점은 무엇인가요?

답변 Point ▶ 자율주행 로봇은 센서와 AI를 활용해 스스로 환경을 인식하고 판단하여 움직이는 반면, 원격조종 로봇은 사람이 직접 조작하여 움직임을 제어합니다. 자율주행은 복잡한 상황에서 독립적인 행동이 가능하다는 장점이 있지만, 기술적 난이도와 안전성 확보가 과제입니다.

❺ **가장 관심 있는 로봇 분야는 무엇이며, 이유는 무엇인가요?**

답변 Point ▶ 저는 의료 로봇에 관심이 많습니다. 특히 정밀 수술이나 재활 보조 로봇처럼 사람의 생명과 건강에 직접적인 도움을 주는 분야여서 의미가 크다고 생각합니다. 의료 현장에서 로봇 기술이 더 발전하면 많은 환자의 치료 효과가 향상될 수 있을 것이라고 기대합니다.

❻ **로봇공학에서 협업 로봇(cobot)이 중요한 이유는 무엇인가요?**

답변 Point ▶ 협업 로봇은 인간과 같은 공간에서 함께 작업하면서 위험을 줄이고 작업 효율을 높입니다. 기존 산업용 로봇은 안전을 위해 분리된 공간에서만 작동하는 경우가 많았지만, 협업 로봇은 유연성과 안전성이 향상되어 다양한 산업 현장에 빠르게 적용되고 있습니다. 이는 제조업뿐 아니라 서비스업 등으로 로봇 활용 범위를 넓히는 데 기여합니다.

❼ **로봇 연구에서 문제가 발생했을 때 어떻게 접근하시겠습니까?**

답변 Point ▶ 문제 발생 시 먼저 시스템의 각 구성 요소 및 센서, 구동기, 소프트웨어를 점검하고 원인을 분석하겠습니다. 단순히 결과만 보는 것이 아니라 데이터와 로그를 기반으로 체계적으로 문제를 파악하고 개선 방안을 설계할 것입니다. 실험을 반복하며 오류를 최소화하고, 문제 해결 과정에서 새로운 아이디어를 도출하는 자세가 중요하다고 생각합니다.

❽ **졸업 후 로봇공학 분야에서 어떤 진로를 희망하시나요?**

답변 Point ▶ 저는 의료 로봇이나 재활 로봇 개발 분야에서 연구원으로 일하며 사람의 삶의 질을 향상시키는 기술을 개발하고 싶습니다. 장기적으로는 산업용, 서비스용 로봇 분야까지 연구 범위를 확장해 기술 혁신을 선도하고, 관련 스타트업이나 연구 프로젝트를 주도하는 엔지니어가 되는 것이 목표입니다.

⑨ **인공지능이 결합된 로봇의 장점과 한계는 무엇이라고 생각하나요?**

🔵**답변 Point ▶** 장점은 로봇이 환경을 인식하고 스스로 판단하여 복잡한 작업을 수행할 수 있다는 점입니다. 예를 들어, 자율주행 물류 로봇이나 수술 로봇은 사람보다 정밀하고 반복적인 작업에 강점을 보입니다. 한계는 불확실한 환경에서 판단 오류가 발생할 수 있고, 안전성과 윤리적 문제를 항상 고려해야 한다는 점입니다. 따라서 AI와 로봇의 결합은 기술뿐 아니라 책임 있는 설계가 함께 필요하다고 생각합니다.

⑩ **로봇공학에서 필요한 핵심 역량은 무엇이라고 생각하나요?**

🔵**답변 Point ▶** 기술적 역량으로는 기계 설계, 전자 회로, 프로그래밍, 인공지능 알고리즘 이해가 필요합니다. 동시에 문제 해결력, 창의적 사고, 팀워크와 협업 능력도 중요합니다. 빠르게 변화하는 기술 환경에서 최신 지식을 습득하고, 실험과 개발을 반복하며 안전과 윤리를 고려한 설계를 할 수 있는 역량이 미래 로봇공학 인재에게 필수라고 생각합니다.

12. 신소재공학과

❶ **신소재공학과에 지원한 이유는 무엇인가요?**

🔵**답변 Point ▶** 저는 우리 생활과 산업 전반에 필요한 다양한 재료들이 어떻게 만들어지고, 어떤 특성을 가지는지 배우는 것에 큰 흥미가 있습니다. 특히 신소재를 개발해 전자, 에너지, 바이오 등 여러 분야에서 혁신적인 기술 발전을 이끌 수 있다는 점에서 매력을 느껴 신소재공학과를 선택했습니다.

❷ **신소재공학이 산업 발전에 어떤 역할을 한다고 생각하나요?**

🔵**답변 Point ▶** 신소재는 제품의 성능과 기능을 결정하는 핵심 요소입니다. 예를 들어, 고성능 배터리용 리튬이온 소재, 경량화된 자동차용 복합

소재, 반도체용 웨이퍼 소재 등은 모두 신소재 기술이 뒷받침되어 있습니다. 이런 소재 기술이 발전하면 산업 경쟁력이 강화되고, 새로운 시장 창출도 가능해집니다.

❸ 금속, 세라믹, 고분자 소재의 차이를 간단히 설명해 주세요.

답변 Point ▶ 금속은 우수한 전기 전도성과 기계적 강도를 가진 반면, 세라믹은 내열성과 내마모성이 뛰어나지만 깨지기 쉽습니다. 고분자는 유연하고 가벼우며 절연성이 좋아 다양한 용도로 활용됩니다. 각각의 소재는 특성과 용도가 달라 목적에 맞게 선택하거나 복합소재로 결합해 사용합니다.

❹ 최근 주목받는 신소재 기술이 있다면 무엇인가요?

답변 Point ▶ 그래핀과 같은 2차원 소재가 최근 큰 관심을 받고 있습니다. 매우 얇지만 강도가 뛰어나고, 뛰어난 전기ㆍ열 전도성을 가져 차세대 전자기기, 에너지 저장, 센서 등 다양한 분야에 응용 가능성이 큽니다. 이런 신소재 연구는 미래 기술 혁신을 주도할 것으로 기대됩니다.

❺ 실험 과정에서 소재의 특성을 분석할 때 주로 사용하는 방법은 무엇인가요?

답변 Point ▶ 소재 특성 분석에는 X-선 회절(XRD), 주사전자현미경(SEM), 투과전자현미경(TEM), 열중량분석(TGA) 등 다양한 방법이 사용됩니다. 각 방법은 소재의 결정 구조, 미세 조직, 열적 안정성 등 다른 특성을 분석하는 데 적합하며, 종합적으로 소재의 성능과 특성을 평가하는 데 중요합니다.

❻ 신소재 개발에 있어 가장 중요한 역량은 무엇이라고 생각하나요?

답변 Point ▶ 창의적 사고와 문제 해결 능력이 가장 중요하다고 생각합니다. 신소재는 기존에 없던 새로운 기능을 요구받기 때문에, 다양한 재료 과학 지식과 실험 경험을 바탕으로 기존 한계를 극복하는 아이디어가

필요합니다. 또한 산업과 연계해 실제 적용 가능성을 고려하는 실용성도
필수적입니다.

❼ 졸업 후 신소재공학 분야에서 어떤 진로를 희망하시나요?

답변 Point ▶ 저는 전자, 에너지, 바이오 분야에서 신소재 연구원으로 일
하며 첨단 소재 개발과 상용화를 통해 산업 혁신에 기여하고 싶습니다.
장기적으로는 연구개발(R&D) 프로젝트를 주도하며 새로운 소재를 설계
하고, 스타트 업이나 기업과 협력해 실용화하는 기술 전문가가 되는 것이
목표입니다.

❽ 신소재공학에서 협업이 중요한 이유는 무엇인가요?

답변 Point ▶ 신소재 개발은 기계, 화학, 물리, 전자공학 등 다양한 분야
의 지식이 융합되어야 합니다. 한 분야만으로는 혁신적인 소재를 설계하
거나 평가하기 어렵기 때문에 팀원 간 협업을 통해 서로의 전문성을 결합
하고 문제를 다각도로 해결하는 능력이 중요합니다.

❾ 친환경 소재 개발이 중요한 이유는 무엇인가요?

답변 Point ▶ 친환경 소재는 지속 가능한 산업과 사회를 위해 필수적입
니다. 예를 들이, 생분해성 플라스틱, 에너지 효율이 높은 배터리 소재, 무
독성 코팅 소재 등은 환경 오염을 줄이고 자원 효율성을 높이는 데 기여
합니다. 신소재공학자는 기술 발전과 환경 보호를 동시에 고려하는 책임
이 있다고 생각합니다.

❿ 신소재 연구에서 겪을 수 있는 어려움과 극복 방법은 무엇인가요?

답변 Point ▶ 신소재 연구는 기존 이론과 다른 특성을 가진 소재를 개발
하다 보니 실패와 시행착오가 많습니다. 이를 극복하기 위해 체계적인 실
험 설계, 반복적인 분석, 최신 문헌 연구를 통해 문제를 파악하고 개선합
니다. 또한 동료 연구자와의 토론과 협업을 통해 다양한 시각에서 접근하
면 해결책을 더 빨리 찾을 수 있습니다.

13. 정보통신학과

❶ 정보통신학과에 지원하게 된 이유는 무엇인가요?

답변 Point ▶ 어릴 때부터 컴퓨터와 전자기기에 관심이 많았고, 시간이 지날수록 단순한 사용자가 아닌 기술의 원리를 이해하고 개발하는 사람이 되고 싶다는 생각을 하게 되었습니다. 특히 스마트폰, 인공지능 스피커, 사물인터넷 등 일상 속 기술이 모두 정보통신 기술과 연결되어 있다는 점에 큰 흥미를 느꼈습니다. 정보통신학과에서는 네트워크, 프로그래밍, 데이터 통신 등을 이론과 실습으로 배우며 기술적 기반을 다질 수 있다고 생각해 지원하게 되었습니다.

❷ 관심 있는 정보통신 분야는 무엇이며, 이유는 무엇인가요?

답변 Point ▶ 저는 사물인터넷(IoT) 분야에 관심이 많습니다. 다양한 기기가 네트워크로 연결되어 정보를 주고받는 기술은 삶의 편의성뿐 아니라 산업 전반에도 큰 영향을 준다고 생각합니다. 예를 들어 스마트팜, 스마트홈, 스마트팩토리 등이 그 예입니다. 앞으로는 6G나 인공지능과 결합한 지능형 IoT로 발전할 텐데, 이러한 기술을 배우고 실제로 구현해보는 것이 제 목표입니다.

❸ 정보통신 기술이 사회에 미치는 영향 중 긍정적인 예와 부정적인 예를 하나씩 말해보세요.

답변 Point ▶ 긍정적인 영향은 정보의 접근성과 연결성 확대입니다. 원격진료, 온라인 교육, 재난 알림 시스템처럼 기술이 사람들의 삶을 더 안전하고 편리하게 만들어주고 있습니다. 반면, 부정적인 면으로는 개인정보 유출과 보안 위협을 들 수 있습니다. 스마트 기기와 데이터가 늘어나면서 해킹, 프라이버시 침해 등의 문제가 커지고 있기 때문에, 기술 발전과 함께 윤리적, 법적 기준도 중요해지고 있다고 생각합니다.

❹ 정보통신기술의 발전 속도가 빠른데, 본인은 어떻게 변화에 적응하려고 하나요?

🔵**답변Point** ▶ 저는 변화에 민감하게 반응하고 지속적으로 학습하는 자세가 가장 중요하다고 생각합니다. 평소에도 관심 있는 기술에 대한 뉴스나 유튜브 채널을 구독해 트렌드를 파악하고, Python이나 C언어 같은 기초 코딩도 온라인으로 익히고 있습니다. 대학에 진학해서도 전공 수업뿐 아니라 자격증 취득, 공모전, 프로젝트 참여 등 실무 역량을 꾸준히 쌓으며 변화에 유연하게 대응할 계획입니다.

❺ 다른 사람과 협업하여 프로젝트를 수행한 경험이 있다면 말해보세요.

🔵**답변Point** ▶ 학교에서 앱 개발 동아리 활동 중, 간단한 생활정보 앱을 기획하고 만드는 프로젝트에 참여한 경험이 있습니다. 저는 기획과 디자인을 맡았고, 팀원 중 한 명은 코딩을, 다른 친구는 데이터 수집을 담당했습니다. 처음에는 의견이 잘 맞지 않아 어려움도 있었지만, 역할을 명확히 나누고 주기적으로 점검하면서 점점 협업의 재미를 느꼈습니다. 이 경험을 통해 정보통신 분야는 혼자 하는 것이 아니라 팀워크가 매우 중요하다는 걸 깨달았습니다.

❻ 졸업 후 어떤 진로를 희망하고 있나요?

🔵**답변Point** ▶ 저는 정보통신기술을 기반으로 한 시스템 개발자 또는 네트워크 엔지니어가 되고 싶습니다. 특히 공공안전, 교통, 의료 분야에서 실질적인 문제를 해결하는 시스템을 만들고 싶습니다. 나아가 빅데이터나 인공지능과 접목된 스마트시티 기술에도 관심이 있습니다. 이를 위해 대학에서 프로그래밍 언어, 네트워크, 데이터베이스 등 전공 지식을 충실히 배우고 자격증과 실무 경험도 쌓을 계획입니다.

❼ 정보통신 기술의 보안 문제를 해결하기 위해 어떤 노력이 필요하다고 생각하나요?

●**답변 Point** ▶ 정보통신 기술 발전과 함께 보안 위협도 증가하고 있습니다. 이를 해결하기 위해서는 암호화 기술, 방화벽, 침입 탐지 시스템 등 기술적 대응뿐 아니라 사용자 교육과 윤리적 기준 확립도 중요합니다. 또한 최신 해킹 기법과 보안 취약점을 꾸준히 연구하며 예방과 대응 전략을 개발하는 지속적인 노력이 필요하다고 생각합니다.

❽ 5G/6G 같은 차세대 통신 기술이 사회에 미치는 영향은 무엇인가요?

●**답변 Point** ▶ 차세대 통신 기술은 초고속, 초저지연, 초연결성을 제공해 스마트 시티, 자율주행, 원격 의료 등 다양한 분야의 혁신을 가능하게 합니다. 산업 자동화와 실시간 데이터 분석이 확대되며, 사람들의 생활 편의성과 안전성을 크게 향상시킬 수 있습니다. 그러나 동시에 보안 문제와 인프라 구축 비용 등 사회적 과제도 함께 고려해야 합니다.

❾ 정보통신 분야에서 창의성이 필요한 순간은 언제라고 생각하나요?

●**답변 Point** ▶ 시스템 설계, 앱 개발, 네트워크 최적화 등 문제 해결 과정에서 창의성이 중요하다고 생각합니다. 예를 들어, 제한된 자원과 시간 속에서 최적의 알고리즘을 설계하거나 새로운 서비스 모델을 기획할 때 창의적 아이디어가 기술적 한계를 극복하고 사용자 경험을 개선하는 핵심 요소가 됩니다.

❿ 정보통신 기술이 인간 삶에 미치는 장기적인 영향은 무엇이라고 생각하나요?

●**답변 Point** ▶ 정보통신 기술은 생활 방식을 근본적으로 바꾸고 사회 구조에도 영향을 줍니다. 예를 들어, 원격 근무, 스마트 헬스케어, AI 기반

맞춤 서비스 등은 인간의 생활 편의성을 높이지만, 동시에 디지털 격차, 개인정보 문제 등 사회적 문제도 야기할 수 있습니다. 따라서 기술 발전과 함께 사회적·윤리적 고려가 반드시 병행되어야 한다고 생각합니다.

14. 통계학과

❶ 통계학과에 지원하게 된 동기는 무엇인가요?

답변 Point ▶ 고등학교 수학에서 확률과 통계를 배우면서 숫자 속에 숨겨진 의미를 해석하는 일에 큰 흥미를 느꼈습니다. 단순한 계산을 넘어서, 데이터를 수집하고 분석함으로써 현실을 예측하거나 의사결정을 돕는 통계의 힘에 매료되었습니다. 특히 통계가 의료, 경제, 사회 등 다양한 분야에 활용되는 것을 보면서, 실생활과 밀접하게 연결된 학문이라는 점에서 매력을 느꼈습니다. 저는 데이터로 문제를 분석하고 해결책을 제시하는 통계 전문가가 되고 싶어 통계학과를 지원하게 되었습니다.

❷ 통계학이 우리 사회에 어떤 역할을 한다고 생각하나요?

답변 Point ▶ 통계학은 의사결정의 근거를 제공하는 도구라고 생각합니다. 예를 들어, 정부 정책 수립, 질병 예방, 소비자 분석, 선거 예측 등 거의 모든 분야에서 데이터를 기반으로 한 통계 분석이 활용됩니다. 특히 빅데이터와 인공지능이 발전하면서 통계의 역할은 더욱 중요해지고 있습니다. 통계는 과거를 분석할 뿐 아니라, 미래를 예측하고 사회 문제를 해결하는 데 필수적인 학문이라고 생각합니다.

❸ 통계학과가 수학과 다른 점은 무엇이라고 생각하나요?

답변 Point ▶ 수학이 추상적인 이론과 논리를 다룬다면, 통계학은 현실에서 수집된 데이터를 수학적으로 해석하고 활용하는 데 초점을 둡니다. 즉, 수학이 기반이 되는 언어라면, 통계는 그것을 실제 문제 해결에 적용하는 방법이라고 생각합니다. 통계학은 가설을 세우고, 데이터를 수집하고, 분석을 통해 결론을 도출하는 과정 전체를 다루기 때문에 실용성과 응용성이 높은 학문입니다.

④ 최근 관심 있게 본 통계 활용 사례가 있나요?

답변 Point ▶ 코로나19 확산 당시, 확진자 수, 감염재생산지수(R값), 백신 접종률 등의 통계가 실시간으로 공개되면서 사회 전반의 의사결정에 활용되는 것을 보았습니다. 특히 감염 예측 모델이나 방역 정책 수립에 통계가 결정적인 역할을 하는 것을 보며, 통계학의 영향력을 실감할 수 있었습니다. 저는 이 경험을 통해 통계학이 단순히 숫자를 다루는 것을 넘어 사람들의 삶에 실질적인 영향을 줄 수 있다는 점을 체감했습니다.

⑤ 팀 프로젝트나 공동 작업 경험이 있나요? 통계학과와 관련지어 말해보세요.

답변 Point ▶ 학교에서 진행한 데이터 분석 프로젝트에서, 팀원들과 역할을 나눠 데이터를 수집하고 시각화하며 결과를 발표한 경험이 있습니다. 이 과정에서 협업의 중요성을 느꼈고, 통계적 사고를 바탕으로 의사소통하는 능력도 키울 수 있었습니다. 통계학은 단순히 혼자 계산하는 것이 아니라, 분석 결과를 이해하고 설명하며 함께 해석하는 과정이 중요하다고 생각하기에, 제 경험은 통계학과 공부에 잘 맞는다고 생각합니다.

⑥ 졸업 후 어떤 진로를 희망하나요?

답변 Point ▶ 저는 데이터 기반 의사결정을 지원하는 데이터 분석가가 되고 싶습니다. 통계학을 바탕으로 다양한 분야의 데이터를 분석하고, 그 결과를 시각화해 사람들에게 쉽게 전달하는 역할에 관심이 많습니다. 특히 공공 정책, 마케팅, 스포츠 분석 등 실생활에 가까운 분야에 통계를 적용해보고 싶습니다. 필요하다면 대학원에 진학해 더 전문적인 분석 역량을 키우고, AI나 빅데이터 기술도 함께 익히고 싶습니다.

❼ 통계 분석에서 가장 중요한 역량은 무엇이라고 생각하나요?

답변 Point ▶ 통계 분석에서는 논리적 사고력과 문제 해결 능력이 가장 중요하다고 생각합니다. 데이터를 단순히 처리하는 것이 아니라 자료의 의미를 이해하고, 적절한 통계 기법을 선택하며 분석 결과를 현실 문제에 적용하는 능력이 핵심입니다. 또한 분석 결과를 명확히 전달할 수 있는 커뮤니케이션 능력도 필수적이라고 생각합니다.

❽ 통계학에서 실험 설계가 중요한 이유는 무엇인가요?

답변 Point ▶ 통계학에서 실험 설계는 데이터의 정확성과 신뢰성을 확보하기 위해 필수적입니다. 잘못된 설계로 수집된 데이터는 분석 결과를 왜곡할 수 있습니다. 따라서 샘플링 방법, 변수 통제, 반복 측정 등 체계적 설계를 통해 데이터의 품질을 높이고, 올바른 결론을 도출하는 것이 중요하다고 생각합니다.

❾ 통계학이 인공지능(AI)과 어떤 관계가 있다고 생각하나요?

답변 Point ▶ AI는 데이터를 기반으로 학습하고 예측하는 기술이며, 이 과정에서 통계적 모델링과 확률 이론이 핵심 역할을 합니다. 예를 들어, 머신러닝의 회귀 분석, 분류, 확률 기반 알고리즘 등은 모두 통계학적 원리를 기반으로 하고 있습니다. 따라서 AI 기술을 잘 활용하려면 통계학적 사고가 반드시 필요하다고 생각합니다.

❿ 데이터 해석에서 주의해야 할 점은 무엇인가요?

답변 Point ▶ 데이터 해석에서는 상관관계와 인과관계를 혼동하지 않도록 주의해야 합니다. 또한 데이터의 편향, 샘플 크기, 결측치 등 분석 환경을 고려하지 않으면 잘못된 결론을 도출할 수 있습니다. 저는 분석 과정에서 데이터의 한계와 전제 조건을 항상 점검하고, 결과를 신중하게 해석하며 필요한 경우 추가 검증을 하는 습관을 중요하게 생각합니다.

15. 기계공학과

① 기계공학과에 지원한 동기는 무엇인가요?

답변 Point ▶ 어릴 때부터 기계장치에 호기심이 많았고, 자동차나 로봇 같은 기계들이 어떻게 작동하는지 알고 싶었습니다. 고등학교 물리와 수학을 배우면서 기계의 원리와 설계 과정에 흥미를 느꼈고, 문제를 해결하는 과정에서 성취감을 경험했습니다. 기계공학은 산업 전반에 활용되는 분야라 실용성과 창의성을 모두 발휘할 수 있어 제 적성에 잘 맞는다고 생각해 지원했습니다.

② 기계공학에서 가장 흥미로운 분야나 기술은 무엇인가요?

답변 Point ▶ 저는 로봇공학과 자동화 기술에 가장 관심이 많습니다. 기계가 스스로 움직이고 작업을 수행하는 과정은 매우 흥미롭고 미래 산업에서 핵심적인 역할을 할 것이라 생각합니다. 센서, 제어 시스템, 인공지능과의 융합으로 기계가 더욱 똑똑해지는 모습을 배우고, 직접 설계하고 제작해 보고 싶습니다.

③ 기계공학과에서 공부하면서 어려운 점이 예상되는데, 어떻게 극복할 계획인가요?

답변 Point ▶ 기계공학은 수학과 물리 기초가 중요해 어려움을 겪을 수 있다고 생각합니다. 이를 극복하기 위해 꾸준한 복습과 문제 풀이를 하면서 개념을 확실히 이해할 계획입니다. 또한 동료들과 스터디를 하며 서로 질문하고 토론하는 방법으로 어려움을 함께 해결해 나가고 싶습니다. 실험과 설계 실습에도 적극 참여해 체험을 통해 이해도를 높일 생각입니다.

④ 기계공학이 우리 일상생활에 어떻게 활용된다고 생각하나요?

답변 Point ▶ 기계공학은 자동차, 가전제품, 산업용 로봇, 에너지 설비 등 우리 생활 곳곳에 활용됩니다. 우리가 매일 사용하는 냉장고나 에어컨, 승강기 같은 기계장치들도 모두 기계공학의 산물입니다. 기계공학이 없으면 현대 사회의 편리함과 생산성이 크게 떨어질 것이며, 새로운 기술 개발을 통해 삶의 질을 높이는 데 핵심적인 역할을 한다고 생각합니다.

⑤ 기계공학 분야에서 가장 중요하다고 생각하는 역량은 무엇인가요?

답변 Point ▶ 저는 문제 해결 능력과 창의성, 그리고 협업 능력이 가장 중요하다고 생각합니다. 기계공학은 복잡한 문제를 논리적으로 분석하고 새로운 설계나 개선 방안을 찾아내는 일이 많기 때문입니다. 또한 다양한 전문가들과 협력하며 프로젝트를 완성하는 경우가 많으므로, 원활한 의사소통과 팀워크도 필수적이라고 생각합니다.

⑥ 졸업 후 어떤 진로를 희망하나요?

답변 Point ▶ 저는 로봇이나 자동화 관련 기업에서 연구개발 엔지니어로 일하고 싶습니다. 최신 기술을 배우고 직접 설계, 제작, 테스트하는 과정을 경험하며 전문성을 키우고 싶습니다. 또한 대학원 진학을 통해 더욱 심도 있는 연구를 하고, 미래 산업을 선도하는 엔지니어가 되는 것이 목표입니다.

⑦ 기계공학에서 팀 프로젝트가 중요한 이유는 무엇인가요?

답변 Point ▶ 기계공학 프로젝트는 설계, 제작, 테스트 등 다양한 과정이 포함되어 있어 한 사람이 모든 역할을 수행하기 어렵습니다. 따라서 팀원들과 역할을 분담하고 협업하며 문제를 해결하는 능력이 중요합니다. 저는 동아리 활동과 학교 프로젝트를 통해 협업 경험을 쌓았고, 이러한 경험이 기계공학 실무에서도 큰 도움이 될 것이라고 생각합니다.

⑧ 기계공학에서 가장 관심 있는 연구 주제는 무엇인가요?

답변 Point ▶ 저는 친환경 모빌리티, 특히 전기차와 자율주행 차량의 동력 시스템 설계에 관심이 많습니다. 에너지 효율을 높이고 배출가스를 줄이는 기술을 연구함으로써 지속 가능한 미래 산업에 기여할 수 있다고 생각합니다. 대학에서는 관련 설계 실습과 연구 프로젝트를 통해 전문성을 키우고 싶습니다.

⑨ 기계공학에서 실험과 설계 실습이 중요한 이유는 무엇인가요?

🔹**답변 Point** ▶ 기계공학은 이론뿐만 아니라 실제로 작동하는 장치를 설계하고 제작하는 능력이 필수입니다. 실험과 설계 실습을 통해 이론을 현실에 적용하는 방법을 배우고, 문제 발생 시 해결책을 찾는 경험을 쌓을 수 있습니다. 이런 과정이 엔지니어로서 성장하는 데 매우 중요하다고 생각합니다.

⑩ 기계공학의 발전이 사회에 미치는 영향은 무엇이라고 생각하나요?

🔹**답변 Point** ▶ 기계공학의 발전은 산업 생산성 향상, 안전하고 편리한 생활 환경 제공, 첨단 기술 기반 창업과 신산업 창출 등 사회 전반에 큰 영향을 줍니다. 예를 들어, 로봇과 자동화 기술은 고위험 작업을 대체하고, 친환경 자동차 기술은 환경 문제 해결에 기여합니다. 따라서 기계공학은 단순한 기술 분야를 넘어 사회적 가치 창출에도 중요한 역할을 한다고 생각합니다.

16. 전기공학과

❶ 전기공학과에 지원한 이유는 무엇인가요?

🔹**답변 Point** ▶ 어릴 때부터 전기와 전자기기에 관심이 많았고, 전기가 우리 생활과 산업 전반에 없어서는 안 될 필수 요소라는 것을 알게 되었습니다. 고등학교 물리에서 전기회로와 전자기 현상을 배우면서 더욱 흥미가 생겼고, 전기공학을 통해 에너지 효율을 높이고 새로운 기술을 개발하는 데 기여하고 싶어 지원했습니다. 전기공학은 미래 산업의 핵심 분야라고 생각합니다.

❷ 전기공학 분야에서 가장 흥미로운 기술이나 주제는 무엇인가요?

🔹**답변 Point** ▶ 저는 신재생에너지와 스마트 그리드 기술에 관심이 많습니다. 기후변화 문제와 에너지 자원의 중요성이 커지는 시대에 태양광,

풍력 등 친환경 에너지 생산과 효율적인 전력 관리 기술이 필수적이라고 생각합니다. 이러한 기술을 배우고 연구해 지속 가능한 사회에 기여하고 싶습니다.

❸ 전기공학 공부가 어려운 점은 무엇이고, 어떻게 극복할 계획인가요?

답변 Point ▶ 전기공학은 복잡한 수학과 이론이 많아 이해하는 데 어려움이 예상됩니다. 이를 극복하기 위해 개념을 체계적으로 정리하고, 실험과 실습을 통해 직접 경험하며 이해도를 높일 계획입니다. 또한 동료들과 스터디를 하며 서로 질문하고 토론하는 방식으로 부족한 부분을 보완하고, 꾸준히 자기주도 학습을 실천할 것입니다.

❹ 전기공학이 우리 일상생활에 어떻게 활용되고 있나요?

답변 Point ▶ 전기공학은 전력 공급부터 가전제품, 통신, 자동화 시스템 등 현대 사회 전반에 활용됩니다. 우리가 사용하는 휴대폰, 컴퓨터, 조명, 냉난방 시스템 등 모두 전기공학 기술 덕분에 작동합니다. 또한 전력망 관리, 스마트홈, 전기자동차 등 신기술도 전기공학의 발전을 기반으로 하고 있습니다.

❺ 팀 프로젝트나 협업 경험이 있나요? 전기공학과 관련지어 말해보세요.

답변 Point ▶ 학교에서 진행한 회로 설계 프로젝트에서 팀원들과 역할을 분담하고 소통하며 문제를 해결한 경험이 있습니다. 의견 차이가 있을 때는 서로 경청하고 조율하여 최적의 설계안을 도출했습니다. 전기공학은 복잡한 시스템을 다루기 때문에 협업과 소통 능력이 매우 중요하다고 생각하며, 이런 경험이 큰 도움이 될 것이라 믿습니다.

❻ 졸업 후 어떤 진로를 희망하나요?

◖답변 Point ▶ 저는 전력 시스템이나 신재생에너지 분야에서 엔지니어로 일하고 싶습니다. 에너지 효율을 높이고 친환경 전력 공급 기술을 개발하여 지속 가능한 사회에 기여하는 것이 목표입니다. 필요하다면 대학원에서 전문성을 더 키워 첨단 기술 연구에도 참여하고 싶습니다.

❼ 면접장까지 오는 동안 이용한 장치 중에서 전기 에너지가 없으면 작동이 안 되는 제품을 말해 보세요.

◖답변 Point ▶ 면접장까지 오는 동안 이용한 제품 중 전기 에너지가 없으면 작동하지 않는 대표적인 제품은 휴대폰과 전기자동차, 그리고 엘리베이터입니다. 휴대폰은 통신과 내비게이션 기능을 위해 반드시 전기가 필요하고, 전기자동차 역시 배터리에 저장된 전기가 없으면 움직일 수 없습니다. 또한 건물 내 엘리베이터도 전기 없이는 작동하지 않아 계단을 이용해야 합니다. 이처럼 현대 사회에서는 전기 에너지가 매우 중요한 역할을 하며, 우리의 일상생활과 이동 수단에 필수적임을 다시 한번 느꼈습니다.

❽ 전기공학에서 관심 있는 연구 분야나 기술은 무엇인가요?

◖답변 Point ▶ 저는 스마트 그리드와 에너지 저장 시스템(ESS)에 관심이 많습니다. 전력 수요와 공급을 실시간으로 관리하고, 재생에너지의 변동성을 안정적으로 조절하는 기술은 미래 전력망의 핵심입니다. 대학에서 관련 전력 시스템 설계와 제어 기술을 배우며, 실제 응용 사례 연구에도 참여하고 싶습니다.

❾ 전기공학에서 실험과 설계 실습이 중요한 이유는 무엇인가요?

◖답변 Point ▶ 전기공학은 이론만으로는 이해하기 어려운 전력 흐름, 회로 동작, 신호 처리 등을 다루기 때문에 실험과 설계 실습이 필수적입니다. 직접 회로를 구성하고 장치를 테스트함으로써 이론과 실제를 연결하

고 문제 해결 능력을 키울 수 있습니다. 이러한 경험이 엔지니어로서 실무 역량을 갖추는 데 큰 도움이 된다고 생각합니다.

⑩ **전기공학의 발전이 사회에 미치는 영향은 무엇이라고 생각하나요?**

● **답변 Point ▶** 전기공학의 발전은 산업 생산성 향상, 생활 편의성 증대, 에너지 효율 개선 등 사회 전반에 큰 영향을 줍니다. 예를 들어, 전기자동차와 재생에너지 기술은 환경 문제 해결에 기여하고, 스마트 전력망은 전력 낭비를 줄이며 안정적인 공급을 가능하게 합니다. 또한 첨단 통신과 자동화 기술에도 전기공학이 기반이 되어, 사회적 가치 창출에도 중요한 역할을 합니다.

17. 산업공학과

❶ 왜 산업공학과에 지원했나요?

● **답변 Point ▶** 저는 다양한 시스템을 분석하고 효율적으로 개선하는 과정에 흥미를 느껴 산업공학과에 지원했습니다. 특히 생산, 물류, 경영 등의 요소를 통합적으로 다루며 문제를 해결하는 방식이 저의 성향과 잘 맞는다고 느꼈습니다. 미래에는 스마트팩토리나 데이터 기반 경영 환경에서도 산업공학이 중요한 역할을 할 것이라 판단해 전공을 선택하게 되었습니다.

❷ 산업공학과는 어떤 학문이라고 생각하나요?

● **답변 Point ▶** 산업공학은 사람, 기계, 자원, 정보 등 다양한 요소가 포함된 시스템을 분석하고, 이들을 가장 효율적으로 운영할 수 있도록 설계·개선하는 학문이라고 생각합니다. 단순한 이론을 넘어서 실생활이나 산업 현장의 문제를 해결하는 실용적인 학문이라는 점에서 큰 매력을 느끼고 있습니다.

❸ 산업공학은 다른 공학과 어떤 점에서 차별화된다고 생각하나요?

답변 Point ▶ 기계, 전자 같은 전통 공학이 기술적 요소에 집중한다면, 산업공학은 기술과 사람, 경영을 연결하는 가교 역할을 한다고 생각합니다. 공학적 지식을 바탕으로 데이터 분석, 의사결정, 효율화 전략까지 다루기 때문에 산업 현장은 물론 사회 전반에 다양하게 적용될 수 있다는 점에서 차별화된다고 봅니다.

❹ 산업공학이 4차 산업혁명 시대에 어떤 역할을 할 수 있다고 생각하나요?

답변 Point ▶ 4차 산업혁명에서는 빅데이터, 인공지능, 자동화가 핵심인데, 이를 실제 산업 현장에 적용하고 최적화하는 역할을 산업공학이 할 수 있다고 생각합니다. 예를 들어, 제조업에서는 스마트팩토리를 설계하고, 유통업에서는 물류 경로를 최적화하며, 서비스업에서는 고객 데이터를 분석해 운영 효율을 높일 수 있습니다.

❺ 산업공학이 적용되는 실생활 사례를 하나 들어보세요.

답변 Point ▶ 대표적인 사례로는 병원의 진료 시스템 개선을 들 수 있습니다. 대기 시간 단축, 인력 배치 최적화, 약품 재고 관리 등 다양한 요소를 분석해 효율을 높이는 데 산업공학이 활용됩니다. 이는 환자의 만족도 향상은 물론 병원 운영의 효율성 향상으로도 이어집니다.

❻ 협업과 소통이 중요한 이유는 무엇인가요?

답변 Point ▶ 산업공학은 여러 분야와 융합되는 학문이기 때문에, 팀원 간의 협업과 다양한 분야의 사람들과 원활하게 소통하는 능력이 매우 중요합니다. 문제를 해결할 때 다양한 관점을 고려하고, 타인의 의견을 존중하면서도 합리적인 결론을 도출하는 능력이 산업공학도로서 중요한 자질이라고 생각합니다.

❼ 산업공학에서 관심 있는 연구 분야나 기술은 무엇인가요?

🔵**답변 Point ▶** 저는 데이터 분석과 최적화 알고리즘에 관심이 많습니다. 기업의 생산 라인, 물류 경로, 재고 관리 등에서 데이터를 활용해 효율성을 극대화하고 비용을 절감할 수 있는 시스템을 설계하는 것이 목표입니다. 특히 머신러닝 기반 예측 모델을 적용해 수요 예측이나 공정 개선에 기여하는 연구를 해보고 싶습니다.

❽ 산업공학 전공 공부가 어려운 점은 무엇이며, 어떻게 극복할 계획인가요?

🔵**답변 Point ▶** 산업공학은 공학, 경영, 통계, IT 등 다양한 분야를 통합적으로 이해해야 하므로 초기에는 학습 범위가 넓어 어려움이 있을 수 있습니다. 이를 극복하기 위해 기초 개념을 체계적으로 학습하고, 실제 사례 연구와 프로젝트를 통해 경험을 쌓을 계획입니다. 또한 동료들과 스터디 및 팀 프로젝트를 통해 서로의 지식을 공유하며 이해도를 높일 생각입니다.

❾ 산업공학의 성과를 평가할 때 중요한 지표는 무엇이라고 생각하나요?

🔵**답변 Point ▶** 효율성, 생산성, 품질, 비용 절감, 고객 만족 등이 핵심 지표라고 생각합니다. 예를 들어, 제조업에서는 생산 라인의 처리 속도와 불량률을 줄이는 것이 기준이 되고 서비스업에서는 고객 대기 시간과 만족도를 개선하는 것이 산업공학적 성과를 판단하는 기준이 될 수 있습니다. 데이터 기반으로 결과를 분석하고 개선안을 도출하는 것이 중요합니다.

❿ 졸업 후 어떤 진로를 희망하나요?

🔵**답변 Point ▶** 저는 스마트팩토리, 물류 최적화, 데이터 분석 분야에서 시스템 설계나 컨설팅을 수행하는 산업공학 전문가로 일하고 싶습니다. 현장에서 데이터를 분석하고 효율화를 추진하며 나아가 기업 운영 전반

의 혁신에 기여하는 것이 목표입니다. 필요하다면 대학원에서 심화 연구를 통해 최적화 알고리즘, AI 활용 공정 설계 등 전문성을 더 키울 계획입니다.

18. 산림학과

❶ 왜 산림학과에 지원했나요?

답변 Point ▶ 저는 자연과 환경에 대한 관심이 많았고, 기후 변화 문제에 대한 해결책을 고민하면서 산림의 중요성을 깊이 느끼게 되었습니다. 산림은 탄소 흡수, 생태계 보전, 수자원 관리 등 다양한 기능을 수행하며 인간과 지구의 건강에 직접적으로 기여합니다. 이러한 가치를 실질적으로 연구하고 실현할 수 있는 산림학과에서 공부하고 싶었습니다.

❷ 산림이 기후 변화에 어떤 역할을 하나요?

답변 Point ▶ 산림은 대표적인 탄소 흡수원으로, 광합성을 통해 이산화탄소를 흡수하고 산소를 배출합니다. 또한 산림은 토양 유실을 막고, 기온 조절, 수자원 보존 등 기후 조절 기능도 수행합니다. 기후 변화 대응에 있어 산림을 보전하고 확대하는 것은 매우 중요한 전략입니다.

❸ 산림파괴가 초래할 수 있는 문제는 무엇인가요?

답변 Point ▶ 산림이 파괴되면 생물다양성이 급격히 줄어들고, 이산화탄소가 대기 중으로 방출되어 기후 변화가 가속화됩니다. 또한 산사태, 토양 유실, 수질 오염 등 환경재해의 위험도 커집니다. 인간과 자연 모두에게 악영향을 미치는 중요한 문제이기 때문에, 지속 가능한 산림 관리가 필요합니다.

❹ 산림학은 어떤 학문이라고 생각하나요?

답변 Point ▶ 산림학은 숲을 보전하고 활용하기 위한 생태학, 생물학, 환경과학, 토양학 등 다양한 학문이 융합된 실용적인 학문입니다. 동시에,

사람과 자연이 조화롭게 공존할 수 있는 방법을 고민하는 공공적 가치가 강한 학문이라고 생각합니다.

❺ 최근 접한 산림 관련 이슈가 있다면 소개해 보세요.

답변Point ▶ 최근 강원도 등지에서 발생한 산불 문제가 기억에 남습니다. 기후 변화로 인해 건조한 날씨가 지속되면서 산불의 빈도와 강도가 증가하고 있습니다. 이는 단순한 지역 문제가 아니라, 탄소 배출과 산림 생태계 파괴로 이어지는 심각한 환경 문제라고 생각합니다. 앞으로는 예방과 복구 시스템을 함께 강화해야 한다고 봅니다.

❻ 산림과 경제는 어떤 관계가 있다고 생각하나요?

답변Point ▶ 산림은 목재, 약용 식물, 관광 자원 등 다양한 경제적 자원을 제공합니다. 동시에 산림 보전은 수자원 보호, 탄소 저감 등 비시장적 가치를 통해 사회 전체의 복지 향상에도 기여합니다. 이러한 경제성과 공공성을 동시에 고려하며 산림을 활용하는 것이 중요하다고 생각합니다.

❼ 산림학에서 관심 있는 연구 분야나 기술은 무엇인가요?

답변Point ▶ 저는 산림 탄소 흡수량 평가와 숲 복원 기술에 관심이 많습니다. 기후 변화 대응을 위해 산림의 탄소 저장 능력을 정확히 측정하고, 훼손된 산림을 복원하는 기술은 매우 중요합니다. 이를 통해 지속 가능한 산림 관리 방안을 연구하고 실질적으로 환경에 기여하고 싶습니다.

❽ 산림 관리에서 가장 중요한 역량은 무엇이라고 생각하나요?

답변Point ▶ 산림학자는 자연 생태와 인간 사회를 동시에 이해해야 하므로 생태학적 지식과 분석 능력, 문제 해결 능력이 중요하다고 생각합니다. 또한 현장 조사와 정책 설계가 연결되므로 실무적 판단력과 협업 능력도 필수적입니다. 데이터를 기반으로 한 합리적 의사결정 능력도 중요한 역량입니다.

⑨ **산림학이 사회에 기여할 수 있는 사례를 하나 들어보세요.**

🔵**답변 Point** ▶ 산림 녹화 사업은 대표적인 사례입니다. 도시 주변이나 황폐화된 지역에 나무를 심고 숲을 조성하면 탄소 흡수와 미세먼지 저감, 열섬 완화 등 다양한 환경적 효과가 나타납니다. 동시에 지역 주민의 일자리 창출과 관광 자원 제공 등 사회·경제적 효과도 함께 거둘 수 있습니다.

⑩ **졸업 후 어떤 진로를 희망하나요?**

🔵**답변 Point** ▶ 저는 산림청이나 환경 관련 연구기관에서 산림 복원, 탄소 관리, 생태 조사 분야에서 전문가로 일하고 싶습니다. 나아가 산림 정책 개발과 기후 변화 대응 프로젝트에도 참여해, 과학적 지식과 현장 경험을 바탕으로 지속 가능한 산림 관리와 환경 보호에 기여하고 싶습니다.

19. 항공우주공학과

❶ **항공우주공학과에 지원한 동기는 무엇인가요?**

🔵**답변 Point** ▶ 어릴 때부터 비행기와 우주에 대한 관심이 많았습니다. 특히 NASA의 우주탐사 영상과 SpaceX의 로켓 발사 장면을 보며 항공우주 기술이 인류의 한계를 넘는다는 점에 큰 감동을 받았습니다. 고등학교 때 물리학과 수학을 좋아했고, 드론 동아리 활동을 하면서 공학적 흥미도 함께 느꼈습니다. 이런 흥미와 진로에 대한 열정을 바탕으로 항공우주공학과에 진학해 전문 지식을 쌓고 싶어 지원하게 되었습니다.

❷ **항공우주공학과에서는 어떤 것을 배우게 될까요?**

🔵**답변 Point** ▶ 항공우주공학과에서는 비행기의 구조, 추진 시스템, 항공역학, 위성 시스템, 로켓 공학, 제어 시스템 등을 배웁니다. 고체역학과 유체역학 같은 기초 공학 과목은 물론, 인공위성 궤도 계산, 재료공학, CAD

설계도 포함됩니다. 복잡한 시스템을 이해하고 설계하는 능력이 요구되기 때문에, 이론뿐 아니라 실험과 프로젝트 수업도 중요하다고 알고 있습니다.

❸ 고등학교 시절 항공우주공학과와 관련된 활동이 있었나요?

답변 Point ▶ 네, 드론 제작 동아리에서 활동하며 드론의 비행 원리를 이해하려 노력했습니다. 직접 부품을 조립하고, 소프트웨어를 활용해 비행 경로를 조절한 경험이 있습니다. 또한 물리학 수업 시간에 비행기 양력에 대해 발표한 적도 있었고, 공기역학에 관한 과학 보고서를 작성해 탐구 발표 대회에도 참가했습니다. 이런 활동들이 항공우주공학에 대한 흥미를 더 키워주었습니다.

❹ 항공우주산업의 최근 이슈 중 하나를 말해보세요.

답변 Point ▶ 최근에는 '소형 위성 시장의 급성장'이 중요한 이슈라고 생각합니다. 저비용으로 발사할 수 있는 CubeSat 같은 소형 위성이 늘어나면서, 민간 기업들도 위성 제작과 발사에 뛰어들고 있습니다. SpaceX의 스타링크 프로젝트처럼 위성을 활용한 글로벌 인터넷 서비스도 큰 주목을 받고 있고, 우리나라도 다누리 같은 독자 위성 개발을 이어가고 있습니다. 이러한 변화는 항공우주공학 분야의 진입 장벽을 낮추고 새로운 기술 개발을 촉진하고 있다고 생각합니다.

❺ 항공우주공학에서 수학과 물리가 중요한 이유는 무엇인가요?

답변 Point ▶ 항공우주공학은 복잡한 구조물의 설계와 운용, 비행체의 궤적 계산, 추진력 및 연료 효율 분석 등에서 수학과 물리학 지식이 필수적입니다. 예를 들어, 로켓의 발사 각도나 궤도 진입 계산은 물리학의 운동 법칙과 미적분이 없으면 불가능하고, 유체역학을 이해하지 않으면 날개 형상 설계나 공기저항 계산도 할 수 없습니다. 고등학교에서 배운 수학과 물리가 대학 전공의 기초가 되는 이유입니다.

❻ 항공우주공학이 사회에 어떤 기여를 할 수 있다고 생각하나요?

🔹**답변 Point** ▶　항공우주공학은 국방력 강화, 재난 감시, 통신 인프라 제공, 기후 관측, 과학 탐사 등 다양한 분야에 기여하고 있습니다. 특히 인공위성과 무인항공기 기술은 기후 변화 대응, 통신 사각지대 해소, 실시간 재난 감시에 활용되며 사회 안전과 삶의 질 향상에 직접 연결됩니다. 또한, 항공기 기술은 친환경 연료, 소음 감소 등 지속가능한 교통수단 개발에도 기여하고 있어 앞으로 더욱 중요해질 분야라고 생각합니다.

❼ 졸업 후 어떤 진로를 계획하고 있나요?

🔹**답변 Point** ▶　항공우주공학과 졸업 후에는 우주탐사 기술 개발에 참여하는 것이 목표입니다. 우주 환경을 이해하고, 인공위성이나 탐사선 시스템을 설계·개발하는 연구자가 되고 싶습니다. 국내외 연구기관이나 우주 관련 기업, 또는 한국항공우주연구원(KARI) 같은 공공기관에서 일하며, 우리나라의 독자적인 우주 기술 발전에 기여하고 싶습니다. 이를 위해 대학에서 기초부터 차근차근 실력을 쌓고 싶습니다.

❽ 항공우주공학에서 가장 관심 있는 분야는 무엇인가요?

🔹**답변 Point** ▶　저는 인공위성과 우주탐사선 분야에 가장 관심이 있습니다. 인공위성은 통신, 기후 관측, 지구 탐사 등 실생활에 직접 연결되어 있고, 우주탐사선은 인류의 지식 확장에 큰 기여를 합니다. 특히 달과 화성 탐사 프로젝트를 통해 얻는 데이터는 미래 인류의 우주 진출을 준비하는 데 핵심적이라고 생각합니다. 이런 분야에서 실제 설계와 개발에 참여하고 싶습니다.

❾ 항공우주공학을 공부하면서 예상되는 어려움은 무엇이며, 어떻게 극복할 계획인가요?

🔹**답변 Point** ▶　항공우주공학은 수학, 물리학, 전자공학 등 여러 학문의 융합이 요구되기 때문에 기초가 부족하면 어려움을 겪을 수 있습니다. 이를

극복하기 위해 기본 개념을 철저히 복습하고, 관련 실습과 프로젝트에 적극 참여해 이론을 실제로 적용해 보려 합니다. 또한 팀 프로젝트에서 동료들과 협력해 서로의 강점을 살리며 배워 나가는 방식으로 부족한 부분을 보완하고 싶습니다.

⑩ 항공우주공학이 미래 사회에 미칠 영향은 무엇이라고 생각하나요?

답변 Point ▶ 항공우주공학은 미래 사회의 핵심 인프라를 크게 바꿀 것이라고 생각합니다. 위성 통신과 지구 관측 기술은 글로벌 연결성과 안전성을 높이고, 도심 항공 모빌리티(UAM)와 친환경 항공기 기술은 교통과 환경 문제 해결에 기여할 수 있습니다. 더 나아가 우주탐사와 거주 기술은 인류가 지구를 넘어 우주로 진출하는 기반을 마련할 것입니다. 따라서 항공우주공학은 단순히 기술 발전이 아니라 인류의 새로운 삶의 방식을 열어줄 학문이라고 봅니다.

20. 데이터사이언스학과

① 데이터사이언스학과에 지원한 이유는 무엇인가요?

답변 Point ▶ 저는 다양한 사회 현상을 숫자와 데이터로 분석해 인사이트를 얻는 것에 큰 흥미를 느꼈습니다. 특히 코로나19 확산 데이터를 시각화한 자료를 보며 데이터가 사회 문제 해결에 실제로 기여할 수 있다는 점이 인상 깊었습니다. 수학과 통계, 컴퓨터에 모두 관심이 있었기 때문에 이 세 가지를 융합하는 데이터사이언스학과가 저의 적성에 잘 맞는다고 판단해 지원하게 되었습니다.

② 데이터사이언스란 어떤 학문이라고 생각하나요?

답변 Point ▶ 데이터사이언스는 다양한 데이터에서 유의미한 정보를 추출해 의사결정에 활용하는 융합 학문입니다. 통계학, 컴퓨터공학, 수학, 인공지능 등의 지식을 바탕으로 데이터를 수집하고 분석해 패턴을 찾아내며, 이를 통해 사회 문제를 해결하거나 기업 전략 수립에 도움을 줄 수 있다고 생각합니다.

③ **고등학교 시절 데이터사이언스와 관련된 활동이 있었나요?**

답변 Point ▶ 네. 저는 수학 동아리에서 학교 급식 선호도 조사를 진행하고, 이를 엑셀과 파이썬을 활용해 정리하고 시각화한 적이 있습니다. 또한, 데이터 시각화 온라인 강의를 수강하며 pandas와 matplotlib을 활용해 간단한 프로젝트를 수행해본 경험도 있습니다. 이 활동을 통해 데이터를 다루는 데 흥미를 느꼈고, 더 전문적으로 공부하고 싶다는 확신을 얻었습니다.

④ **데이터사이언스가 사회에 어떻게 활용될 수 있을까요?**

답변 Point ▶ 데이터사이언스는 거의 모든 분야에 적용될 수 있습니다. 예를 들어, 의료 분야에서는 환자의 데이터를 분석해 질병 예측이 가능하고, 금융에서는 소비자 데이터를 기반으로 맞춤형 금융 상품을 제공합니다. 또한, 환경 문제나 교통 문제 해결에도 데이터를 기반으로 한 정책 수립이 중요한 역할을 합니다. 데이터는 효율적이고 근거 기반의 판단을 가능하게 하기 때문에 사회 전반에 큰 기여를 한다고 생각합니다.

⑤ **데이터 분석을 위한 중요한 역량은 무엇이라고 생각하나요?**

답변 Point ▶ 기초적인 수학과 통계학에 대한 이해는 기본이고, 프로그래밍 능력도 중요합니다. 하지만 그보다 더 중요한 것은 데이터를 해석하는 '논리적 사고력'과 '비판적 사고'라고 생각합니다. 데이터를 단순히 처리하는 것이 아니라, 어떤 의미가 있는지, 어떤 편향이 있을 수 있는지를 분석하는 능력이 진정한 데이터사이언티스트의 핵심 역량이라고 봅니다.

⑥ **좋아하는 과목은 무엇이고, 그것이 데이터사이언스와 어떤 관련이 있나요?**

답변 Point ▶ 저는 수학과 사회 과목을 좋아했습니다. 수학은 데이터 처리와 모델링에 직접적으로 연결되며, 사회 과목은 인간 행동을 분석하고 예측하는 데 도움이 된다고 생각합니다. 데이터사이언스는 숫자를 다루지만 결국 사람과 사회를 이해해야 하므로, 두 과목이 서로 보완적으로 작용한다고 느꼈습니다.

❼ 졸업 후 데이터사이언스를 어떻게 활용하고 싶나요?

답변 Point ▶ 저는 데이터사이언스를 활용해 사회 문제 해결에 기여하고 싶습니다. 특히 환경 분야나 공공 정책 분야에서 데이터 기반 의사결정이 중요해지고 있다고 생각합니다. 예를 들어, 교통 혼잡도나 에너지 소비량을 분석해 효율적인 시스템을 설계하는 일을 하고 싶습니다. 궁극적으로는 공공기관이나 국제기구에서 데이터 분석가로 일하며 사회에 긍정적인 영향을 주고 싶습니다.

❽ 데이터사이언스와 인공지능은 어떤 관계가 있다고 생각하나요?

답변 Point ▶ 데이터사이언스는 데이터를 수집하고 분석해 의미를 찾는 학문이고, 인공지능은 이런 데이터를 기반으로 학습하고 예측하는 기술이라고 생각합니다. 즉, 데이터사이언스가 인공지능의 토대가 되는 셈입니다. 충분히 정확하고 다양한 데이터가 있어야 인공지능이 제대로 작동할 수 있기 때문에 두 분야는 상호 보완적인 관계라고 봅니다.

❾ 데이터 분석 과정에서 가장 중요하다고 생각하는 단계는 무엇인가요?

답변 Point ▶ 저는 '데이터 전처리'가 가장 중요하다고 생각합니다. 아무리 좋은 모델을 사용하더라도 데이터가 불완전하거나 편향되어 있으면 결과가 왜곡될 수 있습니다. 따라서 데이터를 정제하고, 결측값이나 이상치를 처리하며 분석 목적에 맞게 구조화하는 과정이 핵심이라고 생각합니다. 이를 통해 결과의 신뢰성을 확보할 수 있습니다.

⑩ 데이터사이언티스트로서 갖추어야 할 태도는 무엇이라고 생각하나요?

🔵**답변 Point ▶** 데이터사이언티스트는 단순히 기술적 능력뿐 아니라 책임감 있는 태도가 필요하다고 생각합니다. 데이터에는 개인정보나 사회적 의미가 담겨 있기 때문에 이를 윤리적으로 활용하는 자세가 중요합니다. 또한, 분석 결과를 쉽게 설명할 수 있는 소통 능력도 필요합니다. 데이터는 전문가만 이해하면 의미가 없기 때문에 비전문가에게도 설득력 있게 전달할 수 있어야 한다고 봅니다.

21. 바이오의공학과

① 바이오의공학과에 지원한 이유는 무엇인가요?

🔵**답변 Point ▶** 저는 생명과학과 공학 모두에 흥미를 느끼며, 사람들의 건강을 돕는 기술을 만들고 싶었습니다. 특히 장애인 보조기기나 인공장기, 의료기기처럼 인체와 밀접하게 연관된 기술에 관심이 많았고, 이러한 기술 개발에 기여하고 싶어서 바이오의공학과에 지원하게 되었습니다.

② 바이오의공학과는 어떤 학문이라고 생각하나요?

🔵**답변 Point ▶** 바이오의공학은 생명과학, 의학, 기계공학, 전기전자공학 등이 융합된 학문으로, 사람의 건강을 개선하고 치료하는 기술을 개발하는 데 목적이 있습니다. 예를 들어, 인공 심장, 의료용 센서, 스마트 헬스케어 기기 등이 바이오의공학의 대표적인 성과라고 생각합니다.

③ 고등학교 때 관련된 활동이나 경험이 있었나요?

🔵**답변 Point ▶** 저는 생명과학 수업에서 인체 구조에 대해 배우는 것을 좋아했고, 기계 동아리에서 3D 프린터로 물체를 설계해 본 경험이 있습니다. 이 두 가지 경험을 통해 인체와 기술이 만나는 지점에 흥미를 느꼈고, 바이오의공학이라는 전공에 관심을 가지게 되었습니다.

④ 관심 있는 바이오의공학 기술 또는 연구 분야가 있나요?

답변 Point ▶ 저는 인체와 연결되는 웨어러블 디바이스에 관심이 있습니다. 예를 들어, 심박수나 혈당을 실시간으로 측정하는 스마트 워치 기술처럼, 일상 속에서 건강을 관리할 수 있는 기술은 앞으로 고령화 사회에서 더욱 중요해질 것이라 생각합니다. 이런 기술을 개발하는 데 기여하고 싶습니다.

⑤ 바이오의공학과가 사회에 어떤 기여를 할 수 있다고 생각하나요?

답변 Point ▶ 고령화와 만성질환 증가로 인해 의료 수요가 커지고 있는 지금, 바이오의공학은 치료 기술뿐 아니라 예방, 재활, 진단까지 다양한 방식으로 사람들의 삶의 질을 향상시킬 수 있습니다. 예를 들어, 인공장기나 자동화된 진단 장비는 의료 서비스의 효율성과 접근성을 높이는 데 크게 기여할 수 있습니다.

⑥ 공학과 생명과학의 융합이 왜 중요한가요?

답변 Point ▶ 공학은 문제를 해결하는 기술적 수단을 제공하고, 생명과학은 인체나 생물의 구조와 기능을 이해하는 데 도움을 줍니다. 이 둘이 결합되어야만 생명체에 안전하게 적용할 수 있는 기술이 탄생할 수 있습니다. 단순한 기계 기술이 아니라, 인체에 맞는 정밀하고 섬세한 기술 개발에는 융합적 접근이 필수라고 생각합니다.

⑦ 졸업 후 진로에 대해 어떻게 생각하고 있나요?

답변 Point ▶ 저는 대학에서 학문적 기초를 다진 뒤, 의료기기 기업이나 바이오 벤처에서 일하며 사람들의 생명을 살릴 수 있는 기술 개발에 기여하고 싶습니다. 특히, 재활치료용 로봇이나 인공장기 분야에 관심이 많고, 나중에는 대학원에 진학해 보다 전문적인 연구를 하고 싶습니다.

⑧ 최근 주목받는 바이오의공학 기술은 무엇이라고 생각하나요?

◖답변 Point ▶ 저는 '장기 칩(Organ-on-a-chip)' 기술이 주목받고 있다고 생각합니다. 이는 작은 칩 안에 인체 장기의 환경을 모사해 약물 반응을 실험하는 기술로써 동물실험을 대체할 수 있고 신약 개발을 더 효율적으로 만들 수 있습니다. 인간 맞춤형 치료를 가능하게 할 수 있다는 점에서 바이오의공학의 미래를 잘 보여주는 사례라고 생각합니다.

⑨ 바이오의공학 연구에서 가장 중요하게 고려해야 할 점은 무엇일까요?

◖답변 Point ▶ 저는 '안전성과 윤리성'이 가장 중요하다고 생각합니다. 의료기기나 인공장기는 사람의 생명과 직접 연결되기 때문에 작은 오류도 치명적일 수 있습니다. 따라서 기술적 성능뿐만 아니라 안전 검증과 임상 적용에 대한 윤리적 고려가 반드시 필요합니다. 안전성과 윤리성을 지킬 때 비로소 사회적으로 신뢰받는 기술이 될 수 있다고 생각합니다.

⑩ 바이오의공학을 공부하며 가장 도전적일 것 같은 부분은 무엇이라고 생각하나요?

◖답변 Point ▶ 바이오의공학은 여러 학문이 융합된 만큼, 기계·전기·생명과학·의학 등 다양한 분야의 지식을 두루 이해해야 한다는 점이 도전적이라고 생각합니다. 하지만 저는 이를 오히려 장점으로 받아들이고 싶습니다. 여러 학문을 통합적으로 배우고 적용하는 과정이 어렵지만, 그만큼 의미 있고 성장할 수 있는 기회라고 생각합니다.

22. 에너지공학과

① 왜 에너지공학과에 지원했나요?

◖답변 Point ▶ 저는 고등학교에서 지구과학과 화학을 공부하면서 에너지 자원의 고갈 문제와 환경 문제에 관심을 갖게 되었습니다. 특히 신재생에

너지 기술을 통해 환경 문제를 해결하는 데 기여하고 싶다는 생각이 들어 에너지공학과를 선택하게 되었습니다. 에너지공학은 미래 사회의 핵심 분야이며, 기후 위기 대응에도 매우 중요하다고 생각합니다.

❷ 에너지공학과에서는 어떤 내용을 배우나요?

답변 Point ▶ 에너지공학과에서는 태양광, 풍력, 수소에너지 같은 신재생 에너지뿐 아니라, 전기화학, 열역학, 에너지 저장 시스템, 에너지 정책 등 다양한 분야를 배웁니다. 이를 통해 지속 가능한 에너지 시스템을 설계하고, 효율적으로 에너지를 변환·저장·분배하는 방법을 배우게 됩니다.

❸ 신재생에너지의 장단점에 대해 말해 보세요.

답변 Point ▶ 신재생에너지는 화석연료와 달리 고갈되지 않고, 온실가스를 거의 배출하지 않는다는 장점이 있습니다. 하지만 태양광과 풍력은 날씨에 따라 출력이 불안정하고, 초기 설치 비용이 높다는 단점도 있습니다. 이런 한계를 극복하기 위해서는 에너지 저장 기술과 스마트 그리드 기술의 발전이 필요하다고 생각합니다.

❹ 관심 있는 에너지 기술이 있나요?

답변 Point ▶ 저는 수소 에너지에 특히 관심이 많습니다. 수소는 연소 시 이산화탄소가 발생하지 않고, 다양한 형태로 저장과 운송이 가능하기 때문에 미래의 청정 에너지로 주목받고 있습니다. 향후 수소 연료전지 자동차나 수소 발전소 등 관련 기술에 참여하고 싶습니다.

❺ 기후 변화 문제 해결에 에너지공학이 어떤 역할을 한다고 생각하나요?

답변 Point ▶ 기후 변화는 탄소 배출이 주요 원인이고, 그 중 상당수가 에너지 생산 과정에서 발생합니다. 에너지공학은 에너지 생산과 소비의 효율을 높이고, 탄소 배출을 줄이는 기술을 개발함으로써 기후 문제 해결에 핵심적인 역할을 할 수 있습니다. 예를 들어, 탄소 포집 및 저장(CCS), 재생에너지 확대, 에너지 효율 개선 등이 있습니다.

⑥ 고등학교 시절 어떤 활동이 전공 선택에 영향을 주었나요?

답변 Point ▶ 환경 관련 신문 기사 스크랩 활동과 과학탐구 동아리에서 '에너지 자원의 지속 가능성'에 대해 조사한 경험이 전공 선택에 많은 영향을 주었습니다. 이 과정에서 신재생에너지 기술과 탄소중립 정책에 대해 알게 되었고, 단순한 이론을 넘어 실제 기술로 해결하고 싶은 마음이 생겨 에너지공학을 전공으로 선택하게 되었습니다.

⑦ 에너지공학을 공부한 뒤 어떤 진로를 생각하고 있나요?

답변 Point ▶ 대학에서 에너지 시스템과 신재생에너지에 대해 깊이 있게 배운 후, 에너지 기술 관련 기업이나 공공기관에서 일하고 싶습니다. 특히 에너지 저장 시스템이나 수소에너지 기술 분야에서 일하면서, 실질적인 에너지 전환과 지속 가능성 향상에 기여하고 싶습니다. 장기적으로는 해외 에너지 프로젝트나 정책 연구에도 참여하고 싶습니다.

⑧ 현재 에너지 산업에서 가장 중요한 과제는 무엇이라고 생각하나요?

답변 Point ▶ 현재 에너지 산업의 가장 큰 과제는 '에너지 전환'을 성공적으로 이루는 것이라고 생각합니다. 화석연료 중심에서 신재생에너지 중심으로 전환하는 과정에서 안정적인 전력 공급과 경제성을 동시에 확보하는 것이 핵심 과제입니다. 이를 위해서는 에너지 저장 기술 발전, 스마트 그리드 구축, 국제 협력이 필수적이라고 생각합니다.

⑨ 에너지공학을 공부하면서 가장 어려울 것 같은 점은 무엇인가요?

답변 Point ▶ 에너지공학은 화학, 물리학, 전기공학, 환경학 등 여러 분야의 지식을 필요로 하기 때문에 폭넓고 깊이 있는 학습이 필요하다는 점이 어려울 것 같습니다. 하지만 저는 다양한 분야를 융합적으로 배우는 과정에서 시야를 넓히고, 문제 해결 능력을 기를 수 있을 것이라고 기대합니다.

⑩ 본인이 생각하는 '이상적인 미래 에너지 사회'는 어떤 모습인가요?

답변 Point ▶ 저는 재생에너지가 주 전력원이 되고, 수소와 에너지 저장 기술이 보조적으로 활용되어 안정적인 전력 공급이 가능한 사회를 이상적인 에너지 사회라고 생각합니다. 또한, 모든 사람이 깨끗하고 저렴한 에너지를 이용할 수 있어 에너지 불평등이 해소되고, 기후 위기에도 대응할 수 있는 지속 가능한 사회가 미래의 목표라고 봅니다.

23. 컴퓨터공학과

① 왜 컴퓨터공학과를 선택했나요?

답변 Point ▶ 어릴 때부터 프로그래밍과 문제 해결에 흥미가 있었고, 4차 산업혁명 시대에 가장 핵심적인 분야가 컴퓨터공학이라고 생각했습니다. 특히 인공지능, 데이터 분석, 소프트웨어 개발 등 다양한 진로를 탐색할 수 있어 선택하게 되었습니다.

② 본인이 컴퓨터공학과에 적합하다고 생각하는 이유는 무엇인가요?

답변 Point ▶ 저는 논리적으로 사고하고 문제를 분석하는 것을 좋아합니다. 또한 새로운 기술을 배우는 데 흥미가 크고, 꾸준히 코딩을 연습하면서 오류를 해결하는 과정을 즐깁니다. 이런 성향이 컴퓨터공학과 공부에 잘 맞는다고 생각합니다.

③ 프로그래밍 경험이 있나요? 있다면 어떤 언어를 사용했나요?

답변 Point ▶ 고등학교 때 파이썬과 C 언어를 접해보았습니다. 간단한 프로그램을 만들면서 반복문, 조건문, 함수 개념을 익혔습니다. 아직 깊이 있는 수준은 아니지만 새로운 언어를 배우는 데 흥미가 있고 빠르게 적응할 수 있습니다.

④ 컴퓨터공학에서 가장 관심 있는 분야는 무엇인가요?

답변 Point ▶ 저는 인공지능과 빅데이터 분야에 가장 관심이 있습니다. 데이터를 분석하고, 학습을 통해 스스로 발전하는 인공지능 기술이 사회의 많은 문제를 해결할 수 있다고 생각하기 때문입니다.

⑤ 컴퓨터공학이 사회에 기여할 수 있는 방법은 무엇이라고 생각하나요?

답변 Point ▶ 컴퓨터공학은 의료, 교육, 환경, 교통 등 거의 모든 분야에 응용될 수 있습니다. 예를 들어 의료 AI는 질병을 조기에 진단할 수 있고, 환경 분야에서는 에너지 효율화를 통해 기후 위기에 대응할 수 있습니다. 즉, 사회 문제 해결의 핵심 도구가 될 수 있습니다.

⑥ 최근 컴퓨터공학 분야에서 관심 있게 본 기술이나 뉴스를 말해보세요.

답변 Point ▶ 최근 생성형 AI 기술이 급격히 발전하면서 사회 전반에 영향을 주고 있다는 소식이 인상 깊었습니다. 예술, 프로그래밍, 문서 작성 등 다양한 분야에서 활용되지만 동시에 저작권과 윤리 문제가 발생하고 있다는 점이 고민할 부분이라고 생각했습니다.

⑦ 협업 프로젝트에서 어떤 역할을 맡고 싶나요?

답변 Point ▶ 저는 팀 내에서 문제를 분석하고 해결책을 제시하는 역할을 잘할 수 있다고 생각합니다. 또한 새로운 개념을 빠르게 이해해 팀원들에게 설명하는 것을 좋아합니다. 따라서 개발뿐 아니라 의사소통 역할도 적극적으로 맡고 싶습니다.

⑧ **코딩을 하다가 오류(버그)가 생겼을 때 어떻게 해결하나요?**

　🔵**답변 Point ▶** 　먼저 오류 메시지를 분석하고, 코드를 단계별로 나누어 실행해보면서 원인을 찾습니다. 해결이 어렵다면 공식 문서나 커뮤니티 자료를 참고합니다. 문제 해결 과정을 통해 새로운 것을 배우는 것 자체가 값진 경험이라고 생각합니다.

⑨ **앞으로 컴퓨터공학을 공부하면서 가장 도전이 될 부분은 무엇이라고 생각하나요?**

　🔵**답변 Point ▶** 　끊임없이 새로운 기술이 등장하기 때문에 최신 흐름을 꾸준히 학습해야 한다는 점이 가장 큰 도전이라고 생각합니다. 하지만 이 과정에서 자기주도 학습 능력을 기를 수 있고, 변화에 빠르게 적응하는 역량을 갖추는 계기가 될 것이라 생각합니다.

⑩ **졸업 후 진로 계획은 어떻게 생각하고 있나요?**

　🔵**답변 Point ▶** 　저는 소프트웨어 개발자로서 인공지능이나 데이터 분석 분야에 진출하고 싶습니다. 나아가 사회 문제를 해결할 수 있는 기술을 개발해 실생활에 도움이 되는 서비스를 만들고 싶습니다.

24. 도시(시스템)공학과

① **도시(시스템)공학과를 선택한 이유는 무엇인가요?**

　🔵**답변 Point ▶** 　도시 문제 해결과 지속가능한 발전에 기여하고 싶기 때문입니다. 특히 교통, 환경, 에너지 문제를 과학적·공학적으로 분석하고 효율적인 시스템을 설계하는 데 관심이 있습니다.

② **도시공학과 건축학과의 차이점은 무엇이라고 생각하나요?**

　🔵**답변 Point ▶** 　건축학은 개별 건물 설계와 미적·공간적 가치에 초점을 맞추는 반면, 도시공학은 교통, 인프라, 환경, 도시계획 등 도시 전체의 시스템과 구조를 다룬다는 차이가 있습니다.

③ **최근 관심 있는 도시 문제와 그 이유를 설명해보세요.**

🔵**답변 Point** ▶ 저는 '스마트 시티'에 관심이 많습니다. 고령화, 교통 혼잡, 환경 문제를 해결하기 위해 ICT 기술을 접목한 도시 운영 방식이 필요하다고 생각합니다.

④ **도시화 과정에서 발생하는 환경 문제에는 어떤 것들이 있나요?**

🔵**답변 Point** ▶ 대기 오염, 교통 혼잡, 녹지 부족, 열섬현상 등이 있습니다. 이를 해결하기 위해 대중교통 활성화, 친환경 에너지 도입, 도시 녹화 정책 등이 필요합니다.

⑤ **도시 시스템에서 교통망 설계가 중요한 이유는 무엇일까요?**

🔵**답변 Point** ▶ 교통망은 도시의 혈관과 같습니다. 효율적인 교통망이 있어야 물류와 인력이 원활히 이동하며 경제와 삶의 질이 향상됩니다.

⑥ **스마트 시티에서 가장 중요한 기술은 무엇이라고 생각하나요?**

🔵**답변 Point** ▶ 저는 데이터 분석과 IoT(사물인터넷)라고 생각합니다. 실시간 교통량, 에너지 사용량, 환경 데이터를 수집·분석해 효율적인 도시 운영을 가능하게 하기 때문입니다.

⑦ **도시공학과에서 배우는 수학·물리학 지식이 어떻게 활용될까요?**

🔵**답변 Point** ▶ 교통흐름 모델링, 구조물 안정성 해석, 인프라 네트워크 최적화 등에서 수학적 계산과 물리적 원리를 적용할 수 있습니다.

⑧ **지속가능한 도시를 만들기 위해 가장 우선적으로 해결해야 할 문제는 무엇일까요?**

🔵**답변 Point** ▶ 저는 에너지 문제라고 생각합니다. 재생에너지 기반의 도시 인프라 구축과 효율적인 에너지 관리 시스템이 장기적으로 도시 지속가능성을 높이는 핵심입니다.

⑨ **도시공학을 전공한 후 어떤 진로를 꿈꾸고 있나요?**

답변 Point ▶ 도시계획가나 스마트시티 관련 엔지니어가 되고 싶습니다. 데이터를 기반으로 한 도시 설계와 공공 정책에 참여하여 시민들의 삶을 개선하는 데 기여하고 싶습니다.

⑩ **만약 도시 문제 해결 프로젝트를 맡는다면 어떤 주제를 선택하고 싶나요?**

답변 Point ▶ 저는 '대중교통 최적화 프로젝트'를 하고 싶습니다. 빅데이터를 활용해 교통 수요를 분석하고, 혼잡을 줄이는 새로운 버스 노선이나 환승 체계를 제안해보고 싶습니다.

25. 식품영양학과

❶ **식품영양학과에 지원한 이유는 무엇인가요?**

답변 Point ▶ 저는 사람들의 건강을 음식과 영양을 통해 지킬 수 있다는 점에 매력을 느꼈습니다. 올바른 식습관과 영양 관리를 통해 삶의 질을 높이는 전문가가 되고 싶어 지원했습니다.

❷ **식품영양사가 수행하는 주요 역할은 무엇이라고 생각하나요?**

답변 Point ▶ 식품영양사는 개인과 집단의 영양 상태를 평가하고, 균형 잡힌 식단을 계획하며 영양 교육을 제공합니다. 또한 병원, 학교, 산업체 등 다양한 환경에서 식품 안전과 건강 증진에 기여하는 역할을 수행합니다.

❸ **식습관 개선을 위해 가장 중요한 점은 무엇이라고 생각하나요?**

답변 Point ▶ 개인의 생활 패턴과 취향을 고려한 맞춤형 접근이 중요합니다. 단순한 지식 전달보다는 지속 가능한 실천을 유도하는 것이 핵심이라고 생각합니다.

④ 최근 관심 있는 식품영양 관련 이슈가 있나요?

답변 Point ▶ 최근에는 가공식품과 당 섭취 과다 문제, 기능성 식품과 건강보조식품의 안전성에 관심이 많습니다. 이를 통해 식품 선택과 영양 관리의 중요성을 실감하게 되었습니다.

⑤ 식단을 계획할 때 가장 중점을 두는 요소는 무엇인가요?

답변 Point ▶ 균형, 다양성, 적절한 열량과 영양소 구성에 중점을 둡니다. 또한 대상자의 연령, 건강 상태, 활동량 등을 고려해 실질적인 적용이 가능하도록 해야 합니다.

⑥ 식품영양학과에서 배우고 싶은 분야는 무엇인가요?

답변 Point ▶ 임상영양학, 식품위생학, 기능성 식품 연구 등 다양한 분야를 체계적으로 배우고 싶습니다. 이를 통해 병원 영양 관리와 식품 개발 모두에 기여할 수 있는 전문성을 키우고자 합니다.

⑦ 영양 관련 상담 경험이 있다면 소개해 주세요.

답변 Point ▶ 학교 프로젝트에서 친구들의 식습관을 조사하고, 개선 방안을 제안한 경험이 있습니다. 단순한 조언이 아니라 구체적인 식단과 실천 계획을 함께 제시하며 효과를 확인했습니다.

⑧ 식품 안전과 위생의 중요성에 대해 어떻게 생각하나요?

답변 Point ▶ 아무리 영양이 뛰어난 식단이라도 안전하지 않으면 의미가 없습니다. 따라서 조리 과정, 보관, 유통 과정에서 철저한 위생 관리와 안전 검증이 필수적이라고 생각합니다.

⑨ 졸업 후 진로 계획은 무엇인가요?

답변 Point ▶ 병원 영양사나 학교 영양사로 근무하며 개인 맞춤형 영양 관리와 교육을 하고 싶습니다. 이후에는 식품산업 연구나 공공기관에서 국민 영양 개선 정책에도 참여하고 싶습니다.

⑩ 식품영양학 공부 중 예상되는 어려움과 극복 방법은 무엇인가요?

답변 Point ▶ 영양학, 생화학 등 기초 과목이 어렵게 느껴질 수 있습니다. 이를 극복하기 위해 반복 학습과 실습 중심의 경험을 통해 이해도를 높이고, 팀 프로젝트와 스터디를 통해 상호 피드백을 받겠습니다.

06

보건 의료(학) 계열

1. 의예과

① 의예과에 지원한 동기는 무엇인가요?

답변 Point ▶ 어려서부터 사람을 돕고 싶다는 마음이 컸고, 특히 의학이 생명을 직접적으로 다루는 분야라는 점에 매력을 느꼈습니다. 의예과에서는 기초 의학 지식을 쌓으며 체계적으로 공부할 수 있어, 훗날 환자를 돌보는 의사로 성장하는 데 탄탄한 기반이 될 것이라 생각해 지원하게 되었습니다. 또한, 의료는 과학과 인간애가 결합된 분야라서 제 적성과 가치관에 잘 맞는다고 생각합니다.

② 의사가 되기 위해 갖추어야 할 가장 중요한 덕목은 무엇이라고 생각하나요?

답변 Point ▶ 저는 책임감과 공감능력이 가장 중요하다고 생각합니다. 의사는 환자의 생명과 건강을 직접 다루는 직업이기에, 실수 없이 최선을 다할 책임감이 필요합니다. 동시에 환자의 고통과 상황을 이해하고 진심으로 공감하는 마음이 있어야 진정한 치료와 위로가 가능하다고 믿습니다. 이런 덕목이 균형을 이룰 때 훌륭한 의사가 될 수 있다고 생각합니다.

❸ 최근 의료 분야에서 관심 있게 본 이슈가 있나요?

●답변 Point ▶ 최근 AI와 의료기술 융합에 관심을 갖고 있습니다. 인공지능을 활용해 질병을 조기에 진단하거나, 맞춤형 치료 계획을 세우는 사례가 늘어나고 있는데, 이는 의료의 효율성과 정확성을 크게 높일 수 있다고 생각합니다. 하지만 동시에 윤리적 문제, 개인정보 보호 문제도 함께 고민해야 한다고 봅니다. 의예과에서 기초부터 탄탄히 공부하며 이런 미래 의료 환경에 대응할 수 있는 역량을 키우고 싶습니다.

❹ 의학 공부가 매우 어렵고 힘든데, 어떻게 극복할 계획인가요?

●답변 Point ▶ 의학은 방대한 지식을 요구하지만, 꾸준한 학습 습관과 체계적인 시간 관리, 그리고 동료들과의 협력과 소통이 극복의 열쇠라고 생각합니다. 어려운 내용을 혼자 끙끙 앓기보다 스터디 그룹을 만들어 서로 가르치고 배우는 방식을 선호합니다. 또한, 자기 관리를 통해 체력과 정신력을 유지하며, 목표를 잊지 않고 꾸준히 노력할 자신이 있습니다.

❺ 팀워크가 중요한 의료 현장에서 본인은 어떤 역할을 할 수 있다고 생각하나요?

●답변 Point ▶ 저는 협력과 소통에 강점이 있습니다. 학교에서 다양한 팀 프로젝트를 수행하며 의견 차이를 조율하고, 각자의 강점을 살려 역할을 분담하는 경험을 쌓았습니다. 의료 현장은 다양한 전문가가 협력해야 하므로, 저는 동료들과 원활한 의사소통을 통해 최선의 치료를 도출하는 데 기여할 수 있다고 믿습니다.

❻ 의사가 된 후 어떤 분야에서 활동하고 싶나요?

●답변 Point ▶ 아직 구체적인 전문 분야는 정하지 않았지만, 저는 환자와 직접 소통하며 치료하는 임상 의사가 되고 싶습니다. 특히 환자의 몸과 마음을 모두 돌보는 전인적 의료를 실천하고 싶고, 다양한 질환과 환자군을 접하면서 경험을 쌓아 장차 전문 분야를 정하는 데 도움이 될 것이라 생각합니다.

7 환자가 과거 의료기록 공개를 거부할 경우, 환자 자율성과 의료진의 책임 간 갈등을 어떻게 조율하겠는가?

답변 Point ▶ 환자가 과거 의료기록 공개를 거부할 경우 환자의 자율성과 의료진의 책임 간 갈등을 조율하는 방안은 다음과 같이 답변할 수 있습니다.

첫째, 환자의 자율성과 개인정보 보호를 존중합니다. 환자가 의료기록 공개를 거부하는 주된 이유는 사생활 보호와 개인정보에 대한 우려일 수 있으므로, 환자의 의사를 최대한 존중하며 이를 강요하지 않는 것이 기본 원칙입니다.

둘째, 의료진은 환자에게 의료기록 공개의 중요성과 목적을 충분히 설명하여 신뢰를 형성합니다. 의료진이 투명하게 진료 과정과 기록 공개의 필요성을 설명하고, 환자가 현 상황과 향후 치료에 미칠 영향을 이해하도록 돕는 대화가 필요합니다. 이는 환자가 불필요한 불안이나 오해 없이 합리적 결정을 할 수 있도록 지원하는 과정입니다.

셋째, 법적·윤리적 기준에 따라 환자의 동의 없이 의료정보를 공개할 수 있는 예외상황을 안내합니다. 예를 들어, 중대한 공중보건 위기나 법원의 명령, 응급 상황 등에서는 환자의 동의 없이도 의료정보가 공개될 수 있음을 밝히고, 이 경우 의료진의 책임과 환자의 안전 확보가 최우선임을 설명합니다.

넷째, 대화를 통한 상호 신뢰 구축과 타협점을 모색하며, 의료기관 내 상담지원 또는 윤리위원회의 중재를 활용할 수 있습니다. 환자와 의료진 간 의견 차이가 클 때는 제3자의 객관적 도움을 받아 갈등을 완화하고 합리적 해결책을 찾도록 하는 것이 효과적입니다.

결론적으로 환자 자율성과 의료진 책임의 갈등 상황에서는 환자의 권리와 개인정보를 존중하되, 의료적 책임 이행을 위한 소통과 신뢰 구축, 법적·윤리적 기준 안내, 조정 기구 활용을 통해 조율하는 균형적 접근이 필요합니다. 이렇게 하면 환자 권리를 보호하면서도 의료진의 치료 및 책임 수행에 필요한 정보를 확보하는 데 도움이 될 것입니다.

❽ 응급실에서 다른 환자보다 덜 위급한 환자가 먼저 치료받길 원한다면 어떻게 대응하겠는가?

답변 Point ▶ 응급실에서 다른 환자보다 덜 위급한 환자가 먼저 치료받길 원할 때의 대응은 다음과 같습니다.

첫째, 응급의료 체계에서는 환자의 중증도에 따라 우선순위를 정하는 것이 법적으로 규정되어 있습니다.「응급의료에 관한 법률」에 따르면 응급환자가 2명 이상일 경우 의학적 판단에 따라 더 위급한 환자부터 치료받도록 되어 있습니다. 따라서 중증도가 높지 않은 환자가 우선 치료되도록 요구하는 것은 원칙적으로 허용되지 않습니다.

둘째, 한국형 응급환자 분류도구인 KTAS(Korean Triage and Acuity Scale)에 따라 환자는 1등급(중증)부터 5등급(비응급)까지 나누어져 진료 우선순위가 정해집니다. 중증도가 높을수록 빠른 진료가 필요하며, 덜 위급한 환자는 이후에 치료받게 되어 있습니다.

셋째, 환자에게는 중증도에 따른 응급실 진료 순서와 그 이유를 이해하기 쉽고 진심으로 설명하며, 불편한 마음을 공감하는 태도가 중요합니다. 의학적 긴급성 때문에 우선순위가 정해지는 점을 안내하고, 환자가 불만이나 불편함을 느끼지 않도록 정중하면서도 투명하게 소통해야 합니다.

넷째, 응급상황에서는 의료진의 판단과 법적 기준이 최우선이므로, 환자의 요구와는 별개로 객관적 기준에 따라 진료가 진행됨을 분명히 해야 합니다. 다만 불필요한 갈등을 피하기 위해 환자의 불안이나 불만에 대해 경청하고 가능한 지원을 제공하는 것이 바람직합니다.

즉, 덜 위급한 환자가 먼저 치료해 달라는 요구에는 법과 의료 윤리에 따라 정중하게 응답하며, 응급환자의 중증도 분류 기준에 따른 공평하고 합리적인 진료 순서가 유지되도록 해야 합니다.

참고로, 응급상황에서 환자의 중증도를 분류하는 기준과 절차는「한국 응급환자 중증도 분류기준」에 자세히 명시되어 있으며, 이를 응용한 'KTAS' 제도가 전국적으로 활용되고 있습니다.

❾ 의사로서 환자보다 본인이나 가족의 건강을 우선시할 수 있다고 생각하는가?(딜레마 상황)

답변 Point ▶ 의사로서 환자보다 본인이나 가족의 건강을 우선시할 수 있느냐는 윤리적 질문에 대해, 의학 윤리 규범과 전문직 윤리 원칙을 근거로 답변 드리겠습니다.

첫째, 의사는 환자의 건강과 안녕을 최우선으로 해야 하는 직업적 윤리의무가 있습니다. 대한의사협회 의사윤리지침과 세계의사회 헬싱키 선언 등 의료윤리 강령에서는 의사를 "환자의 건강은 의사의 최우선 직무이며, 의사는 환자의 최선의 이익에 근거해 진료한다"라고 명확히 규정하고 있습니다. 이는 전문직의 사회적 신뢰 기반으로, 환자보다 본인이나 가족의 건강을 우선시하는 것은 윤리적으로 허용되지 않습니다.

둘째, 긴급한 상황에서 의사 자신이나 가족의 건강을 우선 고려하는 사례(예를 들어, 감염병 대유행 시 보건의료인의 우선 진료)는 예외적으로 인정될 수 있으나, 이는 환자 진료에 대한 기본 의무와는 구분되어야 합니다. 의료 자원이 부족할 때 의료진의 우선 치료는 전체 공중보건과 의료 체계 지속을 위한 전략적 선택이지, 개인적 이익을 위한 것이 아닙니다.

셋째, 개인적인 건강 문제로 인해 의사가 적절한 진료를 제공하지 못할 위험이 있으면, 그 시점에서는 환자 돌봄의 책임을 적절한 다른 의료인에게 인계하는 것이 윤리적으로 요구됩니다. 개인 건강보호는 의사의 직무 수행을 위한 필수 조건이지만, 이를 이유로 환자 치료의 우선순위를 개인이나 가족에게 부당하게 주는 것은 의료윤리 원칙에 반합니다.

결론적으로 의사는 본인이나 가족의 건강을 이유로 환자 진료에서 우선순위를 부당하게 변경해서는 안 되며, 환자의 건강과 생명을 보호하는 것이 의사의 최고 의무입니다. 개인 건강도 중요하지만, 이를 지키는 것은 환자 진료의 질과 지속가능성을 유지하기 위한 것이지, 개인이나 가족을 위해 환자보다 우선권을 갖는 근거가 될 수 없습니다.

⑩ 환자가 치료를 거부하는 상황에서 의사로서 어떻게 설득할 것인가?

답변 Point ▶ 환자가 치료를 거부하는 상황에서 저는 다음과 같은 방식으로 접근하겠습니다.

첫째, 환자의 감정과 입장을 충분히 이해하고 경청하겠습니다. 치료를 거부하는 이유에는 두려움, 경제적 부담, 과거 경험 등 다양한 배경이 있을 수 있으므로 먼저 그 원인을 파악하는 것이 중요합니다.

둘째, 그에 맞는 의학적 설명을 환자의 눈높이에 맞춰 제공하겠습니다. 치료의 필요성과 치료하지 않을 경우의 위험성을 구체적으로 안내하며, 선택에 도움이 되는 정보를 드릴 것입니다.

셋째, 환자의 사율성을 존중하되, 환자의 생명을 지기고자 하는 의시로서의 책임감을 바탕으로 진심을 담아 설득하겠습니다.

이러한 과정에서 신뢰를 형성하며, 환자가 스스로 치료를 선택하도록 돕는 것이 바람직한 의사의 자세라고 생각합니다.

⑪ 의사가 가져야 할 가장 중요한 자질은 무엇이라고 생각하는가?

답변 Point ▶ 의사가 가져야 할 가장 중요한 자질은 공감 능력이라고 생각합니다.

첫째, 환자는 단순한 의학적 대상이 아니라 고통과 불안을 겪는 인간이기 때문에, 의사는 환자의 감정을 이해하고 진심으로 소통할 수 있어야 합니다.

둘째, 공감 능력은 신뢰 형성의 바탕이 되며, 이는 진단과 치료의 효과에도 긍정적인 영향을 미칩니다.

셋째, 의학적 지식과 판단력도 물론 중요하지만, 그것을 인간적으로 전달하고 환자의 삶의 질까지 고려하는 태도가 바로 좋은 의사의 모습이라고 생각합니다.

저는 환자의 마음까지 살필 수 있는 따뜻한 의사가 되기 위해 노력하고
싶습니다

⑫ 수술실 CCTV 설치 의무화에 대한 자신의 생각을 말해 보세요.

답변Point ▶ 수술실 CCTV 설치 의무화는 환자의 권리 보호와 의료사
고 예방을 위한 중요한 조치라고 생각합니다. 최근 국민권익위원회의 조
사에 따르면, 응답자의 약 98%가 수술실 CCTV 설치 의무화에 찬성하였
으며, 그 이유로 의료사고 입증책임 명확화, 대리수술 등 불법행위 감시,
환자의 안전한 수술 환경 보장 등을 들었습니다.

그러나 의료계에서는 의사의 자율권 침해와 환자의 프라이버시 문제를
우려하며 반대의 목소리를 내고 있습니다. 이러한 우려를 해소하기 위해
서는 CCTV 영상의 접근과 보관에 대한 명확한 법적 기준을 마련하고, 환
자와 의료진의 동의를 기반으로 한 투명한 운영이 필요합니다.

결론적으로, 수술실 CCTV 설치는 환자와 의료진 모두의 권리를 존중하
는 방향으로 운영되어야 하며, 이를 통해 신뢰받는 의료 환경이 조성될
수 있다고 생각합니다.

⑬ 우리 몸의 심장과 혈액순환에 대해 설명해 보세요.

답변Point ▶ 심장은 우리 몸의 중심 펌프로, 혈액을 온몸으로 순환시키
는 역할을 합니다. 심장은 크게 좌심방, 좌심실, 우심방, 우심실 네 개의
방으로 구성되어 있으며, 산소가 부족한 혈액은 우심방과 우심실을 거쳐
폐로 보내져 산소를 공급받고, 다시 좌심방과 좌심실을 통해 온몸으로
보내집니다. 이 과정에서 혈액은 산소와 영양분을 세포에 전달하고, 이산
화탄소와 노폐물을 회수해 배출하는 중요한 기능을 수행합니다. 혈액순
환은 크게 폐순환과 체순환으로 나누어지는데, 폐순환은 혈액을 폐로 보
내 산소를 공급받는 과정이고, 체순환은 산소를 머금은 혈액이 몸 전체
로 퍼져나가는 과정입니다. 심장의 규칙적인 수축과 이완 운동 덕분에 혈
액은 지속적으로 흐르고, 우리 몸의 생명 활동이 유지됩니다.

2. 간호학과

❶ 간호학과에 지원한 이유는 무엇인가요?

🔵**답변Point ▶** 저는 사람을 직접 돕고 건강을 지키는 일을 통해 사회에 기여하고 싶었습니다. 특히 가족 중에 병원에서 도움을 받은 경험이 있어 간호사의 역할과 책임에 깊은 감명을 받았고, 전문적인 지식을 배우고 환자에게 직접 도움을 주는 간호사가 되고 싶어 지원했습니다.

❷ 간호사의 가장 중요한 역할은 무엇이라고 생각하나요?

🔵**답변Point ▶** 간호사는 환자의 신체적 치료뿐만 아니라 심리적 지지와 교육을 담당하는 통합적 돌봄자라고 생각합니다. 환자가 치료 과정에서 느끼는 불안과 고통을 이해하고, 그에 맞는 세심한 배려와 전문적인 지식을 통해 회복을 돕는 역할이 가장 중요하다고 봅니다.

❸ 힘든 상황에서 어떻게 환자와 가족을 돕겠습니까?

🔵**답변Point ▶** 환자와 가족이 불안하거나 어려울 때는 먼저 경청하며 공감하는 태도를 보이겠습니다. 상황을 명확히 설명해 불필요한 오해를 줄이고, 필요한 정보를 전달해 신뢰를 쌓겠습니다. 또한 동료들과 협력해 최선의 돌봄을 제공하고, 스스로도 스트레스 관리를 하며 꾸준히 성장하겠습니다.

❹ 간호학에서 중요하다고 생각하는 윤리적 문제는 무엇인가요?

🔵**답변Point ▶** 환자의 존엄성과 자율성을 존중하는 것이 가장 중요하다고 생각합니다. 예를 들어, 환자가 치료를 거부하거나 의사 결정을 할 때 간호사는 그 권리를 지켜주면서도 필요한 정보를 충분히 제공해 올바른 판단을 도울 책임이 있습니다. 윤리적 갈등 상황에서 균형 있는 판단과 배려가 필수라고 생각합니다.

❺ **간호 실습 봉사 중 가장 기억에 남는 경험이 있다면 무엇인가요?**

◗**답변 Point ▶** 실습 봉사 중 어느 환자분이 불안해하실 때, 말벗이 되어 드리고 간단한 심호흡법을 알려드렸습니다. 그분이 점차 안정되는 모습을 보고 간호사의 작은 관심과 배려가 환자에게 큰 힘이 된다는 것을 깨달았습니다. 이 경험이 간호사의 역할에 대한 책임감과 보람을 느끼게 했습니다.

❻ **앞으로 간호사로서 어떤 목표를 가지고 있나요?**

◗**답변 Point ▶** 환자 중심의 돌봄을 실천하며 전문 지식을 꾸준히 업데이트해 신뢰받는 간호사가 되고 싶습니다. 또한 지역사회 건강 증진과 예방의학에도 관심을 갖고, 봉사활동과 교육을 통해 사회에 더 크게 기여하는 간호사로 성장하고자 합니다.

❼ **간호사가 환자 가족의 무례한 행동을 겪는다면, 어떻게 대처할 것인가?**

◗**답변 Point ▶** "간호사가 환자 가족의 무례한 행동을 겪는 상황에서는 감정을 즉시 대응하기보다 전문적인 태도를 유지하는 것이 중요하다고 생각합니다.

첫째, 환자와 가족이 겪는 불안과 스트레스가 무례한 언행으로 나타날 수 있다는 점을 이해하며, 감정을 절제하고 침착하게 상황을 바라보겠습니다.

둘째, 의료진으로서의 기본적인 예의를 지키되, 상황이 심각하거나 반복될 경우에는 동료 간호사나 상급자와 상의하여 적절한 대응 방안을 모색하겠습니다.

셋째, 환자 중심의 돌봄이 훼손되지 않도록, 신뢰를 회복하기 위한 공감과 소통의 노력을 계속 이어가겠습니다.

간호사는 감정노동이 많은 직업인 만큼, 감정보다 신뢰와 전문성을 우선하는 태도가 필요하다고 생각합니다."

❽ 동료가 실수를 했을 때 어떤 자세로 조언할 것인지 설명하라.

🟣**답변 Point ▶** "동료가 실수를 했을 때는 정죄보다는 환자 안전과 동료의 성장을 함께 고려하는 태도가 중요하다고 생각합니다.

첫째, 실수를 목격했다면 먼저 감정적인 반응보다는 침착하게 사실을 확인하고, 환자에게 즉각적인 영향을 미치는 부분이 있다면 신속하게 조치하겠습니다.

둘째, 이후에는 동료를 따로 조용히 만나 실수의 내용을 차분히 전달하고, 비난이 아닌 조언의 형태로 소통하겠습니다. 실수는 누구나 할 수 있지만, 반복되지 않도록 함께 고민하는 것이 중요하다고 생각합니다.

셋째, 필요한 경우 상급자에게 보고하여 시스템적으로 개선할 수 있는 방안도 모색하겠습니다.

저는 동료의 성장을 도우면서도 환자 안전을 최우선으로 하는 간호사가 되고 싶습니다."

❾ 동료 간 의견 충돌이 있을 때 어떻게 대처하는가?

🟣**답변 Point ▶** "동료 간 의견 충돌이 있을 때는 감정보다 공동의 목표와 환자 안전을 중심에 두고 해결하는 태도가 중요하다고 생각합니다.

첫째, 시로의 입장을 감정적으로 받아들이기보다, 어떤 부분에서 차이가 발생했는지 사실을 중심으로 차분히 파악하려 노력하겠습니다.

둘째, 직접적인 대화가 가능한 분위기라면 서로의 의견을 존중하며 타협점을 찾고, 필요시 제3자의 중립적인 의견을 듣는 것도 좋은 방법이라고 생각합니다.

셋째, 의견 충돌이 팀 전체의 분위기에 영향을 줄 수 있으므로, 갈등을 오래 끌지 않고 열린 소통으로 조율하는 자세를 유지하겠습니다.

저는 협업이 중요한 간호 현장에서, 상호 존중과 공동의 목표를 기준으로 소통할 수 있는 간호사가 되고 싶습니다."

⑩ 간호사로서 가장 필요한 역량은 무엇이라고 생각하나요?

답변 Point ▶ "간호사에게는 전문적인 의학 지식과 임상 기술이 기본적으로 필요하지만, 저는 '소통 능력'과 '공감 능력'이 가장 중요하다고 생각합니다. 환자의 상태는 단순한 수치로만 설명되지 않고, 그들의 감정과 환경이 함께 작용하기 때문입니다. 또한 의료진 간 협력이 필수적인 직업이므로 원활한 팀워크와 책임감도 매우 중요합니다. 저는 이러한 역량을 키워 환자와 동료 모두에게 신뢰받는 간호사가 되고 싶습니다."

3. 수의예과

❶ 수의예과에 지원한 이유는 무엇인가요?

답변 Point ▶ 저는 어릴 때부터 동물을 좋아했고, 동물의 건강을 지키는 수의사의 역할에 매력을 느꼈습니다. 생명을 돌보는 일이 인간뿐 아니라 동물에게도 꼭 필요하다고 생각했고, 과학적인 공부와 임상 경험을 통해 전문 수의사가 되어 동물과 사람 모두에게 도움을 주고 싶어 지원하게 되었습니다.

❷ 수의학에서 가장 중요하다고 생각하는 가치나 덕목은 무엇인가요?

답변 Point ▶ 생명 존중과 책임감이라고 생각합니다. 수의사는 동물의 고통을 줄이고 건강을 지키는 데 큰 책임이 있으며, 보호자와 사회에 신뢰를 주어야 합니다. 따라서 항상 윤리적인 판단을 바탕으로 전문성을 갖추고 최선을 다하는 자세가 중요하다고 봅니다.

❸ 동물과 인간 건강의 관계에 대해 어떻게 생각하나요?

답변 Point ▶ 인간과 동물은 밀접한 관계에 있고, 동물에서 인간으로 전염되는 질병도 있습니다. 이를 '원헬스(One Health)' 개념이라고 하는데, 수의학은 인간과 동물, 환경의 건강을 통합적으로 지키는 중요한 학문이라고 생각합니다. 따라서 수의사는 동물뿐 아니라 공중보건에도 기여할 수 있다고 봅니다.

❹ 수의예과 공부에서 가장 어려울 것으로 예상되는 점과 극복 방법은?

답변 Point ▶ 해부학, 병리학 등 방대한 암기량과 실험, 임상 실습의 어려움이 예상됩니다. 이를 극복하기 위해 꾸준한 복습과 체계적인 학습 계획을 세우고, 동료와 협력하며 적극적으로 질문하는 태도를 유지하겠습니다. 또한 실습에서 얻는 경험을 바탕으로 이해를 높여가겠습니다.

❺ 수의사가 된 후에 이루고 싶은 목표가 있나요?

답변 Point ▶ 저는 동물 임상 현장에서 신뢰받는 수의사가 되고 싶습니다. 더 나아가 반려동물뿐만 아니라 농장동물, 야생동물의 건강과 복지를 증진시키는 데 기여하고 싶으며, 지역사회와 협력해 동물 관련 공중보건 문제 해결에도 힘쓰고 싶습니다.

❻ 동물 실험의 윤리 문제에 대해 본인 의견을 말해보라.

답변 Point ▶ "동물 실험은 의학 발전과 신약 개발에 필수적인 부분이지만, 동시에 생명 존중의 관점에서 신중하게 접근해야 한다고 생각합니다.

첫째, 인간의 생명을 구하기 위한 연구라는 점에서 동물 실험이 필요한 경우도 있지만, 그 과정에서도 최소한의 고통만 허용되는 방식으로 진행되어야 한다고 봅니다.

둘째, 실험이 불가피한 경우라면 윤리 심의 절차를 엄격히 거쳐야 하고, 가능한 경우에는 대체 실험법이나 컴퓨터 모델링 등으로 대체하는 노력이 병행되어야 한다고 생각합니다.

생명에 대한 책임 있는 태도와 과학적 진보는 함께 가야 한다고 믿으며, 저는 이러한 균형 감각을 갖춘 의료인이 되고 싶습니다."

❼ 이제까지 내가 길러 본 동물(식물) 중 인상 깊었던 사연을 소개하고 그 과정에서 느낀 생명에 대한 관점을 말해 보세요.

🔹**답변 Point** ▶ 제가 길러 본 동물 중 가장 인상 깊었던 경험은 중학생 때 키운 작은 강아지입니다.

어릴 때부터 아픈 상태로 입양한 강아지였는데, 꾸준한 돌봄과 관심 덕분에 점차 건강을 회복하는 모습을 지켜보면서 큰 보람을 느꼈습니다.

그 과정을 통해 생명은 매우 연약하면서도 동시에 강인하다는 것을 깨달았습니다.

어떤 생명이든 주변의 사랑과 노력에 따라 달라질 수 있고, 책임감 있게 돌보는 것이 얼마나 중요한지 알게 되었습니다.

이 경험은 제가 앞으로도 생명을 존중하고, 작은 존재라도 소중히 여기는 태도를 갖게 해준 소중한 기억입니다.

❽ 반려동물 산업의 급성장에 대해 어떻게 생각하나요?

🔹**답변 Point** ▶ "반려동물 산업이 성장하면서 동물을 가족으로 인식하는 문화가 확산된 것은 긍정적이라고 생각합니다. 하지만 상업적인 목적이 앞서 동물의 복지가 무시되는 경우도 생기기 때문에 수의사의 역할이 더 중요해졌다고 봅니다. 저는 수의사가 단순히 치료자가 아니라 보호자에게 올바른 양육 방법을 교육하고, 산업 전반에 윤리적인 기준을 세우는 데 기여해야 한다고 생각합니다."

❾ 수의학과 의학의 차이점과 공통점은 무엇이라고 생각하나요?

🔹**답변 Point** ▶ "의학은 인간의 건강을 다루고, 수의학은 동물의 건강을 다루지만 두 학문 모두 '생명'을 존중하고 질병을 예방·치료한다는 공통된 목표가 있습니다. 다만 수의학은 다양한 동물 종을 다루기 때문에 해부학적·생리학적 차이를 모두 이해해야 하는 점에서 폭넓은 전문성이 요구됩니다. 또 공통적으로 인간과 동물의 건강은 상호 연결되어 있기 때문에 수의학 역시 공중보건에 중요한 역할을 하고 있다고 생각합니다."

⑩ 졸업 후 어떤 진로를 계획하고 있나요?

🔵답변Point ▶ "저는 우선 반려동물 임상 수의사로서 경험을 쌓고 싶습니다. 이후에는 야생동물 보호나 농장동물 복지 분야에도 기여하고 싶고, 더 나아가 '원헬스' 관점에서 공중보건 분야에도 참여하고 싶습니다. 수의학의 전문성을 사회 전반에 확장해, 사람과 동물이 함께 건강하게 살아가는 사회를 만드는 데 힘쓰고 싶습니다."

4. 치의예과

① 치의예과에 지원한 이유는 무엇인가요?

🔵답변Point ▶ 저는 치아 건강이 전신 건강과 밀접하다는 점에 관심이 많았습니다. 어릴 적 가족의 치과 치료 과정을 보면서 치과의사의 전문성과 환자에게 미치는 긍정적인 영향에 감명을 받아 치의학을 공부하고 싶어 지원하게 되었습니다. 꼼꼼한 성격과 손재주를 살려 환자에게 최선의 진료를 제공하고 싶습니다.

② 치의학 분야에서 가장 중요한 덕목은 무엇이라고 생각하나요?

🔵답변Point ▶ 책임감과 세심함이라고 생각합니다. 환자의 구강 건강을 책임지는 직업이기 때문에 작은 실수도 큰 문제가 될 수 있습니다. 따라서 정확하고 신중하게 진료하며, 환자의 고통을 공감하고 존중하는 태도가 필수적이라고 봅니다.

③ 치의학 공부 중 가장 어려울 것으로 예상되는 점은 무엇인가요?

🔵답변Point ▶ 해부학, 생리학, 치과 재료학 등 기초 의학 지식과 실제 임상 기술을 동시에 익혀야 하는 점이 어렵다고 생각합니다. 이를 극복하기 위해 꾸준한 복습과 실습 참여, 교수님과 동료 학생들과 적극적으로 소통하며 학습할 계획입니다.

❹ 치과의사로서 환자와 신뢰를 쌓는 방법은 무엇이라고 생각하나요?

답변Point ▶ 환자의 말을 경청하고, 진료 과정을 꼼꼼히 설명하는 것이 신뢰 형성에 중요하다고 생각합니다. 또한 진료 후에도 지속적인 관리와 관심을 보여 환자가 안심할 수 있도록 노력하는 자세가 필요하다고 봅니다.

❺ 치의학 분야에서 최신 기술이나 연구 중 흥미롭게 본 것이 있나요?

답변Point ▶ 3D 프린팅을 이용한 맞춤형 치아 보철물 제작 기술이 흥미로웠습니다. 이 기술은 정밀도를 높이고 치료 시간을 단축시키며 환자 맞춤형 진료를 가능하게 해 치의학의 미래를 밝게 한다고 생각합니다.

❻ 윤리적인 문제에 직면했을 때 어떻게 대처하겠습니까?

답변Point ▶ 환자의 안전과 권리를 최우선으로 생각하며, 항상 정직하게 상황을 설명하고 합리적인 결정을 내리겠습니다. 동료나 상급자와 상의하고, 필요하다면 윤리위원회 등 전문가의 도움을 받아 올바른 판단을 내릴 것입니다.

❼ 치과 치료 과정에서 환자가 두려움이나 불안을 느낀다면 어떻게 하겠습니까?

답변Point ▶ "치과 진료는 많은 환자에게 두려움을 주기 때문에 공감과 소통이 중요하다고 생각합니다. 먼저 환자의 불안을 경청하고 이해해 드리며 치료 과정과 소요 시간을 쉽게 설명해 안심할 수 있도록 하겠습니다. 또한 진료 중에도 환자의 반응을 수시로 확인해 신뢰를 주고, 가능한 통증을 줄이는 방법을 적극적으로 활용하겠습니다."

❽ 치과의사가 전신 건강에 기여할 수 있는 방법은 무엇이라고 생각하나요?

답변Point ▶ "구강 건강은 소화기, 심혈관 질환, 당뇨 등 전신 건강과 밀접하게 연관되어 있습니다. 치과의사는 단순히 치아 치료에 그치지 않고, 구강 질환이 전신 질환으로 이어지지 않도록 예방적 진료와 환자 교육을 해야 한다고 생각합니다. 이를 통해 환자의 삶의 질을 높이고, 전체적인 건강 증진에도 기여할 수 있다고 봅니다.”

⑨ 치과의사로서 갖추어야 할 소통 능력은 무엇인가요?

답변 Point ▶ “환자의 불안을 줄이고 신뢰를 쌓기 위해서는 전문 지식을 환자가 이해하기 쉽게 전달하는 능력이 필요하다고 생각합니다. 또한 환자의 이야기를 성의껏 듣고, 환자의 생활 습관이나 요구를 고려한 맞춤형 진료를 제공해야 합니다. 나아가 의료진 간 원활한 협력과 팀워크도 중요한 소통 능력이라고 봅니다.”

⑩ 치과의사로서 이루고 싶은 목표가 있나요?

답변 Point ▶ “저는 환자 중심의 진료를 통해 신뢰받는 치과의사가 되고 싶습니다. 특히 예방적 치의학을 강조해 환자들이 구강 질환을 미리 관리할 수 있도록 돕고 싶습니다. 장기적으로는 지역 사회에서 치과 진료 접근성이 낮은 사람들에게도 도움을 줄 수 있는 공공적 역할을 실천하고 싶습니다.”

5. 한의예과

❶ 한의예과에 지원한 이유는 무엇인가요?

답변 Point ▶ 저는 전통 의학에 관심이 많았고, 특히 한의학이 몸과 마음, 자연의 조화를 중시한다는 점에 매력을 느꼈습니다. 현대 의학과 차별화된 통합적 치료법을 배우고, 환자 개개인의 체질과 증상에 맞는 맞춤형 치료를 제공하는 한의사가 되고 싶어 지원했습니다.

❷ 한의학이 현대 의학과 다른 점은 무엇이라고 생각하나요?

　🔵답변 Point ▶　한의학은 인체를 하나의 전체로 보고 자연과의 조화를 중시하며, 예방과 체질 개선에 초점을 둡니다. 반면 현대 의학은 질병의 원인과 증상을 직접적으로 치료하는 데 집중합니다. 두 의학은 상호 보완적이며, 저는 한의학을 통해 더 깊은 통합적 치료를 실현하고 싶습니다.

❸ 한의학에서 중요하게 여겨지는 '기(氣)'와 '음양'의 의미를 설명해 주세요.

　🔵답변 Point ▶　'기'는 생명의 에너지로서 신체의 기능을 유지하는 원동력입니다. '음양'은 모든 현상이 상호 대립하면서도 조화를 이루는 원리로, 인체 건강은 음양의 균형에 달려 있다고 봅니다. 한의학 치료는 이 균형을 회복해 몸의 자연 치유력을 돕는 데 중점을 둡니다.

❹ 한의사가 갖추어야 할 가장 중요한 덕목은 무엇이라고 생각하나요?

　🔵답변 Point ▶　환자에 대한 깊은 배려와 인내심이라고 생각합니다. 한의학은 환자의 체질과 생활습관을 고려해 치료하기 때문에 장기적인 관점과 신뢰가 중요합니다. 또한 정확한 진단과 꾸준한 공부로 전문성을 갖추는 것도 필수적입니다.

❺ 한의학 공부 중 예상되는 어려움과 극복 방법은 무엇인가요?

　🔵답변 Point ▶　한의학은 방대한 한자 용어와 고전 문헌, 실습이 많아 어려움이 예상됩니다. 꾸준한 암기와 이해를 위해 계획적인 학습과 스터디 그룹 참여, 교수님과 선배들의 조언을 적극 활용할 계획입니다. 또한 실습 경험을 통해 이론과 실제를 연결하는 노력을 하겠습니다.

❻ 한의학이 앞으로 사회에 어떤 역할을 할 것이라 생각하나요?

　🔵답변 Point ▶　현대인의 만성질환과 스트레스가 늘어나는 상황에서 한의학은 자연 친화적이고 개인 맞춤형 치료로 예방과 건강 증진에 큰 역할

을 할 것입니다. 또한 한·양방 협진 등 통합 의료 시스템에서 중요한 축으로 자리잡아 국민 건강 증진에 기여할 것으로 기대합니다.

❼ 침이나 한약 치료에 대한 환자의 불신이 있을 때 어떻게 설득하겠습니까?

답변 Point ▶ "먼저 환자의 우려와 불신을 경청하고 존중하는 태도가 필요하다고 생각합니다. 이후 과학적 근거와 임상 사례를 바탕으로 침·한약 치료의 효과와 안전성을 쉽게 설명하겠습니다. 또한 치료 과정과 예상되는 효과를 환자에게 투명하게 알려 신뢰를 쌓고, 환자의 선택을 존중하는 자세를 유지하겠습니다."

❽ 한의학과 양의학을 통합적으로 활용할 수 있는 방법은 무엇이라고 생각하나요?

답변 Point ▶ "한의학은 체질과 생활 습관에 기반한 예방과 조절에 강점이 있고, 양의학은 급성 질환의 진단과 응급 치료에 강점이 있습니다. 따라서 한·양방 협진을 통해 서로의 장점을 살릴 수 있다고 생각합니다. 예를 들어, 수술이나 약물 치료 후 회복 과정에서 한의학적 재활이나 면역강화 치료를 병행하면 환자의 삶의 질을 높일 수 있습니다."

❾ 한의학을 공부하면서 가장 기대되는 점은 무엇인가요?

답변 Point ▶ "한의학의 고전과 원리를 배우며 인간의 몸과 마음, 자연의 관계를 깊이 이해할 수 있다는 점이 가장 기대됩니다. 특히 체질별 맞춤 치료나 예방 중심의 의학적 접근을 통해 환자 개개인에게 꼭 맞는 돌봄을 제공할 수 있다는 점이 저에게 큰 동기부여가 됩니다."

❿ 한의사로서 이루고 싶은 목표는 무엇인가요?

답변 Point ▶ "저는 환자들에게 신뢰받는 한의사가 되어서 단순한 증상 치료가 아니라 전인적 치유를 실천하고 싶습니다. 또한 현대 사회에서 한

의학의 가치를 널리 알리고, 연구와 협진을 통해 한의학의 과학적 기반을
강화하는 데 기여하고 싶습니다. 장기적으로는 지역사회 보건과 국제 한
의학 교류에도 힘쓰고 싶습니다."

6. 물리치료학과

❶ 물리치료학과에 지원한 이유는 무엇인가요?

답변 Point ▶ 저는 사람들의 움직임과 기능 회복을 돕는 물리치료사라
는 직업에 매력을 느꼈습니다. 특히 부상이나 질병으로 고통받는 분들이
다시 일상생활을 할 수 있도록 도움을 주고 싶어 물리치료학과에 지원하
게 되었습니다.

**❷ 물리치료사가 갖춰야 할 가장 중요한 덕목은 무엇이라고 생각하
나요?**

답변 Point ▶ 환자에 대한 공감과 인내심이라고 생각합니다. 치료 과정
이 길고 힘들 수 있지만, 환자의 고통을 이해하고 꾸준히 지지하며 회복
을 돕는 자세가 가장 중요하다고 봅니다.

❸ 물리치료에 있어 가장 중요한 치료 원칙은 무엇인가요?

답변 Point ▶ 환자 맞춤형 치료가 가장 중요합니다. 각 환자의 상태와 회
복 속도에 따라 운동 처방과 치료법을 세심하게 조절해야 하며, 안전하
고 효과적인 치료를 위해 지속적으로 평가하고 수정하는 과정이 필요합
니다.

❹ 임상 실습 중 예상되는 어려움과 극복 방안은 무엇인가요?

답변 Point ▶ 환자와의 의사소통 및 다양한 증상에 대응하는 데 어려움
이 있을 수 있습니다. 이를 극복하기 위해 적극적으로 선배와 지도교수님
께 조언을 구하고, 다양한 사례를 공부하며 실습 경험을 쌓아가겠습니다.

❺ 물리치료가 사회에 미치는 영향은 무엇이라고 생각하나요?

🔵**답변 Point ▶** 물리치료는 장애인과 노인 등 다양한 계층의 삶의 질 향상에 큰 기여를 합니다. 재활 치료를 통해 사회 복귀를 돕고, 예방적 운동으로 건강 증진에도 기여해 사회적 의료비 절감 효과도 있다고 생각합니다.

❻ 앞으로 물리치료사로서 어떤 목표를 가지고 있나요?

🔵**답변 Point ▶** 최신 치료기술과 지식을 꾸준히 습득해 전문성을 갖춘 물리치료사가 되고 싶습니다. 또한 환자 개개인의 특성을 고려한 맞춤 치료로 환자의 신체적, 심리적 회복에 도움을 주는 치료사가 되겠습니다.

❼ 환자가 치료에 소극적이거나 불만을 표현할 때 어떻게 대응하시겠습니까?

🔵**답변 Point ▶** "환자의 마음을 먼저 이해하고 공감하는 것이 중요하다고 생각합니다. 왜 소극적인지, 어떤 불편이나 두려움이 있는지 경청하고, 치료 과정과 기대 효과를 자세히 설명하겠습니다. 또한 작은 목표 설정과 단계적 성취 경험을 통해 환자가 치료에 참여하도록 동기 부여하겠습니다."

❽ 팀원과 협력하여 환자를 치료할 때 중요한 점은 무엇인가요?

🔵**답변 Point ▶** "물리치료는 의료팀과의 협력이 필수적이라고 생각합니다. 환자 상태에 대한 정보를 공유하고, 각 전문 분야의 의견을 존중하며 치료 계획을 조율하는 것이 중요합니다. 상호 존중과 열린 소통을 통해 환자에게 최적의 치료 결과를 제공할 수 있다고 봅니다."

❾ 물리치료학과에서 공부하면서 기대되는 점은 무엇인가요?

🔵**답변 Point ▶** "인체 해부학, 운동학, 재활 치료 기법 등 다양한 전문 지식을 배우며 환자의 기능 회복을 직접 돕는 경험을 쌓는 점이 가장 기대됩니다. 또한 임상 실습을 통해 실제 환자를 만나며 문제 해결 능력과 전문성을 동시에 발전시킬 수 있다고 생각합니다."

⑩ 졸업 후 진로 목표는 무엇인가요?

답변 Point ▶ "졸업 후에는 재활 병원이나 종합 병원에서 임상 경험을 쌓고, 다양한 질환과 환자군을 경험하며 전문성을 강화하고 싶습니다. 장기적으로는 물리치료 연구와 교육에도 참여해서 치료 기술 발전과 사회적 건강 증진에 기여하는 전문가가 되고 싶습니다."

7. 작업치료학과

① 작업치료학과에 지원한 이유는 무엇인가요?

답변 Point ▶ 저는 사람들의 일상생활 능력을 회복시켜 삶의 질을 높이는 작업치료사라는 직업에 매력을 느꼈습니다. 다양한 장애와 질병으로 어려움을 겪는 분들이 독립적이고 자립적인 삶을 살 수 있도록 돕고 싶어 지원했습니다.

② 작업치료가 다른 재활치료와 다른 점은 무엇이라고 생각하나요?

답변 Point ▶ 작업치료는 신체 기능뿐 아니라 인지, 감정, 사회적 기능 등 다양한 영역을 통합적으로 다룹니다. 환자가 실제 생활에서 필요한 활동을 수행할 수 있도록 돕는 데 초점을 맞춘다는 점에서 차별화된 치료라고 생각합니다.

③ 작업치료사에게 가장 중요한 능력은 무엇인가요?

답변 Point ▶ 환자 개개인의 필요와 환경을 이해하고 맞춤형 치료 계획을 세우는 능력이 중요합니다. 또한 환자와 가족과의 원활한 소통, 창의적인 문제 해결 능력, 그리고 인내심과 공감 능력도 필수라고 생각합니다.

④ 작업치료학 공부에서 예상되는 어려움과 그 극복 방법은 무엇인가요?

답변 Point ▶ 인체 해부학과 심리학, 다양한 치료기법을 폭넓게 배우는 점이 어렵다고 생각합니다. 반복 학습과 현장 실습 경험을 통해 이론과 실제를 연결하고, 동료와 교수님과의 적극적인 소통으로 극복하겠습니다.

❺ 작업치료사가 환자의 삶에 미치는 영향에 대해 어떻게 생각하나요?

답변 Point ▶ 작업치료사는 환자가 독립적으로 일상생활을 영위하도록 도와 자존감을 회복시키고, 사회 참여를 촉진합니다. 이는 환자의 삶의 질을 높이고, 가족과 사회 전체에도 긍정적 영향을 준다고 생각합니다.

❻ 졸업 후 어떤 분야에서 활동하고 싶나요?

답변 Point ▶ 저는 병원이나 재활 센터에서 다양한 환자를 대상으로 작업치료를 진행하며 전문성을 키우고 싶습니다. 나아가 지역사회 기반 재활과 예방 활동에도 참여해 사회적 건강 증진에 기여하고자 합니다.

❼ 환자가 치료에 협조적이지 않을 때 어떻게 대응하시겠습니까?

답변 Point ▶ "환자가 치료에 소극적이거나 거부감을 보일 때는 먼저 그 이유를 이해하고 공감하는 것이 중요하다고 생각합니다. 환자의 불안, 두려움, 피로감 등을 경청하고, 치료의 목적과 효과를 쉽게 설명하며 작은 목표부터 성취하도록 유도하겠습니다. 점진적인 접근으로 환자가 스스로 참여하고 동기를 느낄 수 있도록 돕겠습니다."

❽ 팀원과 협력하여 환자를 치료할 때 중요한 점은 무엇인가요?

답변 Point ▶ "작업치료는 의료팀과의 협력이 필수적이라고 봅니다. 환자 상태와 진행 상황을 공유하고, 다른 전문 분야와의 의견을 존중하며 통합적 치료 계획을 수립하는 것이 중요합니다. 상호 존중과 원활한 소통을 통해 환자에게 최적의 결과를 제공하는 것이 핵심이라고 생각합니다."

⑨ **작업치료학과에서 공부하면서 기대되는 점은 무엇인가요?**

답변 Point ▶ "인체 구조, 기능적 활동, 인지·심리적 평가 등 다양한 전문 지식을 배우고, 이를 실제 환자 사례에 적용할 수 있는 실습 경험을 쌓는 것이 가장 기대됩니다. 또한 다양한 환자와 상황을 경험하며 문제 해결 능력과 전문성을 동시에 발전시킬 수 있다고 생각합니다."

⑩ **졸업 후 진로 목표는 무엇인가요?**

답변 Point ▶ "졸업 후에는 병원, 재활 센터, 지역사회 기관 등에서 다양한 환자를 대상으로 작업치료를 수행하며 전문성을 강화하고 싶습니다. 장기적으로는 연구와 교육 분야에도 참여해 치료 기술 발전과 사회적 건강 증진에 기여하는 전문가가 되고 싶습니다."

8. 언어치료학과

❶ **언어치료학과에 지원한 이유는 무엇인가요?**

답변 Point ▶ 저는 언어와 의사소통이 인간 삶의 기본임을 인식하고, 언어장애로 어려움을 겪는 분들을 돕고 싶다는 마음에서 언어치료학과에 지원했습니다. 치료를 통해 환자들이 사회에서 더 자신감 있게 소통할 수 있도록 돕는 역할을 하고 싶습니다.

❷ **언어장애가 개인과 사회에 미치는 영향에 대해 어떻게 생각하나요?**

답변 Point ▶ 언어장애는 개인의 학습과 사회적 관계 형성에 큰 어려움을 초래해 삶의 질을 저하시킬 수 있습니다. 사회적으로도 의사소통 장애로 인한 오해와 소외가 발생할 수 있어, 조기 치료와 교육이 매우 중요하다고 생각합니다.

❸ **언어치료사가 갖추어야 할 가장 중요한 덕목은 무엇인가요?**

답변 Point ▶ 환자에 대한 공감과 인내심, 그리고 지속적인 학습 자세가 가장 중요하다고 생각합니다. 치료는 시간이 걸리는 과정이기 때문에 꾸준한 관심과 전문성으로 환자를 지원하는 태도가 필수입니다.

④ 언어치료를 받는 환자와 가족과의 소통에서 유의할 점은 무엇인가요?

답변 Point ▶ 환자와 가족 모두에게 치료 과정을 명확히 설명하고, 치료 목표와 방법에 대해 충분히 이해시키는 것이 중요합니다. 또한 가족의 협력과 지원이 치료 효과에 큰 영향을 미치므로, 신뢰를 쌓고 긍정적 관계를 유지하는 것이 필요하다고 봅니다.

⑤ 언어치료학 공부에서 예상되는 어려움과 극복 방법은 무엇인가요?

답변 Point ▶ 언어 발달 이론과 다양한 장애 유형, 평가 및 치료 기법이 복잡하여 어려울 수 있습니다. 반복 학습과 실습을 통해 이해를 깊게 하고, 교수님과 선배들의 조언을 적극적으로 활용하며 극복할 계획입니다.

⑥ 졸업 후 어떤 분야에서 활동하고 싶나요?

답변 Point ▶ 저는 병원이나 교육기관에서 언어장애 아동과 성인을 대상으로 전문적인 치료를 제공하고 싶습니다. 또한 조기 진단과 예방 프로그램 개발에 참여해 언어 장애의 사회적 영향을 줄이는 데 기여하고자 합니다.

⑦ 언어치료 과정에서 환자가 치료를 거부할 경우 어떻게 대응하시겠습니까?

답변 Point ▶ "환자가 치료를 거부할 경우, 먼저 그 이유와 감정을 이해하고 공감하는 것이 중요하다고 생각합니다. 치료의 필요성과 목표를 쉽게 설명하며 작은 목표부터 성취하도록 유도하고, 환자가 스스로 참여하도록 동기를 부여하겠습니다. 또한 가족과 협력하여 치료 참여를 도울 방법을 함께 모색하겠습니다."

⑧ 언어치료사로서 팀과 협력할 때 중요한 점은 무엇인가요?

🔵답변Point ▶ "언어치료는 의료진, 교육자, 가족 등 다양한 팀원과 협력이 필요합니다. 환자 상태와 진행 상황을 공유하고, 다른 전문가의 의견을 존중하며 통합적인 치료 계획을 수립하는 것이 중요합니다. 열린 소통과 상호 존중을 통해 환자에게 최적의 치료를 제공하는 것이 핵심이라고 생각합니다."

⑨ 언어치료학과에서 공부하면서 기대되는 점은 무엇인가요?

🔵답변Point ▶ "언어 발달, 평가, 치료 기법 등 전문 지식을 배우고, 이를 실제 사례에 적용하는 실습 경험을 쌓는 것이 기대됩니다. 다양한 환자와 상황을 경험하며 문제 해결 능력과 전문성을 동시에 발전시킬 수 있고, 실습을 통해 환자와 가족에게 긍정적인 영향을 주는 보람을 느낄 수 있을 것이라 생각합니다."

⑩ 졸업 후 장기적인 진로 목표는 무엇인가요?

🔵답변Point ▶ "졸업 후에는 병원, 교육기관, 연구기관 등에서 다양한 연령대의 환자를 대상으로 치료를 수행하며 전문성을 키우고 싶습니다. 장기적으로는 언어치료 프로그램 개발이나 연구, 교육 활동에도 참여해 언어장애 예방과 치료 효과를 높이고, 사회 전반의 의사소통 능력 향상에 기여하는 전문가가 되고 싶습니다."

9. 반려동물학과

① 반려동물학과에 지원한 이유는 무엇인가요?

🔵답변Point ▶ 어릴 때부터 동물을 좋아했고, 반려견과 함께한 경험을 통해 동물에 대한 애정과 관심이 커졌습니다. 하지만 단순히 좋아하는 감정만으로는 동물과 건강하게 공존할 수 없다는 것을 느끼면서, 전문적인 지식과 기술을 갖춘 사람이 되어 동물 복지에 기여하고 싶다는 목표가 생겼습니다. 특히 반려동물 행동, 건강관리, 훈련, 복지 등 다양한 분야를

체계적으로 배울 수 있는 반려동물학과가 제 진로에 가장 적합하다고 판단해 지원하게 되었습니다.

❷ 가장 기억에 남는 반려동물 관련 경험이 있다면 무엇인가요?

답변 Point ▶ 제가 가장 기억에 남는 경험은 유기동물 보호소에서 자원봉사를 했던 일입니다. 단순히 동물들을 돌보는 것 이상으로, 사람의 무책임함과 동물의 상처를 직접 마주하는 경험이었습니다. 그때부터 '단순한 사랑'이 아닌 지식과 책임을 바탕으로 한 돌봄이 필요하다는 걸 깨달았고, 반려동물 관련 교육과 복지를 개선하는 데 기여하고 싶다는 생각을 갖게 되었습니다.

❸ 반려동물학과에서 배우고 싶은 분야는 무엇인가요?

답변 Point ▶ 저는 특히 반려동물 행동학과 복지 분야에 관심이 많습니다. 반려동물의 스트레스, 문제 행동, 사회성과 관련된 내용을 과학적으로 배우고, 사람과 동물이 모두 행복한 관계를 만드는 데 기여하고 싶습니다. 또한 건강관리, 질병 예방, 기초 수의학적 지식 등도 함께 배우며 종합적인 케어 능력을 키우고 싶습니다.

❹ 반려동물 산업이 사회에 어떤 영향을 미친다고 생각하나요?

답변 Point ▶ 반려동물 산업은 단순한 시장을 넘어서, 가족의 개념과 삶의 방식까지 변화시키는 사회적 흐름이라고 생각합니다. 사람과 동물의 공존을 위한 주거, 의료, 교육, 문화 전반에 영향을 주며, 노령화나 1인 가구 증가 등 사회 구조의 변화와도 밀접하게 연관되어 있습니다. 이런 흐름 속에서 반려동물학은 단순한 산업 확대가 아니라 생명존중, 윤리적 소비, 사회적 책임까지 함께 고민해야 하는 중요한 분야라고 생각합니다.

❺ 반려동물학과에서 어떤 역량이 중요하다고 생각하나요?

답변 Point ▶ 무엇보다 동물에 대한 책임감과 인내심, 그리고 과학적 사고력이 중요하다고 생각합니다. 동물은 말로 표현할 수 없기 때문에 세심한 관찰과 꾸준한 돌봄이 필요하고, 단순한 감정이 아닌 데이터를 통한 분석과 근거 기반의 접근이 필수적입니다. 저는 관찰력과 꾸준함, 그리고 사람과의 소통 능력도 함께 갖추고 있어 반려동물학과에서 잘 성장할 수 있다고 생각합니다.

❻ 졸업 후 어떤 진로를 희망하나요?

답변Point ▶ 저는 졸업 후 반려동물 행동상담사 또는 펫케어 전문가로 일하고 싶습니다. 반려동물의 문제 행동을 과학적으로 이해하고, 보호자와 함께 해결 방법을 찾는 일을 하고 싶습니다. 또한 유기동물 보호나 반려동물 복지 개선 관련 활동에도 참여해, 동물과 사람이 공존하는 건강한 사회를 만드는 데 기여하고 싶습니다. 필요하다면 자격증 취득이나 대학원 진학도 계획하고 있습니다.

❼ 반려동물 행동 문제를 해결할 때 가장 중요하게 생각하는 점은 무엇인가요?

답변Point ▶ "문제 행동을 단순히 교정하려 하기보다 원인을 이해하는 것이 가장 중요하다고 생각합니다. 스트레스, 환경, 건강 상태 등 다양한 요인이 행동에 영향을 줄 수 있기 때문에 관찰과 분석을 통해 근본적인 원인을 파악하고, 보호자와 협력하여 맞춤형 행동 교정 계획을 세우겠습니다."

❽ 반려동물학과에서 팀 활동이나 실습을 수행할 때 어떤 태도가 필요하다고 생각하나요?

답변Point ▶ "실습과 팀 활동에서는 협력과 책임감이 필수적이라고 생각합니다. 동물을 다루는 과정에서 안전과 복지가 최우선이므로 서로의 역할을 존중하고 정보를 공유하며 문제 상황에 신속히 대응하는 자세가 필요합니다. 또한 팀원 간의 소통과 피드백을 적극적으로 수용해 학습 효과를 높이겠습니다."

⑨ 반려동물학과에서 배우는 지식 중 가장 흥미로운 분야는 무엇인
가요?

📍**답변 Point ▶** "반려동물 행동학과 복지 관리 분야가 가장 흥미롭습니다.
행동학은 동물의 심리와 의사소통 방식을 이해할 수 있게 해주고, 복지
관리 지식은 반려동물이 건강하고 행복하게 생활할 수 있는 환경을 만드
는 데 필수적이기 때문입니다. 두 분야를 종합해 보호자와 동물 모두에게
긍정적인 변화를 줄 수 있는 전문인이 되고 싶습니다."

⑩ 반려동물학을 공부하면서 예상되는 어려움과 극복 방법은 무엇인
가요?

📍**답변 Point ▶** "동물마다 성격과 상태가 다르고, 문제 행동이나 질병도
다양하기 때문에 상황에 맞춘 맞춤형 접근이 어려울 수 있습니다. 이를
극복하기 위해 꾸준한 관찰, 사례 연구, 교수님과 선배들의 조언, 다양한
실습 경험을 통해 지식과 기술을 체계적으로 쌓고, 문제 해결 능력을 지
속적으로 향상시키겠습니다.

10. 약학과

❶ 왜 약학과를 선택하였나요?

📍**답변 Point ▶** "어릴 적 가족이 복약 지도를 잘못 받아 건강에 문제가 생긴
일이 있었습니다. 그때부터 약물에 대한 이해와 정확한 정보 제공의 중요
성을 느꼈고, 자연스럽게 약학에 관심을 가지게 되었습니다. 약학은 질병
치료뿐 아니라 예방과 건강 증진에도 중요한 역할을 한다고 생각합니다.
저는 약의 원리와 효능, 그리고 환자와의 소통을 통해 실질적으로 사람들
의 삶의 질을 향상시키는 약사가 되고 싶어 약학과를 선택했습니다."

❷ 약사는 어떤 역할을 수행한다고 생각하나요?

📍**답변 Point ▶** "약사는 단순히 약을 조제하는 역할을 넘어서, 약물 복용

에 대한 올바른 정보를 제공하고, 부작용을 예방하며, 환자의 전반적인 건강을 관리하는 전문가라고 생각합니다. 특히 고령화 사회에서는 만성 질환 관리나 약물 중복 복용 문제가 증가하고 있기 때문에 약사의 역할은 점점 더 중요해지고 있습니다."

❸ 약의 부작용이 발생했을 때 어떻게 대응해야 한다고 생각하나요?

답변 Point ▶ "약의 부작용이 발생하면 즉시 복용을 중단하고, 정확한 정보를 바탕으로 의사 또는 약사에게 알리는 것이 우선입니다. 약사로서라면, 환자의 증상을 듣고 약력과 병력을 확인한 후, 의사와 협업하여 약물 변경이나 치료 조치를 제안해야 한다고 생각합니다. 또한 이후 같은 일이 반복되지 않도록 환자에게 알레르기나 과민 반응에 대해 명확히 교육하는 것도 중요합니다."

❹ 제약 산업에서 약사의 역할은 무엇인가요?

답변 Point ▶ "제약 산업에서는 약사가 신약 개발, 임상시험, 품질관리, 의약품 정보 제공 등 다양한 분야에서 핵심 역할을 합니다. 약물의 안정성과 효능을 평가하고, 규제 기관과 협력하여 의약품이 안전하게 유통되도록 하는 것도 중요한 역할입니다. 저는 연구 역량을 키워 신약 개발에도 기여하고 싶습니다."

❺ 생명윤리에 대해 어떻게 생각하나요?

답변 Point ▶ "약학은 생명과 직결된 학문이기 때문에 윤리의식이 무엇보다 중요하다고 생각합니다. 신약 개발이나 동물실험, 임상시험과 같이 민감한 문제에서는 인간의 존엄성을 우선으로 고려해야 하며, 투명하고 정직한 연구가 이루어져야 합니다. 약사 또한 환자의 생명과 건강을 우선에 두고 판단하는 윤리적 기준이 있어야 합니다."

❻ 최근 약물과 관련된 이슈 중 기억에 남는 것이 있다면?

답변 Point ▶ "최근 이슈 중 하나는 '의약품 온라인 구매'의 확대입니다.

편리함은 높아졌지만, 잘못된 정보나 불법 유통으로 인한 부작용 우려도 커지고 있습니다. 이 문제는 약사의 전문성을 통해 정확한 정보를 제공하고, 온라인 플랫폼에서도 약사의 역할이 강화되어야 해결될 수 있다고 생각합니다."

7 약사로서 환자와의 소통에서 가장 중요하게 생각하는 점은 무엇인가요?

답변 Point ▶ "환자가 약을 정확히 이해하고 안전하게 복용할 수 있도록 명확하고 친절하게 설명하는 것이 가장 중요하다고 생각합니다. 환자의 질문에 성실히 답하고, 복용 방법, 부작용, 상호작용 등을 꼼꼼히 안내함으로써 신뢰를 쌓는 것이 핵심입니다."

8 약학과에서 공부하면서 가장 어려울 것으로 예상되는 점과 극복 방법은 무엇인가요?

답변 Point ▶ "약리학, 화학, 생화학 등 방대한 이론과 실험 지식을 동시에 습득해야 하는 점이 어렵다고 예상합니다. 이를 극복하기 위해 체계적인 학습 계획을 세우고, 실습과 사례 연구를 통해 이론과 실제를 연결하며, 교수님과 동료와의 토론과 협업을 적극 활용하겠습니다."

9 약물 개발 과정에서 약사가 갖추어야 할 역량은 무엇이라고 생각하나요?

답변 Point ▶ "약물 개발 과정에서는 연구 분석 능력, 실험 설계 능력, 문제 해결 능력, 윤리적 판단 능력이 필수적이라고 생각합니다. 신약 개발은 단순한 기술적 과정이 아니라 인간 생명과 직결되기 때문에 과학적 정확성과 윤리적 책임감을 동시에 갖춘 전문성이 필요합니다."

10 졸업 후 약학 분야에서 어떤 진로를 희망하나요?

답변 Point ▶ "저는 약국 약사로서 환자에게 안전하고 효과적인 약물을 제공하는 일을 하고 싶습니다. 더 나아가 제약 회사 연구원이나 임상시험 전문가로 신약 개발에 참여해 사람들의 건강 증진에 기여하고 싶습니다. 필요하다면 대학원 진학을 통해 전문 지식을 심화하고, 공중보건과 제약 정책 분야에도 관심을 확장할 계획입니다."

11. 응급구조학과

❶ 응급구조학과에 지원한 이유는 무엇인가요?

답변 Point ▶ 저는 사람들의 생명을 직접적으로 도울 수 있는 일을 하고 싶었습니다. 위급한 상황에서 빠르고 정확하게 대응하는 응급구조사가 되어서 사람들에게 안전과 희망을 제공하고 싶어 지원했습니다.

❷ 응급구조사의 역할은 무엇이라고 생각하나요?

답변 Point ▶ 응급구조사는 사고나 질병으로 위급한 사람에게 즉시 응급처치를 제공하고, 병원까지 안전하게 이송하는 역할을 수행합니다. 뿐만아니라 환자와 보호자에게 안정감을 주고, 의료진과 협력하는 중추적 역할도 합니다.

❸ 응급상황에서 가장 중요한 것은 무엇이라고 생각하나요?

답변 Point ▶ 신속성과 정확성, 침착함이 가장 중요합니다. 당황하지 않고 상황을 분석하며 필요한 응급처치를 정확하게 시행해야 환자의 생명을 지킬 수 있습니다.

❹ CPR(심폐소생술)과 같은 기본 응급처치 경험이 있나요?

답변 Point ▶ 학교나 지역사회에서 실시한 응급처치 교육과 실습을 통해 CPR과 자동심장충격기(AED) 사용법을 배웠습니다. 또한 모의 시나리오를 통해 환자 대응 능력을 점검한 경험이 있습니다.

❺ 응급구조학과에서 배우고 싶은 분야가 있나요?

🔵 **답변 Point** ▶ 외상 응급처치, 심정지 대응, 사고 현장 관리 등 실무 중심의 응급구조 기법과 병원 이송 과정, 재난 대응 훈련 등을 체계적으로 배우고 싶습니다.

❻ 응급상황에서의 스트레스 관리는 어떻게 할 생각인가요?

🔵 **답변 Point** ▶ 침착함을 유지하고, 매 상황에서 우선순위를 판단하는 연습을 꾸준히 하겠습니다. 또한 체력과 정신력을 관리하며 팀원과 소통해 부담을 분담하는 방법을 익히겠습니다.

❼ 팀워크가 중요한 이유는 무엇인가요?

🔵 **답변 Point** ▶ 응급상황에서는 여러 구조자와 의료진이 동시에 움직이기 때문에 협력이 필수적입니다. 팀워크가 잘 이루어져야 환자 안전을 최우선으로 하면서 신속하고 효율적인 대응이 가능합니다.

❽ 과거 응급상황을 목격한 경험이 있나요? 있다면 배운 점은 무엇인가요?

🔵 **답변 Point** ▶ 저는 학교에서 학생이 쓰러진 상황을 목격한 적이 있습니다. 주변 사람들과 협력하여 119에 신고하고, 안정적인 자세를 유지하도록 도왔습니다. 이 경험을 통해 응급상황에서 침착하게 대응하는 것이 얼마나 중요한지 깨달았습니다.

❾ 응급구조학과 졸업 후 진로 계획은 무엇인가요?

🔵 **답변 Point** ▶ 119 구급대원으로 근무하며 응급환자를 신속하고 안전하게 구조하고 싶습니다. 이후 경험을 쌓아 전문 응급구조사 자격을 취득하고, 재난 현장이나 특수 구조 상황에도 대응할 수 있는 전문가로 성장하고 싶습니다.

⑩ 응급구조학 공부 중 가장 어려울 것 같은 점과 극복 방법은 무엇인가요?

답변 Point ▶ 다양한 응급상황과 실습에서 높은 체력과 정신력이 요구되는 점이 어려울 수 있습니다. 이를 극복하기 위해 체력 단련과 꾸준한 실습 반복, 모의훈련 참여로 실전 감각과 대응 능력을 기르겠습니다.

07

예체능 계열
(미술·디자인·음악·체육 등)

🏛 공통 영역

■ 예술교육의 사회적 역할은 무엇이라 생각하는가?

답변 Point ▶ "예술교육은 단순히 기술을 익히는 것을 넘어, 사회적 역할을 수행하는 중요한 교육 영역이라고 생각합니다.

첫째, 예술은 개인의 감정을 표현하고 타인의 감정을 공감하게 해 주며, 이는 정서적 안정과 사회적 공감 능력 향상에 기여합니다.

둘째, 다양한 문화와 가치를 예술을 통해 경험하면서, 사회 구성원 간의 차이를 이해하고 포용하는 능력이 길러집니다. 이는 다양성과 통합의 사회적 기반을 마련하는 데 중요한 역할을 합니다.

셋째, 예술은 창의성과 상상력을 자극하며, 이는 4차 산업사회에서 요구되는 핵심 역량이기도 합니다.

저는 예술교육이 개인과 사회를 함께 성장시키는 매개라고 생각합니다."

1. 미술학과

① 미술학과에 지원한 이유는 무엇인가요?

답변 Point ▶ 저는 어릴 때부터 그림 그리기를 좋아했고, 다양한 매체를 통해 제 생각과 감정을 표현하는 것에 큰 즐거움을 느꼈습니다. 미술을 통해 사람들과 소통하고, 세상을 다르게 바라보는 시각을 키우고 싶어 미술학과에 지원했습니다.

② 가장 좋아하는 미술 장르나 작가가 있다면 소개해 주세요.

답변 Point ▶ 저는 인상주의를 좋아합니다. 특히 모네의 작품이 인상 깊었는데, 빛과 색을 통해 순간의 감정을 섬세하게 표현하는 점이 매력적이라고 생각합니다. 그의 작품은 자연과 인간의 감정을 예술적으로 연결하는 힘이 있다고 봅니다.

③ 본인의 작품에서 가장 중요하게 생각하는 요소는 무엇인가요?

답변 Point ▶ 저는 '감정의 진실성'을 가장 중요하게 생각합니다. 기술적인 완성도도 중요하지만, 작품이 관객에게 진솔한 감정을 전달하고 공감대를 형성하는 것이 가장 의미 있다고 봅니다. 그래서 제 작품에는 제 내면의 생각과 느낌을 솔직하게 담으려 노력합니다.

④ 미술을 공부하며 가장 어려웠던 점과 그것을 어떻게 극복했나요?

답변 Point ▶ 표현하고자 하는 감정을 기술적으로 완성하는 것이 어려웠습니다. 이를 극복하기 위해 다양한 재료와 기법을 실험하고, 많은 작품을 반복해 그리면서 스스로의 한계를 극복하려 노력했습니다. 또한 교수님과 동료들의 피드백을 적극 수용하며 성장했습니다.

⑤ 미술이 사회에서 가지는 역할은 무엇이라고 생각하나요?

답변 Point ▶ 미술은 사회의 가치와 문화를 반영하고, 때로는 비판하며 변화를 촉진하는 역할을 한다고 생각합니다. 사람들에게 새로운 시각을

제시하고, 감성을 자극하며, 사회적 메시지를 전달하는 중요한 매체라고
봅니다.

❻ 앞으로 미술 분야에서 이루고 싶은 목표가 있나요?

●**답변 Point** ▶ 저는 다양한 매체와 기법을 통해 제 작품 세계를 확장하고
싶습니다. 또한 개인 전시회를 열어 더 많은 사람과 소통하고, 미술을 통
해 사회적 이슈에 대해 고민하고 참여하는 작가가 되고 싶습니다.

❼ 작품을 구상할 때 가장 중점을 두는 과정은 무엇인가요?

●**답변 Point** ▶ "저는 작품을 구상할 때 주제와 감정의 일관성을 가장 중
요하게 생각합니다. 아이디어 단계에서 주제를 명확히 하고 색감, 구도,
소재 선택이 모두 그 주제와 감정을 잘 전달할 수 있도록 계획합니다. 또
한 스케치를 통해 시각화하며 반복적인 수정과 실험을 거치면서 최종 작
품을 완성합니다."

❽ 미술 외에 영감을 얻는 활동이나 경험이 있나요?

●**답변 Point** ▶ "저는 자연과 사람, 여행, 음악 등 다양한 경험에서 영감
을 얻습니다. 예를 들어 여행 중 마주한 풍경이나 거리의 일상 장면, 사
람들의 표정과 행동은 제 작품에 감정과 이야기를 담는 중요한 소재가
됩니다. 이렇게 다양한 경험을 통해 창의적인 아이디어를 확장하고 있
습니다."

❾ 팀 프로젝트나 협업 경험이 있다면, 그 과정에서 배운 점은 무엇인가요?

●**답변 Point** ▶ "학교 전시회 준비나 공동 작품 제작 과정에서 팀 프로젝
트를 경험했습니다. 협업을 하면서 각자의 의견과 스타일이 다를 수 있
다는 점을 배웠고, 타인의 관점을 존중하며 조율하는 능력을 키웠습니다.
또한 서로의 장점을 활용해 더 완성도 높은 작품을 만들어낼 수 있다는
점에서 협업의 중요성을 실감했습니다."

⑩ 미술학과를 졸업한 후 진로 계획은 무엇인가요?

◗ **답변 Point ▶** "저는 졸업 후 전문 작가로 활동하며 개인 전시회를 열고, 공공 미술 프로젝트나 사회적 주제를 다루는 작품 활동에도 참여하고 싶습니다. 또한 예술 교육이나 미술치료와 같은 분야에도 관심이 있어서 미술을 통해 사람들에게 긍정적인 영향을 주는 다양한 활동을 하고 싶습니다."

2. 디자인학과

❶ **디자인학과에 지원한 이유는 무엇인가요?**

◗ **답변 Point ▶** 저는 일상 속에서 디자인이 사람들의 삶을 더 편리하고 아름답게 만든다는 점에 매력을 느꼈습니다. 창의적인 아이디어를 실용적으로 구현해 사회에 긍정적인 영향을 주는 디자이너가 되고 싶어 디자인학과에 지원했습니다.

❷ **평소 관심 있는 디자인 분야나 스타일이 있나요?**

◗ **답변 Point ▶** 저는 사용자 경험(UX) 디자인에 관심이 많습니다. 사람들이 제품이나 서비스를 쉽게 이해하고 편리하게 사용할 수 있도록 디자인하는 과정이 매우 중요하다고 생각하며, 이를 통해 삶의 질이 향상된다고 봅니다.

❸ **디자인 작업을 할 때 가장 중요하게 생각하는 요소는 무엇인가요?**

◗ **답변 Point ▶** 기능성과 심미성의 조화를 가장 중요하게 생각합니다. 디자인은 단순히 예뻐 보이는 것뿐 아니라 사용자의 편리성과 목적 달성을 돕는 역할을 해야 하기 때문에 두 가지를 균형 있게 고려해야 한다고 봅니다.

④ 디자인 프로젝트를 진행하며 겪었던 어려움과 극복 방법을 말해 주세요.

🔵답변 Point ▶ 사용자의 요구를 정확히 파악하지 못해 방향이 흐려진 적이 있었습니다. 이후에는 적극적으로 사용자 인터뷰와 피드백을 받고, 팀원들과 지속적으로 소통하며 문제를 해결했습니다. 소통이 디자인의 핵심임을 깨닫는 계기가 되었습니다.

⑤ 디자인이 사회에 미치는 영향에 대해 어떻게 생각하나요?

🔵답변 Point ▶ 디자인은 사람들의 행동과 사고방식에 큰 영향을 미칩니다. 좋은 디자인은 사회 문제 해결, 환경 보호, 문화 발전 등 다양한 분야에서 긍정적인 변화를 이끌 수 있습니다. 따라서 디자이너는 사회적 책임감을 가져야 한다고 생각합니다.

⑥ 앞으로 디자인 분야에서 이루고 싶은 목표가 있나요?

🔵답변 Point ▶ 저는 혁신적이면서도 사용자 친화적인 디자인을 개발하여, 다양한 사람들이 더 편리하고 즐겁게 생활할 수 있도록 기여하고 싶습니다. 또한 지속 가능한 디자인을 연구해 환경과 사회에 긍정적 영향을 주는 디자이너가 되고 싶습니다.

⑦ 자동차의 가격을 결정할 때, 디자인의 가치는 어느 정도나 된다고 생각하나요?

🔵답변 Point ▶ 자동차 가격 결정에서 디자인의 가치는 매우 크다고 생각합니다. 디자인은 단순히 외형의 아름다움을 넘어, 소비자의 첫인상을 좌우하고 브랜드 이미지 형성에 중요한 역할을 합니다. 좋은 디자인은 사용자의 감성을 자극해 구매 의사결정에 큰 영향을 미치며, 편의성과 안전성 측면에서도 기능적 가치를 제공합니다. 따라서 디자인은 제품의 경쟁력을 높이는 핵심 요소 중 하나이며, 소비자들이 지불하는 가격에 상당 부분 반영된다고 봅니다. 물론 성능과 품질도 중요하지만, 디자인이 없으면 소비자의 관심을 끌기 어렵다고 생각합니다.

❽ 팀 프로젝트에서 디자인 역할을 맡았을 때 어떻게 협업을 이끌었나요?

답변 Point ▶ "팀 프로젝트에서 디자인을 담당할 때 먼저 팀원들과 목표와 컨셉을 명확히 공유했습니다. 각자의 역할과 의견을 존중하며 디자인 방향을 조율하고, 중간 점검과 피드백 과정을 반복해 최종 결과물이 일관성을 가지도록 했습니다. 협업을 통해 서로의 장점을 살리고, 문제 해결 능력을 높일 수 있었습니다."

❾ 디자인 트렌드를 따라가는 것과 자신의 스타일을 유지하는 것 중 어느 쪽이 중요하다고 생각하나요?

답변 Point ▶ "두 가지 모두 중요하지만 우선 자신의 디자인 철학과 스타일을 기반으로 트렌드를 활용하는 것이 중요하다고 생각합니다. 트렌드는 시대적 요구와 사용자의 니즈를 반영하는 수단이 될 수 있지만 본인만의 정체성과 창의성이 결합될 때 차별화된 디자인이 나올 수 있다고 봅니다."

❿ 디자인이 사회 문제 해결에 기여할 수 있는 사례가 있다면 소개해 주세요.

답변 Point ▶ "예를 들어 공공시설의 UX/UI 디자인 개선은 노약자나 장애인이 더 편리하게 이용할 수 있도록 돕습니다. 또한 환경 친화적 패키지 디자인은 쓰레기 문제를 줄이고 지속 가능한 소비를 장려할 수 있습니다. 이처럼 디자인은 단순한 미적 요소를 넘어 사회적 문제를 해결하는 도구로서 큰 역할을 할 수 있다고 생각합니다."

3. 실용음악학과

❶ 실용음악학과에 지원한 이유는 무엇인가요?

🔵 **답변 Point ▶** 저는 어릴 때부터 다양한 장르의 음악을 접하며 음악에 대한 열정을 키웠고, 음악을 통해 사람들과 소통하는 데 큰 기쁨을 느꼈습니다. 실용음악학과에서 전문적인 연주와 작곡, 공연 능력을 키워 프로 뮤지션으로 성장하고 싶어 지원했습니다.

❷ 가장 자신 있는 악기나 음악 장르는 무엇인가요?

🔵 **답변 Point ▶** 저는 기타 연주와 팝 록 장르를 가장 자신 있게 다룹니다. 기타를 통해 감정을 표현하는 방법을 배우고, 다양한 음악적 기법을 익히며 창작과 연주 능력을 꾸준히 발전시키고 있습니다.

❸ 음악 작업을 하면서 겪었던 어려움과 그것을 극복한 경험이 있나요?

🔵 **답변 Point ▶** 팀 프로젝트 중 의견 충돌이 있었는데, 서로의 생각을 존중하고 대화를 통해 합의점을 찾으려 노력했습니다. 이를 통해 협업의 중요성을 깨닫고, 음악뿐 아니라 사람과의 소통 능력도 함께 성장할 수 있었습니다.

❹ 음악 이론 공부가 실용음악에 어떤 도움이 된다고 생각하나요?

🔵 **답변 Point ▶** 음악 이론은 창작과 즉흥 연주, 편곡에서 기본이 됩니다. 이론을 이해하면 음악 구조를 분석하고 다양한 표현 방법을 시도할 수 있어, 실용음악의 자유로운 표현에 깊이를 더할 수 있다고 생각합니다.

❺ 앞으로 실용음악 분야에서 이루고 싶은 목표가 있나요?

🔵 **답변 Point ▶** 저는 독창적인 음악을 만들어 국내외 무대에서 사람들과 소통하는 뮤지션이 되고 싶습니다. 또한 후배들을 가르치며 음악의 즐거움과 의미를 나누는 역할도 해보고 싶습니다.

❻ 무대 경험이 있다면 소개해 주세요.

🔵**답변 Point ▶** 학교 축제와 지역 공연에서 여러 차례 연주하며 무대 경험을 쌓았습니다. 관객과 소통하는 과정에서 긴장도 했지만 큰 성취감을 느꼈고, 이를 통해 무대 매너와 자신감을 키웠습니다.

❼ 팀 작업에서 다른 멤버와 의견이 달랐을 때 어떻게 조율했나요?

🔵**답변 Point ▶** "곡 작업이나 연주 연습 중 의견 차이가 생기면 먼저 서로의 아이디어를 충분히 듣고 장단점을 비교했습니다. 이후 합의점을 찾거나 새로운 시도를 통해 서로 만족할 수 있는 결과를 만들도록 노력했습니다. 이러한 과정을 통해 협업 능력과 문제 해결 능력을 키울 수 있었습니다."

❽ 실용음악가에게 가장 중요한 역량은 무엇이라고 생각하나요?

🔵**답변 Point ▶** "기술적 실력과 창의력, 꾸준한 자기 개발이 가장 중요하다고 생각합니다. 연주나 작곡 능력뿐 아니라 다양한 음악적 경험과 새로운 시도를 통해 독창적인 음악을 만들 수 있어야 하며 변화하는 음악 시장과 트렌드에 맞춰 지속적으로 성장하는 자세가 필요하다고 봅니다."

❾ 음악적 영감을 주로 어디서 얻나요?

🔵**답변 Point ▶** "저는 일상 속 경험과 자연, 영화, 다른 아티스트의 음악 등에서 영감을 얻습니다. 다양한 장르의 음악을 듣고 분석하며 새로운 표현 방법을 배우고, 일상 속 감정을 음악으로 풀어내는 연습을 통해 창작 능력을 향상시키고 있습니다."

❿ 졸업 후 실용음악 분야에서 이루고 싶은 구체적인 계획이 있나요?

🔵**답변 Point ▶** "졸업 후에는 싱어송라이터로서 독창적인 곡을 발표하며 공연 활동을 이어가고 싶습니다. 더 나아가 국내외 음악 시장에서 활동하며 다양한 장르와 협업 프로젝트에 참여하고, 후배들에게 음악을 가르치거나 워크숍을 진행하며 음악적 영향력을 확대하고 싶습니다."

4. 스포츠재활학과

① 스포츠재활학과에 지원한 동기는 무엇인가요?

답변 Point ▶ 저는 운동을 좋아하고, 부상 후 재활을 통해 건강을 회복하는 과정을 보면서 스포츠재활에 관심이 생겼습니다. 사람들의 빠른 회복과 건강한 생활 복귀를 돕는 전문인이 되고 싶어 지원했습니다.

② 스포츠 부상 예방과 재활에서 가장 중요한 점은 무엇이라고 생각하나요?

답변 Point ▶ 부상 예방은 정확한 운동 방법과 몸 상태 점검, 스트레칭 등이 중요하고, 재활은 환자의 상태에 맞는 맞춤형 운동과 꾸준한 관리가 필요하다고 생각합니다. 체계적인 접근과 환자와의 신뢰가 핵심입니다.

③ 운동선수의 부상 재활 과정을 간단히 설명해 주세요.

답변 Point ▶ 초기에는 염증과 통증 완화에 집중하고, 점차 근력과 유연성 회복 운동으로 진행합니다. 마지막으로 스포츠 특성에 맞는 기능 회복 훈련을 통해 완전한 경기 복귀를 준비합니다. 재활은 단계별로 체계적으로 진행되어야 합니다.

④ 재활 치료를 하면서 환자와의 소통에서 중요한 점은 무엇인가요?

답변 Point ▶ 환자의 불안과 고통을 이해하고 공감하는 태도가 가장 중요합니다. 치료 계획을 명확히 설명하고, 환자가 스스로 회복 의지를 가질 수 있도록 동기를 부여하는 소통이 필요하다고 생각합니다.

⑤ 스포츠재활학 공부 중 예상되는 어려움과 극복 방법은 무엇인가요?

답변 Point ▶ 해부학, 운동학 등 기초 과목과 실습이 어려울 수 있는데, 반복 학습과 현장 실습 경험을 통해 이해를 높이고, 교수님 및 동료들과의 적극적인 소통으로 극복하겠습니다.

❻ 졸업 후 어떤 분야에서 활동하고 싶나요?

● 답변 Point ▶ 저는 스포츠 클리닉이나 재활 센터에서 운동선수뿐 아니라 일반인들의 건강 회복을 돕는 전문 재활사로 일하고 싶습니다. 더 나아가 스포츠 트레이너나 건강 증진 프로그램 개발에도 참여하고 싶습니다.

❼ 운동선수뿐 아니라 일반인을 대상으로 한 재활과 스포츠재활의 차이는 무엇이라고 생각하나요?

● 답변 Point ▶ "운동선수 대상 재활은 경기 복귀와 경기력 향상에 초점을 맞추지만 일반인 대상 재활은 일상생활 기능 회복과 삶의 질 향상이 중심입니다. 두 경우 모두 개개인의 상태와 목표를 고려한 맞춤형 접근이 필요하다는 점은 같습니다."

❽ 재활사로서 갖춰야 할 가장 중요한 덕목은 무엇이라고 생각하나요?

● 답변 Point ▶ "전문 지식과 기술뿐 아니라 환자에 대한 공감과 인내심이 가장 중요하다고 생각합니다. 환자가 회복 과정에서 느끼는 신체적·심리적 어려움을 이해하고, 꾸준히 지원하며 신뢰를 쌓는 것이 치료 효과를 높이는 핵심입니다."

❾ 스포츠재활에서 최신 기술이나 트렌드 중 흥미롭게 본 것이 있나요?

● 답변 Point ▶ "웨어러블 기기를 활용한 운동 데이터 분석과 맞춤형 재활 프로그램 설계가 흥미로웠습니다. 이를 통해 환자의 운동량, 근력, 관절 가동 범위 등을 실시간으로 모니터링하며 최적의 재활 계획을 수립할 수 있어 치료 효율을 높일 수 있다고 생각합니다."

⑩ 스포츠재활 전문가로서 장기적인 목표는 무엇인가요?

◗답변 Point ▶ "장기적으로는 스포츠재활 분야에서 전문성을 인정받는 재활사로 성장하고 싶습니다. 더 나아가 지역사회 건강 증진 프로그램과 선수 재활 교육에 참여하며 스포츠와 재활의 과학적 발전에 기여하는 전문가가 되는 것이 목표입니다."

5. 웹툰학과

❶ 왜 웹툰학과에 지원했나요?

◗답변 Point ▶ 저는 어릴 때부터 그림 그리기를 좋아했고, 이야기를 상상하며 만화로 표현하는 것을 즐겼습니다. 특히 웹툰이라는 매체는 디지털 기술과 창의적 스토리텔링이 결합된 예술이기 때문에, 저에게 딱 맞는 분야라고 느꼈습니다. 좋아하는 일을 꾸준히 발전시키고 싶어서 웹툰학과에 지원하게 되었습니다.

❷ 웹툰 작가가 되기 위해 가장 중요한 역량은 무엇이라고 생각하나요?

◗답변 Point ▶ 그림 실력도 중요하지만, 저는 스토리텔링 능력이 가장 중요하다고 생각합니다. 독자가 공감할 수 있는 캐릭터와 전개가 없다면 아무리 그림이 좋아도 흥미를 끌기 어렵기 때문입니다. 저는 고등학교 때부터 글쓰기와 만화를 병행하며 창작 역량을 키우고 있습니다.

❸ 어떤 장르의 웹툰을 좋아하고, 왜 좋아하나요?

◗답변 Point ▶ 저는 주로 드라마와 판타지 장르를 좋아합니다. 현실적인 감정선에 판타지가 결합된 작품을 보면 창작자만의 세계관과 메시지가 잘 느껴져서 인상 깊었습니다. 특히 '나 혼자만 레벨업'처럼 성장형 서사가 잘 짜인 작품을 보며 저도 몰입감 있는 세계관을 만들고 싶다는 열망이 생겼습니다.

❹ 최근 인상 깊게 본 웹툰은 무엇인가요?

🗨️**답변 Point ▶** '소년심판' 웹툰 버전을 인상 깊게 보았습니다. 사회적 메시지가 강하면서도 캐릭터 간 갈등 구조가 설득력 있게 전개돼서 감명 깊었습니다. 이처럼 단순한 재미뿐 아니라 사회적인 시선을 담은 웹툰도 충분히 가능성이 있다고 느꼈습니다.

❺ 웹툰학과에서 어떤 것을 배우고 싶나요?

🗨️**답변 Point ▶** 기초 드로잉과 디지털 툴 사용법은 물론, 콘티 구성, 인물 설정, 서사 전개 방식 등 스토리텔링 기획 과정을 제대로 배우고 싶습니다. 또한 영상화나 애니메이션화까지 고려한 멀티 콘텐츠 기획 능력도 함양하고 싶습니다. 팀 프로젝트를 통해 협업도 경험하고 싶습니다.

❻ 고등학교 시절 관련 경험이 있나요?

🗨️**답변 Point ▶** 네, 만화 동아리에서 활동하며 친구들과 함께 단편 만화를 만들었고, 교내 전시에도 참여했습니다. 또한 SNS에 자작 웹툰을 연재하며 독자의 반응을 확인하는 경험도 해봤습니다. 독서, 영화 감상, 인물 탐구 등도 창작에 도움이 되었습니다.

❼ 웹툰 콘텐츠가 사회에 어떤 영향을 줄 수 있다고 생각하나요?

🗨️**답변 Point ▶** 웹툰은 젊은 세대가 가장 쉽게 접하는 콘텐츠 중 하나로, 사회 문제에 대한 인식을 높이거나 정서적 위로를 줄 수 있는 힘이 있습니다. 예를 들어 정신 건강, 환경 문제, 소수자 이슈 등을 다루는 웹툰은 공감과 인식을 확산시킬 수 있습니다. 저는 사회적으로 의미 있는 메시지를 전하는 웹툰 작가가 되고 싶습니다.

❽ 웹툰을 제작할 때 가장 힘든 점과 극복 방법은 무엇인가요?

🗨️**답변 Point ▶** "콘티 구성과 스토리 전개를 동시에 고민할 때 어려움을 느낍니다. 이를 극복하기 위해 먼저 글로 전체 스토리를 정리하고, 캐릭터별 행동과 감정선을 구체화한 후 그림으로 옮기는 방식을 사용합니

다. 또한 주변 친구나 선생님의 피드백을 받아 수정하며 완성도를 높입니다."

⑨ 팀 프로젝트로 웹툰을 제작한다면 어떻게 협업할 계획인가요?

답변 Point ▶ "팀원 간 역할을 명확히 나누고, 일정과 목표를 공유하는 것이 중요하다고 생각합니다. 스토리, 그림, 채색, 편집 등 각자의 전문성을 살리고, 정기적으로 피드백을 주고받으며 조율하겠습니다. 소통과 신뢰를 바탕으로 협업하면 더 완성도 높은 작품을 만들 수 있다고 믿습니다."

⑩ 졸업 후 웹툰 분야에서 이루고 싶은 목표가 있나요?

답변 Point ▶ "저는 독창적이면서도 공감할 수 있는 작품을 만들어 국내외 플랫폼에서 연재하고 싶습니다. 나아가 웹툰을 기반으로 애니메이션, 게임 등 멀티 콘텐츠로 확장하며 다양한 독자와 소통하고, 사회적 메시지를 담은 작품으로 사람들에게 긍정적인 영향을 주는 작가가 되는 것이 목표입니다."

6. 게임학과

❶ 왜 게임학과에 지원했나요?

답변 Point ▶ 어릴 때부터 게임을 즐기며 자연스럽게 게임 제작에 관심을 가지게 되었습니다. 특히 단순히 즐기는 것을 넘어 "왜 이 게임이 재미있을까?", "이 장면은 어떻게 연출됐을까?"와 같은 질문을 스스로 하며 게임을 분석했습니다. 게임은 상상력을 구현할 수 있는 최고의 플랫폼이라고 생각해서, 이를 직접 창작하는 개발자가 되기 위해 게임학과에 지원하게 되었습니다.

❷ 게임을 만든다면 어떤 게임을 만들고 싶나요?

답변 Point ▶ 저는 스토리 중심의 감성적인 어드벤처 게임을 만들고 싶습니다. 단순한 전투나 경쟁이 아니라, 플레이어가 감정적으로 몰입하고 인생에 대해 생각할 수 있는 게임을 기획해 보고 싶습니다. 예를 들어 'To the Moon'처럼 서사와 음악이 어우러지는 게임을 만들고 싶습니다.

❸ 좋아하는 게임과 그 이유는?

답변 Point ▶ 저는 '젤다의 전설: 브레스 오브 더 와일드'를 가장 좋아합니다. 이 게임은 오픈월드 디자인, 물리 기반 퍼즐, 자연스러운 탐험 유도 등 기술적 완성도뿐만 아니라 자유도와 몰입감이 뛰어납니다. 플레이어에게 도전과 선택의 자유를 주는 방식이 인상 깊었고, 게임 설계의 본질을 배울 수 있었습니다.

❹ 게임이 사회에 미치는 긍정적/부정적 영향은 무엇이라고 생각하나요?

답변 Point ▶ 게임은 오락의 기능뿐 아니라 교육, 심리 치료, 사회적 소통 등 다양한 긍정적 효과를 가지고 있습니다. 예를 들어, 치매 예방 게임이나 협동 게임은 실제로 건강과 사회성에 도움을 줍니다. 다만 과도한 몰입이나 폭력적 콘텐츠의 노출 문제는 부정적 영향을 줄 수 있으므로, 개발자들이 그 책임감을 갖고 콘텐츠를 설계해야 한다고 생각합니다.

❺ 게임 제작 과정에서 가장 관심 있는 분야는 무엇인가요?

답변 Point ▶ 저는 게임 기획과 시나리오 작성에 가장 관심이 많습니다. 한 편의 게임이 플레이어에게 의미 있는 경험이 되기 위해서는 잘 짜인 시스템과 서사가 필요하다고 생각합니다. 고등학교 때부터 창작 동아리 활동을 하며 스토리를 구상하고 짧은 게임 기획서를 작성해본 경험도 있습니다.

❻ 고등학교 시절 관련된 활동이나 경험이 있나요?

답변 Point ▶ 학교 프로그래밍 동아리에서 Unity를 활용한 간단한 2D

게임을 제작해 본 경험이 있습니다. 또한 친구들과 게임 기획서를 작성하고 게임 밸런스를 토론하며 협업의 중요성을 느꼈습니다. 이외에도 게임 개발자 인터뷰나 게임 디자인 관련 서적을 읽으며 진로 탐색을 이어왔습니다.

❼ 게임학과 졸업 후 진로 계획은 어떻게 되나요?

답변 Point ▶ 게임학과에서 프로그래밍, 기획, 그래픽 등 여러 영역을 체계적으로 배우고 나서, 궁극적으로는 게임 기획자 또는 프로듀서로 활동하고 싶습니다. 이후에는 창업을 통해 저만의 세계관을 담은 독창적인 게임 스튜디오를 운영하는 것이 꿈입니다. 단순히 재미있는 게임을 넘어 의미 있는 메시지를 전달하는 게임을 만들고 싶습니다."

❽ 팀 프로젝트로 게임을 개발한다면 어떻게 협업할 계획인가요?

답변 Point ▶ "팀원 간 역할을 명확히 나누고 기획, 그래픽, 프로그래밍 등 각자의 전문성을 살리는 것이 중요하다고 생각합니다. 정기적으로 진행 상황을 공유하고 피드백을 주고받으며 문제를 조율하겠습니다. 서로의 의견을 존중하며 협업하면 더 완성도 높은 게임을 만들 수 있다고 믿습니다."

❾ 게임 개발에서 가장 중요하다고 생각하는 역량은 무엇인가요?

답변 Point ▶ "창의력과 문제 해결 능력이라고 생각합니다. 게임은 새로운 경험을 제공하는 창작물인 만큼, 플레이어의 몰입과 재미를 위해 참신한 아이디어가 필요합니다. 동시에 개발 과정에서 발생하는 기술적 문제를 해결하는 능력도 중요하다고 봅니다. 저는 두 가지 역량을 동시에 키우기 위해 다양한 프로젝트와 학습을 병행하고 있습니다."

❿ 최근 주목하는 게임 트렌드나 기술이 있다면 무엇인가요?

답변 Point ▶ "최근 관심 있는 트렌드는 메타버스와 AI 기술을 활용한 게임입니다. 예를 들어, 플레이어의 선택과 행동에 따라 스토리가 변화하거나 AI NPC와 상호작용하는 게임 구조가 흥미롭습니다. 이런 기술을 활용하면 더욱 몰입감 있는 경험을 제공할 수 있어, 앞으로 제가 개발하고 싶은 게임에도 적용해보고 싶습니다."

08

자유전공학부

❶ 왜 자유전공학부에 지원했나요?

🗨**답변 Point ▶**　고등학교에서 다양한 과목을 공부하면서 인문학과 사회과학, 그리고 환경과학에 모두 관심이 생겼습니다. 특정한 하나의 전공에 국한되기보다, 여러 분야를 융합적으로 탐구하며 진로를 구체화하고 싶다는 생각이 들었습니다. 자유전공학부는 폭넓은 학문 경험을 통해 저만의 융합형 전공을 설계할 수 있는 이상적인 환경이라고 판단해 지원하게 되었습니다.

❷ 자유전공학부에서 어떤 전공을 탐색하고 싶은가요?

🗨**답변 Point ▶**　현재는 '정책학'과 '환경과학' 분야에 관심이 있습니다. 환경 문제를 해결하기 위해서는 과학적 이해뿐 아니라 정책적 접근이 필요하다고 생각하기 때문입니다. 자유전공학부에서는 두 전공을 모두 공부하며, 장기적으로는 기후변화 대응 정책이나 지속 가능한 도시 설계 분야에 기여하고 싶습니다.

❸ 자유전공학부의 장점은 무엇이라고 생각하나요?

🗨**답변 Point ▶**　가장 큰 장점은 스스로 전공을 설계할 수 있다는 점이라고

생각합니다. 빠르게 변화하는 사회에서는 한 분야의 지식만으로는 복잡한 문제를 해결하기 어렵기 때문에, 다양한 관점을 통합할 수 있는 융합적 인재가 필요합니다. 자유전공학부는 이 같은 융합적 사고력을 키우기에 가장 적합한 교육과정이라고 생각합니다.

④ 자유전공학부에서 자기주도적 학습은 왜 중요할까요?

답변 Point ▶ 자유전공학부는 정해진 커리큘럼보다는 학생이 주체적으로 관심 분야를 선택하고 전공을 설계해야 하기 때문에, 자기주도적 학습 능력이 핵심입니다. 저는 고등학교에서도 프로젝트나 독서활동 등을 스스로 기획하고 추진해 온 경험이 있어서, 자유전공학부에서의 자율성과 다양성을 충분히 잘 활용할 수 있다고 생각합니다.

⑤ 여러 전공을 함께 공부하면 어려운 점은 없을까요?

답변 Point ▶ 물론 전공 간의 용어나 관점이 다르기 때문에 처음에는 혼란스러울 수 있습니다. 하지만 그 차이를 이해하고 조화롭게 연결하는 과정이야말로 자유전공학부의 학습 핵심이라고 생각합니다. 저는 다양한 관점을 비교·분석하는 것을 좋아하기 때문에, 오히려 이런 과정을 통해 사고의 폭을 넓힐 수 있다고 기대하고 있습니다.

⑥ 전공을 자유롭게 선택하는 대신 책임도 클 텐데, 어떻게 감당할 건가요?

답변 Point ▶ 자유전공학부의 유연성은 분명한 장점이지만, 방향을 잃지 않기 위해서는 스스로를 객관적으로 성찰하고, 지속적으로 목표를 조정하는 노력이 필요하다고 생각합니다. 저는 고등학교 시절 독서 기록이나 포트폴리오를 통해 스스로의 성장을 점검해왔고, 대학에서도 멘토링 프로그램이나 전공탐색 세미나 등을 적극적으로 활용해 체계적인 전공 설계를 해나갈 계획입니다.

❼ 자유전공학부와 융합전공의 차이는?

답변 Point ▶ "자유전공학부와 융합전공은 모두 여러 학문을 넘나들며 공부한다는 점에서 비슷하지만, 운영 방식과 자율성에서 차이가 있습니다. 자유전공학부는 학생이 직접 다양한 학과의 과목을 자유롭게 선택해 자신만의 전공을 설계하는 매우 자율적인 학부입니다. 반면, 융합전공은 대학 내 여러 학과가 미리 협력하여 정해진 커리큘럼에 따라 특정 융합 분야를 공부하는 제도입니다. 즉, 자유전공학부는 '빈 도화지'처럼 학생이 원하는 방향으로 학문을 탐색하는 반면, 융합전공은 '기획된 협업 작품'처럼 체계적으로 설계된 전공을 따라가는 차이가 있습니다."

❽ 자유전공학부를 졸업한 뒤 어떤 진로를 생각하고 있나요?

답변 Point ▶ "저는 '환경경제학' 분야에 관심이 있습니다. 환경 문제를 해결하는 과정에서 경제적 유인과 정책 수단이 어떻게 작용하는지를 연구하고 싶고, 이후에는 환경 관련 공공기관이나 국제기구에서 지속가능성 분야의 전문가로 일하고 싶습니다."

❾ 문과와 이과를 넘나드는 학문 융합의 예시를 하나 들어보세요.

답변 Point ▶ "예를 들어, 탄소중립 정책은 과학적 근거(이과), 경제적 유인(문과), 사회적 수용성(사회과학)이 모두 고려되어야 합니다. 이런 문제는 단일 학문으로는 접근이 어렵고, 융합적 이해가 필요하다고 생각합니다."

❿ 다양한 전공 중 자신의 적성을 어떻게 찾을 수 있다고 생각하나요?

답변 Point ▶ 저는 적성을 찾는 데 있어 직접 경험하고 탐색하는 과정이 가장 중요하다고 생각합니다. 여러 전공의 기초 과목을 수강하고, 관련된 동아리나 프로젝트에 참여하면서 자신의 흥미와 능력을 자연스럽게 발견할 수 있습니다. 또한, 다양한 교수님과 선배들의 조언을 듣고, 스스로의 관심과 가치관을 꾸준히 점검하는 것이 필요하다고 봅니다. 이렇게 체계적으로 탐색하면 자신의 적성에 맞는 전공을 좀 더 명확하게 알 수 있다고 생각합니다.

⓫ 한 가지 분야에 깊이 있는 학습이 어려울 수 있다는 지적에 대한 의견은?

●**답변 Point ▶** 융합 학문의 특성상 여러 분야를 공부하다 보면 깊이 있는 학습이 제한될 수 있다는 지적도 일리가 있다고 생각합니다. 하지만 저는 깊이와 폭을 균형 있게 추구하는 것이 중요하다고 봅니다. 기본적인 전공 지식은 충실히 쌓으면서도, 다른 분야와의 연계를 통해 새로운 시각과 문제 해결 능력을 키울 수 있기 때문입니다. 오히려 융합적 사고가 깊이 있는 학습의 질을 높이는 데 도움이 될 수 있다고 믿습니다.

⓬ 학문 간 융합이 실제 사회에 어떤 기여를 할 수 있다고 생각하나요?

●**답변 Point ▶** 현대 사회의 문제는 매우 복잡하고 다층적이기 때문에 한 분야만으로 해결하기 어렵습니다. 학문 간 융합은 다양한 관점과 전문 지식을 결합해 혁신적인 해결책을 제시할 수 있습니다. 예를 들어, 환경 문제는 과학적 이해뿐 아니라 경제적, 정책적 접근이 함께 이뤄져야 실효성이 있습니다. 이런 융합적 접근은 사회 문제 해결과 새로운 가치 창출에 큰 기여를 한다고 생각합니다.

⓭ 고교 시절 두 분야 이상에 관심을 가졌던 경험을 소개해보세요.

●**답변 Point ▶** 저는 고등학교 시절 인문학과 자연과학 두 분야에 모두 관심이 있었습니다. 문학과 역사 과목을 통해 인간과 사회에 대해 깊이 생각하는 것을 좋아했고, 동시에 생물과 화학을 배우면서 자연 현상의 원리를 탐구하는 데서 큰 재미를 느꼈습니다. 이를 바탕으로 학교 토론 동아리와 과학 탐구 동아리에 동시에 참여하며 균형 있게 두 분야를 경험할

수 있었습니다. 이런 경험이 융합적 사고를 키우는 데 큰 도움이 되었다고 생각합니다.

⑭ 자유전공학부에서 가장 기대되는 점은 무엇인가요?

답변 Point ▶ 자유전공학부에서는 다양한 학문 분야를 접하며 폭넓은 사고를 기를 수 있다는 점이 가장 기대됩니다. 또한, 교수님들과의 밀접한 소통과 동료 학생들과의 협업을 통해 새로운 시각과 아이디어를 배우고, 스스로 진로를 설계해 나가는 과정을 통해 성장할 수 있을 것이라 생각합니다.

⑮ 자유전공학부에서 학업 중 가장 어려울 것 같은 점과 극복 방법은?

답변 Point ▶ 스스로 전공과 수업을 선택해야 하기 때문에 방향 설정에 어려움이 있을 수 있다고 생각합니다. 이를 극복하기 위해 정기적으로 멘토링을 받고, 학과 상담과 진로 탐색 세미나에 적극 참여할 계획입니다. 또한, 주기적으로 자신의 목표를 점검하며 유연하게 계획을 조정할 것입니다.

⑯ 자유전공학부 학생으로서 꼭 갖춰야 할 역량은 무엇이라고 생각하나요?

답변 Point ▶ 자기주도성, 융합적 사고, 그리고 소통 능력이 필수라고 생각합니다. 스스로 학습 계획을 세우고 추진하는 자기주도성, 다양한 학문을 연결해 문제를 보는 융합적 사고, 그리고 교수님과 동료들과 효과적으로 의견을 나누고 협력할 수 있는 소통 능력이 모두 중요합니다.

⑰ 자유전공학부에서 경험하고 싶은 특별한 학습 활동이 있나요?

답변 Point ▶ 여러 학문을 연결하는 프로젝트 수업이나 캡스톤 디자인, 산학 협력 프로그램에 참여하고 싶습니다. 특히 실제 문제를 해결하는 과정에서 다양한 분야의 지식을 통합해 적용해 보는 경험이 학문적 이해를 깊게 하고 실무 능력을 키우는 데 도움이 될 것이라 생각합니다.

⑱ 자유전공학부에서 배우는 내용이 향후 사회생활에 어떤 도움이 될 것 같나요?

🗨 **답변 Point ▶** 급변하는 사회에서 융합적 사고와 문제 해결 능력은 매우 중요한 역량입니다. 자유전공학부에서 다양한 분야를 공부하며 익힌 이런 역량들은 어떤 직업을 선택하든 빠르게 적응하고 창의적으로 문제를 해결하는 데 큰 도움이 될 것이라 믿습니다.

⑲ 자유전공학부를 지원하면서 참고하거나 본받은 인물이 있나요?

🗨 **답변 Point ▶** 스티브 잡스와 같은 창의적이고 융합적인 사고를 가진 인물을 존경합니다. 그는 기술과 예술, 경영 등 여러 분야를 넘나들며 혁신을 이끌었는데, 저도 자유전공학부에서 여러 학문을 융합해 새로운 가치를 창출하는 인재가 되고 싶습니다.

⑳ 자유전공학부에서의 학습과정을 통해 본인이 이루고 싶은 최종 목표는 무엇인가요?

🗨 **답변 Point ▶** 다양한 학문을 탐색하고 융합해 사회적 문제를 해결할 수 있는 전문가로 성장하는 것입니다. 구체적으로는 환경과 정책을 연결해 지속 가능한 사회를 만드는 데 기여하고 싶습니다. 이를 위해 자유전공학부에서 자기만의 전문성과 폭넓은 시야를 갖춘 융합 인재로 거듭나고자 합니다.

㉑ 자유전공학부에서 실패나 실수를 경험했을 때 어떻게 대처할 계획인가요?

🗨 **답변 Point ▶** 학문 탐색 과정에서 실패나 실수는 자연스러운 과정이라고 생각합니다. 중요한 것은 원인을 분석하고, 피드백을 반영해 개선하는 것입니다. 저는 실패를 성장의 기회로 삼고, 스스로 성찰하며 다음 단계에 적용할 계획입니다.

㉒ 자유전공학부에서는 팀 프로젝트가 많습니다. 협업에서 중요하다고 생각하는 점은 무엇인가요?

●답변Point ▶ 서로의 역할과 의견을 존중하며 의사소통을 원활하게 하는 것이 가장 중요합니다. 의견 충돌 시에는 논리적으로 토론하고, 공동 목표를 우선시하며 문제를 해결하겠습니다.

㉓ 자유전공학부 학생으로서 자기 계발은 어떻게 할 계획인가요?

●답변Point ▶ 다양한 강의 수강과 독서, 온라인 학습을 통해 지속적으로 지식을 확장할 계획입니다. 또한 세미나와 워크숍, 현장 실습 등을 적극 활용해 실무 경험도 쌓겠습니다.

㉔ 자유전공학부에서 다양한 학문을 배우며 흥미가 떨어질 경우 어떻게 극복할 건가요?

●답변Point ▶ 흥미가 떨어질 때는 학문을 연결하는 새로운 관점을 찾아보거나, 팀 프로젝트를 통해 다른 시각을 경험하며 동기를 회복하겠습니다. 스스로 목표와 연계성을 점검하는 과정도 중요합니다.

㉕ 자유전공학부에서 학문적 호기심을 어떻게 발전시킬 계획인가요?

●답변Point ▶ 다양한 분야의 기초 과목을 접하고, 흥미 있는 주제에 대해 심화 학습하며 연구 프로젝트에 참여할 예정입니다. 질문과 토론을 통해 호기심을 구체적 탐구로 발전시키겠습니다.

㉖ 자유전공학부에서 경험하고 싶은 융합적 프로젝트 예시는 무엇인가요?

●답변Point ▶ 예를 들어 환경 문제를 과학적 분석과 정책적 접근으로 해결하는 프로젝트에 참여하고 싶습니다. 데이터를 기반으로 정책 제안과 홍보 전략까지 설계하며 융합적 사고를 적용할 수 있습니다.

㉗ 자유전공학부에서 학업 성취도를 높이기 위한 전략은 무엇인가요?

답변 Point ▶ 수업 전 예습과 주제별 독서, 프로젝트 기반 학습, 교수님과의 정기 상담 등을 통해 학습 내용을 내 것으로 만들 계획입니다. 또한 성과를 기록하며 지속적으로 피드백을 받겠습니다.

㉘ 자유전공학부에서 독립적 연구를 할 때 중요하게 생각하는 점은 무엇인가요?

답변 Point ▶ 명확한 연구 질문과 계획 수립, 자료 수집과 분석, 객관적인 평가가 중요하다고 생각합니다. 또한 다른 학문과 연결점을 찾아 연구의 깊이와 폭을 확장하려고 합니다.

㉙ 자유전공학부에서 학문 간 충돌이 발생할 경우 어떻게 조율할 건가요?

답변 Point ▶ 서로 다른 관점과 논리를 비교 분석하며 공통점을 찾아 조율하겠습니다. 필요한 경우 중립적인 자료와 데이터를 활용해 합리적 결론을 도출하는 방식을 사용하겠습니다.

㉚ 자유전공학부에서 배우는 내용이 창업이나 사회 활동에 어떤 도움을 줄 수 있나요?

답변 Point ▶ 다양한 학문적 지식과 문제 해결 능력, 팀워크 경험은 창업과 사회 활동에서 중요한 역량입니다. 새로운 아이디어를 통합하고, 변화하는 사회에 맞춰 전략을 세우는 데 큰 도움이 될 것입니다.

㉛ 자유전공학부에서 본인이 가장 강점으로 내세울 수 있는 능력은 무엇인가요?

답변 Point ▶ 저는 호기심과 탐구심이 강하며, 다양한 관점을 연결하는 융합적 사고 능력이 강점입니다. 또한 자기주도적으로 계획을 세우고 실천하는 능력도 갖추고 있어 자유전공학부에서 잘 적응할 수 있다고 생각합니다.

㉜ **자유전공학부에서 시간 관리를 어떻게 할 계획인가요?**

🔵**답변 Point ▶** 수업, 프로젝트, 독서, 연구 활동 등을 일정표로 체계적으로 계획하고, 우선순위를 정해 시간을 효율적으로 활용할 예정입니다. 정기적으로 성취도를 점검하며 조정도 병행하겠습니다.

㉝ **자유전공학부에서 멘토링을 받는다면 무엇을 배우고 싶나요?**

🔵**답변 Point ▶** 학문적 방향 설정, 전공 선택, 프로젝트 수행 방법 등 실질적 조언을 배우고 싶습니다. 또한 진로 탐색 과정에서 전문성과 경험을 바탕으로 현실적인 안내를 받고 성장하고 싶습니다.

㉞ **자유전공학부에서 학문적 네트워크를 어떻게 구축할 건가요?**

🔵**답변 Point ▶** 교수님, 선배, 동료 학생들과 적극적으로 소통하며 프로젝트와 세미나에 참여하고, 학회나 워크숍 등 외부 행사에도 참여해 학문적 네트워크를 넓히겠습니다.

㉟ **자유전공학부에서 가장 도전해보고 싶은 과제나 활동은 무엇인가요?**

🔵**답변 Point ▶** 실제 사회 문제를 해결하는 팀 프로젝트에 도전하고 싶습니다. 예를 들어 지역 환경 문제, 사회적 약자 지원, 데이터 분석 기반 정책 제안 등 융합적 접근이 필요한 활동을 경험하고 싶습니다.

㊱ **자유전공학부에서 학문 선택 기준은 무엇인가요?**

🔵**답변 Point ▶** 흥미와 적성, 사회적 의미, 장기 진로 연계성을 기준으로 선택할 계획입니다. 단순히 재미만 있는 학문보다 다른 분야와 연결해 시너지를 낼 수 있는 과목을 우선 고려할 것입니다.

㊲ 자유전공학부에서 학습하며 생길 수 있는 스트레스는 어떻게 관리할 계획인가요?

답변 Point ▶ 목표를 세분화하고, 계획을 유연하게 조정하며 운동과 취미 활동, 친구 · 가족과의 소통을 통해 스트레스를 관리할 계획입니다. 또한 멘토와 상담하며 정신적 부담을 완화할 예정입니다.

㊳ 자유전공학부에서 다양한 배경의 학생과 협업할 때 유의할 점은 무엇인가요?

답변 Point ▶ 서로 다른 관점과 학습 방식에 대한 존중이 중요합니다. 의견이 달라도 상대의 입장을 이해하고, 공통 목표를 중심으로 조율하며 협업하면 긍정적 결과를 만들 수 있다고 생각합니다.

㊴ 자유전공학부에서 창의적 사고를 키우기 위해 어떤 방법을 활용할 건가요?

답변 Point ▶ 다양한 분야의 독서, 실험적 프로젝트, 팀 토론, 문제 해결형 과제 등을 통해 창의적 사고를 발전시키겠습니다. 또한 학문 간 연결점을 스스로 찾아 새로운 시각을 형성할 것입니다.

㊵ 자유전공학부에서 융합적 문제 해결 능력을 어떻게 평가할 수 있을까요?

답변 Point ▶ 단일 학문적 지식이 아니라 여러 분야의 지식을 통합해 실질적 해결책을 도출하는 과정으로 평가할 수 있다고 생각합니다. 팀 프로젝트, 연구 과제, 사례 분석 등을 통해 객관적 평가가 가능하다고 봅니다.

㊶ 자유전공학부에서 전공 선택 시 가장 중요하게 고려해야 할 요소는 무엇인가요?

답변 Point ▶ 흥미, 적성, 사회적 영향력, 다른 학문과의 연계 가능성을 종합적으로 고려해야 한다고 생각합니다. 단순히 쉽게 느껴지는 과목보다 미래 진로와 연결될 수 있는 과목을 우선 선택할 계획입니다.

㊷ 자유전공학부에서 자기주도적 학습을 잘하기 위한 전략은 무엇인가요?

●답변 Point ▶ 구체적 목표 설정, 학습 계획 수립, 주기적 점검, 피드백 수용, 자료와 정보를 적극 활용하는 전략을 사용하겠습니다. 또한 실습과 프로젝트 경험을 통해 학습 내용을 실무와 연결할 예정입니다.

㊸ 자유전공학부에서 사회적 문제를 다룬 프로젝트를 진행한다면 어떤 주제를 선택할 건가요?

●답변 Point ▶ 환경 문제, 기후 변화 대응, 지속 가능한 도시 설계, 사회적 약자 지원 등 실제 사회에 긍정적 영향을 줄 수 있는 주제를 선택하고 싶습니다. 다양한 학문을 연결해 해결책을 도출할 계획입니다.

㊹ 자유전공학부에서 학문 탐색 중 우선순위를 정하는 기준은 무엇인가요?

●답변 Point ▶ 개인의 장기 목표와 학문 간 시너지, 학습 난이도, 교수님의 전문성 등을 종합적으로 고려하며 우선순위를 정할 계획입니다. 또한 경험을 통해 지속적으로 조정할 것입니다.

㊺ 자유전공학부에서 경험할 수 있는 실험적 학습 방식에는 어떤 것이 있나요?

●답변 Point ▶ 프로젝트 기반 학습, 캡스톤 디자인, 팀 문제 해결 과제, 산학협력 프로젝트 등이 있습니다. 이 과정을 통해 실무적 경험과 학문적 이해를 동시에 발전시킬 수 있습니다.

㊻ 자유전공학부에서 학문을 탐색하며 얻고 싶은 가장 큰 성과는 무엇인가요?

●답변 Point ▶ 폭넓은 지식과 융합적 사고력, 자기주도적 문제 해결 능력을

갖춘 인재로 성장하는 것입니다. 이를 바탕으로 사회적 문제를 창의적으로 해결할 수 있는 능력을 확보하고 싶습니다.

㊼ 자유전공학부에서 배우는 다양한 학문이 본인의 가치관 형성에 어떻게 기여할까요?

답변 Point ▶ 다양한 학문을 접하며 세상을 다각도로 이해하고, 객관적 판단과 윤리적 사고를 강화할 수 있습니다. 이는 개인의 가치관과 행동 양식에 큰 영향을 줄 것으로 기대합니다.

㊽ 자유전공학부에서 자신이 생각하는 이상적인 학습 환경은 무엇인가요?

답변 Point ▶ 다양한 전공과 관심사를 가진 학생과 교수님이 자유롭게 토론하고 실험적인 프로젝트를 수행할 수 있는 환경입니다. 협업과 개별 탐구가 균형을 이루며 실패와 도전을 포용하는 환경이 이상적이라고 생각합니다.

㊾ 자유전공학부에서 학문 탐색 중 겪을 수 있는 윤리적 딜레마를 어떻게 해결할 건가요?

답변 Point ▶ 문제를 객관적으로 분석하고, 다양한 학문적 관점과 사회적 영향을 고려해 합리적 결정을 내리겠습니다. 필요시 교수님과 전문가의 조언을 받아 신중하게 판단할 계획입니다.

㊿ 자유전공학부에서 최종적으로 이루고 싶은 목표를 한 문장으로 말하면 무엇인가요?

답변 Point ▶ "다양한 학문을 융합해 창의적이고 실질적인 사회적 가치를 창출하는 전문가로 성장하는 것"입니다.

류영철(柳榮徹)

학력

교육학 박사 – 평생교육(진로진학상담, 교육정책) 전공

경력

현) 부산외국어대학교 글로벌미래융합학부장 사회복지평생교육전공 책임교수

전) 영산대학교 부산캠퍼스 사회복지학과 전임 교수

전) 계명대학교 교육대학원 진로진학상담전공 겸임교수

전) (서울) 가톨릭대학교 책임 입학사정관

전) (사) 한국대학교육협의회 대입상담센터 상담 전문위원

전) (서울) 동국대학교 입학사정관

전) 국립 군산대학교 입학관리본부 입학사정관실 팀장

전) 대구교육청 대구미래교육연구원 교육정책연구부장

전) 경남교육청 교육연구정보원 교육정책연구소 선임 연구위원

저서

『제대로 학종 준비법』(씨마스)

『제대로 교대 사대면접』(씨마스)

『학종 로드맵』(우리교과서)

『학생부 종합전형 이렇게 준비하라』(한올)

학술논문

'진로진학상담교사의 역량모형 개발'(KCI 등재지) 등 다수

메일 및 블로그

이메일: ksun072@naver.com

블로그: http://blog.naver.com/ksun072